westermann

Herausgegeben von
Imme Freundner-Huneke
Ralph Möllers
Siegfried Schulz
Annely Zeeb

ERLEBNIS
Naturwissenschaften

3

Herausgegeben von:
Imme Freundner-Huneke
Ralph Möllers
Siegfried Schulz
Annely Zeeb

Autorinnen und Autoren:
Heike Claßen, Hannah Dietrich, Imme Freundner-Huneke, Markus Fischl, Stephanie Gerecke, Dr. Thomas Heinlein, Dr. Stefanie Jerems, Andreas Krämer, Ralph Möllers, Anke Roß, Siegfried Schulz, Albert Steinkamp, Reinhard Wendt-Eberhöfer, Annely Zeeb

Zusatzmaterialien zu Erlebnis Naturwissenschaften 3

Für Lehrerinnen und Lehrer:	
Materialien für Lehrerinnen und Lehrer	978-3-14-117157-0
Lösungen	978-3-14-117156-3
BiBox für Lehrer/-innen (Einzellizenz)	978-3-14-117161-7
BiBox für Lehrer/-innen (Kollegiumslizenz)	978-3-14-117162-4
Für Schülerinnen und Schüler:	
Förderheft	978-3-14-117158-7
BiBox (Einzellizenz für 1 Schuljahr)	978-3-14-117164-8
BiBox (Klassenlizenz Premium für 1 Schuljahr)	978-3-14-108650-8
BiBox (Klassensatz PrintPlus für 1 Schuljahr)	978-3-14-119176-9

westermann GRUPPE

Druck A[1] / Jahr 2022
Alle Drucke der Serie A sind im Unterricht parallel verwendbar.

Redaktion: Nicole Tomczak
Illustrationen: Eike Gall, Wolfgang Herzig, Heike Keis, Tom Menzel, Sabine Meyer-Marc, Birgit und Olaf Schlierf, Ingrid Schobel, Werner Wildermuth
Grundlayout: Janssen Kahlert, Design & Kommunikation GmbH
Umschlaggestaltung: LIO Design GmbH
Druck und Bindung: Westermann Druck GmbH, Georg-Westermann-Allee 66, 38104 Braunschweig

ISBN 978-3-14-**117155**-6

Inhalt

Die Gesundheit des Menschen

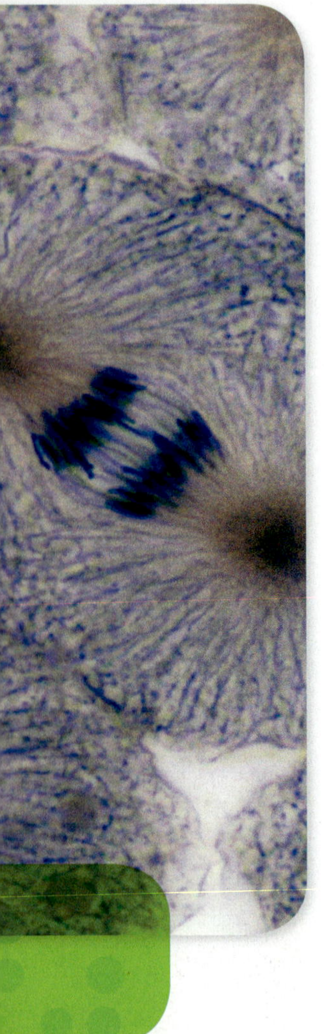

Genetische Grundlagen der Vererbung

Die Evolution der Lebewesen

Aufbau der Materie

Was die Welt zusammenhält

Vom Geben und Nehmen

Ausgewählte Energiewandler

Energiewandlungen beurteilen

Radioaktivität

Anhang

Die Gesundheit des Menschen

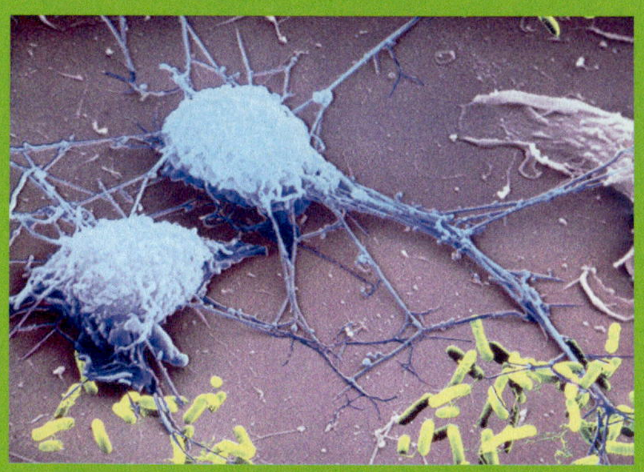

Was sind Infektions-krankheiten?

Auf welchen Wegen werden Krankheiten übertragen?

Was können wir tun, um gesund zu bleiben?

1 Jugendliche beim Sport

Gesundheit betrifft den ganzen Menschen

Gesund oder krank?

Markus hat Fieber und fühlt sich erschöpft. Zum Fußballspielen hat er gar keine Lust. Er hat kaum die Kraft aufzustehen. Nachdem ein Arzt ihn untersucht hat, steht fest: Markus ist krank, er hat eine Erkältung. Laura hat Liebeskummer, sie liegt traurig im Bett und fühlt sich elend. Zum Arzt geht sie wegen ihres Liebeskummers nicht. Ist Laura gesund oder auch krank?

Schwierige Grenzziehung

Das Beispiel von Markus und Laura zeigt, dass es nicht immer einfach ist, die Grenze festzulegen, wann ein Mensch krank ist. Hilfe bietet in diesen Fällen eine Definition der Weltgesundheitsorganisation zum Begriff „Gesundheit“:

> „**Gesundheit** ist ein Zustand vollständigen körperlichen, geistigen und sozialen Wohlbefindens und nicht nur das Fehlen von Krankheit oder Gebrechen.“ (WHO)

Körperliche Erkrankungen

Unter körperlichen Erkrankungen werden zum einen Erkrankungen wie Durchfall oder Grippe verstanden (→ Bild 2). Diese Erkrankungen können durch Krankheitserreger wie Bakterien oder Viren verursacht werden. Zum anderen können aber auch Verletzungen wie Knochenbrüche oder Krankheiten wie Krebs die körperliche Gesundheit beeinträchtigen.
Um körperlich gesund zu bleiben, können wir uns zum Beispiel gesund ernähren und Sport treiben (→ Bild 1).

2 Eine Grippe betrifft die körperliche Gesundheit.

Psychische Erkrankungen

Als geistige oder psychische Erkrankungen werden diejenigen Erkrankungen bezeichnet, die die Gefühlswelt der Betroffenen schädigen. Viele Menschen sind beispielsweise im Laufe ihres Lebens von einer Depression, Essstörung oder Sucht betroffen (→ Bild 3).

3 Psychische Erkrankung: Computerspielsucht

Beziehungen sind wichtig

Das soziale Miteinander hat eine große Bedeutung für unsere Gesundheit. Wir sind nur dann umfassend gesund, wenn wir Rückhalt in unserer Familie, in der Klasse und im Freundeskreis finden (→ Bild 4). Die soziale Gesundheit wird zum Beispiel durch soziale Ausgrenzung wie Mobbing geschädigt (→ Bild 5).

4 Beziehungen stärken die Gesundheit.

Alle Aspekte sind wichtig

Oft wirken sich körperliche Erkrankungen auch auf die geistige und soziale Gesundheit aus und umgekehrt.
Bei körperlichen Erkrankungen ist der Gang zum Arzt meist eine Selbstverständlichkeit. Viele Menschen scheuen aus Angst vor Ausgrenzung bei geistigen oder sozialen Einschränkungen jedoch den Gang zum Psychotherapeuten. Dies ist auf Dauer ungesund, da alle drei Aspekte von Gesundheit wichtig sind.

5 Mobbing kann krank machen.

1. Gib die Definition des Begriffs „Gesundheit" der Weltgesundheitsorganisation in eigenen Worten wieder.
2. **a)** Nenne je zwei Beispiele für körperliche und psychische Erkrankungen.
   b) Nenne je ein weiteres Beispiel, das nicht im Text genannt wurde.
3. Nenne Möglichkeiten, die körperliche Gesundheit zu stärken.
4. Begründe, warum alle Aspekte von Gesundheit wichtig sind.
5. **I** Ist Liebeskummer eine Krankheit? Gib eine begründete Antwort auf diese Frage.
6. **II** Beurteile, ob ein Streit unter Geschwistern die psychische Gesundheit schädigen kann.
7. **III** Erläutere anhand eines Beispiels, wie sich eine körperliche Erkrankung auf die Gefühlswelt auswirken kann.

»

ÜBEN UND ANWENDEN

A Viele Faktoren wirken sich auf unsere Gesundheit aus

1 Viele Faktoren im Alltag beeinflussen unsere Gesundheit.

1 **a)** Nenne die abgebildeten Faktoren und erkläre den jeweiligen Einfluss.
b) Beurteile, ob sich die in Bild 1 abgebildeten Faktoren in deinem Leben eher positiv oder eher negativ auf deine eigene Gesundheit auswirken.

2 Beschreibe Möglichkeiten, um deine Gesundheit im Alltag zu stärken.

3 Bewerte, welche Einflüsse von dir leicht und welche schwer zu verändern sind.

B Sind Menschen mit Behinderung krank?

2 Sarah ist querschnittsgelähmt.

Sarah ist bereits seit ihrer Geburt querschnittsgelähmt. Sie kann ihre Beine nicht bewegen. Sarah ist glücklich verheiratet und arbeitet als erfolgreiche Finanzberaterin. Am Wochenende trifft sie sich häufig mit Freunden zum Feiern.

1 Bewerte Sarahs Lebenssituation. Ist Sarah deiner Meinung nach krank oder gesund? Begründe deine Meinung.

IM ALLTAG

Beeinträchtigungen der psychischen Gesundheit

3 Ein Schüler leidet unter Mobbing.

Folgen von Mobbing

Das wiederholte und regelmäßige Quälen und seelische Verletzen eines einzelnen Menschen durch andere Menschen wird als Mobbing bezeichnet.
Bei den Opfern von Mobbing ruft dies negative Gefühle und eine starke Verunsicherung hervor. Demotivation, starkes Misstrauen und Gereiztheit können weitere Folgen sein. In einigen Fällen kann es bei diesen Menschen zu einer Depression kommen.

4 Depressiver Jugendlicher

Depressionen

Eine Depression ist eine schwere seelische Erkrankung, die in jedem Alter auftreten kann. Betroffene fühlen sich meist sehr niedergeschlagen, erschöpft und antriebslos. Oft verlieren sie das Interesse an ihren Hobbys und ihren Mitmenschen. Als Auslöser kommen Stress, eine genetische Veranlagung aber auch seelische Verletzungen in Frage. Beispielsweise eine Überbelastung im Beruf, oder das Ende einer Beziehung können solche seelischen Verletzungen hervorrufen.

5 Mädchen mit Schulangst

Schulangst

Schulangst kann entstehen, wenn Betroffene sich von den Anforderungen in der Schule überfordert fühlen. Insbesondere vor Prüfungssituationen treten dann Symptome wie Übelkeit, Zittrigkeit und Gedächtnisprobleme auf. Manchmal verstärkt sich Schulangst von selbst, weil sich Betroffene in ihren Ängsten bestätigt sehen, wenn sie aufgrund ihrer Schulangst bei Prüfungen schlechter abschneiden.

1 Oben sind drei Beispiele dargestellt, die die psychische Gesundheit eines Menschen beeinträchtigen können.
a) Nenne für jedes Beispiel mögliche Auslöser.
b) Nenne für jedes Beispiel typische Symptome.

2 Nenne Anlaufstellen an deiner Schule, bei denen Opfer von Mobbing Hilfe finden können.

3 **II** Recherchiere, wie die Folgen von Mobbing, Depressionen und Schulangst therapiert werden.

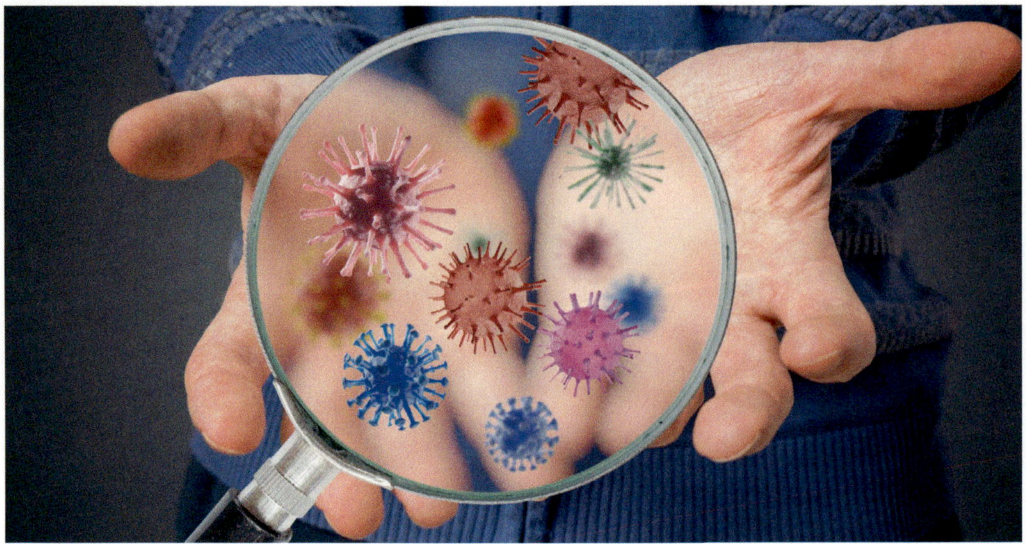

1 Auf unserer Haut finden sich viele Erreger.

Infektionskrankheiten

Winzige Krankheitserreger

Wir sind umgeben von unzähligen mikroskopisch kleinen Krankheitserregern. Dazu gehören **Viren, Bakterien** und **Pilzsporen.** Viele dieser Erreger sind für uns Menschen ungefährlich. Einige sind für uns sogar nützlich. So sorgen zum Beispiel Bakterien in unserem Darm für eine funktionierende Verdauung. Andere schützen unsere Haut vor schädlichen Krankheitserregern. Einige Arten sind jedoch gefährlich. Sie gelangen zum Beispiel über unsere Nahrung oder mit der Atemluft in unseren Körper.

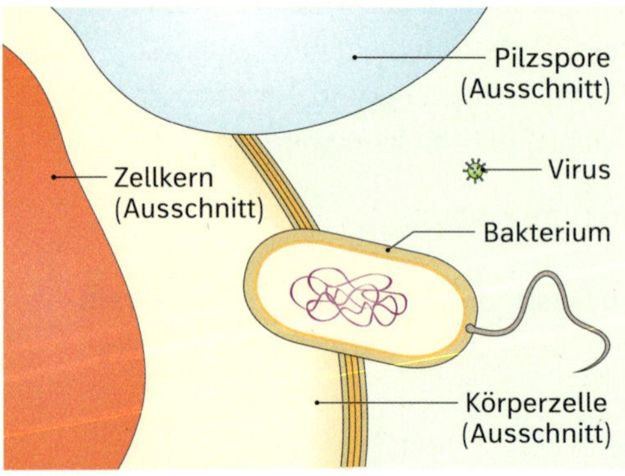

2 Größenvergleich von einer Körperzelle und verschiedenen Erregern

Die Infektion

Häufig werden **Infektionskrankheiten** wie eine Grippe von Mensch zu Mensch übertragen. Dies geschieht zum Beispiel durch das Ausniesen oder Aushusten kleiner Speicheltröpfchen, die Erreger enthalten.

Dringen schädliche Krankheitserreger in unseren Körper ein, wird von einer **Infektion** gesprochen.

Alltagssprachlich wird die Infektion auch Ansteckung genannt.

Die Inkubationszeit

Gelingt es den Schutzmechanismen des menschlichen Körpers nicht, die eingedrungenen Erreger abzuwehren, vermehren sich die Erreger im Körper. Dies dauert jedoch eine Weile. In dieser Phase fühlen sich betroffene Personen noch gesund. Die Zeit zwischen der Infektion und dem eigentlichen Ausbruch der Krankheit wird **Inkubationszeit** genannt. Diese Zeitspanne kann einige Tage dauern.

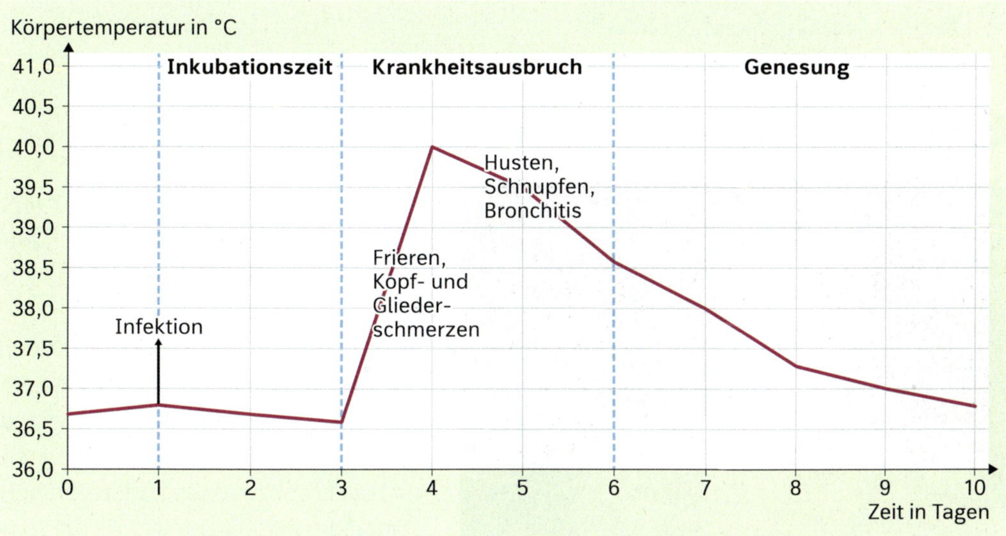

3 Typischer Verlauf einer Infektionskrankheit am Beispiel der Grippe

Der Krankheitsausbruch

Erst beim Krankheitsausbruch zeigen sich erste negative körperliche Veränderungen. Diese Veränderungen werden als **Symptome** bezeichnet. Typische Symptome vieler Infektionskrankheiten sind Fieber, Kopfschmerzen und Gliederschmerzen, ein fehlendes Hungergefühl und eine allgemeine Kraftlosigkeit.

Meist gelingt es dem **Immunsystem** des Körpers nach einer Weile, die Infektionskrankheit zu bekämpfen. Gelingt dies dem Immunsystem nicht, kann eine Infektionskrankheit auch tödlich verlaufen.

Die Genesung

Die Überwindung einer Krankheit wird auch **Genesung** genannt. Viel Trinken, Bettruhe und frische Luft unterstützen das Immunsystem und tragen zu einer schnelleren Genesung bei.

Nimmt die Infektionskrankheit jedoch einen schweren Verlauf, sollte ein Arzt aufgesucht werden. Dieser entscheidet dann, ob die erkrankte Person Medikamente einnehmen muss oder ob der Körper die Erkrankung ohne Unterstützung überwinden kann.

1. Nenne zwei Beispiele dafür, dass mikroskopisch kleine Lebewesen für Menschen nützlich sein können.
2. Beschreibe den typischen Verlauf einer Infektionskrankheit.

Starthilfe zu 2:
Nimm Bild 3 zu Hilfe.

3. Beschreibe, wie es zu einer Infektion mit Erregern kommen kann.
4. Erkläre, warum sich Menschen mit einer Infektion während der Inkubationszeit noch gesund fühlen.
5. I Nenne typische Symptome vieler Infektionskrankheiten.
6. I Nenne Maßnahmen, die zu einer schnelleren Genesung beitragen.
7. II Erkläre, warum Ärztinnen und Ärzte bei der Behandlung von Patienten meistens medizinische Masken tragen.

»

ÜBEN UND ANWENDEN

A Hygiene im 16. Jahrhundert

1 Elisabeth I. mit gepudertem Gesicht

Die englische Königin Elisabeth I. lebte im 16. Jahrhundert. Sie wusch sich nur einmal im Monat mit Wasser. Damit gehörte Elisabeth I. zu den gepflegten Menschen.
Normalerweise wurden nur die Körperteile gewaschen, die außerhalb der Kleidung sichtbar waren. Die Menschen hatten Angst, dass Wasser durch die Hautporen in den Körper eindringen und sie krank machen könnte. Daher wurde die Haut eingepudert, um sie „dicht" zu machen.

1 **a)** Erkläre, warum sich die Menschen im 16. Jahrhundert selten gewaschen haben.
b) Beurteile dieses Verhalten aus heutiger Sicht.

2 Erkläre an einem Beispiel aus der heutigen Zeit, dass das Waschen eine Ansteckung mit Krankheitserregern verhindern kann.

B Hygienefalle Smartphone

2 Auf einem Smartphone leben viele Erreger.

Viele Menschen reinigen ihre Smartphones zu selten. Eine britische Studie zeigt, dass jedes sechste Smartphone Spuren von Fäkalien und gefährlichen Bakterien aufweist.

1 Nenne Gefahren, die von Smartphones ausgehen können, die mit Keimen belastet sind.

2 Entscheide, welche der folgenden Maßnahmen zu einer besseren Hygiene bei Smartphones beitragen. Begründe deine Auswahl.
- Smartphone an der Kleidung abwischen
- Spezielles Hygienespray und Mikrofasertuch verwenden
- Während des Essens telefonieren
- Regelmäßig Hände waschen
- Smartphone nicht auf der Toilette verwenden

ÜBEN UND ANWENDEN

C Fußpilz

Einige Arten von Pilzsporen gehören zu den Erregern, die dem menschlichen Körper schaden können. Wenn der Säureschutzmantel der Haut geschädigt ist, das Immunsystem geschwächt ist und sich die Füße in einer feuchtwarmen Umgebung befinden, kann sich Fußpilz bilden. Dieser wächst vor allem in der Haut zwischen den Zehen. Er führt zu starkem Juckreiz. Fußpilz kann die Haut stark schädigen. Mit pilzabtötenden Salben kann er behandelt werden.

1. **Nenne Bedingungen, die es den Fußpilzsporen erleichtern, einen Menschen zu befallen.**
2. **„Oft sind falsche Schuhe die Ursache für Fußpilz.“ Erkläre diese Aussage.**
3. **II Nenne Möglichkeiten, sich vor einer Infektion mit Fußpilz zu schützen.**

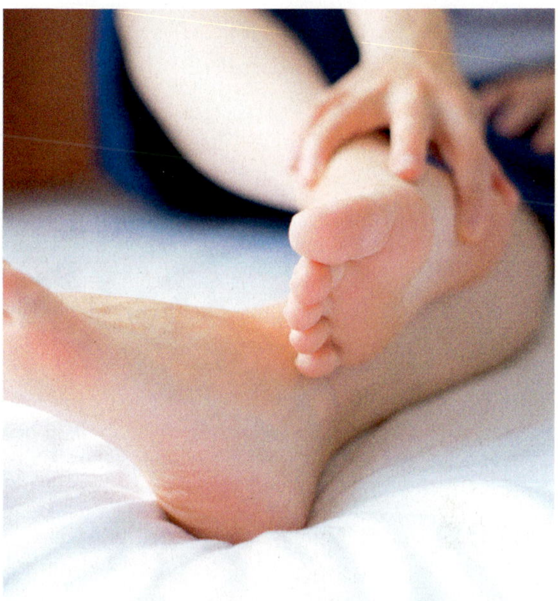

3 Juckende Füße können ein Zeichen für Fußpilz sein.

D Moskitos übertragen Malaria

Malaria ist eine Infektionskrankheit, die von Einzellern ausgelöst wird (→ Bild 4 B). Sie gelangen durch den Stich einer tropischen Stechmücke in das Blut des Menschen. Um sich zu vermehren, dringen die Erreger in die Leber und in rote Blutkörperchen ein. Betroffene rote Blutkörperchen werden durch die Vermehrung der Erreger zerstört. Infizierte Menschen leiden an hohem Fieber und Sauerstoffarmut.

1. **Erkläre, warum eine unbehandelte Malariainfektion tödlich verlaufen kann.**
2. **Entscheide, ob Fliegennetze eine gute Schutzmaßnahme vor Malaria darstellen.**
3. **II An deutschen Flughäfen werden immer öfter tropische Stechmücken gefunden. Beurteile, ob von diesen eine Gefahr ausgeht.**

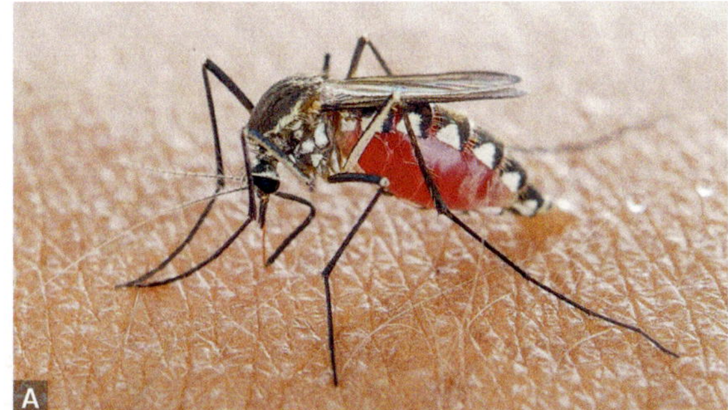

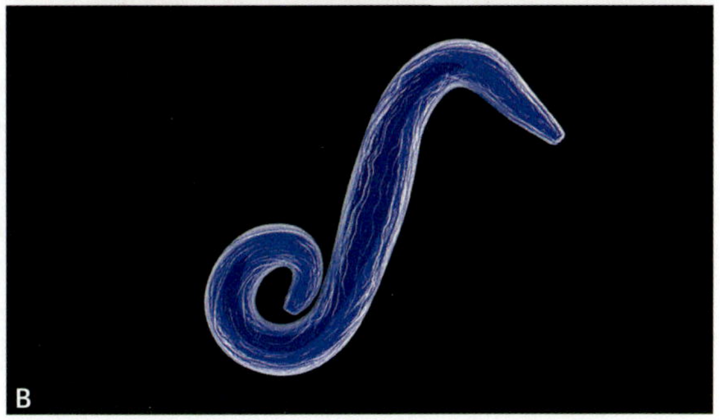

4 Malaria: **A** Tropische Stechmücke, **B** Erreger

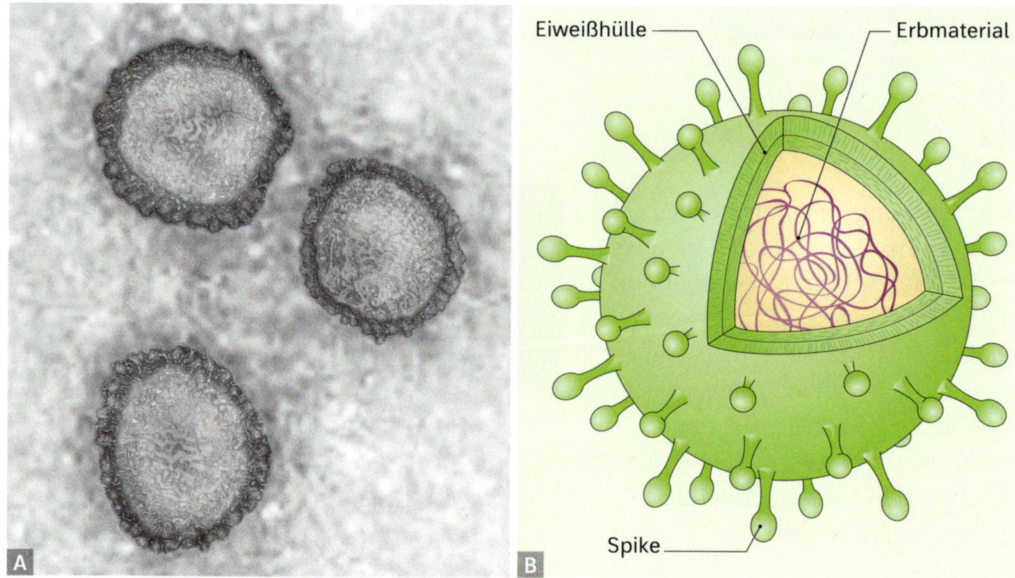

1 Viren: **A** elektronenmikroskopische Aufnahme, **B** schematischer Aufbau

Viren

Dem Auge verborgen

Viren sind extrem kleine Erreger. Sie sind so klein, dass sie selbst unter dem Lichtmikroskop nicht zu erkennen sind. Vermutet wurde die Existenz von Viren schon zu einer Zeit, als sie noch nicht sichtbar gemacht werden konnten. Doch erst die Entwicklung des Elektronenmikroskops brachte die Möglichkeit, Viren sichtbar zu machen (→ Bild 1A).

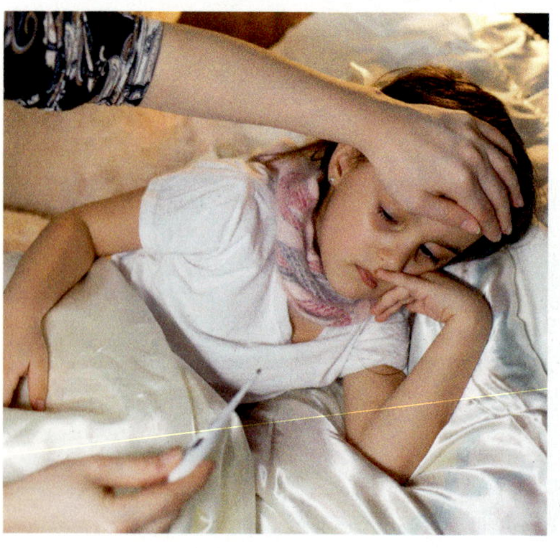
2 Der Körper wehrt sich mit Fieber gegen Viren.

Der Aufbau von Viren

Verschiedene Viren haben eine sehr unterschiedliche äußere Gestalt. Der Aufbau ist jedoch grundsätzlich gleich. Alle Viren sind von einer Eiweißhülle umgeben. Sie schützt das Erbmaterial im Inneren. Auf der Eiweißhülle befinden sich viele starre Fortsätze, die Spikes (→ Bild 1 B). Mit diesen Spikes können sich die Viren an Wirtszellen anheften.

Verlauf einer Viruserkrankung

Theoretisch genügt bereits ein einziges Virus, um uns krank zu machen. Viren vermehren sich in unserem Körper sehr schnell. Daher sind rasche Krankheitsverläufe typisch für Viruserkrankungen. Der infizierte Körper wehrt sich unter anderem mit Fieber gegen die Viren. Viren können sich bei höheren Temperaturen schlechter vermehren. Sie können deshalb bei erhöhter Körpertemperatur leichter vom Immunsystem bekämpft werden.

Vermehrung von Viren

Viren haben keinen eigenen Stoffwechsel. Sie sind zur Vermehrung auf Körperzellen angewiesen.

Körperzellen dienen den Viren als Wirtszellen. Ein Virus heftet sich an eine Wirtszelle an und schleust sein Erbmaterial in die Zelle ein. Die infizierte Wirtszelle produziert daraufhin so lange neue Viren, bis sie platzt. Diese Viren werden freigesetzt und befallen daraufhin weitere Wirtszellen (→ Bild 3).

Schutzmaßnahmen

Den besten Schutz vor Viren bietet eine gute Hygiene. Dazu gehört beispielsweise regelmäßiges Händewaschen.
Gegen viele gefährliche Viruserkrankungen gibt es zudem Impfstoffe, die uns immun gegen diese Krankheiten machen.

Epidemie und Pandemie

Sind in einem Land gleichzeitig viele Menschen von der selben Viruserkrankung betroffen, wird von einer **Epidemie** gesprochen. Dies ist in Deutschland beispielsweise der Fall, wenn 20 Prozent aller Einwohner an einer Grippe erkrankt sind.
Betrifft die Krankheit mehrere Länder oder ganze Kontinente, wird von einer **Pandemie** gesprochen. Die Covid-19-Erkrankung ist ein Beispiel dafür.

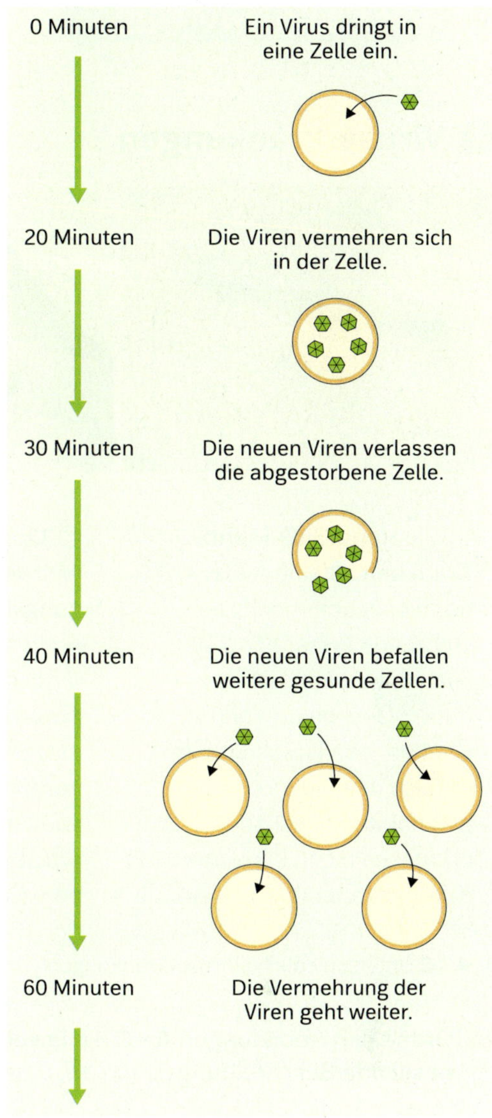

3 Die Vermehrung von Viren

1. Zeichne den typischen Aufbau eines Virus.
2. Erkläre, wie sich Viren vermehren.

Starthilfe zu 2:
Nutze dazu die einzelnen Schritte in Bild 3.

3. Nenne den Grund dafür, warum rasche Verläufe typisch für Viruserkrankungen sind.
4. Nenne Maßnahmen, die vor einer Infektion mit Viren schützen.
5. Erkläre den Unterschied zwischen einer Epidemie und einer Pandemie.
6. **I** Eine Wirtszelle produziert etwa 500 neue Viren. Berechne von einem Virus ausgehend, wie viele Viren es nach drei Vermehrungszyklen etwa in einem infizierten Körper gibt.
7. **III** Zu den Kennzeichen des Lebendigen gehören folgende Aspekte: aktive Bewegung, Stoffwechsel, Wachstum und Entwicklung, Fortpflanzung und Vermehrung sowie Reizbarkeit. Beurteile, ob es sich bei Viren um Lebewesen handelt.

»

ÜBEN UND ANWENDEN

A Viruserkrankungen

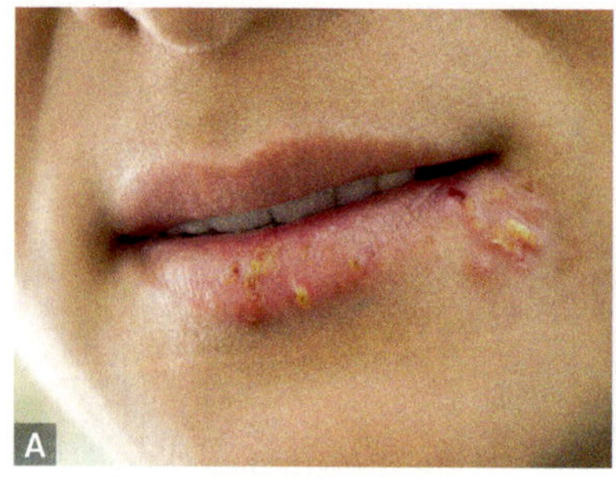

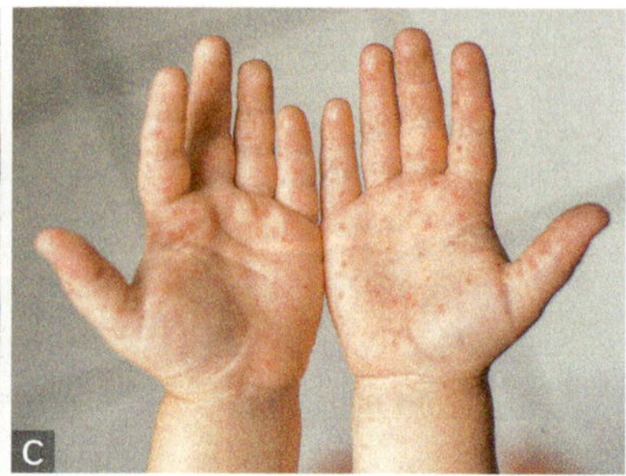

① Die **Hand-Fuß-Mund-Krankheit** ist eine meist harmlose, aber hochansteckende Erkrankung. Als Symptome sind schmerzhafte Bläschen an den Händen, den Füßen und im Bereich des Mundes erkennbar. Erwachsene erkranken nicht, können das Virus aber übertragen.

② **Lippenherpes** ist eine weit verbreitete Erkrankung. Einmal mit Herpesviren infiziert, bleibt das Virus ein Leben lang im Körper. Wenn das Immunsystem geschwächt ist, kann die Krankheit immer wieder ausbrechen und die typischen Herpes-Bläschen verursachen.

③ Die **Grippe** ist eine schwere Atemwegserkrankung, die durch Viren hervorgerufen wird. Als Symptome treten plötzlich einsetzendes Fieber mit Schüttelfrost, Gliederschmerzen, Reizhusten, Halsschmerzen und Kopfschmerzen auf.

1 A – C Unterschiedliche Viruserkrankungen

1 Ordne den Abbildungen A – C die jeweils passende Beschreibung ① – ③ zu.

2 Nenne Verhaltensweisen und Maßnahmen zum Schutz vor Viruserkrankungen.

B Infektionskrankheiten auf Weltreise

2 Flugverbindungen weltweit

Bild 2 zeigt den weltweiten Flugreiseverkehr an einem Tag.
Jeden Tag finden alleine in Deutschland etwa 8000 Flüge statt. Weltweit sind es etwa 80000 Flüge pro Tag.

1 Erläutere, welcher Zusammenhang zwischen dem weltweiten Flugreiseverkehr und einer Viruspandemie besteht.

2 Nenne weitere weltweite Verbreitungsmöglichkeiten für Viren.

IM ALLTAG

Schutzmaßnahmen vor Infektionskrankheiten wie Covid-19

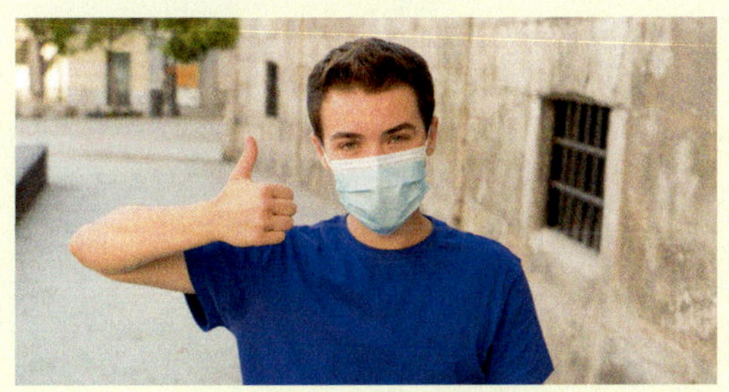

3 Maskenpflicht in der Öffentlichkeit

A wie im Alltag Masken tragen

Das Covid-19-Virus wird beim Ausatmen durch winzige Speicheltröpfchen verbreitet. Medizinische Masken fangen die Tröpfchen zum großen Teil auf. So schützen sie sowohl die Menschen, die die Maske tragen, als auch andere Menschen davor, sich anzustecken. Gerade wenn viele Menschen zusammenkommen, ist das Tragen einer solchen Maske sinnvoll.

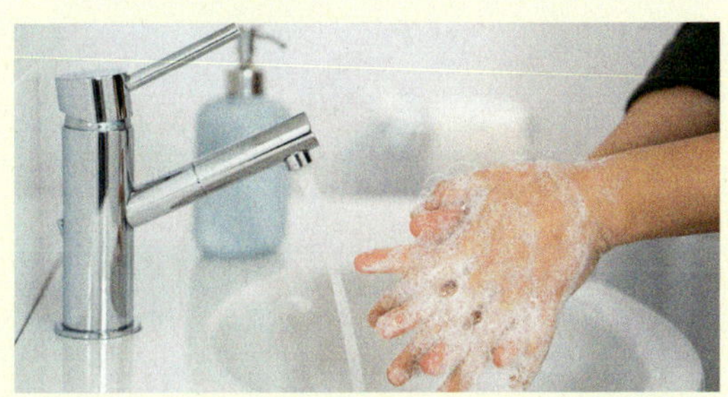

4 Richtiges Händewaschen

H wie Hygiene

Einen wichtigen Bestandteil bei der Eingrenzung der Covid-19 Pandemie stellt die Hygiene dar. Richtiges Händewaschen, das Niesen und Husten in die Armbeuge und das Reinigen von Gebrauchsgegenständen, die von mehreren Personen verwendet werden, gehört dazu. Dadurch kann die Übertragung des Virus verringert werden.

BITTE ABSTAND HALTEN!
1,5m
1,5m

5 Hinweisschild zum Abstandhalten

A wie Abstand halten

Der Abstand von mindestens 1,5 m soll verhindern, dass die Viren von Mensch zu Mensch übertragen werden.
Auf diese Weise sollen Infektionsketten unterbrochen werden.

1 Oben sind die drei Elemente der AHA-Regel dargestellt.
a) Bewerte diese Maßnahmen.
b) Nenne Maßnahmen, deren Umsetzung du im Alltag für schwierig hältst.

2 Nenne weitere Maßnahmen, die dazu beitragen können, eine Pandemie wie Covid-19 einzudämmen.

3 **II** Recherchiere, in welchen Punkten sich selbst genähte Masken von medizinischen Masken unterscheiden und berichte.

4 **III** Erläutere, welche Punkte der AHA-Regel sich negativ auf unsere psychische Gesundheit auswirken können.

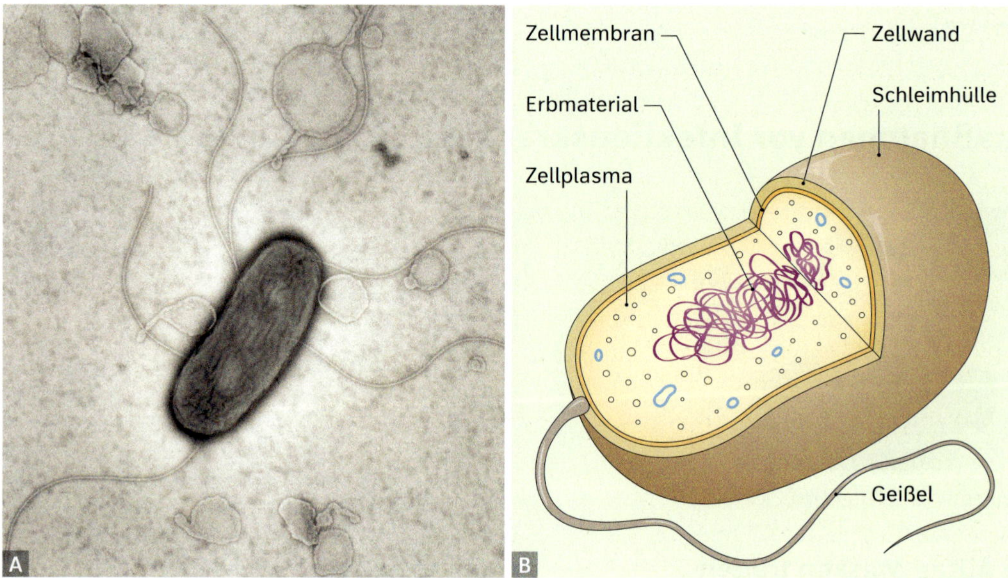

1 Bakterien: **A** elektronenmikroskopische Aufnahme, **B** schematischer Aufbau

Bakterien

Bakterien sind überall

Bakterien gibt es in jedem Lebensraum unseres Planeten. Sie existieren kilometertief im Boden, überleben in heißen Quellen und in den eisigen Polarregionen.
Bakterien sind überall um uns herum. Wir atmen sie mit der Luft ein und trinken sie mit dem Wasser. Auf jeder Oberfläche, die uns umgibt, und sogar auf und in unserem Körper leben Bakterien.
Einige Bakterienarten sind für Menschen schädlich. Es gibt aber auch Arten, die unschädlich oder sogar nützlich für den Menschen sind.

Aufbau eines Bakteriums

Bakterien sind Lebewesen, die aus einer einzelnen Zelle bestehen (→ Bild 1).

Bakterienzellen sind deutlich kleiner als die Zellen von Menschen oder Tieren. Die Bakterienzelle ist von einer festen Zellwand begrenzt. Diese kann bei einigen Arten noch von einer Schleimschicht oder einer harten Kapsel umgeben sein. Bakterien besitzen keinen Zellkern. Die Erbsubstanz liegt frei im Bakterium vor. Viele Bakterien besitzen Geißeln, mit denen sie sich fortbewegen können (→ Bild 1B).

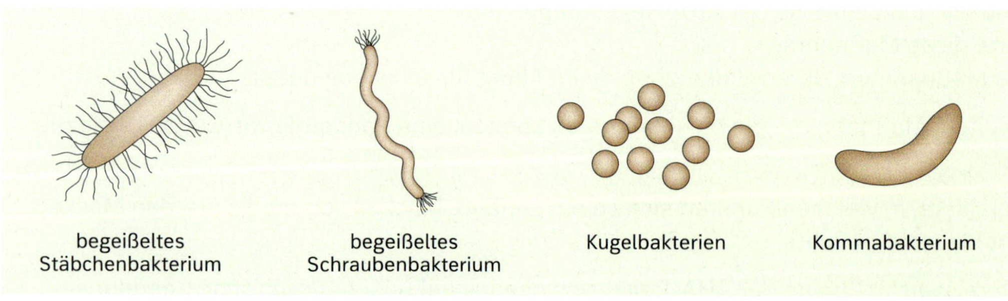

2 Unterschiedliche Formen von Bakterien

Die Vermehrung von Bakterien

Bakterien vermehren sich durch Zellteilung. Dabei wird zuerst das Erbgut verdoppelt. Dann schnüren sich die Bakterien in der Mitte durch. Es entstehen zwei zunächst noch kleinere Bakterien. Sie wachsen vor der nächsten Teilung wieder auf die ursprüngliche Größe heran. Bei geeigneten Umweltbedingungen teilen sich Bakterien alle 20 bis 30 Minuten (→ Bild 3).

Schädlinge und Nützlinge

Viele Bakterien sind Auslöser von Krankheiten wie der Lungenentzündung, dem Wundstarrkrampf oder der Blutvergiftung. Andere Bakterien leben als Nützlinge auf unserer Haut. Sie schützen uns dort vor anderen Krankheitserregern. Das Bakterium *E. coli* lebt in unserem Darm. Gelangen *E. coli*-Bakterien jedoch ins Blut, verursachen sie eine Blutvergiftung. Einige Bakterien werden eingesetzt, um Joghurt oder Sauerkraut herzustellen.

Ein Medikament gegen Bakterien

Im Jahr 1928 entdeckte ALEXANDER FLEMING durch Zufall einen Wirkstoff gegen Bakterien. Dieser wird von einem Schimmelpilz produziert. Heute gibt es viele verschiedene Mittel, die Bakterien unschädlich machen. Sie werden mithilfe von Mikroorganismen hergestellt. Diese Stoffe werden **Antibiotika** genannt. Durch Antibiotika können viele Krankheiten geheilt werden.

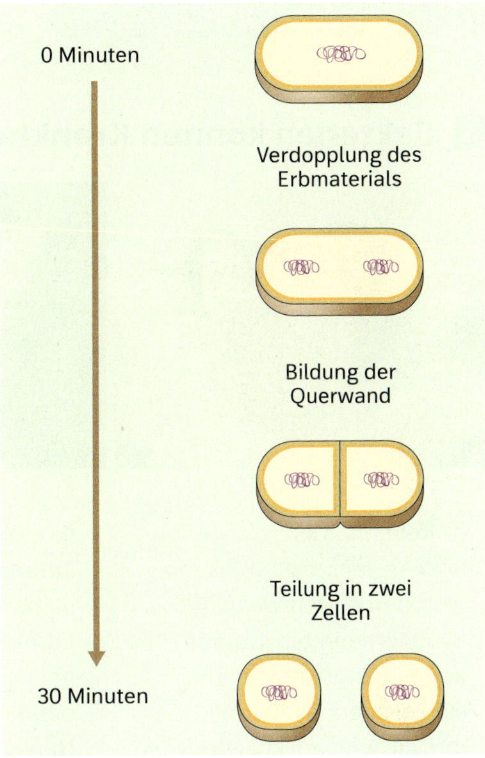

3 Vermehrung von Bakterien

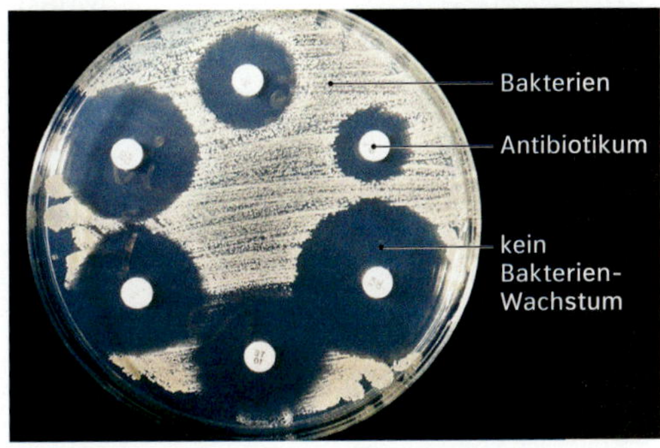

4 Antibiotika hemmen das Wachstum von Bakterien.

1. Zeichne und beschrifte den Aufbau eines Bakteriums.

Starthilfe zu 1:
Nutze dazu Bild 1B.

2. Erkläre, wie sich Bakterien vermehren.
3. Erläutere anhand eines Beispiels, warum manche Bakterien aus Sicht des Menschen zu den Nützlingen und andere zu den Schädlingen gezählt werden.
4. Nenne Lebensmittel, die mithilfe von Bakterien hergestellt werden.
5. Erkläre, um was es sich bei Antibiotika handelt.
6. I Nenne die Funktion der Geißeln, die manche Bakterienarten besitzen.
7. II Erkläre, warum Antibiotika als Medikamente wichtig sind.

»

ÜBEN UND ANWENDEN

A Bakterien können Krankheiten auslösen

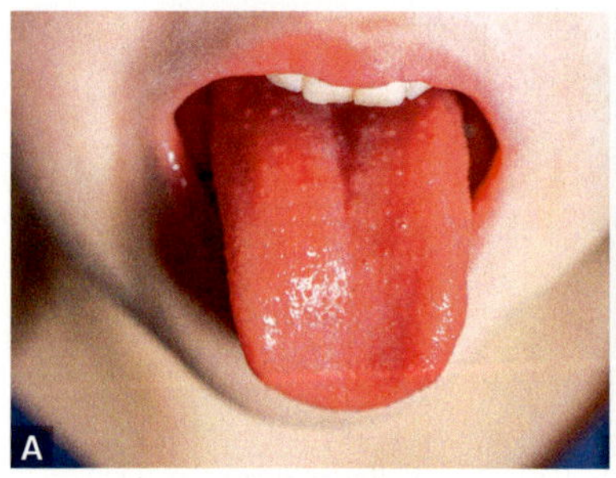

① **Keuchhusten** ist eine hochansteckende Infektion der oberen Atemwege. Als Symptome treten krampfartige Hustenanfälle und ein keuchendes Atemgeräusch beim anschließenden Luftholen auf.

② Ohne Impfschutz ist **Tetanus** eine häufig tödlich verlaufende Infektionskrankheit. Die Bakterien gelangen durch Wunden in den Körper. Sie befallen Nervenzellen des Zentralnervensystems, die die Muskeln steuern.

③ **Scharlach** ist eine hochansteckende Krankheit. Die auslösenden Bakterien werden über Speicheltröpfchen übertragen. Sie können Hautausschlag, Halsschmerzen und Fieber verursachen. Typisch ist eine tiefrote Zunge.

1 A–C Unterschiedliche bakterielle Erkrankungen

1. Ordne den Abbildungen A–C die jeweils passende Beschreibung ①–③ zu.
2. Nenne Verhaltensweisen und Maßnahmen zum Schutz vor bakteriellen Krankheiten.

B So wirken Antibiotika

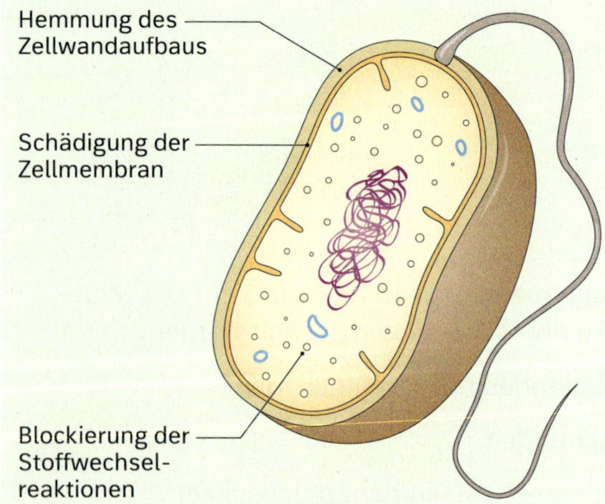

2 Wirkungsweisen von Antibiotika

Antibiotika wirken auf unterschiedliche Weise. Einige hindern die Bakterien daran, eine Zellwand aufzubauen. Andere Antibiotika beeinflussen die Erbsubstanz und blockieren Vorgänge des Stoffwechsels. Eine weitere Gruppe schädigt die Zellmembran.

1. Nenne drei Wege, wie Antibiotika Bakterien bekämpfen.
2. Antibiotika greifen nach ihrer Einnahme auch die Darmbakterien an. Stelle Vermutungen an, welche Folgen dies für die betroffenen Personen haben kann.

ÜBEN UND ANWENDEN

C Resistente Keime

Rund 450 Tonnen Antibiotika werden in Deutschland jährlich von Patienten eingenommen. Hinzu kommen noch Antibiotika, die zum Beispiel in der Hähnchenmast eingesetzt werden. So nehmen wir Antibiotika über unsere Nahrung auf.
Der intensive Einsatz von Antibiotika sorgt dafür, dass einzelne Bakterienarten heute nicht mehr auf Antibiotika reagieren. Sie sind resistent. Daher müssen immer wieder neue Antibiotika entwickelt werden. Wichtig ist auch, dass die Patienten die Antibiotika so einnehmen, wie es ärztlich verschrieben wurde.

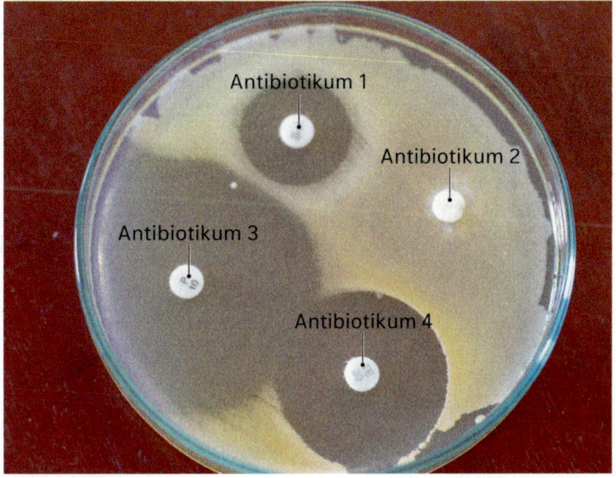

3 Vermehrung von Bakterien im Umfeld von Antibiotika

1. Die weißen Punkte in Bild 3 zeigen Filterpapierstücke mit verschiedenen Antibiotika. Beurteile, gegen welches Antibiotikum das Bakterium in der Petrischale resistent ist.
2. Beurteile die Gefahren, die von resistenten Bakterien ausgehen.
3. Recherchiere, welche Gefahren von resistenten Bakterien in Krankenhäusern ausgehen.
4. II Beschreibe geeignete Maßnahmen, um zu verhindern, dass Bakterien resistent werden.

D Wie kommen die Löcher in den Käse?

Die Löcher im Käse entstehen durch Gärungsprozesse während der Reifung. Dazu werden der Milch Milchsäurebakterien zugesetzt. Sie sorgen zunächst dafür, dass die Milch eindickt. Dann heften sich die Milchsäurebakterien an die Fetttröpfchen der Milch und ernähren sich von ihnen.
Als Abfallprodukt ihrer Verdauung entsteht Kohlenstoffdioxid. Durch die harte Käserinde kann das Gas nicht aus dem Käse entweichen. Deshalb entstehen Hohlräume – die Löcher im Käse.

4 Emmentaler Käse mit Löchern

1. Erkläre, wie die Löcher in den Käse kommen.
2. Recherchiere weitere Lebensmittel, bei deren Herstellung Bakterien eingesetzt werden.

Das Immunsystem

1 Organe des Immunsystems

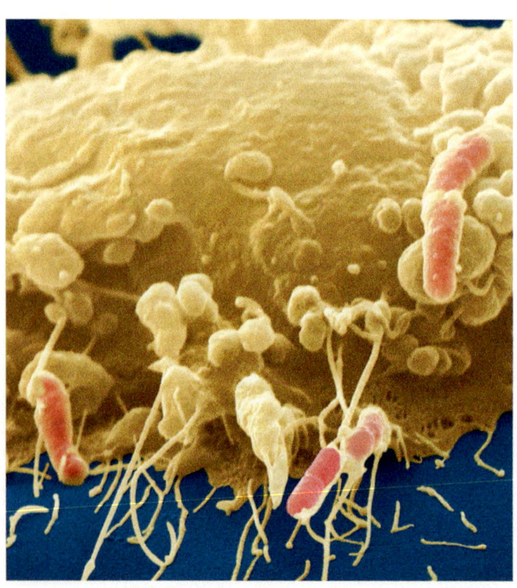

2 Fresszelle (gelb) umschließt Bakterien (rot).

Unser Körper wehrt sich

Krankheitserreger gelangen über die Atemluft und die Nahrung in unseren Körper. Damit wir nicht ständig an Infektionskrankheiten erkranken, besitzt unser Körper ein starkes Abwehrsystem.

Das Abwehrsystem des Körpers wird **Immunsystem** genannt.

Beim Immunsystem arbeiten viele Organe zusammen (→ Bild 1).

Die erste Verteidigungslinie

Mehrere angeborene Schutzmechanismen hindern Krankheitserreger bereits am Eintritt in unseren Körper hindern. Dazu gehören der Säureschutzmantel der Haut, die Tränenflüssigkeit, das Nasen-sekret, der Speichel und die Salzsäure im Magen. Im Darm sorgen nützliche Bakterien dafür, dass sich dort keine schädlichen Erreger ansiedeln können. Dennoch gelingt es Krankheitserregern immer wieder, diese Schutzeinrichtungen zu umgehen und in den Körper einzudringen.

Das Immunsystem

Das Immunsystem dient der Abwehr von Erregern, die ins Körperinnere gelangt sind. Es besteht vor allem aus verschiedenen **weißen Blutkörperchen.** Diese werden im Knochenmark gebildet und mithilfe des Blutes und der Lymphe im Körper verteilt. Es gibt verschiedene Arten von weißen Blutkörperchen: Fresszellen, Killerzellen, Plasmazellen, T-Helferzellen und Gedächtniszellen.

Unspezifische Immunabwehr

Treffen **Fresszellen** auf eingedrungene Erreger, umschließen sie diese und verdauen sie (→ Bild 2). Da sie alle fremden Stoffe ungezielt angreifen, wird diese Abwehr **unspezifische Immunabwehr** genannt.

Spezifische Immunabwehr

Können die Fresszellen die eingedrungenen Erreger nicht allein bekämpfen, wird die **spezifische Immunabwehr** aktiviert.
Die Fresszellen informieren dazu die **T-Helferzellen** mithilfe von kleinen Bruchstücken der Erreger über deren Beschaffenheit.
Die Aufgabe der T-Helferzellen besteht darin, **Plasmazellen** und **Killerzellen** zu informieren. Daraufhin produzieren die Plasmazellen **Antikörper.** Diese sorgen schließlich dafür, dass die Erreger mit den Antikörpern verklumpen, unschädlich werden und von Fresszellen verdaut werden können.
Die alarmierten Killerzellen suchen von den Erregern befallene Körperzellen und töten diese. Die abgetöteten Körperzellen werden ebenfalls von Fresszellen verdaut.

Die Immunisierung

Um auf eine erneute Infektion mit den gleichen Erregern schneller reagieren zu können, werden **Gedächtniszellen** gebildet. Diese speichern die Struktur des Erregers und stellen bei erneutem Kontakt sofort große Mengen passender Antikörper her. Die Gedächtniszellen sorgen dadurch dafür, dass bestimmte Krankheiten nicht erneut ausbrechen können. Gegen diese Krankheiten sind wir meist jahrelang immun.

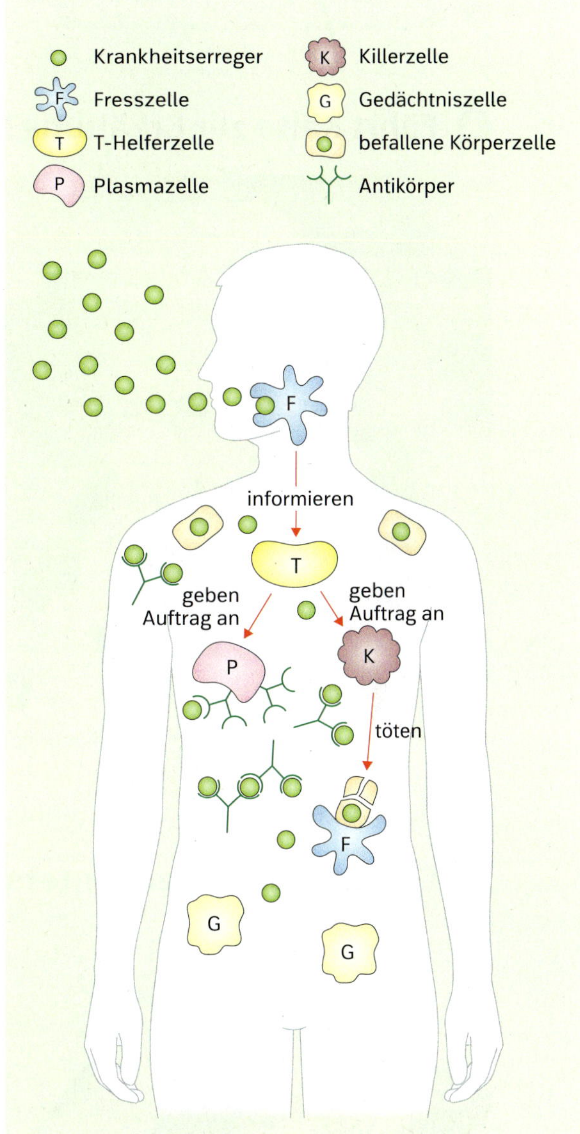

3 Arbeitsweise des Immunsystems

1. Nenne die Bestandteile der ersten Verteidigungslinie des Immunsystems.
2. Erkläre die Funktion der nützlichen Bakterien im Darm.
3. Nenne die Funktionen der genannten Arten der weißen Blutkörperchen.
4. Erkläre, was die Fresszellen mit Bruchstücken der Erreger tun.

Starthilfe zu 3:

Art des weißen Blutkörperchens	Funktionen
Fresszelle	...

5. Erkläre die Funktion der Gedächtniszellen bei der Immunisierung.
6. **I** Begründe, warum sich Fresszellen aktiv zwischen Körperzellen bewegen können müssen.
7. **II** Begründe, warum es wichtig ist, dass Gedächtniszellen extrem langlebig sind.

»

ÜBEN UND ANWENDEN

A Führt Kälte zur Erkältung?

1 Im Winter erhöht sich die Zahl der Erkältungen.

In Herbst und Winter werden unsere Schleimhäute im Nasenraum und Rachenraum schlechter durchblutet. Dies führt zu einer geringeren Beweglichkeit unserer Abwehrzellen und damit zur schlechteren Abwehr eindringender Erreger. Außerdem beeinträchtigt die trockene Raumluft die Funktion unserer Schleimhäute in der kalten Jahreszeit. Zudem lüften viele Menschen im Winter weniger. Dadurch erhöht sich die Zahl der Erreger im Haus.

1 Nenne Probleme, die der Herbst und der Winter für unser Immunsystem mit sich bringen.

2 Formuliere für jedes der genannten Probleme eine geeignete Lösung.

B Das Immunsystem unterstützen

2 Auch das Immunsystem benötigt Erholung.

Wie gut unser Immunsystem funktioniert, hängt von unserer Lebensweise ab.
Zunächst ist eine vitaminreiche und mineralstoffhaltige Ernährung wichtig. Des Weiteren sollte auf viel Bewegung und ausreichend Schlaf geachtet werden. Die Muskelbewegungen erhöhen die Aktivität des Immunsystems. Im Schlaf bekommen die Zellen Zeit zur Erholung.

1 Nenne drei Möglichkeiten, das Immunsystem zu unterstützen.

2 Bewerte dein eigenes Verhalten. Nenne Verhaltensweisen, mit denen du dein Immunsystem unterstützt.

METHODE

Präsentieren mit Modellen 

Bei der Abwehr von Krankheitserregern laufen in unserem Körper viele Prozesse nacheinander und nebeneinander ab. Um sie besser verständlich zu machen, können dir Modelle helfen.

Schritt 1: Über den Inhalt informieren

Lies die Inhalte der Basisseite „Das Immunsystem“ mehrfach durch. Überlege, ob du alle Abläufe des Immunsystems verstanden hast. Frage bei Unsicherheiten deine Mitschülerinnen und Mitschüler oder deine Lehrkraft.

Schritt 2: Ein Modell erstellen

Folgende Fragen solltest du vor dem Erstellen des Modells klären:

Was soll mit dem Modell gezeigt werden?
- die Bestandteile des Immunsystems
- die Arbeit des Immunsystems

Welche Materialien sind geeignet?
- Papier, Pappe, Schaumstoff, Holz oder andere Bastelmaterialien

Welcher Modelltyp wird gewählt?
- Anschauungsmodelle sind unbeweglich
- Funktionsmodelle sind beweglich, Abläufe können dargestellt werden

Welche Form der Präsentation ist passend?
- Tafel, Computer, Dokumentenkamera, Handyvideo, Stop-Motion-Film

Nutze deine Vorüberlegungen, um das Modell anzufertigen. Achte dabei darauf, dass die Größe des Modells der gewählten Form der Präsentation entspricht. Ein Modell für die Präsentation mithilfe einer Dokumentenkamera kann kleiner sein, als ein Modell, das mit Hilfe der Tafel präsentiert wird.

Schritt 3: Das Modell präsentieren

- Achte darauf, dass alle Zuschauer dich und das Modell gut sehen können.
- Sprich so, dass deine Mitschüler dir folgen können.
- Achte darauf, dass du keine Formulierungen aus dem Infotext übernimmst, sondern mit eigenen Worten formulierst.
- Zeige die Inhalte und die Vorgänge am Modell, während du sie vorstellst. Gehe dabei auch auf die Grenzen des Modells ein.
- Kläre am Ende aufkommende Fragen deiner Zuhörer.

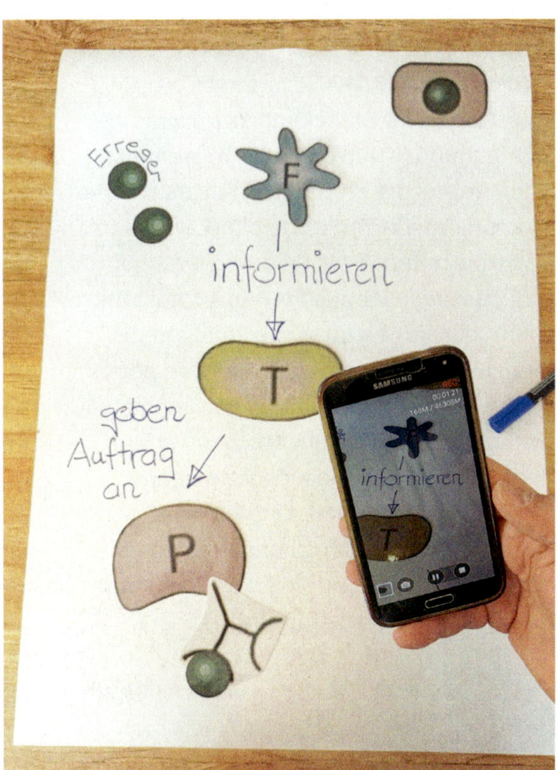

3 Mögliche Bestandteile eines Modells zur Funktion des Immunsystems

1 Erkläre mithilfe eines selbstgebauten Modells die Arbeitsweise des Immunsystems.
Tipp: Dieses Modell eignet sich gut für die Herstellung von Erklärvideos mithilfe eines Smartphones.

2 Beschreibe die Grenzen eines solchen Modells.

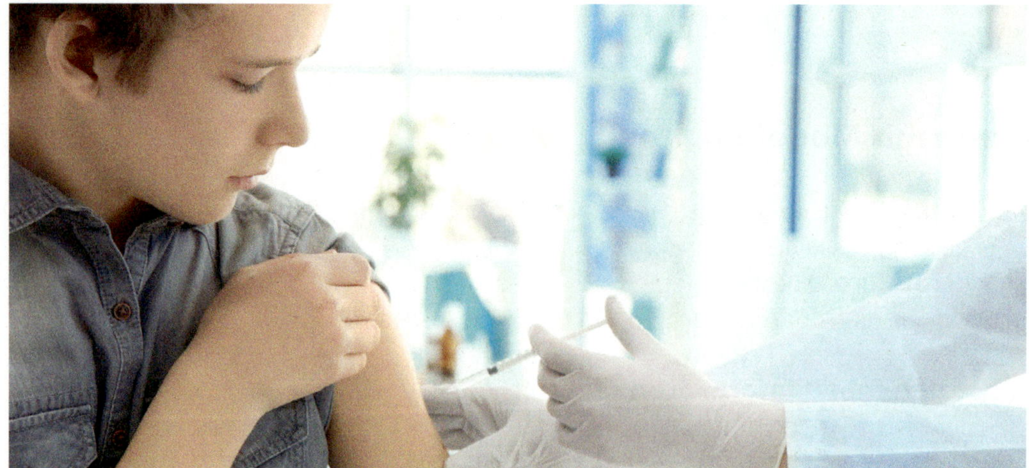

1 Ein Impfstoff wird gespritzt.

Impfen kann Leben retten

Impfen unterstützt das Immunsystem

Unser Immunsystem kann sich an die Beschaffenheit von einmal bekämpften Krankheitserregern „erinnern". Dazu dienen spezielle weiße Blutkörperchen, die **Gedächtniszellen.** Sie sind dafür verantwortlich, dass bei einem erneuten Kontakt mit einem bekannten Erreger schnell große Mengen an passenden Antikörpern gebildet werden. Dadurch wird die Krankheit bekämpft, bevor sie ausbrechen kann.
Beim Impfen wird dieser körpereigene Mechanismus genutzt. Dabei wird zwischen zwei Arten der Impfung unterschieden. Diese beiden Arten sind die **Heilimpfung** und die **Schutzimpfung.**

Die Heilimpfung

Bei der Heilimpfung werden dem Patienten Antikörper gegen einen Erreger verabreicht. Diese Antikörper werden in Zellkulturen mit speziellen Plasmazellen produziert (→ Bild 2). Diese Form der Impfung wird auch **passive Immunisierung** genannt. Das Immunsystem der geimpften Person tritt dabei nicht in Aktion.
Eine Heilimpfung wird durchgeführt, wenn der Patient schon mit entsprechenden Erregern in Kontakt gekommen ist. Sie wird auch angewendet, wenn die Zeit für eine Schutzimpfung nicht mehr ausreicht.
Die Schutzwirkung hält für etwa drei bis vier Wochen, dann werden die verabreichten Antikörper abgebaut.

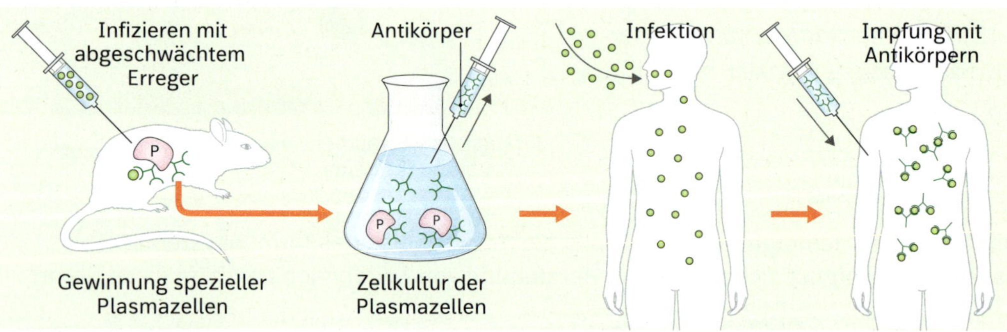

2 Ablauf einer Heilimpfung

3 Ablauf einer Schutzimpfung

Die Schutzimpfung

Bei der Schutzimpfung wird das Immunsystem angeregt, selbst Antikörper und Gedächtniszellen zu bilden. Dazu wird dem Patienten ein Impfstoff gespritzt. Viele Impfstoffe bestehen aus abgeschwächten oder toten Erregern. Neuere Impfstoffe enthalten den genetischen Bauplan für bestimmte Teile von Erregern.

Vom Impfstoff geht für den Patienten keine Gefahr aus. Da das Immunsystem aber wie bei einem lebendigen Erreger reagiert, wird die Schutzimpfung auch **aktive Immunisierung** genannt. Sie sorgt für einen langanhaltenden Schutz, da der Körper selbst Antikörper bildet.

Bereits Kleinkinder werden gegen Krankheiten wie Tetanus geimpft. Bei bestimmten Krankheiten kann sich der Impfschutz mit der Zeit abschwächen. Daher muss er nach einigen Jahren wieder aufgefrischt werden.

Impfen lebt vom Mitmachen

Aufgrund von Vorerkrankungen können sich einige Menschen nicht impfen lassen. Umso wichtiger ist es, dass sich möglichst viele gesunde Menschen impfen lassen. Dadurch wird eine sogenannte **Herdenimmunität** erreicht. Die Viren finden dann zu wenige Wirte, um sich auszubreiten.

Beim Impfen kann es zu leichten Nebenwirkungen wie Fieber kommen. Diese sind jedoch weniger schlimm als die eigentliche Krankheit.

Wie ein Schlüssel ins Schloss

Egal, ob Heilimpfung oder Schutzimpfung, jede Impfung wirkt nur gegen genau eine Art von Erregern. Antikörper werden passgenau für diese Erreger produziert und können nur an diese andocken. Ein solches Zusammenpassen wird auch als **Schlüssel-Schloss-Prinzip** bezeichnet.

1. Nenne die Fähigkeit des Immunsystems, die beim Impfen genutzt wird.
2. Vergleiche die Heilimpfung und die Schutzimpfung.
3. Begründe, warum die Schutzimpfung auch als aktive Immunisierung bezeichnet wird.
4. Erläutere das Schlüssel-Schloss-Prinzip am Beispiel der Reaktion der Antikörper mit einem Erreger.
5. I Erkläre die Bedeutung der Gedächtniszellen für die Heilimpfung und für die Schutzimpfung.
6. II Erkläre den Begriff Herdenimmunität und die Bedeutung von Schutzimpfungen, um sie zu erreichen.

Starthilfe zu 2:
Beachte jeweils das Ziel, den Impfstoff und die Wirkungsdauer.

»

ÜBEN UND ANWENDEN

A Impfpflicht

Masern
Masern sind eine hochansteckende Infektionskrankheit. Der Erreger ist das Masern-Virus. Typische Symptome sind rote Hautflecken, Fieber und eine allgemeine körperliche Schwäche. In einigen Fällen kann es zu lebensbedrohlichen Verläufen mit Lungenentzündung oder Hirnhautentzündung kommen.

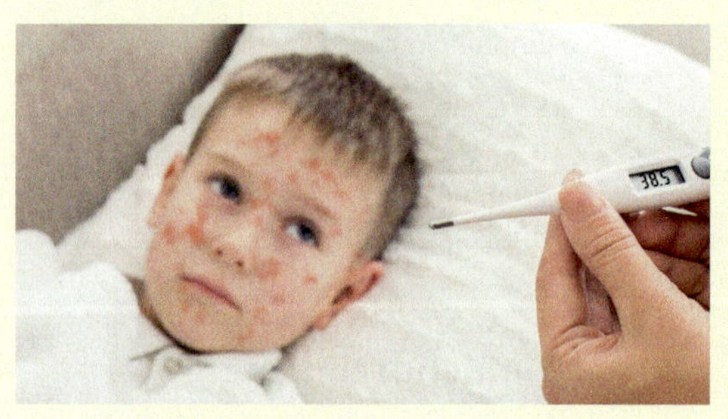

1 Masern können lebensbedrohlich sein.

Am 01.03.2020 ist in Deutschland ein Gesetz in Kraft getreten, das die Impfpflicht regelt. Eltern, deren Kind in eine Kindertagesstätte oder in die Schule geht, müssen ihr Kind gegen Masern impfen lassen. Einige Eltern möchten ihr Kind aber nicht impfen lassen. Sie sagen, dass diese Entscheidung bei ihnen liegen sollte.

1 Bewerte die Impfpflicht gegen die Masern.

2 Erkläre, warum es wichtig ist, dass beim Impfen gegen bestimmte Krankheiten viele Menschen mitmachen.

B Die Entdeckung des Impfens

2 Untersuchungen im Labor

EDWARD JENNER forschte am Ende des 18. Jahrhunderts an Menschenpocken. Er beobachtete, dass Menschen, die an den eng verwandten Kuhpocken erkrankten, nach einer solchen Krankheit gegen die tödlichen Menschenpocken immun waren.
Daraus schloss er, dass der infizierte Körper Abwehrstoffe gegen die Krankheit bilden kann. Er überprüfte seine Theorie, indem er einen achtjährigen Jungen zunächst mit Kuhpocken und anschließend mit Menschenpocken infizierte. Er stellte fest, dass der Junge immun gegen die Menschenpocken war.

1 Begründe, warum JENNERS Versuch heute nicht mehr durchgeführt werden würde.

2 II Bewerte JENNERS Versuch in Hinblick auf die Erforschung von Krankheiten.

3 III Recherchiere, mit welchen Methoden heutzutage im Bereich Immunologie geforscht wird und berichte.

ÜBEN UND ANWENDEN

C Neu entwickelter Impfstoff gegen das Covid-19-Virus

Eine Infektion mit dem Covid-19-Erreger bedroht alle Menschen der Welt. Mehrere Millionen Menschen sind bereits an dieser Viruserkrankung gestorben.
Zum Schutz gegen die Krankheit haben Forscherinnen und Forscher eine neue Art von Impfstoff entwickelt.

① Zur Herstellung der neuen Impfstoffe wird die Erbinformation (RNA) des Virus abgelesen.
② Ein Teil der Erbinformation wird im Labor vervielfältigt und als Impfstoff verwendet.
③ Einige menschliche Körperzellen produzieren dann nach der Impfung entsprechend des Bauplans Teile des Virus.
④ Die neu gebildeten Virusteile sind ungefährlich, aktivieren aber das Immunsystem. Es bildet nun Antikörper gegen diese Virusteile.
⑤ Bei einem späteren Kontakt mit dem echten Covid-19-Virus erkennt das Immunsystem die Virusteile. Es kann dann das Virus mit Antikörpern gezielt und schnell bekämpfen. Die Krankheit kommt nicht zum Ausbruch.

Solche neuartigen Impfstoffe werden RNA-Impfstoffe genannt. Für die RNA-Impfstoffe werden keine Krankheitserreger benötigt, die erst in großen Mengen gezüchtet werden müssen. So können solche Impfstoffe sehr schnell entwickelt und in großen Mengen hergestellt werden.

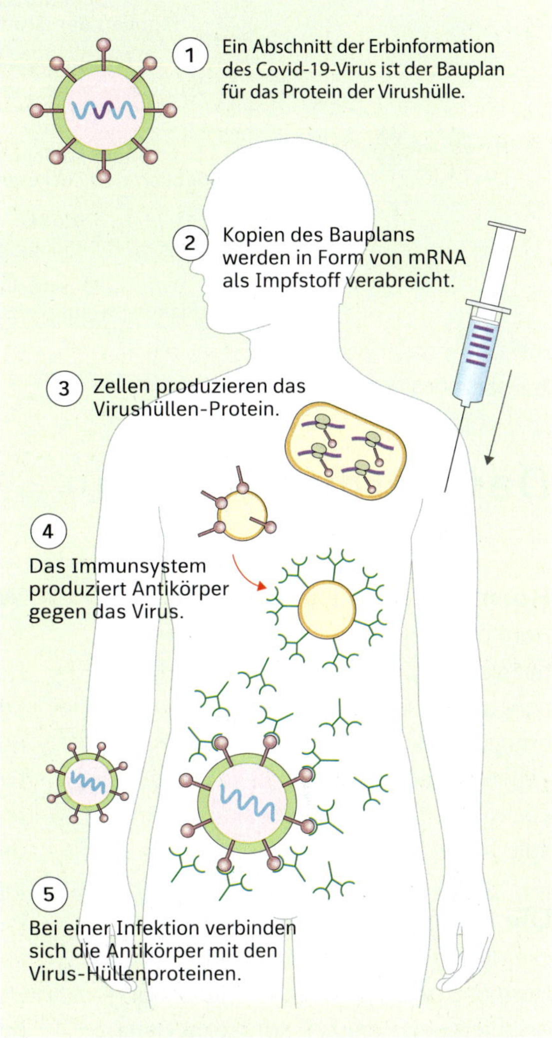

1 Ein Abschnitt der Erbinformation des Covid-19-Virus ist der Bauplan für das Protein der Virushülle.
2 Kopien des Bauplans werden in Form von mRNA als Impfstoff verabreicht.
3 Zellen produzieren das Virushüllen-Protein.
4 Das Immunsystem produziert Antikörper gegen das Virus.
5 Bei einer Infektion verbinden sich die Antikörper mit den Virus-Hüllenproteinen.

3 Ablauf einer Impfung mit einem RNA-Impfstoff gegen das Corona-Virus

1 Beschreibe den Ablauf einer Immunisierung durch einen RNA-Impfstoff.

2 **II** Beschreibe die Unterschiede zwischen einer Impfung mit einem RNA-Impfstoff und einem Impfstoff mit abgeschwächten Erregern.

Starthilfe zu 2:
Denke dabei daran, wie die beiden Impfstoffe hergestellt werden.

3 **II** Nenne Vorteile der RNA-Impfstoffe bei der Bekämpfung einer Pandemie.

4 **II** Der RNA-Impfstoff wird in den menschlichen Zellen sehr schnell wieder abgebaut. Erkläre, warum ein Impfschutz dennoch längere Zeit vorhanden ist.

5 **III** Erkläre, warum durch den RNA-Impfstoff die Krankheit Covid-19 nicht ausgelöst werden kann.

«

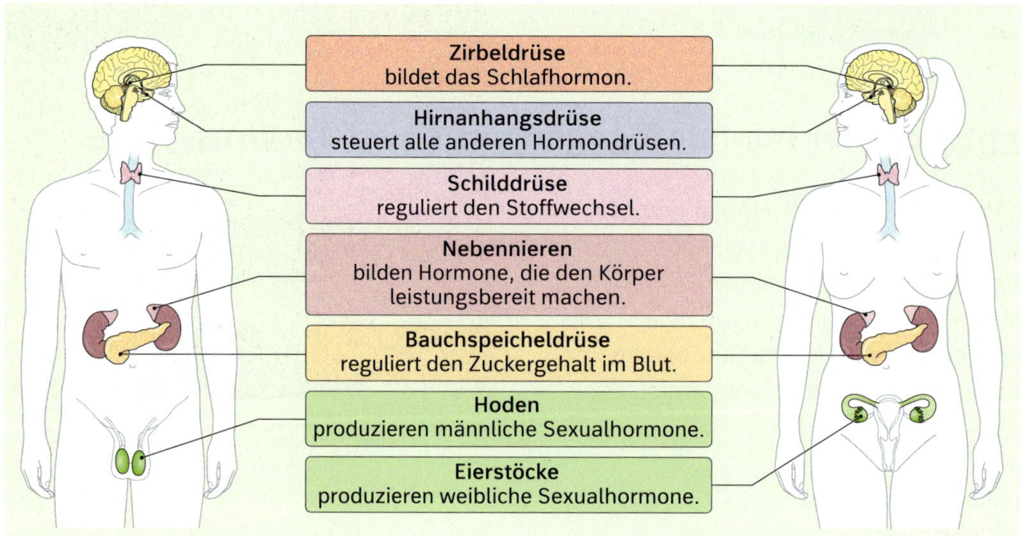

1 Drüsen des Hormonsystems

Das Hormonsystem

Hormone sind Botenstoffe

Hormone werden auch als Botenstoffe bezeichnet. Ein Bote übergibt eine Nachricht an den Empfänger. Entsprechend bringt das Hormon eine Botschaft zu den Zellen. Inhalt der Botschaft ist, dass in den Zellen des Körpers eine Reaktion starten soll.

Die Hormondrüsen

Die Hormondrüsen sind Organe, die Hormone herstellen können. So bildet beispielsweise die Zirbeldrüse im Gehirn abends das Schlafhormon. Die Schilddrüse produziert Hormone, die den Stoffwechsel des Körpers regeln.

Wirkung der Hormone

Von den Hormondrüsen aus gelangen die Hormone über das Blut in alle Teile des Körpers. Die Botenstoffe lösen allerdings nur in bestimmten Zellen eine Wirkung aus. Einige Hormone können sich mit Rezeptoren auf der Oberfläche der Zellen verbinden. Nach dem **Schlüssel-Schloss-Prinzip** lagern sich nur passende Hormone an den Rezeptor. Es kann also lediglich eine Sorte von Hormonen eine Wirkung auslösen. Hormone, die nicht zum Rezeptor passen, haben keine Wirkung. Es gibt auch Hormone, die ins Innere der Zelle gelangen und sich dort mit einem passenden Rezeptor verbinden (→ Bild 2 B).

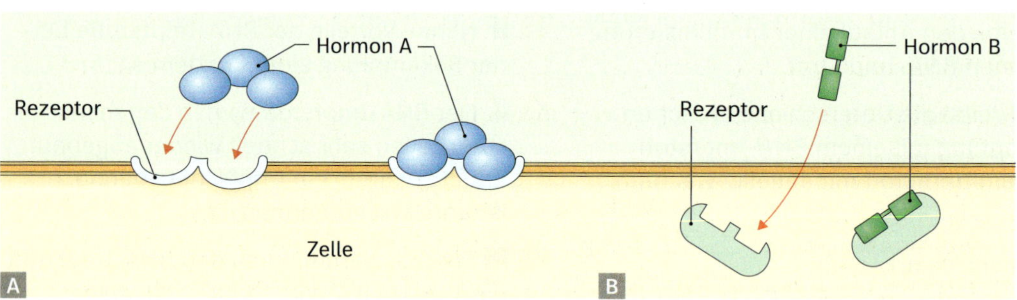

2 Schlüssel-Schloss-Prinzip von Hormon und Rezeptor: **A** an der Zelle, **B** in der Zelle

Die Hirnanhangsdrüse steuert die anderen Hormondrüsen

Wie viele Botenstoffe von den Hormondrüsen ausgeschüttet werden, wird von der Hirnanhangsdrüse gesteuert (→ Bild 3). Sie ist eine übergeordnete Drüse und regelt durch ihre eigenen Botenstoffe die anderen Hormondrüsen.

Die Information über die geeignete Menge an Hormonen im Blut bekommt die Hirnanhangsdrüse wiederum aus einem Teil des Zwischenhirns.

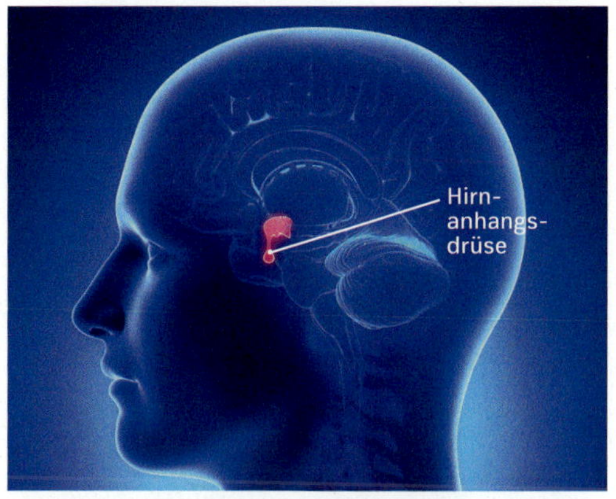

3 Hirnanhangsdrüse und Teil des Zwischenhirns

Die Regelung des Hormonsystems

Die Hormondrüsen schütten Hormone aus. Über das Blut gelangen die Botenstoffe in den ganzen Körper. Sie erreichen auch die Hirnanhangsdrüse. Dort wird die Menge der Hormone mit dem Wert verglichen, der vom Zwischenhirn vorgegeben ist (→ Bild 4A). Wenn zu viele Hormone im Blut sind, schickt die Hirnanhangsdrüse Botenstoffe aus, die die verantwortliche Hormondrüse bremsen. Die angesprochene Hormondrüse schüttet daraufhin weniger Hormone aus (→ Bild 4B). Die Hirnanhangsdrüse greift aber auch ein, wenn zu wenige Hormone im Blut sind. Sie sendet Botenstoffe aus, die die Hormondrüsen dann dazu anregen, mehr Hormone zu produzieren.

Die Hirnanhangsdrüse ist den übrigen Hormondrüsen übergeordnet und kann deren Produktionsmenge regeln.

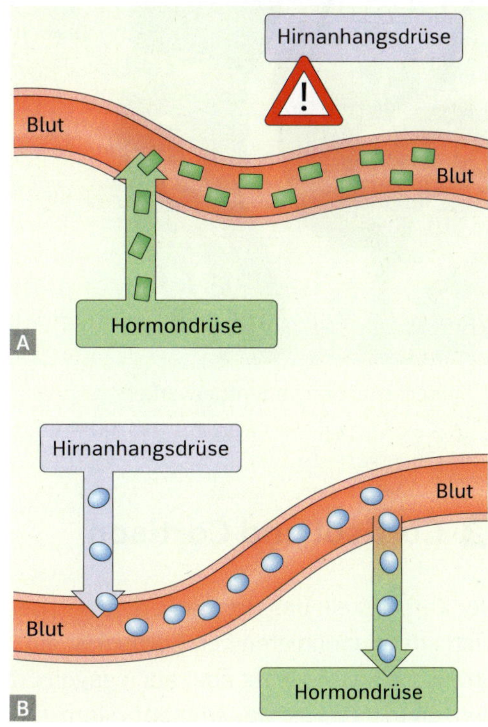

4 Regelung des Hormonsystems durch die Hirnanhangsdrüse: **A** Abgleich des Hormonpegels, **B** Ausschüttung von Steuerungshormonen

1. Nenne fünf Hormondrüsen und ihre Funktionen mithilfe von Bild 1.
2. Erkläre das Schlüssel-Schloss-Prinzip am Beispiel von Hormon und Rezeptor.
3. Beschreibe die Funktion der Hirnanhangsdrüse im Hormonsystem.
4. **I** Erkläre, wieso Hormone auch Botenstoffe genannt werden können.
5. **II** Beschreibe, wie eine zu große Menge eines Hormons im Hormonsystem heruntergeregelt wird.
6. **III** Erstelle ein Flussdiagramm, wie das Hormonsystem die Menge eines Hormons steigert.

Starthilfe zu 6:

zu wenige Hormone im Blut
↓

ÜBEN UND ANWENDEN

A Hormonsystem und Nervensystem arbeiten zusammen

Wenn der Mensch in einer Gefahrensituation schnell reagieren muss, arbeiten das Hormonsystem und das Nervensystem zusammen.

1 Schrecksituation im Straßenverkehr

Das Nervensystem aktiviert die Muskeln für eine schnelle Bewegung. Gleichzeitig aktiviert das Gehirn das Hormonsystem, um den Körper für weitere Anstrengungen vorzubereiten. Über den Sympathikus werden die Nebennieren aktiviert. Die Nebennieren sind Hormondrüsen. Aus deren Mark werden die Hormone Adrenalin und Noradrenalin abgegeben. Über das Blut verteilen sich diese Hormone schnell im Körper. Das Herz schlägt schneller, die Blutgefäße der Muskeln erweitern sich und die Leber stellt Glucose zur Verfügung. So verhelfen Adrenalin und Noradrenalin dazu, schnell reagieren zu können.

1. Nenne die beiden Hormone, die im Mark der Nebennieren gebildet werden.
2. Beschreibe, wie das Nervensystem und das Hormonsystem in einer Schrecksituation zusammenarbeiten.

B Cortisol und Cortison

Der Körper stellt das Hormon Cortisol in der Rinde der Nebennieren her. Cortisol ist ein Stresshormon. Es wirkt aber auch gegen Entzündungen und bremst das Immunsystem. Das wird von der Medizin genutzt.
Eine Art des künstlich hergestellten Cortisols heißt Hydrocortison. Als Salbe wird das Hormon Hydrocortison beispielsweise gegen Entzündungen der Haut verwendet.
Für schwerwiegende Krankheiten wird stärker wirkendes Cortison eingesetzt. Es kann beispielsweise gegen die Entzündung der Atemwege bei Asthma und zur Behandlung von Multipler Sklerose eingesetzt werden. Allerdings können auch Nebenwirkungen auftreten. Die längere Einnahme von starkem Cortison kann beispielsweise Schlafstörungen und die Abnahme der Knochendichte verursachen.

2 Asthmaspray mit Cortison

1. Nenne den Herstellungsort und die Wirkung von Cortisol im Körper.
2. Beschreibe den Unterschied zwischen Cortisol und Cortison.
3. **a)** Beschreibe zwei Anwendungen von Cortison in der Medizin.
   b) Recherchiere weitere Anwendungsbereiche.

IM ALLTAG

Der Faktor Licht

3 Tagesmüdigkeit

Müdigkeit am Tag

Im Zwischenhirn wird der Schlaf-Wach-Rhythmus durch die Zirbeldrüse gesteuert. Sie verwertet die Informationen Helligkeit und Dunkelheit. Wenn es dunkel wird, schüttet die Zirbeldrüse das Schlafhormon **Melatonin** aus. Es macht müde.

Wenn Müdigkeit am Tag auftritt, kann Lichtmangel eine Ursache sein. In unseren Wohnungen ist es vergleichsweise dunkel. Da wir uns viel in Räumen aufhalten, fehlt der Zirbeldrüse die Information über die Helligkeit. Als Folge produziert sie Melatonin. Die Menschen werden müde, obwohl es Tag ist. Das Rausgehen ins Tageslicht löst das Problem innerhalb kurzer Zeit. Draußen ist es selbst an einem bewölkten Tag heller als in den Räumen. Wer sich viel draußen aufhält, wird am Tag nicht müde.

4 Abends vor dem Bildschirm

Bildschirme halten wach

Viele Jugendliche sitzen abends oft sehr lange vor dem Bildschirm. Sie zocken, schauen Videos oder nutzen Social Media. Dabei werden sie nicht müde.

Das liegt hauptsächlich am Licht der Bildschirme. Es hat einen hohen Anteil von blauem Licht. Über die Augen gelangt diese Information ins Gehirn. Das Gehirn verbindet blaue Anteile im Licht mit dem Vormittag. In der Natur hat nämlich das Licht am Vormittag diese Eigenschaft. Dadurch gibt das Zwischenhirn wenig Melatonin ab. Entsprechend kommt keine Müdigkeit auf.

Das Licht von Bildschirmen stört also den natürlichen Schlaf-Wach-Rhythmus. Am nächsten Morgen ist der Mensch dann oft unausgeschlafen, schlecht gelaunt und unkonzentriert.

1 Nenne die Funktion der Zirbeldrüse.

2 Erkläre den Zusammenhang zwischen dem Aufenthalt in geschlossenen Räumen und Müdigkeit am Tag.

3 Beschreibe die Besonderheiten von Bildschirm-Licht.

4 Erkläre, warum Bildschirme am Abend die Müdigkeit verhindern.

5 II Erkläre den Nutzen eines Blaulichtfilters, der in vielen Smartphones eingestellt werden kann.

«

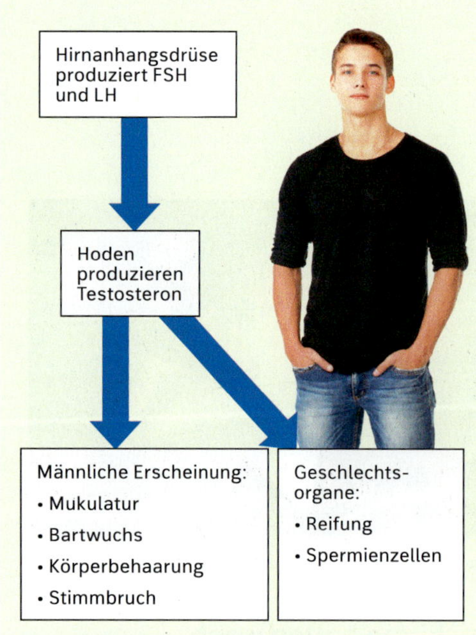

1 Wirkung der Geschlechtshormone in der männlichen Pubertät

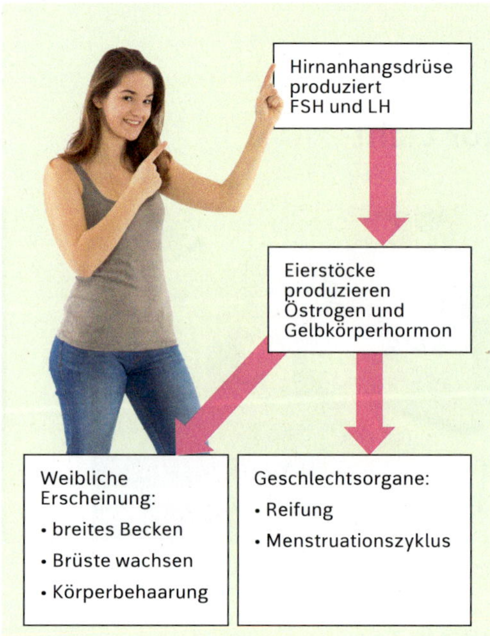

2 Wirkung der Geschlechtshormone in der weiblichen Pubertät

Die Geschlechtshormone

Die Hormone in der männlichen Pubertät

In der Pubertät entwickelt sich der Körper hin zum Erwachsenen. Dafür sind viele verschiedene Entwicklungsschritte nötig. Ausgelöst werden die Veränderungen durch die **Hirnanhangsdrüse.** Sie schüttet Hormone aus, die Vorgänge in den Hoden des Mannes steuern.

Die Hirnanhangsdrüse stellt das **luteinisierende Hormon (LH)** her. Durch die Wirkung des LHs produzieren die Hoden der Männer eigene Hormone. Das bekannteste männliche Geschlechtshormon ist das **Testosteron.** Eine Wirkung des Testosterons ist, dass der Körper eine männliche Erscheinung bekommt. Die Muskelmasse nimmt zu. Außerdem wachsen Bart und Körperbehaarung.

Das **follikelstimulierende Hormon (FSH)** aus der Hirnanhangsdrüse wirkt bei Männern auf die Bildung der Spermienzellen.

Die Hormone in der weiblichen Pubertät

Die Hormone der Hirnanhangsdrüse sind auch in der weiblichen Pubertät entscheidend. Wenn die Hirnanhangsdrüse die Hormone LH und FSH ausschüttet, beginnt die Entwicklung vom Mädchen zur Frau. LH und FSH steuern die Keimdrüsen der Frau. Unter ihrer Wirkung beginnen die Eierstöcke eigene Hormone herzustellen. Das bekannteste Geschlechtshormon der Frau ist das **Östrogen.** Das Östrogen bewirkt in der Pubertät, dass die Geschlechtsorgane ausreifen. Es sorgt darüber hinaus noch für die typisch weibliche Erscheinung. Das Becken wird breiter und die Brüste wachsen.

FSH und LH spielen auch im Leben der erwachsenen Frau eine große Rolle. FSH und LH steuern die Produktion der Geschlechtshormone, die auf den Menstruationszyklus einwirken.

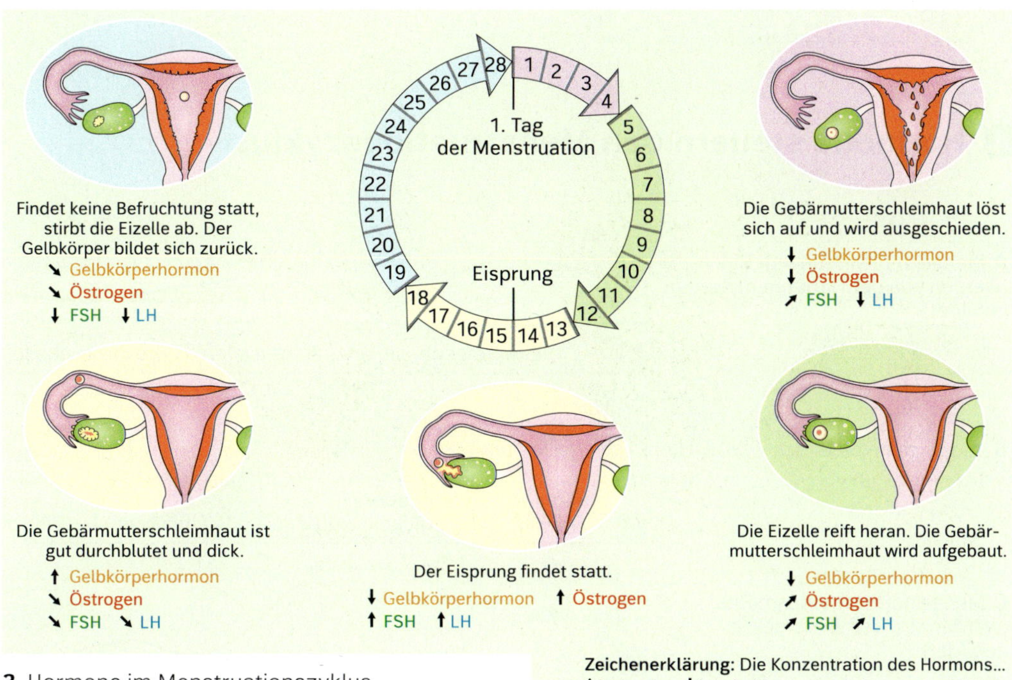

3 Hormone im Menstruationszyklus

Der Menstruationszyklus

Das Zusammenspiel der Geschlechtshormone bewirkt, dass jeden Monat abwechselnd in einem der Eierstöcke eine Eizelle heranreift. Dabei muss zu jedem Zeitpunkt während des Zyklus jeweils die genau richtige Menge der unterschiedlichen Hormone im Blut vorhanden sein (→ Bild 3).

Die erste Zyklushälfte

Das Hormon FSH bewirkt, dass im Eierstock eine Eizelle in einem Eibläschen reif wird. Das Eibläschen stellt dann Östrogen her. Dadurch wird die Gebärmutterschleimhaut dicker. Ab einer bestimmten Menge Östrogen im Blut schüttet der Körper LH aus. Wenn viel LH und Östrogen vorhanden sind, kommt es zum Eisprung.

Die zweite Zyklushälfte

Nach dem Eisprung kann die Eizelle befruchtet werden. Jetzt baut sich das leere Eibläschen im Eierstock zum **Gelbkörper** um und stellt das Gelbkörperhormon her. Dieses signalisiert, dass der Eisprung erfolgt ist. Gemeinsam mit dem Östrogen bewirkt das Gelbkörperhormon, dass sich die Gebärmutterschleimhaut auf eine Schwangerschaft vorbereitet. Gleichzeitig bremst es die weitere Bildung von LH und FSH. Dadurch kann keine neue Eizelle heranreifen.
Bleibt die Eizelle unbefruchtet, bildet sich der Gelbkörper zurück. Wenn Östrogen und Gelbkörperhormon auf dem niedrigsten Stand sind, kommt es zur Menstruationsblutung. Dann beginnt der Zyklus erneut.

1. Nenne die beiden Hormone, die von der Hirnanhangsdrüse für die Entwicklung der Keimdrüsen gebildet werden.
2. **a)** Beschreibe die Wirkung von Testosteron in der männlichen Pubertät.
   b) Beschreibe die Wirkung von Östrogen in der weiblichen Pubertät.
3. Beschreibe und erkläre die Vorgänge während des Menstruationszyklus.
4. Beschreibe, was geschieht, wenn die reife Eizelle unbefruchtet bleibt.

»

ÜBEN UND ANWENDEN

A Hormone steuern den Menstruationszyklus

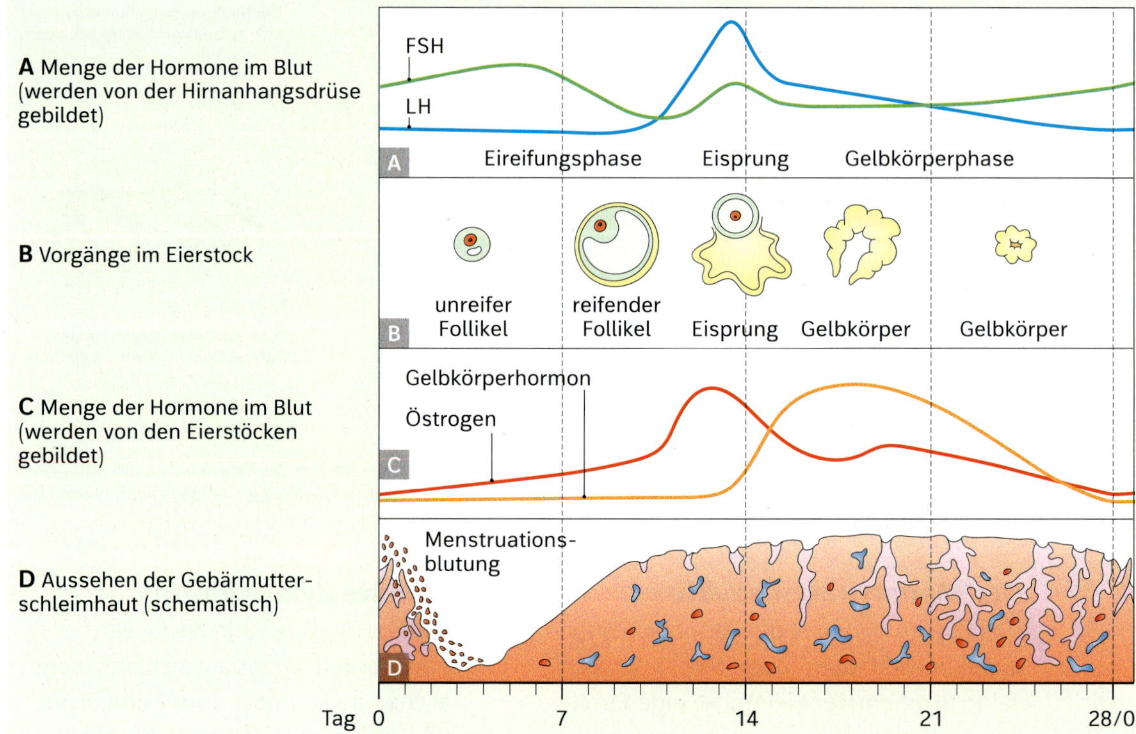

1 Unterschiedliche Hormone steuern den Menstruationszyklus.

1 a) Beschreibe die Vorgänge in der Gebärmutter zwischen Tag 0 und Tag 6.
b) Beschreibe, was im Eierstock an Tag 14 passiert.

2 II Beschreibe, was durch die große Menge an FSH zwischen Tag 0 und Tag 6 im Eierstock passiert.

Starthilfe zu 2:
Nutze die grüne Kurve in Bild 1A und die ersten beiden Abbildungen in Bild 1B.

3 II a) Beschreibe, wann große Mengen LH und Östrogen im Blut sind.
II b) Beschreibe, was zu diesem Zeitpunkt im Eierstock passiert.
II c) Beschreibe die Wirkung des Östrogens auf die Gebärmutterschleimhaut.

Starthilfe zu 3 c):
Betrachte dazu Bild 1D.

4 II a) Beschreibe den Verlauf der Kurve des Gelbkörperhormons.
II b) Erkläre, warum ab Tag 17 viel Gelbkörperhormon im Körper vorhanden ist.

Starthilfe zu 4 b):
Betrachte dazu Bild 1B.

5 II a) Beschreibe, zu welchem Zeitpunkt geringe Mengen LH, Östrogen und Gelbkörperhormon im Blut vorhanden sind.
II b) Beschreibe, welche Auswirkungen dies auf die Gebärmutterschleimhaut hat.

Starthilfe zu 5 b):
Betrachte dazu Bild 1D.

6 II Beurteile, inwiefern sich die Informationen aus dem Diagramm so eindeutig bestimmten Tagen wie Tag 6, 14 oder 17 zuordnen lassen.

ÜBEN UND ANWENDEN

B Wirkung der Anti-Baby-Pille

Die Anti-Baby-Pille ist ein häufig eingesetztes Verhütungsmittel für die Frau. Sie wirkt über künstlich hergestellte Hormone auf den Menstruationszyklus.
Durch das Östrogen in der Pille schüttet die Hirnanhangsdrüse keine Hormone für die Geschlechtsorgane mehr aus. Als Folge davon bleiben die Eizellen unreif. Der Eisprung findet nicht statt. Die Anti-Baby-Pille sorgt darüber hinaus dafür, dass sich die Gebärmutterschleimhaut nicht aufbaut.
Die Hormone in der Anti-Baby-Pille sind sehr niedrig dosiert. Aus diesem Grund ist es wichtig, sie regelmäßig jeden Tag zu einer festen Uhrzeit einzunehmen. Nur so wirkt sie sicher.

1 Beschreibe die Wirkung der Hormone einer Anti-Baby-Pille.

2 Erkläre, wie der Körper reagiert, wenn die Einnahme der Anti-Baby-Pille vergessen wird.

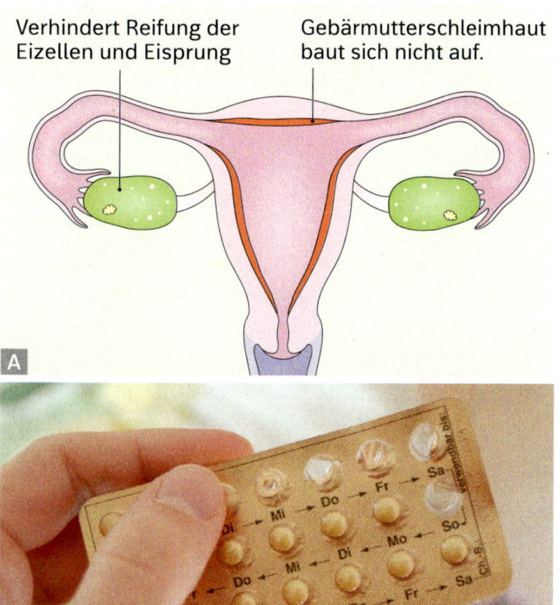

2 Anti-Baby-Pille: **A** Wirkung der Hormone, **B** Pillen nach Wochentagen sortiert

C Ursachen für Akne

Akne ist eine Hauterkrankung, die viele Jugendliche haben. Hauptursache dafür ist das Hormon Testosteron. Es kommt im männlichen Körper und in geringen Mengen auch im weiblichen Körper vor. Das Testosteron regt die Talgdrüsen der Haut an, mehr fettigen Talg zu produzieren. Der Weg nach draußen ist aber versperrt. Zellen, die den Gang nach draußen auskleiden, stellen zu viel Hornmaterial her. Dieses Hornmaterial verschließt die Poren. Der Talg staut sich dann unter der Hautoberfläche. Wenn sich dort Bakterien stark vermehren, entsteht eine Entzündung. Die Haut verfärbt sich rot. Oftmals sind solche Entzündungen schmerzhaft.

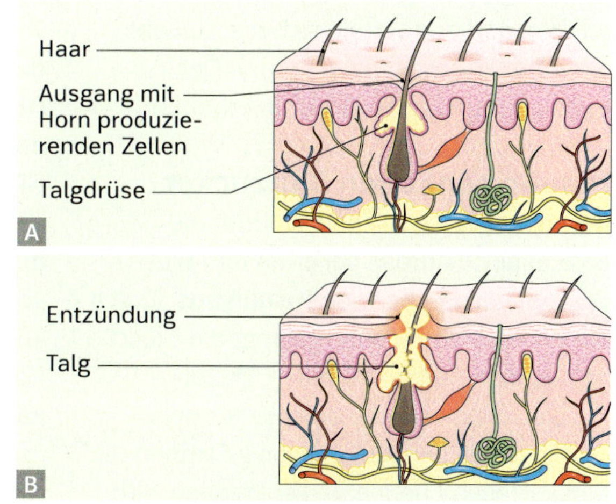

3 Haut: **A** gesund, **B** entzündet

1 Nenne die Wirkung von Testosteron auf die Haut.

2 Beschreibe die Vorgänge in der Haut bei der Entstehung von Akne.

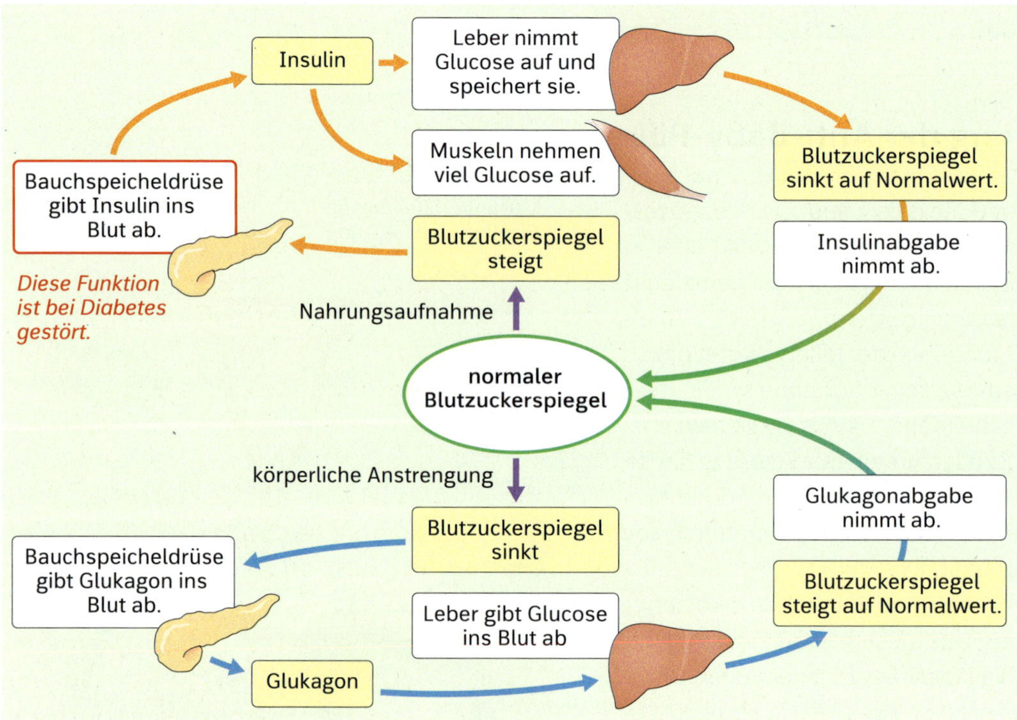

1 Die Regulation des Blutzuckerspiegels

Diabetes als Folge einer Hormonstörung

Nahrung lässt den Blutzucker ansteigen

Die Kohlenhydrate in unserer Nahrung werden im Dünndarm zu Glucose verarbeitet. Von dort aus verteilt sich die Glucose über das Blut im ganzen Körper. Der Blutzuckerspiegel ist dadurch erhöht.

Insulin senkt den Blutzucker

Bei gesunden Menschen schüttet die Bauchspeicheldrüse bei erhöhtem Blutzuckerspiegel das Hormon **Insulin** aus. Durch die Wirkung von Insulin gelangt die Glucose aus dem Blut in die Zellen. In den Muskelzellen wird die Glucose für den Stoffwechsel genutzt. Daraus gewinnen die Muskelzellen Energie. In Leberzellen wird Glucose gespeichert.
Wenn das Insulin an den Körperzellen wirkt, sinkt die Glucosemenge im Blut. Insulin senkt also den Blutzuckerspiegel.

Glukagon erhöht den Blutzucker

Nach dem Sport oder einer längeren Phase ohne Nahrungsaufnahme ist im Blut nur noch wenig Glucose vorhanden. Sie wurde von den Muskeln verbraucht. Jetzt werden die Zellen nicht mehr optimal versorgt.
Die Bauchspeicheldrüse schüttet daraufhin das Hormon **Glukagon** aus.
Glukagon regt beispielsweise die Leberzellen dazu an, gespeicherte Glucose ins Blut abzugeben. Dadurch erhöht sich die Menge von Glucose im Blut. Die Körperzellen können nun wieder ausreichend mit Glucose versorgt werden. Das Hormon Glukagon erhöht also den Blutzuckerspiegel.

Die Hormone Insulin und Glukagon regeln den Blutzuckerspiegel. Sie haben eine entgegengesetzte Wirkung. Insulin und Glukagon arbeiten nach dem **Gegenspieler-Prinzip.**

Wirkung von Insulin an den Zellen

Das Hormon Insulin bewirkt, dass die Körperzellen Glucose aufnehmen können. An den Zellen gibt es Rezeptoren für Insulin. Das Hormon verbindet sich mit dem Rezeptor nach dem Schlüssel-Schloss-Prinzip. Daraufhin kann die Glucose in die Zelle gelangen. Dort wird die Glucose genutzt. Durch die Aufnahme der Glucose in die Zellen sinkt der Blutzuckerspiegel.

Blutzuckerspiegel bei Diabetes

Bei **Diabetes Typ 1** produziert die Bauchspeicheldrüse das Hormon Insulin nicht. Dadurch kann keine Glucose aus dem Blut in die Leber oder Muskelzellen aufgenommen werden. Die Krankheit Diabetes ist also die Folge einer Hormonstörung. Diabetes wird oft als Zuckerkrankheit bezeichnet. Damit wird beschrieben, dass der Körper Probleme mit der Nutzung der Glucose aus der Nahrung hat.

Die Ernährung im Blick haben

Menschen mit Diabetes Typ 1 müssen immer wissen, wie viele Kohlenhydrate in ihrem Essen enthalten sind. Danach bemessen sie die Menge Insulin, die gespritzt werden muss. Durch das von außen zugeführte Insulin wird erreicht, dass die Glucose zum Beispiel von den Muskelzellen genutzt werden kann. Der Blutzuckerspiegel muss bei Erkrankten regelmäßig kontrolliert werden (→ Bild 3).

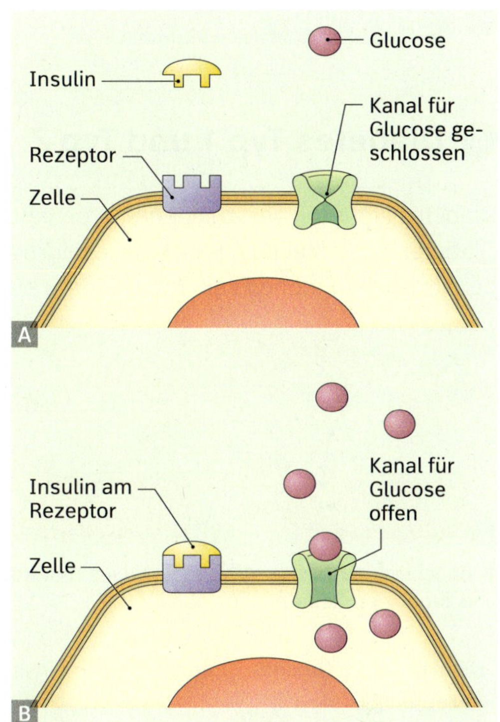

2 Wirkung von Insulin an den Zellen: **A** Zelle mit Rezeptor, **B** Aufnahme von Glucose in die Zelle

3 Diabetikerin misst ihre Insulinmenge im Blut.

1. Beschreibe mithilfe von Bild 1, wodurch sich der Blutzuckerspiegel verändert.
2. **a)** Erkläre, wie Insulin den Blutzuckerspiegel senkt.
   b) Erkläre, wie Glukagon den Blutzuckerspiegel erhöht.

Starthilfe zu 2:
Du kannst ein Flussdiagramm erstellen.
Blutzucker steigt durch Nahrung
↓

3. Beschreibe die Wirkung von Insulin an den Körperzellen.
4. Erkläre, warum sich Menschen mit Diabetes Typ 1 Insulin spritzen müssen.
5. **I** Erkläre, wieso Diabetes häufig Zuckerkrankheit genannt wird.
6. **II** Beschreibe das Gegenspieler-Prinzip am Beispiel von Insulin und Glukagon.

ÜBEN UND ANWENDEN

A Diabetes Typ 1 und Typ 2

Diabetes gibt es in verschiedenen Typen. Bei Diabetes Typ 1 stellt die Bauchspeicheldrüse bereits ab der Kindheit kein Insulin mehr her.

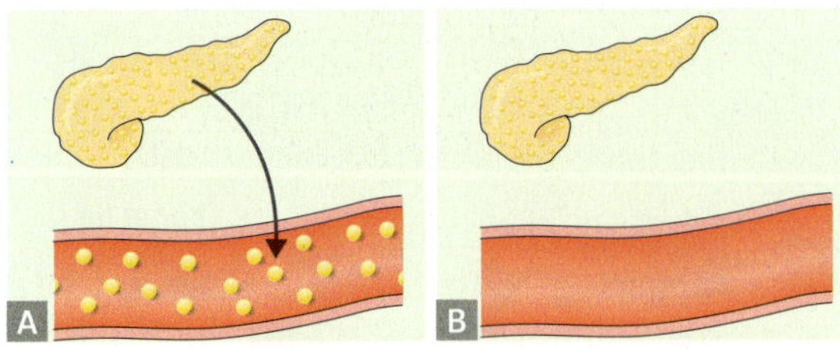

1 Bauchspeicheldrüse: **A** gibt Insulin ins Blut ab, **B** produziert kein Insulin

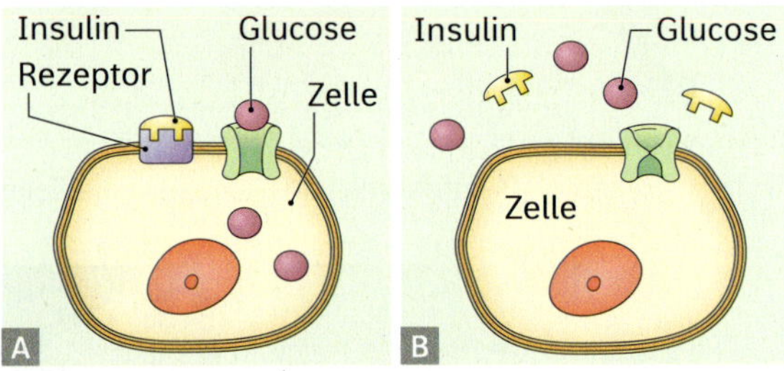

2 Glucose muss in die Zelle gelangen: **A** Zelle mit Insulin-Rezeptor, **B** ohne Insulin-Rezeptor

Das Immunsystem des eigenen Körpers zerstört die Insulin produzierenden Zellen.
Die meisten an Diabetes Erkrankten haben aber Typ 2. Bei einer Form von Diabetes Typ 2 produziert die Bauchspeicheldrüse zu wenig Insulin. Deshalb kann kaum Glucose in die Zellen gelangen. Bei einer anderen Form von Diabetes Typ 2 sind die Zellen für Insulin unempfindlich geworden. Die Bauchspeicheldrüse produziert zwar Insulin, aber an den Zellen fehlen die Rezeptoren für Insulin. Diabetes-Kranke müssen ihren Zuckerspiegel künstlich regulieren. Sonst werden viele Organe wie die Nieren, die Augen und das Nervensystem dauerhaft geschädigt.

1. **Beschreibe Diabetes Typ 1.**
2. **Beschreibe die beiden Formen von Diabetes Typ 2. Gib dazu auch an, welche Bilder aus Bild 1 und 2 jeweils zutreffen.**

B Vorbeugung von Diabetes Typ 2

Immer häufiger erkranken Jugendliche an Diabetes Typ 2. Grund dafür ist vor allem großes Übergewicht durch falsche Ernährung und zu wenig Bewegung.

3 Bewegung und gesunde Ernährung

Dies kann zu verschiedenen Zivilisationskrankheiten führen. Diabetes Typ 2 ist eine solche Zivilisationskrankheit.
Ein Baustein für die Gesundheit ist, sich jeden Tag zu bewegen. Der zweite Baustein ist eine gesunde Ernährung. Sie besteht aus viel Obst und Gemüse und Kohlenhydrate sollten als Vollkornprodukte gegessen werden.

1. **Erkläre den Begriff Zivilisationskrankheiten.**
2. **Nenne zwei Beispiele, die für den Erhalt der Gesundheit wichtig sind.**
3. **II a) Bewerte dein eigenes Risiko an Diabetes Typ 2 zu erkranken.**
   b) Nenne Verhaltensweisen, die das Risiko verringern.

IM ALLTAG

Alltägliche Maßnahmen bei Diabetes

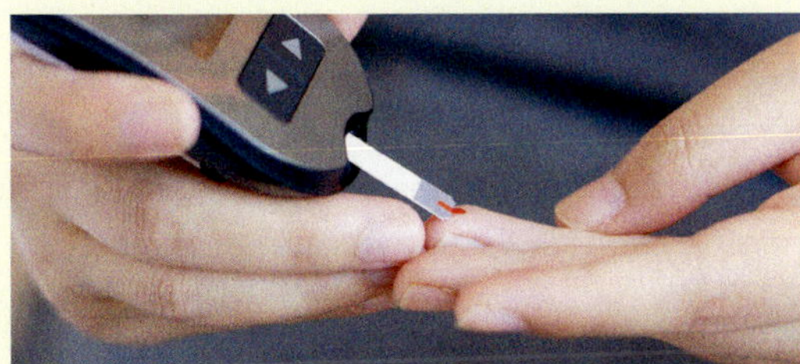

4 Messgerät für den Blutzuckerspiegel

Messmethoden bei Diabetes

Bei Diabetes muss der Blutzuckerspiegel regelmäßig kontrolliert werden. Dazu kommt ein Tropfen Blut aus dem Finger auf ein Messgerät. Der angezeigte Wert hilft der Diabetikerin oder dem Diabetiker, den Bedarf an Insulin abzuschätzen.

Neuere Messgeräte für den Blutzuckerspiegel werden als Sensor dauerhaft am Oberarm befestigt. Ein Sensor-Faden misst ständig die Menge an Glucose im Gewebe unter der Haut. Mit einer Smartphone-App werden die Werte aus dem Sensor abgelesen. Dadurch lässt sich leicht erkennen, wie bestimmte Nahrungsmittel den Blutzuckerspiegel verändern.

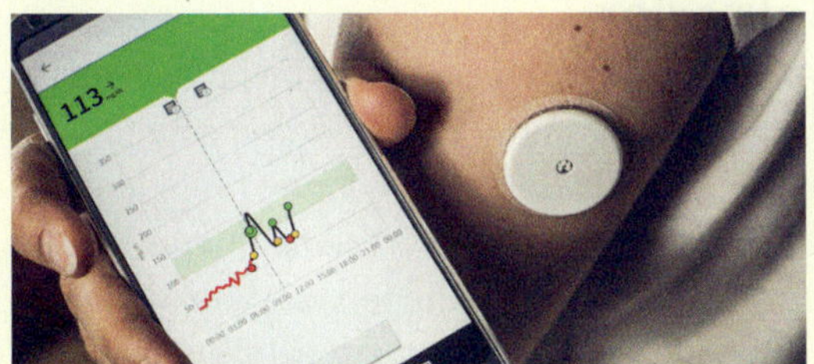

5 Sensor am Oberarm ablesen

6 Mit einem Pen wird Insulin gespritzt.

Die Insulingabe

Wenn viele Kohlenhydrate im Essen enthalten sind, wird auch viel Insulin benötigt. Das Insulin befindet sich im sogenannten Pen. Am Pen wird zuerst die richtige Menge Insulin eingestellt. Über eine sehr feine Nadel wird das Insulin meistens in den Bauch gespritzt. Das Spritzen von Insulin kann aber auch von einer automatischen Pumpe übernommen werden. Das Insulin wird über einen Schlauch ins Gewebe am Bauch gepumpt. Es gibt Modelle, bei denen das Messgerät die Insulinpumpe aktivieren kann. Wenn der Blutzuckerspiegel nach dem Essen höher ist, wird eine genau dazu passende Menge Insulin in den Körper geleitet.

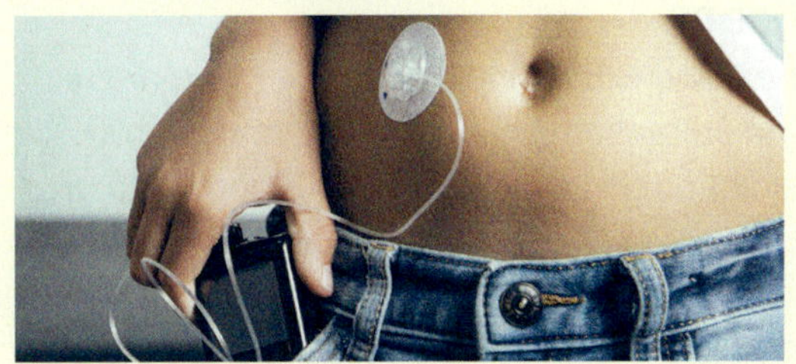

7 Insulinpumpe

1. Beschreibe, wie an Diabetes Erkrankte ihren Blutzuckerspiegel messen können.
2. Beschreibe, wie Menschen mit Diabetes sich selbst Insulin geben können.
3. Nenne Vorteile, die ein Messgerät mit Sensor gegenüber dem Messen mit einem Blutstropfen bietet.
4. Nenne Vorteile einer automatischen Insulinpumpe.

Auf einen Blick: Die Gesundheit des Menschen

Der Gesundheitsbegriff

Die Gesundheit des Menschen bedeutet nicht nur die Abwesenheit von Krankheiten. Neben der körperlichen Gesundheit ist für uns auch die psychische Gesundheit und ein gutes soziales Umfeld wichtig. Durch eine verantwortliche Lebensführung können wir zu unserer Gesundheit beitragen.

Infektionskrankheiten

Krankheitserreger wie Viren und Bakterien können Infektionskrankheiten auslösen. Bei der Infektion gelangen die Erreger in den Körper. Während der Inkubationszeit vermehren sich die Erreger im Körper. Erste Symptome sind ein Zeichen für den Ausbruch der Krankheit. Während der Genesung gelingt es dem Immunsystem, die Infektionskrankheit zu bekämpfen.

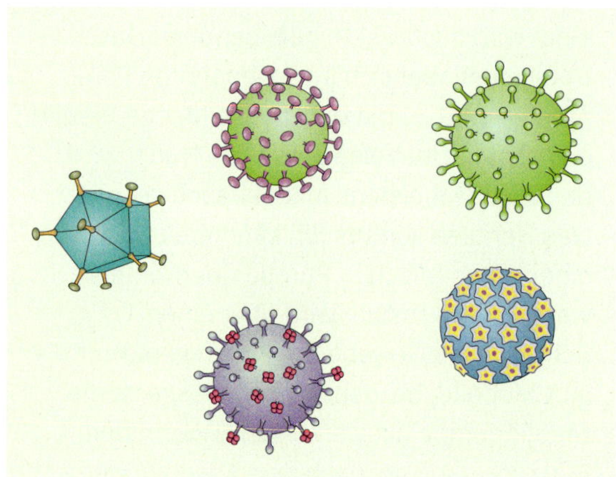

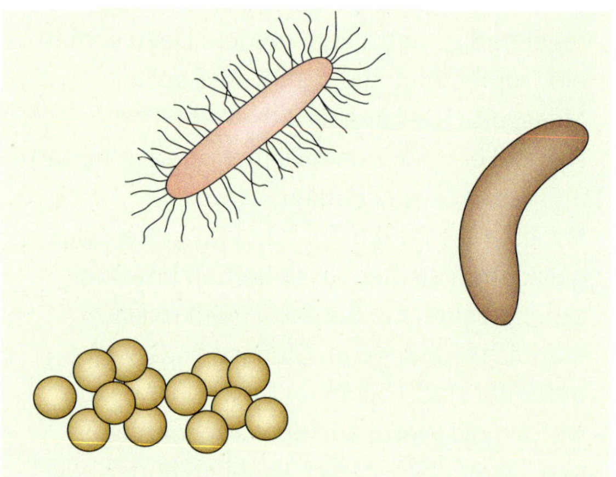

Viren

Viren sind extrem kleine Erreger. Sie können Viruserkrankungen auslösen. Viren besitzen keinen Stoffwechsel und sind für ihre Vermehrung auf Wirtszellen angewiesen. Eine gute Hygiene ist für den Schutz vor Viruserkrankungen wichtig.

Bakterien

Bakterien sind Einzeller, die in fast allen Lebensräumen vorkommen. Wenige Arten sind für den Menschen gefährlich. Sie können Krankheiten auslösen. Antibiotika sind Medikamente, die gegen Infektionskrankheiten, die von Bakterien ausgelöst werden, eingesetzt werden. Einige Bakterienarten werden vom Menschen zur Herstellung von Lebensmitteln verwendet.

WICHTIGE BEGRIFFE

- Körperliche Gesundheit, geistige Gesundheit
- soziales Umfeld
- Viren

WICHTIGE BEGRIFFE

- Krankheitserreger
- Infektion, Inkubation, Inkubationszeit, Symptome, Genesung
- Bakterien, Antibiotika

Das Immunsystem

Die Haut und die Schleimhäute bilden eine Barriere gegen die Infektion durch Erreger. Das Immunsystem dient der Abwehr von Erregern, die ins Innere des Körpers gelangen. Dabei arbeiten unterschiedliche Arten von weißen Blutkörperchen zusammen, um die Erreger dennoch abzutöten.

Die Geschlechtshormone

Die Hirnanhangsdrüse steuert die Keimdrüsen von Mann und Frau. Die Hoden produzieren das Geschlechtshormon Testosteron. Es bewirkt die Entwicklung zum Mann und die Reifung der Spermienzellen.
Die Eierstöcke der Frau produzieren das Geschlechtshormon Östrogen. Es bewirkt die Reifung der Eizellen und die Entwicklung zur Frau.

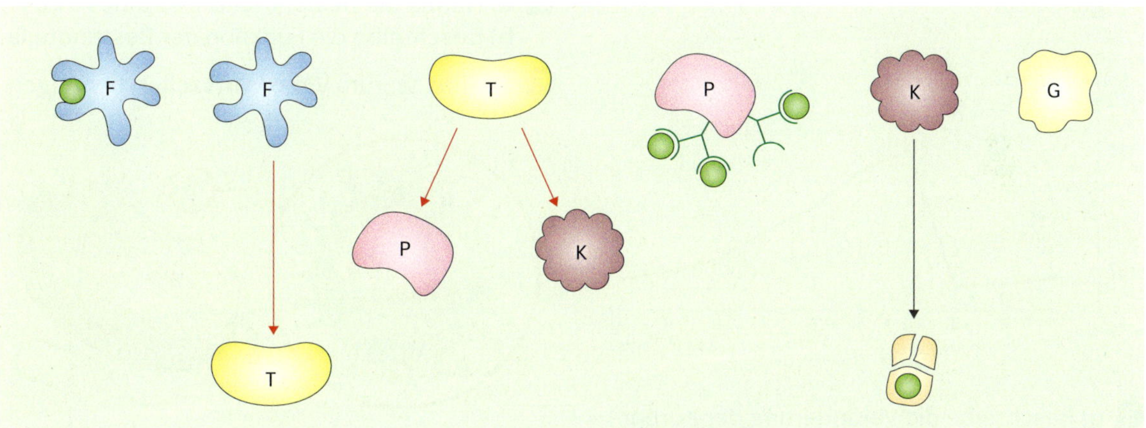

Impfen

Bei der Schutzimpfung wird dem Patienten ein Impfstoff gespritzt. Das Immunsystem reagiert auf den Impfstoff mit der Immunreaktion. Es werden Gedächtniszellen gebildet. Auf diese Weise wird der Körper gegen diese Erreger immun. Bei der Heilimpfung werden dem Patienten Antikörper gegen eine Art von Erregern gespritzt. Diese sorgen für einen sofortigen Schutz gegen diese Erreger. Dieser Schutz hält jedoch nur drei bis vier Wochen.

Diabetes

Das Hormon Insulin bewirkt an den Körperzellen, dass diese Glucose aufnehmen.
Diabetes Typ 1 ist eine Krankheit, bei der die Bauchspeicheldrüse kein Insulin produziert. Bei Diabetes muss im Labor hergestelltes Insulin in den Körper gespritzt werden, damit die Glucose in die Zellen gelangen kann.

WICHTIGE BEGRIFFE

- Immunsystem
- weiße Blutkörperchen
- Schutzimpfung, Heilimpfung

WICHTIGE BEGRIFFE

- Testosteron, Östrogen
- Menstruationszyklus
- Diabetes
- Blutzuckerspiegel, Glucose

Lerncheck: Die Gesundheit des Menschen

Infektionskrankheiten

1 **a)** Nenne die drei Aspekte, die für die Gesunheit eine wichtige Rolle spielen.
b) Ordne die folgenden Stichpunkte einem der drei Aspekte zu:
- Durchfall
- Depression
- Erkältung
- fehlende Freundschaften

2 **a)** Nenne die vier Abschnitte im Verlauf einer typischen Infektionskrankheit.
b) Beschreibe, was im jeweiligen Abschnitt geschieht.

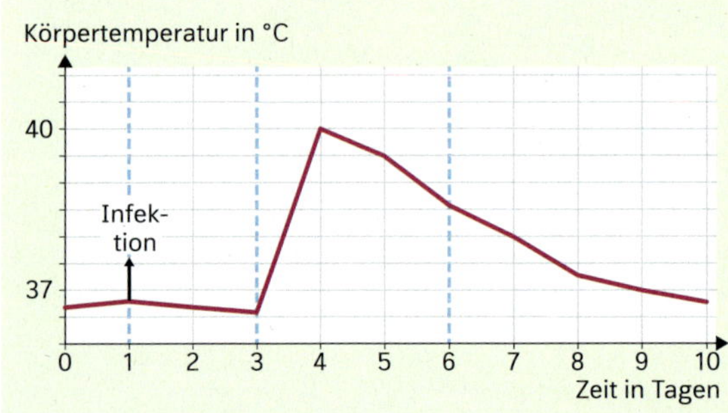

3 **a)** Beschreibe die Veränderung der Körpertemperatur während einer Grippeinfektion mithilfe der Abbildung.
b) Stelle begründete Vermutungen auf, warum sich während des Verlaufs einer Infektionskrankheit die Körpertemperatur verändert.

4 Entscheide, bei welchen der folgenden Begriffe es sich um Krankheitserreger handelt:
- Hausstaub
- Bakterien
- Viren
- Pilzsporen
- Pollenkörner

Viren und Bakterien

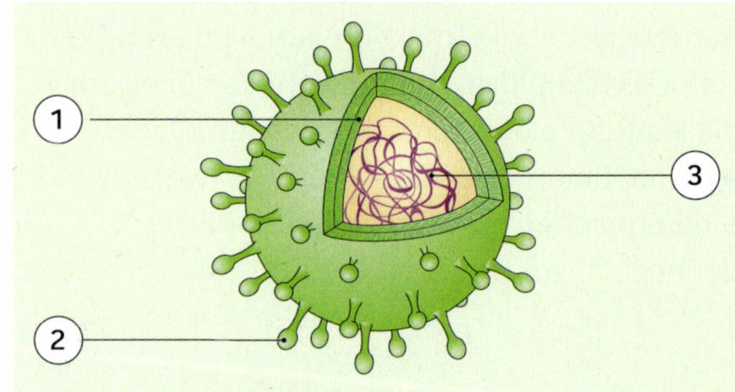

5 **a)** Nenne die Bestandteile 1 – 3 eines Virus.
b) Beschreibe die Funktion der Bestandteile.

6 Erkläre, warum Viren Wirtszellen benötigen.

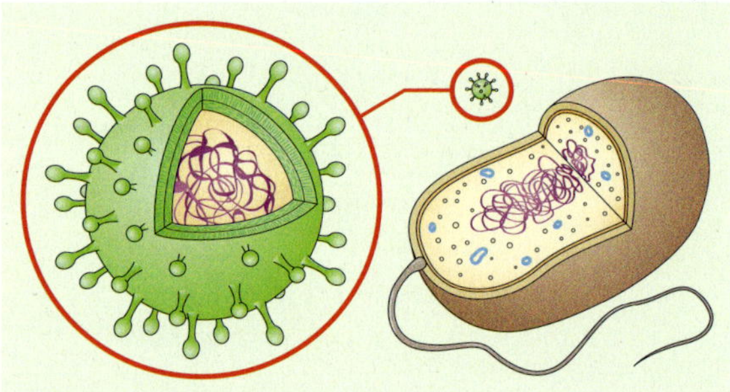

7 **a)** Nenne Unterschiede im Aufbau von Viren und Bakterien.
b) Vergleiche die Vermehrung von Viren und Bakterien.

8 Erkläre den Unterschied zwischen HIV und AIDS.

9 Erkläre, wie Antibiotika Bakterien bekämpfen.

DU KANNST JETZT ...
- ... die vier Phasen einer Infektionskrankheit nennen und beschreiben.
- ... die Veränderung der Körpertemperatur während einer Grippeinfektion beschreiben.

DU KANNST JETZT ...
- ... den Aufbau von Viren beschreiben.
- ... die Fortpflanzung von Viren beschreiben.
- ... Bakterien und Viren hinsichtlich ihres Baus und ihrer Vermehrung unterscheiden.
- ... den Unterschied zwischen HIV und AIDS erklären.

Das Immunsystem

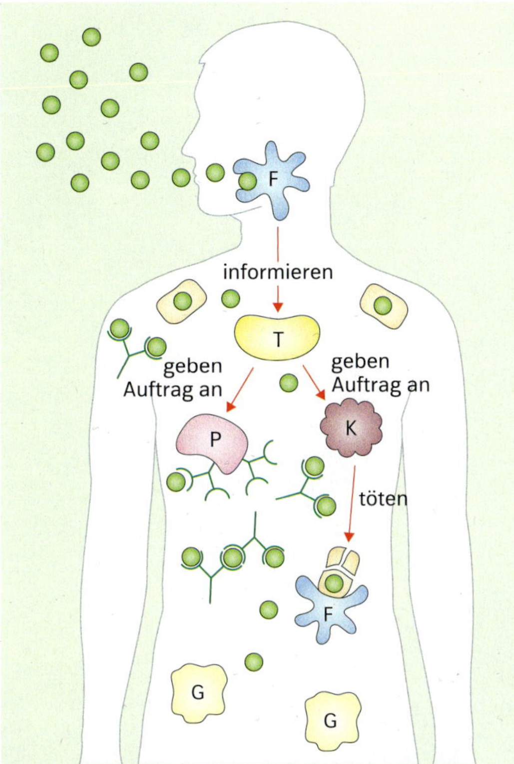

10 Beschreibe mithilfe der Abbildung die Arbeitsweise des Immunsystems.

11 Begründe, warum es wichtig ist, dass sich viele Menschen gegen eine Krankheit wie Covid-19 impfen lassen.

12 **a)** Erkläre, worum es sich bei einer Schutzimpfung und bei einer Heilimpfung handelt.
b) Nenne Situationen, in denen eine Schutzimpfung bzw. eine Heilimpfung sinnvoll ist.

DU KANNST JETZT ...

- ... die Arbeitsweise des Immunsystems beschreiben.
- ... die Bedeutung des Impfens erklären.
- ... den Ablauf und die Bedeutung von Schutzimpfungen und von Heilimpfungen beschreiben.

Wirkung von Hormonen

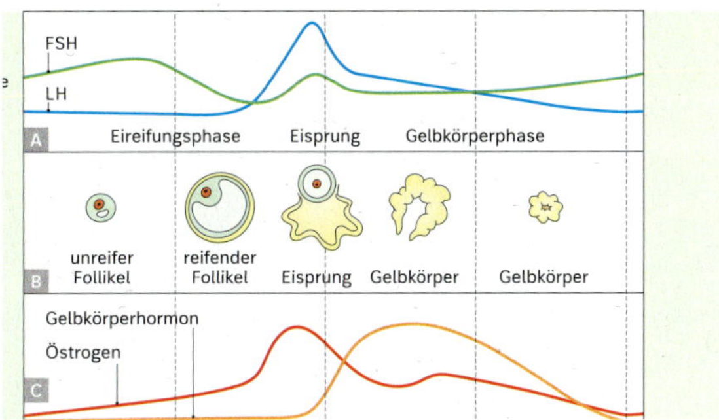

13 Beschreibe die Wirkungen folgender Hormone:
a) Testosteron beim Mann.
b) Östrogen bei der Frau.
c) Gelbkörperhormon bei der Frau.

14 **a)** Nenne die Herkunft und Wirkung von Insulin im Körper.
b) Erkläre, warum eine Diabetikerin oder ein Diabetiker Insulin spritzen muss.

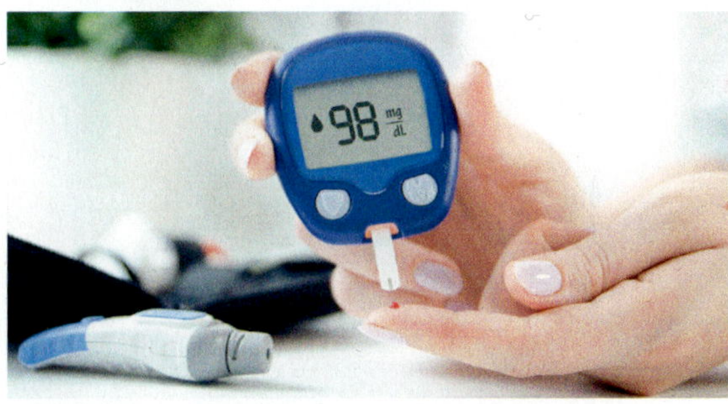

15 Erkläre, warum bei Diabetes der Blutzuckerspiegel gemessen wird, bevor Insulin gespritzt wird.

DU KANNST JETZT ...

- ... die Wirkungen von Testosteron, Östrogen und Gelbkörperhormon beschreiben.
- ... die Herkunft und Wirkung von Insulin beschreiben.
- ... erklären, warum bei Diabetes der Blutzuckerspiegel häufig gemessen wird.

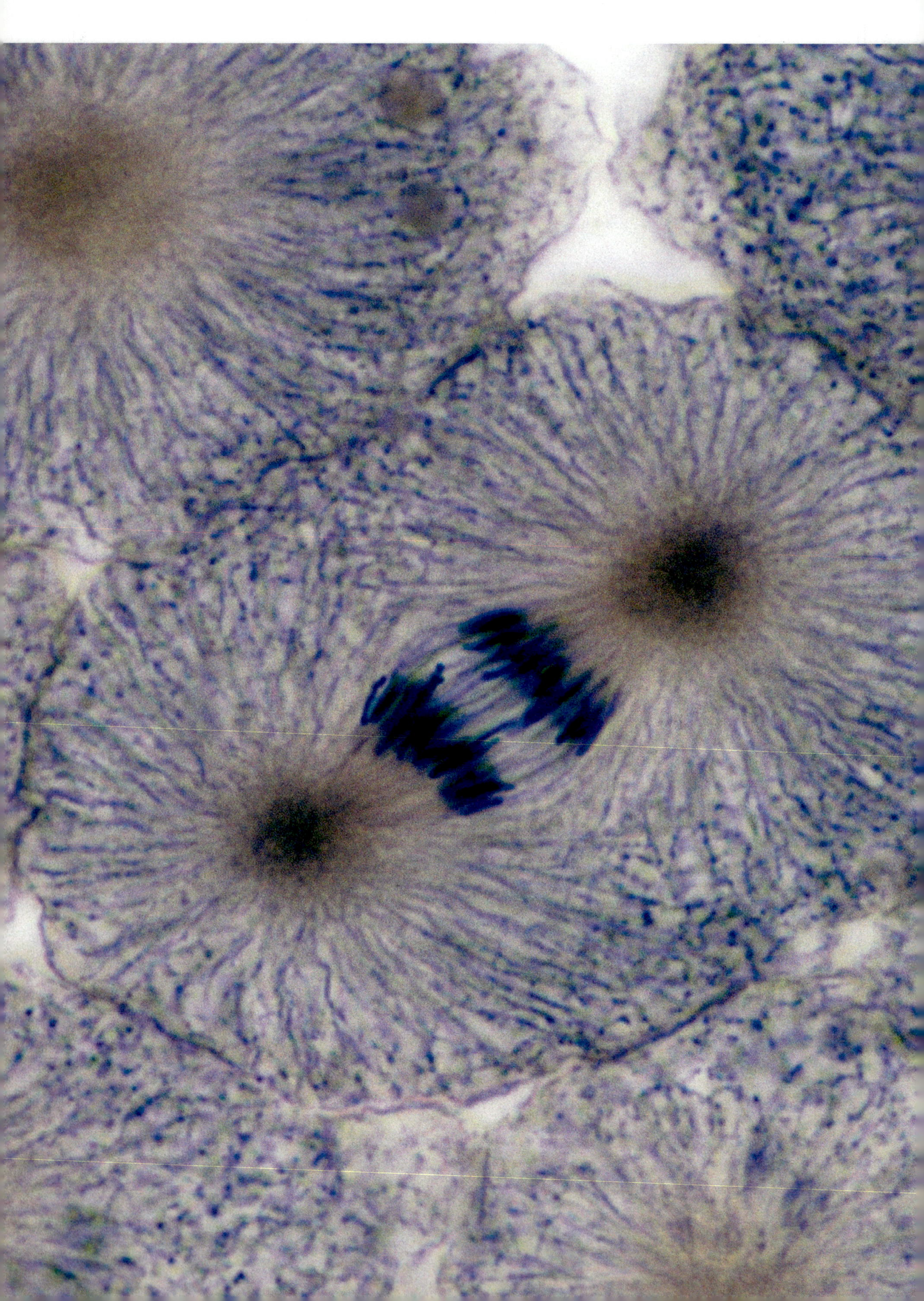

Genetische Grundlagen der Vererbung

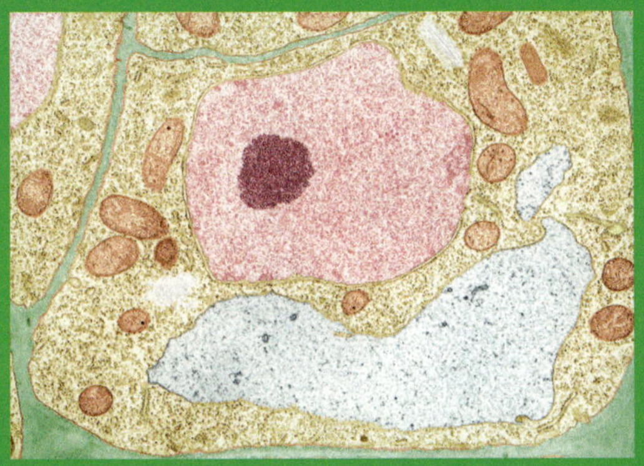

Wie sind Zellen aufgebaut?

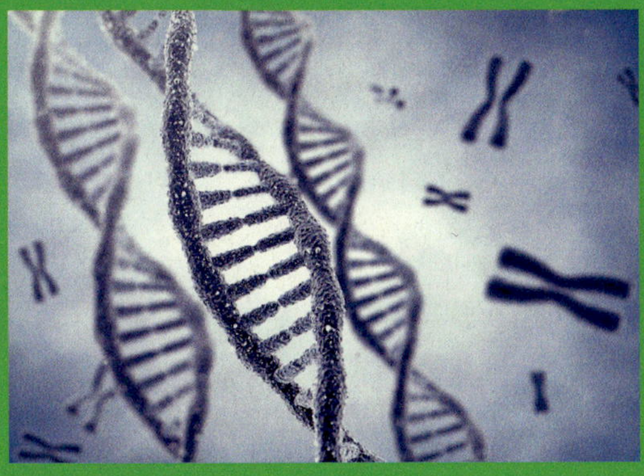

Was ist die DNA und wo befindet sie sich?

Wie entstehen Mutationen?

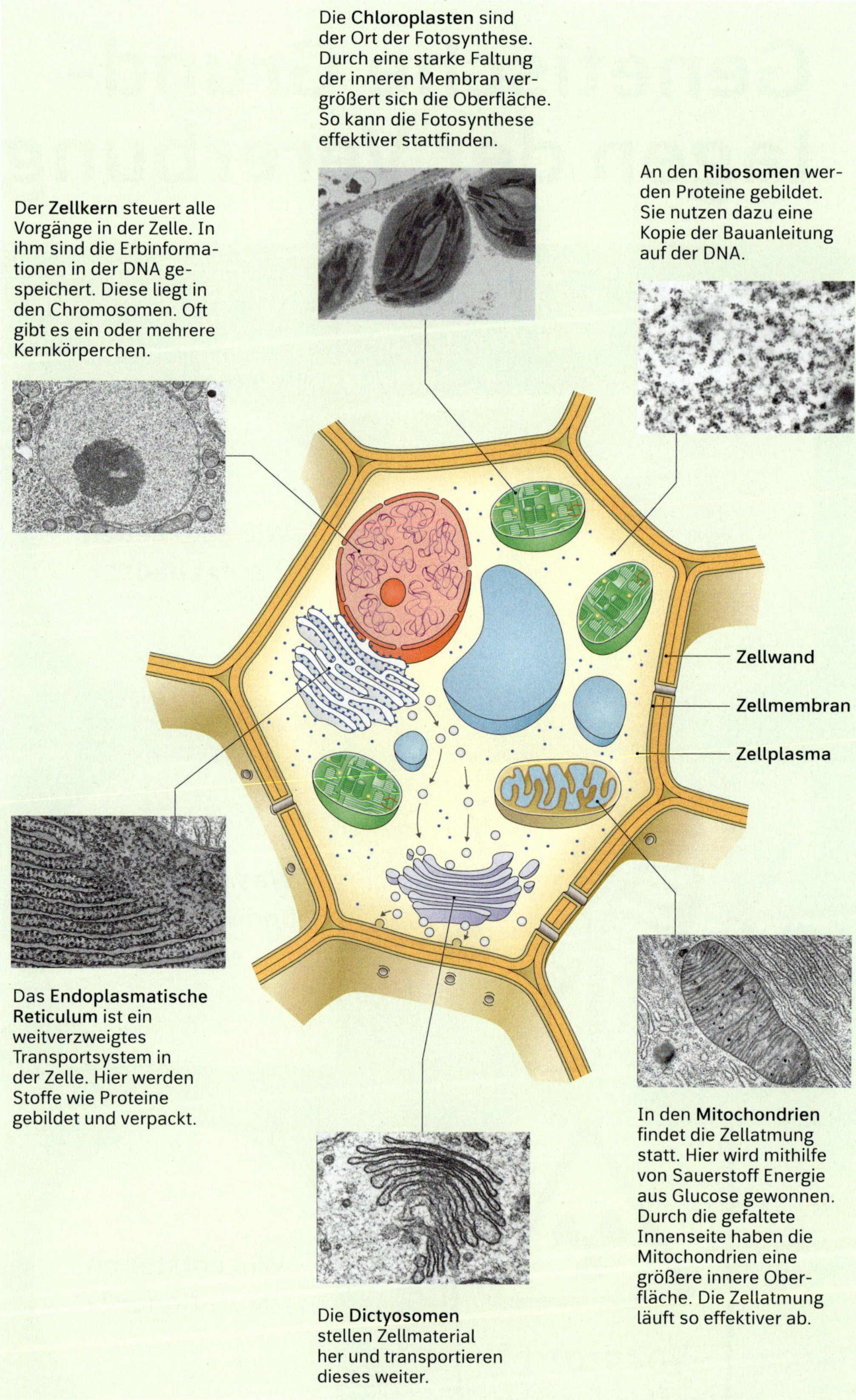

1 Schematische Darstellung einer Pflanzenzelle und elektronenmikroskopische Aufnahmen von Zellorganellen

Zellen und ihre Bestandteile

Lebewesen bestehen aus Zellen

Mit dem Mikroskop wird sichtbar, dass alle Lebewesen aus Zellen bestehen. Zellen sind die kleinsten lebenden Einheiten in Lebewesen. Bei Pflanzen und Tieren bilden miteinander verbundene Zellen verschiedene **Gewebe.** Mehrere Gewebe bilden ein **Organ.** Ein **Organismus** besteht aus vielen Organen.

Zellen werden sichtbar

Mikroskope machen Zellen für das menschliche Auge sichtbar. **Lichtmikroskope** zeigen die unterschiedlichen Formen von Zellen und liefern einen guten Überblick über Gewebe. Beim Vergleich von Tier- und Pflanzenzellen fällt auf, dass Tierzellen keine Zellwand haben. Sie sind nur von der Zellmembran umgrenzt und haben daher oft eine rundlichere Form. Tiere können keine Fotosynthese betreiben, da ihre Zellen keine Chloroplasten haben. Auch Vakuolen fehlen. **Elektronenmikroskope** vergrößern bis zu 100 000-mal stärker als Lichtmikroskope. So werden die Zellbestandteile deutlich erkennbar. Diese werden **Organellen** genannt (→ Bild 1).

Membranen

Viele Organellen sind durch Membranen abgegrenzt und können so zeitgleich verschiedene Aufgaben erfüllen. Eine gewisse Durchlässigkeit ermöglicht die Zusammenarbeit der Organellen.

Die Rolle des Zellkerns

Der Zellkern ist durch eine doppelte Membran vom Zellplasma abgegrenzt. Kernporen bilden offene Durchgänge zwischen dem Inneren des Zellkerns und dem Zellplasma. Mit dem Lichtmikroskop ist im Zellkern ein anfärbbares Material sichtbar, das **Chromatin.** In manchen Entwicklungsphasen der Zellen lässt sich erkennen, dass das Chromatin fadenförmige **Chromosomen** bildet. Sie bestehen aus verschiedenen Proteinen und aus DNA. Die DNA ist die Substanz, die die **Erbinformationen** trägt. Mithilfe der Informationen, die auf der DNA gespeichert sind, werden alle Vorgänge in der Zelle gesteuert. Bei der Verdoppelung von Zellen werden diese Informationen mit den Chromosomen vollständig auf die Tochterzellen verteilt und so weitervererbt. Bild 2 zeigt den Aufbau eines Chromosoms kurz vor einer Zellteilung. Es besteht aus zwei identischen Chromatinfäden, den Chromatiden. Sie sind durch ein Centromer miteinander verbunden.

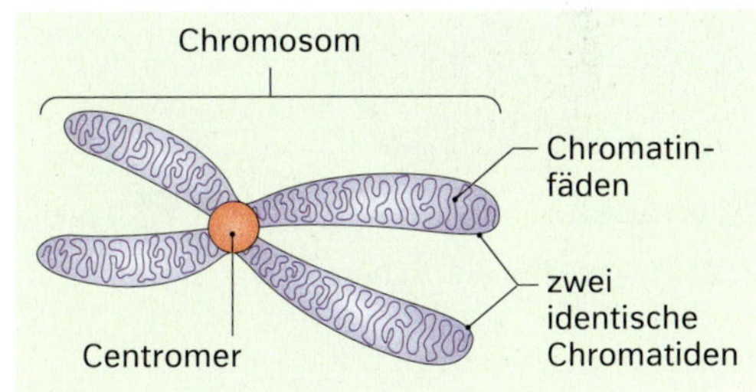

2 Aufbau eines Chromosoms (Schema)

1. Erkläre, was eine Zelle ist.
2. Erstelle eine Tabelle mit den Zellorganellen und deren Funktionen.
3. Erkläre die Funktion von Membranen.
4. I Nenne Vorteile des Elektronenmikroskops.
5. II Zeichne das Schema einer tierischen Zelle. Orientiere dich dabei an Bild 1 und lasse die Bestandteile weg, die bei Tierzellen nicht vorkommen.

Starthilfe zu 2:

Zellorganell	Funktion
Ribosom	Bildung von Proteinen
Zellkern	...

»

ÜBEN UND ANWENDEN

A Zellorganellen und ihre Funktionen

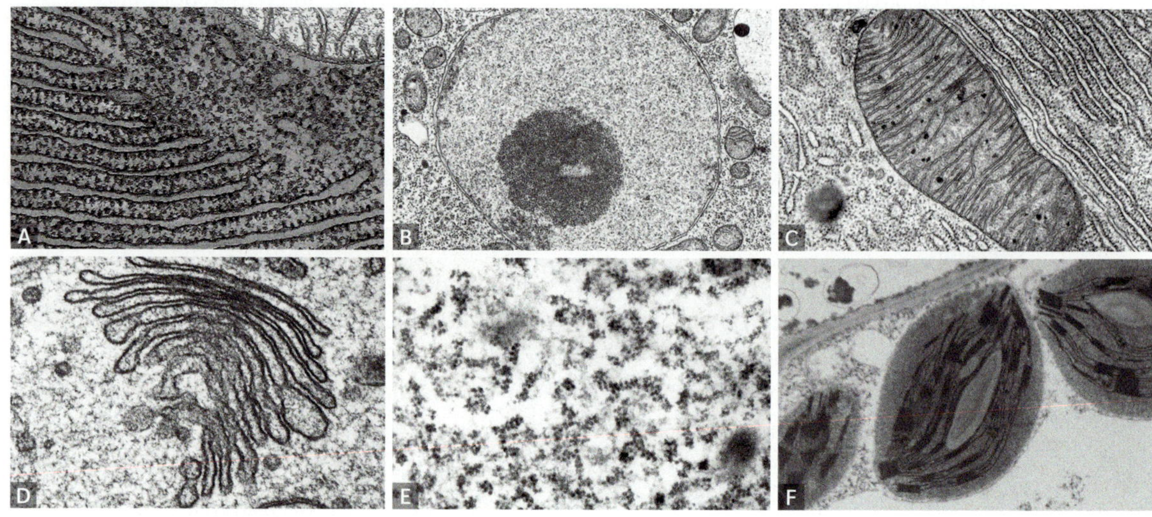

1 Zellorganellen unter dem Rasterelektronenmikroskop

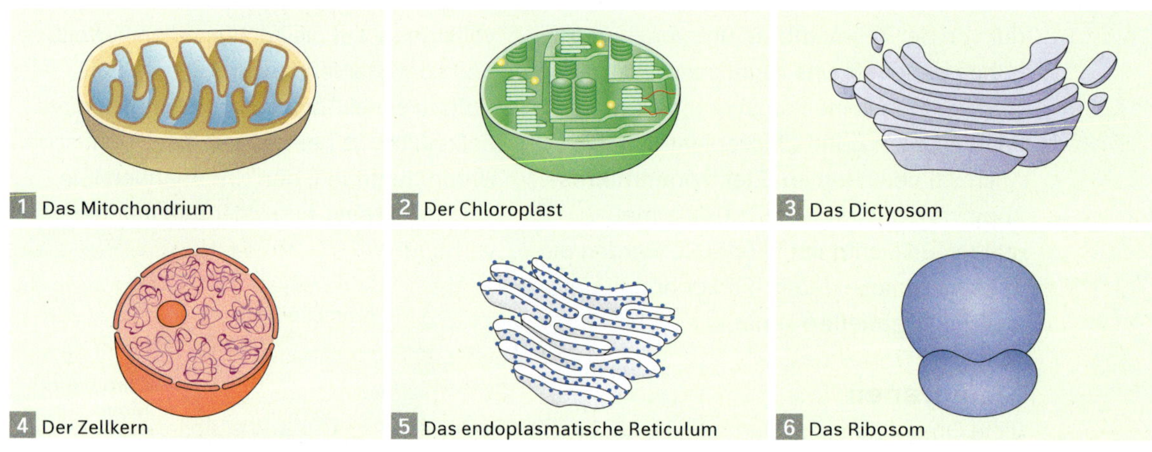

2 Zellorganellen als Schema

Hier wird mithilfe von Sauerstoff Energie aus Glucose gewonnen.

Hier ist die DNA gespeichert. Von hier werden alle Vorgänge in der Zelle gesteuert.

Hier wird die genetische Information der DNA in Proteine umgesetzt.

Hier findet die Fotosynthese statt.

Hier wird Zellmaterial gebildet und weitertransportiert.

Hier werden z. B. Proteine gebildet, verpackt und weitergeleitet.

3 Funktionen unterschiedlicher Zellorganellen

1 **a)** Ordne den elektronenmikroskopischen Bildern jeweils ein Zellorganell zu.
b) Ordne jedem Zellorganell eine passende Funktion zu. Lege dazu eine Tabelle an.

2 **II** Erläutere am Beispiel eines Zellorganells das Prinzip der Oberflächenvergrößerung.

IM ALLTAG

Zellen mit Mikroskopen erforschen

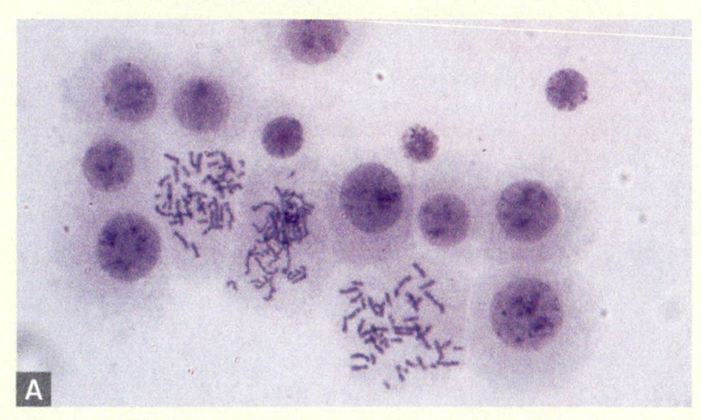

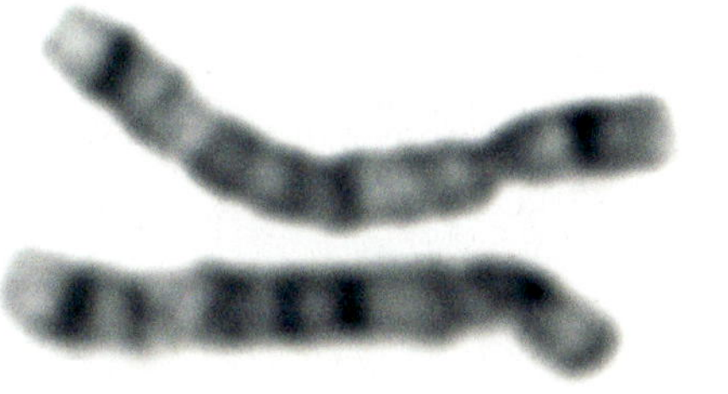

4 Lichtmikroskop: **A** Blutzellen, **B** Chromosomen

Chromosomen im Lichtmikroskop

Unter dem Lichtmikroskop lassen sich lebende Zellen betrachten. Dann lassen sich auch Bewegungen und Reaktionen auf Reize untersuchen. Für andere Zwecke werden Präparate hergestellt. Zellkerne mit den Chromosomen werden mithilfe bestimmter Farbstoffe sichtbar gemacht. Daher kommt auch ihr Name, denn das griechische Wort „chroma" bedeutet Farbe. Bei den Chromosomen zeigen sich typische Streifenmuster. Weitere Untersuchungen ergaben, dass sich jedem Bereich eine bestimmte Erbinformation zuordnen lässt. Beim Menschen finden sich in jeder Zelle 46 Chromosomen. Bei Zwiebeln sind es zum Beispiel 16 Chromosomen und bei Pferden 64.

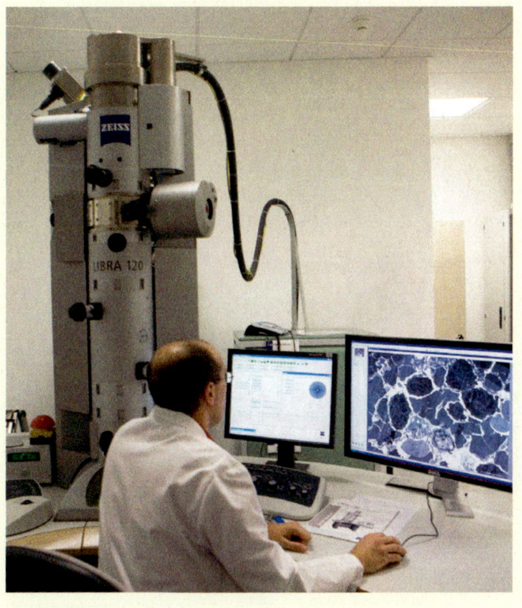

5 Arbeit am Elektronenmikroskop

Das Elektronenmikroskop

In der Schule wird meist mit Lichtmikroskopen gearbeitet. Labore und Universitäten nutzen auch Elektronenmikroskope, da diese Zellen bis zu 100 000-mal vergrößern können.

Die enorme Vergrößerung gelingt, da Elektronenmikroskope nicht mit Licht, sondern mit Elektronenstrahlen arbeiten. Das Bild wird dabei nicht mehr durch ein Okular betrachtet, sondern erscheint auf einem Bildschirm. Die Herstellung von Präparaten ist hier allerdings viel aufwändiger als für die Betrachtung mit einem Lichtmikroskop. Lebende Objekte können mit einem Elektronenmikroskop nicht untersucht werden.

1. Nenne jeweils Vorteile und Nachteile der Lichtmikroskopie und der Elektronenmikroskopie.
2. Beschreibe, wie sich Chromosomen sichtbar machen lassen.
3. Beurteile, ob höher entwickelte Lebewesen auch eine größere Anzahl an Chromosomen haben.

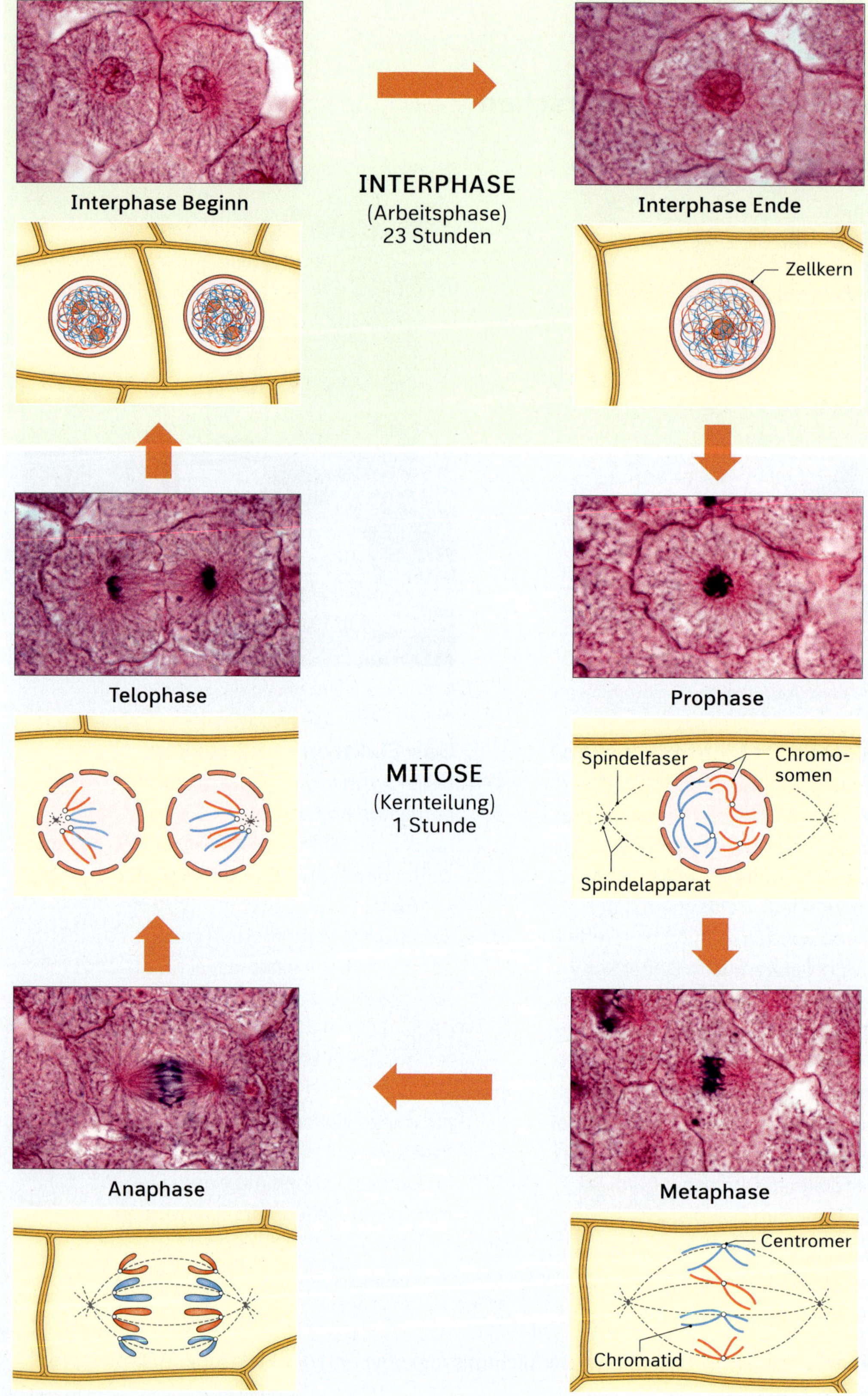

1 Der Zellzyklus: Ablauf von Interphase und Mitose

Die Zellteilung

Vermehrung durch Teilung

Zellen können nur durch Teilung bereits vorhandener Zellen entstehen. Mehrzellige Pflanzen und Tiere wachsen, indem sich ihre Zellen teilen. Der Vorgang wird **Zellteilung** oder **Mitose** genannt. Die Mitose wird in Phasen eingeteilt (→ Bild 1).

Die Prophase

Die erste Phase der Mitose wird **Prophase** genannt. In dieser Phase verdichtet sich das Erbmaterial im Zellkern. Die langen Chromatinfäden aus DNA und Proteinen bündeln sich und werden als Chromosomen sichtbar. Die Kernmembran löst sich auf. Es entsteht ein Spindelapparat mit Spindelfasern.

Die Metaphase

In der **Metaphase** binden sich die Spindelfasern an die **Centromere** der Chromosomen, verkürzen sich und ziehen die Chromosomen zur Zellmitte. Die Chromosomen sind jetzt dicht gepackt. Ihre identischen **Chromatiden** enthalten jeweils das komplette Erbmaterial.

Die Anaphase

In der **Anaphase** verkürzen sich die Spindelfasern weiter und trennen jedes Chromosom in seine zwei Chromatiden. Je eines der identischen Chromatiden wird zum Rand der Zelle gezogen. Es entstehen zwei Zellhälften mit gleich vielen Chromatiden. Jeder der beiden neuen Zellkerne erhält so das vollständige Erbmaterial.

Die Telophase

In der **Telophase** löst sich der Spindelapparat auf. Es bilden sich zwei neue Kernmembranen und damit zwei neue Zellkerne. Die Chromosomen entspiralisieren sich. Es bilden sich Zellmembranen und bei Pflanzenzellen auch Zellwände. **Zwei Tochterzellen** sind entstanden.

Die Interphase

Die Phase zwischen zwei Mitosen wird **Interphase** genannt. In der Interphase wachsen die Zellen zu ihrer ursprünglichen Größe heran. Jedes Chromatid wird wieder verdoppelt, sodass jedes Chromosom wieder aus zwei Chromatiden besteht. Die beiden Chromatiden werden von einem Centromer zusammengehalten. Am Ende der Interphase liegt das gesamte Erbmaterial also wieder doppelt in jedem der beiden Zellkerne der beiden Tochterzellen vor.

Der Zellzyklus

Der Kreislauf aus Zellteilung und Interphase wird **Zellzyklus** genannt. Ein gesamter Zyklus dauert bei Säugetierzellen etwa 24 Stunden.

Die Zellteilung lässt sich in Abschnitte unterteilen. Die Zellteilung heißt **Mitose**.

1 **a)** Nenne die Phasen der Mitose.
b) Beschreibe, was in der Interphase geschieht.

2 Erstelle ein Flussdiagramm zur Mitose.

Starthilfe zu 2:

Prophase: DNA verdichtet sich
↓

3 **I** Zeichne und beschrifte ein Chromosom.

4 **II** Begründe, warum die Chromatiden während der Zellteilung getrennt werden müssen.

ÜBEN UND ANWENDEN

A Die Phasen der Zellteilung

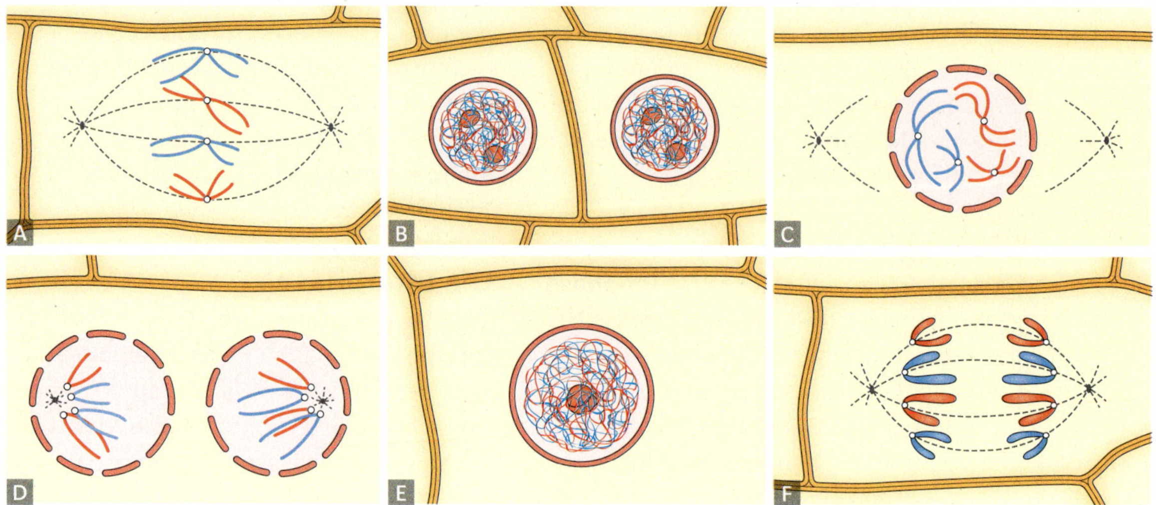

1 A – F Schematische Zeichnungen der einzelnen Phasen der Mitose und der Interpase

1 **a)** Erstelle eine Tabelle. Schreibe in die erste Spalte die vier Phasen der Mitose und den Anfang und das Ende der Interphase in der richtigen Reihenfolge.

Starthilfe zu 1:
Beginne mit der Prophase.

b) Schreibe den Buchstaben der jeweils passenden Abbilung aus Bild 1 in die zweite Spalte in die richtige Zeile der Tabelle.
c) Ergänze eine kurze Beschreibung jeder Phase in der dritten Spalte der Tabelle.

B Die Phasen der Zellteilung unter dem Mikroskop erkennen

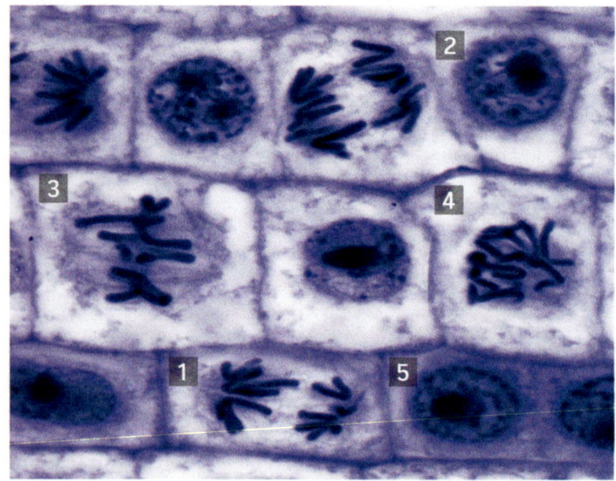

2 Mikroskopisches Bild von Mitosephasen in angefärbten Zellen

Die Teilung von Zellen läuft in verschiedenen Phasen ab. Es ist nicht immer ganz einfach, die einzelnen Phasen unter dem Mikroskop zu erkennen.

1 Ordne den nummerierten Zellen die Phasen der Zellteilung zu, in der sie sich befinden. Begründe deine Entscheidungen.

2 II Stelle eine begründete Vermutung auf, weshalb sich die Zellen in unterschiedlichen Mitosestadien befinden.

FORSCHEN UND ENTDECKEN

A Ein Mitosemodell bauen

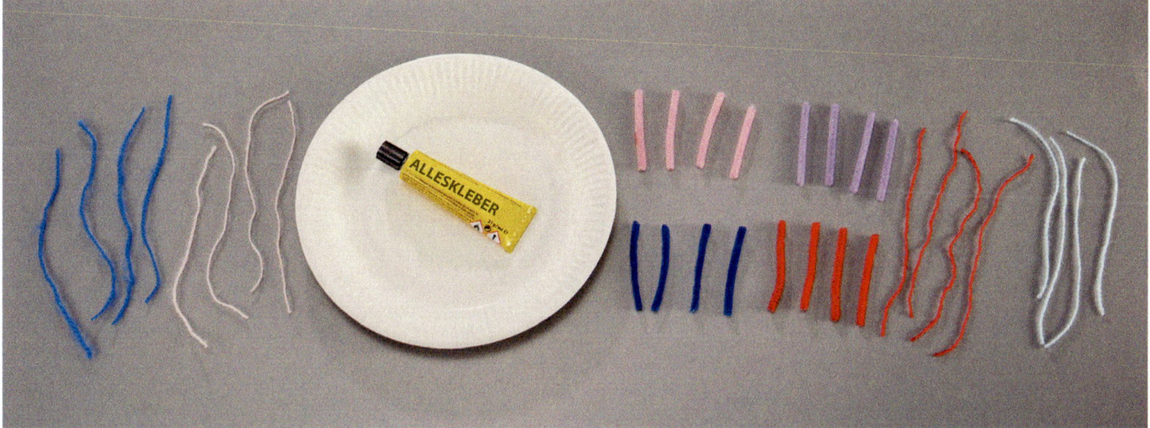

3 Baumaterial für ein Mitosemodell

Die Phasen der Mitose lassen sich gut mit einem Modell aus Pfeifenputzern, Schnüren, Papptellern und weiteren Alltagsgegenständen darstellen.

1. **a)** Entwickle und baue ein Modell der Mitosephasen aus Alltagsgegenständen.
   b) Mache ein Photo von jeder Phase.
2. Fertige eine Legende an, die erklärt, wofür welches Bauteil verwendet wird.
3. Präsentiere das Modell der Klasse.

B Einen Podcast zur Mitose aufnehmen

4 Mit dem Smartphone einen Podcast aufnehmen.

Um einen Podcast aufzunehmen, benötigst du dein Smartphone mit einer Aufnahme-App. Allerdings solltest du vorher genau aufschreiben, was du sagen möchtest, sonst kann es bei der Aufnahme unangenehme Hänger oder Versprecher geben. Die fertigen Podcasts kannst du innerhalb deiner Klasse teilen.

Tipp: Mit einem Podcast kannst du gut lernen, indem du ihn dir vor dem Schlafengehen oder morgens im Bus noch einmal anhörst.

1. **a)** Erstelle ein Skript für deine Aufnahme.
   b) Nimm den Podcast zur Mitose auf dein Smartphone auf.
   c) Schneide eventuelle Versprecher mithilfe einer App aus der Aufnahme heraus.

«

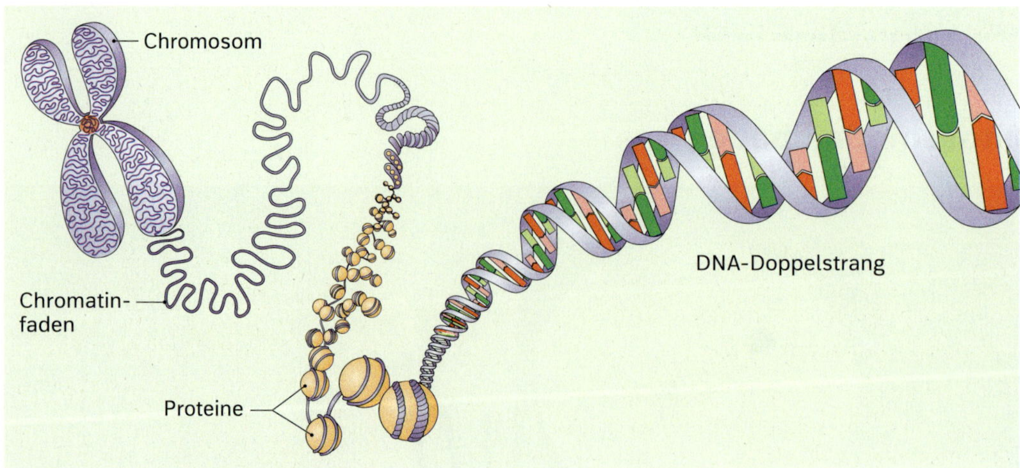

1 Vom Chromosom zur DNA

Der Aufbau der DNA

Das Erbmaterial der Lebewesen

Im Zellkern jeder Zelle eines Lebewesens befinden sich die Informationen für den Bau und die Funktion des gesamten Organismus. Diese Informationen sind in den Chromosomen gespeichert. Chromosomen bestehen aus DNA und Proteinen. Die DNA ist als langer, dünner Faden um die Proteine gewickelt (→ Bild 1).

Die Bestandteile der DNA

Die DNA besteht aus sechs verschiedenen Bausteinen. Diese sind der Zucker **Desoxyribose,** die **Phosphorsäure** und vier verschiedene ***Basen.*** Die vier Basen heißen **Adenin, Guanin, Cytosin** und **Thymin** (→ Bild 2).

Ein langer Strang

Alle Bestandteile sind in der DNA miteinander verbunden. Je ein Zucker, eine Phosphorsäure und eine der vier Basen bilden einen Baustein, der **Nucleotid** genannt wird. Insgesamt gibt es vier verschiedene Nucleotide.

Die Nucleotide sind über den Zucker und die Phosphorsäure vertikal miteinander verbunden (→ Bild 3). So entstehen lange Stränge von Nucleotiden.

Über die Basen verbinden sich je zwei Einzelstränge horizontal miteinander. Dabei verbindet sich Adenin immer mit Thymin und Cytosin immer mit Guanin. Die Basenpaare sitzen innen, Zucker und Phosphorsäure bilden die Außenseite.

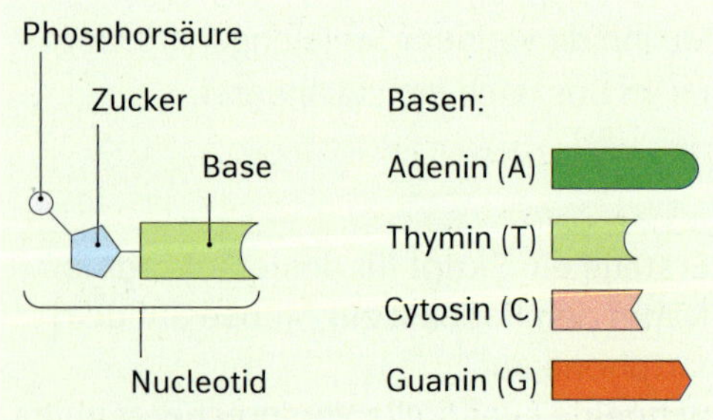

2 Bestandteile der DNA

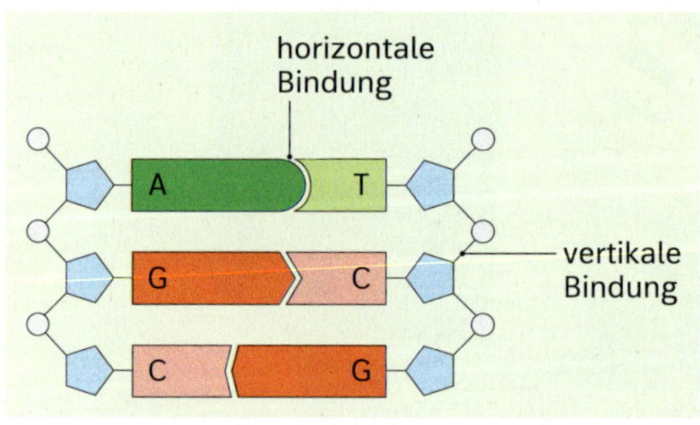

3 Vertikale und horizontale Bindung

Der DNA-Doppelstrang

Insgesamt ist die DNA durch diese Verbindungen ein langer Doppelstrang. Beim Menschen besteht die DNA in diesem Doppelstrang aus etwa drei Milliarden Basenpaaren. Da sich die Basen Adenin und Thymin, sowie Guanin und Cytosin ergänzen, werden sie auch als **komplementäre Basen** bezeichnet.
Der **DNA-Doppelstrang** ist in sich gewunden. Der gewundene Strang wird auch als Doppelhelix bezeichnet. Helix kommt aus dem Griechischen und bedeutet „Windung".

Genetische Information der DNA

In der Abfolge der einzelnen Basenpaare stecken die Informationen für den Aufbau des Körpers.

> Die Abfolge der Basenpaare in der DNA ist bei jedem Menschen anders.

In den Zellen werden die Informationen aus der Abfolge der Basen gelesen und in Proteine übersetzt. Dabei enthalten bestimmte Abschnitte Informationen für ein Merkmal. Diese Abschnitte heißen **Gene.** Durch die Übersetzung der Gene entstehen die individuellen menschlichen Merkmale. Dadurch, dass die DNA bei jedem Menschen etwas unterschiedlich ist, können Menschen anhand ihrer DNA identifiziert werden. Dies nutzen zum Beispiel Polizei und Labore, um aus einer DNA-Spur einen genetischen Fingerabdruck zu erstellen.

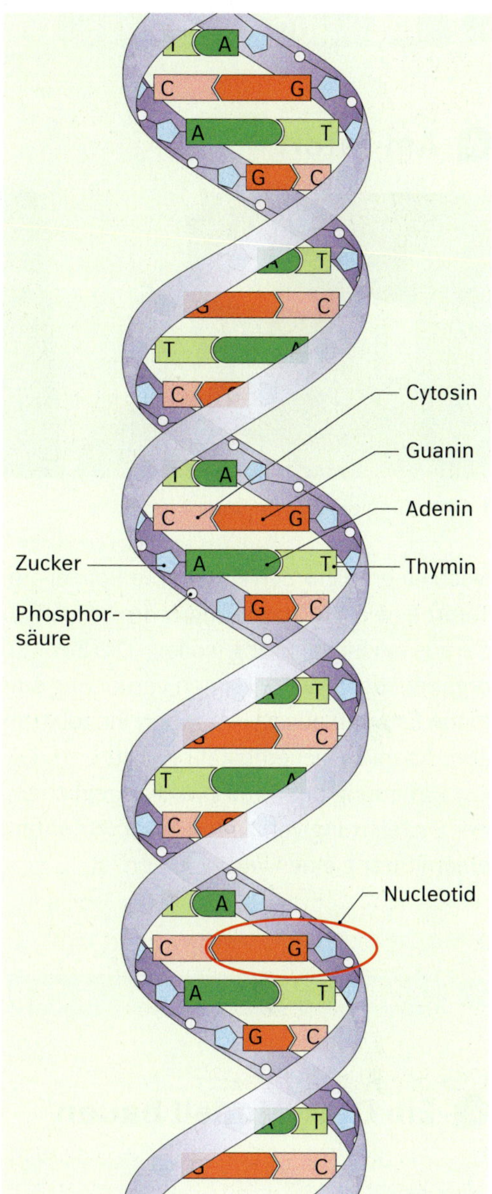

4 Die DNA-Doppelhelix mit ihren Bestandteilen

1. Nenne die Bestandteile der DNA.
2. Ergänze die passende komplementäre Base für eine Basenpaarung in der DNA: Adenin-____________, Guanin-____________.
3. Erkläre die Begriffe Nucleotid, Doppelstrang und Doppelhelix.
4. Erkläre, worin sich die DNA bei jedem Menschen unterscheidet.
5. I Begründe, warum die Form der DNA häufig mit einer gewundenen Strickleiter verglichen wird.
6. II Erläutere, weshalb die DNA als Bauanleitung und Funktionsanleitung für alle Organe bezeichnet wird.

»

ÜBEN UND ANWENDEN

A Am Tatort

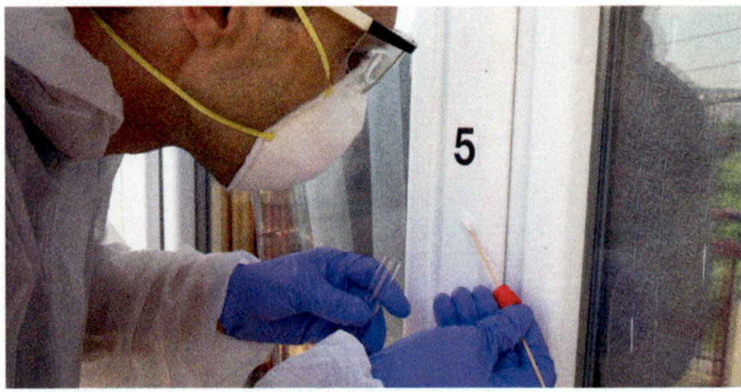

1 Sicherung einer DNA-Spur

Am Tatort: C-C-G-A-T-T-C-A-T-C-G-G-A-A-T

Die Verdächtigen:

Mark F.: G-G-C-T-A-T-G-T-A-T-C-C-T-T-A

Ali C.: G-G-C-A-A-T-G-T-A-G-C-C-T-G-G

Frank Z.: G-G-C-T-A-A-G-T-A-G-C-C-T-T-A

Phillip S.: G-G-C-T-A-A-G-T-A-G-C-C-T-A-A

2 Isolierte Einzelstränge

Nach einem Einbruch konnte die Polizei am Tatort eine DNA-Spur sichern. Im Labor wurde daraus ein Einzelstrang isoliert. Die Ermittlungen ergaben, dass vier Personen verdächtig sind. Von ihnen konnten aus DNA-Proben Einzelstränge zum Abgleich sichergestellt werden.
Zur Ermittlung des Täters wird abgeglichen, ob der Einzelstrang vom Tatort komplementär zu einem Strang eines Verdächtigen ist.

1 Ermittle den Täter mithilfe der DNA-Proben.

Starthilfe zu 1:
Ermittle den jeweiligen komplementären DNA-Strang der Verdächtigen und vergleiche sie mit der Spur vom Tatort.
Mark F.: G - G - C - ...
C - C - G - ...

2 Begründe, warum die anderen Verdächtigen als Täter ausscheiden.

FORSCHEN UND ENTDECKEN

A Ein DNA-Modell bauen

3 Alltagsgegenstände zum Bau von DNA-Modellen

Die DNA-Doppelhelix besteht aus den Bausteinen Zucker (Desoxyribose), Phosphorsäure und den vier Basen Adenin, Thymin, Cytosin und Guanin.

1 Stelle die Struktur und den Aufbau der DNA-Doppelhelix in einem selbstgebauten Modell aus Alltagsgegenständen dar.

2 Erstelle dazu eine Infotafel, die dein Modell beschreibt und darlegt, was die einzelnen Bauteile darstellen sollen.

3 Überlege dir gemeinsam mit einer Partnerin oder einem Partner Kriterien, mit deren Hilfe das Modell bewertet werden könnte.

IM ALLTAG

Die Erforschung der DNA

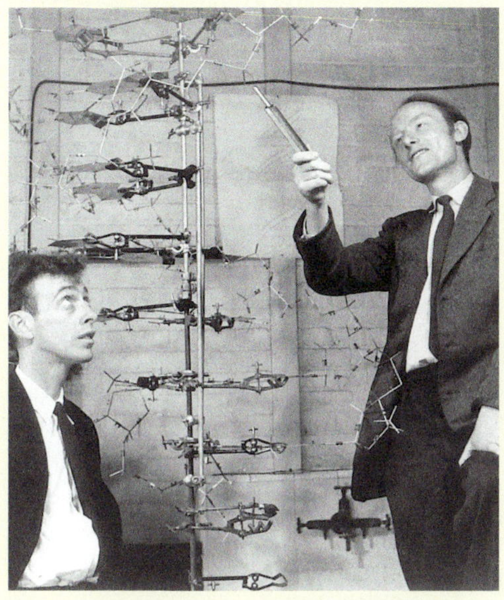

4 WATSON und CRICK mit ihrem Modell

Die Entdeckung der DNA

Zu Beginn des 20. Jahrhunderts war die chemische Zusammensetzung der DNA bekannt. Allerdings konnte sich niemand vorstellen, wie die DNA aussieht. Von 1951 bis 1953 machten sich JAMES WATSON und FRANCIS CRICK daran, den Aufbau der DNA zu entschlüsseln und in einem Modell darzustellen. Das bahnbrechende Modell bestand im Original teilweise aus einfachen Laborgeräten (→ Bild 4). Dabei wurden sie von MAURICE WILKENS unterstützt. Für ihre Forschung erhielten sie 1962 den Nobelpreis. Entscheidenden Anteil am Ergebnis der Forschung hatte die junge Forscherin ROSALIND FRANKLIN. Ihre Röntgenaufnahmen lieferten deutliche Bilder der DNA, die von WATSON und CRICK genutzt wurden. Leider wurde FRANKLIN in der damaligen Zeit nicht für ihre Arbeit gewürdigt.

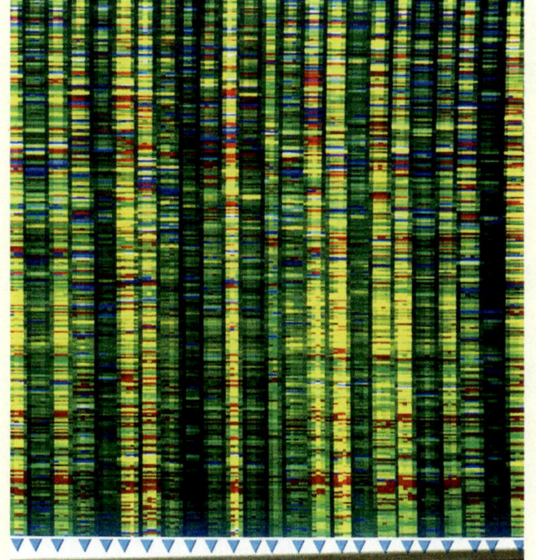

5 Ausschnitt aus der DNA-Sequenz des Menschen

Das Human-Genom-Projekt

Nachdem der Aufbau und die Struktur der DNA erforscht waren, machten sich Forscherinnen und Forscher verschiedener Länder daran, das nächste große Rätsel der menschlichen DNA zu lösen: Die Abfolge der einzelnen Basen. Ab 1990 begann die Arbeit, anfangs noch unter der Leitung von JAMES WATSON. Bereits im Jahr 2001 konnten die Forscher der Öffentlichkeit die Abfolge der drei Milliarden Basenpaare präsentieren.
Doch auch mit diesem Meilenstein ist die Forschung an den menschlichen Genen nicht abgeschlossen. Im **Human-Genom-Projekt** wird aktuell daran gearbeitet, die Funktion der einzelnen Gene zu erforschen. Ebenso wird am Entstehen von Erbkrankheiten und an natürlichen Veränderungen der Gene geforscht.

1 **a)** Nenne Forscherinnen und Forscher, die an der Erforschung der DNA beteiligt waren.
b) Erkläre, was die einzelnen Personen zur Entdeckung der DNA-Struktur beigetragen haben.

2 Erstelle mithilfe einer Internetrecherche eine Kurzpräsentation zu einer der Personen.

3 Beschreibe, was im Rahmen des Human-Genom-Projekts erforscht wurde und erforscht wird.

«

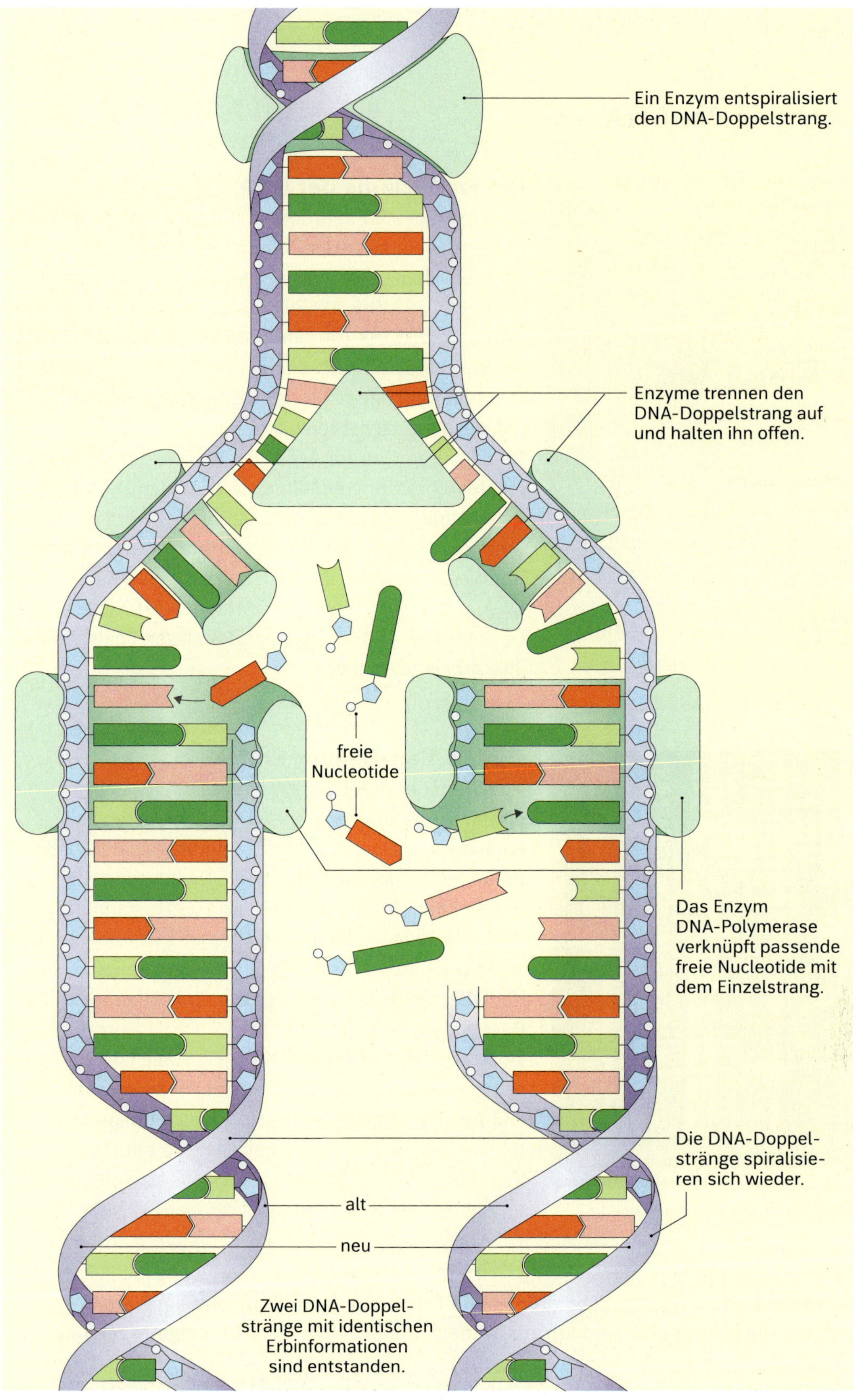

1 Ablauf der DNA-Replikation

Die Replikation der DNA

Viele Zellen, ein Bauplan

Der menschliche Körper besteht aus vielen Billionen Zellen, von denen sich viele ständig teilen und vermehren. Jede Zelle enthält DNA mit dem Bauplan des kompletten Körpers. In der Interphase zwischen zwei Zellteilungen muss die DNA also verdoppelt werden. Damit dies funktioniert, erfolgt der Prozess nach einem festgelegten Ablaufplan. Dieser Ablaufplan wird **DNA-Replikation** genannt.

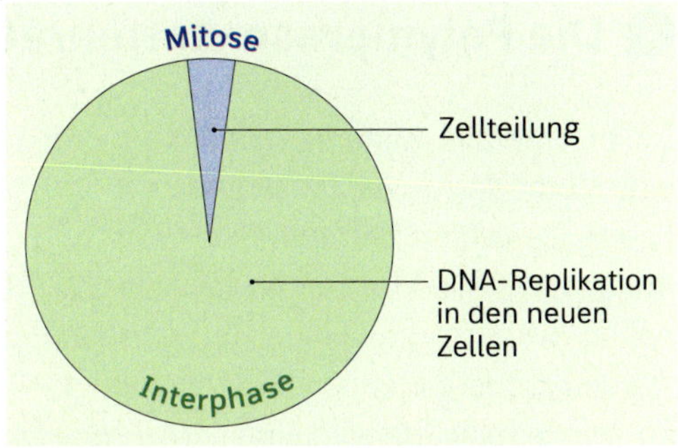

2 Die Replikation findet während der Interphase des Zellzyklus statt.

Die Entspiralisierung

Zunächst muss der stark gewundene DNA-Doppelstrang entspiralisiert werden. Diese Aufgabe wird von einem Enzym übernommen. Enzyme sind Proteine, die bestimmte Prozesse in Zellen in Gang bringen oder beschleunigen.
Nach der Entspiralisierung liegen die Nucleotide in einer geraden Reihe vor. Nur in der entspiralisierten Form kann die weitere DNA-Replikation stattfinden.

Das Auftrennen

Weitere Enzyme sorgen dann dafür, dass der DNA-Doppelstrang in zwei Einzelstränge aufgespalten wird. Die Bindungen zwischen den Nucleotiden der Einzelstränge bleiben dabei erhalten. Eine weitere Enzymgruppe sorgt dafür, dass die Einzelstränge voneinander getrennt bleiben.

Ergänzung der Einzelstränge

Jetzt beginnt das Enzym DNA-Polymerase seine Arbeit. Es „fährt" auf beiden Seiten den DNA-Einzelstrang entlang und sorgt dafür, dass an den Einzelsträngen passende und freie Nucleotide ergänzt werden. So entstehen zwei neue DNA-Doppelstränge. Jeder neue Doppelstrang besteht aus je einem alten und einem neu gebildeten Einzelstrang. Die neuen Doppelstränge spiralisieren sich danach erneut.

Zwei identische Doppelstränge

Durch die festgelegten Basenpaarungen der vier Nucleotide haben die beiden neuen DNA-Doppelstränge dieselbe Basenreihenfolge wie der alte Doppelstrang. So bleiben alle genetischen Informationen bei den Zellteilungen erhalten und werden an die Tochterzellen weitergegeben.

1 Erkläre, warum die DNA zwischen zwei Zellteilungen verdoppelt werden muss.

2 Beschreibe, wofür im menschlichen Körper Enzyme benötigt werden.

3 Erstelle ein Flussdiagramm zur DNA-Replikation.

Starthilfe zu 3:

Ein Enzym entspiralisiert den DNA-Doppelstrang.
↓

4 **I** Erkläre, warum die beiden neu gebildeten Einzelstränge eigentlich nur zur Hälfte neu sind.

5 **II** Begründe, warum in jeder neuen Zelle dieselben Erbinformationen vorliegen müssen.

6 **III** Erläutere die Notwendigkeit festgelegter Basenpaarungen für den Erfolg der DNA-Replikation.

»

ÜBEN UND ANWENDEN

A Die Polymerase-Kettenreaktion

Die Polymerase-Kettenreaktion, kurz PCR, ist eine Methode zur Vervielfältigung der DNA im Labor. Sie kommt bei Vaterschaftstests, in der Kriminaltechnik oder beim Nachweis von Krankheiten wie Virusinfektionen zum Einsatz. Hierfür werden größere Menge an DNA benötigt.
Zur Vervielfältigung wird eine DNA-Probe zunächst in Einzelstränge gespalten. Danach wird der Probe ein Gemisch aus den vier verschiedenen Nucleotiden, einer Startsequenz und dem Enzym Polymerase hinzugegeben. Anschließend wird die DNA verdoppelt, sodass identische Doppelstränge entstehen. Dieser Prozess kann unendlich oft wiederholt werden.

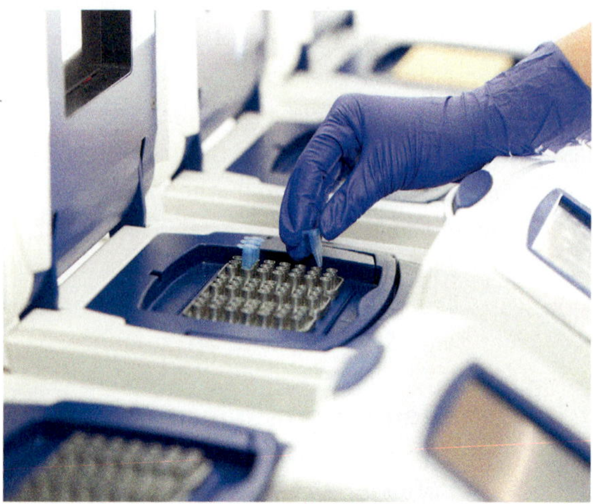

1 DNA-Verdopplung im Labor

1. Nenne Einsatzgebiete der Polymerase-Kettenreaktion.

2. Beschreibe den Ablauf der Polymerase-Kettenreaktion mit eigenen Worten.
3. II Erläutere, weshalb das Enzym Polymerase zur Vervielfältigung der DNA hinzugegeben werden muss.

B Das Reparatursystem der DNA

Die menschliche DNA besteht aus ungefähr drei Milliarden Basenpaaren. Diese werden in jeder Zelle innerhalb von Stunden kopiert. Manchmal treten dabei Fehler auf. Zum Beispiel wird eine falsche Base eingebaut oder eine Base wird nicht durch ihr komplementäres Gegenstück ergänzt. Solche Fehler können zu Fehlbildungen von Körperzellen führen.
Daher prüfen Reparaturenzyme die neu gebildeten Doppelstränge und korrigieren Fehler noch während der Verdopplung der DNA. So haben fehlerhafte Stellen meistens keine Auswirkungen auf zukünftige Zellteilungen.

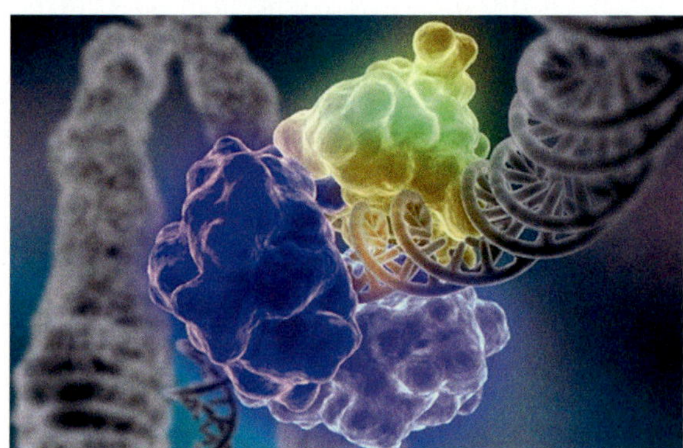

2 Reparaturenzyme (Schemazeichnung)

1. Nenne mögliche Folgen einer fehlerhaften DNA.
2. Beschreibe die Aufgabe von Reparaturenzymen.
3. Recherchiere, was geschehen kann, wenn die DNA-Reparatur erfolglos bleibt.

METHODE

Einen Stop-Motion-Film aufnehmen 

Stop-Motion-Filme

Stop-Motion-Filme bestehen aus vielen Einzelbildern, die anschließend zu einem Film zusammengesetzt werden. Für die Aufnahmen können Zeichnungen, Beschriftungen, Figuren oder Bausteine verwendet werden.

Schritt 1: Die Vorbereitung

Informiere dich über ein Thema wie zum Beispiel die Replikation der DNA. Überlege, welche Materialien du benötigst, um das Thema in einem Film darzustellen. Dein Buch oder das Tablet können dir dabei helfen.
Erstelle ein kurzes Drehbuch. Lege alle notwendigen Materialien bereit, die du brauchst. Erstelle gegebenenfalls die benötigten Zeichnungen und Texte in gut lesbarer Form.

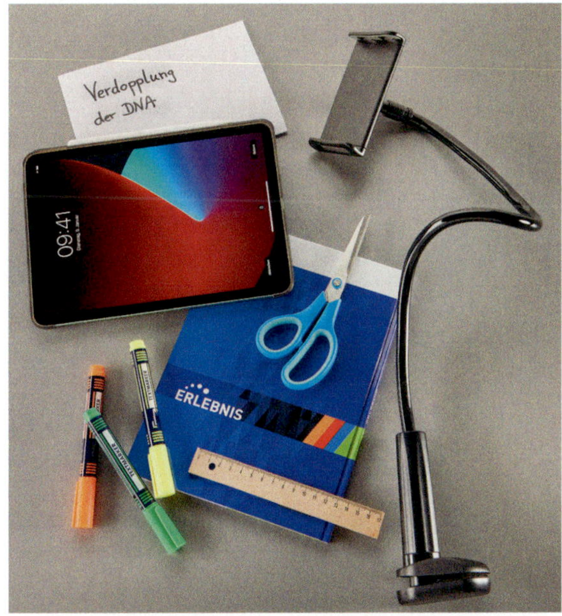

3 Vorbereitung des Drehs

Schritt 2: Der Dreh

Befestige das Tablet mit einer Halterung an einem Tisch. Der Tisch muss gut ausgeleuchtet sein.
Öffne die App für Stop-Motion-Filme, die ihr in eurer Schule benutzt. Bewege deine Materialien langsam über den Tisch und mache nach jeder Bewegung ein Bild.
Pro Sekunde Film brauchst du mindestens acht Bilder. Die Veränderung von Bild zu Bild siehst du in der App (→ Bild 4).

4 Filmset mit Tablet und Bauteilen

Schritt 3: Die Vertonung und Fertigstellung

Ist der Film fertiggestellt, kannst du in der App noch einen passenden Text einsprechen. Diesen solltest du vorher aufgeschrieben haben. Danach kannst du den fertigen Film abspeichern. Er ist nun bereit zum Abspielen.

1. Erstelle einen Stop-Motion-Film zur Replikation der DNA.
2. Entwickelt gemeinsam Kriterien für die Bewertung eines Stop-Motion-Filmes.

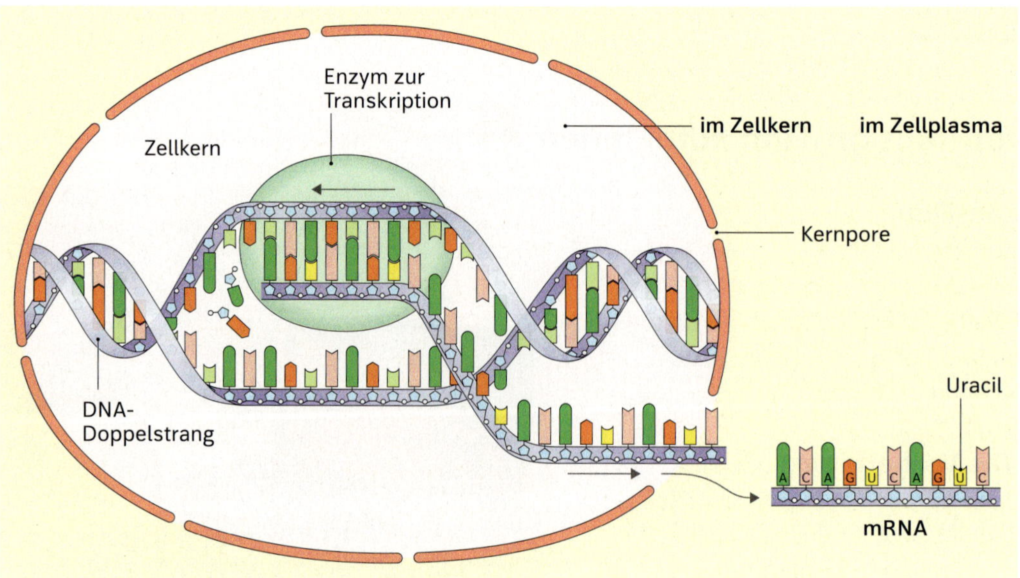

1 Erster Schritt der Proteinbiosynthese: Transkription

Die Proteinbiosynthese

Vom Gen zum Merkmal

In jeder Zelle befindet sich DNA. Einzelne Abschnitte der DNA werden als **Gene** bezeichnet. Jedes Gen enthält die Information zum Bau eines Proteins. Mithilfe der Informationen der Gene werden in den Zellen Proteine gebaut. Der Vorgang wird als **Proteinbiosynthese** bezeichnet.
Proteine sind lange Ketten aus **Aminosäuren.** Jedes Protein hat eine typische Abfolge der Aminosäuren. In Proteinen kommen 20 verschiedene Aminosäuren vor. Proteine sorgen als Baustoffe, Enzyme oder Hormone für die Ausprägung von **Merkmalen.** Proteine bestimmen zum Beispiel die Farbe von Augen oder Haaren.

Die Transkription

Der erste Schritt der Proteinbiosynthese ist die **Transkription** (→ Bild 1). Sie findet im Zellkern statt. Dort trennen Proteine den DNA-Doppelstrang an der Stelle in die Einzelstränge auf, auf dem die Bauanleitung für ein bestimmtes Protein liegt.
Der Einzelstrang wird anschließend von Enzymen abgelesen. Aus passenden Nucleotiden wird eine Kopie des DNA-Einzelstranges gebildet. Diese Kopie wird Boten-RNA oder **mRNA** genannt.
Im Unterschied zur DNA enthält die mRNA als Zucker Ribose und statt der Base Thymin die Base **Uracil.** Die mRNA verlässt durch eine Kernpore den Zellkern.

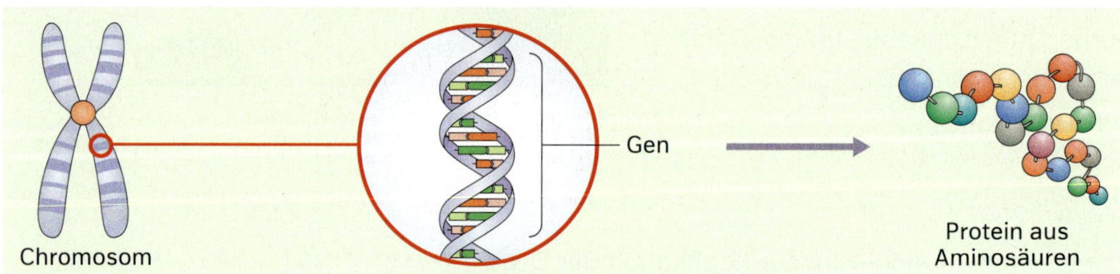

2 Gene sind Abschnitte auf den Chromosomen.

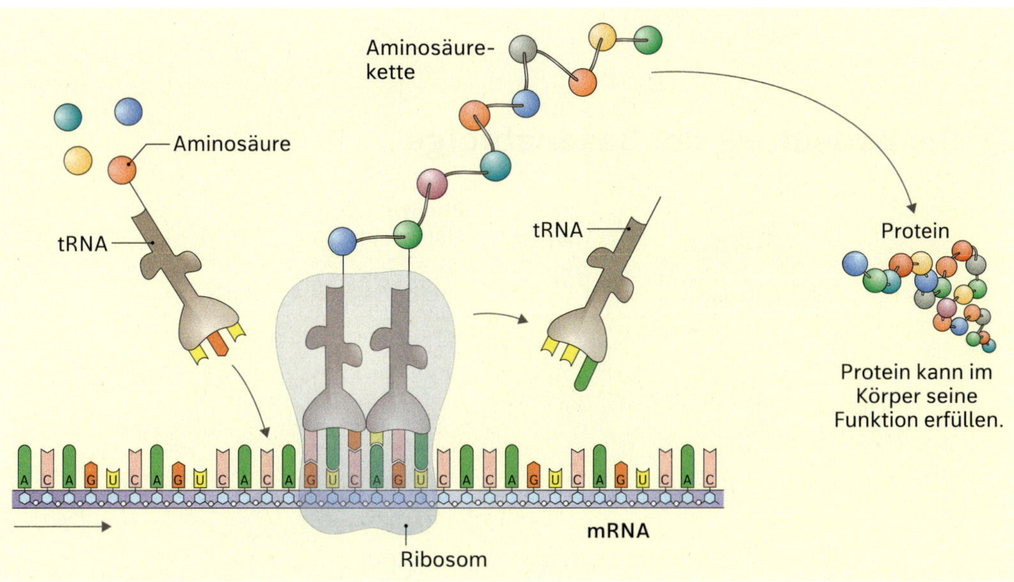

3 Zweiter Schritt der Proteinbiosynthese: Translation

Die Translation

Die **Translation** ist der zweite Schritt der Proteinbiosynthese. Sie findet im Zellplasma statt. Dort lagern sich die Ribosomen an die mRNA an. Anschließend werden immer drei Basen gleichzeitig abgelesen. Ein solches **Triplett** steht für eine bestimmte Aminosäure. Die Transfer-RNAs oder **tRNA**s bringen die Aminosäuren zu den Ribosomen. Passt ihr Basentriplett zu einem Abschnitt der mRNA am Ribosom, gibt die tRNA dort ihre Aminosäure ab.
Am Ribosom werden die so abgegebenen passenden Aminosäuren zu einer Kette, dem Protein, verknüpft. Je nach Abschnitt der Bauanleitung entstehen auf diese Weise Haare, Enzyme, Hormone und andere Bestandteile des Organismus.

Mutationen verändern die DNA

Verändert sich die DNA an einer Stelle ungeplant, wird von einer **Mutation** gesprochen. Mutationen können sich auf den Körper auswirken, müssen es aber nicht.
Energiereiche Strahlung und Chemikalien erhöhen beispielsweise die Gefahr einer Mutation. Diese äußeren Einflüsse werden **Mutagene** genannt. Mutationen können zum Beispiel Krebs oder andere Krankheiten verursachen.
Ist nur ein einzelnes Gen betroffen, ist es eine **Genmutation.** Sind mehrere Gene auf einem Chromosom betroffen, wird von einer **Chromosomenmutation** gesprochen. Verändert sich die Gesamtzahl der Chromosomen, handelt es sich um eine **Genommutation.**

1 **a)** Nenne Aufgaben von Proteinen.
b) Erkläre, worin sich Proteine in ihrer Struktur unterscheiden.
c) Erkläre den Zusammenhang zwischen Genen und Merkmalen.

2 Erkläre die Funktion der mRNA und die Funktion der tRNA.

3 Erkläre, was Mutationen sind und wie sie sich auswirken können.

4 **I** Nenne die wesentlichen Schritte der Proteinbiosynthese.

5 **II** Stelle die Abläufe der Proteinbiosynthese in einem Flussdiagramm dar.

»

ÜBEN UND ANWENDEN

A Die Bedeutung der Basenabfolge

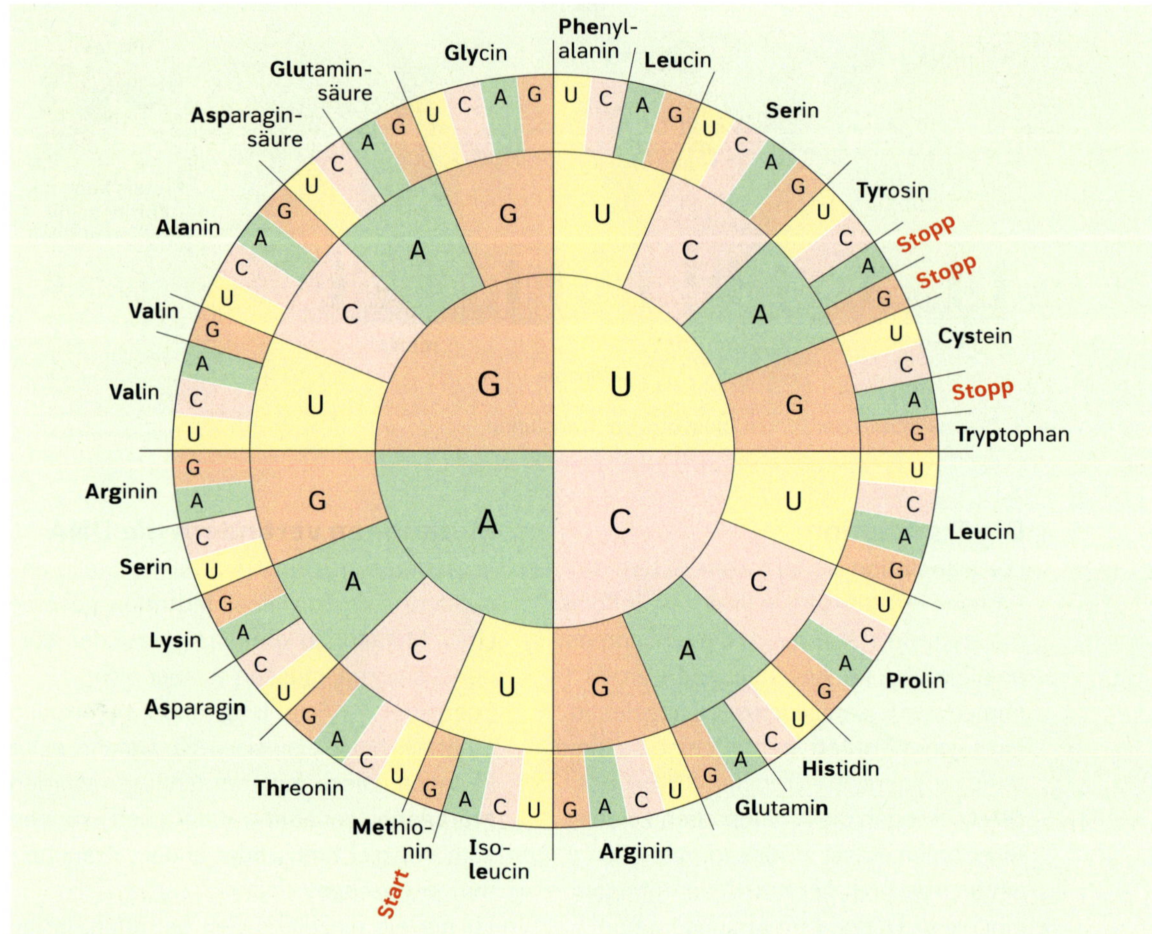

1 Die Codesonne

Welche Basenabfolge in einem Basentriplett der mRNA für welche Aminosäure steht, ist mittlerweile gut erforscht. Die Codesonne stellt diese Zuordnung dar (→ Bild 1). Sie wird vom Mittelpunkt nach außen gelesen.
So entsteht eine Abfolge von drei Basen, wie zum Beispiel U-C-G. Diese Abfolge steht für die Aminosäure Serin (Abkürzung Ser).
Außerdem gibt es Tripletts, die den Start oder Stopp eines Gens markieren. Sie stehen immer am Beginn oder am Ende des Gens.

1 Erkläre die Bedeutung der Codesonne.

2 **a)** Nenne die Aminosäuren, die durch das Triplett G-G-G codiert ist.
b) Nenne die Basentripletts, durch die die Aminosäure Alanin (Abkürzung Ala) codiert sein kann.

3 **II** Erstelle mithilfe der folgenden genetische Information eine Aminosäurekette: A-U-G-A-A-A-C-U-G-G-G-U-U-A-A

4 **II** Recherchiere, warum bei der Ernährung darauf geachtet werden sollte, dass proteinhaltige Kost möglichst viele unterschiedliche Aminosäuren enthält.

IM ALLTAG

Gefährliche Mutagene

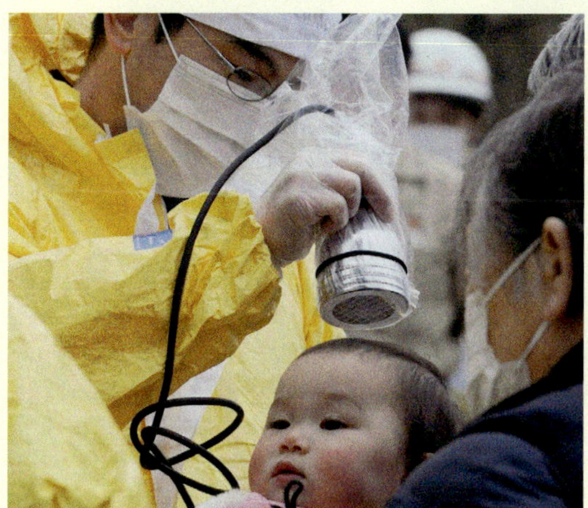

2 Messen von radioaktiver Strahlung

Radioaktive Strahlung

Atomkatastrophen wie in Fukushima im Jahr 2011 stellen eine große Gefahr für die DNA von Lebewesen dar. Die radioaktive Strahlung kann Gene und Chromosomen stark verändern. Veränderungen in Körperzellen können Krebs, eine geschwächte Immunabwehr oder Stoffwechselkrankheiten zur Folge haben.

Die verstrahlten Gebiete rund um Fukushima konnten nur noch mit Schutzkleidung für eine kurze Zeit betreten werden.

Aufgrund der großen Gefahren, die von radioaktiver Strahlung ausgehen, ist der Ausstieg aus der Atomenergie in Deutschland mittlerweile beschlossene Sache. Doch selbst von den eingelagerten Atomabfällen wird noch für viele Jahrtausende eine Gefahr ausgehen.

3 Krebserregende Stoffe

Mutagene im Alltag

Es braucht keine atomare Katastrophe, um die menschlichen Zellen und ihre DNA schädlichen Mutagenen auszusetzen. Durch das Rauchen von Zigaretten oder Wasserpfeifen nimmt der Körper unter anderem Teerstoffe auf. Diese Teerstoffe setzen sich in der DNA fest und können dort die Basenreihenfolge verändern. Teilen sich Zellen daraufhin unkontrolliert, ist Krebs entstanden.

Auch ein Abbauprodukt des Alkohols, das Acetaldehyd, kann die Entstehung von Krebs begünstigen, wenn Alkohol regelmäßig und in großen Mengen konsumiert wird.

Doch auch harmlose Tätigkeiten wie das regelmäßige Grillen sind risikoreich: Angebrannte Fette können mutagen wirken und begünstigen langfristig die Bildung von Tumoren.

1 Nenne Auswirkungen radioaktiver Strahlung auf die DNA von Lebewesen.

2 Begründe, warum Atommüll ein langfristiges Risiko darstellt.

3 Nenne Mutagene, die den Menschen im Alltag beeinflussen können.

4 **II** Erläutere, warum Rauchen die häufigste Ursache von Lungenkrebs ist.

«

1 Eltern mit ihren gemeinsamen Kindern

Kinder sehen ihren Eltern ähnlich

Familienähnlichkeit

In jeder Familie gibt es Familienähnlichkeiten. Manche Merkmale hast du von deinem Vater und andere von deiner Mutter geerbt. Vielleicht entdeckst du an dir auch Eigenschaften oder Merkmale deiner Großeltern wieder. Diese Ähnlichkeiten können äußere Merkmale wie die Form des Gesichtes oder die Augenfarbe sein. Aber auch andere Eigenschaften wie die Anfälligkeit für bestimmte Krankheiten können vererbt werden. Die Intelligenz oder bestimmte Charaktereigenschaften sind teilweise geerbt und teilweise durch die Umwelt bedingt.

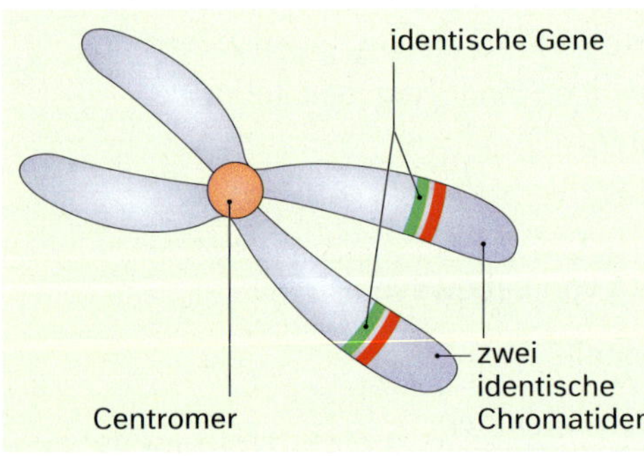

2 Bau eines Chromosoms

Chromosomen enthalten die Erbinformation

Die Eigenschaften, die wir von unseren Eltern erben, sind in den **Genen** auf den Chromosomen im Zellkern festgelegt. Bei der Befruchtung verschmelzen eine Spermienzelle und eine Eizelle miteinander. Dabei kommen Chromosomen vom Vater mit Chromosomen von der Mutter in der befruchteten Eizelle zusammen. Daraus entsteht durch viele Zellteilungen das Kind mit einer Mischung von Eigenschaften des Vaters und der Mutter. Bei jeder der Zellteilungen werden alle Chromosomen verdoppelt und an die neuen Zellen weitergegeben. Deshalb enthält jede Zelle im Körper eines Menschen alle Erbinformationen.

Bau eines Chromosoms

Ein Chromosom besteht aus zwei identischen Teilen, den **Chromatiden** (→ Bild 2). Sie enthalten identische Gene. In der Mitte sind die beiden Chromatiden am Centromer miteinander verbunden. Bei der Zellteilung werden in der Mitose die beiden Chromatiden auf die beiden neuen Zellen verteilt.

Das Karyogramm

Die Chromosomen einer Zelle lassen sich in einem **Karyogramm** darstellen (→ Bild 3). Dazu werden die Chromosomen in der Metaphase der Mitose aus dem Zellkern entnommen, fotografiert und nach der Größe sortiert. Wie sich zeigt, liegen alle Chromosomen paarweise vor. Dabei sind sich die Paare zwar sehr ähnlich, aber nicht identisch.
Am Ende des Karyogramms stehen die Geschlechtschromosomen (Gonosomen). Mädchen haben zwei X-Chromosomen und Jungen ein X-Chromosom und ein Y-Chromosom. Das Y-Chromosom ist viel kleiner als das X-Chromosom. Alle Chromosomen außer den Geschlechtschromosomen werden auch Autosomen genannt.
Die Chromosomen, die jeweils ein Paar bilden, heißen **homologe Chromosomen.**

Homologe Chromosomen enthalten die Erbeigenschaften für die gleichen Merkmale. So liegen beispielsweise Informationen für die Augenfarbe an der gleichen Stelle.

Gleich, aber nicht identisch

Allerdings kommt eines der homologen Chromosomen vom Vater und eines von der Mutter. Daher sind die Informationen nicht unbedingt identisch. Es kann also sein, dass du vom Vater ein Chromosom mit Informationen für blaue Augen und von der Mutter ein Chromosom mit Informationen für braune Augen bekommen hast.

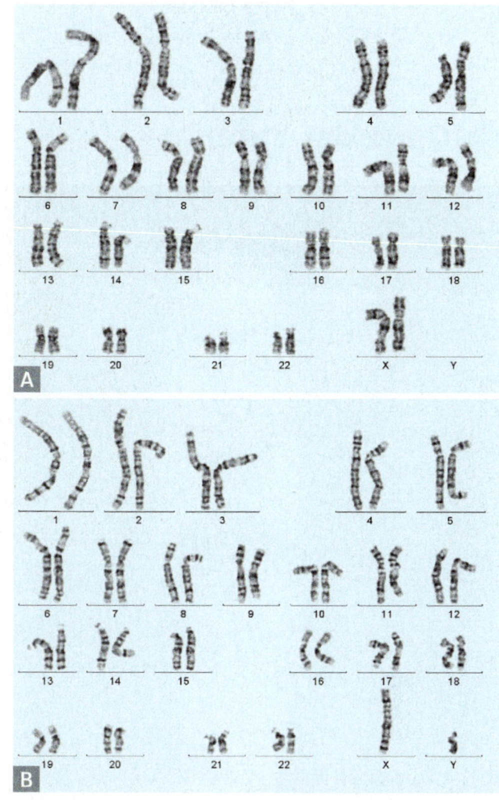

3 Karyogramme: **A** Mädchen, **B** Junge

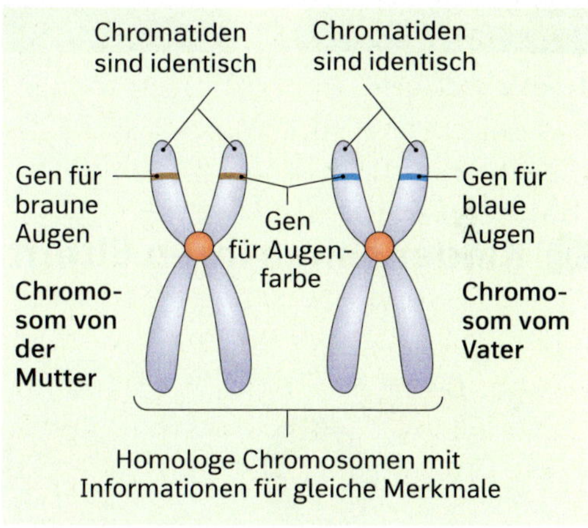

4 Zwei homologe Chromosomen

1. Beschreibe den Aufbau eines Chromosoms.
2. **a)** Erkläre anhand von Bild 3, was ein Karyogramm ist.
   b) Begründe, woran du erkennst, dass das Karyogramm in Bild 3 A von einem Mädchen stammt.

Starthilfe zu 2a:
Nutze die Begriffe Größe, homologe Chromosomen, Anordnung.

3. **I** Erkläre, warum Kinder ihren Eltern oft ähnlich sehen.
4. **II** Erkläre an einem Beispiel, warum homologe Chromosomen zwar Informationen für gleiche Merkmale, aber nicht identische Informationen tragen.

»

ÜBEN UND ANWENDEN

A Ganz der Vater

1 Vater und Sohn

Auf Bild 1 siehst du einen Vater mit seinem Sohn. Die Ähnlichkeit zwischen den beiden ist sofort zu erkennen. Wenn du bestimmte Körperteile wie die Nase, den Mund oder die Haare der beiden miteinander vergleichst, ist die Ähnlichkeit zwischen den beiden sofort zu erkennen. Aber auch bestimmte Verhaltensweisen, Vorlieben oder Charaktereigenschaften können zumindest teilweise von den Eltern geerbt sein.

1. **a)** Beschreibe Ähnlichkeiten zwischen Vater und Sohn.
   b) Beschreibe Unterschiede zwischen Vater und Sohn.
2. Erkläre, welche veränderbaren Merkmale die Ähnlichkeiten noch verstärken.
3. Beschreibe, welche Familienähnlichkeiten es in deiner Familie gibt.

B Kinder sehen ihren Eltern ähnlich

2 Familienähnlichkeit?

Manche Kinder sehen ihren Eltern auf verblüffende Weise ähnlich.

1. Beschreibe die Szene in Bild 2.
2. Formuliere, was die dunkelhaarige Frau denken könnte.
3. Erkläre, wie es zu Ähnlichkeiten zwischen Kindern und ihren Eltern kommt.

Starthilfe zu 3:
Überlege, woher die Erbsubstanz von Kindern in Form von Chromosomen stammt.

ÜBEN UND ANWENDEN

C Trisomie 21 im Karyogramm erkennen

In Deutschland leben ungefähr 50 000 Menschen mit dem Down-Syndrom. Sie haben eine genetische Besonderheit, **die Trisomie 21,** die in ihrem Karyogramm zu erkennen ist (→ Bild 3). Diese Besonderheit führt zu verschiedenen körperlichen Besonderheiten. Meistens ist auch eine geistige Beeinträchtigung mit der Trisomie 21 verbunden.

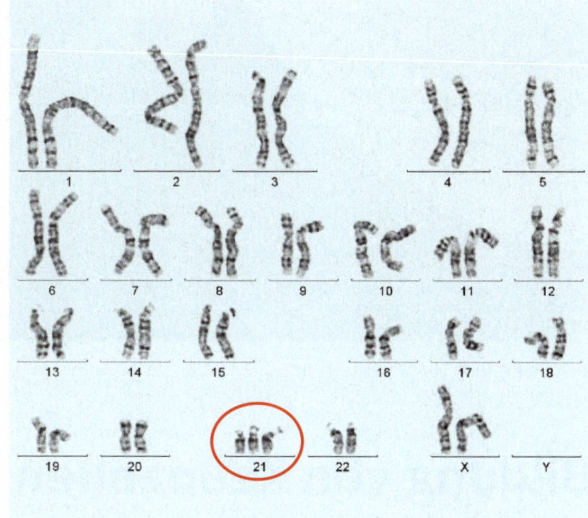

3 Karyogramm mit Trisomie 21

1 **a)** Beschreibe das Karyogramm in Bild 3.
b) Erkläre mithilfe von Bild 3, was "Trisomie 21" heißt.

2 Beurteile, ob es sich in Bild 3 um ein Karyogramm eines Mädchens oder eines Jungen handelt.

D Kinder mit Down-Syndrom

Eine Trisomie 21 prägt sich im sogenannten **Down-Syndrom** aus. Diese Ausprägung ist bei jedem Kind ganz unterschiedlich. Wie alle Kinder haben Kinder mit Down-Syndrom individuelle Fähigkeiten und auch Probleme. Allerdings sind sie oft klein und ihre Muskulatur ist schwächer als bei anderen Kindern. Sie sind oft anfälliger für Infektionen und manche Kinder leiden an Hörschwächen oder Sehschwächen. Auch das Herz kann geschädigt sein. Die Kinder mit Down-Syndrom entwickeln sich körperlich und geistig langsamer und brauchen deshalb besondere Aufmerksamkeit und Unterstützung. Wenn Kinder mit Down-Syndrom früh gefördert und unterstützt werden, können viele von ihnen ein einigermaßen selbstständiges und unabhängiges Leben führen.

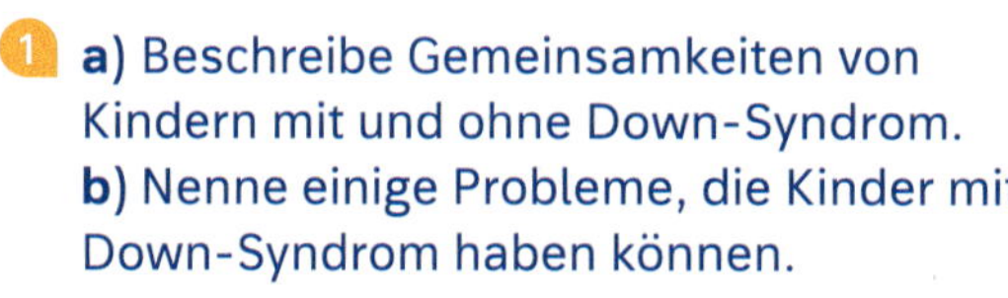
1 **a)** Beschreibe Gemeinsamkeiten von Kindern mit und ohne Down-Syndrom.
b) Nenne einige Probleme, die Kinder mit Down-Syndrom haben können.

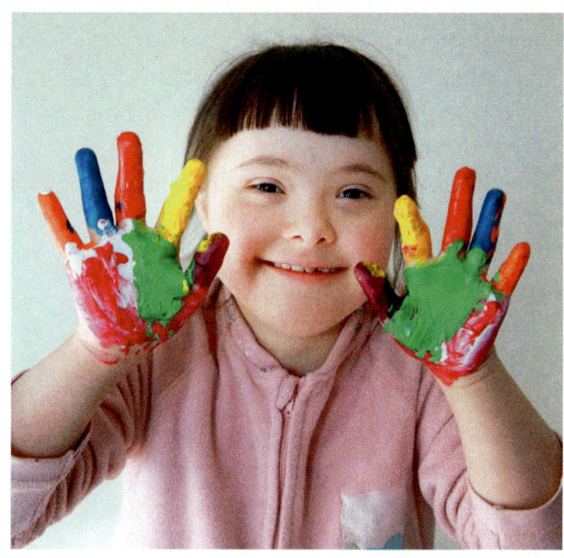
4 Kind mit Down-Syndrom

2 Seit 2010 haben Kinder mit Down-Syndrom das Recht, allgemeinbildende Schulen zu besuchen.Dort werden sie zusammen mit nicht behinderten Kindern unterrichtet und gefördert. Nenne Gründe, warum das vorteilhaft für sie sein könnte.

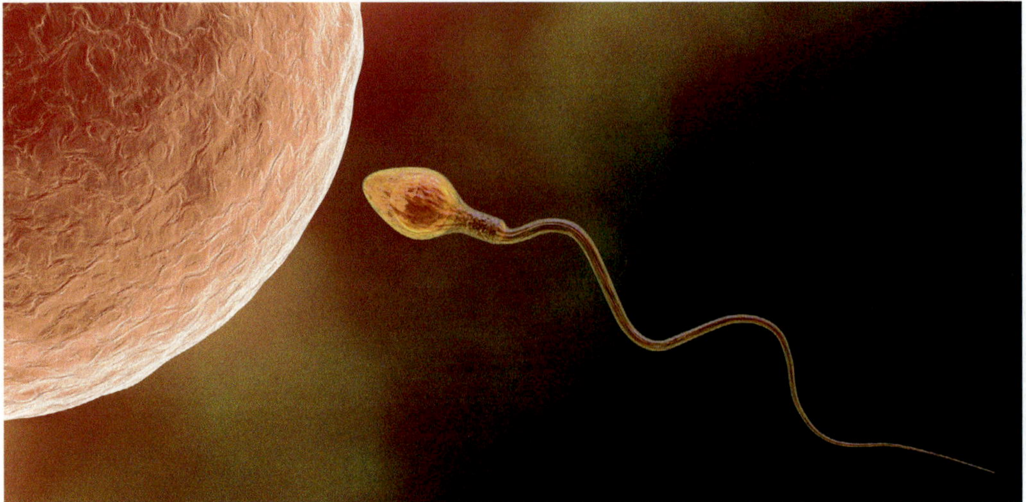

1 Eizelle und Spermienzelle

Bildung von Keimzellen in der Meiose

Keimzellen bei Mädchen und Jungen

In der Pubertät reifen in den Eierstöcken eines Mädchens die ersten Eizellen heran und es kommt zur ersten Menstruation. Bei Jungen werden in den Hoden Spermienzellen gebildet und es kommt zum ersten Spermienerguss. **Eizellen** und **Spermienzellen** werden auch **Keimzellen** genannt. Sie sind für die Fortpflanzung zuständig und haben besondere Eigenschaften.

Keimzellen haben einen einfachen Chromosomensatz

Im Gegensatz zu Körperzellen, die einen doppelten Chromosomensatz haben, besitzen Keimzellen nur einen einfachen Chromosomensatz. Sie sind **haploid** (→ Bild 2). Von jedem Chromosom liegt immer nur eines in den Spermienzellen oder den Eizellen vor. Das muss auch so sein, weil sich sonst bei jeder Vereinigung von Spermienzelle und Eizelle der Chromosomensatz weiter verdoppeln würde. Dann gäbe es nach kurzer Zeit unendlich viele Chromosomen in den Zellen.

Keimzellen aus Urkeimzellen

Keimzellen werden aus Urkeimzellen gebildet, die einen doppelten Chromosomensatz haben. Ein doppelter Chromosomensatz wird auch als **diploider Chromosomensatz** bezeichnet. Der Vorgang, bei dem die Chromsomensätze halbiert werden, heißt **Meiose.**

Weil alle Chromosomen wichtige Informationen enthalten, darf es nicht dem Zufall überlassen werden, wie die Chromosomensätze in der Meiose halbiert werden. Deshalb läuft die Meiose streng kontrolliert in zwei Phasen ab, der **Meiose I** und der **Meiose II** (→ Bild 3).

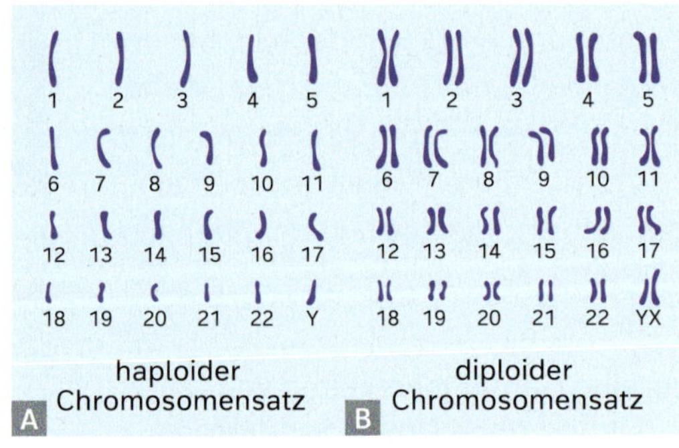

2 Karyogramme: **A** Keimzellen, **B** Urkeimzellen und Körperzellen

Die Meiose I und Meiose II

In der Meiose I werden die homologen Chromosomen auf zwei Tochterzellen verteilt. Dafür lagern sich in der Mitte der Zelle jeweils die homologen Chromosomen zu Paaren zusammen. Spindelfasern greifen an den Centromeren an und ziehen die Chromosomen zu den Seiten. Nun bilden sich zwei Zellen, die dann jeweils einen haploiden Chromosomensatz haben. Damit ist die Meiose I abgeschlossen.
In der darauf folgenden Meiose II werden die Chromatiden der Chromosomen auf zwei weitere Tochterzellen aufgeteilt.

Die Zellen, die bei der Meiose I und der Meiose II gebildet werden, sind die **Keimzellen.** Sie sind haploid. Ihre Chromosomen bestehen aus nur einem Chromatid.

Die Befruchtung und Entwicklung

Bei der Verschmelzung einer Spermienzelle und einer Eizelle kommt es zur Befruchtung. Es entsteht die befruchtete Eizelle. Weil Spermienzelle und Eizelle jeweils ihren haploiden Chromosomensatz mitbringen, ist die befruchtete Eizelle diploid. Anschließend verdoppeln sich die Chromatiden wieder. In der diploiden Zelle liegen nun wieder Chromosomen mit zwei Chromatiden vor. Dann folgen viele Zellteilungen und der Embryo entwickelt sich.

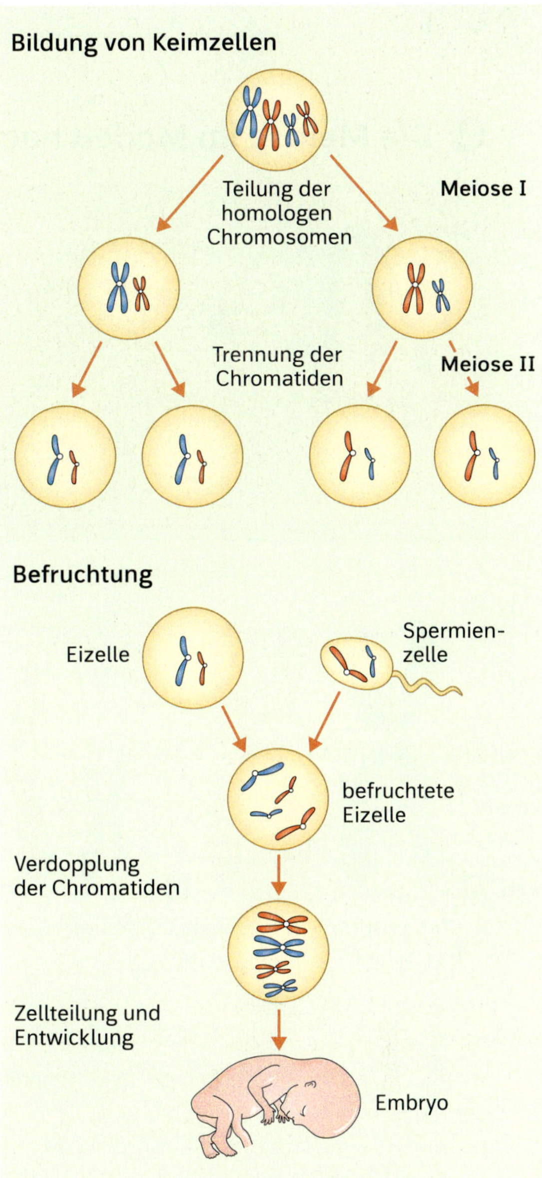

3 Bildung von Keimzellen und Befruchtung

1. Beschreibe anhand von Bild 2 den Unterschied zwischen einer haploiden Keimzelle und einer diploiden Zelle.
2. Erkläre, warum es wichtig ist, dass Keimzellen haploid sind.
3. Nenne das Ergebnis der Meiose I und das Ergebnis der Meiose II.
4. Erkläre, warum die homologen Chromosomen in der Meiose I getrennt werden.
5. **I** Erkläre, warum ein Embryo wieder einen diploiden Chromosomensatz hat.
6. **III** Stelle eine begründete Vermutung an, warum die Kinder einer Familie nicht alle gleich aussehen.

Starthilfe zu 4:
Homologe Chromosomen tragen die Erbinformationen für die gleichen Merkmale.Sie sind aber nicht identisch.

»

FORSCHEN UND ENTDECKEN

A Die Meiose im Modell nachstellen

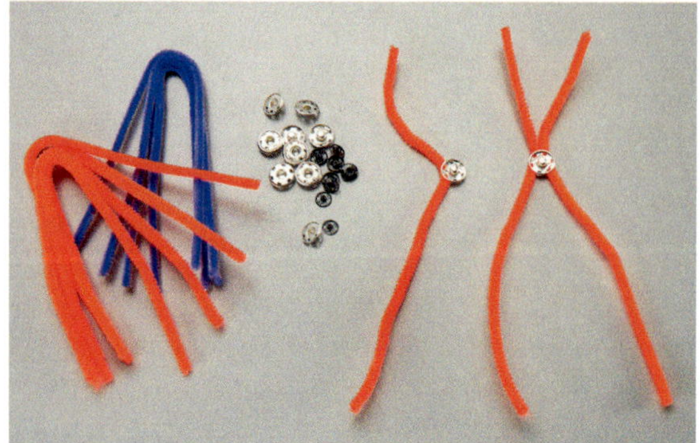

1 Material für die Chromosomen

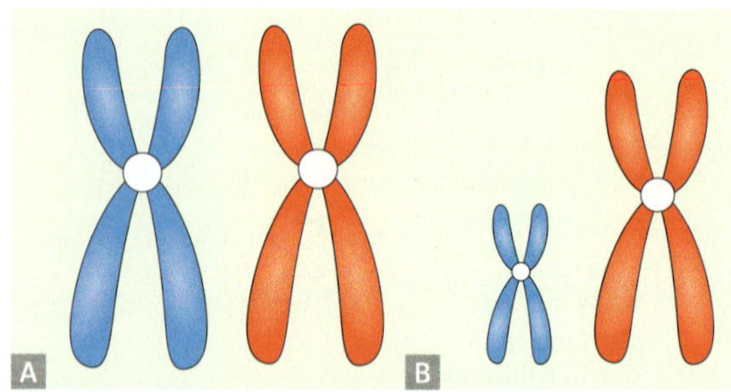

2 Chromosomen: **A** homologes Chromosomenpaar, **B** Geschlechtschromosomen

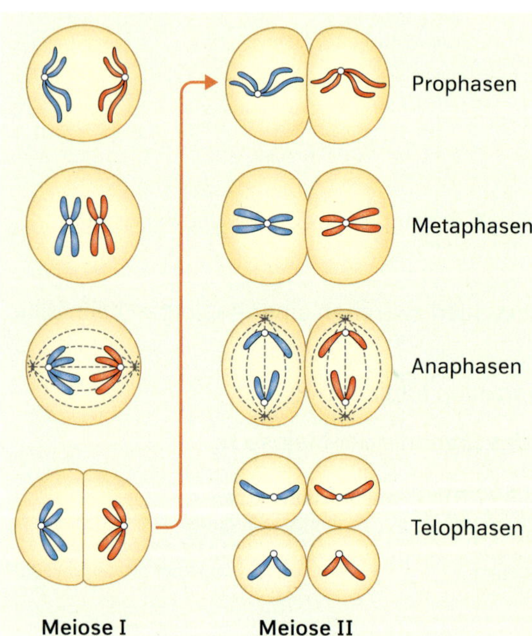

3 Meiose-Phasen

In der Meiose werden in zwei Schritten Keimzellen mit haploidem Chromosomensatz gebildet. Dabei erfolgt die Meiose II wie eine Mitose. Die Trennung der homologen Chromosomen in zwei Schritten könnt ihr in einem Modell darstellen.

Material: Druckknöpfe, Pfeifenputzer in zwei Farben, Papier, Bleistift, Schere, Smartphone oder Fotoapparat

Durchführung:

Schritt 1: Zeichnet auf die Pappe einen Kreis, in dem alle Chromosomenpaare Platz haben. Der Kreis steht für die Zelle.

Schritt 2: Schreibt die Zahlen 1 – 8 auf jeweils ein Papier-Kärtchen.

Schritt 3: Stellt nun die einzelnen Phasen der Meiose I und der Meiose II im Modell nach.
Legt an jede neue Phase das Kärtchen mit der nächsten Zahl.

Schritt 4: Fotografiert euer Modell in jeder Phase der Meiose.

Schritt 5: Notiert euch zu den Vorgängen jeder Phase der Meiose wenige Stichworte für eine spätere Präsentation.

1 **a)** Präsentiert die Fotos von eurem Meiose-Modell in der richtigen Reihenfolge. Erklärt euer Modell einer anderen Gruppe.
b) Vergleicht und bewertet eure Modelle.

2 Vergleicht euer Modell mit der Wirklichkeit.

3 II **a)** Stellt mithilfe von Bild 2 die Bildung von Spermienzellen nach.
II **b)** Erklärt anhand des Modells, wie es zur Vererbung des Geschlechts kommt.

4 Zeigt mithilfe von zwei oder drei homologen Chromosomenpaaren, wie eine Vielfalt von Keimzellen entstehen kann.

A In der Meiose entsteht Vielfalt

In der Meiose I werden die homologen Chromosomen getrennt. Dabei entsteht Vielfalt, weil es Zufall ist, welches der homologen Chromomen in welche Richtung gezogen wird.
In Bild 4 siehst du zwei Möglichkeiten, wie sich die homologen Chromosomen von drei Chromosomen-Paaren während der Meiose I in der Zelle anordnen können.

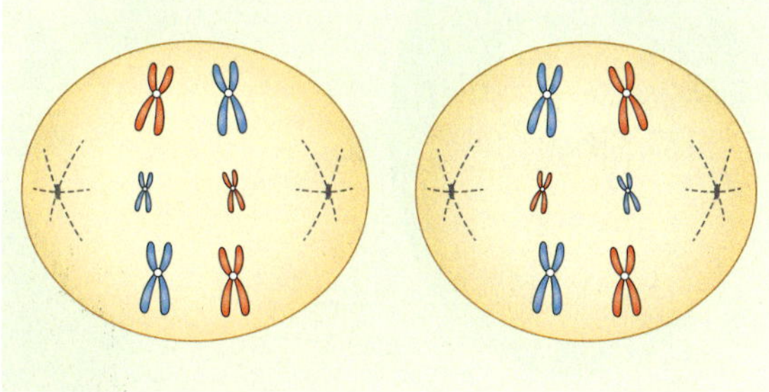

4 Unterschiedliche Anordnungen der Chromosomen während der Meiose I

1 **a)** Zeichne das Schema aus Bild 5 ab.
b) Beginne in der ersten Zelle oben mit einer der beiden Möglichkeiten aus Bild 4.
c) Erstelle eine Zeichnung mit den weiteren Schritten der Meiose.
d) Wiederhole den Vorgang für die zweite Möglichkeit aus Bild 4.

2 Erkläre, warum die Verteilung der homologen Chromosomen für Vielfalt sorgt.

Starthilfe zu 2:
Bedenke, dass der Mensch viele Paare homologer Chromosomen besitzt.

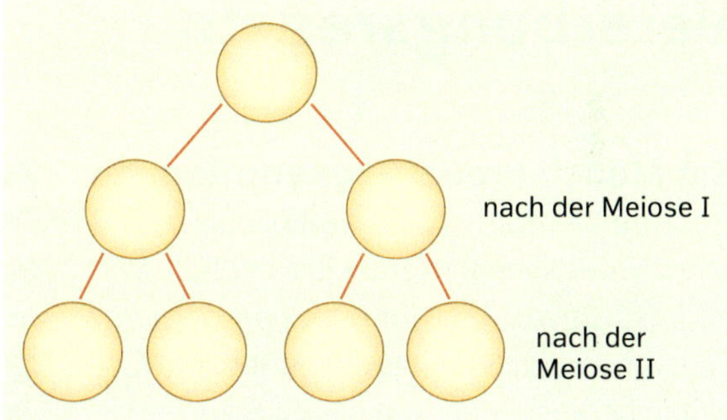

5 Schema für die Meiose

B Crossing over erhöht die Vielfalt

In jeder Meiose finden Crossing-over-Ereignisse statt. Das bedeutet, dass Chromatiden von homologen Chromosomen sich überkreuzen. Danach brechen sie an den überkreuzten Stellen und tauschen die Stücke aus.
Es entstehen Chromosomen mit Informationen, die aus väterlichen und mütterlichen Chromosomen gemischt sind. Trotzdem ist jede Information in jedem Chromosom noch vorhanden. Diese Ereignisse treten häufig auf.

1 **III** Zeichne das Schema aus Bild 6 ab und ergänze die Chromosomen in den unteren Zellen.

2 **III** Begründe, warum Crossing over für mehr Vielfalt bei den Keimzellen sorgt.

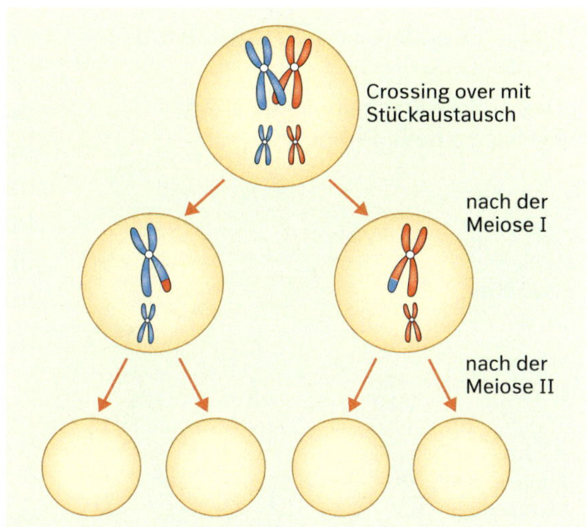

6 Meiose mit Crossing over und Austausch von Chromatidstücken

1 GREGOR MENDEL experimentierte mit Erbsenpflanzen.

Vererbungsregeln

Ein Mönch kreuzt Erbsenpflanzen

GREGOR MENDEL (1822 – 1884) war ein Mönch, der sehr an Naturwissenschaften interessiert war. Im Garten seines Klosters experimentierte er mit Erbsenpflanzen. Er wollte herausfinden, wie die Pflanzen Merkmale an die nächste Generation weitergeben. Für seine Experimente suchte er Pflanzen aus, die sich in einem Merkmal deutlich unterschieden. Erbsenpflanzen unterscheiden sich zum Beispiel in der Farbe der Erbsen. Die eine Sorte hat grüne Erbsen, die andere Sorte hat gelbe Erbsen.

Das äußere Erscheinungsbild eines Merkmals heißt **Phänotyp.**

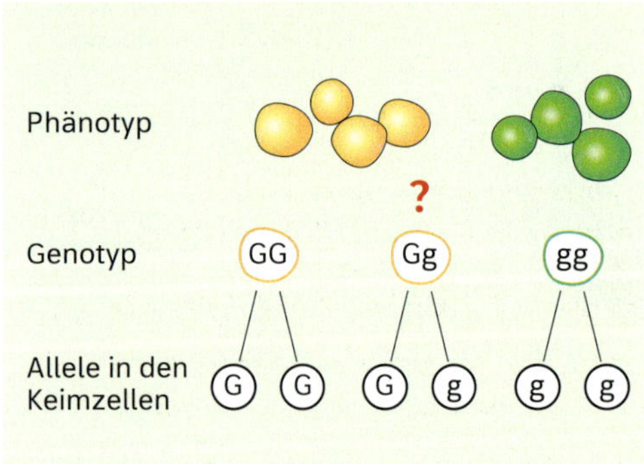

2 Phänotyp, Genotyp und Allele

Zwei Allele stehen für ein Merkmal

Die beiden Erscheinungsformen des Merkmals Erbsenfarbe werden durch unterschiedliche Varianten eines Gens bestimmt. Diese Varianten eines Gens werden als **Allele** bezeichnet.

Bei den Erbsen gibt es ein Allel für gelbe Erbsen und ein Allel für grüne Erbsen. MENDEL fand heraus, dass jede Erbsenpflanze für die Farbe ihrer Erbsen zwei Allele hat. Dabei kann es sein, dass die Pflanze nur die Allele für die Farbe Gelb hat. Dann ist sie **reinerbig** und ihre Allelkombination wird mit den Buchstaben "GG" angegeben. Eine Pflanze mit zwei Allelen für grüne Erbsen ist auch reinerbig. Sie hat dann die Allelkombination "gg".

Pflanzen mit einem Allel für die Farbe Gelb und einem Allel für die Farbe Grün heißen **mischerbig** und haben die Allelkombination "Gg".

Die Kombination von Allelen eines Gens ist der **Genotyp.**

Die Erbsen der mischerbigen Erbsenpflanzen sind auch gelb. Der Phänotyp gibt also nicht immer Aufschluss über den Genotyp.

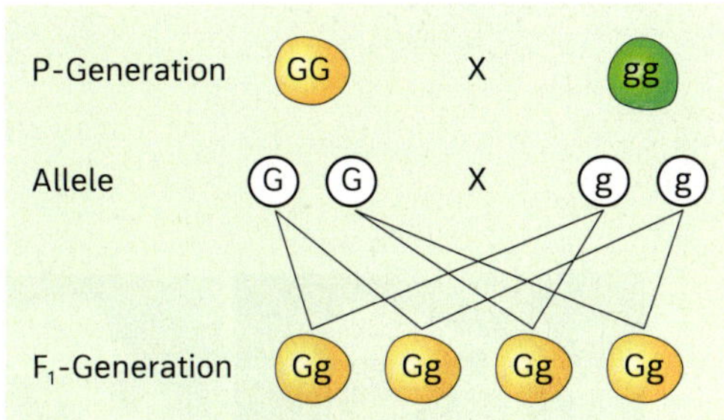

3 Kreuzung der P-Generation

F_1-Generation Gg x Gg
Allele G g x G g
F_2-Generation GG Gg Gg gg

4 Kreuzung der F_1-Generation

Die erste MENDELsche Regel

MENDEL kreuzte reinerbige Pflanzen mit gelben Erbsen und reinerbige Pflanzen mit grünen Erbsen. Die Pflanzen dieser ersten Generation nannte er Elterngeneration oder **P-Generation.** Aus der Kreuzung gingen nur mischerbige Pflanzen mit gelben Erbsen hervor. Die Pflanzen dieser sogenannten **F_1-Generation** haben alle den Genotyp "Gg" und den Phänotyp gelbe Erbsenfarbe (→ Bild 3).

Die grüne Farbe wird von der gelben überdeckt. Solche Allele, die andere Allele überdecken, heißen **dominant.** Allele, die im Phänotyp nicht sichtbar werden, heißen **rezessiv.** Ein dominantes Allel bekommt immer einen großen Buchstaben (G), rezessive Allele einen kleinen Buchstaben (g).

> **1. MENDELsche Regel (Uniformitätsregel):**
> Werden zwei reinerbige Individuen einer Art gekreuzt, die sich in einem Merkmal unterscheiden, sind die Nachkommen im Phänotyp alle gleich.

Die zweite MENDELsche Regel

MENDEL kreuzte nun die mischerbigen Erbsenpflanzen der ersten Tochtergeneration F_1 untereinander. Bei der Kreuzung entstanden in der **F_2-Generation** außer Pflanzen mit gelben Erbsen auch einige Pflanzen mit grünen Erbsen. Da die gelbe Erbsenfarbe dominant ist, können grüne Erbsen nur entstehen, wenn zwei rezessive Allele zusammenkommen. Die Genotypen "GG" und "Gg" haben gelbe Erbsen, nur der Genotyp "gg" hat grüne Erbsen. Daher ist das Verhältnis von Pflanzen mit gelben Erbsen und Pflanzen mit grünen Erbsen 3 : 1 (→ Bild 4). MENDEL fasste die Ergebnisse seiner Versuche in der zweiten MENDELschen Regel zusammen.

> **2. MENDELsche Regel (Spaltungsregel):**
> Werden die Individuen der F_1-Generation untereinander gekreuzt, so treten in der nächsten Generation beide Phänotypen in einem Zahlenverhältnis von 3 : 1 auf.

1. Erkläre am Beispiel der Erbsen die Begriffe Phänotyp und Genotyp.
2. Erkläre, warum eine Pflanze mit dem Genotyp "Gg" gelbe Erbsen hat.

Starthilfe zu 2:
Nutze die Begriffe dominant und rezessiv.

3. Erläutere, was die Uniformitätsregel und die Spaltungsregel jeweils aussagt.
4. Erkläre, warum bei der Kreuzung von mischerbigen Pflanzen mit gelben Erbsen in der nächsten Generation wieder grüne Erbsen auftreten.
5. Erkläre, warum eine Pflanze mit gelben Erbsen zwei verschiedene Genotypen haben kann.

»

METHODE

Ein Kreuzungsquadrat erstellen

MENDEL kreuzte auch andere Erbsenpflanzen miteinander. In einem Versuch hatten die Pflanzen weiße oder rote Blüten. Es stellte sich heraus, dass die weiße Blütenfarbe rezessiv und die rote Farbe dominant vererbt wird.

Für die Darstellung der Kreuzung wird ein Kreuzungsquadrat erstellt (→ Bild 2).

Schritt 1: Du musst dir über das Merkmal und die Allele mit den zugeordneten Buchstaben klar werden. In diesem Fall ist das Merkmal die Blütenfarbe. Die Allele sind rot und weiß. Weil rot dominant ist, bekommt es einen großen Buchstaben (B). Weiß bekommt den kleinen Buchstaben (b).

Schritt 2: Für die P-Generation wird die Kreuzung aufgeschrieben. Das x bedeutet dabei „wird gekreuzt mit“.

Schritt 3: Im Kreuzungsquadrat werden die Allele in die obere Zeile und die linke Spalte einer Tabelle geschrieben.

Schritt 4: Für die Allelkombination der F_1-Generation müssen die Buchstaben nun zusammengeschrieben werden.

Schritt 5: Kreuzt man als nächstes die Pflanzen der F_1-Generation miteinander, wiederholt man das Verfahren mit einem zweiten Kreuzungsquadrat. Auch hier schreibst du wieder die Keimzellen in die Tabelle.

Schritt 6: Am Schluss musst du noch aufschreiben, welche Farben die Blüten haben und wie oft welche Farbe vorkommt.

3 Unterschiedlich große Erbsenpflanzen

1 Blüten von Erbsenpflanzen: **A** rot, **B** weiß

Kreuzung von Erbsenpflanzen mit roten und weißen Blüten

Merkmal: Blütenfarbe
Allele: rot – B, weiß – b

P-Generation: BB x bb

Farbe	rot	Allele	
weiß	BB / bb	B	B
Allele	b	Bb	Bb
	b	Bb	Bb

F_1-Generation
rote Blüten: 4 Mal
weiße Blüten: 0 Mal

A

F_1-Generation: Bb x Bb

Farbe	rot	Allele	
rot	Bb / Bb	B	b
Allele	B	BB	Bb
	b	Bb	bb

F_2-Generation
rote Blüten: 3 Mal
weiße Blüten: 1 Mal

B

2 Kreuzungsschema: **A** P-Generation, **B** F_1-Generation

1 Die Erbsenpflanzen können auch unterschiedlich groß sein (→ Bild 3). Groß ist dominant. Führe die Kreuzung mit reinerbigen Pflanzen nach dem Schema bis zur F_2-Generation durch.

ÜBEN UND ANWENDEN

A Rückkreuzung gibt Aufschluss über den Genotyp

MENDEL war sich zunächst nicht ganz sicher, ob seine Überlegungen zur Vererbung auch richtig sind. Um das herauszufinden, kreuzte er die gelben Pflanzen der F_1-Generation mit Pflanzen, die grüne Erbsen bildeten. Diese Kreuzung mit einem reinerbig rezessiven Partner heißt **Rückkreuzung.**

1 Führe zwei Kreuzungen bis zur F_1-Generation durch. Nutze dafür die Methode „Ein Kreuzungsquadrat erstellen".
a) Kreuze eine reinerbig gelbe Erbse mit einer grünen Erbse.
b) Kreuze eine mischerbig gelbe Erbse mit einer grünen Erbse.
c) Vergleiche die Ergebnisse in der F_1-Generation beider Kreuzungen.

4 Ist die Pflanze reinerbig oder mischerbig?

2 **II** Begründe, warum der Gärtner mit dieser Methode herausfinden kann, ob seine Pflanze reinerbig oder mischerbig ist.

Starthilfe zu 2:
Ergänze dazu folgende Satzanfänge:
Wenn die Pflanze reinerbig ist...
Wenn die Pflanze mischerbig ist...

B Aus rot und weiß wird rosa

Nicht immer ist in einem Erbgang ein Allel dominant und das andere Allel rezessiv.
Bei der Wunderblume zum Beispiel sind die beiden Allele für die Blütenfarbe gleich stark.
Bei einer Kreuzung von reinerbig roten mit reinerbig weißen Pflanzen, haben in der F_1-Generation alle Pflanzen rosa Blüten.
Ein solcher Erbgang, bei dem zwei verschiedene Phänotypen zu einem dritten Phänotyp führen, heißt **intermediärer Erbgang.**

1 Erkläre anhand von Bild 5 den intermediären Erbgang.

2 Begründe, ob auch hier die erste MENDELsche Regel zutrifft.

3 **a)** Führe die Kreuzung von Pflanzen der F_1-Generation durch. Nutze dafür die Methode „Ein Kreuzungsquadrat erstellen".
b) Erkläre dein Ergebnis.

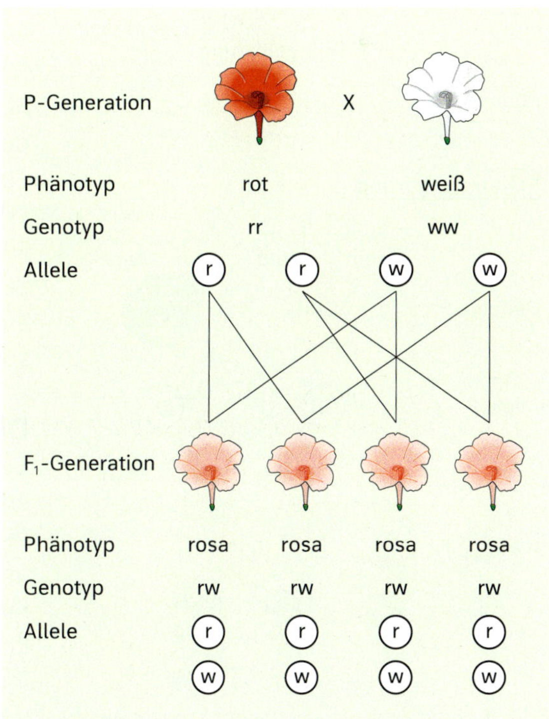

5 Intermediäre Vererbung der Blütenfarbe

1 Verschiedene Phänotypen bei Erbsen

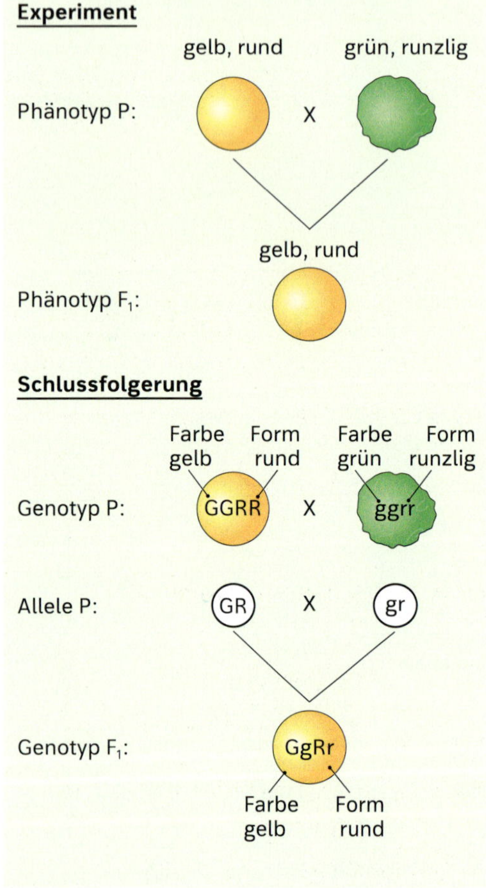

2 Phänotypen von Erbsen bei der Kreuzung mit zwei Merkmalen.

Kreuzung mit zwei Merkmalen

Erbsen in unterschiedlichen Farben und Formen

Erbsen kommen nicht nur in unterschiedlichen Farben, gelb und grün, vor. Sie können auch verschiedene Formen haben. Manche sind rund, bei anderen ist die Schale eingedellt und die Erbse sieht dadurch runzlig aus. Es gibt sowohl grüne als auch gelbe Erbsen in jeweils runder und runzliger Form.

MENDEL beschäftigte die Frage, welche dieser Merkmale bei den Erbsen dominant und welche rezessiv vererbt werden.

Kreuzung mit zwei Merkmalen

Für seine Experimente nutzte MENDEL reinerbige Pflanzen. Eine Sorte hatte gelbe, runde Erbsen und eine andere grüne, runzlige Erbsen. Bei der Kreuzung der beiden reinerbigen Sorten entstanden nur Pflanzen mit gelben, runden Erbsen (→ Bild 2).

MENDEL konnte daraus schlussfolgern, dass das Allel für die Farbe Gelb gegenüber dem Allel für die Farbe Grün dominant ist. Ebenso ist das Allel für die runde Form der Erbse gegenüber dem Allel für die runzlige Form dominant. MENDEL konnte damit zeigen, dass die erste Vererbungsregel auch auf einen Erbgang mit zwei untersuchten Merkmalen zutrifft.

Die P-Generation

Bei einer Kreuzung mit zwei Merkmalen ergeben sich für die reinerbigen Pflanzen der P-Generation die Genotypen "GGRR" und "ggrr" (→ Bild 3). Bei der Bildung der Keimzellen enthält jede ein Allel für die Erbsenfarbe und ein Allel für die Erbsenform. Daher muss immer ein "G" oder "g" und ein "R" oder "r" in jeder Keimzelle sein.

Die F_1-Generation

Für die Pflanzen der P-Generation mit den gelben, runden Erbsen und dem Genotyp "GGRR" ergeben sich nur Keimzellen mit dem Genotyp "GR" (→ Bild 3).
Entsprechend ergeben sich für die anderen Pflanzen der P-Generation mit den grünen, runzligen Erbsen und dem Genotyp "ggrr" nur die Keimzellen mit dem Genotyp "gr". Bei der Befruchtung entstehen in der F_1-Generation also nur Pflanzen mit dem Genotyp "GgRr". Ihre Erbsen sind alle gelb und rund.

Die F_2-Generation

Bei der Bildung von Keimzellen beim Genotyp "GgRr" der F_1-Generation gibt es vier Möglichkeiten der Allel-Kombination: "GR", "gR," "Gr" und "gr". Bei der Kreuzung von Pflanzen aus der F_1-Generation entstehen in der F_2-Generation vier unterschiedliche Phänotypen: "gelb und rund", "gelb und runzlig", "grün und rund" und "grün und runzlig". Diese Phänotypen treten in einem Verhältnis von 9 : 3 : 3 : 1 auf.

Die dritte MENDELsche Regel (Unabhängigkeitsregel):
Werden Individuen, die sich in zwei reinerbigen Allelen unterscheiden, gekreuzt, werden die einzelnen Allele unabhängig voneinander vererbt und in der F_2-Generation neu kombiniert.

Merkmal 1: Farbe
Allele: gelb – G, grün – g

Merkmal 2: Form
Allele: rund – R, runzlig – r

F_1-Generation: GG RR X gg rr

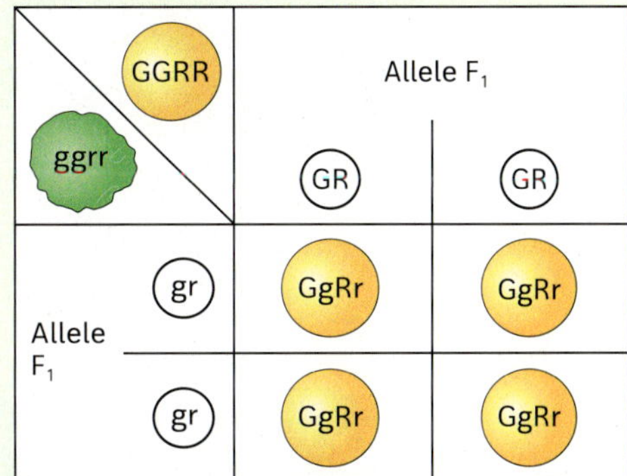

GGRR / ggrr	Allele F_1 GR	GR
Allele F_1 gr	GgRr	GgRr
gr	GgRr	GgRr

F_2-Generation: Gg Rr X Gg Rr

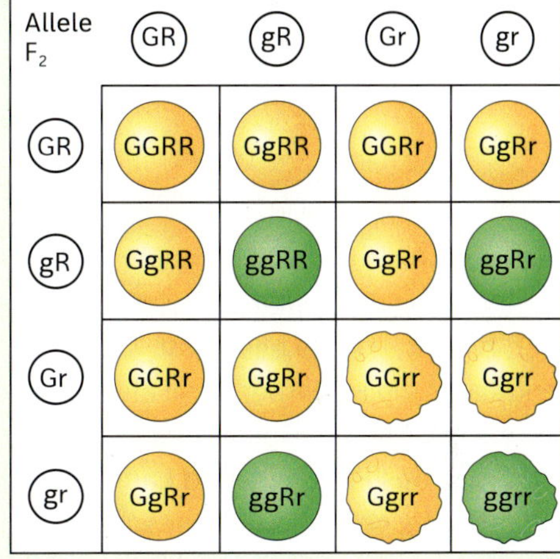

Allele F_2	GR	gR	Gr	gr
GR	GGRR	GgRR	GGRr	GgRr
gR	GgRR	ggRR	GgRr	ggRr
Gr	GGRr	GgRr	GGrr	Ggrr
gr	GgRr	ggRr	Ggrr	ggrr

3 Kreuzungsquadrate eines Erbgangs mit zwei Merkmalen

1. Erkläre, warum für einen Erbgang mit zwei Merkmalen jeder Genotyp mit vier Buchstaben dargestellt werden muss.
2. **a)** Kreuze reinerbig gelbe, runzlige Erbsen mit reinerbig grünen, glatten Erbsen.
   b) Führe auch die Kreuzung der F_1-Generation durch.

Starthilfe zu 3:
Gehe genauso vor wie in Bild 2 und 3 dargestellt.

3. Erläutere die Unabhängigkeitsregel am Beispiel von gelben und grünen Erbsen mit runzliger und runder Form.
4. **I** Nenne die Phänotypen von Erbsen mit dem Genotyp "GgRr" und "GGRR".
5. **II** Gib die möglichen Genotypen für gelbe, runzlige Erbsen und für grüne, runde Erbsen an.

»

ÜBEN UND ANWENDEN

A Die Fellfarbe bei Rindern

1 Kreuzung von Rindern

Die Vererbung der Fellfarben wird bei Rindern durch zwei Merkmale bestimmt. Das eine Merkmal ist die Fellfarbe. Das Fell ist entweder schwarz oder braun. Das zweite Merkmal ist die Scheckung des Fells. Ein Rind kann gescheckt oder einfarbig sein. Wenn es gescheckt ist, ist es entweder schwarz-weiß oder braun-weiß gescheckt.
Die Allele für die Fellfarbe Schwarz beziehungsweise Braun bekommen den Buchstaben F. Das dominante Allel "F", das rezessive Allel "f".
Die Allele für die Scheckung des Fells, also einfarbig oder gescheckt, bekommen den Buchstaben M. Das dominante Allel "M", das rezessive Allel "m".

Merkmale	schwarz gescheckt	Keimzellen	
braun einfarbig			
Keimzellen			

2 Kreuzungsquadrat für die F_1-Generation

1 Bestimme die Genotypen der Rinder in der P-Generation und der F_1-Generation. Nutze dazu ein Kreuzungsquadrat wie in Bild 2. Die Rinder in der P-Generation sind reinerbig.

Starthilfe zu 1:
Nutze die erste MENDELsche Regel, um herauszufinden, welche Merkmale dominant und welche rezessiv sind.

2 **a)** Kreuze nun Rinder mit dem Genotyp der F_1-Generation untereinander. Nutze dafür ein Kreuzungsquadrat wie in Bild 3.
b) Bestimme die Anzahl der verschiedenen Phänotypen.

Merkmale	schwarz einfarbig	Keimzellen			
schwarz einfarbig					
Keimzellen					

3 Kreuzungsquadrat für die F_2-Generation

ÜBEN UND ANWENDEN

B Vererbung der Hautfarbe beim Menschen

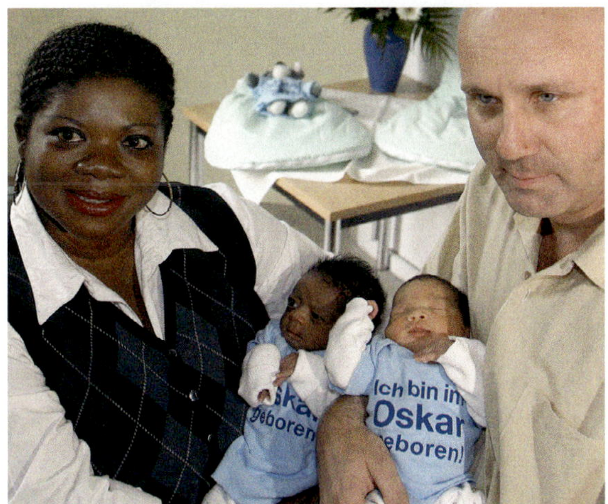

4 Eltern mit Zwillingen

Allel	Menge an Melanin in der Hautzelle
A	viel
a	wenig
B	viel
b	wenig

5 Zwei Gene mit verschiedenen Allelen für das Merkmal Hautfarbe

Die Hautfarbe beim Menschen gibt es in vielen Abstufungen. Daher kann nicht nur ein einziges Gen daran beteiligt sein. Am Beispiel von zwei Genen kann das Zusammenspiel der Allele gezeigt werden.
Bei der Hautfarbe spielt der Farbstoff Melanin eine große Rolle. Je mehr Melanin wir in den Hautzellen haben, desto dunkler ist unsere Haut. Die Menge des Melanins in den Hautzellen wird durch zwei Gene (A und B) unabhängig voneinander bestimmt (→ Bild 5).

Für die Phänotypen gilt: Je mehr Allele es im Genotyp gibt, der für viel Melanin in den Hautzellen sorgt, desto dunkler ist die Haut.
Daher ist der Genotyp "AABB" der dunkelste Phänotyp, also schwarz. "AaBB" ist genauso dunkel wie "AABb", weil jedes Mal drei Allele vorhanden sind, die für viel Melanin in den Hautzellen verantwortlich sind. Nur jeweils ein Allel steht für wenig Melanin in den Zellen.
So können mit zwei Genen und vier Allelen fünf verschiedene Hautfarben entstehen: hell, hellbraun, braun, dunkelbraun und schwarz (→ Bild 5).

1 **a)** Beschreibe Bild 4.
b) Erkläre, warum dieses Bild häufig für Verwunderung sorgt.

2 **II** Schreibe mithilfe von Bild 5 die möglichen Allelkombinationen für jeden Hautfarbentyp auf.

Starthilfe zu 2:

Hautfarbe	**Allelkombinationen** Die Zahlen geben die verschiedenen Möglichkeiten an
schwarz	(1) AABB
dunkelbraun	(2)
braun	(3) AaBb, ...
hellbraun	(2)
hell	(1)

3 **III** Erkläre, wie die Frau mit der dunkelbraunen Hautfarbe und der Mann mit der hellen Hautfarbe in Bild 4 ein braunes und ein hellbraunes Kind bekommen können.

Starthilfe zu 3:
Nutze dafür ein Kreuzungsquadrat.

«

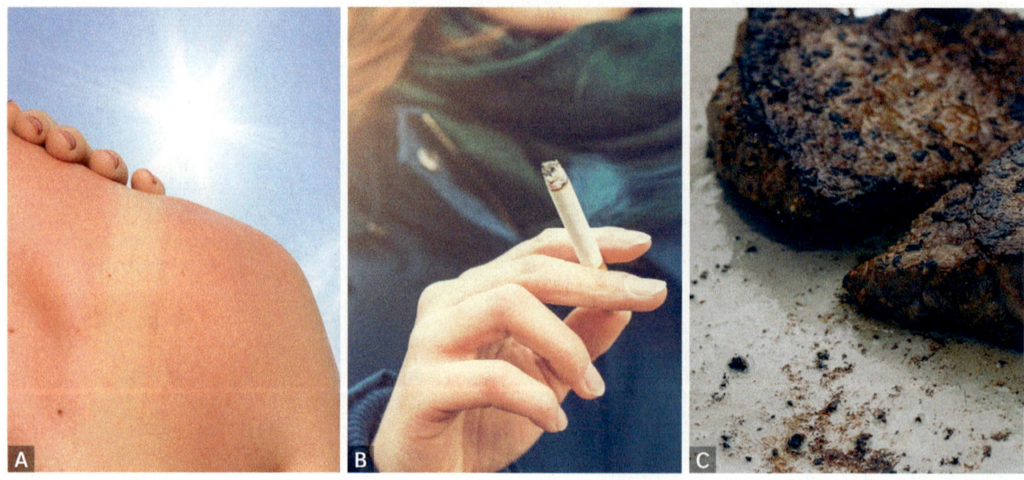

1 Mutagene können Mutationen auslösen: **A** Sonnenlicht, **B** Zigarettenrauch, **C** verbranntes Fett

Mutationen verändern die Erbinformation

Vorsicht bei Sonnenbrand

Wer zu lange ohne Sonnenschutz in der Sonne liegt, bekommt einen Sonnenbrand. Häufiger Sonnenbrand kann viele Jahre später zu Hautkrebs führen. Die ungefilterten Sonnenstrahlen erzeugen möglicherweise Veränderungen der DNA in den Hautzellen.

Veränderungen der Erbinformationen werden **Mutationen** genannt.

Auch Stoffe wie Nikotin oder verbranntes Fett können Mutationen verursachen. Solche Einflüsse heißen **Mutagene.**

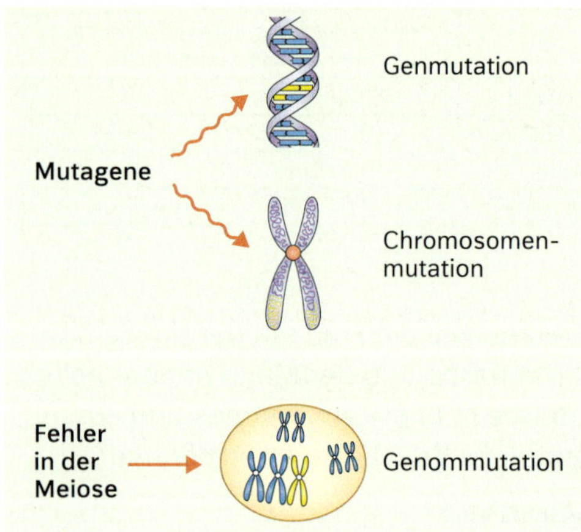

2 Mutationstypen

Genmutationen

Mutationen, die die DNA innerhalb eines Gens verändern, heißen **Genmutationen.** In vielen Fällen hat eine einzelne Mutation keine Auswirkung auf die Funktion eines Gens. Wenn aber wichtige Teile eines Gens von der Mutation betroffen sind, kann schon die Veränderung einer einzigen Base schlimme Folgen haben.

Chromosomenmutationen

Es gibt auch Mutationen, die größere Teile von Chromosomen mit mehreren Genen betreffen. Solche Mutationen, bei denen große Stücke mit mehreren Genen verloren gehen oder ausgetauscht werden, heißen **Chromosomenmutationen.**

Genommutationen

Manchmal gehen ganze Chromosomen verloren oder kommen mehrfach vor. So lösen drei Chromosomen bei einer Trisomie 21 das Down-Syndrom aus.
Solche **Genommutationen** entstehen nicht durch Mutagene, sondern bei der Keimzellenbildung in der Meiose.

Mutationen können zu Erbkrankheiten führen

Mutationen können in Körperzellen oder in Keimzellen auftreten. Nur Mutationen in Keimzellen werden an die nächste Generation weitergegeben. Dort können Sie zu Erbkrankheiten führen.
Mukoviszidose ist eine häufige Erbkrankheit, die durch eine solche Genmutation ausgelöst wird. Das betroffene Gen enthält normalerweise den Code für ein wichtiges Protein, das nun nicht mehr gebildet werden kann. In allen Schleimhäuten der Erkrankten entsteht daher zäher Schleim, der nicht gut abgeführt werden kann. Das führt zu Lungenschäden und Entzündungen vieler Organe.

3 Kind mit Mukoviszidose inhaliert.

Mutationen schaffen auch Vielfalt

Die meisten Mutationen in Keimzellen sind entweder folgenlos oder schädlich. Sie erzeugen Erbkrankheiten oder lassen die befruchtete Eizelle absterben.
Sehr selten treten aber auch Mutationen in Keimzellen auf, die unschädliche oder sogar vorteilhafte Veränderungen im Phänotyp hervorrufen und damit Vielfalt erzeugen. Die verschiedenen Farben der Bänderschnecken und die Vielfalt unserer einheimischen Meisenarten sind Beispiele dafür (→ Bild 4). Manchmal führen die Mutationen sogar dazu, dass ihre Träger besser an ihre Umwelt angepasst sind. Durch solche Mutationen sind in der Evolution nach und nach neue Arten und die Vielfalt der Lebewesen entstanden.

4 Vielfalt durch Mutationen: **A** Farben bei Bänderschnecken, **B** einheimische Meisenarten

1. Nenne Beispiele für Mutagene.
2. Erkläre die Begriffe Genmutation, Chromosomenmutation und Genommutation.
3. Erläutere den Unterschied zwischen Mutationen in Körperzellen und in Keimzellen.
4. Erkläre den Zusammenhang zwischen Mutationen und der Vielfalt der Lebewesen.
5. Beschreibe unterschiedliche Auswirkungen von Mutationen auf Lebewesen.

Starthilfe zu 3:
Denke dabei an die Bedeutung der Zellen für die nächste Generation.

»

ÜBEN UND ANWENDEN

A Familienmerkmale in Stammbäumen darstellen

Mutationen können zu Erbkrankheiten in Familien führen. Solche Krankheiten können in einer Familie von Generation zu Generation verfolgt werden. Einige Familienmitglieder haben sie, andere nicht. In Stammbäumen können solche Generationenfolgen dargestellt werden.
Für das Erstellen von Stammbäumen gibt es festgelegte Regeln: Männliche Personen werden als Quadrat, weibliche als Kreis dargestellt. Wenn eine Person das Merkmal zeigt, wird das Quadrat oder der Kreis ausgefüllt dargestellt. Zwei Personen, die gemeinsame Kinder haben, werden mit einer Linie verbunden. Darunter werden die Kinder gezeichnet (→ Bild 1).

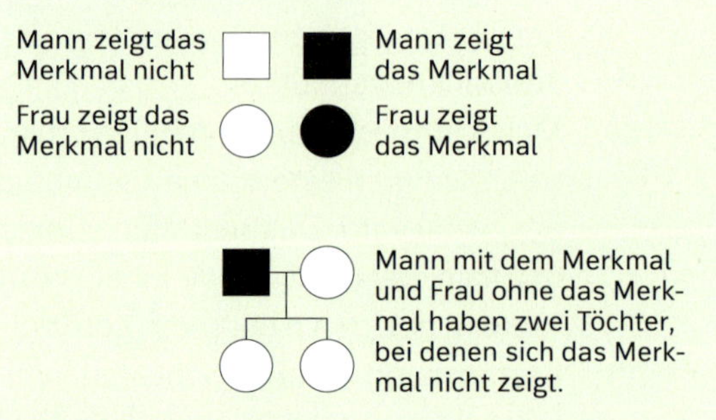

1 Regeln für das Erstellen von Stammbäumen

1 Zeichne den Stammbaum einer Familie, bei der beide Eltern die Erbkrankheit haben. Sie haben vier Kinder, die beiden Jungen sind krank, die beiden Mädchen nicht.

B Stammbäume für dominant vererbte Merkmale

Die Kurzfingrigkeit ist eine dominant vererbte Krankheit. Menschen, bei denen ein Allel von der Mutation betroffen ist, haben sehr kurze Finger (→ Bild 2 A).
Dominante Allele für ein Merkmal werden mit einem großen Buchstaben im Stammbaum gekennzeichnet (A), rezessive Allele mit einem kleinen Buchstaben (a).
Eine Person mit Kurzfingrigkeit kann also die Allelkombination "Aa" oder "AA" haben. Personen mit normal langen Fingern haben die Mutation nicht. Bei ihnen liegen die Allele "aa" vor.

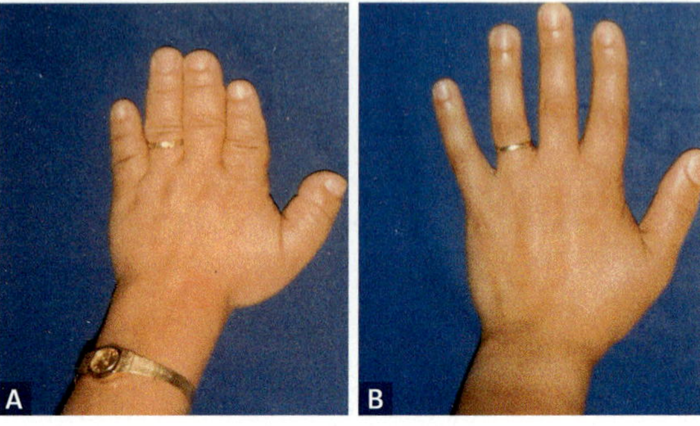

2 Kurzfingrigkeit: **A** Person mit dem dominanten Allel, **B** Person ohne das dominante Allel

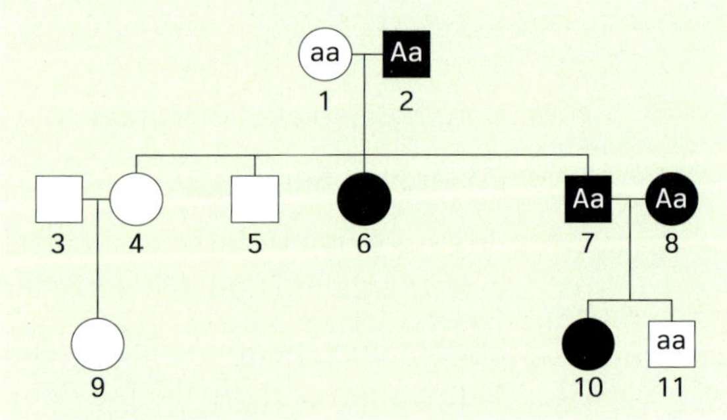

3 Stammbaum einer Familie mit Kurzfingrigkeit

1 Erkläre die unterschiedlichen Buchstabenkombinationen der einzelnen Personen im Stammbaum in Bild 3.

2 **a)** Gib die Buchstabenkombinationen der übrigen Familienmitglieder an.
II **b)** Begründe, warum für Person 10 zwei mögliche Allel-Kombinationen in Frage kommen.

ÜBEN UND ANWENDEN

C Stammbäume für rezessiv vererbte Merkmale

Mukoviszidose ist eine rezessiv vererbbare Krankheit. In Familien gibt es immer wieder Generationen, in denen niemand krank ist. In einer der nächsten Generationen taucht die Krankheit dann plötzlich wieder auf.
Wer an Mukoviszidose erkrankt, hat die Mutation auf beiden Allelen. Menschen, die ein mutiertes und ein normales Allel haben, sind gesund. Sie können die Krankheit aber an die eigenen Kinder übertragen.

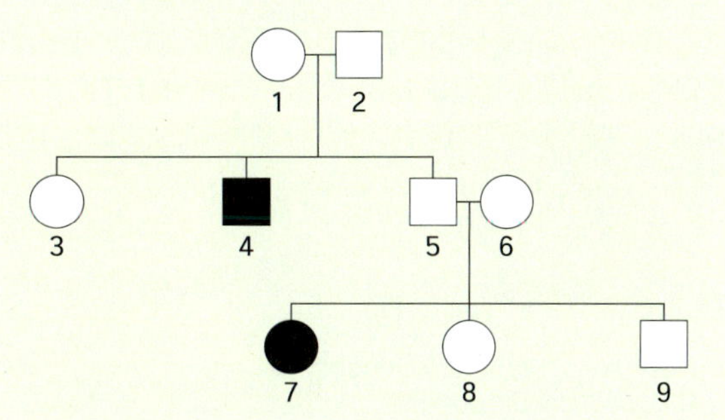

4 Stammbaum einer Familie mit Mukoviszidose

1. Erkläre, warum beide Eltern von Kindern mit Mukoviszidose gesund sein können.
2. Gib bei dem Stammbaum in Bild 4 für jede Person an, welche Allele sie hat.

Starthilfe zu 2:
Das mutierte Allel, das die Krankheit auslöst, wird mit "a" bezeichnet. Bei manchen Personen sind auch zwei Genotypen möglich.

D Geschlechtsgebundene Vererbung

Eine Rot-Grün-Sehschwäche ist bei Männern viel häufiger als bei Frauen. Betroffene können die Farben Rot und Grün nicht so gut oder gar nicht unterscheiden (→ Bild 5). Das betroffene Gen liegt auf dem X-Chromosom. Die Mutation, die zu der Sehschwäche führt, wird rezessiv vererbt. Weil Jungen nur ein X-Chromosom haben und das Allel auf dem Y-Chromosom nicht vorhanden ist, prägt sich die Fehlsichtigkeit bei ihnen immer dann aus, wenn sie ein X-Chromosom mit der Mutation von ihrer Mutter bekommen haben.

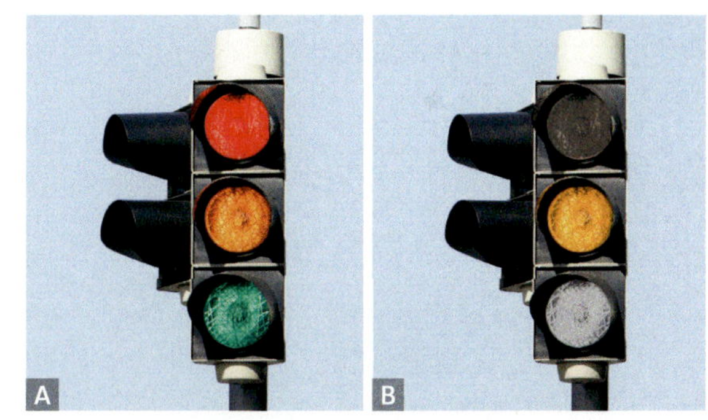

5 Fehlsichtigkeit: **A** normale Sicht, **B** Sicht eines Menschen mit Rot-Grün-Sehschwäche

1. Erkläre, warum bei Jungen häufiger eine Rot-Grün-Sehschwäche auftritt als bei Mädchen.
2. Erkläre, warum Väter die Rot-Grün-Schwäche nur an ihre Töchter weitergeben können.
3. Die Personen 9 und 10 haben zwei Töchter (→ Bild 6). Stelle im Stammbaum dar, in welcher Form sie von der Rot-Grün-Schwäche betroffen sein können.

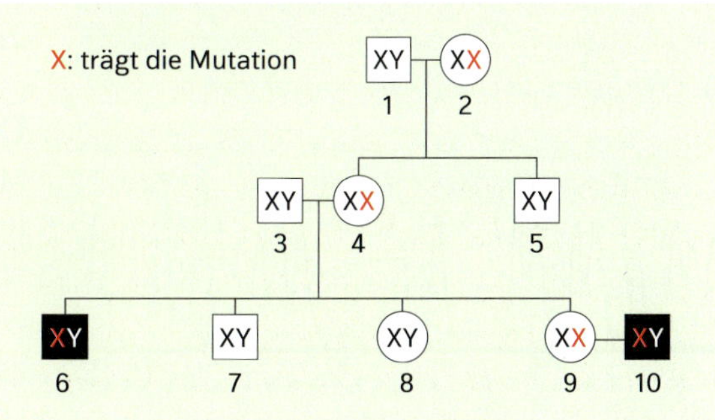

6 Stammbaum einer Familie mit Rot-Grün-Schwäche

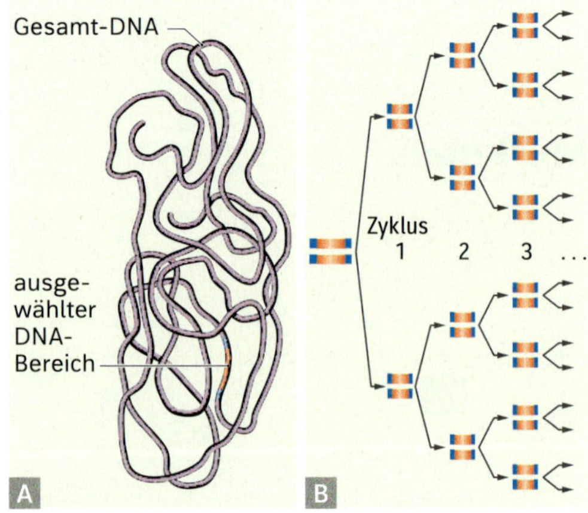

1 PCR: **A** Auswahl des Genabschnittes, **B** DNA-Vervielfältigung

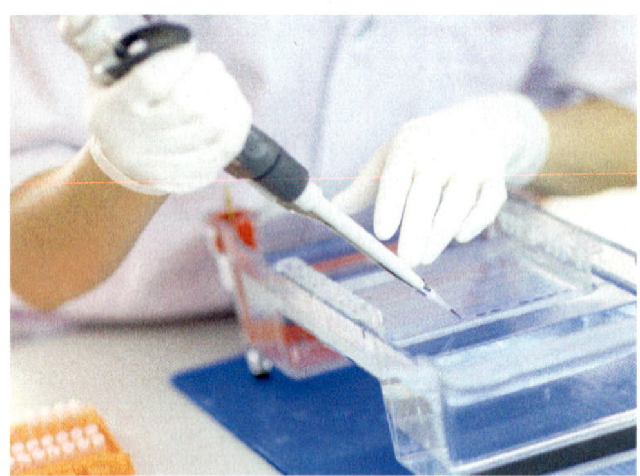

2 Gel-Elektrophorese: Einfüllen von DNA-Proben

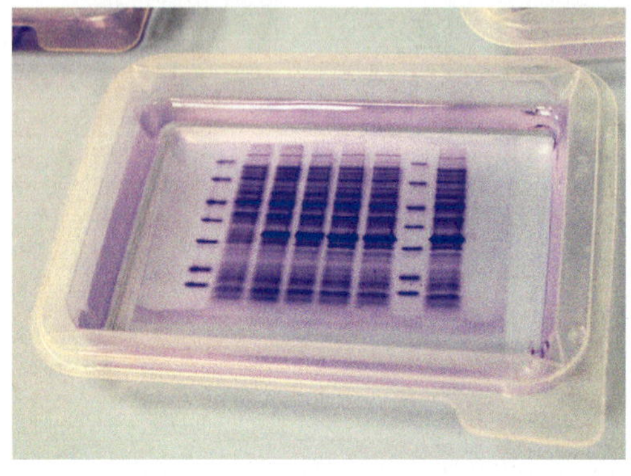

3 Charakteristisches DNA-Muster im Gel

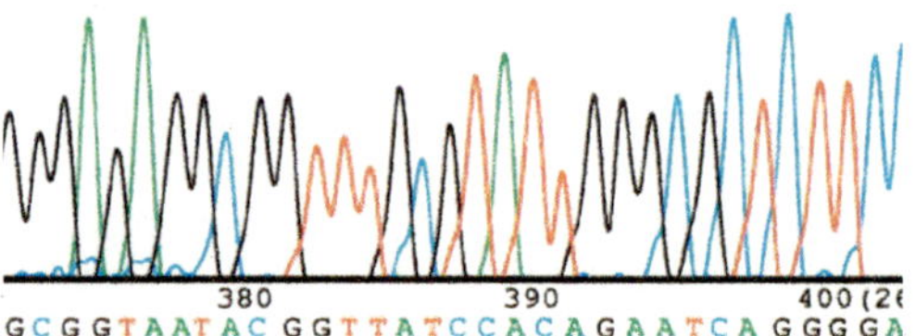

4 Basensequenz eines Genabschnitts

Gene testen und verändern

Gentests

Mithilfe von Gentests oder DNA-Tests lassen sich Personen über den genetischen Fingerabdruck identifizieren, Vaterschaftstests durchführen, Erbkrankheiten diagnostizieren und Erreger von Infektionskrankheiten bestimmen. Die Anwendung ist auch in anderen Bereichen vielfältig. Die Methoden entwickeln sich rasant weiter.

DNA vervielfältigen

Grundlage der meisten Gentests ist die Polymerase-Kettenreaktion, kurz **PCR.** Sie ermöglicht es, DNA-Abschnitte zu vervielfältigen. Bei dieser Methode wird das Enzym DNA-Polymerase eingesetzt, das auch bei der natürlichen Replikation die DNA in den Zellen verdoppelt. Mit dieser Methode gelingt es, aus kleinsten DNA-Spuren in zum Beispiel einer Speichelprobe so viel DNA herzustellen, dass sie untersucht werden kann. (→ Bild 1B)

DNA sichtbar machen

Um die unterschiedlich langen DNA-Stücke aufzutrennen und sichtbar zu machen, wird die Methode der **Gel-Elektrophorese** eingesetzt. Dazu werden die DNA-Proben angefärbt und auf ein Gel aufgetragen (→ Bild 2). An das Gel wird elektrische Spannung angelegt. Kürzere DNA-Stücke bewegen sich schneller durch das Gel als längere. So entsteht das typische Bandenmuster (→ Bild 3).

DNA sequenzieren

Mithilfe ähnlicher Methoden lässt sich die Reihenfolge der Basen in einer DNA bestimmen (→ Bild 4). Das gesamte Vorgehen wird auch als **DNA-Sequenzierung** bezeichnet. So können einzelne Gene oder sogar das gesamte Erbgut, das Genom, von Organismen beschrieben werden.

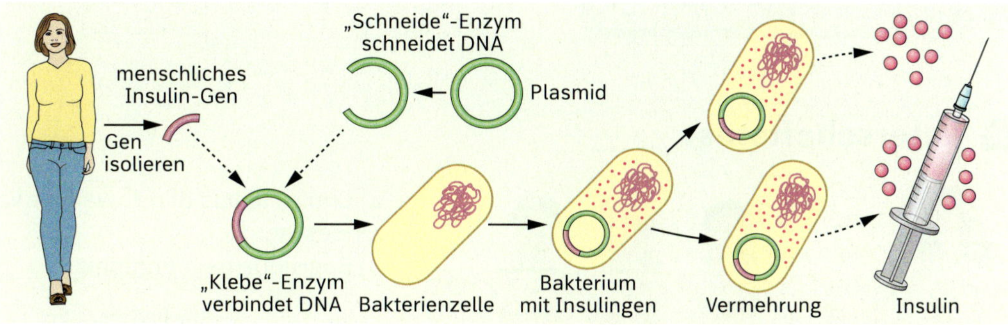

5 Verwendung der klassischen Gentechnik zur Produktion eines Proteins

Klassische Gentechnik

In den 1970iger Jahren gelang es erstmals, Gene aus einem Organismus in einen anderen zu übertragen. Auch der sogenannte **horizontale Gentransfer** zwischen verschiedenen Arten wurde möglich.
Dies gelang mit Plasmiden als Gen-Taxis. Plasmide sind kleine DNA-Ringe, die auch in der Natur Gene zwischen Bakterien übertragen. Mithilfe von „Schneide"-Enzymen wird ein Plasmidring aufgeschnitten. Mit einem „Klebe"-Enzym lässt sich ein beliebiges anderes DNA-Stück in das Plasmid einbauen und in Bakterienzellen übertragen. Die Bakterien vermehren sich und produzieren das Protein, das auf der DNA codiert ist (→ Bild 5). Sie produzieren zum Beispiel menschliches Insulin, wenn ein Insulin-Gen aus menschlichen Zellen in Bakterienzellen übertragen wurde. Das gentechnisch produzierte Insulin ist ein wichtiges Medikament für Diabetes-Patienten.

Risiken und Nutzen

Anfangs gab es Ängste in der Gesellschaft, ob von **gentechnisch veränderten Organismen (GVO)** Gefahren ausgehen könnten. In Bezug auf ökologische Auswirkungen gibt es weiterhin Vorbehalte. Für die Produktion von Proteinen ist die Gentechnik aber inzwischen unverzichtbarer Alltag. Neben Insulin werden zum Beispiel auch das Wachstumshormon oder das Blutbildungshormon EPO so hergestellt. Um Antigene für die Impfstoffproduktion zu gewinnen, müssen heute keine gefährlichen Viren wie Corona-Viren gezüchtet werden. Die Hüllproteine der Viren werden als Antigene gentechnisch hergestellt.

Moderne Gentechnik

Seit etwa zehn Jahren entwickelt sich eine weitere Methode der Gentechnik. Mithilfe der **Genschere CRISPR/Cas** lassen sich Gene noch einfacher und gezielter verändern.

1. Erkläre, warum für Gentests bereits ganz geringe DNA-Spuren ausreichen.
2. Erkläre, wie ein Bandenmuster wie das in Bild 3 entsteht.
3. Beschreibe, wie Insulin gentechnisch produziert wird.

Starthilfe zu 3:
Orientiere dich an Bild 5

4. **I** Erkläre, warum eine Zigarettenkippe oft reicht, um einen Täter zu überführen.
5. **II** Bei Gentests und in der Gentechnik werden verschiedene Enzyme verwendet. Nenne solche Enzyme und beschreibe ihre Funktionen.
6. **III** Auch die Enzyme der Gentechnik sind Proteine. Beschreibe, wie beispielsweise DNA-Polymerase gentechnisch produziert werden könnte.

»

ÜBEN UND ANWENDEN

A Vaterschaftstest

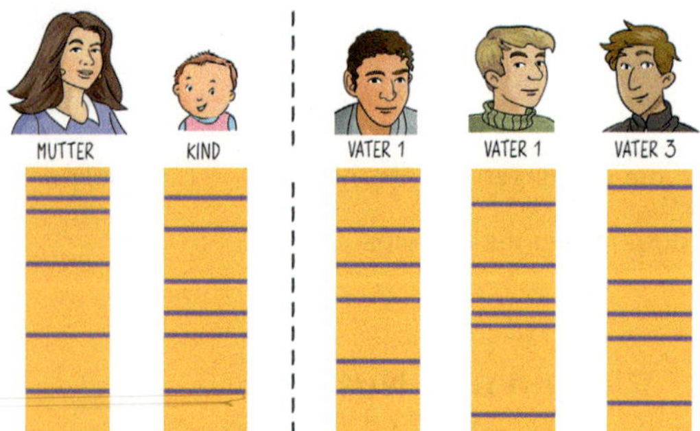

1 Wer ist der Vater?

Zur Identifizierung von Personen reicht eine Speichelprobe. Über eine gezielte PCR und anschließende Gel-Elektrophorese ergeben sich Bandenmuster, die charakteristisch für eine Person sind. Bild 1 zeigt solche Bandenmuster. In der Praxis erfolgen die Tests heute in Automaten, die die Ergebnisse meist als Buchstaben und Ziffern ausgeben.

1 **a)** Ermittele aus Bild 1, wer der Vater des Kindes ist.
b) Begründe dein Ergebnis.

Starthilfe zu 1 b):
Bedenke, dass ein Kind seine gesamte DNA ererbt. Es erhält Teile von der Mutter und Teile vom Vater.

2 II **a)** Begründe anhand einzelner Banden (z. B. „Die 3. Bande von oben beim Kind …"), wie sich zwei der Männer als Väter ausschließen lassen.
b) Erkläre die unterste Bande des Kindes, die beim wahrscheinlichen Vater nicht auftritt.

3 II Begründe, warum für einen eindeutigen Vaterschaftstest auch der Gentest der Mutter vorliegen muss.

B DNA-Barcoding schafft Ordnung

2 Artenbestimmung: **A** Aussehen, **B** DNA-Barcodes

Die Artenbestimmung aufgrund äußerer Merkmale ist oft schwierig (→ Bild 2A). Automatisierte Gentests liefern Ergebnisse, die an die Barcodes im Supermarkt erinnern (→ Bild 2B). Diese DNA-Barcodes werden über Computerprogramme ausgewertet. So lassen sich Arten identifizieren und evolutionäre Verwandtschaftsverhältnisse klären. Proben aus Wasser, Boden oder sogar Luft zeigen, ob eine Art im Ökosystem überhaupt noch vorkommt oder bereits ausgestorben ist. Die Bioinformatik als Wissenschaft entwickelt sich rasant.

1 **a)** Begründe anhand von Bild 2A, warum die Artbestimmung oft schwierig ist.
b) Begründe, ob die beiden DNA-Barcodes in Bild 2B identische Arten, verwandte Arten oder völlig andere Arten zeigen.

IM ALLTAG

Gentechnik ist schon Alltag

Herstellung von Käse

Für die Käseherstellung wird das Enzym Lab benötigt. Es lässt die Milch gerinnen. Lab kann aus den Mägen toter Kälber gewonnen werden. Heute wird allerdings bei den meisten Käsesorten Lab verwendet, das mithilfe gentechnisch veränderter Pilze hergestellt wurde.

3 Käseherstellung benötigt Lab.

Waschmittel

Viele Waschmittel enthalten gentechnisch hergestellte Waschenzyme. Mit diesen Enzymen werden verschiedene Flecken entfernt. Dabei kann die Waschtemperatur sehr niedrig gehalten werden. Das spart Energie.
Früher enthielten die Waschmittel sehr viele Phosphate. Sie gelangten mit dem Abwasser in die Flüsse und führten zur Verschmutzung der Gewässer. Enzyme in Waschmitteln können allerdings auch allergische Reaktionen auslösen.

unter 5% Seife, Polycarboxylate, Phosphonate, Enzyme (Protease, Amylase, Mannanase, Lipase, Cellulase), Duftstoffe

4 Waschmittel enthalten Enzyme.

Insulin bei Diabetes

Menschen mit der Krankheit Diabetes können in ihren Körperzellen Zucker nicht richtig verwerten, weil bei ihnen das Hormon Insulin nicht oder nicht ausreichend gebildet wird. Das kann zu lebensgefährlicher Unterzuckerung führen. Normalerweise wird Insulin in der Bauchspeicheldrüse gebildet. Diabetiker müssen es sich als Medikament spritzen.
Früher wurde Insulin aus den Bauchspeicheldrüsen toter Schweine gewonnen. Heute wird es gentechnisch mithilfe von Bakterien oder Hefezellen hergestellt. Dabei ist es sogar möglich, es technisch zu verbessern.

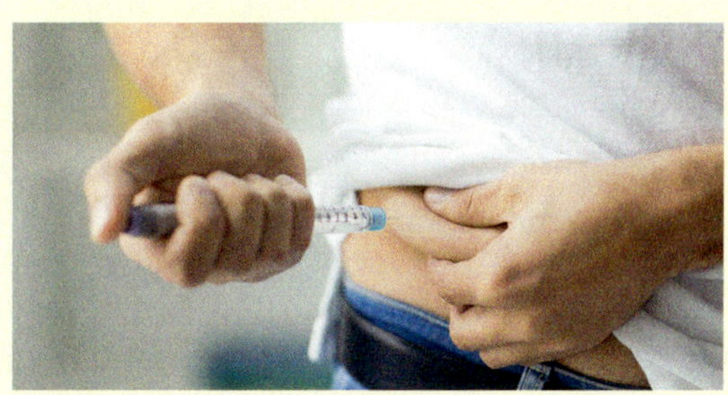

5 Insulin aus Gentechnik

1. Beschreibe, in welchen Bereichen Gentechnik heute eingesetzt wird.
2. Nenne Vorteile, die der Einsatz von Gentechnik in den einzelnen Fällen hat.
3. Recherchiere, welche Gefahren der Einsatz von Gentechnik in diesen Bereichen mit sich bringen kann.
4. Gerade bei Waschmitteln gibt es auch Alternativen zur Gentechnik. Recherchiere und berichte.
5. Viele Menschen sind sehr skeptisch gegenüber der Gentechnik eingestellt. Bewerte, ob diese Skepsis berechtigt ist.

«

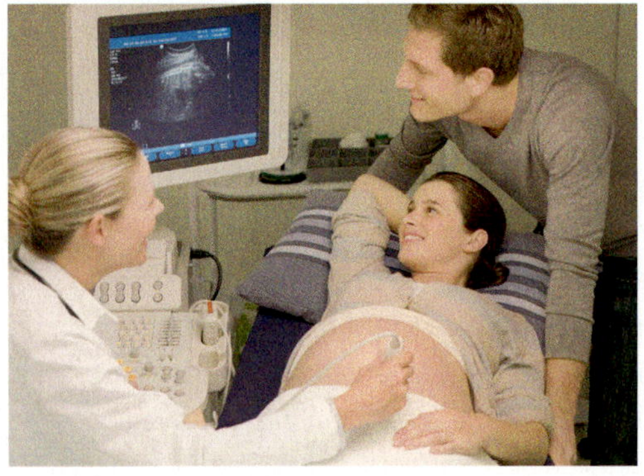

1 Ultraschalluntersuchung

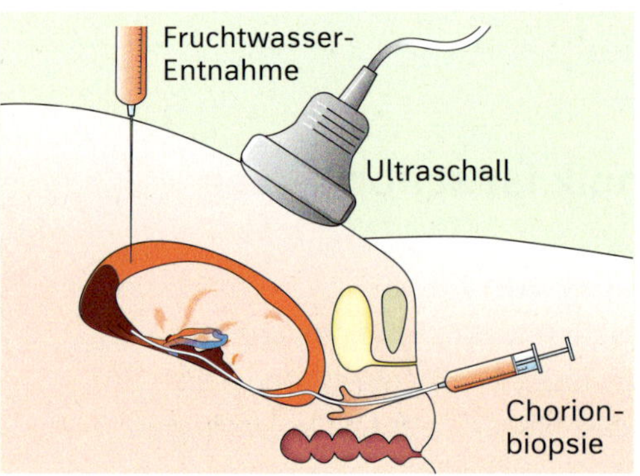

2 Methoden der PND

Ein gesundes Baby ist nicht garantiert

Wunschkinder

Viele Paare und Familien wünschen sich Kinder – und sie sollen gesund sein. Aber manche Paare haben auch begründete Ängste, dass ein Baby vielleicht krank oder schwer behindert sein könnte. In anderen Fällen stellt sich keine Schwangerschaft ein.

> In der **Reproduktionsmedizin** geben Ärztinnen und Ärzte, medizinische Unterstützung zur Zeugung und Entwicklung eines gesunden Kindes.

Trotz vieler Möglichkeiten sind die Erfolge nicht garantiert. Auch weiterhin bleiben Paare kinderlos und weiterhin leben wir mit behinderten Menschen zusammen.

Genetische Beratung

Sind bei Verwandten bereits Erbkrankheiten aufgetreten, machen sich zukünftige Eltern oft Sorgen, ob ihr Kind auch betroffen sein könnte. In einer **genetischen Beratung** werden Informationen zu der Krankheit, der Familienstammbaum und ein Gentest der Eltern ausgewertet. Im besten Fall ergibt sich eine Entwarnung. In anderen Fällen lässt sich eine Wahrscheinlichkeit für das Eintreten einer Krankheit abschätzen.Eine 100 %ige Sicherheit gibt es jedoch meist nicht.

Pränataldiagnostik (PND)

Regelmäßige Vorsorgeuntersuchungen nimmt fast jede Schwangere in Anspruch. **Pränatal** heißt „vor der Geburt". Diagnosen erfolgen durch Abtasten, Abhören der Herztöne sowie durch Untersuchungen von Blut und Urin. **Ultraschalluntersuchungen** sind risikolos. Sie geben ein Bild des Embryos und von seinen Bewegungen. Manchmal zeigen sich Auffälligkeiten. Dann können bei einer **Fruchtwasseruntersuchung** oder einer **Chorionbiopsie** Zellen des Embryos entnommen und getestet werden (→ Bild 2). Beide Verfahren sind nicht ohne Risiko. In seltenen Fällen wird eine Fehlgeburt ausgelöst. Es gilt daher, den Nutzen vorher genau abzuwägen.

PND mit Folgen

Durch biochemische Tests des Fruchtwassers, Karyogramme aus den embryonalen Zellen und gezielte Gentests können bestimmte Erkrankungen ausgeschlossen werden. Es kann sich aber auch zeigen, dass eine Erkrankung mit hoher Wahrscheinlichkeit zu erwarten ist. Dann stehen die werdenden Eltern vor dem Problem, ob sie sich das Leben mit einem behinderten Kind zutrauen oder sich für eine Abtreibung entscheiden. Eine vorgeburtliche Therapie ist nur selten möglich.

Ungewollt kinderlos

Ursachen für die Unfruchtbarkeit eines Elternteils sind zum Beispiel Infektionskrankheiten, Krebs oder Hormonstörungen. Häufigste Ursache ist jedoch das zunehmende Alter, wenn Paare den Kinderwunsch zu lange aufschieben.

Künstliche Befruchtung

Die künstliche Übertragung des Spermas wird als **Insemination** bezeichnet. Zum Zeitpunkt des Eisprungs führt sie manchmal bereits eine Schwangerschaft herbei. Ist der Mann unfruchtbar, kann eine Insemination auch mit dem Fremdsperma eines Samenspenders erfolgen.

Reagenzglasbefruchtung

Bei einer **In-Vitro-Fertilisation (IVF)** wird die Befruchtung außerhalb des weiblichen Körpers in einer Glasschale durchgeführt. Das Verfahren ist aufwändig und belastend. Zunächst erhält die Frau Hormone, sodass mehrere Eizellen heranreifen. Diese werden mithilfe einer Hohlnadel durch die Bauchdecke aus dem Eierstock abgesaugt. Dann werden die Spermien zu den Eizellen gegeben. Sie befruchten die Eizellen. Nach 2-3 Tagen haben sich die befruchteten Eizellen mehrmals geteilt. Ein bis maximal drei Embryonen werden in die Gebärmutter übertragen. In knapp der Hälfte der Fälle wird die Frau schwanger.

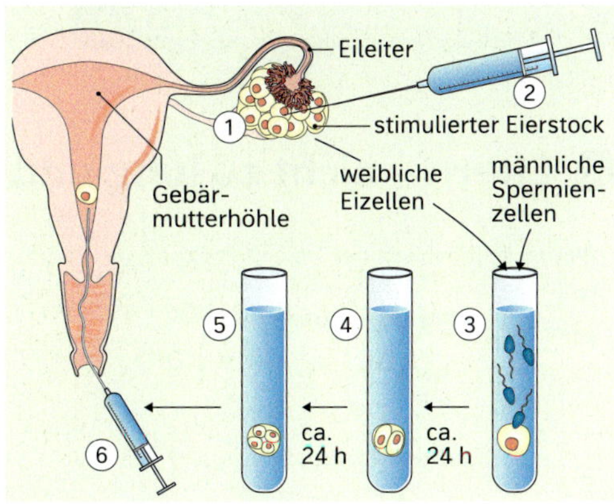

3 In-Vitro-Fertilisation (IVF)

Präimplantationsdiagnostik (PID)

Schon bei einer IVF stellt sich die Frage, welche der Embryonen ausgewählt werden, um sie in die Gebärmutter der Frau zu übertragen.
Bei der **Präimplantationsdiagnostik** kann „vor der Übertragung“ eine Zelle aus dem kleinen Zellhaufen von etwa acht Zellen entnommen und auf Erbkrankheiten getestet werden. Der Embryo wird dadurch nicht geschädigt. Dann wird einer der Embryonen übertragen, der voraussichtlich gesund ist. So können auch Eltern mit einem hohen Risiko für erblich bedingte Krankheiten gesunde Kinder bekommen. Die Vorteile der PID stehen der Kritik gegenüber, dass eine Auswahl zwischen vermeintlich nicht lebenswertem und lebenswertem Leben stattfindet.

1 **a)** Nenne mögliche Ursachen für ungewollte Kinderlosigkeit.
b) Beschreibe Lebenssituationen, die zum Aufschieben des Kinderwunsches führen können.

2 Diagnosen ergeben oft „Wahrscheinlichkeiten“ für das Auftreten von Erbkrankheiten. Beschreibe die Schwierigkeiten, die sich daraus für werdende Eltern ergeben können.

Starthilfe zu 2:
Berücksichtige die genetische Beratung, PND-Ergebnisse, IVF

3 **I** Nenne Vorsorgeuntersuchungen und beurteile damit verbundene Risiken.

4 **III** Ein Paar wünscht sich ein Kind, aber in beiden Familien kommt Mukoviszidose vor.
a) Beschreibe Möglichkeiten der Reproduktionsmedizin für diesen Fall.
b) Bewerte aus deiner Sicht, warum sich die Eltern auch gegen eine der Möglichkeiten entscheiden könnten.

»

ÜBEN UND ANWENDEN

A Eltern – nicht zu jung und nicht zu alt

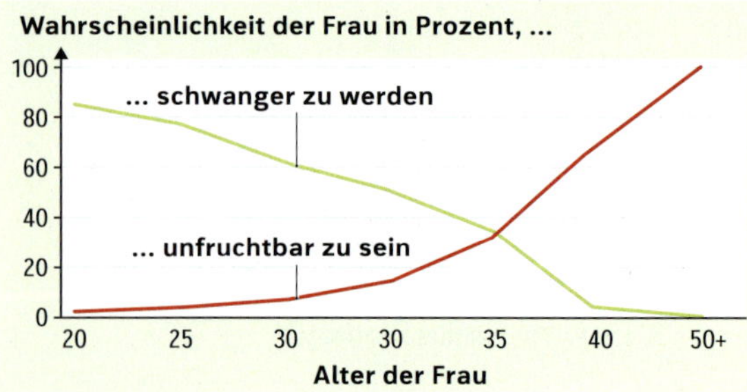

1 Die Fruchtbarkeit ist abhängig vom Alter.

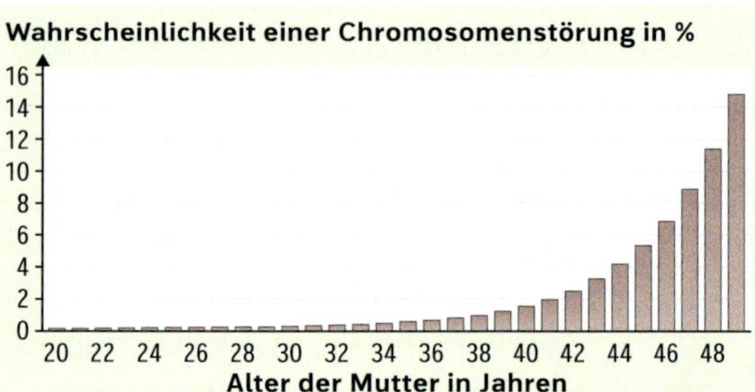

2 Chromosomenstörungen sind abhängig vom Alter.

Die natürliche Fruchtbarkeit bei Frauen nimmt in einem begrenzten Zeitfenster ab.

1 **a)** Lies aus Bild 1 ab, wie sich die Fruchtbarkeit mit dem Alter der Frau verändert.
b) Begründe, warum in IVF-Praxen häufiger Frauen über 40 Jahren Hilfe suchen.

2 Beschreibe anhand von Bild 2 den Zusammenhang zwischen dem Alter der Frau und dem Risiko für ein Kind, mit einer Chromosomenstörung geboren zu werden.

3 **a)** Nenne Methoden der PND, die Chromosomenstörungen erkennen können.
b) Beurteile, ab welchem Alter etwa eine solche Untersuchung besonders sinnvoll ist.

4 **II** Chromosomenstörungen lassen sich heute auch risikofrei mit Bluttests bei der Mutter erkennen. Allerdings sind die Aussagen weniger zuverlässig. Beurteile Vorteile und Nachteile dieses Tests im Vergleich zu anderen Möglichkeiten.

B Wenn die Spermien zu schwach sind

Männer können bis ins hohe Alter zeugungsfähig sein. Allerdings nehmen die Anzahl, die Beweglichkeit und die Qualität der Spermien mit dem Alter ab. Ursachen für ungewollte Kinderlosigkeit liegen etwa zur Hälfte beim Mann.
Im Alter, durch Erkrankungen und durch Giftstoffe wie im Tabakrauch können die Spermien geschädigt sein. Eine Spermien-Injektion kann dann helfen. Dabei wird im Prinzip eine In-vitro-Fertilisation durchgeführt. Der einzige Unterschied ist, dass zur Befruchtung ein Spermium direkt in die Eizelle gespritzt wird.

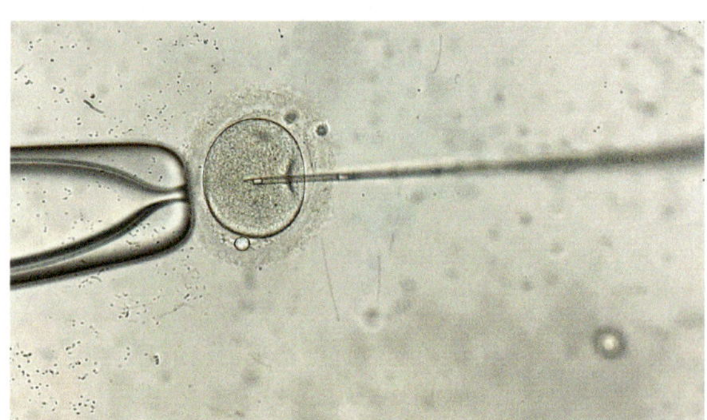

3 Injektion eines Spermiums in eine Eizelle

1 Beschreibe, was eine Spermien-Injektion von einer „normalen" IVF unterscheidet und in welchem Fall sie durchgeführt wird.

2 **II** Nach einer Spermien-Injektion treten etwas häufiger Fehlbildungen bei Neugeborenen auf als bei einer normalen Zeugung. Stelle eine Vermutung über mögliche Gründe auf.

METHODE

Dilemma-Diskussion

Was ist ein Dilemma?

Ein Dilemma ist eine Situation, die eine Entscheidung verlangt. Aber jede der Möglichkeiten ist mit schwerwiegenden Nachteilen verbunden. Es gibt also kein einfaches Richtig oder Falsch. Immer werden Werte oder Normen verletzt.

Orientierung an Werten und Normen

Werte, an denen viele Menschen ihr Handeln orientieren, sind von der Erziehung, von Traditionen und Religionen abhängig. Sie entwickeln sich in der Gesellschaft. Werte wie Leben und Gesundheit, Gleichheit und Freiheit werden durch Normen in Regeln gefasst. Gesetze verbieten zum Beispiel das Töten. Die PID war bis 2010 in Deutschland verboten, ist heute unter bestimmten Bedingungen aber erlaubt.

Dilemma-Diskussion

Bild 1 zeigt den typischen Ablauf einer Dilemma-Diskussion. Dabei bietet sich die Chance, über ein moralisch schwieriges Thema einmal gründlich nachzudenken – ohne wirklich in der Dilemma-Situation zu stecken. Wichtig ist dabei, sich klarzumachen, welche Werte jemand als besonders wichtig erachtet und warum das so ist. Vielleicht kommt es auch zu Meinungsänderungen.

Ein Retter-Baby?

Timos Eltern haben schon drei Kinder. Timo leidet an einer unheilbaren Blutkrankheit. Nur eine Stammzell-Transplantation könnte ihn retten, es findet sich aber kein passender Spender. Mithilfe einer IVF könnten genügend Eizellen befruchtet werden, sodass über eine PID ein Embryo ausgewählt werden könnte, der später als Spender für Timo geeignet wäre. Die überzähligen Embryonen würden erst tiefgefroren und später vernichtet. Das Wunschkind könnte außerdem Timos Leben retten. Wie sollen sich die Eltern entscheiden?

A Eine Dilemma-Situation wird vorgestellt.

B Die Teilnehmenden ordnen sich einer Meinung zu.

C Die Teilnehmenden tragen Argumente vor und gewichten sie bezüglich ihrer Werte.

D Die Teilnehmenden ordnen sich noch einmal zu.

4 A – D: Ablauf einer Dilemma-Diskussion

1 Führt in der Klasse anhand der Geschichte von Timo eine Dilemma-Diskussion durch.

«

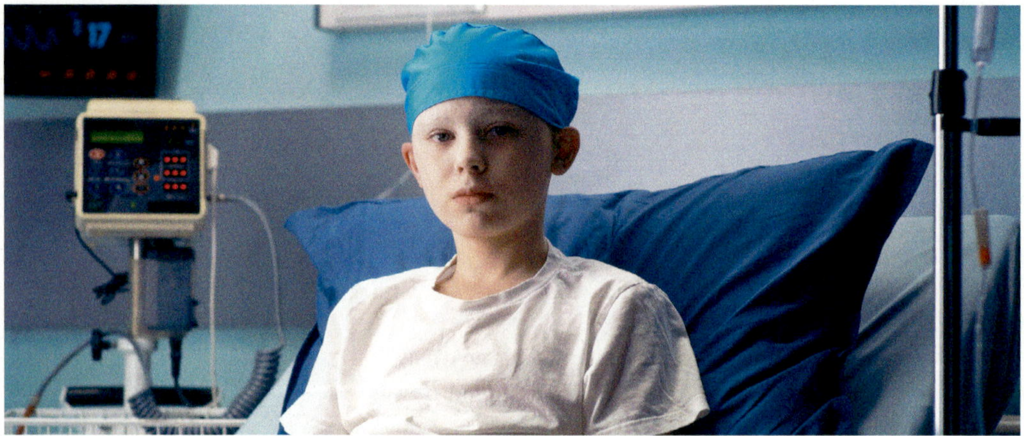

1 Leukämie ist eine schwere Krankheit.

Krebs heilen mit Gentherapie

Leukämie ist Blutkrebs

Unser Blut enthält verschiedene Zelltypen mit unterschiedlichen Aufgaben. Die roten Blutkörpcherchen transportieren Sauerstoff. Die Blutplättchen verschließen Wunden. Die verschiedenen weißen Blutkörpcherchen sind für die Abwehr von Krankheitserregern zuständig. Damit sind sie ein wichtiger Bestandteil des Immunsystems.

Bei Blutkrebs, der **Leukämie,** werden im Knochenmark defekte weiße Blutkörperchen gebildet. Wenn sie sich unkontrolliert vermehren, können sie gesunde Blutzellen verdrängen. Betroffene sind deshalb anfällig für Infektionen und werden bei körperlicher Anstrengung schnell müde.

Der Körper wehrt sich

Die veränderten weißen Blutkörperchen, die Krebszellen, entstehen durch Mutationen in ihrer DNA. Normalerweise werden mutierte Zellen von bestimmten Zellen des Immunsystems, den T-Zellen, erkannt und vernichtet (→ Bild 2). Die T-Zellen gehören selbst auch zu den weißen Blutkörperchen. Die Krebszellen werden aber von den T-Zellen nicht erkannt und vermehren sich ungehindert (→ Bild 3). Mit einer Gentherapie können körpereigene T-Zellen so verändert werden, dass sie die mutierten Zellen wieder erkennen. Damit kann sich der Körper wieder selbst gegen die Krebszellen wehren.

2 Mehrere T-Zellen greifen eine Krebszelle an.

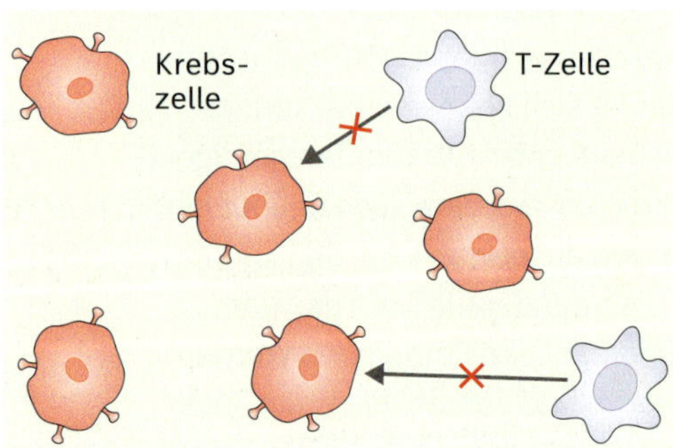

3 Krebszellen werden von den T-Zellen bei Leukämie nicht erkannt.

So funktioniert die Gentherapie

Bei einer Gentherapie werden in bestimmten Körperzellen Gene eines Menschen technisch so verändert, dass eine Krankheit bekämpft werden kann.
Einer Patientin oder einem Patienten mit Leukämie wird Blut entnommen. Aus dem Blut werden T-Zellen isoliert und mit gentechnisch veränderten Viren zusammengebracht. Diese Viren machen nicht krank, sondern werden als Gen-Taxis genutzt. Sie bringen ein wichtiges Gen in die T-Zellen hinein.
Die T-Zellen bauen das Gen dann in ihre DNA ein. Anschließend werden diese veränderten T-Zellen vermehrt und der Patientin oder dem Patienten zurück ins Blut gegeben. Im Körper bilden die T-Zellen nun eine Erkennungsstelle für Krebszellen. So können die T-Zellen die Krebszellen nun doch erkennen und vernichten.

Erfolge und Risiken der Therapie

Diese Art der Gentherapie bei Leukämie wird schon vielfach erfolgreich angewandt. Bei ungefähr der Hälfte der Behandelten wirkt die Therapie. Sie haben auch nach einigen Jahren noch keine neuen Krebszellen. Allerdings ist die Therapie oft auch mit Nebenwirkungen wie Entzündungen oder hohem Fieber verbunden. Mögliche Langzeitfolgen sind noch nicht erforscht. Ähnliche Gentherapien gibt es auch gegen andere Krankheiten wie zum Beispiel Erbkrankheiten oder Immundefekte.

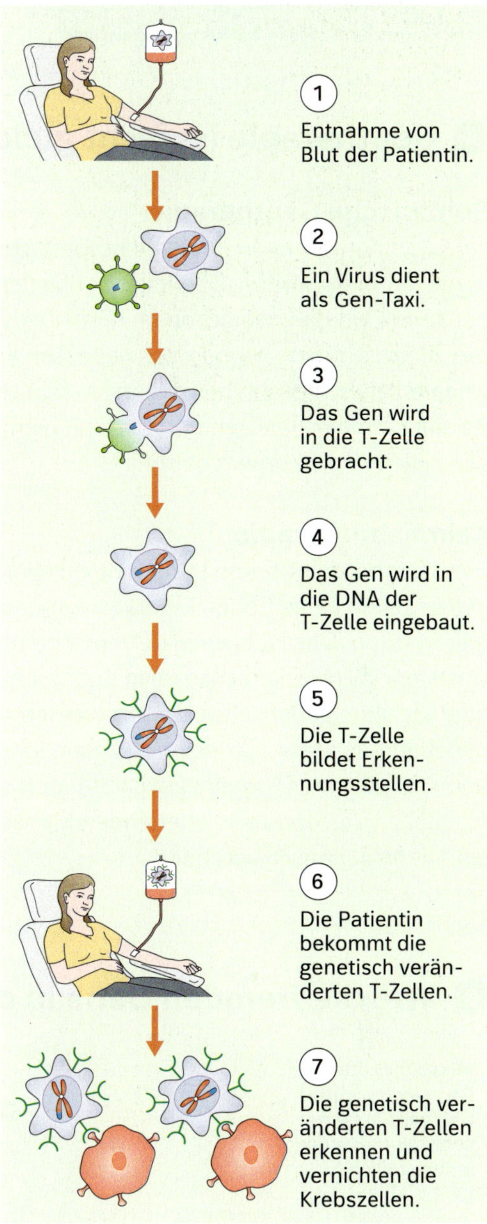

4 Ablauf einer Gentherapie bei Leukämie

1 Erkläre, was Leukämie ist.

2 Beschreibe, wie sich der Körper normalerweise gegen mutierte Zellen wehrt.

3 Beschreibe anhand von Bild 4 und des Textes, wie eine Gentherapie bei Leukämie abläuft.

4 **I** Beschreibe, wie die Gentherapie die T-Zellen verändert.

Starthilfe zu 4:
Nimm Bild 4 und den Textabschnitt "So funktioniert die Gentherapie" zu Hilfe.

5 **II** Erkläre, wie sich der Körper bei Leukämie mithilfe einer Gentherapie wieder selbst helfen kann.

ÜBEN UND ANWENDEN

A Gentherapie ist nicht gleich Gentherapie

Somatische Gentherapie

Eine Gentherapie kann heute an Körperzellen vorgenommen werden. Damit können Zellen behandelt werden, die schon im Körper existieren. Manche davon können das neue Gen an weitere Zellen weitergeben, wenn sie sich teilen. Bei der somatischen Gentherapie sind niemals alle Zellen eines Körpers betroffen.

Keimbahntherapie

Eine Gentherapie könnte auch in Keimzellen oder in den Zellen eines frühen Embryos vorgenommen werden. Das ist bislang in Deutschland verboten. Wenn Keimzellen, also Spermienzellen oder Eizellen, genetisch verändert werden, bedeutet das, dass alle weiteren Zellen, die aus den Keimzellen entstehen, auch verändert sind. Alle Zellen des daraus entstehenden Menschen sind dann genetisch verändert.

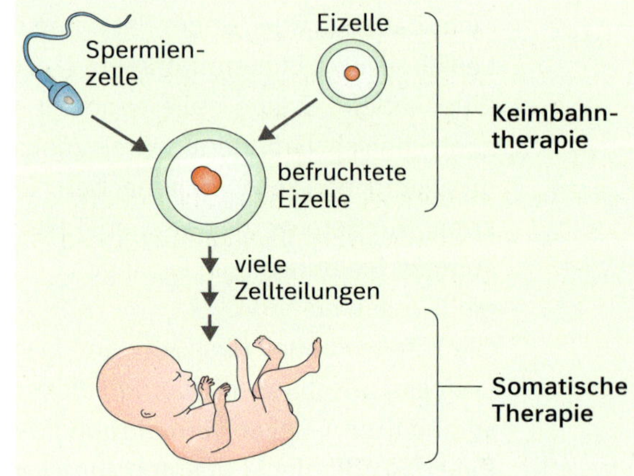

1 Keimbahntherapie und somatische Therapie

1. Vergleiche die somatische Gentherapie mit der Keimbahntherapie.
2. Stelle Vermutungen an, warum die Keimbahntherapie in Deutschland verboten ist.

B Wie die fremden Gene in den Körper kommen

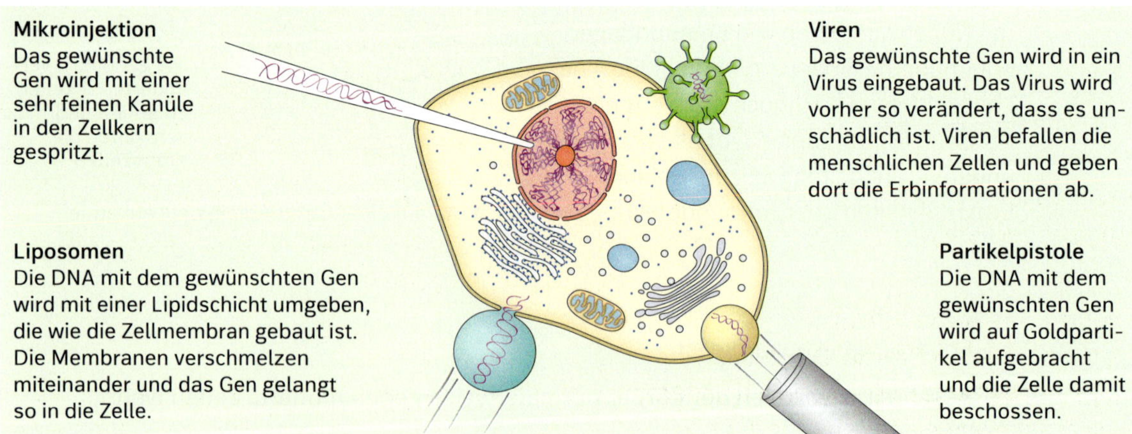

2 Methoden, um fremde Gene in einen Zellkern einzufügen

Bei der Gentherapie gibt es viele Schwierigkeiten. Eine Schwierigkeit besteht darin, das neue Gen in den Zellkern einer Zelle zu bekommen. Dafür gibt es mehrere Methoden.

1. Beschreibe, welches der Verfahren bei der Therapie gegen Leukämie angewandt wird.
2. II Vergleiche die einzelnen Methoden in Bezug auf die Hilfsmittel und das Verfahren.

IM ALLTAG

Hoffnung auf „Heile Welt“ durch Gentherapie?

Erbkrankheiten erkennen

Manche Familien, in denen schwere Erbkrankheiten vorkommen, setzen große Hoffnung auf die Gentherapie.
Sie könnte es ermöglichen, dass auch Paare, die schwere Krankheiten vererben könnten, gesunde Kinder bekommen.

3 Eigene Kinder trotz Erbkrankheiten in der Familie?

Nur einmal behandeln

Bei einer Gentherapie wäre der genetische Fehler mit einer einzigen erfolgreichen Behandlung für immer behoben. Das eingefügte Gen wird an alle weiteren Zellen vererbt und auch in den nächsten Generationen kommt die Krankheit nicht wieder vor.

Leiden verhindern

Ein Kind leidet an einer angeborenen, lebensbedrohlichen Krankheit. Vielleicht stirbt es auch sehr früh. Das führt zu großem Leid bei den Eltern.

Alle Gene sind veränderbar

Wer Gene verändert, greift in die Natur des Menschen ein. Auf diese Weise wäre auch die Veränderung der Augenfarbe oder die Veränderung von Charaktereigenschaften möglich.

Risiken der Behandlung

Die Gentechnik hat Risiken. Durch das Einbringen eines fremden Gens können andere Gene gestört werden. Das könnte zum Beispiel Krebs auslösen.

Abbruch einer Schwangerschaft

Eine Abtreibung ist in Deutschland dann erlaubt, wenn das Leben der Mutter in Gefahr ist oder der körperliche oder seelische Gesundheitszustand der Mutter so stark beeinträchtigt wird, dass es keine andere Lösung als einen Schwangerschaftsabbruch gibt. Ein sehr schwer krankes Kind zu haben und ein Kind sterben zu sehen, wird als eine solche seelische Belastung angesehen.

Auf Kinder verzichten

Wenn es eine hohe Wahrscheinlichkeit für eine Erbkrankheit gibt, sollte auf eigene Kinder verzichtet werden.

Das Gesetz

Eingriffe am Embryo oder in die Keimzellen sind in Deutschland grundsätzlich verboten. Sie unterliegen dem Embryonenschutzgesetz.

1 **a)** Sortiere die unterschiedlichen Argumente auf den gelben Zetteln nach Argumenten, die deiner Meinung nach für eine Gentherapie sprechen und Argumenten, die dagegen sprechen.
b) Bewerte die verschiedenen Argumente.
c) Diskutiert eure Meinungen.

«

1 Aktion zur Typisierung möglicher Spenderinnen und Spender von Stammzellen

Die Bedeutung von Stammzellen

Stammzellspender gesucht

Immer wieder gibt es in den Medien Aufrufe, Stammzellen zu spenden. Oft steht im Hintergrund ein an Leukämie erkrankter Mensch, dem nur noch durch eine Spende von Blutstammzellen geholfen werden kann. Bei der Krankheit Leukämie werden im Knochenmark defekte weiße Blutkörperchen gebildet. Nur bei einem Teil der Patienten kann die Krankheit mit Medikamenten oder Gentherapie behandelt werden.

Stammzellen

Stammzellen sind Zellen, aus denen andere Zellen gebildet werden. Die Blutstammzellen, die bei einer Leukämie defekt sind, liegen im **Knochenmark.** Dort bilden sie die Vorläufer aller Zellen, aus denen dann später weiße Blutkörperchen, rote Blutkörperchen und Blutplättchen werden. Aber nicht immer passen die Spender und Empfänger zusammen. Dazu müssen wichtige Merkmale auf den Zellen übereinstimmen. Bei einer Typisierung von möglichen Spendern wird dies geprüft.

Typisierung und Spende sind ungefährlich

Um einen einzigen Spender zu finden, müssen sich viele Menschen typisieren lassen. Das geschieht ganz einfach mit einem Abstrich von der Mundschleimhaut. Wenn die Merkmale zusammenpassen, muss die Spenderin oder der Spender ein Medikament einnehmen. Das Medikament bewirkt, dass sich viele Stammzellen im Blut befinden. Danach wird der Person Blut abgenommen. Aus dem Blut werden die Stammzellen gewonnen, die die erkrankte Person dann bekommt. Für die spendende Person ist das vollkommen ungefährlich.

2 Typisierung mit Wattestäbchen

Adulte Stammzellen

Es gibt aber nicht nur Stammzellen für unsere Blutzellen. Auch in vielen anderen Organen bilden Stammzellen dauernd neue Zellen, um abgestorbene Zellen zu ersetzen. So bilden Leberstammzellen neue Zellen für die Leber. In der Haut bilden Hautstammzellen neue Hautzellen.

Stammzellen, die nur Zellen für ein bestimmtes Organ bilden können, kommen auch noch im erwachsenen Körper vor. Sie werden deshalb **adulte Stammzellen** genannt.

Embryonale Stammzellen

Es gibt aber auch Stammzellen, die viel mehr können. Aus der befruchteten Eizelle kann ein ganzer Mensch werden. Auch wenn die befruchtete Eizelle sich einige Male geteilt hat, können die Zellen noch zu jedem beliebigen Organ im Körper werden.

Stammzellen, die zu einem ganzen Körper oder zu allen Organen werden können, gibt es nur in wenige Tage alten Embryonen. Daher heißen sie **embryonale Stammzellen.**

Forscherinnen und Forscher versuchen herauszufinden, wie genau die verschiedenen Zelltypen aus einer einzigen Zelle nach und nach entstehen. Sie hoffen, mit diesen Erkenntnissen Menschen heilen zu können, indem sie gezielt Organe oder Zellen nachzüchten.

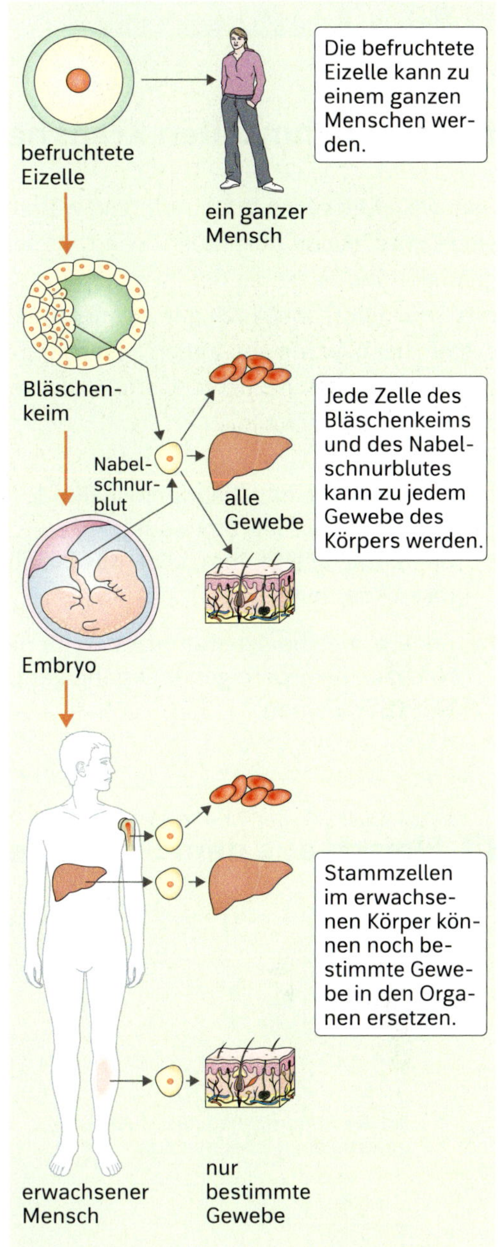

3 Die verschiedenen Stammzellen

1. Erkläre, was eine Stammzelle ist.
2. Erkläre den Unterschied zwischen adulten und embryonalen Stammzellen.
3. Begründe, warum Forscher an embryonalen Stammzellen interessiert sind.
4. Stelle eine begründete Vermutung auf, warum es ethische Probleme bei der Erforschung der embryonalen Stammzellen geben könnte.

Starthilfe zu 4:
Denke daran, dass es Stammzellen gibt, aus denen sich ein ganzer Mensch entwickeln kann.

5. Erkläre, warum es immer wieder Aktionen gibt, bei denen Stammzellspender gesucht werden.

ÜBEN UND ANWENDEN

A Mit Stammzellen Krankheiten heilen

Sehr viele Menschen in Deutschland warten auf eine Organspende. Aber auch, wenn ein Spender gefunden wurde, ist die Gefahr einer Abstoßung des Spenderorgans durch das eigene Immunsystem hoch. Wenn aus Stammzellen körpereigene Organe nachgezüchtet werden könnten, hätte dies viele Vorteile.

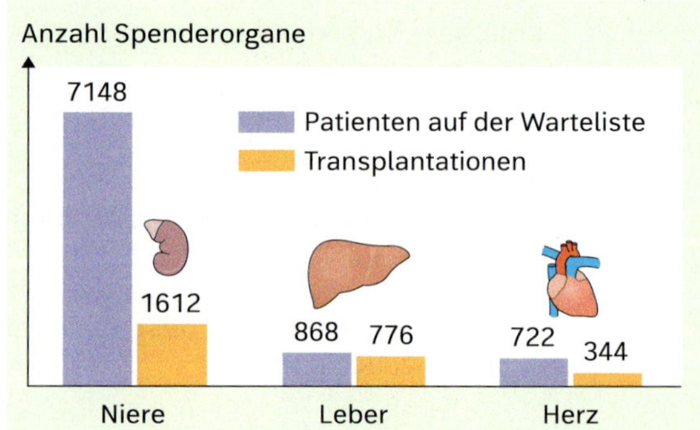

1 Organspenden im Jahr 2019 in Deutschland

1 **a)** Beschreibe das Diagramm in Bild 1.
b) Werte das Diagramm aus.
c) Erkläre, wie Stammzellen das Problem lösen könnten.

2 Erkläre, welche Art Stammzellen für die Nachzucht körpereigener Organe genutzt werden müssten.

3 II Erläutere, welche Vorteile nachgezüchtete Organe aus Stammzellen hätten.

B Fleisch aus dem Stammzellenlabor?

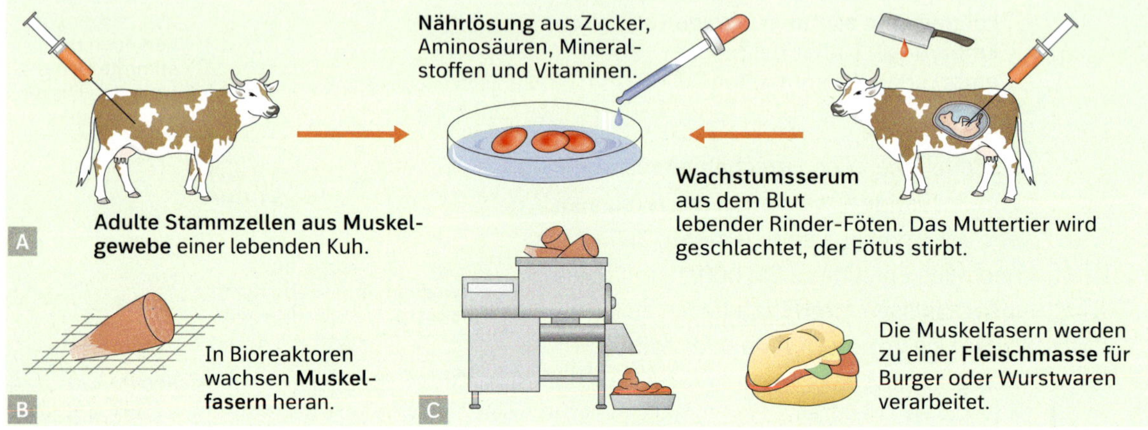

2 Herstellung eines Stammzell-Burgers

Im Hinblick auf den Tierschutz und Klimaschutz ist es wichtig, den Fleischkonsum möglichst einzuschränken.
Forscherinnen und Forscher haben aus Stammzellen Muskelfleisch von Rindern nachgezüchtet und daraus einen Burger hergestellt.

1 Beschreibe anhand von Bild 2, wie der Stammzell-Burger hergestellt wurde.

2 **a)** Formuliere Fragen, die du zu diesem Verfahren und dem Ergebnis hast.
b) Recherchiere zu deinen Fragen im Internet.

3 Diskutiert, ob der Stammzell-Burger eine Idee ist, die man weiterverfolgen sollte.

Die Forschung an Stammzellen ist umstritten

Umstrittene Forschung an Stammzellen

Auf die Erforschung von Stammzellen werden viele Hoffnungen gesetzt. Sie könnte helfen, Krankheiten zu heilen, Organe nachzuzüchten und unseren Nahrungsbedarf zu decken. Andererseits ist Stammzellforschung auch umstritten. Sie könnte in Zukunft die Möglichkeit eröffnen, Menschen gezielt zu züchten. Deshalb wird sehr viel über die Stammzellforschung gestritten.

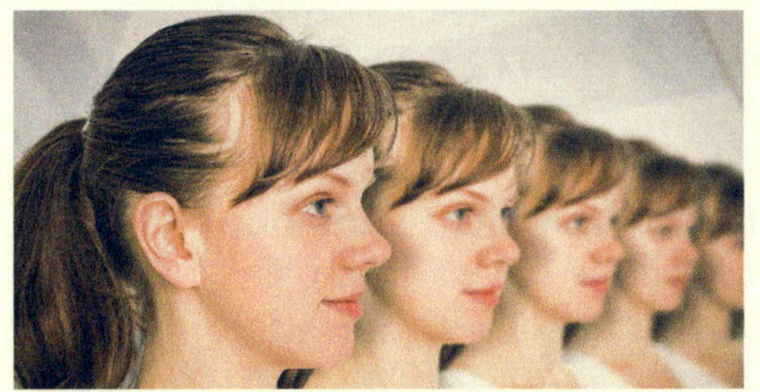

3 Aus Stammzellen können Klone entstehen.

Stammzellen können Klone bilden

Stammzellen für die Forschung stammen aus Embryonen, also befruchteten Eizellen, die sich schon mehrfach geteilt haben. Diese Embryonen könnten ein ganzer Mensch werden. Auch aus Zellen, die den Embryonen entnommen werden, könnten ganze Menschen werden. Sie wären dann erbgleich, also Klone.

4 Selbst designtes Baby?

Designerbabys für die Zukunft?

Die Möglichkeit, Stammzellen zu untersuchen und zu verändern, kann dazu führen, dass in Zukunft Kinder nicht mehr mit zufälligen Eigenschaften auf die Welt kommen.
Es wäre dann möglich, dass sich Eltern gezielt Eigenschaften für ihre Kinder aussuchen können.

Eingeschränkte Forschung in Deutschland

Die Forschung an embryonalen Stammzellen ist in Deutschland stark eingeschränkt. Es dürfen dafür keine überzähligen Embryonen aus künstlichen Befruchtungen genutzt werden. In Deutschland dürfen auch keine Embryonen extra für die Forschung erzeugt werden. Deshalb wird an älteren Zellen aus dem Ausland geforscht.

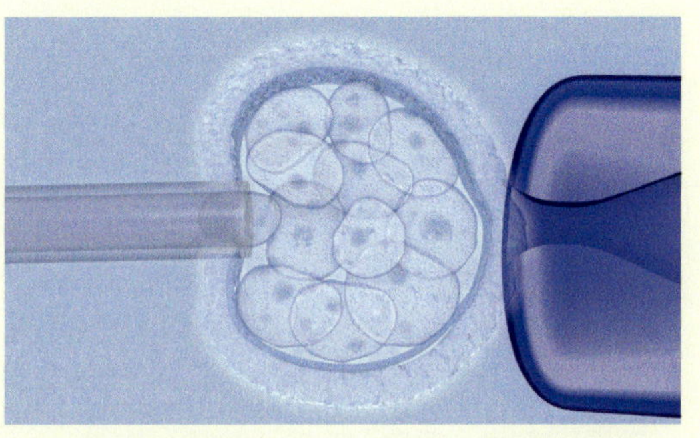

5 Entnahme einer embryonalen Stammzelle

1 **a)** Erkläre, warum Stammzellforschung in Deutschland umstritten ist.
b) Erkläre, welche Hoffnungen sie weckt.

2 **II** Bewerte, welche Möglichkeiten die Stammzellforschung in Deutschland haben sollte.

«

1 Modifikation beim Löwenzahn: **A** Pflanze in einer Pflasterritze, **B** Pflanze auf einer Wiese

Erbinformation und Umwelt ergänzen sich

Die Umwelt hat Einfluss

Löwenzahn kann fast überall wachsen. In Pflasterritzen, an Wegrändern und auf Wiesen ist er zu finden. Ein Löwenzahn auf einer Wiese wächst auf lockerem Boden, seine Wurzeln nehmen viel Wasser und ausreichend Mineralstoffe auf. Auch Licht steht ohne Einschränkung zur Verfügung. Ein Löwenzahn, der in einer engen Pflasterritze wächst, ist vielen Schadstoffen ausgesetzt. Die Versorgung mit Wasser ist schlecht, der Boden ist stark verdichtet. Daher wird dieser Löwenzahn kleiner bleiben und weniger Blätter und Blüten entwickeln als ein Löwenzahn auf einer Wiese.

> Unterschiede im Aussehen, die auf Umwelteinflüsse zurückzuführen sind, heißen **Modifikationen.**

Modifikation ist nicht vererbbar

Weil Modifikationen nicht auf Unterschieden in der DNA beruhen, sind sie auch nicht vererbbar. Durch Modifikationen reagiert ein Organismus gezielt auf besondere Bedingungen, denen er ausgesetzt ist. **Mutationen** hingegen passieren zufällig und verändern die Basenfolge in der DNA.

Modifikation durch Genregulation

Modifikationen entstehen durch die unterschiedliche Regulation von Genen. Umweltbedingungen können dazu führen, dass bestimmte Gene eingeschaltet oder ausgeschaltet werden.
So führt Licht dazu, dass ein Gen für die Produktion von Chlorophyll eingeschaltet wird und die Pflanze dann auch den grünen Farbstoff bildet (→ Bild 2).

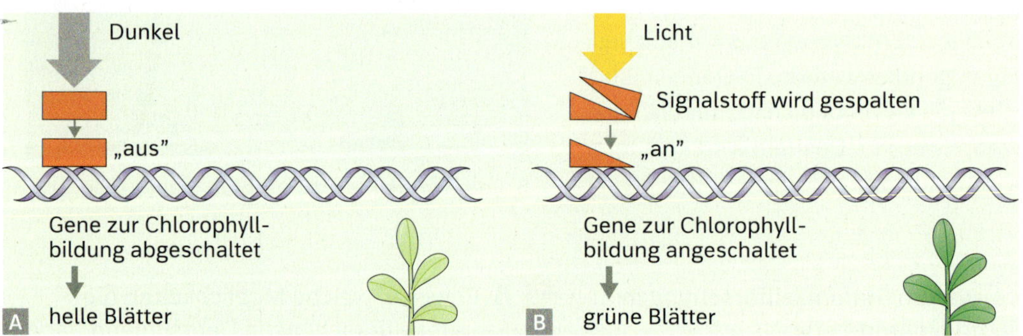

2 Regulation der Gene für Chlorophyll: **A** im Dunkeln, **B** bei Licht

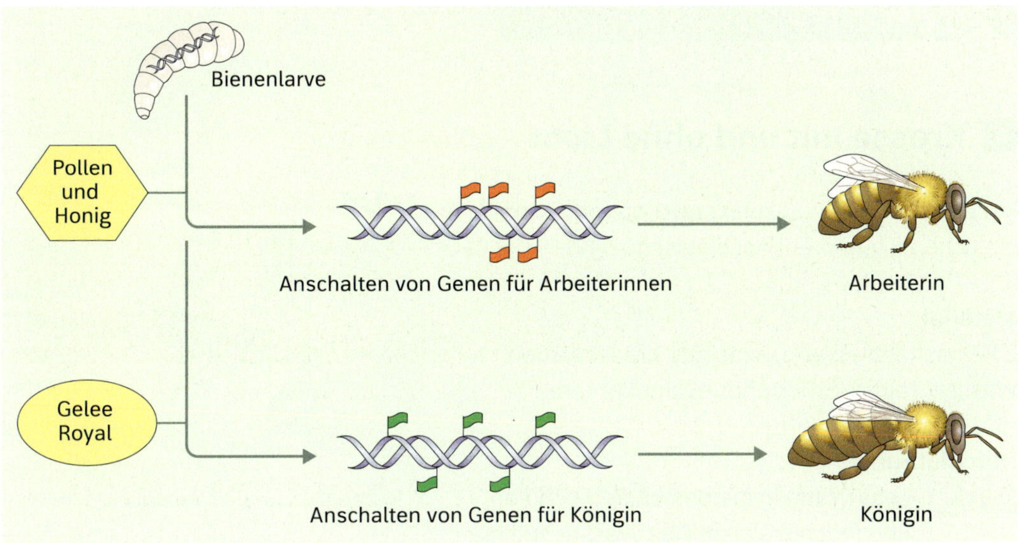

3 Aus einer Bienenlarve kann eine Königin oder eine Arbeiterin werden.

Königin durch spezielles Futter

Bienenweibchen eines Bienenvolkes sind sich genetisch sehr ähnlich. Sie stammen alle von derselben Königin ab. Ob sich aus einem Ei eine Königin oder eine Arbeiterin entwickelt, entscheiden nicht die Gene. Wird eine neue Königin herangezogen, wird die Larve mit einer speziellen Nahrung gefüttert, dem **Gelee Royal.** Die Arbeiterinnen bilden es aus Pollen und Nektar in ihrer Futtersaftdrüse. Gelee Royal schaltet in der jungen Larve Gene ein, die zur Entwicklung von Geschlechtsorganen führen. Bei Arbeiterinnen bleiben diese Gene ausgeschaltet. Die Königinnen vererben diese Eigenschaften aber nicht. Bei jedem abgelegten Ei muss neu entschieden werden, ob sich eine Arbeiterin oder eine Königin daraus entwickeln soll.

Die Menschen werden durch Gene und Umwelt geprägt

Auch Menschen werden durch ihre Gene und ihre Umwelt geprägt. Eineiige Zwillinge entstehen aus derselben befruchteten Eizelle. Ihr genetisches Erbe ist vollkommen gleich. Trotzdem gibt es schon bei der Geburt im Aussehen und in der Persönlichkeit viele Unterschiede. In ihrer weiteren Entwicklung nehmen diese Unterschiede noch zu.

Ein weiteres Beispiel für Modifikation ist die Tatsache, dass die Menschen seit dem Mittelalter immer größer geworden sind. Dies ist nicht nur auf Mutationen in den Genen, sondern auch auf die Umwelt zurückzuführen. Durch bessere Hygiene, medizinische Versorgung und Ernährung wurden die Menschen immer besser versorgt.

1 Stelle in einer Tabelle die Unterschiede zwischen Modifikation und Mutation dar.

2 Beschreibe die Modifikation bei Pflanzen an einem Beispiel.

3 I Erkläre, wie aus der gleichen Bienenlarve eine Arbeiterin oder eine Königin werden kann.

4 II Erkläre mithilfe von Bild 2, warum Pflanzenkeimlinge, die kein Licht bekommen, weiß bleiben und nicht grün werden.

Starthilfe zu 4:
Nutze die Begriffe: Licht, Gen für Chlorophyll, Signalstoff

»

FORSCHEN UND ENTDECKEN

A Kresse mit und ohne Licht

Modifikation bei Pflanzen kannst du mit einem einfachen Experiment nachweisen.

Material:
2 Petrischalen, Watte, eine Tüte Kressesamen, Wasser, Pappe, Smartphone oder Kamera

Durchführung:
Schritt 1: Lege Watte in die beiden Petrischalen und feuchte sie an. Das Wasser sollte nicht in den Petrischalen stehen.
Schritt 2: Streue jeweils ungefähr 30 Kressesamen auf die feuchte Watte.
Schritt 3: Decke eine Petrischale mit der Pappe so ab, dass kein Licht auf die Samen fällt.
Schritt 4: Achte darauf, die Watte über die gesamte Versuchsdauer feucht zu halten.

1 Materialien für den Versuch

1. Formuliere vor dem Versuch Vermutungen über das Ergebnis des Versuchs.
2. Beobachte den Versuch über 8 bis 10 Tage, bis die Kresse hoch gewachsen ist.
3. Protokolliere täglich deine Beobachtungen.
4. Erkläre die Beobachtungen.

ÜBEN UND ANWENDEN

A Schafgarbe im Versuch

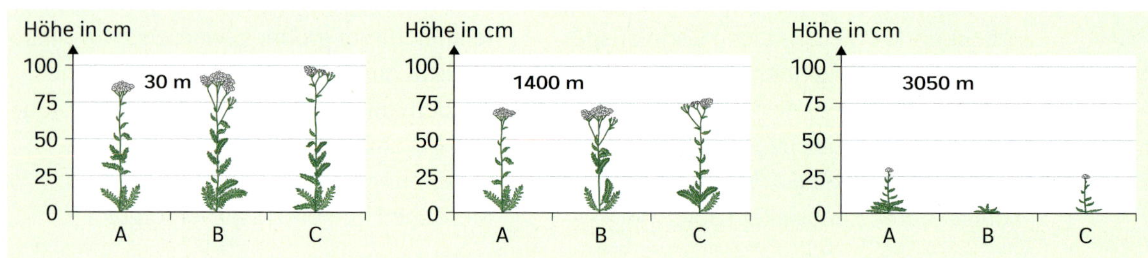

2 Erbgleiche Schafgarbe in unterschiedlicher Umgebung

In einem Experiment wurde die Wurzel einer Schafarbe so zerteilt, das neun neue Pflanzen daraus heranwachsen konnten. Die neuen Pflanzen wurden in drei Versuchsgruppen eingeteilt und in verschiedenen Höhenlagen ausgepflanzt. Nach zwei Monaten wurde die Größe der Pflanzen gemessen.

1. **a)** Beschreibe den Ablauf des Versuchs, der in Bild 2 dargestellt ist.
   b) Erkläre das Ergebnis des Versuchs.
2. **II** Erkläre, warum alle Pflanzen aus derselben Wurzel gezüchtet wurden.

ÜBEN UND ANWENDEN

B Fellfarbe und Temperatur

Das Russenkaninchen ist eine kleine Kaninchenrasse mit weißem Fell und schwarzen Flecken an Ohren, Pfoten und Nase. Diese schwarzen Flecken sind aber nicht bei jedem Kaninchen zu jeder Zeit da. Die Kaninchen werden mit ganz weißem Fell geboren (→ Bild 3).
Die schwarzen Flecken kommen durch die Bildung des Farbstoffs Eumelanin zustande. Dieser Farbstoff wird in mehreren Schritten in speziellen Pigmentzellen aus der Aminosäure Tyrosin gebildet.
Dabei ist die Tyrosinase ein wichtiges Enzym. Die Tyrosinase reagiert empfindlich auf Wärme. Bei über 35 °C zerfällt sie und kann ihre Aufgabe nicht mehr erfüllen (→ Bild 4).

3 Russenkaninchenmutter mit zwei Jungtieren

1. Beschreibe, wie sich die Jungtiere der Russenkaninchen vom Muttertier unterscheiden.
2. Erkläre, warum bei höherer Temperatur in den Pigmentzellen der Russenkaninchen kein Farbstoff gebildet wird.

Starthilfe zu 2:
Nutze dazu auch Bild 4.
Folgende Begriffe kannst du verwenden: aktiv, inaktiv, Tyrosin, Tyrosinase, Eumelanin

3. **a)** Nenne Körperteile der Kaninchen, an denen die Haut Pigmentzellen enthält.
   II **b)** Erläutere, warum diese Körperteile des Russenkaninchens gefärbt sind.

Starthilfe zu 3b:
Nicht alle Körperteile eines Kaninchens sind gleich warm.

4. II Erläutere mithilfe von Bild 4, wie es zu den unterschiedlich gefärbten Kaninchen in verschieden warmen Ställen kommt.

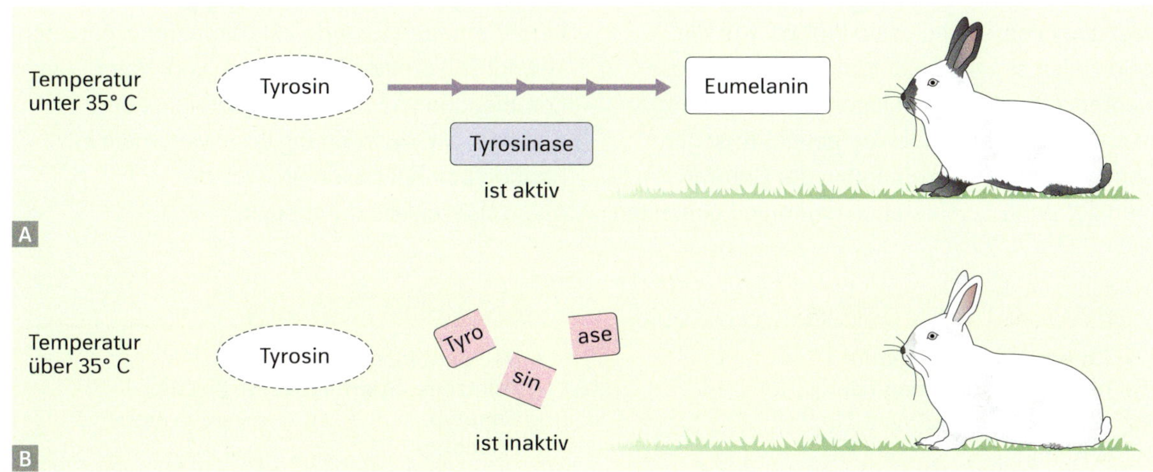

4 Fellfarbe bei Russenkaninchen: **A** in Umgebung unter 35° Celsius, **B** in Umgebung über 35° Celsius

Auf einen Blick: Genetische Grundlagen der Vererbung

Chromosomen speichern die Erbinformation

Die Zellkerne menschlicher Zellen enthalten 46 Chromosomen. Diese bestehen aus DNA und speichern die Erbinformation. Die 46 Chromosomen bilden 23 Paare, die homologen Chromosomen. Ein Paar davon sind die Geschlechtschromosomen. Sie bestimmen unser Geschlecht. Eines der homologen Chromosomen haben wir vom Vater und eines von der Mutter erhalten. So haben wir für jedes Merkmal zwei Allele.
Jedes Chromosom besteht aus zwei Chromatiden. Diese sind vollkommen identisch.

Neukombination von Genen

Haploide Keimzellen haben jeweils nur ein Chromatid. Bei der Befruchtung einer Eizelle mit einer Spermienzelle werden die beiden haploiden Chromsomensätze wieder zu einem diploiden Chromsomensatz kombiniert.
Dabei kommt es zur Neukombination der Gene von Mutter und Vater. Durch viele Zellteilungen entsteht dann ein neuer Mensch. Bei jeder Befruchtung entstehen neue Gen-Kombinationen, so dass sich die Nachkommen zwar ähneln, aber nie ganz identisch sind.

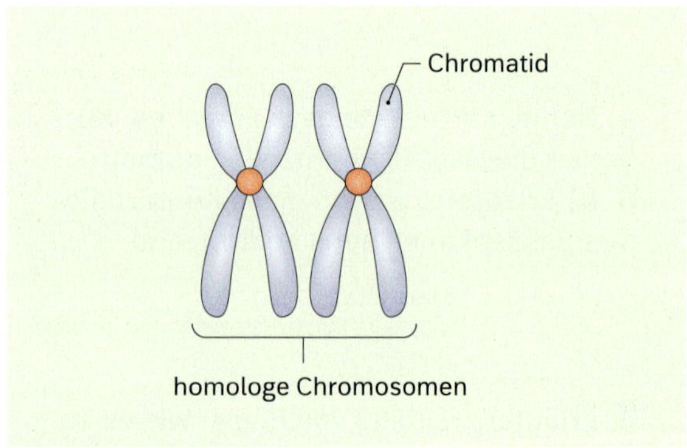

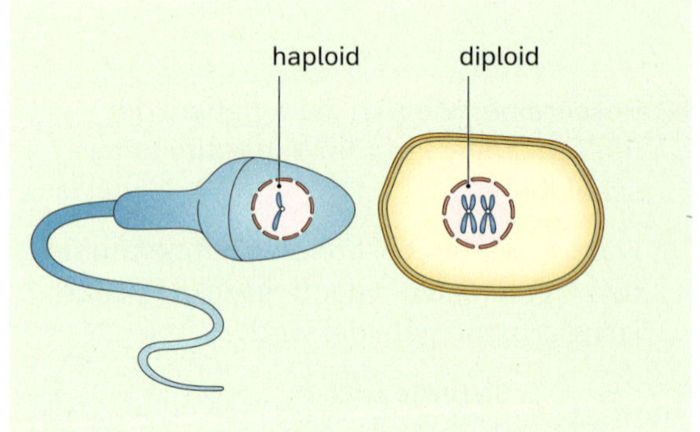

Die Meiose erzeugt Keimzellen

Fast alle unsere Zellen sind diploid. Nur die Keimzellen sind haploid. Während der Meiose werden zuerst die homologen Chromsomenpaare auf zwei Tochterzellen aufgeteilt. Anschließend werden die Chromatiden der Chromosomen getrennt. So entstehen haploide Keimzellen.

Genotyp und Phänotyp

Kinder erhalten für jedes Merkmal Informationen sowohl von der Mutter als auch vom Vater. Diese Kombination von Erbinformationen ist der Genotyp. Die Ausprägung ihrer Merkmale im Phänotyp hängt davon ab, welche Allele sich jeweils durchsetzen.

WICHTIGE BEGRIFFE

- Chromosom, Chromatid
- homologe Chromosomen
- Allel
- Meiose
- haploid, diploid

WICHTIGE BEGRIFFE

- Neukombination
- Keimzelle, Spermienzelle, Eizelle
- Genotyp
- Phänotyp

MENDELsche Regeln erklären die Vererbung

GREGOR MENDEL entdeckte, dass sich dominante Allele gegenüber rezessiven Allelen durchsetzen. Der Phänotyp zeigt dann nur das dominante Allel. Trotzdem kann auch das rezessive Allel vorhanden sein und weiter vererbt werden. MENDEL fasste diese Beobachtungen in den ersten beiden MENDELschen Regeln zusammen. Für die dritte MENDELsche Regel beobachtete er zwei verschiedene Merkmale und fand heraus, dass sie unabhängig voneinander neu kombiniert und vererbt werden.

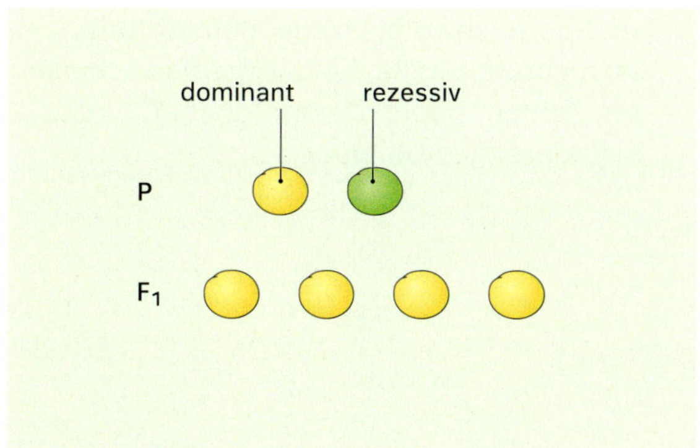

Mutationen verändern die DNA

Mutationen sind Veränderungen der DNA. Sie können durch Mutagene wie Strahlung oder Nikotin verursacht werden. Manchmal führen auch Fehler bei der Verdopplung der DNA zu schwerwiegenden Mutationen.
Erbkrankheiten werden durch Mutationen in den Keimzellen verursacht.
Mutationen tragen aber auch dazu bei, dass Lebewesen sich an Umweltveränderungen anpassen können. Sie sind für die Evolution der Lebewesen verantwortlich.

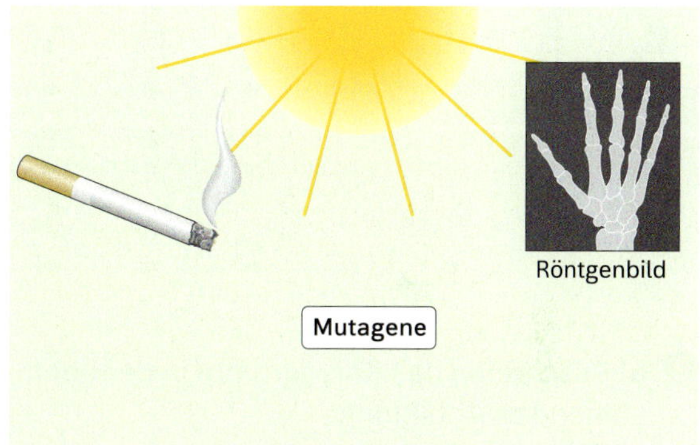

Der Einfluss der Umwelt

Lebewesen werden nicht nur durch ihre Gene bestimmt. Auch die Umwelt hat Einfluss auf die Ausprägung von Merkmalen. Deshalb sind sogar eineiige Zwillinge nie gleich, sondern entwickeln sich unterschiedlich, obwohl sie die gleichen Erbinformationen haben.

WICHTIGE BEGRIFFE

- MENDELsche Vererbungsregeln
- dominant, rezessiv
- Modifikation

Künstliche Veränderung der DNA

In der Landwirtschaft werden Mutationen für die Züchtung ertragreicher Pflanzen und Tiere genutzt. In der Gentechnik werden Veränderungen der DNA technisch herbeigeführt, um Lebewesen gezielt zu verändern und für den Menschen nutzbar zu machen.

WICHTIGE BEGRIFFE

- Mutation
- Mutagen
- Züchtung, Auslesezüchtung, Kreuzungszüchtung, Mutationszüchtung
- Gentechnik

Lerncheck: Genetische Grundlagen der Vererbung

Sexualität und Chromosomen

1 **a)** Nenne die Bestandteile der DNA.
b) Erläutere den Begriff „komplementäre Basen“.

2 Erkläre die Begriffe Chromatid, Centromer, Chromosom.

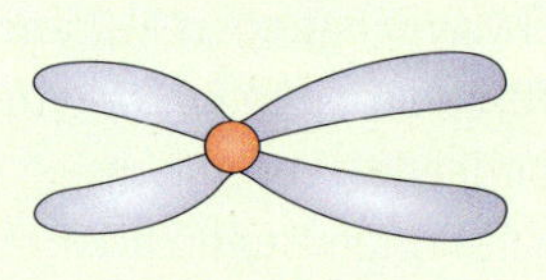

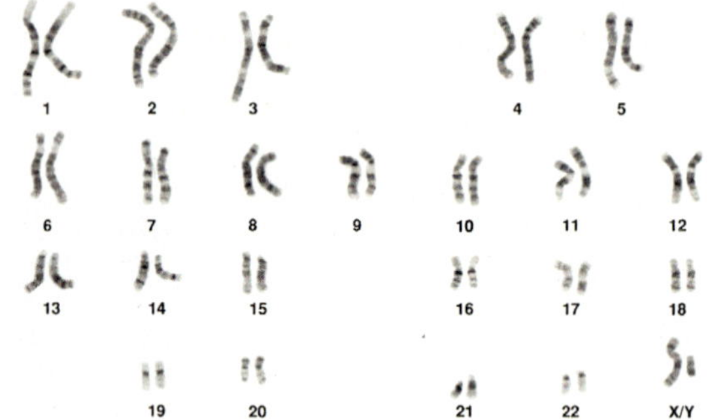

3 **a)** Beschreibe das Karyogramm in der oben stehenden Abbildung.
b) Zeige die homologen Chromosomen und die Geschlechtschromosomen im Karyogramm.
c) Beurteile, welches Geschlecht im Karyogramm dargestellt ist.
d) Beschreibe, wie sich das Karyogramm eines Mädchens mit Down-Syndrom vom Karyogramm eines Mädchens ohne Down-Syndrom unterscheidet.

Meiose und Befruchtung

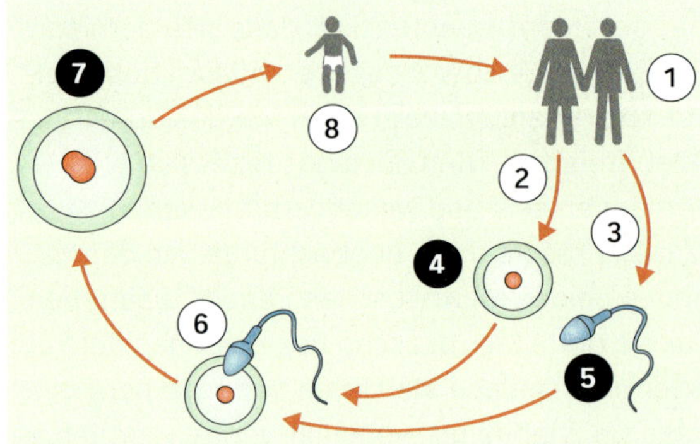

4 **a)** Ordne den Zahlen in der Abbildung folgende Begriffe zu: Eltern, Meiose, Meiose, Spermienzelle, Eizelle, Befruchtung, befruchtete Eizelle, Kind. Füge den schwarzen Zahlen "haploid" oder "diploid" hinzu.
b) Erkläre die Abbildung.

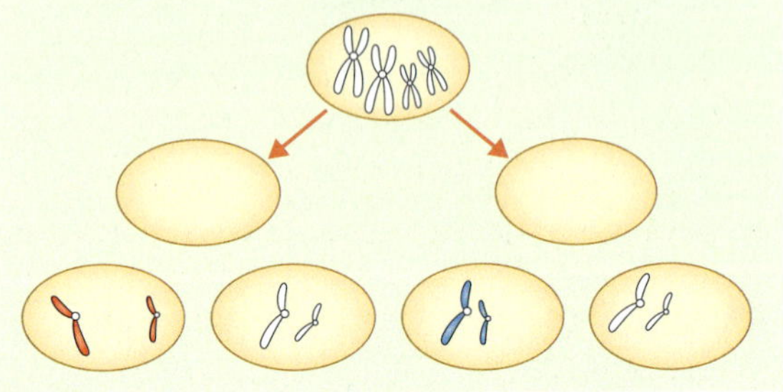

5 **a)** Beschreibe die Schritte der Meiose.
b) Zeichne die Abbildung ab und ergänze die richtigen Farben für die Chromosomen.
c) Beschrifte deine Abbildung mit folgenden Begriffen: Urkeimzelle, Meiose I, Meiose II, Keimzellen, diploid, haploid

DU KANNST JETZT ...

- ... den Aufbau der DNA erläutern.
- ... die Bedeutung von Chromosomen für die Vererbung erklären.
- ... erklären, was homologe Chromosomen sind.

DU KANNST JETZT ...

- ... die Entstehung von Keimzellen beschreiben.
- ... den Unterschied zwischen Keimzellen und Körperzellen erklären.

MENDELsche Vererbungsregeln

Die Meerschweinchen sind reinerbig.
Das Allel für schwarze Fellfarbe ist dominant.

6 **a)** Bestimme die Genotypen der Meerschweinchen.
Nutze für die Allele der Farben den Buchstaben "A" für Schwarz und "a" für Braun.
b) Führe die Kreuzung bis zur F_2-Generation durch.

Die Meerschweinchen sind reinerbig.
Das Allel für schwarze Fellfarbe ist dominant.
Geschecktes Fell ist dominant über einfarbiges Fell.

7 **a)** Bestimme die Genotypen der Meerschweinchen.
Nutze für die Allele der Farben den Buchstaben "A" für Schwarz und "a" für Braun. Bezeichne das Allel für gescheckt mit "B" und für einfarbig mit "b".
b) Führe die Kreuzung bis zur F_2 -Generation durch.

DU KANNST JETZT ...

- ... den Unterschied zwischen Genotyp und Phänotyp nennen.
- ... einfache Kreuzungen von der P-Generation bis in die F_2-Generation darstellen.
- ... die MENDELschen Regeln nennen.

Züchtung und Gentechnik

9 Erkläre die Begriffe Auslesezüchtung und Kreuzungszüchtung.

10 Beschreibe, wie du mithilfe der Auslesezüchtung aus mittelgroßen Tomaten Riesentomaten züchten könntest.

11 Erkläre an einem Beispiel, wo heute Gentechnik genutzt wird.

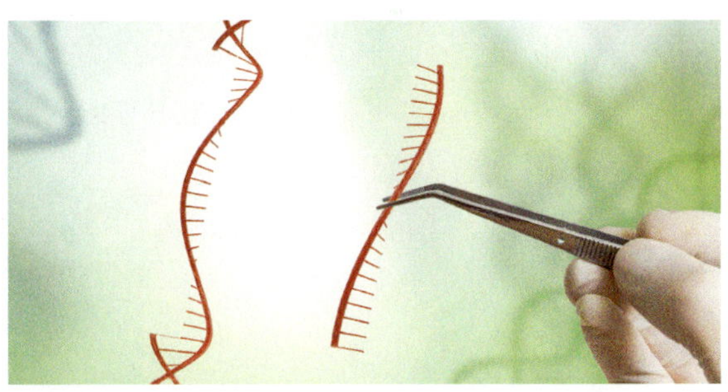

12 Beurteile, ob auf Gentechnik verzichtet werden sollte.

DU KANNST JETZT ...

- ... Methoden der Züchtung nennen und erklären.
- ... erklären, was Gentechnik ist.
- ... die Bedeutung von Stammzellen beschreiben.

Die Evolution der Lebewesen

Wie entwickelte sich das Leben auf der Erde?

Wie entstehen neue Arten und warum sterben sie wieder aus?

Sind Affen die Vorfahren der heutigen Menschen?

1 Fossil eines *Tyrannosaurus rex*

Fossilien sind Zeugen der Erdgeschichte

Fossilien belegen die Evolution

Im Laufe vieler Millionen Jahre sind immer wieder neue Arten von Lebewesen entstanden. Diese Entwicklung in der Erdgeschichte heißt **Evolution.** Die meisten Arten, die im Laufe der Evolution entstanden, sind wieder ausgestorben (→ Bild 1).

Die Überreste ausgestorbener Lebewesen bezeichnen wir als **Fossilien.**

Oft ähneln Fossilien heute lebenden Arten. Zum Beispiel sieht das etwa 153 Millionen Jahre alte Fossil eines jungen Urkrokodils dem Skelett heutiger Krokodile sehr ähnlich (→ Bild 2). Mithilfe solcher Fossilien kann die Geschichte heute lebender Tiere oft weit in die Vergangenheit verfolgt werden.

2 Babykrokodil aus der Urzeit

Dinosaurier in Deutschland

In den Jahren 2007 und 2008 stießen Wissenschaftler in Obernkirchen in Niedersachsen bei einer Ausgrabung auf eine Vielzahl unterschiedlicher Saurierspuren. Vor mehr als 100 Millionen Jahren lebten dort Saurier. Das damals tropische Klima bot den Reptilien ideale Lebensbedingungen. Die Ausgrabungsarbeiten brachten Fußspuren von einigen Raubsauriern und Pflanzenfressern an die Oberfläche. Die Spuren der Pflanzenfresser belegen, dass Arten wie das *Iguanodon* im Rudel lebten.

Altersbestimmung von Fossilien

Anhand der Gesteinsschichten, in denen Fossilien gefunden werden, kann deren Alter bestimmt werden. Weiter oben liegende Schichten sind jünger als die darunter liegenden. Werden Fossilien aus einer bekannten Gesteinsschicht in Amerika auch in Afrika entdeckt, kann daraus das ungefähre Alter der Gesteinsschicht und der darin liegenden Fossilien abgeleitet werden. Solche Fossilien werden als **Leitfossilien** bezeichnet. Für eine exaktere Altersbestimmung nutzen Wissenschaftlerinnen und Wissenschaftler physikalische und chemische Untersuchungsmethoden.

Wie Fossilien entstanden

Funde von vollständigen Skeletten sind sehr selten. Wissenschaftler vermuten, dass solche Tiere beispielsweise am Rand eines flachen Gewässers gestorben sind. In kurzer Zeit wurden ihre Körper von Schlick und Sand bedeckt (→ Bild 3 B). Die so abgedeckten Körper hatten keinen Kontakt mit Sauerstoff. Die Weichteile der Tiere verfaulten. Aber die Körper wurden nicht vollständig zersetzt. Hartteile wie Zähne und Knochen blieben erhalten. Immer neue Schichten aus Schlamm und Sand lagerten sich über den toten Sauriern ab. Je feiner dieses abgelagerte Material war, desto mehr Einzelheiten sind heute an den Fossilien erkennbar.
Durch Mineralsalze aus eindringendem Wasser, durch zunehmenden Druck und hohe Temperaturen veränderte sich die Beschaffenheit der Knochen. Bei diesem Prozess der **Versteinerung** blieb die Form der Körperteile jedoch erhalten (→ Bild 3 C).

Wie Fossilien wieder auftauchen

Durch Bewegungen in der Erdkruste kamen die Fossilien wieder an die Erdoberfläche. Dort werden sie auch heute noch durch Regen und Wind wieder freigelegt. Häufig handelt es sich bei den Fossilien um Abdrücke von versteinerten Hartteilen wie Panzern oder Knochen. Auch Abdrücke von Pflanzen werden gefunden. Solche Funde werden auf der ganzen Welt gemacht.

3 Versteinerung eines *Iguanodons*

1. Erkläre den Begriff Evolution.
2. Beschreibe an einem Beispiel die Bedeutung von Fossilien für die Wissenschaft.
3. Beschreibe mithilfe der Bilder 3 A – D, wie ein Fossil entsteht.
4. Erkläre den Prozess der Versteinerung eines Lebewesens.
5. **I** Nenne zwei Beispiele für Tiere, die im Lauf der Evolution wieder ausgestorben sind.
6. **II** Stelle eine begründete Vermutung auf, weshalb Fossilien von Tieren, die im oder am Wasser gelebt haben, häufiger gefunden werden als solche von Landtieren.

Starthilfe zu 4:
Folgende Begriffe sollten in deiner Erklärung vorkommen: Schlick und Sand, kein Sauerstoff, Mineralsalze, Druck, Temperatur

»

ÜBEN UND ANWENDEN

A Die Entstehung eines Abdrucks

1 Der Abdruck eines *Trilobiten*

Nach dem Tod des *Trilobiten* (→ Bild 1) wurde das Tier mit Schlamm und Sediment bedeckt. Der harte Panzer hinterließ Abdrücke im Sediment. Nach der Zersetzung des Tieres blieben die Abdrücke erhalten und versteinerten.
Es gibt Abdrücke des Panzers von der Außenseite und von der Innenseite.

1 Beschreibe, wie der Abdruck des *Trilobiten* entstanden ist.

2 Fossilien gibt es nicht nur in Form von Abdrücken.
a) Informiere dich über die folgenden Fossilien-Arten: Steinkerne, versteinertes Holz, Mumifizierung oder Bernstein-Einschlüsse.
b) Stelle deine Ergebnisse vor.

FORSCHEN UND ENTDECKEN

A Wie entsteht ein Fossilien-Modell? 

2 Herstellung eines Fossilien-Modells

Material: zum Beispiel ein Schneckengehäuse, ein Tetra-Pak, Schnellgips, Gipsbecher, Wasser, Löffel, Seidenpapier, Hammer, Meißel

1 **a)** Plant die Durchführung zur Herstellung eines Fossilien-Modells mithilfe einer Muschelschale oder eines Schneckengehäuses und Gips.
Tipp: Mit den gegebenen Materialien könnt ihr zwei Arten von Fossilien-Modellen herstellen.
b) Stellt euer Fossilien-Modell her.
c) Präsentiert es nach der Fertigstellung der Klasse und erklärt eure Vorgehensweise. Berichtet auch von euren Schwierigkeiten.
d) Erklärt, welchen Vorgang der Fossilien-Bildung ihr bei der Herstellung eures Modells nachvollzogen habt.

IM ALLTAG

Die Rekonstruktion eines Dinosauriers

3 Fund eines *Plateosaurus*

Die Rekonstruktion des Skeletts

Die Funde von Fossilien werden zunächst vorsichtig aus dem Gestein herausgelöst und gut verpackt in ein wissenschaftliches Institut gebracht. Meist werden nur wenige versteinerte Knochen gefunden, die oft verstreut im Gestein liegen. Die **Rekonstruktion** der Skelette ist die Aufgabe von **Präparatorinnen** und **Präparatoren.** Sie sortieren die Knochen, bauen fehlende Skelettteile nach und rekonstruieren das ursprüngliche Aussehen des Sauriers.
Dazu werden die vorhandenen Knochen mit Lasern vermessen. Mithilfe der Daten werden die Größe und die Lage der fehlenden Knochen ermittelt. Diese Knochen werden aus speziellen Kunststoffen nachgebildet oder mit 3D-Druckern angefertigt.

4 Rekonstruktion eines *Plateosaurus*

5 Modell der Muskulatur von *Plateosaurus*

Die Herstellung von Modellen

Die lebensnahe Darstellung eines Dinosauriers ist sehr schwierig, da Weichteile wie die Muskulatur fast nie vorhanden sind. Um Aussagen über das Aussehen der Tiere zu machen, wird das fossile Skelett mit dem Knochenbau lebender Tieren verglichen. Außerdem wird die Muskelmasse von großen Wirbeltieren, wie zum Beispiel Elefanten, mit Laserscannern ermittelt. Diese Daten werden anschließend am Computer auf das Skelett eines Dinosauriers mit vergleichbarer Körpergröße übertragen.
Über die Farbe der Haut oder deren Musterung ist bis heute nichts bekannt. Bei der Rekonstruktion lebensechter Modelle wird daher darauf geachtet, wie der Lebensraum der Tiere beschaffen war, an den sie angepasst waren.

6 Modell eines *Plateosaurus*

1 Beschreibe die Herstellung von Modellen.

2 Erkläre, wie Wissenschaftler vorgehen könnten, wenn sie die Farbe und die Musterung der Haut eines Dinosauriers rekonstruieren wollen.

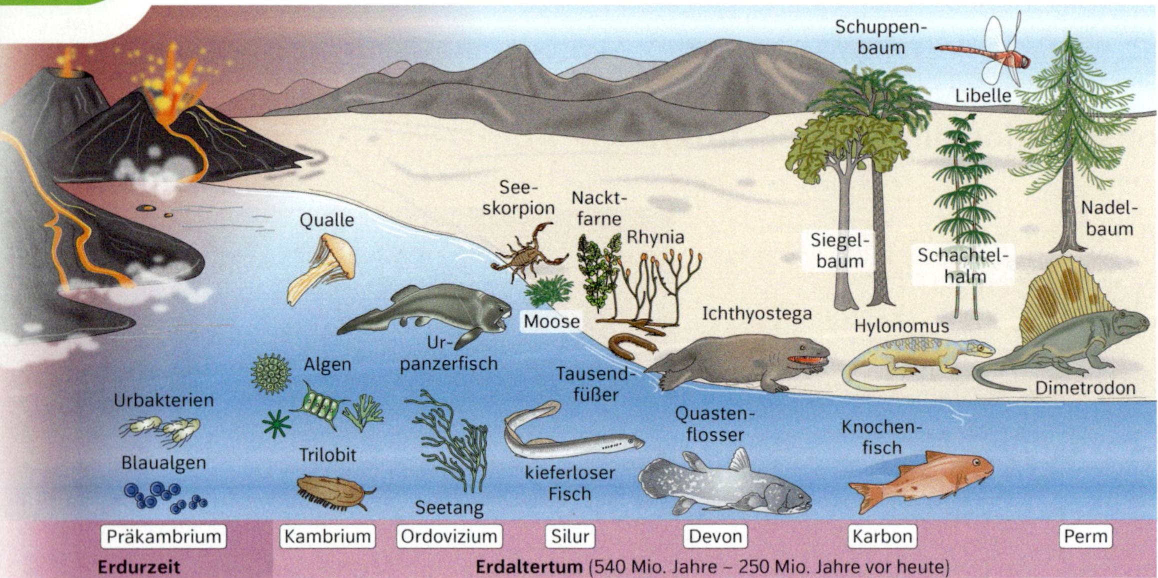

1 Die Entwicklung der Lebewesen im Laufe der Evolution: Erdurzeit und Erdaltertum

Die Erdzeitalter und ihre Lebewesen

Die Entstehung der Erde

Vor etwa 4,5 Milliarden Jahren entstand die Erde. Sie war ein glühender Gasball, der über viele hundert Millionen Jahre abkühlte. Meteoriteneinschläge, extreme Regenfälle und Vulkanausbrüche prägten die Entstehungszeit der Erde.
Die „Uratmosphäre" bestand vermutlich aus Stickstoff, Kohlenstoffdioxid, Wasserdampf, Schwefelwasserstoff, Methan und Spuren von Ammoniak. Sauerstoff gab es noch nicht.

Die Erdurzeit

Urbakterien gab es schon vor 3,8 Milliarden Jahren. Andere Bakterien konnten etwa 600 Millionen Jahre später bereits Fotosynthese betreiben und ihre Nährstoffe selbst bilden. Der bei der Fotosynthese entstandene Sauerstoff war für die damaligen Lebewesen giftig. Diese deutliche Umweltveränderung überlebten nur wenige Organismen. Vor 1,5 Milliarden Jahren nutzten erste höher entwickelte Zellen den Sauerstoff bei der Zellatmung.

Das Erdaltertum

Im **Kambrium** entwickelten sich viele mehrzellige Lebewesen im Wasser. Zum Beispiel Algen, Quallen und Gliederfüßer wie die *Trilobiten*. Panzerfische gehörten im **Ordovizium** zu den ersten Wirbeltieren im Wasser. Im **Silur** besiedelten Nacktfarne als erste höhere Pflanzen das Land.
Lungenfische lebten im **Devon.** Sie waren Vorfahren der ersten Landwirbeltiere. Urlurche wie *Ichthyostega* konnten sich bereits an Land auf vier Beinen fortbewegen. Bei der Fortpflanzung waren sie jedoch noch auf das Wasser angewiesen. Erste Pflanzen wie *Rhynia* besiedelten die Ufer.
Im Karbon entstanden riesige Sumpfwälder. Hier wuchsen Siegelbäume, Schuppenbäume und baumhohe Schachtelhalme. Erst die Reptilien konnten vollständig an Land leben. Im **Karbon** war es zum Beispiel *Hylonomus.* Ein typisches Reptil im **Perm** war der Fleisch fressende *Dimetrodon.* In dieser Zeit entwickelten sich auch die ersten Nadelbäume.

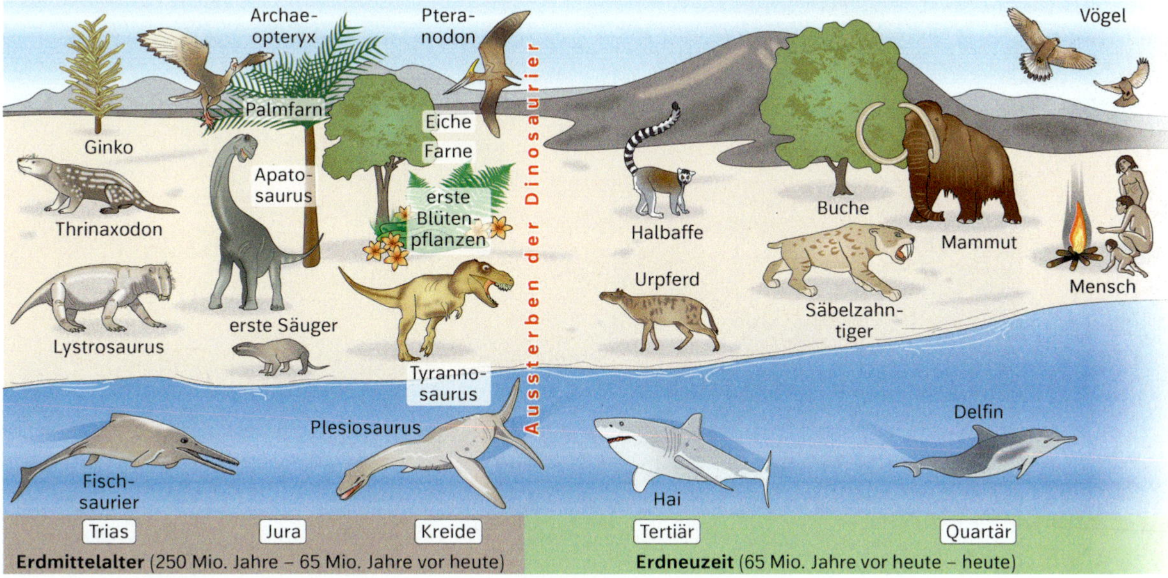

2 Die Entwicklung der Lebewesen im Laufe der Evolution: Erdmittelalter und Erdneuzeit

Das Erdmittelalter

Im Erdmittelalter beherrschten laufende, fliegende und schwimmende Saurier die meisten Lebensräume auf der Erde.
Zu Beginn des **Trias** waren Pflanzenfresser wie *Lystosaurus* und Fleischfresser wie *Thrinaxodon* häufige Reptilienarten.
Im **Jura** entwickelten sich die größten und schwersten Landlebewesen, wie der *Apatosaurus*. Im Jura lebten auch schon wenige kleine Säugetiere.
Am Ende der **Kreidezeit** starben die Saurier aus. Die Ursachen sind bisher noch nicht vollständig geklärt. Die Vögel gelten heute als die direkten Nachfahren der Dinosaurier. Neben Farnen und Bärlappgewächsen entwickelten sich die ersten Laubbäume und Blütenpflanzen.

Die Erdneuzeit

Auch Wechselwirkungen zwischen den Lebewesen beeinflussen die Evolution. Solange die Saurier alle Lebensräume besetzten, gab es nur wenige Säugetiere. Erst nach dem Aussterben der Saurier konnten sich die Säugetiere in großer Artenvielfalt entwickeln.
Im **Tertiär** wuchsen bei tropischem Klima Wälder fast bis zum Nordpol. Als es trockener und kühler wurde, entstanden Laubwälder aus Eichen und Buchen. Am Ende des Tertiärs hatten sich erste menschenähnliche Lebewesen entwickelt.
Im **Quartär** wurden die Tiere und Pflanzen den heutigen Lebewesen immer ähnlicher. Erste Menschen wie *Homo erectus* lebten vor etwa zwei Millionen Jahren.

1 Beschreibe die Auswirkung, die das Auftreten von Sauerstoff auf die Entwicklung der Lebewesen hatte.

2 Ordne in einer Tabelle jedem Erdzeitalter typische Lebewesen dieser Zeit zu.

Starthilfe zu 2:

Erdzeitalter	Pflanzen	Tiere
Erdaltertum	Algen,...	Qallen,...

3 II Erkläre den Zusammenhang zwischen dem Aussterben der Dinosaurier und der anschließenden Artenvielfalt bei den Säugetieren.

4 II Erläutere, welche entscheidenden Entwicklungen sich bei den Lebewesen vom Silur bis in das Karbon vollzogen.

»

ÜBEN UND ANWENDEN

A Giganten der Weltmeere

1 Ein *Plesiosaurier* bei der Jagd

Im Erdzeitalter des Jura gab es Saurier an Land, in der Luft und im Wasser. Die *Plesiosaurier* lebten in Meeren. Sie wurden bis zu 15 m lang und wogen bis zu 100 t. *Plesiosaurier* waren Fleischfresser. Für die Fortbewegung nutzten sie ihre vier flügelförmigen Flossen und den kräftigen Schwanz. *Plesiosaurier* legten im Gegensatz zu vielen Reptilien keine Eier. Sie brachten vollentwickelte lebende Junge zur Welt.

1 Beschreibe, wie *Plesiosaurier* lebten.

2 II Stelle eine begründete Vermutung auf, weshalb die *Plesiosaurier* vermutlich keine Eier legten.

3 Recherchiere zu weiteren Giganten der Meere aus dem Erdmittelalter. Stelle deine Ergebnisse vor.

B Der Siegeszug der Säugetiere

2 Die ersten Säugetiere waren mausgroß.

Erste säugetierähnliche Lebewesen gab es bereits vor 220 Millionen Jahren im Trias. Fossilien-Funde belegen, dass sie mit den heutigen Spitzmäusen Ähnlichkeit hatten. Die Säugetiere entwickelten sich über lange Zeit und über viele Übergangsformen aus frühen Reptilien. So lange, wie die Dinosaurier die meisten Lebensräume besetzten, spielten die Säugetiere eine geringe Rolle. Erst, als die Saurier ausstarben, änderte sich das.

1 Erkläre, warum sich die Säugetiere erst nach dem Aussterben der Saurier in großer Vielfalt entwickelten.

ÜBEN UND ANWENDEN

C So starben die Dinosaurier vermutlich aus

3 Meteoriten-Einschlag

4 Die Halbinsel Yukatan

Vor etwa 66 Millionen Jahren traf ein riesiger Meteorit die Erde. Der Einschlag auf der Halbinsel Yukatan erzeugte einen Krater von fast 200 km Durchmesser.
Mit diesem Ereignis könnte das Aussterben der Dinosaurier begonnen haben. Durch den Aufprall des Meteoriten entstanden riesige Flutwellen, die viele Saurier töteten. Zudem kam es zu weiträumigen Buschbränden und es gelangten gewaltige Mengen Asche und Schwefel in die Luft. Dadurch verdunkelte sich lange Zeit der Himmel.
Da die Sonne kaum noch die Erdoberfläche erreichte, wurde das Klima deutlich kälter.
Viele Pflanzen konnten aus Lichtmangel keine Fotosynthese mehr betreiben und starben.
In der Folge starben viele Pflanzenfresser und schließlich auch die Fleisch fressenden Dinosaurier aus.

1 Erkläre, wie es zum Aussterben der Dinosaurier vor rund 66 Millionen Jahren kam.

2 II Stelle eine begründete Vermutung auf, warum die viel kleineren Säugetiere die Auswirkungen des Meteoriten-Einschlags überleben konnten.

D Artensterben am Ende der Eiszeit

Wollnashörner lebten vor 500 000 bis etwa 12 000 Jahren in den eiszeitlichen Steppen Westeuropas und Ostasiens. Sie zählten zu den häufigsten Säugetierarten der letzten Eiszeit. Wollnashörner waren Einzelgänger oder lebten in kleinen Gruppen. Zum Schutz vor der Kälte hatten sie ein sehr dickes Fell. Als Pflanzenfresser ernährten sie sich überwiegend von Gras.
Vor etwa 12 000 Jahren verschwanden die Wollnashörner und viele andere große Tierarten. Die Wissenschaft sieht die Ursache dafür in den steigenden Temperaturen. Durch das wärmere Klima veränderte sich der Lebensraum der Wollnashörner. An die neuen Umweltbedingungen waren die Wollnashörner nicht angepasst. Sie starben aus.

5 Wollnashörner

1 Beschreibe die Lebensweise der Wollnashörner.

2 Erkläre, warum die Wollnashörner und viele andere Lebewesen am Ende der letzten Eiszeit ausstarben.

3 Recherchiere weitere Lebewesen, die am Ende der letzten Eiszeit ausstarben. Stelle deine Ergebnisse vor.

«

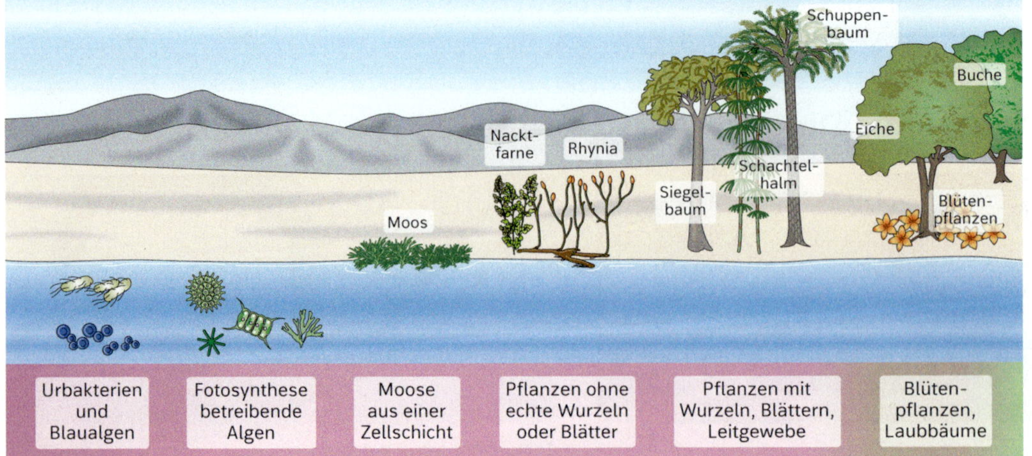

1 Die Entwicklung der Landpflanzen

Die Lebewesen erobern das Land

Das Leben begann im Wasser

Im Kambrium gab es noch keine Lebewesen an Land. In den Meeren war das Leben jedoch sehr vielfältig. Das belegen zahlreiche Fossilienfunde.

Pflanzen im Wasser

Die Pflanzenwelt bestand nur aus Algen. Die Algen waren sehr klein und lebten frei im Wasser. Später entstanden fadenförmige und kugelförmige pflanzliche Algen. Sie konnten bereits das Sonnenlicht zur Energiegewinnung nutzen. Dabei entstand Sauerstoff, der sich auch im Wasser anreicherte.

Tiere im Wasser

Im Wasser gab es bereits Vertreter aus fast jedem heute existierenden Tierstamm. Zahlreiche Würmer, Schwämme, Nesseltiere und Gliederfüßer mit Außenskeletten aus Kalk oder Chitin besiedelten die Ozeane. Über ihre Körperoberfläche oder über Kiemen konnten die Tiere den im Meerwasser gelösten Sauerstoff aufnehmen. So konnten sich erste Tierarten entwickeln, die den Sauerstoff, den die Pflanzen herstellten, für ihre Lebensprozesse benötigten.

Die Pflanzen erobern das Land

Im Ordovizium entwickelten sich aus Algen die ersten einfachen Landpflanzen in Form von Moosen. Die ersten echten Landpflanzen wie *Rhynia* lebten im Devon. Sie hatte einen verzweigten Spross, aber noch keine Blätter. Mit einem wurzelartigen Erdspross hielt sie sich im Boden fest. Im Lauf vieler Millionen Jahre entwickelten sich echte Wurzeln zur Verankerung im Boden und zur Wasseraufnahme. Festigungsgewebe sorgten für Stabilität und einen aufrechten Stand. Durch Leitgewebe gelangten Wasser und Nährstoffe in alle Pflanzenteile. Zudem entwickelten die Landpflanzen Blätter. Mit ihnen konnten die Pflanzen das für die Fotosynthese nötige Kohlenstoffdioxid aus der Luft aufnehmen.
Im Karbon gab es dann Wälder mit Baumfarnen, Schuppenbäumen und Schachtelhalmen. Blütenpflanzen und Laubbäume entstanden erst in der Kreidezeit.

Die ersten Pflanzen und Tiere entstanden im Wasser. Für das Leben an Land war die Entwicklung von Organen nötig, die Pflanzen und Tiere vom Leben im Wasser unabhängig machten.

2 Die Entwicklung der Landtiere

Die ersten Tiere gehen an Land

Die ersten Gliederfüßer gab es bereits im Kambrium. Sie hatten einen Panzer aus Chitin. Dieser Panzer schützte die Tiere an Land vor der Austrocknung. Vermutlich waren Seeskorpione und Tausendfüßer die ersten Landtiere im Silur. Aus ihnen entwickelten sich später dann auch die Insekten, wie beispielsweise Libellen.

Die Fische gehen an Land

Vor 400 Millionen Jahren lebten Quastenflosser, die sich mit ihren Gliedmaßen auf dem Meeresboden fortbewegten. Bei einigen Arten der **Quastenflosser** entwickelte sich neben den Kiemen ein Schwimmblasen-Lungen-Organ. Damit konnten diese Fische Luft atmen und zeitweise am Ufer leben.

Das erste Landtier

Für die Fortbewegung an Land waren Veränderungen im Körperbau notwendig. Vorher nutzten die Tiere den Auftrieb des Wassers. An Land waren starke Muskeln und kräftige Beine nötig, um den schweren Körper zu tragen. ***Ichthyostega*** hatte noch einen Fischschwanz aber auch schon Beine. Er lebte wie die heutigen Amphibien.

Die ersten Reptilien

Vor etwa 300 Millionen Jahren entwickelten sich aus den Amphibien erste Reptilien wie *Hylonomus*. Sie legten Eier, deren Schale sie vor Zerstörung und Austrocknung schützten. So waren die Reptilien unabhängiger vom Wasser. Es begann das Zeitalter der Dinosaurier. Erst später entwickelten sich Vögel und Säugetiere.

1 Beschreibe vier Angepasstheiten, die Pflanzen zur Besiedlung des Landes brauchten.

Starthilfe zu 1:

Angepasstheit	Funktion
Wurzeln	

2 Beschreibe, welche Entwicklungen bei den Organen notwendig waren, damit die ersten Wirbeltiere das Wasser verlassen konnten.

3 Nenne Merkmale von Reptilieneiern, die Angepasstheiten an das Ablegen der Eier an Land sind.

4 **a)** Beschreibe die Besonderheit in der Entwicklung der Atmungsorgane bei einigen Arten der Quastenflosser.
b) Erkläre, welche Vorteile sich daraus für diese Quastenflosser-Arten ergaben.

»

ÜBEN UND ANWENDEN

A Angepasstheiten an das Leben an Land

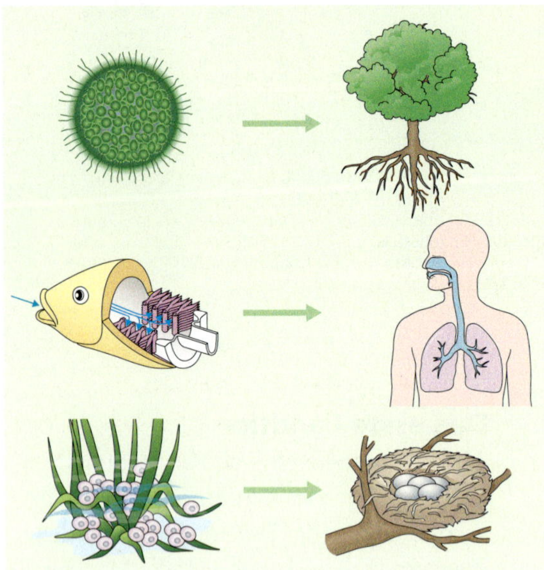

1 Angepasstheiten an das Leben an Land

Damit Pflanzen und Tiere das Land besiedeln konnten, mussten sich bestimmte Angepasstheiten entwickeln.

1 Beschreibe mithilfe von Bild 1, welche grundsätzlichen Angepasstheiten die Pflanzen und die Tiere entwickeln mussten, um das Land besiedeln zu können.

2 **II** Erkläre, warum die Tiere für das Leben an Land starke Muskeln und kräftige Gliedmaßen brauchten.

Starthilfe zu 2:
Nutze den Textabschnitt „Das erste Landtier“ auf der Basisseite.

3 **III** Erkläre, warum die Haut von Landtieren meist anders ist als die Haut von Wasserlebewesen.

B Vom Land zurück ins Wasser

2 Eine Gruppe Schwertwale

Alle Wal-Arten sind Säugetiere und atmen mit Lungen. Durch Fossil-Funde ist belegt, dass ihre Vorfahren vor vielen Millionen Jahren an Land gelebt haben müssen. Die nächsten Verwandten der Wale sind wahrscheinlich die Flusspferde. Die Gründe für den Rückgang ins Wasser sind noch nicht völlig geklärt. Wissenschaftler vermuten eine mögliche Nahrungskonkurrenz mit anderen Säugetieren oder Nahrungsangebote im Meer, die sie besser nutzen konnten als die Fische.

1 Nenne mögliche Gründe, weshalb bei Walen eine Entwicklung zurück ins Meer erfolgte.

2 **II** **a)** Recherchiere weitere Säugetierarten, bei denen eine Entwicklung vom Land zurück ins Wasser stattgefunden hat.
b) Erläutere, welche ihnen gemeinsame körperliche Eigenschaft auf ihre frühere Lebensweise hindeutet.

ÜBEN UND ANWENDEN

C Der Stammbaum der Wirbeltiere

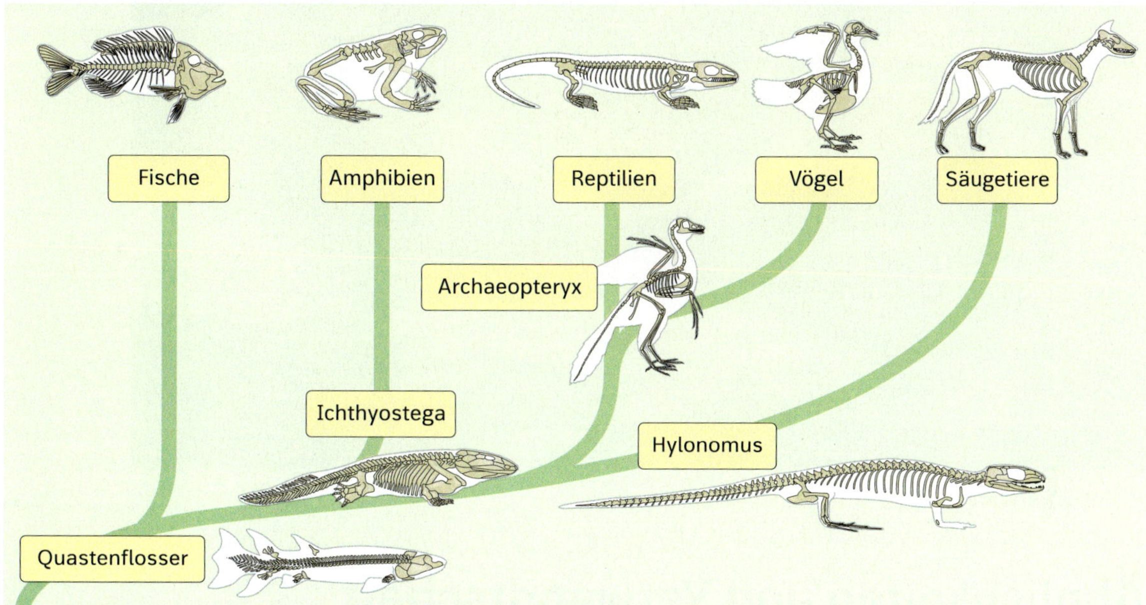

3 Stammbaum der fünf Klassen der Wirbeltiere

Stammesgeschichte der Wirbeltiere

Die fünf Klassen der Wirbeltiere haben sich zu unterschiedlichen Zeiten entwickelt.

Die Fische

Die Panzerfische waren die erste Gruppe der Wirbeltiere. Sie atmeten mit Kiemen. Mit den ersten Lungenfischen, wie den Quastenflossern, begann die Eroberung des Landes.

Die Amphibien

An die Stelle der Kiemenatmung trat bei den Amphibien die Lungenatmung. Damit konnten sie das Wasser längere Zeit verlassen. Sie hatten vier Beine mit Schultergürtel und Beckengürtel. *Ichthyostega* gilt als erstes Landtier. Es hatte Merkmale von Fischen und Reptilien.

Die Reptilien

Als erstes vollständig an das Landleben angepasste Wirbeltier gilt *Hylonomus*. Es legte Eier mit einer Schale und einer Eihaut. Dieses neue Merkmal führte zu den Vögeln und Säugetieren.

Die Vögel

Die ersten Vögel entwickelten sich aus Reptilien. Der bekannteste Beleg ist der *Archaeopteryx*. Er hatte eine gleichbleibende Körpertemperatur.

Die Säugetiere

Aus ersten Reptilien entwickelten sich auch gleichwarme Säugetiere. Sie waren unabhängiger von den Umweltbedingungen. Die neuen Merkmale waren ein Haarkleid, Milchdrüsen und das Gebären von lebenden Jungen.

1 Nenne Merkmale, die am Anfang der Evolution von Reptilien, Vögeln und Säugetieren jeweils neu entstanden sind.

2 Erkläre mithilfe des Stammbaums in Bild 3, zu welcher Tiergruppe die nächsten Verwandten der Vögel gehören.

«

1 Mensch und Delfin

Ähnlichkeiten und Verwandtschaft

Bau von Arm und Flosse

Die Arme beim Menschen und die Flossen eines Delfins haben äußerlich keine Gemeinsamkeiten. Auch ihre Funktionen sind sehr unterschiedlich. Die menschlichen Arme mit den Händen werden zum Greifen und Festhalten genutzt. Die Flossen des Delfins sind zum Schwimmen geeignet. Beim Vergleich des Knochenbaus von Arm und Flosse zeigt sich jedoch ein gemeinsamer Grundbauplan. Beide bestehen aus Oberarmknochen, Unterarmknochen und Handknochen (→ Bild 2).

Homologe Organe

Der Grundbauplan der Vordergliedmaßen ist bei allen Wirbeltieren gleich.

> Organe, die trotz ihrer oft unterschiedlichen Funktion einen **gemeinsamen Grundbauplan** haben, werden als **homologe Organe** bezeichnet.

Homologe Organe sind ein Hinweis auf gemeinsame Vorfahren. Im Laufe der Evolution wurde der ursprüngliche Bauplan immer wieder durch geringe, zufällige genetische Veränderungen abgewandelt.

Unterarm-
knochen
Hand-
knochen
Oberarm-
knochen
A

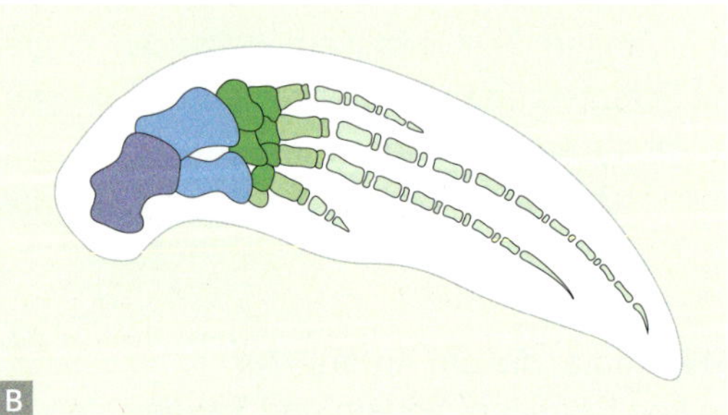

2 Vordergliedmaßen von Wirbeltieren: **A** Mensch, **B** Delfin

Analoge Organe

Ähnliches Aussehen oder vergleichbare Funktionen hingegen sind nicht immer ein Beleg für eine stammesgeschichtliche Verwandtschaft. Beispielsweise haben sowohl Vögel als auch Schmetterlinge Flügel, mit denen sie fliegen können. Die Flügel dienen dem gleichen Zweck. Sie haben jedoch einen vollkommen unterschiedlichen Aufbau. Vögel haben typische Wirbeltiergliedmaßen. Die Flügel bei Schmetterlingen sind hingegen aus einem festen Stoff, der Chitin heißt.

Organe, die die gleiche Funktion erfüllen, aber einen **unterschiedlichen Grundbauplan** haben, werden als **analoge Organe** bezeichnet.

Solche Ähnlichkeiten in der Funktion von Organen sind das Ergebnis von Angepasstheiten unterschiedlicher Lebewesen an den gleichen Lebensraum.

3 Analoge Organe: **A** Vogelflügel, **B** Schmetterlingsflügel

Rudimentäre Organe

Einige Tierarten besitzen stark zurückgebildete Organe, die keine Funktion mehr erfüllen. So haben Wale Reste von Beckenknochen und Oberschenkelknochen, obwohl ihnen die hinteren Gliedmaßen fehlen. Solche Organreste werden als **rudimentäre Organe** bezeichnet. Sie belegen, dass die Vorfahren der Wale im Laufe der Evolution einmal vierbeinige Landsäugetiere waren.

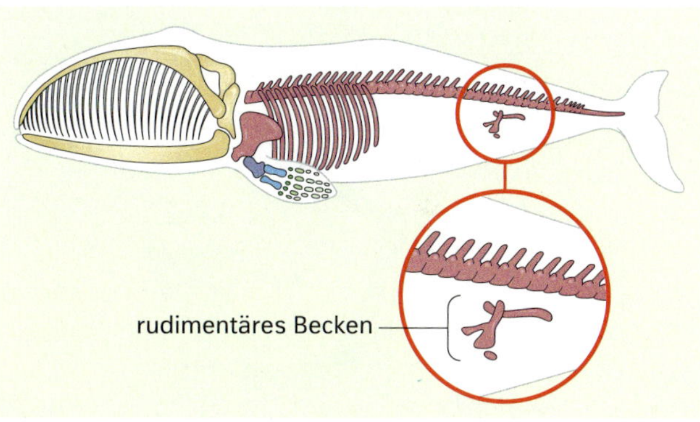

4 Rudimentäre Knochen beim Wal

1. Betrachte die Vordergliedmaßen von Mensch und Delfin in Bild 2. Begründe, warum es sich um homologe Organe handelt.

Starthilfe zu 1:
Beachte die Farbgebung der einzelnen Knochen bei Mensch und Delfin.

2. Erkläre, warum homologe Organe auf gemeinsame Vorfahren hinweisen.
3. Erkläre an einem Beispiel, weshalb ein ähnliches Aussehen oder eine vergleichbare Funktion nicht immer ein Beleg für eine stammesgeschichtliche Verwandtschaft sind.
4. **I** Vergleiche die Vorderflosse des Wals in Bild 4 mit den Vordergliedmaßen in Bild 2. Beurteile, ob es sich um homologe oder um analoge Organe handelt.
5. **III** Seelöwen haben auf ihren Flossen Reste von Fingernägeln oder Fußnägeln. Stelle eine begründete Vermutung über die Entwicklungsgeschichte dieser Tiere auf.

»

ÜBEN UND ANWENDEN

A Homologe Organe bedeuten gemeinsame Vorfahren

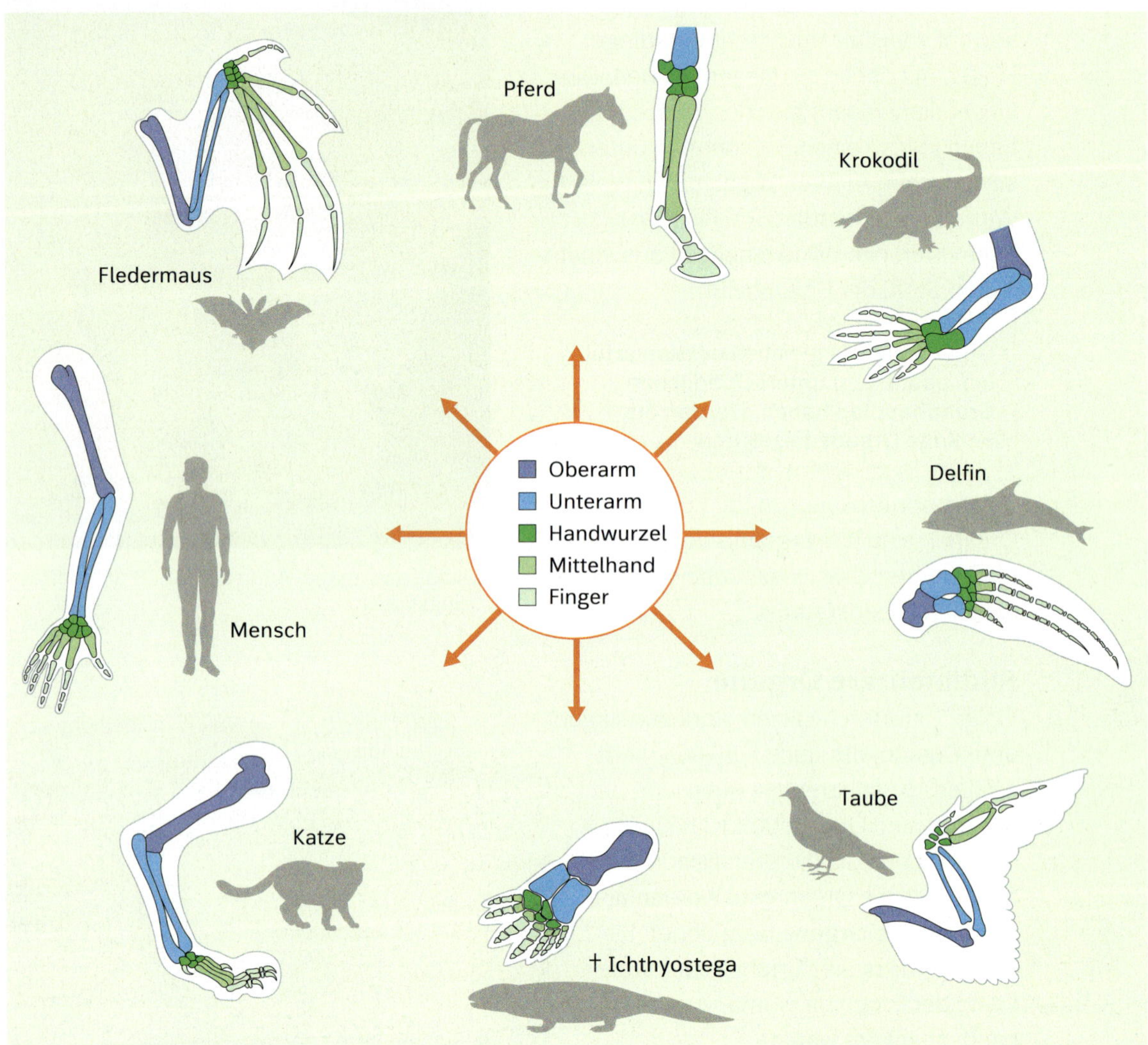

1 Vordergliedmaßen von Wirbeltieren

1 **a)** Wähle aus dem Bild 1 vier Wirbeltiere aus. Beschreibe den jeweiligen Lebensraum der vier Wirbeltiere.
b) Vergleiche die Vordergliedmaßen der vier Wirbeltiere und begründe, warum es sich um homologe Organe handelt.

Starthilfe zu 1b:
Betrachte dazu den Grundbauplan der Vordergliedmaßen in Bezug auf ihre Funktion.

2 **a)** Vergleiche den Fledermausflügel mit der Katzenpfote. Nenne dazu Gemeinsamkeiten und Unterschiede.
b) Stelle eine begründete Vermutung auf, wie sich die Unterschiede im Bau entwickelt haben könnten.

3 **III** Erläutere an einem Beispiel, dass homologe Organe durchaus unterschiedliche Funktionen haben können.

ÜBEN UND ANWENDEN

B Maulwurf und Maulwurfsgrille

Der Maulwurf und die Maulwurfsgrille graben beide mithilfe ihrer vorderen Gliedmaßen Gänge unter der Erde.
Maulwürfe haben die typischen Gliedmaßen eines Wirbeltiers. Die Maulwurfsgrille hat keine Knochen, sondern die vorderen Gliedmaßen sind ein abgewandeltes Insektenbein aus Chitin.

2 Grabbeine: **A** Maulwurf, **B** Maulwurfsgrille

1 Die abgebildeten Tiere zeigen Ähnlichkeiten im Körperbau. Entscheide, ob es sich dabei um homologe oder analoge Organe handelt.

2 II Stelle eine begründete Vermutung über die Entwicklungsgeschichte der ähnlich aussehenden Vordergliedmaßen bei Maulwurf und Maulwurfsgrille auf.

C Hai und Delfin

Haie und Delfine sind schnell schwimmende Raubtiere im Meer. Sie haben eine ähnliche Körperform, sind aber nicht eng verwandt. Haie gehören zu den Knorpelfischen und Delfine sind Säugetiere.
Die ähnliche Körperform hat sich im Verlauf der Stammesgeschichte bei beiden Tierarten unabhängig voneinander entwickelt. Sie ist eine Angepasstheit an ähnliche Umweltbedingungen. Eine solche Entwicklung wird als **Konvergenz** bezeichnet. Sie liefert keine Belege für eine stammesgeschichtliche Verwandtschaft.

3 Angepasstheit an den Lebensraum Wasser: **A** Hai, **B** Delfin

1 Nenne Gemeinsamkeiten und Unterschiede im Körperbau von Hai und Delfin.

2 Begründe, warum Hai und Delfin nicht eng miteinander verwandt sind.

3 II Nenne Umweltbedingungen, die zur konvergenten Entwicklung der Körperform bei Haien und Delfinen geführt haben.

4 II Erkläre an einem Beispiel, wie sich bei nicht verwandten Tierarten im Laufe der Evolution Ähnlichkeiten im Körperbau entwickeln konnten.

1 *Archaeopteryx*: Ein Fossil aus Solnhofen

Belege für die Evolution

Der Archaeopteryx

1861 wurde im bayerischen Solnhofen das versteinerte Skelett eines rabenähnlichen Tieres aus dem Jura gefunden.
Neben Federn, Flügeln und einem vogelartigen Kopf, hatte es Zähne, Krallen an den Flügeln und einen knöchernen Schwanz, wie bei den Reptilien. Weitere typische Merkmale von Reptilien sind eine Wirbelsäule mit nicht verwachsenen Wirbeln und Bauchrippen. Untersuchungen zeigten zudem einen vogeltypischen Schultergürtel und die zu einem Gabelbein verwachsenen Schlüsselbeine. Diese Merkmale sind typisch für heutige Vögel.

2 Rekonstruktion eines *Archaeopteryx*

Der Archaeopteryx ist eine Mosaikform

Dieses ungewöhnliche Tier schien wie ein Mosaik aus Einzelteilen eines Reptils und eines Vogels zusammengesetzt. Es wurde ***Archaeopteryx*** genannt.
Die bisher elf Fossil-Funde von *Archaeopteryx* sind wissenschaftlich von großer Bedeutung. Sie zeigen Merkmale von zwei benachbarten Tierklassen: den Reptilien und den Vögeln.

Lebewesen, die Merkmale verschiedener systematischer Gruppen aufweisen, heißen **Mosaikformen.**

Mosaikformen belegen, dass es eine Evolution von einer Tierklasse zu einer anderen Tierklasse gegeben haben muss. Sie werden daher auch Brückentiere genannt. Zwischen den Dinosauriern und den heutigen Vögeln gab es vermutlich viele Mosaikformen, die alle ausgestorben sind. Die Vögel sind die einzigen Nachkommen der Dinosaurier, die heute noch leben.

3 *Ginkgo biloba*

4 Schnabeltier

Der Ginkgobaum ist ein lebendes Fossil

Die bis zu 40 Meter hohen Ginkgobäume gab es schon vor 250 Millionen Jahren auf der Erde. Bis zur Kreidezeit existierten weltweit viele unterschiedliche Arten. Während der Eiszeit wurde der Ginkgo jedoch aus Europa verdrängt. Erst im Jahr 1730 brachten ihn Seefahrer aus Japan nach Europa zurück.
Ginkgo biloba ist die einzige heute noch vorkommende Art. Sie gilt als **lebendes Fossil,** da ihre Merkmale in der Erdgeschichte fast unverändert geblieben sind. *Ginkgo biloba* ist weder ein Laubbaum noch ein Nadelbaum, sondern bildet eine eigene Pflanzenklasse.

Das Schnabeltier ist ein lebendes Fossil

Schnabeltiere leben in Australien. Sie besitzen als Mosaikform körperliche Merkmale von Vögeln, Reptilien und Säugetieren. Ihre Eier haben wie bei Reptilien eine ledrige Schale. Die Ausgänge von Darm, Harnleiter und Geschlechtsorganen enden in nur einer Öffnung, der Kloake. Die Kloake ist ein typisches Merkmal bei Reptilien und Vögeln. Schnabeltiere haben außerdem ein Fell und füttern ihre Jungen mit Milch, die aus Poren auf der Bauchseite kommt. Schnabeltiere entwickelten sich vor 166 Millionen Jahren aus reptilienähnlichen Säugetieren. In ihrer Entwicklung haben sie bestimmte Merkmale von Reptilien, Vögeln und Säugetieren behalten.

1 Nenne die Besonderheiten im Körperbau von *Archaeopteryx*.

2 Erkläre, warum Tiere wie *Archaeopteryx* als Mosaikform bezeichnet werden.

3 Erkläre an einem Beispiel, warum die Bezeichnung „lebendes Fossil“ in sich widersprüchlich ist.

4 „Das heutige Schnabeltier ist eine Mosaikform.“ Nimm begründet Stellung zu dieser Aussage.

5 Erläutere, welche Bedeutung Funde wie der *Archaeopteryx* für das Verständnis von Evolutionsprozessen haben.

Starthilfe zu 2:
Bedenke, dass *Archaeopteryx* Merkmale von zwei Tierklassen aufweist.

Starthilfe zu 3:
Als Fossilien werden Lebewesen bezeichnet, die nicht mehr leben..

»

ÜBEN UND ANWENDEN

A Halb Reptil und halb Vogel

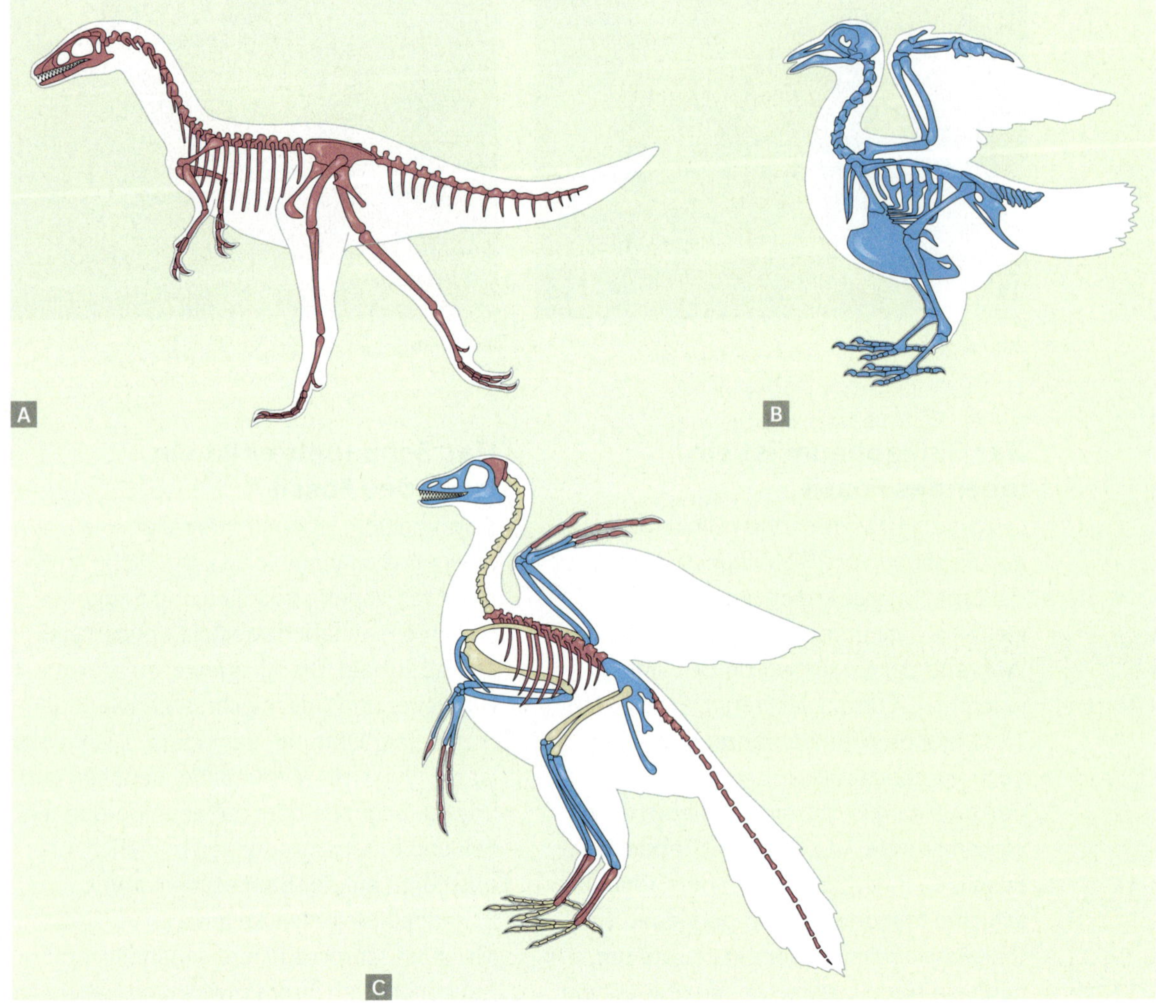

1 Skelette: **A** Reptil, **B** Vogel, **C** *Archaeopteryx*

Die Fossilfunde von *Archaeopteryx* waren das erste entdeckte Bindeglied zwischen zwei Wirbeltierklassen.

1. *Archaeopteryx* (→ Bild 1 C) hat Merkmale von Reptilien (→ Bild 1 A) und von Vögeln (→ Bild 1 B) Erstelle eine Tabelle und ordne die jeweiligen Merkmale zu.
2. Erläutere anhand der bekannten Fossilfunde, was über die Körperbedeckung des *Archaeopteryx* bekannt ist.
3. Recherchiere, Fundorte von *Archaeopteryx*
   a) in Deutschland.
   b) weltweit.
4. **II** Quastenflosser weisen Merkmale von Fischen und Amphibien auf. Recherchiere, welche Merkmale das sind.
5. **III** Recherchiere und erläutere die wissenschaftliche Bedeutung der Entdeckung lebender Quastenflosser.

ÜBEN UND ANWENDEN

B Vom Urpferd zum heutigen Pferd

Leben im Wald

Als vor etwa 55 Millionen Jahren die Entwicklung der Pferde begann, waren große Bereiche auf der Erde von dichten Wäldern bedeckt. Hier lebte das Urpferd ***Hyracotherium.*** Es war nur so groß wie ein Schäferhund. Seine Nahrung waren weiche Blätter und Früchte. Mit seinen vier Zehen an den Vorderpfoten war es gut an den weichen Waldboden angepasst. Vor etwa 35 Millionen Jahren hatte sich das etwa 60 cm große ***Mesohippus*** entwickelt. Es hatte noch drei Zehen. Mit seinem Gebiss konnte es schon festere Blätter zerkauen.

Leben in der Steppe

Als das Klima kälter und trockener wurde, breiteten sich Grasflächen aus. Dies beeinflusste auch die Entwicklung der Pferde. Das ponygroße ***Merychippus*** entwickelte sich vor etwa 25 Millionen Jahren. Seine Beine waren länger und der deutlich größere Mittelzeh hatte bereits eine Hufform. Die Zähne waren zum Zerreiben harter Gräser gut geeignet. Mit ***Pliohippus*** hatte sich vor etwa 7 Millionen Jahren das Pferd zu einem schnellen Steppentier weiterentwickelt. Dadurch war es vor Raubtieren relativ sicher.

Heutige Pferde

Viele Pferdeartige starben in Folge der Eiszeit vor etwa 12 000 Jahren aus. Die damals lebenden Menschen zähmten vor etwa 10 000 Jahren Wildpferde und züchteten sie gezielt weiter. Welche Wildpferdeart der Urahn unserer ***heutigen Pferde*** ist, konnte wissenschaftlich noch nicht belegt werden. Zu den Pferdeartigen gehören auch die Esel und die Zebras.

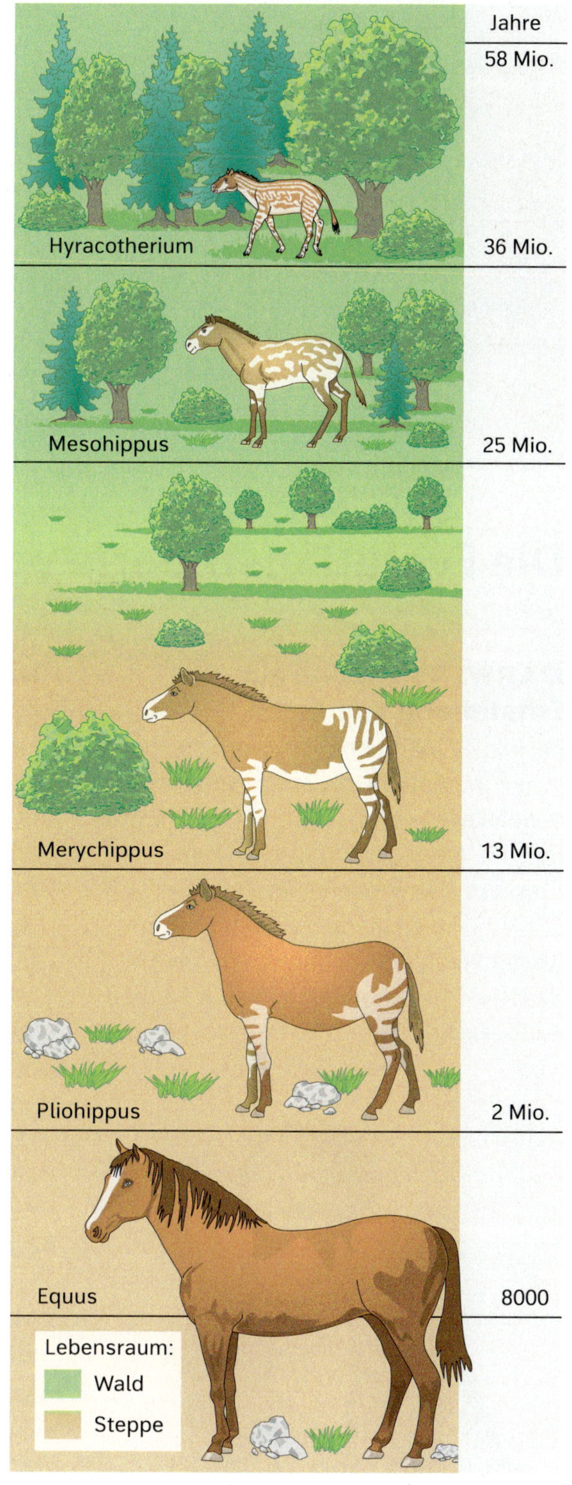

2 Die Entwicklung der Pferde

1 Beschreibe die Entwicklung der Pferde.

2 **a)** Erkläre an einem Beispiel, wie die Pferdeartigen an ihre Umwelt angepasst waren.
b) Begründe, warum die vorgestellten Pferdeartigen keine gerade Entwicklungslinie darstellen.

1 Giraffen in Afrika

Die Evolutionstheorie von CHARLES DARWIN

DARWINS Theorie zur Entstehung von Arten

Bis ins 19. Jahrhundert waren viele Menschen der Ansicht, dass jede einzelne Art der Lebewesen von Gott erschaffen wurde und alle Arten unveränderlich sind. CHARLES DARWIN fand heraus, dass sich die Arten im Laufe der Evolution immer wieder verändern. Er vertrat die Ansicht, dass sich alle Arten aus früheren Formen entwickelt haben.

2 CHARLES DARWIN (1809 – 1882)

Die Tiere innerhalb einer Art unterscheiden sich

Eine Forschungsreise um die Welt und zahlreiche Beobachtungen brachten DARWIN zu seiner Vorstellung über die Entwicklung der Arten. Am Beispiel der Giraffen lässt die Entwicklung des langen Halses gut erklären.

Innerhalb einer Art gleicht kein Tier dem anderen in jedem Detail. Es gibt eine große **Variabilität,** also Vielfalt. Giraffen haben etwas unterschiedlich lange Hälse, Beine oder eine leicht andere Fellmusterung. Diese Merkmale geben sie durch Vererbung an ihre Nachkommen weiter.

Heute ist bekannt, dass die Unterschiede durch ungerichtete und zufällige Veränderungen des Erbmaterials entstehen, die **Mutationen.** Durch **sexuelle Fortpflanzung** kommt es zur **Rekombination,** der Neukombination des Erbmaterials, Die zufälligen neuen Eigenschaften können für ein Lebewesen je nach den Umweltbedingungen von Vorteil oder von Nachteil sein.

Angepasstheit bringt Vorteile

Die Vorfahren der Giraffen lebten in Wäldern und fraßen Blätter von Büschen und Bäumen. Sie hatten kurze Hälse, aber die Tiere unterschieden sich leicht in der Länge ihrer Hälse. Durch Veränderungen des Klimas gab es irgendwann überweigend höhere Bäume. Die Tiere mit etwas längeren Hälsen hatten nun einen Vorteil. Durch ihre **Angepasstheit** kamen sie besser an das Futter an hohen Bäumen heran.

Die natürliche Auslese

Die Giraffen bekamen reichlich Nachwuchs. Diese **Überproduktion von Nachkommen** führte zur **Konkurrenz** um das begrenzte Nahrungsangebot. Die Tiere mit den längeren Hälsen konnten sich besser ernähren. Dadurch hatten sie auch mehr **Erfolg bei der Fortpflanzung.** Ihr Nachwuchs erbte den langen Hals der Eltern. Über viele Generationen hinweg gab es so nach und nach immer häufiger Giraffen mit längeren Hälsen. Giraffen mit kurzen Hälsen wurden dagegen immer seltener, da sie durch die schlechtere Ernährung weniger Nachkommen hatten. Sie starben schließlich aus. Durch diese **natürliche Auslese** entwickelten sich die Giraffen zu einer Art mit langen Hälsen.

3 DARWINS Evolutionstheorie zur Entstehung des langen Giraffenhalses

Die natürliche Auslese, bei der sich durch bessere Angepasstheit ein Merkmal durchsetzt, wird **Selektion** genannt.

1 Beschreibe die Vorstellungen der Menschen zur Entstehung der Arten im 19. Jahrhundert.

2 Erkläre die Entstehung der langen Hälse bei den Giraffen mit der Theorie von DARWIN. Erstelle dazu ein Flussdiagramm.

Starthilfe zu 2:

Giraffen haben unterschiedlich lange Hälse (Variabilität)

↓

3 I Nenne die entscheidenden Faktoren, die nach DARWIN zur Entwicklung der langen Hälse bei den Giraffen geführt haben.

4 II Im Lauf der Evolution wurden die Hälse der Giraffen immer länger. Stelle eine begründete Vermutung auf, weshalb die Hälse der heutigen Giraffen nicht noch länger sind.

»

ÜBEN UND ANWENDEN

A Lamarcks Theorie zur Entstehung von Arten

1 A - C Lamarcks Theorie zur Entstehung der Arten

Jean Baptiste Lamarck (1744 – 1829) entwickelte noch vor Darwin eine Theorie zur Entstehung der Arten. Nach seiner Theorie passten sich die Lebewesen aktiv und gezielt den wechselnden Umweltbedingungen an.
Nach Lamarck sollen die langen Hälse der Giraffen dadurch entstanden sein, dass die Vorfahren der heutigen Giraffen ihre Hälse zum Fressen nach oben streckten. Dadurch sollen die Hälse immer länger geworden sein.
Er erkannte zwar den Wandel der Arten, konnte ihn aber nicht richtig erklären. Lamarcks Theorie von der Vererbung erworbener Eigenschaften wird als **Lamarckismus** bezeichnet. Lamarcks Theorie gilt heute als widerlegt.

1. Beschreibe die Unterschiede in den Theorien von Lamarck und Darwin.
2. III Erkläre, warum die Theorie von Lamarck nach heutigen Erkenntnissen falsch ist.

B Vorteile durch fehlende Flügel?

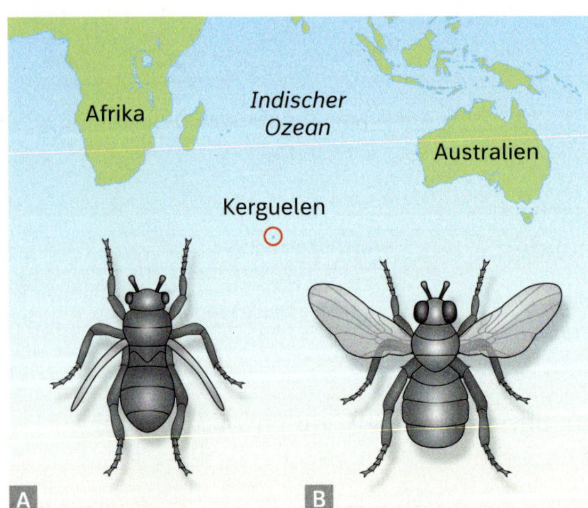

2 Kerguelen-Inseln: **A** Kerguelen-Fliege, **B** normale Fliegenart

Die auf den Kerguelen-Inseln lebenden Kerguelen-Fliegen haben keine oder stark zurückgebildete Flügel. Daher können sie nicht fliegen. Auf den Inseln herrschen ständig starke Winde und die Fliegen haben ein sehr geringes Körpergewicht.

1. **a)** Erkläre, warum die fehlenden Flügel für die Kerguelen-Fliegen einen Selektionsvorteil darstellen.
   b) Erkläre, warum fehlende Flügel für andere Arten von Fliegen in Lebensräumen ohne starke Winde ein Nachteil wären.
2. III Erläutere die Entstehung der flügellosen Kerguelen-Fliegen mithilfe der Theorie von Charles Darwin.

IM ALLTAG

Religiöse Mythen über die Entstehung des Lebens

3 Uluru (Ayers Rock): Der heiliger Berg

Naturreligionen

Theorien über die Entstehung des Lebens sind schon sehr alt. In vergangenen wie gegenwärtigen Kulturen gab und gibt es Vorstellungen über ein schöpferisches Wesen. Die Regenbogenschlange ist beispielsweise für die Aborigines Australiens die Quelle allen Lebens. In ihrem Glauben erschufen die Ahnen alle Lebewesen und sind damit die eigentlichen Schöpfer der Welt. Die Aborigines behandeln die Erde mit Respekt und Verantwortung. Sie wollen die Welt im Urzustand der Schöpfung erhalten und so an ihre Nachkommen weitergeben.
Auch bei den Ureinwohnern Nordamerikas ist die gesamte Umwelt beseelt. Deshalb wird von jedem Menschen erwartet, dass er mit der Natur respektvoll umgeht.

4 MICHELANGELO: Die Erschaffung Adams

Christliche Schöpfungsmythen

Nach christlichem Glauben schuf Gott die Welt mit allen Lebewesen. Demnach sind alle Lebewesen seit Anbeginn der Welt unverändert vorhanden. Daraus leiten einige Anhänger dieses Glaubens ab, dass sich die Arten seit dem Beginn des Lebens auf der Erde nicht mehr verändert haben.
Seit dem 20. Jahrhundert leugnet eine Bewegung aus Nordamerika die Evolutionstheorie. Ihre Anhänger verfolgen das Ziel, den Schöpfungsbericht der Bibel als einzig gültige Grundlage eines Weltbildes wieder einzusetzen. Diese Richtung wird als Kreationismus bezeichnet. Die Kreationisten halten es für wissenschaftlich belegbar, dass alle Lebewesen als sogenannte Grundtypen von einem Schöpfer geschaffen wurden.

1. Beschreibe die wesentlichen Aspekte der dargestellten Schöpfungstheorien.
2. Informiere dich über Schöpfungsmythen aus anderen Kulturen wie beispielsweise den Mayas, Azteken, alten Ägyptern, Römern oder Germanen.
3. Recherchiere, welchen Einfluss der Kreationismus auf den Biologieunterricht in den USA hat. Stelle deine Ergebnisse vor.
4. II Viele Menschen können ihren Glauben mit der Evolutionstheorie vereinbaren. Der Kreationismus beansprucht für sich, die einzige und auch bessere Wissenschaft zu sein. Bewerte mögliche Gefahren, die von Glaubensgruppen dieser Art ausgehen können.

«

1 Finkenarten auf Galapagos: **A** Großer Grundfink frisst harte Samen, **B** Kleiner Grundfink frisst weiche Samen, **C** Vegetarischer Fink frisst Blüten.

Die Entstehung neuer Arten

Die Galapagos-Finken

Die entscheidenden Ideen für seine Evolutionstheorie kamen Darwin durch den Besuch der Galapagos-Inseln vor Südamerika (→ Bild 2). Er fand 13 Finken-Arten, die auf verschiedenen Inseln lebten und die sich sehr ähnlich waren. Oft unterschieden sich die Finken nur in der Form ihrer Schnäbel. Darwin vermutete, dass alle von einer Urfinkenart abstammten (→ Bild 1A). Diese Urfinken mussten vom Festland Südamerikas auf die Inseln ge- langt sein. Alle heutigen Galapagos-Finken haben sich aus diesen Urfinken entwickelt.

2 Südamerika, Heimat der „Urfinken“

Die Evolutionsfaktoren Mutation und Rekombination

Bei den auf den Galapagos-Inseln lebenden Urfinken hatten sich nach einiger Zeit etwas unterschiedliche Schnabelformen entwickelt. Die veränderten Schnabelformen waren das Ergebnis zufälliger und ungerichteter Veränderungen des Erbmaterials. Solche Veränderungen werden **Mutationen** genannt. Bei der sexuellen Fortpflanzung der Finken kam es zur **Rekombination**, also der Neukombination des veränderten Erbmaterials. Dadurch entstand eine Vielfalt, eine sogenannte **Variabilität,** bei den Schnabelformen.

Der Evolutionsfaktor Selektion

Die unterschiedlichen Schnabelformen brachten den Finken bessere oder schlechtere Überlebenschancen. Gab es in einem Lebensraum beispielsweise viele harte Samen, dann hatten Finken mit einem kräftigen Schnabel Vorteile gegenüber anderen Finken-Arten. Sie konnten sich besser ernähren, vermehrten sich stärker und vererbten die Anlagen für kräftige Schnäbel an ihre Nachkommen.
Die Auswahl der am besten angepassten Lebewesen wird als **Selektion** bezeichnet.

3 Finkenarten auf Galapagos: **A** Kaktusfink frisst Blütennektar, **B** Kleiner Baumfink frisst Insekten, **C** Spechtfink stochert nach Insektenlarven.

Der Evolutionsfaktor räumliche Isolation

Die räumliche Trennung führte dazu, dass sich die Vögel über die Inseln hinweg nicht mehr paarten. Zwischen den Finken der einzelnen Inseln wurden keine Erbinformationen mehr ausgetauscht. Auf den verschiedenen Inseln entwickelten sich die Finken daher unterschiedlich.
Je länger diese räumliche Trennung dauerte, desto größer wurden die Unterschiede zwischen den Finken auf den verschiedenen Inseln. Diese **räumliche Isolation** führte deshalb über lange Zeiträume hinweg zur Entwicklung unterschiedlicher Arten.

Zu einer **Art** gehören alle Individuen, die sich miteinander über Generationen hinweg fortpflanzen können.

Der Evolutionsfaktor ökologische Isolation

Neben der räumlichen Isolation gibt es auch noch eine **ökologische Isolation.** Eine starke Vermehrung führt in der Regel schnell zur Konkurrenz um das begrenzte Nahrungsangebot. Aufgrund der Variabilität der Schnabelformen konnten die Finken-Arten aber unterschiedliche Nahrungsquellen nutzen. Die meisten Finken mit spitzen Schnäbeln fraßen Insekten, die mit kräftigen Schnäbeln harte Samen. Durch die Angepasstheit an verschiedene Nahrungsquellen, konnten auch auf einer Insel mehrere Arten entstehen.

Neue Arten entstehen durch das Zusammenwirken der Faktoren Mutation, Rekombination, Selektion und Isolation.

1 Nenne die entscheidenden Faktoren, die die Entstehung neuer Arten ermöglichen.

2 Erkläre, wie die Evolutionsfaktoren bei der Entstehung neuer Arten wirken.

3 Erkläre, wie die große Vielfalt bei den Schnabelformen der Galapagos-Finken entstehen konnte.

Starthilfe zu 3:
Bedenke das begrenzte Angebot der unterschiedlichen Nahrungsquellen.

4 **I** Der Große Grundfink und der Kaktusfink ernähren sich beide von Pflanzen. Stelle eine begründete Vermutung auf, warum die beiden Finkenarten keine Nahrungskonkurrenten sind.

5 **III** An sehr abgelegenen, isolierten Orten findet man oft Tier- und Pflanzenarten, die es nirgendwo sonst auf der Welt gibt. Erkläre diese Beobachtung.

»

ÜBEN UND ANWENDEN

A Aus einer Urform entwickeln sich viele Arten

1 Galapagos-Riesenschildkröten: **A** Schildkröte mit sattelförmigem Panzer, **B** Schildkröte mit kuppelförmigem Panzer

Auf den Galapagos-Inseln leben verschiedene Arten von Riesenschildkröten. Durch Mutationen und Neukombinationen des Erbmaterials entwickelten sich bei den Schildkröten unterschiedlich geformte Panzer. Das Klima auf der Insel Espanola ist heiß und trocken. Daher gibt es wenig Bodenbewuchs. Bei den hier lebenden Schildkröten entwickelte sich ein sattelförmiger Panzer. Durch die größere Beweglichkeit des Halses können die Tiere Pflanzenteile in größerer Höhe erreichen (→ Bild 1A). Auf der Nachbarinsel Santa Cruz herrscht feuchteres Klima. Hier entwickelte sich durch die Isolation eine Art der Riesenschildkröten mit einem kuppelförmigen Panzer. Sie ernähren sich vom hier reichlich vorhandenen Bodenbewuchs (→ Bild 1B).

1 Beschreibe die unterschiedlichen ökologischen Bedingungen auf den Inseln „Espanola“ und „Santa Cruz“.

2 II Zeige am Beispiel der Galapagos-Schildkröten, dass Umweltbedingungen einen Selektionsfaktor darstellen.

B Weißes Fell durch Mutation

2 Löwen mit weißem Fell und normal gefärbtem Fell

Durch Mutationen wird das Erbmaterial ungezielt verändert. Für ein Lebewesen kann eine Mutation Vorteile, Nachteile oder auch keine Bedeutung haben. Sichtbare Mutationen bei verschiedenen Tierarten sind beispielsweise einzelne Tiere, deren Körperfarbe weiß ist.

1 **a)** Erkläre mithilfe von Bild 2, in welchen Lebensbereichen sich die Mutation „weißes Fell“ negativ auswirken könnte.
b) Stelle eine begründete Vermutung auf, unter welchen Bedingungen sich ein weißes Fell als Vorteil erweisen könnte.

IM ALLTAG

Sexualität als Selektionsfaktor

Sexuelle Selektion

Bei der sexuellen Selektion erhöhen bestimmte Merkmale oder Verhaltensweisen die Chance, einen Partner zur Fortpflanzung zu finden.
Auf diese Weise werden besondere Verhaltensweisen oder Merkmale wie beispielsweise Stärke und körperliche Fitness bei der Fortpflanzung an die Nachkommen weitergegeben.

3 Laubenvogel beim Bau einer Laube

Laubenvögel

Die Laubenvögel leben in Australien und auf Papua-Neuguinea. Männliche Laubenvögel bauen am Waldboden eine große Laube, um Weibchen anzulocken.
Einige Arten erstellen einen offenen Gang aus pflanzlichem Material. Der Boden vor dieser „Allee“ wird mit bunten Dingen geschmückt. Das können Federn, Früchte und Blätter, aber auch Plastikteile oder Glasscherben sein. Diese sammelt das Männchen in der Umgebung.
Das Weibchen entscheidet sich für das Männchen mit der größten und prächtigsten Laube. Eine prachtvoll geschmückte Laube zeigt dem Weibchen, dass das Männchen gesund ist und sich zur Paarung eignet.

4 Kämpfende Moschusochsen

Moschusochsen

Männliche Moschusochsen können bis zu 400 kg schwer werden. In der Paarungszeit kämpfen die Männchen um die Weibchen. Dabei rennen die Bullen mehrmals aufeinander zu und stoßen ihre Köpfe mit voller Wucht gegeneinander. Zudem stoßen sie ihrem Gegner die Hörner in die Körperseite. Bei diesen Rangkämpfen kann es zu tödlichen Verletzungen kommen.
Der größte und stärkste Bulle paart sich mit mehreren Weibchen. Dieser Leitbulle ist der Vater der meisten Jungtiere in der Herde. Die schwächeren Bullen haben kaum Chancen, sich mit einem Weibchen zu paaren. Daher verlassen sie oft die Herde.

1. Beschreibe, wie Laubenvögel und Moschusochsen um Weibchen werben.
2. Erkläre, welche Vorteile die sexuelle Selektion für den Nachwuchs hat.
3. Recherchiere weitere Beispiele für sexuelle Selektion. Stelle deine Ergebnisse vor.
4. II Pfauenmännchen haben ein sehr auffälliges Gefieder, mit dem sie um die Weibchen werben. Recherchiere, warum das Gefieder des Pfauenmännchens nicht nur Vorteile hat. Stelle deine Ergebnisse vor.

«

1 Schimpansen sind unsere nächsten Verwandten.

Mensch und Affe sind verwandt

Menschen sind Menschenaffen

Auch wir Menschen sind Ergebnis der Evolution. Wir gehören zu den Primaten und innerhalb dieser Ordnung zu den Menschenaffen. Mit den heute lebenden Menschenaffen Schimpanse, Gorilla und Orang-Utan sind wir unterschiedlich nah verwandt.

Diese Verwandtschaft wurde mit körperlichen Vergleichen und genetischen Vergleichen festgestellt. Besonders genau sind dabei die genetischen Vergleiche. Dabei sind Arten umso näher mit anderen Arten verwandt, je höher die Übereinstimmungen in ihrer DNA sind (→ Bild 2).

Arten im Vergleich	Ähnlichkeit der DNA
Mensch – Schimpanse	98,8 %
Mensch – Gorilla	98,4 %
Mensch – Orang Utan	96,9 %
Schimpanse – Gorilla	98,2 %

2 Ähnlichkeit der DNA von Mensch und Menschenaffen

Verwandtschaft im Stammbaum darstellen

Unsere Verwandtschaft mit den anderen Menschenaffen lässt sich in einem **Stammbaum** darstellen. Dort ist auch abzulesen, wann in der Evolution sich die Arten voneinander getrennt haben. Je mehr Übereinstimmungen in der DNA es gibt, desto später haben sich die Arten voneinander getrennt und desto später hat der letzte gemeinsame Vorfahre der heutigen Arten gelebt. So lebte der letzte gemeinsame Vorfahre von Schimpansen und Menschen vor ungefähr sechs Millionen Jahren (→ Bild 3).

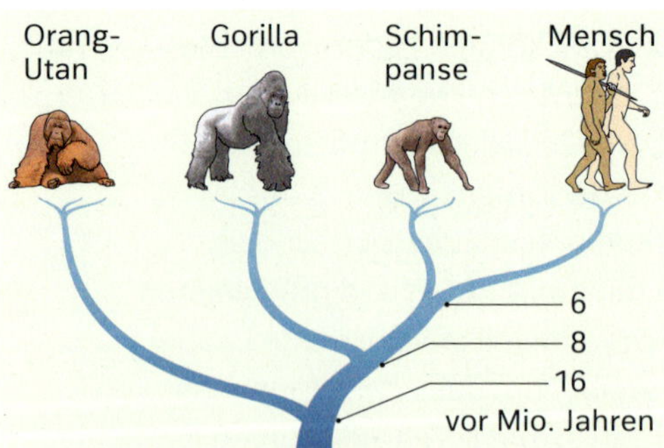

3 Stammbaum von Mensch und Menschenaffen

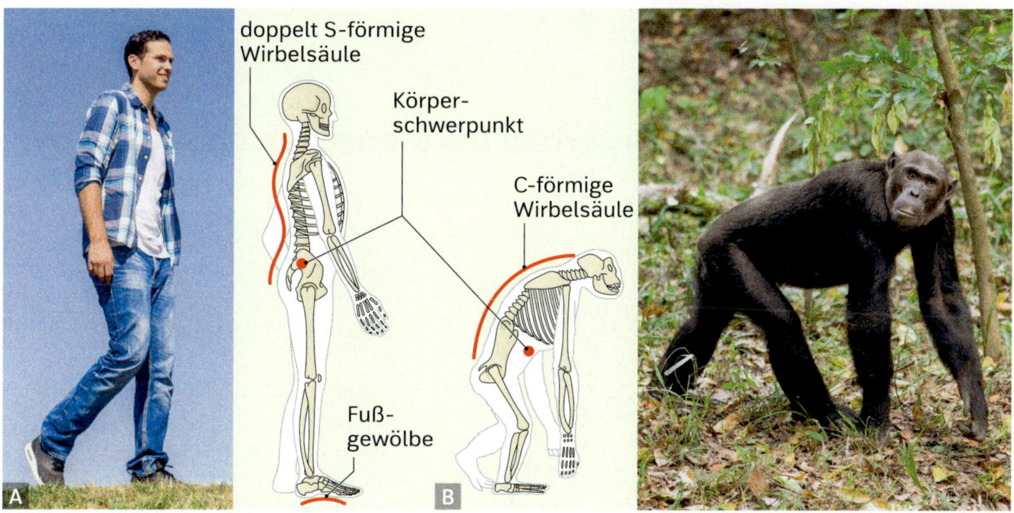

4 Skelettvergleich von Mensch und Schimpanse: **A** Mensch, **B** Schimpanse

Menschen und Schimpansen

Trotz gemeinsamer Vorfahren haben sich Menschen und Schimpansen seit langer Zeit unabhängig voneinander entwickelt. So sind Unterschiede entstanden (→ Bild 4).

Wirbelsäule und Becken

Wir Menschen gehen aufrecht. Dies ermöglicht unsere doppelt-S-förmig gebogene Wirbelsäule. Schimpansen können nur für kurze Zeit auf zwei Beinen laufen. Ihr Körperschwerpunkt liegt weiter vorn als der des Menschen. Meist stützen sie sich vorne mit den Händen ab oder sind kletternd unterwegs. Ihre Wirbelsäule ist C-förmig gebogen. Unser Becken ist schüsselförmig. Beim aufrechten Gang muss es die Organe abstützen. Das Becken des Schimpansen dagegen ist langgestreckt.

Arme und Beine

Unsere Beine sind länger als unsere Arme. So können wir große Schritte machen. Die Schimpansen hingegen haben längere Arme, die ihnen beim Klettern in den Bäumen helfen.
Unsere Füße sind an den aufrechten Gang angepasst. Bei uns Menschen hat sich dazu ein **Fußgewölbe** entwickelt (→ Bild 4 A). Schimpansen haben einen Greiffuß, aber kein Fußgewölbe.
An den Händen kann unser Daumen jedem anderen Finger gegenübergestellt werden. So können wir sehr genau greifen. Dieser **Präzisionsgriff** fehlt den Schimpansen.

Die Körpermerkmale von Menschen und Schimpansen ermöglichen ihre unterschiedliche Lebensweise.

1 **a)** Beschreibe die Ergebnisse aus der Tabelle in Bild 2.
b) Erkläre, was die Daten über die Verwandtschaft von Mensch und Schimpanse zeigen.

2 Beschreibe mithilfe von Bild 3, wann sich die Entwicklungslinien der dargestellten Arten jeweils voneinander getrennt haben.

3 Beschreibe Unterschiede zwischen Menschen und Schimpansen.

4 Erkläre, warum es bei der Frage nach der Evolution des Menschen sinnvoll ist, Menschen mit Schimpansen zu vergleichen.

Starthilfe zu 3:
Beachte dazu die Art der Fortbewegung, den Bau der Wirbelsäule, den Bau des Beckens, den Bau der Füße, den Bau der Hände und die Länge der Arme und Beine.

»

ÜBEN UND ANWENDEN

A Unterschiede im Körperbau bei Menschen und Schimpansen

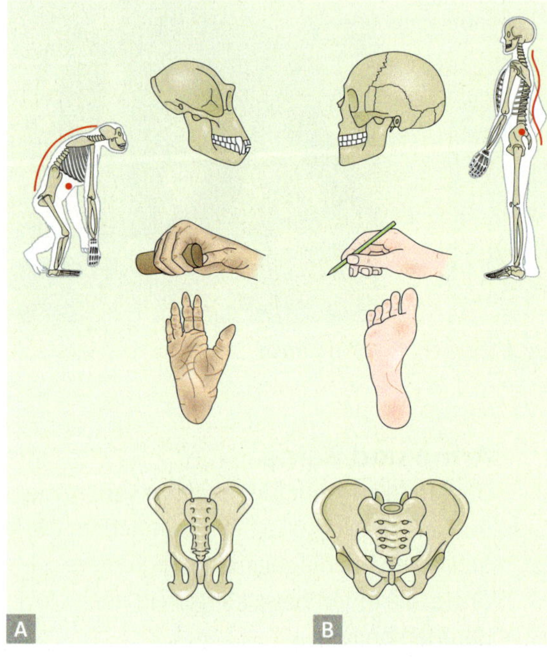

1 Körpermerkmale: **A** Schimpanse, **B** Mensch

... haben Greiffüße.

...haben eine doppelt-S-förmige Wirbelsäule.

... haben ein Fußgewölbe.

... haben ein schüsselförmiges Becken.

... haben nur kleine Eckzähne.

...haben längere Arme als Beine.

... haben einen Präzisionsgriff.

...haben eine Knochenwulst über den Augen.

1 **a)** Ordne die Beschreibungen der Körpermerkmale mithilfe von Bild 1 und der Basisseite den Schimpansen oder den Menschen zu. Erstelle dazu eine Tabelle.
b) Vervollständige die fehlenden Eintragungen mithilfe von Bild 1 und der Basisseite.

FORSCHEN UND ENTDECKEN

A Der aufrechte Gang

Mithilfe eines Drahtmodells könnt ihr die Tragfähigkeit unterschiedlich geformter Wirbelsäulen untersuchen.

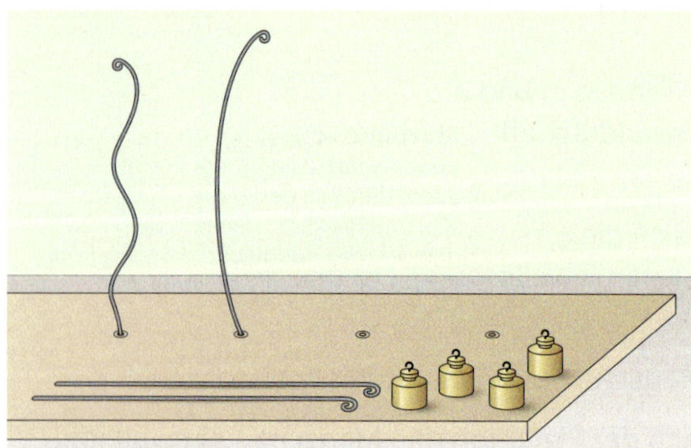

2 Versuchsaufbau

Material:
Holzplatte mit Löchern, Drahtstücke mit Schlaufe, Gewichte mit gleicher Masse

Durchführung:

Schritt 1: Spannt zwei Drahtstücke senkrecht auf die Unterlage ein (→ Bild 2).

Schritt 2: Biegt einen Draht C-förmig und einen Draht doppelt S-förmig. Hängt jeweils ein Gewicht an das obere Ende.

1 **a)** Beschreibt eure Beobachtungen.
b) Testet die Tragfähigkeit der Drahtmodelle mit unterschiedlichen Gewichten.
c) Testet weitere Draht-Modelle.

FORSCHEN UND ENTDECKEN

B Beobachtungen an Schimpansen im Zoo

Bei einem Zoobesuch könnt ihr Schimpansen beobachten und mit dem Menschen und anderen Affenarten vergleichen.
Bildet kleine Gruppen, die abwechselnd die Schimpansen und die anderen Affenarten beobachten.

Material:
Schreibzeug, pro Gruppe eine Kamera oder ein Smartphone

Durchführung:

Schritt 1: Beobachtet einen Schimpansen und notiert euch Stichworte zu seiner Körperhaltung. Achtet dabei auf die Stellung der Beine, den Rücken und die Haltung des Kopfes.

Schritt 2: Vergleicht die Länge der Arme und der Beine beim Schimpansen. Macht dazu auch ein Foto von einem Schimpansen.

Schritt 3: Beobachtet die Fortbewegungsweise der Schimpansen. Filmt dazu verschiedene Fortbewegungsweisen.

3 Ein Schimpanse klettert im Baum.

4 Ein Schimpanse geht aufrecht.

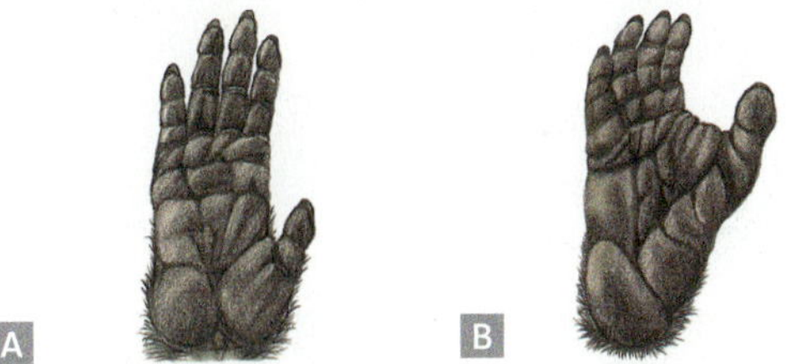

5 Schimpanse: **A** Hand, **B** Fuß

1 **a)** Beschreibt anhand eurer Notizen und eurer Fotos die Körperhaltung eines Schimpansen.
b) Messt mithilfe eurer Fotos eines Schimpansen die Länge seiner Arme und seiner Beine. Berechnet dann das Verhältnis von Armlänge zu Beinlänge, indem ihr Armlänge in cm durch Beinlänge in cm teilt.
c) Beschreibt, wie ein Schimpanse sich auf vier Füßen fortbewegt und wie er sich auf zwei Beinen fortbewegt.

2 **a)** Vergleicht die Körperhaltung eines Schimpansen mit eurer eigenen.
b) Bestimmt euer eigenes Verhältnis von Armlänge zu Beinlänge und vergleicht das Ergebnis mit dem des Schimpansen.
c) Vergleicht eure eigene Fortbewegung mit der eines Schimpansen.

3 Vergleicht Hände und Füße der Schimpansen mit euren eigenen Händen und Füßen.

4 II Beschreibt die Verhaltensweisen von Schimpansen, die ein Mensch durch körperliches Training erlernen kann und solche, die ein Mensch nicht erlernen kann. Vergleicht dazu die unterschiedlichen Ausprägungen der Gliedmaßen von Schimpanse und Mensch mithilfe der Bilder 3-5.

«

Auf dem Weg zum Menschen

1 Rekonstruktion eines menschlichen Vorfahren

2 Zeichnung von *Australopithecus afarensis*

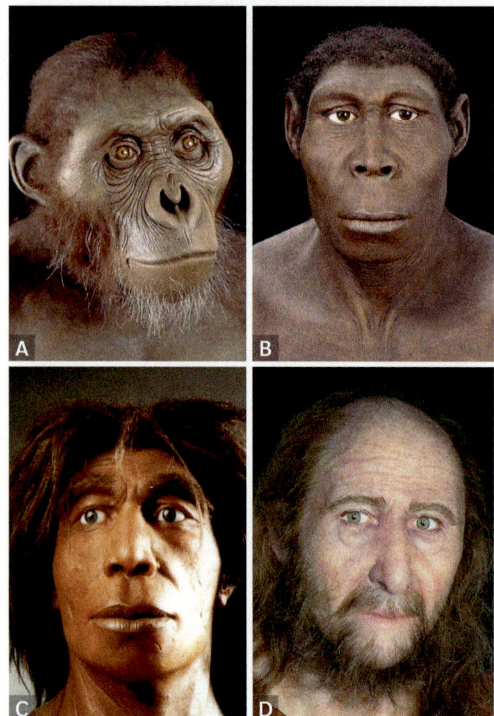

3 Frühmenschen und Jetztmensch: **A** *Australopithecus afarensis*, **B** *Homo erectus*, **C** *Homo neanderthalensis*, **D** *Homo sapiens*

Menschenaffen und Menschen

Die letzten gemeinsamen Vorfahren von Menschenaffen und Menschen lebten wahrscheinlich vor ungefähr 20 Millionen Jahren in Afrika. Sie gingen auf vier Füßen, hielten sich aber vermutlich in den Bäumen und auf dem Boden auf (→ Bild 1).
Ein fossiler Schädel aus Zentralafrika könnte der erste Hinweis auf die Entwicklung der Menschen sein. Er stammt vermutlich von einem der frühesten Vorfahren der Menschen, der Art *Sahelanthropus tchadensis* (→ Bild 4).

Die Gattung Australopithecus

Fossile Fußabdrücke von Frühmenschen von vor 3,5 Millionen Jahren sind die ersten gesicherten Belege für einen aufrechten Gang einer Menschenart. Sie stammen von Individuen der Art *Australopithecus afarensis und wurden in Tansania in Afrika entdeckt.* Die Funde zeigen, dass in der Evolution des Menschen zuerst der aufrechte Gang und erst dann ein größeres Gehirn entstanden ist. Außer *Australopithecus afarensis* lebten zur gleichen Zeit noch weitere Arten aus der Verwandtschaft der menschlichen Vorfahren.

Die Gattung Homo entsteht

Die meisten Forscher sind sich einig, dass sich aus der Art *Australopithecus afarensis* die Gattung *Homo* entwickelte (→ Bild 2). Diese Gattung entstand vor etwa zwei Millionen Jahren in Afrika. Zu der Zeit lebten verschiedene Arten dieser Gattung.
Homo habilis hatte noch viel Ähnlichkeit mit *Australopithecus* wie beispielsweise ein kleines Gehirn von 600 cm^3. *Homo rudolfensis* lebte ungefähr zur gleichen Zeit in Afrika. Frühmenschen der Gattung *Homo* stellten Steinwerkzeuge her und erschlossen sich damit eine vielfältigere Nahrung.

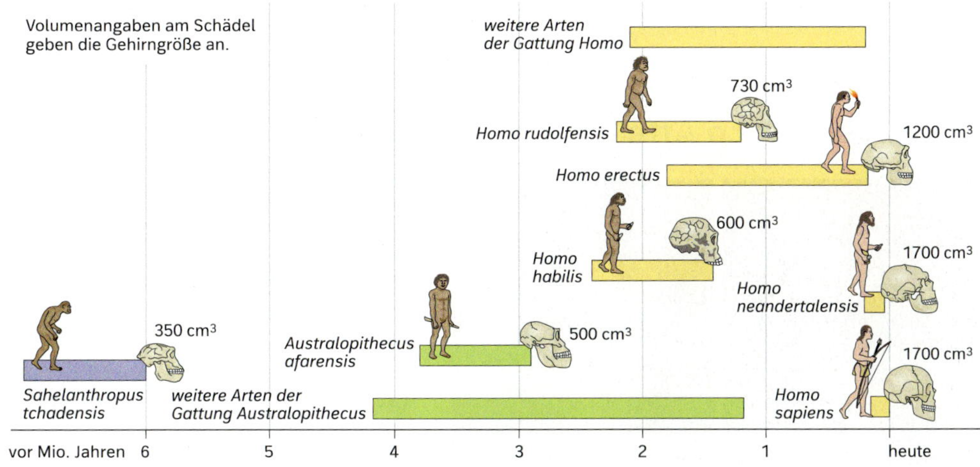

4 Der Stammbaum des Menschen

Homo erectus

Homo erectus war die erste Menschenart, die aus Afrika auswanderte und auch Europa und Asien besiedelte. Die Art beherrschte schon das Feuer und stellte aufwändige Steinwerkzeuge her.
Aus Nachfahren des *Homo erectus* entwickelten sich in Europa vor 300000 Jahren die Neandertaler. Sie waren kräfig gebaut und hatten einige geistige und handwerkliche Fähigkeiten.

Homo sapiens

Ungefähr zur gleichen Zeit entwickelte sich in Afrika der *Homo erectus* zu unserer Art, dem *Homo sapiens,* weiter. Nach und nach besiedelte *Homo sapiens* die ganze Welt. Bevor der Neandertaler ausstarb, vermischte sich *Homo sapiens* mit ihm, was heute noch in der menschlichen DNA nachgewiesen werden kann.

Lebendige Wissenschaft

Laufend stoßen Wissenschaftlerinnen und Wissenschaftler durch weitere fossile Funde und neue Untersuchungsmethoden auf neue Erkenntnisse zur Evolution des Menschen. Sicher ist, dass es bei der Entwicklung des modenen Menschen viele „Sackgassen" gab. Einige Menschentypen starben wieder aus, andere entwickelten sich weiter.

Der moderne Mensch

Der *Homo sapiens* ist die einzige noch lebende Menschenart. Durch Ackerbau, Viehzucht und unterschiedlichste Werkzeuge konnte der Mensch die Umwelt nach seinen Bedürfnissen verändern.
Die kulturelle Evolution des modernen Menschen bringt viele Fortschritte mit sich. Damit verbunden sind aber auch zahlreiche Probleme wie der Anstieg der Weltbevölkerung oder der Klimawandel.

1 Erkläre, warum der genaue Ablauf der menschlichen Evolution unklar ist.

2 Beschreibe, was über die Entstehung derGattung *Homo* bekannt ist.

3 **a)** Nenne mithilfe von Bild 4 für alle aufgeführten Arten, wann sie gelebt haben.
b) Gib die Zeit an, zu der die meisten Menschenarten gleichzeitig gelebt haben.

Starthilfe zu 3a:
Beispiel: Der Balken von *Australopithecus afarensis* geht von 4,2 Millionen bis 3,1 Millionen Jahre. Also hat *Australopithecus afarensis* in dieser Zeit gelebt.

4 Erklärе, warum wir alle Afrikaner sind.

»

ÜBEN UND ANWENDEN

A War Lucy noch Affe oder schon Mensch?

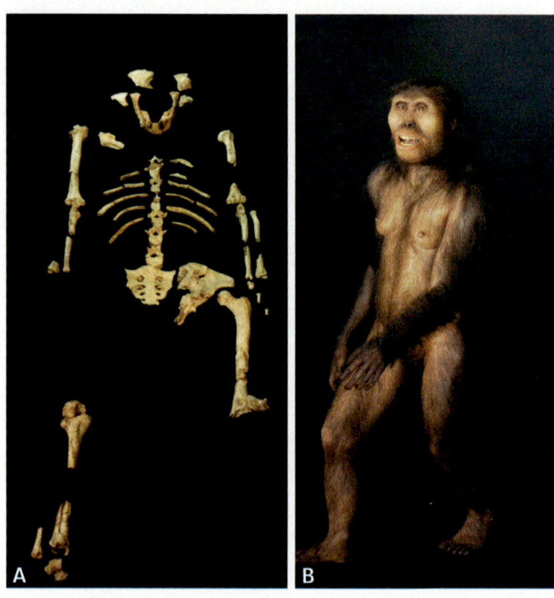

1 Lucy: **A** fossile Knochen, **B** Rekonstruktion

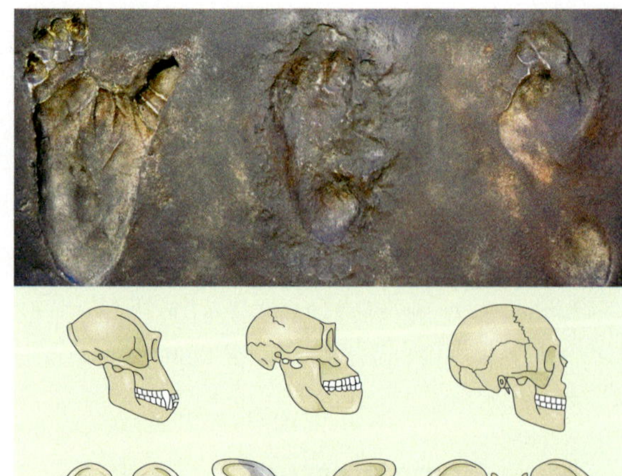

2 Fußabdrücke, Schädel und Beckenknochen: **A** Affe, **B** *Australopithecus afarensis*, **C** Mensch

In der Evolution zum Menschen muss es viele Zwischenstufen zwischen Affen und Menschen gegeben haben. Ein wichtiger Fund ist das Skelett von **Lucy**. Die Knochen von Lucy sind ungefähr 3,5 Millionen Jahre alt. Inzwischen gibt es von der Art *Australopithecus afarensis*, zu der Lucy gehörte, über 400 weitere Funde.

1 **a)** Vergleiche den Schädel, das Becken und den Fußabdruck von *Australopithecus afarensis* mit den Schädeln von Affen und Menschen.
b) Beurteile, ob Lucy ein Mensch oder ein Affe war.

B Die Beherrschung des Feuers

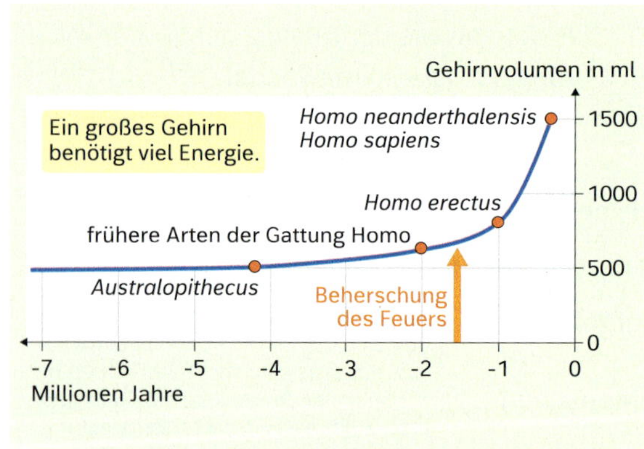

3 Entwicklung des Gehirnvolumens

Schon vor mindestens 1,5 Millionen Jahren nutzen Menschen das Feuer. Sie mussten lernen, Feuer selbst zu machen und es zu kontrollieren. Das Feuer zu nutzen war ein wesentlicher Antrieb in der Entwicklung des Menschen.

1 Beschreibe die Bedeutung des Feuers für den Menschen.

2 **II** Beurteile, ob es einen Zusammenhang zwischen der Nutzung des Feuers und dem Gehirnvolumen des Menschen geben kann.

ÜBEN UND ANWENDEN

C Die Gattung *Homo* breitet sich aus

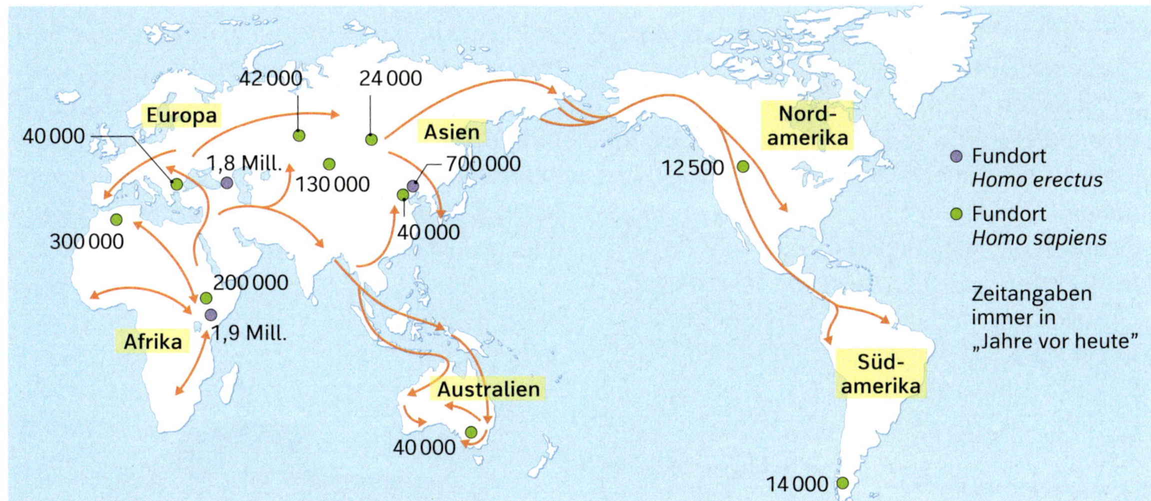

4 Funde von *Homo erectus* und *Homo sapiens*

Wissenschaftlerinnen und Wissenschaftler gehen davon aus, dass zuerst *Homo erectus* aus Afrika auswanderte.
In einer zweiten Welle soll dann auch *Homo sapiens* ausgewandert sein.

1 Beschreibe den Weg, wie *Homo erectus* die Erde erobert hat. Nenne Regionen und Zahlen der Reihe nach.

2 Beschreibe den Weg, wie *Homo sapiens* die Erde erobert hat.

D Anstieg der Weltbevölkerung

Die Weltbevölkerungszahl steigt seit 1900 rasant an. Mittlerweile leben über 8 Milliarden Menschen auf der Welt. Der explosionsartige Anstieg der Weltbevölkerung ist ein Phänomen der jüngeren Zeit. Das rasche Bevölkerungswachstum ist weltweit nicht gleichmäßig verteilt. Während in reicheren Ländern mittlerweile die Geburtenraten zurückgehen, bleiben sie in ärmeren Ländern noch hoch. Hier fehlt es guter Gesundheits- und Altersversorgung.
Der Anstieg der Weltbevölkerung bringt viele soziale und ökologische Folgen mit sich. So verbrauchen viele Menschen mehr Ressourcen wie Wasser und Nahrung. Außerdem produzieren sie viele Treibhausgase, die den Klimawandel voran treiben. Diese Belastung ist in den Industriländern besonders hoch.

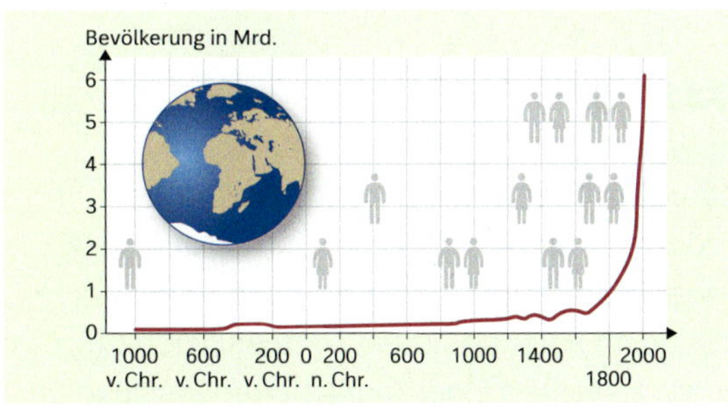

5 Anstieg der Weltbevölkerungszahl

1 **a)** Beschreibe die Aussagen des Diagramms.
b) Recherchiere Daten zu neueren Entwicklungen.

2 Bewerte den Anstieg der Weltbevölkerung hinsichtlich der sozialen und ökologischen Ursachen und Folgen.

Auf einen Blick: Die Evolution der Lebewesen

Die Evolution der Lebewesen

Die langsame, aber ständige Veränderung von Lebewesen über sehr viele Generationen hinweg wird Evolution genannt.
Im Verlauf der Erdgeschichte haben sich über viele hundertmillionen Jahre aus einfachen Formen unzählige kompliziert gebaute Lebewesen entwickelt. Aufgrund sich ändernder Umweltbedingen sind sehr viele Lebewesen wieder ausgestorben.

Brückentiere

Brückentiere sind Lebewesen, die körperliche Merkmale unterschiedlicher Tiergruppen aufweisen. Daher heißen sie auch Mosaikformen. Brückentiere wie ***Archaeopteryx*** oder das Schnabeltier sind Belege dafür, dass verschiedene Tiergruppen miteinander verwandt sind, sich aber auseinander entwickelt haben.

Fossilien

Die Überreste verstorbener Lebewesen aus früheren Erdzeitaltern werden als Fossilien bezeichnet. Mithilfe von Fossilien lassen sich Verwandtschaften nachweisen und Entwicklungslinien rekonstruieren. Leitfossilien helfen bei der zeitlichen Einordnung neuer Fossilien-Funde.

Homologe und analoge Organe

Homologe Organe sehen oft unterschiedlich aus und haben manchmal unterschiedliche Funktionen. Dennoch sind sie im Grundbauplan gleich. Sie sind Belege für eine gemeinsame Abstammung. Analoge Organe haben die gleiche Funktion, unterscheiden sich aber in ihrem Aufbau. Es sind Angepasstheiten an ähnliche Umweltbedingungen. Sie sind keine Hinweise auf Verwandtschaft.

WICHTIGE BEGRIFFE

- Evolution
- Fossilien
- Leitfossilien

WICHTIGE BEGRIFFE

- Brückentiere, Mosaikformen
- homologe Organe
- analoge Organe

Evolutionstheorien

Der Wissenschaftler CHARLES DARWIN fand eine Erklärung zur Entstehung neuer Arten im Verlauf der Erdgeschichte. Er stellte fest, dass die Faktoren Variabilität, Selektion und Isolation für die Entwicklung neuer Arten verantwortlich sind. DARWIN erkannte die Veränderungen, nicht aber ihre Ursache. Erst die moderne Genetik konnte die Veränderungen mit zufälligen Mutationen erklären und DARWINS Theorie bestätigen.

Die Entstehung neuer Arten

Veränderungen der Erbinformationen sind die Ursache der Variabilität. Diese Veränderungen sind die Folgen zufälliger Mutationen und Rekombinationen der Gene. Erweisen sich die neu entstandenen Merkmale als Vorteil, nimmt die Vermehrung bei diesen Lebewesen zu. So können sich über lange Zeiträume neue Arten entwickeln.

Affen und Menschen sind verwandt

Die Menschen sind mit Menschenaffen, wie den Schimpansen, sehr nah verwandt. Neben vielen Ähnlichkeiten gibt es aber auch deutliche Unterschiede im Körperbau.
Vor etwa sechs Millionen Jahre trennten sich die Entwicklungslinien von Affen und Menschen.

WICHTIGE BEGRIFFE

- Evolutionstheorie
- Variabilität, Selektion, Isolation
- Mutation, Rekombination

Die Evolution des Menschen

Frühe Menschen wie die Gattung *Australopithecus* hatten noch viele Ähnlichkeiten mit Affen. Sie gingen aber bereits aufrecht. Die Gattung *Homo* hatte schon größere Gehirne und konnte Werkzeuge herstellen. Insbesondere die kulturelle Evolution beim *Homo sapiens* unterscheidet den Menschen von allen anderen Lebewesen.

WICHTIGE BEGRIFFE

- Verwandtschaft von Mensch und Affe
- Gattung *Australopithecus*, Gattung *Homo*
- kulturelle Evolution

Lerncheck: Die Evolution der Lebewesen

Evolution der Lebewesen

1. Nenne Bedingungen, die für die Entstehung von Fossilien notwendig sind.
2. Erkläre, wie mithilfe von Leitfossilien das Alter eines anderen fossilen Fundstücks bestimmt werden kann.

3. Beschreibe körperliche Veränderungen der Wirbeltiere, die das Land eroberten.
4. Nenne Beispiele für Lebewesen aus dem Jura.
5. Erkläre, wie das Aussterben einer Tiergruppe die Weiterentwicklung einer anderen Tiergruppe fördern kann.

Entstehung neuer Arten

6. Erkläre am Beispiel der Extremitäten von Wirbeltieren, was homologe Organe sind.

7. Beurteile, ob die Stromlinienform bei Pinguin und Delfin homolog oder analog ist. Begründe deine Einschätzung.
8. **a)** Erkläre den Begriff „Brückentier" am Bespiel des Schnabeltiers.
   b) Erkläre den Begriff „lebendes Fossil" am Beispiel des Schnabeltiers.

9. Erläutere, wie es zu Variabilität von Merkmalen innerhalb einer Art kommt.
10. Erläutere an einem Beispiel, wie neue Arten entstehen. Nutze dabei die Begriffe Mutation, Rekombination, Variabilität, Isolation, Selektion.

DU KANNST JETZT ...

- ... erklären, was ein Fossil ist.
- ... beschreiben, wie ein Fossil entsteht.
- ... an einem Beispiel zeigen, wie das ungefähre Alter eines Fossils bestimmt werden kann.
- ... Beispiele für Lebewesen aus verschiedenen Erdzeitaltern nennen.

DU KANNST JETZT ...

- ... homologe und analoge Organe unterscheiden.
- ... erklären, was ein Brückentier ist.
- ... die Evolutionsfaktoren Mutation, Rekombination, Isolation und Selektion erklären.
- ... erklären, wie neue Arten entstehen.

Menschenaffen und Mensch

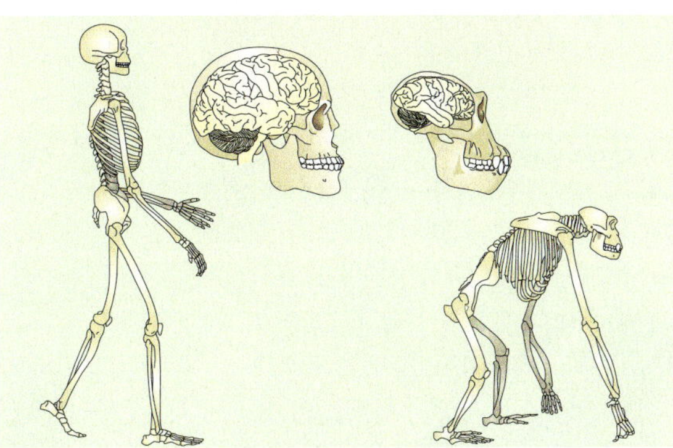

11 Vergleiche die körperlichen Merkmale von Schimpansen und Menschen.

12 Erläutere den wesentlichen Unterschied zwischen der Hand eines Schimpansen und der eines Menschen.

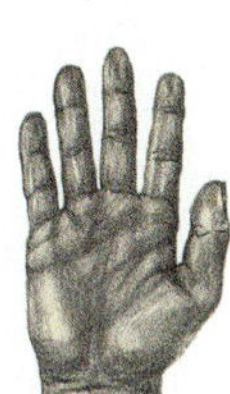

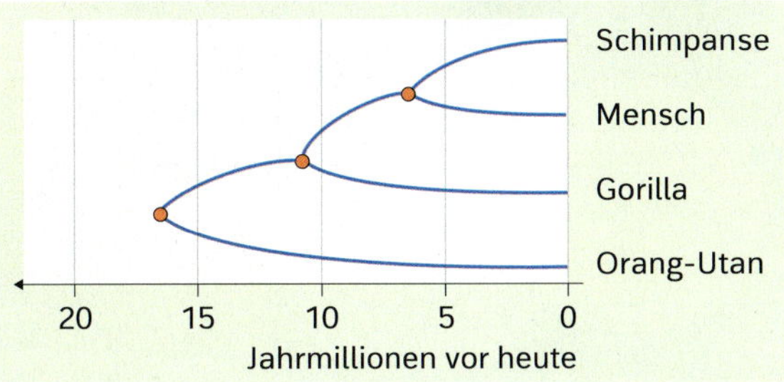

13 Nenne mithilfe des Stammbaums die Zeitpunkte, an denen sich die Entwicklungslinien folgender Gruppen getrennt haben:
a) Gorillas von Menschen.
b) Schimpansen von Menschen.

Evolution des Menschen

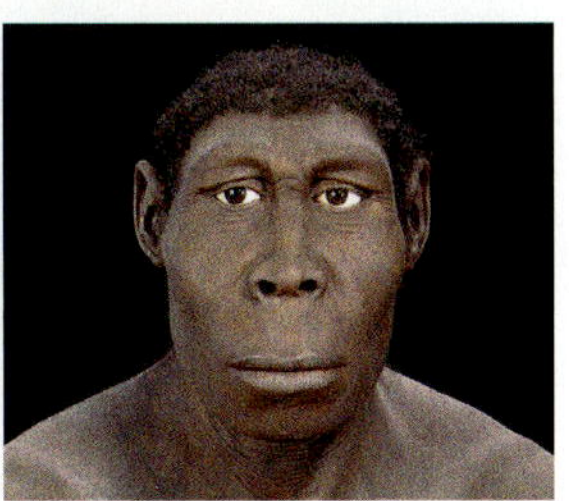

14 Nenne Unterschiede zwischen den Menschentypen *Australopithecus* und *Homo*.

15 **a)** Begründe, warum es *Homo erectus* möglich war, Afrika zu verlassen.
b) Begründe, warum das Beherrschen des Feuers und die Herstellung von Werkzeugen wichtige Meilensteine in der Entwicklung der Menschen waren.

16 Beurteile, ob Neandertaler und heutige Menschen zu einer Art gehören.

DU KANNST JETZT ...

- ... Gemeinsamkeiten und Unterschiede im Körperbau bei Menschen und Menschenaffen nennen.
- ... an Beispielen jeweilige Angepasstheiten von Affen und Menschen erklären.
- ... einen einfachen Stammbaum auswerten.

DU KANNST JETZT ...

- ... Vorfahren des heutigen Menschen nennen.
- ... Veränderungen auf dem Weg zum Menschen erläutern.
- ... an Beispielen die Bedeutung der kulturelle Evolution des Menschen erklären.

Hauptgruppen
IV
V
VI
VII
VIII
4,00 He 2
12,01 C 6 Kohlenstoff
19,00 F 9 Fluor
30,97 P 15 Phosphor
35,45 Cl
Ar 18 Argon
83,80 Kr 36 Krypton
131,29 Xe
74,92 As 33 Arsen
34 Selen
32 Germanium
118,71 Sn 50 Zinn
121,75 Sb 51 Antimon
127,60 Te 52 Tellur
53
65,38 Zn
Co 27
Ni 28 Nickel
Cu 29 Kupfer
107,87
47 Silber
192,22 Ir 77 Iridium
195,08 Pt 78 Platin
196,97 Au 79 Gold
80 Quecksilber
81 Thallium
207,20 Pb 82 Blei
208,98
(209) Po* 84
(210) At* 85 Astat
(278) Mt* 109 Meitnerium
(282) Ds* 110 Darmstadtium
(282) Rg* 111
(285)
(287) Nh* 113 Nihonium
(285) Fl* 114 Flerovium
Moscovium
Tennessin
118
150,36 Sm 62 Samarium
151,96 Eu 63
157,25 Gd
65 Terbium
Dy 66 Dysprosium
164,93 Ho 67 Holmium
167,26 Er 68 Erbium
168,93 Tm 69
173,04 Yb 70 Ytterbium
174,97 Lu 71 Lutetium
(244) Pu* 94 Plutonium
95
(247) Bk* 97 Berkelium
(251) Cf* 98 Californium
(252) Es* 99 Einsteinium
(257) 100 Fermium
(259) No* 102 Nobelium
(266) Lr* 103

Aufbau der Materie

Wieso reagieren manche Stoffe heftiger als andere?

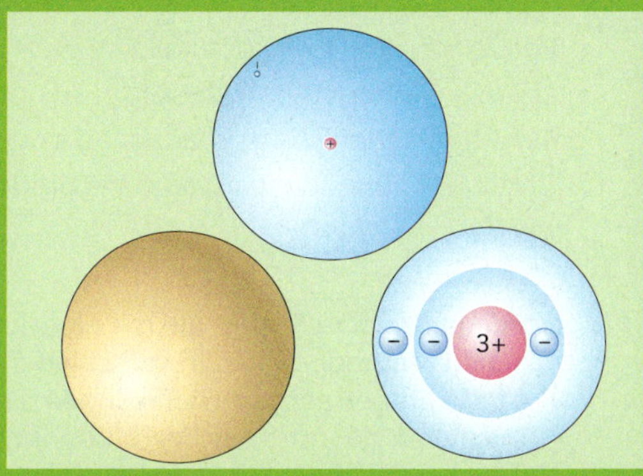

Welches Atommodell ist „richtig"?

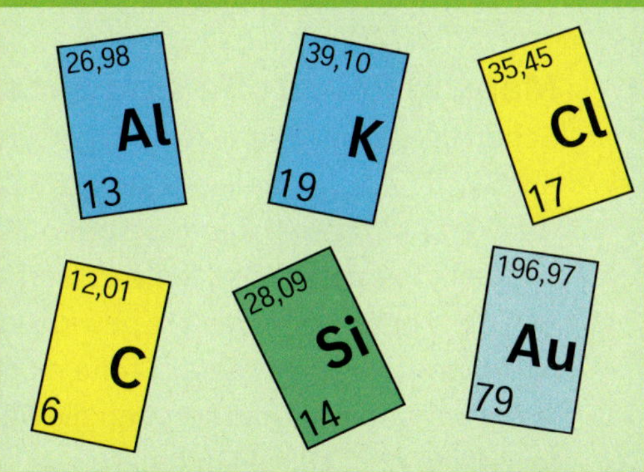

Warum ist es sinnvoll, Stoffe und ihre Bausteine zu ordnen?

1 Mittelalterliche Alchemistenwerkstatt

Die Erforschung der Stoffe

Alchemisten

Seit über 2000 Jahren befassen sich Gelehrte mit der Materie, also den Stoffen, aus denen alles besteht. Alchemisten beschrieben deren Eigenschaften und Reaktionen sehr genau. Sie wussten auch viel über die Zusammenhänge vieler Naturstoffe. Auch wenn sich ihre Erklärungen später oft als falsch herausstellten, leisteten Alchemisten wertvolle Arbeit.

Trennen von Mischungen

Aus Blättern der Pfefferminze konnten Alchemisten zum Beispiel ein stark riechendes, heilendes Öl gewinnen. Dazu erwärmten sie die zu Brei zerriebenen Blätter, fingen die entstehenden Dämpfe auf und kühlten sie ab. Diese Destillation ist kein chemischer, sondern ein physikalischer Vorgang. Das Minzöl ist schon in den Blättern vorhanden, wie du an deren Geruch feststellen kannst. Der „Minzblätterbrei" ist eine **Mischung** von Wasser, Minzöl und weiteren Stoffen.

Mischungen lassen sich durch physikalische Methoden in ihre Bestandteile auftrennen. Dabei entstehen aber keine neuen Stoffe.

Reinstoffe sind oft Verbindungen

Aus dem reinen Minzöl lassen sich ohne Weiteres keine weiteren Stoffe gewinnen. Minzöl ist keine Mischung, sondern ein **Reinstoff.** Allerdings gibt es durchaus Methoden, mit denen man aus dem Öl andere Stoffe herstellen kann. Diese Stoffe entstehen neu. Es handelt sich um eine chemische Reaktion. Reinstoffe, aus denen sich durch chemische Reaktionen andere Stoffe abspalten lassen, sind **Verbindungen**.

Reinstoffe sind Stoffe, die mit physikalischen Methoden nicht in verschiedene Stoffe aufgetrennt werden können. Die meisten Reinstoffe sind Verbindungen, die sich mit chemischen Reaktionen zerlegen lassen.

Manche Reinstoffe sind anders

Schon die Alchemisten stießen gelegentlich auf Stoffe, aus denen sie – anders als bei den Verbindungen – keine weiteren Stoffe abspalten konnten: Das Metall Eisen zum Beispiel konnten sie aus Erz gewinnen, aber ohne Zugabe anderer Stoffe nicht weiter verändern. Dies konnten die Alchemisten nicht schlüssig erklären.

Von Alchemisten zu Chemikern

Die Alchemisten kannten etwa 10 Stoffe, die sie nicht weiter auftrennen konnten. einige davon siehst du in Bild 2.

Vor etwa 500 Jahren wurden die Untersuchungen an den Stoffen wissenschaftlicher. Statt durch bloßes Nachdenken zu möglichen Erklärungen für Beobachtungen zu gelangen, gingen die Forschenden mehr und mehr dazu über, Vermutungen mit weiteren Experimenten systematisch zu überprüfen. Auf diese Weise legten sie vor ungefähr 300 Jahren die Grundlagen der heutigen Chemie.

2 Früh bekannte Elemente: **A** Quecksilber, **B** Kohlenstoff, **C** Gold, **D** Schwefel

Chemische Elemente

Wie wir heute wissen, bestehen alle Stoffe aus kleinen Bausteinen, den **Atomen**. In der Natur kommen weniger als 100 Arten von Atomen vor. Weitere ungefähr 30 Arten konnten bisher künstlich erzeugt werden. Verbindungen setzten sich aus mehreren verschiedenen Arten von Atomen zusammen. Deshalb können aus ihnen auch verschiedene Stoffe gewonnen werden, dabei werden die verschiedenen Atomarten getrennt. Besteht ein Stoff aber nur aus einer Sorte von Atomen, ist dies nicht möglich. So erklären wir heute, dass manche Stoffe sich nicht auftrennen lassen (→ Bild 3).

Stoffe, die nur aus einer Sorte von Atomen bestehen, lassen sich nicht in andere Stoffe auftrennen. Diese Stoffe sind **chemische Elemente.** Weniger als 100 Elemente kommen in der Natur vor.

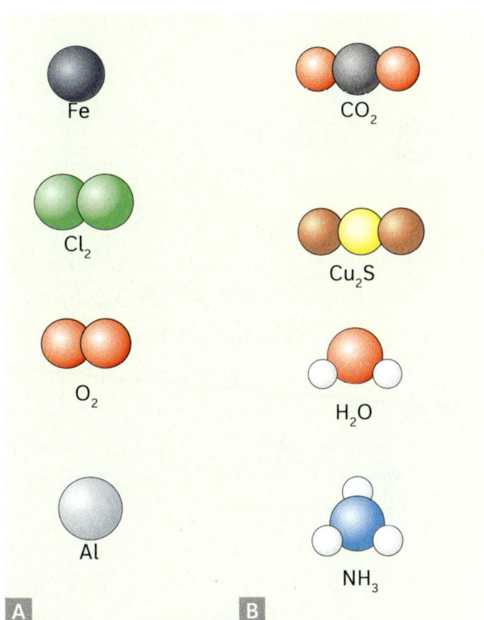

3 Stoffe im Modell: **A** Elemente, **B** Verbindungen

1. Nenne den Hauptunterschied zwischen Alchemisten und Chemikern.
2. Erkläre Bild 3.
3. **I** Stelle den Zusammenhang zwischen den Begriffen Mischung, Reinstoff, Verbindung und Element zeichnerisch dar.
4. **II** Aus Wasser kann man mithilfe von elektrischem Strom zwei gasförmige Stoffe (Wasserstoff und Sauerstoff) erzeugen. Stelle auf dieser Grundlage eine begründete Vermutung an, aus welchen Atomsorten ein Wasserteilchen aufgebaut ist.

Starthilfe zu 2:
Nutze hierfür folgende Begriffe: Atomsorten, chemisches Element, Verbindung, Bausteine, zusammengesetzt, trennen, Reinstoff

»

ÜBEN UND ANWENDEN

A Begriffschaos entwirren

Begriff	Beschreibung
Alchemist	Reinstoff, der durch eine chemische Reaktion weiter zerlegt werden kann
Chemie	Moderne Naturwissenschaft zur Entdeckung, Erforschung und Herstellung neuer Stoffe
Chemische Verbindung	Besteht aus mindestens zwei Reinstoffen
Chemisches Element	Reinstoff, der durch eine chemische Reaktion nicht weiter zerlegt werden kann
Chemische Reaktion	Vorläufer der heutigen Chemiker, der vieles beschreiben, aber nur weniges systematisch erklären konnte
Reinstoff	Es entstehen neue Stoffe mit neuen Eigenschaften.
Mischung	Stoff, der überall die gleichen Eigenschaften hat

1 Welcher Begriff passt zu welcher Beschreibung?

1 Ordne die Begriffe der linken Spalte den richtigen Beschreibungen aus der rechten Spalte zu. Schreibe sie dafür in dein Heft.

2 Schreibt zu zweit oder in Teams Kärtchen mit den Begriffen und Beschreibungen von oben auf. Mischt die Kärtchen und ordnet sie dann einander zu.

3 II Nenne zu jedem Begriff in der linken Spalte ein Beispiel aus dem Chemieunterricht oder deinem Alltag.

IM ALLTAG

Elemente in unserem Alltag

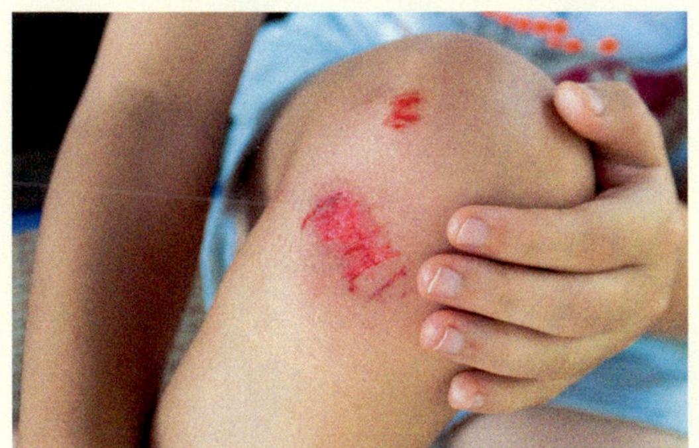
2 Eisen ist ein Bestandteil von Blut.

Eisen im Blut

Das Element Eisen ist ein wichtiger Bestandteil des roten Blutfarbstoffs Hämoglobin. Das Hämoglobin ist für den Transport von Sauerstoff im Blut zuständig. Daher wird Eisen für die Bildung von Blut benötigt. Blut schemckt „metallisch". Diesen Geschmack bekommt das Blut von dem darin enthaltenen Eisen. Eine ausgewogene Ernährung ist wichtig, um Eisenmangel im Körper zu vermeiden.

3 Ein ungeschliffener Diamant

Kohlenstoff im Diamant

Ein Diamant besteht ausschließlich aus Kohlenstoff-Atomen. Diamanten sind die härtesten natürlich vorkommenden Stoffe. Daher werden sie für Bohrer und Schleifwerkzeuge verwendet. Wertvolle und besonders reine Diamanten werden zu Schmuckstücken weiterverarbeitet. Ein Diamant mit einem speziellen Schliff heißt Brillant.
Da Diamanten aus reinem Kohlenstoff bestehen, sind sie brennbar wie Kohle.

Silicium in Solarzellen

Für die Herstellung von Solarzellen wird Silicium benötigt. In Fotovoltaikanlagen wird mithilfe von Solarzellen Sonnenlicht in elektrische Energie umgewandelt. Diese Anlagen haben einen großen Anteil an der Stromerzeugung aus erneuerbaren Energien. Zusammen mit Windkraftanlagen sollen sie schrittweise die Stromerzeugung aus Kohle- und Atomkraftwerken ersetzen.

4 Solarzellen werden auf einem Dach installiert.

1 Recherchiere Lebensmittel, die viel Eisen enthalten.

2 II Beschreibe den Unterschied zwischen einem Diamanten und einem Brillanten.

3 II Recherchiere den Rohstoff, aus dem Silicium hergestellt wird.

«

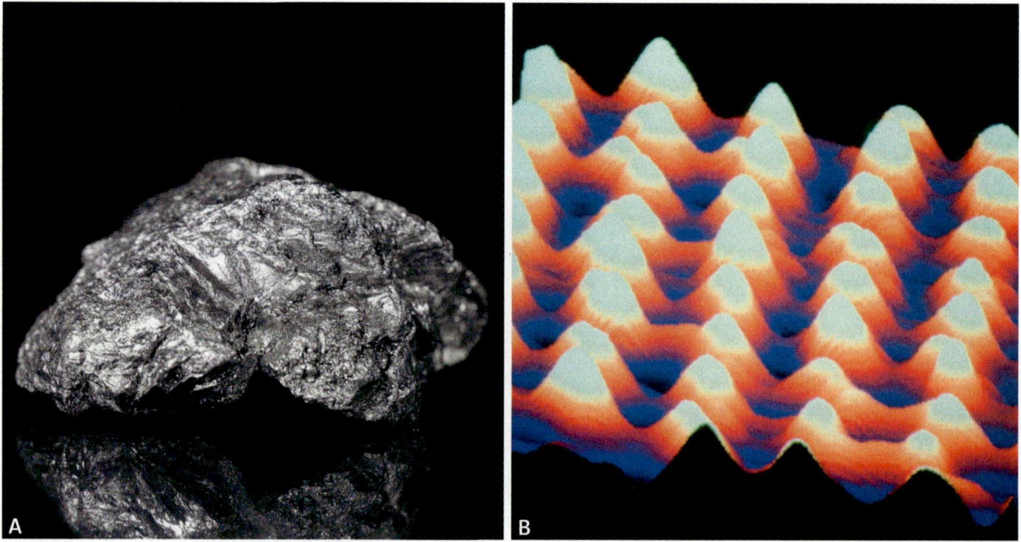

1 Grafit: **A** Nahaufnahme, **B** durch ein Rastertunnelmikroskop

Atome – Bausteine der Stoffe

2 Modelldarstellung von Kohlenstoff-Atomen

Die Teilbarkeit von Stoffen

Schon vor Jahrtausenden haben Menschen darüber nachgedacht, wie unsere Welt und alle Stoffe darin aufgebaut sind.
Der griechische Philosoph DEMOKRIT (460 bis 370 v. Chr.) war einer der bedeutendsten Denker der damaligen Zeit.
Er entwickelte die Vorstellung, dass alle Stoffe aus winzig kleinen, nicht weiter zerlegbaren Teilchen aufgebaut sind.
Er nannte diese kleinen Teilchen Atome (griechisch: atomos = „unteilbar").

Atome sind sehr klein

Eine Bleistiftmine besteht aus Grafit. Grafit besteht aus Kohlenstoff-Atomen. Die Atome sind mit bloßem Auge nicht zu erkennen. Auch beim Blick durch ein einfaches Lichtmikroskop werden die Atome nicht sichtbar. Erst bei einer 2 000 000-fachen Vergrößerung mit einem Rastertunnelmikroskop gelingt es, Atome sichtbar zu machen (→ Bild 1B).
In Bild 2 siehst du die Modelldarstellung von Kohlenstoff-Atomen in einer Bleistiftspitze.

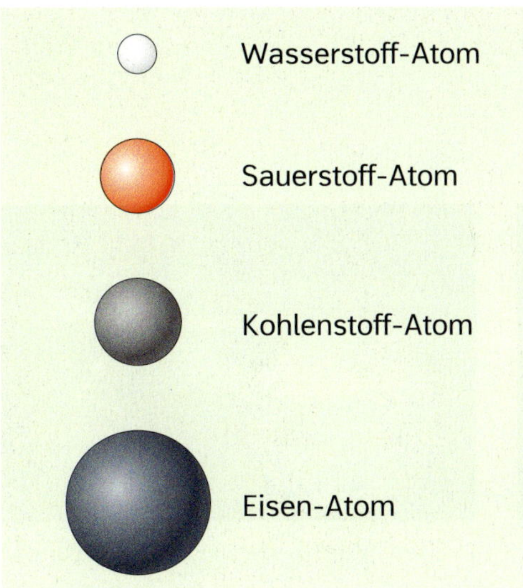

3 Atome nach dem Atommodell von DALTON

Element	Atommasse in u	
	gerundeter Wert	genauer Wert
Wasserstoff	1	1,00794
Kohlenstoff	12	12,0107
Sauerstoff	16	15,9994
Magnesium	24	24,305
Schwefel	32	32,065
Eisen	56	55,845
Gold	197	196,9665
Uran	238	238,0289

4 Einige Elemente und ihre Atommassen

DALTONS Atommodell

Der Wissenschaftler JOHN DALTON entwickelte im Jahr 1808 die Vorstellungen von DEMOKRIT weiter. Mithilfe von Experimenten erstellte er ein neues Teilchenmodell. Seine Modellvorstellung sagt aus, dass alle Stoffe aus kleinsten, kugelförmigen Teilchen, den Atomen, bestehen. Atome sind unveränderlich und unteilbar.

DALTONS Teilchenmodell:
- Die Atome sind unvorstellbar klein.
- Alle Atome einer Atomsorte besitzen die gleiche Masse und Größe.
- Ein chemisches Element besteht aus einer Atomsorte.
- Atome unterschiedlicher Elemente unterscheiden sich in ihrer Masse und ihrer Größe.

Diese Modellvorstellung der Atome hat sich bis heute bewährt. Atome liegen jedoch nur selten allein vor. Sehr oft sind sie zu Atomverbänden zusammengefasst.

Atome sind sehr leicht

Ein einzelnes Atom zu wiegen ist unmöglich, da seine Masse viel zu klein ist.
Die Masse eines einzelnen Kohlenstoff-Atoms beträgt rechnerisch nur
0,000 000 000 000 000 000 000 0199 g.
Das Rechnen mit solchen Zahlen ist sehr unpraktisch.
Deshalb wurde die Atommasse **u** eingeführt. Das u stammt aus dem Englischen und ist die Abkürzung für **unit** (Einheit).
Das leichteste bekannte Atom ist das Wasserstoff-Atom. Es hat eine Atommasse von 1,00794 u. Oft wird mit gerundeten Werten gerechnet. Das Wasserstoff-Atom hat so eine Atommasse von 1 u (→ Bild 4).

Stoffe sind aus kleinsten, nicht weiter zerlegbaren Teilchen aufgebaut. Sie werden Atome genannt. Die Masse von Atomen wird in **u** angegeben.

1. Nenne die Aussagen des Atommodells von DALTON.
2. **I** Begründe die Verwendung der Einheit u für die Atommasse anstelle der Masseneinheit g.
3. **II** Begründe, dass DEMOKRITS Vorstellung von Atomen lange nicht weiterentwickelt werden konnte.

Starthilfe zu 3:
Berücksichtige, wann DEMOKRIT und DALTON gelebt haben.

»

ÜBEN UND ANWENDEN

A Atome im Stecknadelkopf

1 Stecknadelkopf aus Eisen

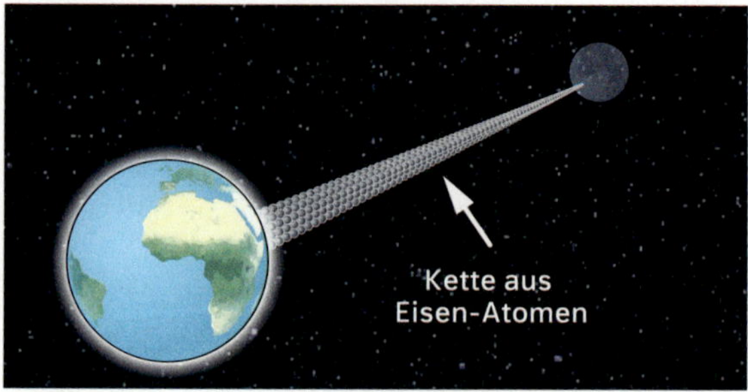

2 Eisen-Atom-Kette zwischen Erde und Mond

Atome sind sehr klein. Im Kopf einer Stecknadel (→ Bild 1) sind etwa 100 Trillionen Eisen-Atome. Ausgeschrieben sieht diese Zahl so aus: 100 000 000 000 000 000 000.

Würdest du alle Eisen-Atome eines Stecknadelkopfes aneinander hängen, wäre diese Kette etwa 28 Millionen Kilometern lang. Sie würde reichen, um sie mehr als 70-mal von der Erde zum Mond zu spannen (→ Bild 2).

1. **Der Erdumfang beträgt etwa 40 000 km. Berechne, wie oft die Kette aus Eisen-Atomen eines Stecknadelkopfes um die Erde gewickelt werden könnte.**

B Atome auf der Waage

Bild 3 zeigt Balkenwaagen. In der Wirklichkeit können einzelne Atome nicht gewogen werden. Diese Vorstellung als Modell hilft dir jedoch dabei, die Einheit u besser zu verstehen.
Ein Kohlenstoff-Atom wiegt 12 u. Damit die Modellwaage im Gleichgewicht ist, benötigst du dafür 12 Wasserstoff-Atome, die jeweils 1 u wiegen.
Ein Schwefel-Atom ist doppelt so schwer wie ein Sauerstoff-Atom. Für ein Schwefel-Atom benötigst du zwei Sauerstoff-Atome, damit die Waage im Gleichgewicht ist.

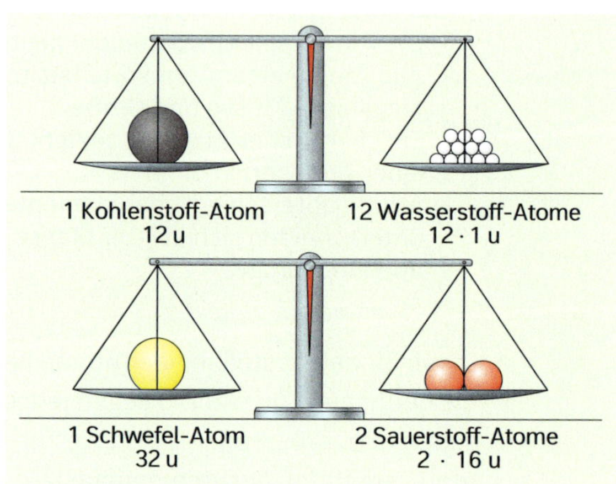

3 Atome auf einer Modellwaage

1. **Unsere Modellwaage soll ins Gleichgewicht gebracht werden. Gib die Anzahl der jeweiligen Atome an, die in die Waagschalen gelegt werden müssen, damit die Waage ausgeglichen ist:**
   a) Zwei Sauerstoff-Atome ausgleichen mit Wasserstoff-Atomen.
   b) Sauerstoff-Atome ausgleichen mit Kohlenstoff-Atomen.
   c) Schwefel-Atome ausgleichen mit Kohlenstoff-Atomen.

ÜBEN UND ANWENDEN

C Vom Großen zum Kleinen

4 Ein möglicher Erkenntnisweg von den großen Teilchen zu den Atomen

1 Beschreibe mithilfe von Bild 4 den Erkenntnisweg zu den Atomen.

2 II DEMOKRITS Vorstellungen von den Atomen könnten ähnlich ausgesehen haben. Er konnte seine Vermutung damals jedoch nicht beweisen.
Stelle eine Vermutung an, warum er das nicht konnte.

D DALTONS Modellvorstellung über die Atome

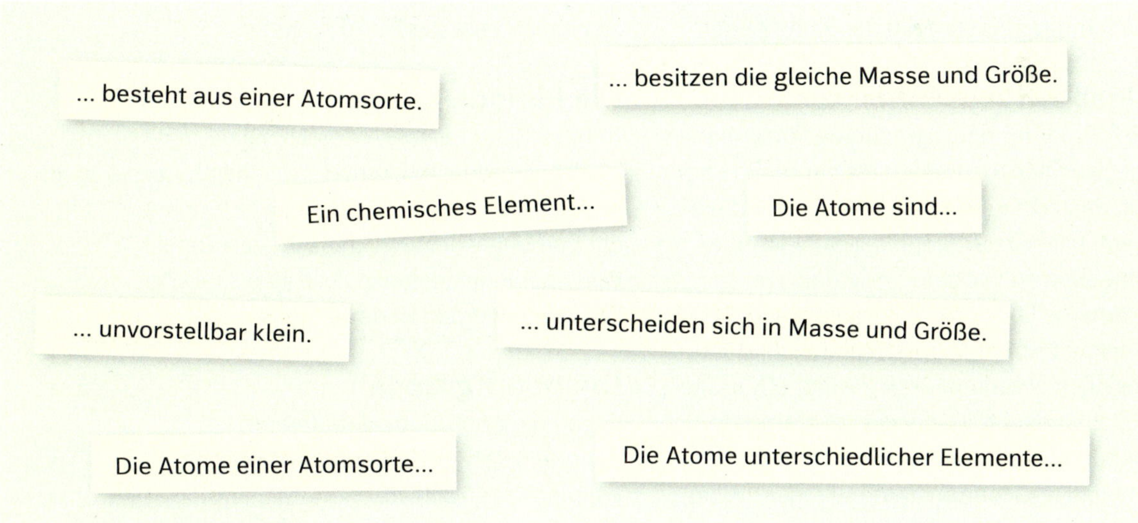

5 Satzstücke über die Atome

1 Ordne die Kärtchen so, dass Aussagen zu DALTONS Modellvorstellung entstehen. Schreibe sie in dein Heft.

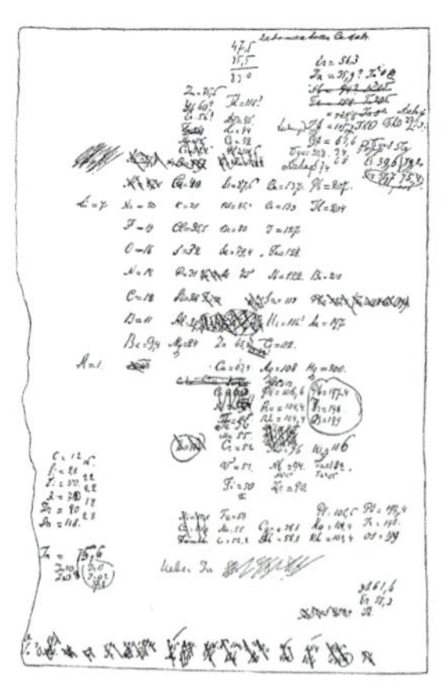

1 Entdecker einer Ordnung der Elemente: **A** DMITRI MENDELEJEW, **B** Skizze des Periodensystems von MENDELEJEW, **C** LOTHAR MEYER

Das Periodensystem der Elemente

Chemie vor 200 Jahren

Vor etwa 200 Jahren wurden viele neue Elemente entdeckt. Man ordnete sie zum Beispiel nach ihrer Atommasse zu einer langen Reihe, in der das Element mit den leichtesten Atomen als erstes stand. Dabei fiel auf, dass Elemente mit ähnlicher Atommasse oft sehr unterschiedliche Eigenschaften haben und dass Elemente mit vergleichbaren Eigenschaften meist einen bestimmten Abstand in der Reihe hatten.

Unabhängige Entdecker

Im 19. Jahrhundert arbeiteten Forschende viel weniger zusammen als heute. So kam es, dass ein russischer Chemiker und ein deutscher Arzt unabhängig voneinander eine Idee entwickelten, wie man die Elemente übersichtlich ordnen kann. Sowohl DMITRI MENDELEJEW (→ Bild 1A) als auch LOTHAR MEYER (→ Bild 1C) ordneten Elemente mit ähnlicher Atommasse nebeneinander und Elemente mit ähnlichen Eigenschaften untereinander an. So erhielten beide eine Tabelle, die zunächst lückenhaft war. Allerdings wurden anhand der Lücken bisher unentdeckte Elemente und ihre vermutlichen Eigenschaften vorhergesagt.

Das Periodensystem

MEYER und MENDELEJEW legten mit ihren Entdeckungen den Grundstein für die immer noch gebräuchliche Anordnung der Elemente (→ Bild 2). Auch heute noch sind die Elemente nach der Masse ihrer Atome geordnet. So bekommt jedes Element eine Ordnungszahl. Sie gibt die Stelle an, an der das Element in der geordneten Reihe steht. Das leichteste hat die Ordnungszahl 1, das zweitleichteste die 2 und so weiter.

Die Perioden

In der langen Reihe der bereits nach Atommasse geordneten Elemente tauchen regelmäßig (=periodisch) Elemente auf, die einem der vorherigen in den Eigenschaften ähneln. Dann beginnt eine neue Zeile in der Tabelle. Die Zeilen werden **Perioden** genannt.

Die Hauptgruppen

Durch die Anordnung der Elemente in Perioden stehen Elemente mit ähnlichen Eigenschaften schließlich untereinander in einer Spalte der Tabelle, dem **Periodensystem der Elemente** oder kurz dem PSE (→ Bild 2). Die Spalten werden auch **Hauptgruppen** oder Elementfamilien genannt. Sie sind mit römischen Ziffern nummeriert.

Perioden	Hauptgruppen I	II	III	IV	V	VI	VII	VIII
1	1,01 **H** 1 Wasserstoff							4,00 **He** 2 Helium
2	6,94 **Li** 3 Lithium	9,01 **Be** 4 Beryllium	10,81 **B** 5 Bor	12,01 **C** 6 Kohlenstoff	14,01 **N** 7 Stickstoff	16,00 **O** 8 Sauerstoff	19,00 **F** 9 Fluor	20,18 **Ne** 10 Neon
3	22,99 **Na** 11 Natrium	24,31 **Mg** 12 Magnesium	26,98 **Al** 13 Aluminium	28,09 **Si** 14 Silicium	30,97 **P** 15 Phosphor	32,06 **S** 16 Schwefel	35,45 **Cl** 17 Chlor	39,95 **Ar** 18 Argon
4	39,10 **K** 19 Kalium	40,08 **Ca** 20 Calcium	69,72 **Ga** 31 Gallium	72,63 **Ge** 32 Germanium	74,92 **As** 33 Arsen	78,97 **Se** 34 Selen	79,90 **Br** 35 Brom	83,80 **Kr** 36 Krypton
5	85,47 **Rb** 37 Rubidium	87,62 **Sr** 38 Strontium	114,82 **In** 49 Indium	118,71 **Sn** 50 Zinn	121,75 **Sb** 51 Antimon	127,60 **Te** 52 Tellur	126,90 **I** 53 Iod	131,29 **Xe** 54 Xenon
6	132,91 **Cs** 55 Caesium	137,33 **Ba** 56 Barium	204,38 **Tl** 81 Thallium	207,20 **Pb** 82 Blei	208,98 **Bi** 83 Bismut	(209) **Po** 84 Polonium	(210) **At** 85 Astat	(222) **Rn** 86 Radon
7	(223) **Fr** 87 Francium	(226) **Ra** 88 Radium						

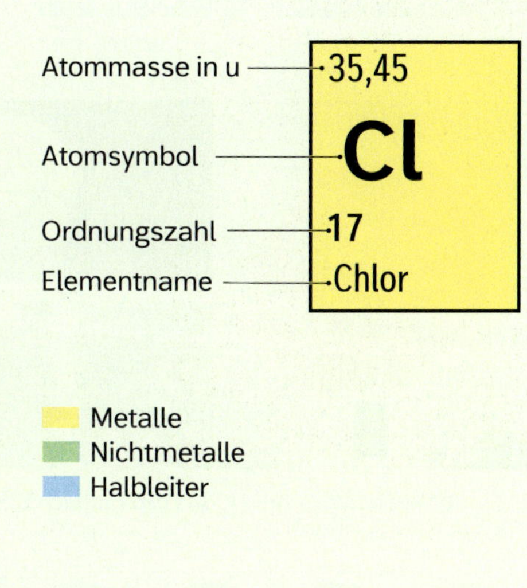

2 Periodensystem der Elemente (Ausschnitt)

Elementsymbole

Würde man jede chemische Reaktion und den Aufbau jedes Moleküls mit Worten beschreiben, würde das schnell lang und unübersichtlich werden. Durch die Nutzung von Abkürzungen oder **Symbolen** wird dies vermieden. So steht das Elementsymbol Mg sowohl für das Element Magnesium als auch für ein Magnesiumatom. Im PSE ist daher für jedes Element neben dem Namen auch das Elementsymbol angegeben.

Metalle und Nichtmetalle

Im PSE zeigt sich eine weitere Ordnung der Elemente: Unten und links finden sich Elemente mit Eigenschaften von **Metallen**. Diese sind in Bild 2 blau hinterlegt. Dagegen sind die Elemente oben und rechts eher **Nichtmetalle**. Sie sind gelb hinterlegt. Dazwischen gibt es Elemente, die manche Eigenschaften von Metallen, aber auch welche von Nichtmetallen zeigen. Diese **Halbmetalle** sind grün hinterlegt.

1 Erkläre jeden der fett gedruckten Begriffe mit einem kurzen Text.

2 Gib den Namen, das Symbol und die Atommasse an.
a) vom Element mit der Ordnungszahl 10.
b) von einem Element der 5. Hauptgruppe.
c) von einem Halbmetall.

3 **I** Du kennst die Formel H_2O. Sie steht für ein Wasserteilchen, das aus einem Sauerstoffatom (O) und zwei Wasserstoffatomen (H) besteht. Berechne die Masse eines Wasserteilchens (H_2O).

4 **II** Die Elemente Phosphor (P), Schwefel (S) und Chlor (Cl) haben ähnliche Atommassen. Aber nur eins der drei kann sich ähnlich wie der Sauerstoff mit zwei Wasserstoffatomen verbinden. Stelle eine begründete Vermutung auf, welches der drei das ist. Nutze den Infotext und das PSE.

Starthilfe zu 2:

Ziffern	
arabische	römische
1	I
2	II
3	III
4	iV
5	V
6	VI
7	VII
8	VIII
9	IX
10	X

»

ÜBEN UND ANWENDEN

A Symbole früher und heute

1 Symbole aus dem Alltag: **A** Stop-Schild, **B** Smiley, **C** WLAN-Symbol

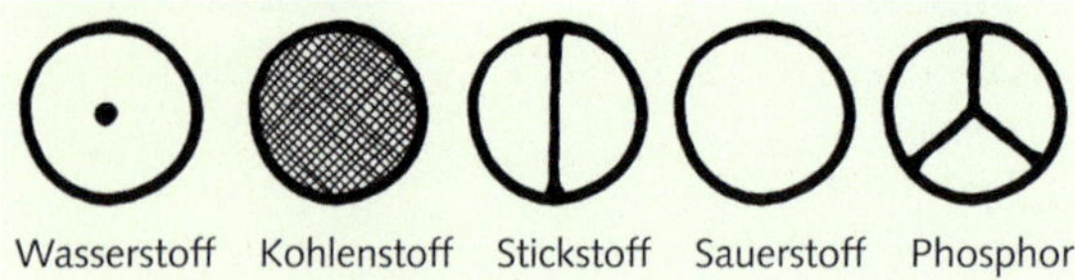

2 Elementsymbole nach DALTON

Element	Lateinischer Name	Atomsymbol
Kohlenstoff	Carboneum	C
Sauerstoff	Oxygenium	O
Eisen	Ferrum	Fe
Kupfer	Cuprum	Cu
Silber	Argentum	Ag
Neon	Neos	Ne

3 Namensherkunft von Atomsymbolen

Symbole begegnen uns in unserem Alltag und liefern uns Informationen oder drücken etwas ohne Worte aus (→ Bild 1).
Auch Chemiker nutzen Zeichen, die überall auf der Welt verstanden werden.
JOHN DALTON ordnete den Elementen jeweils ein eigenes Elementsymbol zu (→ Bild 2).
Die Atomsymbole heutzutage sehen anders aus. Diese wurden von dem schwedischen Chemiker JÖNS JAKOB BERZELIUS festgelegt. Er schlug vor, von den Namen der Elemente auszugehen.
Die Anfangsbuchstaben bilden das Atomsymbol (→ Bild 3).

1 **a)** Zeichne Symbole, die benutzt werden, um Informationen ohne Worte zu übertragen.
b) Erkläre die Bedeutung dieser Symbole.

2 Symbole werden im Chemielabor häufig verwendet. Zeichne fünf dieser Symbole und erkläre ihre Bedeutung.

3 **II** Nenne Vorteile der Atomsymbole von BERZELIUS gegenüber DALTONS Atomsymbolen.

B Mit dem Periodensystem arbeiten

4 Zwei Flüssigkeiten: **A** Quecksilber, **B** Brom

Im PSE werden die Elemente nach steigender Atommasse und nach gemeinsamen Eigenschaften geordnet.

1 Ordne die folgenden Elemente nach steigender Atommasse: Si, Pb, Mg, Li, Br, Na, Sr

2 Nenne jeweils das Element, das nicht zur jeweiligen Elementfamilie gehört:
a) Ti, In, Ge, B, Al
b) Rn, Ar, Xe, At, Kr, He

3 **II** Erkläre, warum Quecksilber und Brom trotz einer gemeinsamen Eigenschaft nicht einer Elementfamilie zugeordnet werden.

METHODE

Im Internet recherchieren

Mit der richtigen Suchanfrage beginnen

Das Internet verrät dir fast alles – wenn du richtig fragst. Dabei helfen dir Suchmaschinen. Die Vorbereitung beginnt mit dem Überlegen passender Suchbegriffe. Um zu finden, was du suchst, musst du deine Suche verfeinern. Dazu musst du dir eine genaue Fragestellung zu deinem Thema überlegen. Suchst du nach dem Erfinder des Periodensystems kann eine passende Fragestellung so lauten:

Wer hat das Periodensystem erfunden?

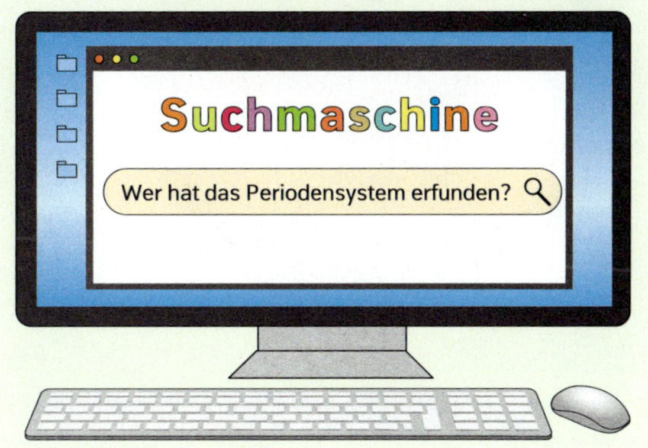

5 Eine Suchmaschine

Informationen bewerten und sortieren

Eine Information kann nur so gut sein wie ihre Quelle. Im Internet kann sich jeder Benutzer nach Belieben äußern. Deshalb ist es besonders wichtig, dass du genau hinschaust und hinterfragst, was du im Internet findest. Schaue dir dazu den Verfasser an und beurteile die äußere Erscheinung der Seite. Behalte auch die Aktualität der Information im Auge. Ist sie noch richtig oder gibt es schon Neuigkeiten? Du solltest Informationen aus dem Internet immer mit weiteren Quellen wie Fachbüchern vergleichen.

Informationen und Fundorte speichern

Hast du eine gute Quelle gefunden? Dann solltest du dir ein Lesezeichen dieser Seite speichern oder die Adresse aufschreiben. So sparst du dir Zeit, wenn du nochmal auf die Information zugreifen willst.

Wer hat das Periodensystem erfunden ?

Periodensystem – Wissensdatenbank
Das moderne Periodensystem wurde von Lothar Meyer und Dmitri Iwanowitsch Mendelejew entwickelt ... Link: hier klicken

Dmitri Mendelejew entdeckte das Periodensystem der Elemente ...
Vor 150 Jahren entdeckte der russische Chemiker Dmitri Mendelejew des Periodensystem der Elemente ... Link: hier klicken

Die Geschichte des Periodensystems
Mendelejew legte das Periodensystem so aus, dass die Elemente ... Link: hier klicken

Lothar Meyer hat das Periodensystem erfunden
Der deutsche Arzt und Chemiker Lothar Meyer hat das Periodensystem erfunden ...
Link: hier klicken

Dmitri Mendelejew und Lothar Meyer
(Begründer des Periodensystems)

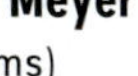

Das Periodensystem wurde von Lothar Meyer und Dmitri Iwanowitsch Mendelejew entwickelt. Sie veröffentlichten ihre Erkenntnisse im Jahr 1869 und sie erhielten dafür zusammen die Davy-Medaille der britischen Royal Society.

Mendelejew hatte seine Arbeit zum Periodensystem ein paar Monate früher als Meyer veröffentlicht. Deswegen wird er häufiger als Meyer als Begründer des Periodensystems genannt. Mendelejew konnte zudem Voraussagen zu den Eigenschaften der noch nicht entdeckten Elemente machen. In Russland wird auch heute noch das Periodensystem als **Tabliza Mendelejewa** ("Mendelejew Tabelle") bezeichnet. Weder Mendelejew noch Meyer kannten die Arbeiten des jeweils anderen zum Periodensystem.

6 Suchergebnisse und Internet-Quelle

1 Recherchiere zum Periodensystem der Elemente:
a) Welche Personen gelten als Begründer des Periodensystems der Elemente?
b) Welche zwei grundlegenden Ordnungsprinzipien hat das Periodensystem?

2 Recherchiere zu den chemischen Elementen:
a) Wie viele Elemente sind zurzeit bekannt?
b) Welche Elemente haben ihre Namen von Himmelskörpern bekommen?
c) Welche Besonderheit weisen alle Elemente ab der Ordnungszahl 84 auf?

«

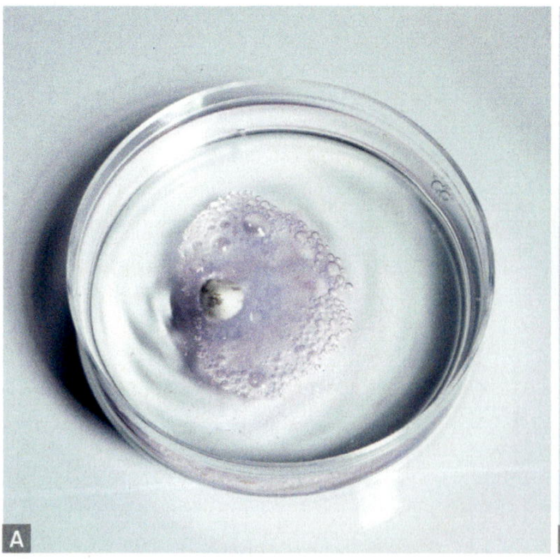

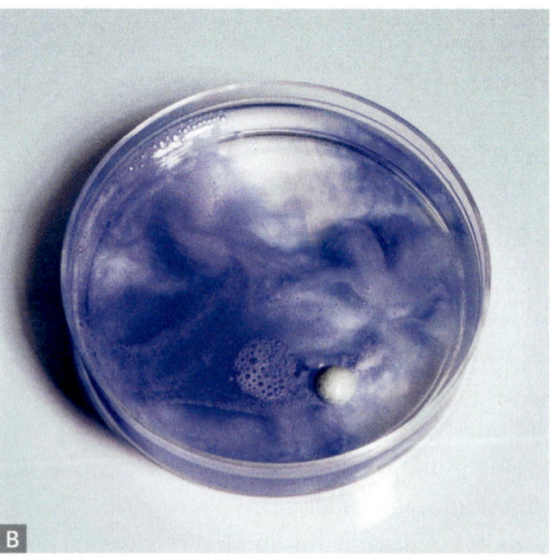

1 Natrium wird in Wasser gegeben, dem ein Indikator beigefügt wurde: **A** Beginn des Versuchs, **B** nach einigen Sekunden

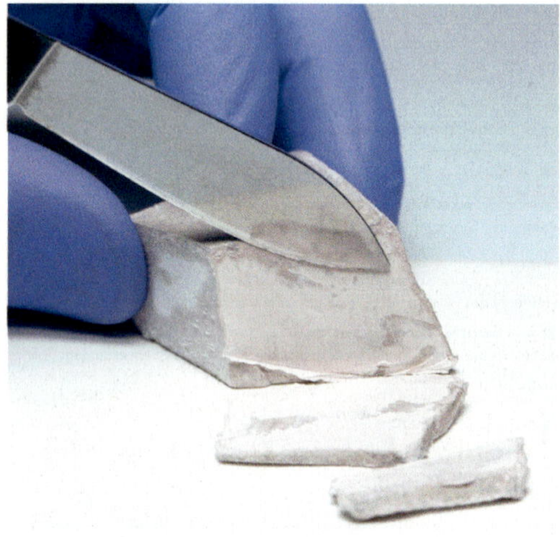

2 Natrium lässt sich leicht schneiden.

3 Petroleum schützt vor Kontakt mit Sauerstoff.

Die Alkalimetalle

Reaktionsfreudige Metalle

Die Stoffe der I. Hauptgruppe des Periodensystems bilden die Elementfamilie der **Alkalimetalle.**

Es sind die Metalle Lithium, Natrium, Kalium, Rubidium, Caesium und Francium. Mit Wasser reagieren die Alkalimetalle heftig und bilden dabei eine alkalische Lösung. Gibst du Universalindikator in die Lösung, färbt sie sich blau (→ Bild 1 A und B). Im Gegensatz zu vielen anderen Metallen, wie zum Beispiel Eisen oder Kupfer, sind die Alkalimetalle weich und lassen sich mit einem Messer schneiden (→ Bild 2). Die frischen Schnittflächen der Alkalimetalle verfärben sich schnell, da sie mit dem Sauerstoff in der Luft reagieren. Sie oxidieren. Die Reaktionsfreudigkeit der Alkalimetalle nimmt innerhalb der Hauptgruppe von oben nach unten zu. Die schwereren Alkalimetalle können sich sogar an der Luft selbst entzünden. Da sie so leicht mit anderen Stoffen reagieren, werden sie in Schutzflüssigkeiten wie Petroleum aufbewahrt (→ Bild 3). Wegen ihrer Reaktionsfreudigkeit kommen sie in der Natur nicht als Elemente, sondern als Verbindung vor.

Element	Dichte	Schmelztemperatur	Härte	Reaktion mit Wasser
Lithium	0,53 $\frac{g}{cm^3}$	180 °C	nimmt ab	
Natrium	0,97 $\frac{g}{cm^3}$	98 °C		
Kalium	0,86 $\frac{g}{cm^3}$	64 °C		
Rubidium	1,53 $\frac{g}{cm^3}$	39 °C		
Caesium	1,87 $\frac{g}{cm^3}$	29 °C		nimmt zu

4 Eigenschaften der Alkalimetalle

Verwendung von Alkalimetallen

Lithium wird in Akkus verwendet. Lithiumakkus sind leichter als andere Akkus, können aber mehr Energie speichern. Sie halten die Ladung lange und können oft geladen und entladen werden.
Das Element Natrium gehört zu den häufigsten Elementen der Erde. Es kommt nur in Verbindungen vor. Natriumchlorid ist die bekannteste Natriumverbindung. Du kennst es unter dem Namen Kochsalz.
Das Element Kalium ist ein wichtiger Bestandteil in Düngemitteln. Es spielt eine wichtige Rolle für den Stoffwechsel von Lebewesen.
Rubidium und Caesium gehören zu den reaktionsfähigsten Metallen. Sie werden daher unter Luftabschluss in Glasampullen aufbewahrt.
Diese Reaktionsfreudigkeit nimmt also von Lithium nach Caesium zu (→ Bild 4).

Alkalimetalle färben Flammen

Chemische Verbindungen von Alkalimetallen färben Flammen in unterschiedlichen Farben. Jedes Alkalimetall erzeugt dabei eine bestimmte Farbe. Diese Eigenschaft wird für Feuerwerkskörper genutzt (→ Bild 5).

5 Ein buntes Feuerwerk

Die Alkalimetalle bilden eine Elementfamilie. Sie sind sehr reaktionsfreudig und kommen in der Natur nur als Verbindungen vor.

1 Alkalimetalle unterscheiden sich in ihren Eigenschaften von den meisten Metallen. Nenne diese besonderen Eigenschaften.

2 I Begründe, warum die Alkalimetalle in der Natur nur als Verbindungen vorkommen.

3 II Nenne Alkalimetalle, die auf einer Wasseroberfläche schwimmen. Nutze die Werte aus Bild 4.

Starthilfe zu 3:
Wasser hat eine Dichte von 1 $\frac{g}{cm^3}$.

»

FORSCHEN UND ENTDECKEN

A Die Flammenfärbung

Die Salze von Alkalimetallen färben die rauschende Brennerflamme eines Gasbrenners.

Material: Gasbrenner, Anzünder, Becherglas mit verdünnter Salzsäure, Magnesiastäbchen, Lithiumchlorid, Natriumchlorid, Kaliumchlorid, Pinzette, Schutzbrille

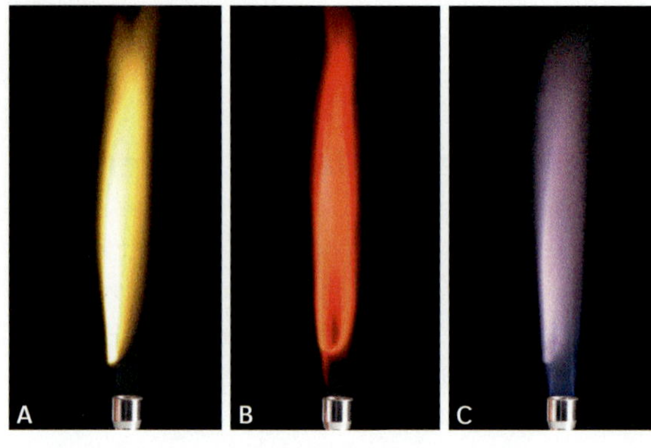

1 Verschiedene Flammenfärbungen

Durchführung:

Schritt 1: Glühe das Magnesiastäbchen in der Brennerflamme aus.

Schritt 2: Tauche das Magnesiastäbchen in die verdünnte Salzsäure.

Schritt 3: Tauche das Stäbchen in das Lithiumchlorid.

Schritt 4: Halte das mit Salz bedeckte Ende des Stäbchens in die Flamme.

Schritt 5: Brich die gebrauchte Spitze des Magnesiastäbchens mit der Pinzette ab.

Schritt 6: Wiederhole die Schritte 1 bis 5 mit Natriumchlorid und Kaliumchlorid.

1 Notiere deine Beobachtungen.

2 Benenne die Salze in Bild 1 mithilfe deiner Beobachtungen.

B Lithium auf Wasser

Mit diesem Versuch kannst du die Reaktionsfähigkeit von Lithium überprüfen.

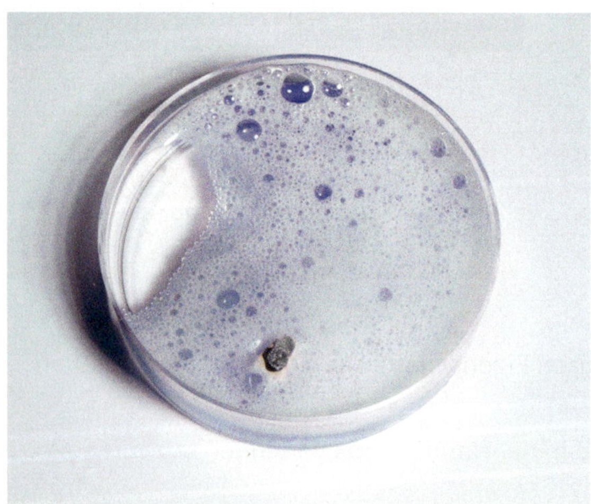
2 Lithium in mit Indikator versetztem Wasser

Material: Glasschale, Handschuhe, Pinzette, Messer, Wasser, Spülmittel, Phenolphthalein, Lithium, Schutzbrille

Durchführung:

Schritt 1: Befülle die Glasschale zur Hälfte mit Wasser.

Schritt 2: Gib einen Tropfen Spülmittel und einige Tropfen Phenolphthalein in das Wasser. Bestimme den pH-Wert.

Schritt 3: Nutze Handschuhe und Schutzbrille! Schneide mithilfe der Pinzette und des Messers ein erbsengroßes Stück Lithium ab.

Schritt 4: Gib das Stückchen Lithium in das Wasser. Bestimme nun den pH-Wert.

1 Notiere deine Beobachtungen.

2 Beschreibe, wie sich der pH-Wert verändert hat.

Vielfältiges Natriumchlorid

Unser wichtigstes Salz

Wenn wir im Alltag von Salz sprechen, meinen wir damit meistens Natriumchlorid. Es wird auch Kochsalz genannt. Natriumchlorid ist für Menschen und Tiere lebensnotwendig. Täglich verliert der Körper Natriumchlorid, das er durch die Nahrung wieder aufnimmt. Natriumchlorid ist in der Natur in großen Mengen vorhanden.

Gewinnung

Kochsalz wird aus Meersalz oder Steinsalz gewonnen. Die Gewinnung von Kochsalz aus Meerwasser ist nur in Küstengebieten mit hoher Sonneneinstrahlung möglich. Die Sonne verdunstet das Wasser. Das Kochsalz bleibt zurück und wird abgeschöpft.

3 Salzgewinnung aus Meerwasser

In Salzbergwerken wird Steinsalz durch Bohr- und Sprengarbeiten aus dem Gestein gelöst. Anschließend wird es durch weitere Arbeitsschritte gereinigt.

4 Steinsalzgewinnung im Bergwerk

Verwendung

Bei der Herstellung von Lebensmitteln wird Salz als Konservierungsmittel eingesetzt. In der Medizin wird Kochsalzlösung verabreicht, um einen Blutverlust auszugleichen oder um Medikamente in die Blutbahn des Patienten zu bringen.

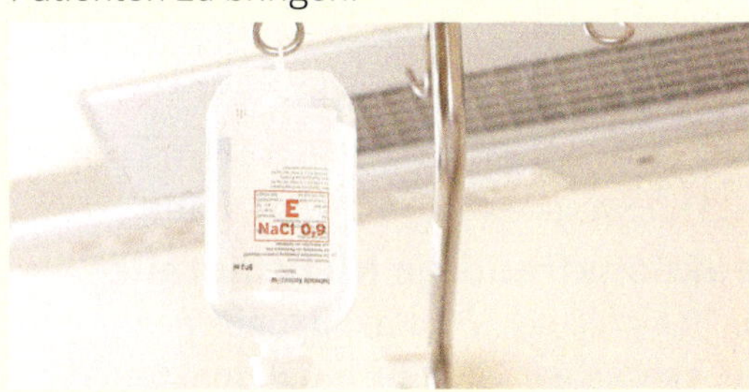

5 Gabe von Kochsalzlösung im Krankenhaus

Im Winter wird Streusalz verteilt, wenn Straßen mit Eis bedeckt sind. Auch das Streusalz für vereiste Straßen im Winter enthält überwiegend Natriumchlorid.

6 Streusalzeinsatz im Winter

1. Erläutere, warum der Großteil unseres Bedarfs an Natriumchlorid aus Steinsalz gewonnen wird.
2. Erkläre den Unterschied zwischen Meersalz und Steinsalz.
3. Nenne mindestens vier verschiedene Verwendungsmöglichkeiten für Kochsalz.

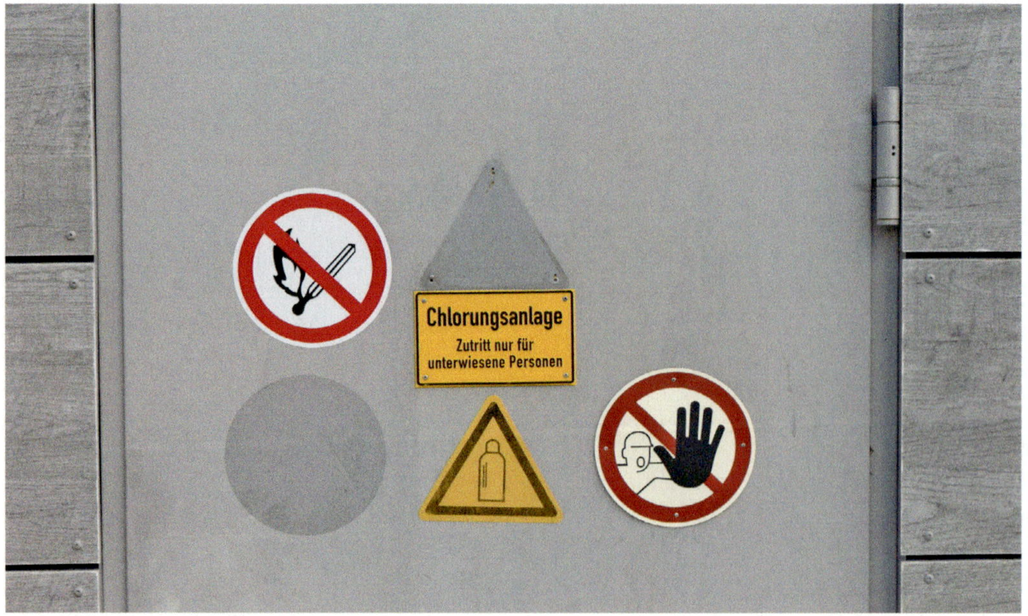

1 Zur Desinfektion wird das Wasser in öffentlichen Schwimmbädern meist mit Chlorgas versetzt.

Die Halogene

Reaktionsfreudige Nichtmetalle

Die Elemente der VII. Hauptgruppe des Periodensystems sind sehr **reaktionsfreudige** Nichtmetalle.

Da sie so leicht mit anderen Stoffen reagieren, kommen sie in der Natur nur als Verbindungen vor. Diese Verbindungen sind meistens Salze. Daraus leitet sich auch der Name „**Halogene**" ab, denn das heißt so viel wie „**Salzbildner**". Die bedeutendsten Elemente dieser Hauptgruppe sind Fluor, Chlor, Brom und Iod.

Die Salzbildner

Halogene reagieren leicht mit Metallen und verbinden sich mit ihnen zu Salzen. Die Salze sind Feststoffe, die gut in Wasser löslich sind. Im Gegensatz zu den reinen Halogenen, sind ihre Salze reaktionsträge. Die Halogene wie zum Beispiel Chlorgas (Cl_2) sind für den Menschen giftig. Manche Salze der Halogene sind jedoch wichtig für den menschlichen Körper wie zum Beispiel Fluoride oder Natriumchlorid.

Element	Farbe	Schmelztemperatur	Siedetemperatur	Aggregatzustand bei 20 °C	Reaktionsfreudigkeit
Fluor	gelblich	−220 °C	−188 °C	gasförmig	nimmt ab
Chlor	gelbgrün	−101 °C	−34 °C	gasförmig	
Brom	rotbraun	−7 °C	59 °C	flüssig	
Iod	violett-schwarz	114 °C	185 °C	fest	

2 Einige Eigenschaften der wichtigsten Halogene

Fluor und seine Verbindungen

Fluor ist ein sehr giftiges Gas. Es ist ätzend und äußerst reaktionsfreudig. Es hat eine hellgelbe Farbe und einen stechenden Geruch. Einige Fluor-Verbindungen sind für den Menschen sehr wichtig, weil sie am Aufbau von Knochen und Zähnen beteiligt sind. Fluor-Verbindungen wie Natriumfluorid in Zahnpasta (→ Bild 3) härten den Zahnschmelz und dienen als Kariesschutz.

Chlor und seine Verbindungen

Chlor ist ein gelbgrünes, sehr giftiges Gas mit stechendem Geruch. Aufgrund seiner hohen Reaktionsfreude wird Chlor zur Desinfektion in Schwimmbädern und für Trinkwasser eingesetzt (→ Bild 1). Es tötet bereits in geringen Mengen Bakterien ab. Ist Chlor in Wasser gelöst, riecht es kaum. Ein intensiver Chlorgeruch entsteht erst, wenn Chlor mit anderen Stoffen, wie zum Beispiel Harnstoff reagiert.
In der Natur kommt Chlor hauptsächlich als Natriumchlorid vor, das wir als Speisesalz nutzen. In der Industrie wird Natriumchlorid zur Herstellung von Chlorgas benötigt.

Brom ist ein flüssiges Halogen

Flüssiges Brom hat eine dunkelrote bis braune Färbung. Es ist neben Quecksilber das einzige Element, das bei Raumtemperatur flüssig ist. Brom verdampft leicht und bildet dabei stechend riechende, giftige Dämpfe. Brom-Verbindungen werden hauptsächlich in Brandschutzmitteln verwendet. Ähnlich wie Chlor wirkt Brom desinfizierend.

3 Zahnpasta enthält oft Natriumfluorid.

4 Iodiertes Speisesalz

Iod ist ein festes Halogen

Iod bildet violett-schwarze Kristalle, die bereits bei Raumtemperatur sublimieren. Iod-Verbindungen sind wichtig für Lebewesen. Ein Mangel an Iod kann zu Schilddrüsenerkrankungen führen. Um diesen Mangel vorzubeugen, gibt es iodiertes Speisesalz (→ Bild 4).

> Halogene sind reaktionsfreudig und bilden durch Reaktion mit Metallen Salze.

1. Begründe, warum Halogene in der Natur nur in Verbindungen vorkommen.
2. Beschreibe für drei Halogene ihre Bedeutung für die Gesundheit des Menschen.
3. I Nenne eine Möglichkeit, dem Iodmangel im menschlichen Körper vorzubeugen.
4. II Erläutere den Unterschied zwischen dem giftigen Gas Chlor und der lebensnotwendigen Chlorverbindung Natriumchlorid.

Starthilfe zu 4:
Unterscheide zwischen dem Element und den Verbindungen.

»

ÜBEN UND ANWENDEN

A Bleichen und desinfizieren mit Chlor

1 Ein chlorhaltiges Mittel

Viele Bleich- und Desinfektionsmittel beinhalten chlorhaltige Verbindungen. Mit Bleichmitteln können zum Beispiel Flecken aus der Wäsche „entfernt" werden. Oberflächen in Küche und Bad können mit chlorhaltigen Mitteln desinfiziert werden. Beim Einsatz chlorhaltiger Mittel sind in der Regel Vorsichtsmaßnahmen zu beachten. Du erkennst dies an den Piktogrammen auf der Packung.

1. Nenne drei Vorsichtsmaßnahmen, die im Umgang mit Bleichmitteln zu beachten sind. Betrachte dazu Gefahren-Piktogramme in Bild 1.
2. Nenne mindestens drei Beispiele für den Einsatz chlorhaltiger Mittel.

B Ätzen von Glas mit Flusssäure

2 Fensterscheibe nach dem Ätzen mit Flusssäure

Flusssäure ist die wässrige Lösung von Fluorwasserstoff (HF). Sie ist eine farblose, stechend riechende und hochgiftige Flüssigkeit. Flusssäure greift Glas an und wird deshalb zur Glasbearbeitung verwendet. Durch das Ätzen von Glas können dabei besondere Glasoberflächen hergestellt werden (→ Bild 2). Auch die meisten Metalle mit Ausnahme von Blei, Silber, Gold und Platin werden von Flusssäure aufgelöst. Dabei entstehen Wasserstoff und Fluoride. Fluoride sind die Salze der Flusssäure. Beim Ätzen von Zink mit Flusssäure entstehten Wasserstoff und Zinkfluorid.

1. Beschreibe die Herstellung einer Glasoberfläche wie in Bild 2.
2. Erkläre, warum Flusssäure nur in Kunststoffflaschen aufbewahrt werden darf.
3. Formuliere die Wortgleichung für die Reaktion von Eisen mit Flusssäure.

IM ALLTAG

Halogene im Einsatz

Chlorung von Leitungswasser

Leitungswasser zählt zu den am besten kontrollierten Lebensmitteln in Deutschland.
Unser Wasser aus der Leitung kann überall bedenkenlos getrunken werden. Jedoch können bei starken Regenfällen die Böden ihre Filterfunktion verlieren und Keime in das Grundwasser gelangen. Dadurch wird unser Leitungswasser belastet. Würde eine erhöhte Belastung durch Keime festgestellt, wird das Leitungswasser gechlort. Das Chlor macht die Keime unschädlich. Über eine kurze Zeit stellt Chlor im Leitungswasser kein gesundheitliches Problem dar. Die Gefahr für die Gesundheit ist durch Keime wesentlich größer als durch Chlor.
Vorsorglich sollten Schwangere und Kleinkinder nicht für längere Zeit gechlortes Wasser trinken.

3 Grundwasser wird überprüft.

Das Spurenelement Iod

Spurenelemente sind für Menschen und Tiere lebensnotwendig. Sie sind für den Aufbau und die Funktion des Körpers verantwortlich. Das Spurenelement Iod wird für die Funktion der Schilddrüse benötigt. Ein Mangel an Iod kann zu einer Unterfunktion der Schilddrüse führen und so Erkrankungen auslösen. Um Iodmangel vorzubeugen, wird iodiertes Speisesalz zum Kochen verwendet. Iodhaltige Lebensmittel sind Meeresfische, Milchprodukte oder Eier. Eine vegane Iodquelle sind Algen.

4 Seefisch und Algen enthalten viel Iod.

1. Begründe, wann Leitungswasser mit Chlor versetzt wird.
2. Beschreibe, wie einem Iodmangel vorgebeugt werden kann.
3. Nenne zwei Personengruppen, die bei gechlortem Wasser besonders achtsam sein sollten.
4. Recherchiere fünf weitere Spurenelemente neben Iod.

«

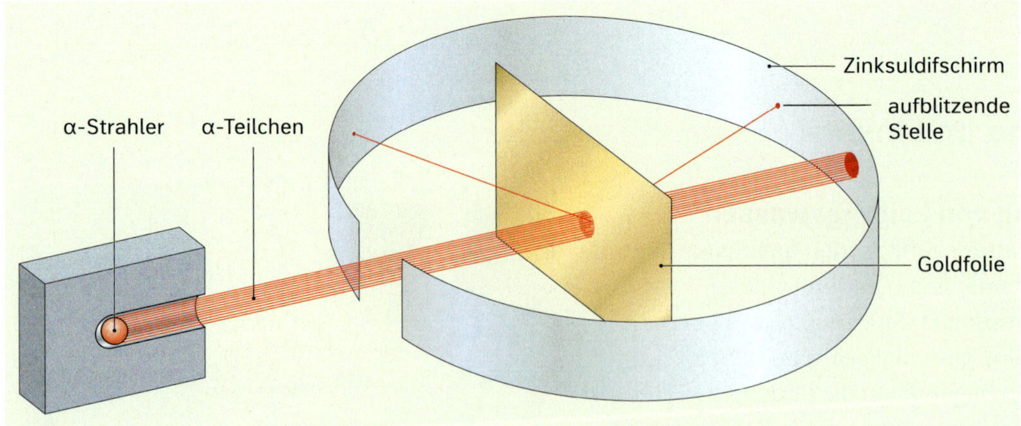

1 Modell des Streuversuchs von RUTHERFORD

Die Entdeckung des Atomkerns

DALTONS Atommodell

Im Jahr 1808 stellte der Engländer JOHN DALTON seine Modellvorstellung vom Aufbau der Stoffe vor. Danach bestehen Stoffe aus kleinen Teilchen. Diese stellte sich DALTON als kleine, harte Kugeln vor (→ Bild 2). Dabei haben unterschiedliche Stoffe unterschiedlich große und schwere Kugeln.

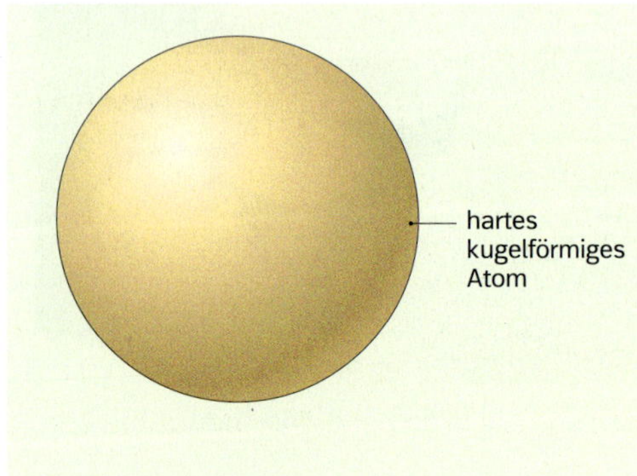

2 Kugelteilchenmodell von DALTON

Die Radioaktivität

Um das Jahr 1900 wurde die Radioaktivität entdeckt. Durch Versuche mit Radioaktivität konnte der Forscher ERNEST RUTHERFORD das Atommodell von DALTON teilweise widerlegen und anschließend weiterentwickeln.

Der Streuversuch

RUTHERFORD beschoss eine dünne Goldfolie mit **α-Teilchen** aus einem radioaktiven Stoff. α-Teilchen sind geladenen Teilchen, die sich mit hoher Geschwindigkeit bewegen. Treffen diese Teilchen auf einen Zinksulfid-Schirm, erzeugen sie dort Lichtblitze (→ Bild 1).

Die Erwartung

Nach dem Modell von DALTON sollten alle α-Teilchen an den kugelförmigen Gold-Teilchen abprallen und zurückgeworfen werden. Lichtblitze sollten also nur auf dem Zinksulfid-Schirm vor der Goldfolie sichtbar werden (→ Bild 3A).

Die Beobachtung

Überraschenderweise beobachtete RUTHERFORD jedoch etwas ganz anderes: Die meisten Lichtblitze befanden sich auf dem Schirm hinter der Goldfolie. Für die meisten α-Teilchen war die Goldfolie offenbar kein Hindernis.
Nur sehr wenige α-Teilchen wurden in die Ausgangsrichtung zurückgeworfen oder in ihrer Flugbahn abgelenkt. Das Atommodell von DALTON konnte diese Entdeckung nicht erklären.

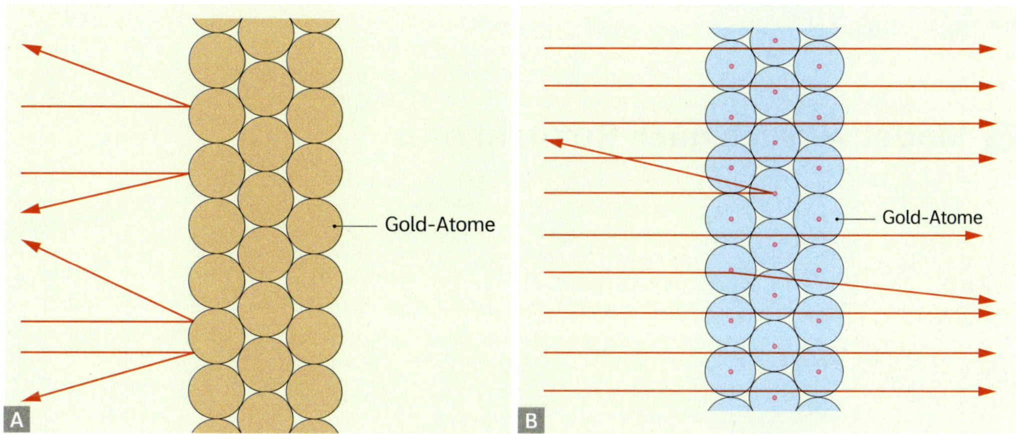

3 Strahlenverläufe beim Streuversuch: **A** nach DALTONS Modell, **B** bei RUTHERFORDS Beobachtung

Deutung des Streuversuchs

Die meisten α-Teilchen flogen durch die Folie hindurch. Die Atome mussten also größtenteils leer sein, wie RUTHERFORD folgerte. Den leeren Teil nannte er **Atomhülle** (→ Bild 3B).

In der Mitte eines Atoms musste es einen massiven **Atomkern** geben. Er musste den Hauptteil der Masse enthalten. Die Ablenkung der α-Teilchen führte RUTHERFORD auf eine Abstoßung zwischen den α-Teilchen und dem Atomkern zurück. Da α-Teilchen positiv geladen sind, musste der Atomkern ebenfalls **positiv geladen** sein.

Weitere Schlussfolgerungen

Da Atome insgesamt elektrisch neutral sind, müssen sich neben dem positiv geladenen Atomkern auch negative Ladungen im Atom befinden. Diese befinden sich in der Atomhülle und haben fast keine Masse. Diese **negativ geladenen** Teilchen werden als **Elektronen** bezeichnet

RUTHERFORDS Atommodell

Auf der Grundlage seiner Versuche entwickelte RUTHERFORD das Kern-Hülle-Modell des Atoms (→ Bild 4). Danach besitzt jedes Atom einen positiv geladenen Atomkern. Er enthält über 99,9 % der Atommasse, ist aber etwa 10 000-mal kleiner als das ganze Atom. Um den Atomkern befindet sich die Atomhülle mit den negativ geladenen Elektronen. Deren negative Ladungen gleichen die postive Ladung des Kerns aus.

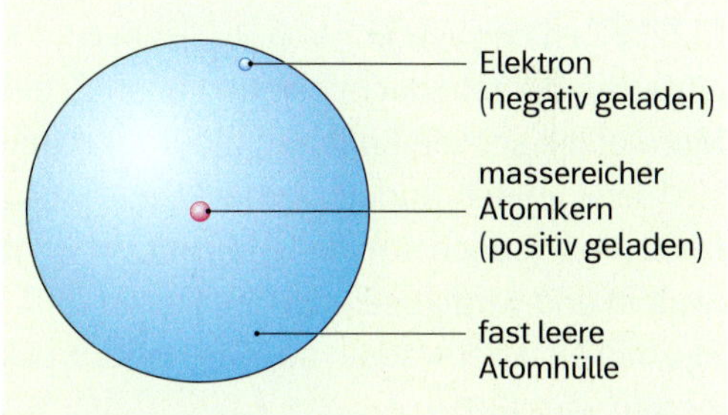

4 Kern-Hülle-Atommodell nach RUTHERFORD

1 Beschreibe die Unterschiede in den Atommodellen von DALTON und RUTHERFORD.

2 Erkläre, warum RUTHERFORD von seinen Beobachtungen zunächst überrascht war.

Starthilfe zu 2:
Beginne so: „Nach dem Atommodell von DALTON hatte RUTHERFORD eigentlich erwartet, ..."

3 **I** Beschreibe den Versuchsaufbau und die Beobachtungen aus dem Versuch von ERNEST RUTHERFORD.

4 **II** Der Zusammenstoß eines α-Teilchens mit einem Elektron in der Hülle verändert die Flugbahn offenbar nicht. Begründe das.

»

ÜBEN UND ANWENDEN

A Modellversuch nach RUTHERFORD

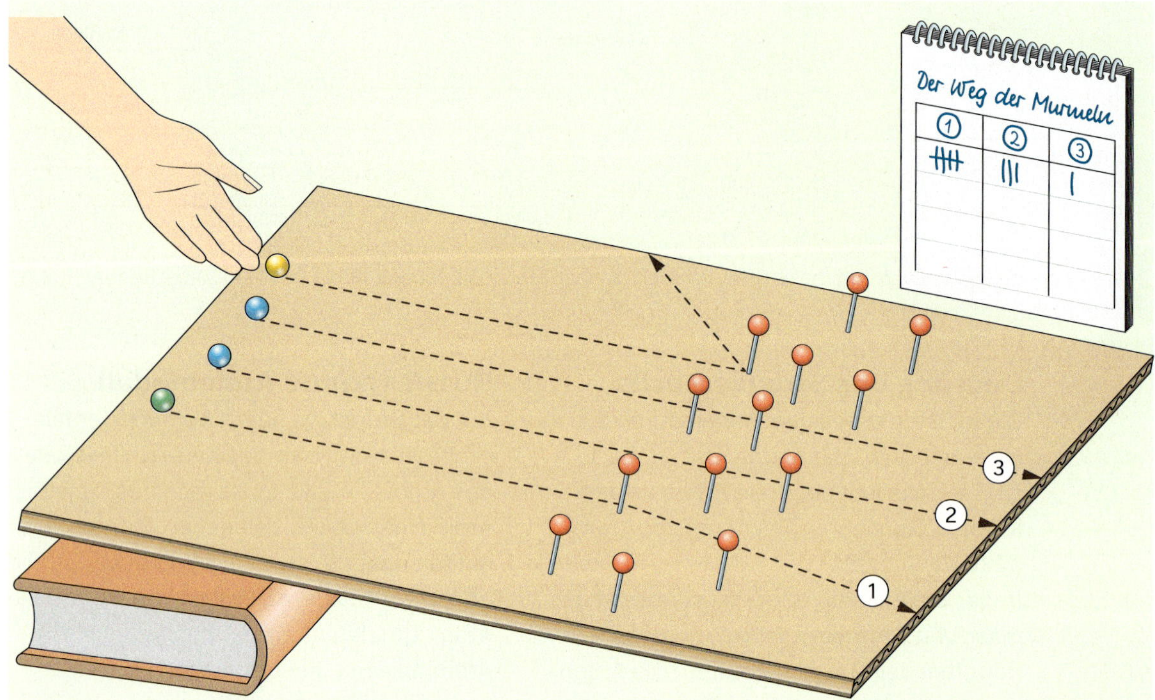

1 Experimenteller Aufbau des Modellversuchs

Modellversuch nach RUTHERFORD

In Bild 1 ist der Versuch von RUTHERFORD mit einfachen Mitteln nachgestellt. Lässt du eine Murmel die schiefe Rollbahn hinunter rollen, rollt sie meist an den Nadeln vorbei (1).
Manchmal jedoch streift die Murmel eine der Nadeln und wird abgelenkt (2). Selten trifft die Murmel eine der Nadeln so, dass sie zurückgeworfen wird (3).

Erklärung der Ergebnisse

Die Ergebnisse des Versuchs ähneln denen von RUTHERFORD. Auch bei ihm wurden fast alle α-Strahlen durchgelassen. Nur wenige wurden zurückgeworfen oder abgelenkt.
Daraus hat RUTHERFORD geschlossen, dass der Atomkern im Vergleich zur Atomhülle sehr klein sein muss. Durch ihn kommen die α-Strahlen nicht hindurch. Er muss hart und sehr schwer sein.

1 **a)** Beschreibe die drei Möglichkeiten für den Weg der Murmel in Bild 1.
b) Ordne Nadeln, Kreise und Murmeln den Teilen in RUTHERFORDS Experiment zu, also Atomhülle, Atomkern und α-Strahlen.

2 Der Modellversuch unterscheidet sich in der Häufigkeit, mit der die Murmel eine der Nadeln trifft, deutlich von den Beobachtungen, die RUTHERFORD gemacht hat.
a) Beschreibe diese Unterschiede.
b) Begründe die Unterschiede zwischen den Ergebnissen des Modellexperiments und RUTHERFORDS Streuversuch.
c) Schlage eine Möglichkeit vor, um beim Modellexperiment wirklichkeitsnähere Ergebnisse zu erhalten.

Starthilfe zu 2b:
Beachte die Größenverhältnisse von Nadel, Kreis und Murmel zu Atomkern, Hülle und α-Teilchen.

ÜBEN UND ANWENDEN

B Größenvergleich von Atom und Atomkern

2 Größenvergleich Eiffelturm und Wasserstoff-Atom

Das Atom und der Eiffelturm

Ein Wasserstoff-Atom ist etwa 40 000-mal größer als sein Atomkern. Dieser besteht nur aus einem Proton.

Dieser Unterschied ist kaum vorstellbar: Wäre der Atomkern etwa so groß wie eine Kirsche, wäre die Hülle eine Kugel mit über 300 Metern Durchmesser, in die der Eiffelturm von Paris so gerade hineinpassen würde (→ Bild 2). Bei diesen Größenverhältnissen ist es erstaunlich, dass Rutherford bei seinem Streuversuch überhaupt gelegentlich den Atomkern getroffen hat.

Größen in Zahlen

Atome und ihre Bestandteile sind sehr klein. Genaue Zahlen zu Bild 2 findest du in der folgenden Tabelle:

Gegenstand	Durchmesser in m
Eiffelturm	324
Kirsche	0,008
Wasserstoff-Atom	0,00000000011 (oder $1{,}1 \cdot 10^{-10}$)
Atomkern (Proton)	0,0000000000000026 (oder $2{,}6 \cdot 10^{-15}$)

Da die vielen Nullen nur schwer zu lesen sind, wird oft die in Klammern angegebene Exponentialschreibweise benutzt.

1 Veranschauliche die Größenverhältnisse zwischen einem Wasserstoff-Atom und seinem Atomkern.
a) an dem oben beschriebenen Beispiel.
b) an einem eigenen Beispiel.

Starthilfe zu 1b:
Ein Fußballfeld ...

2 RUTHERFORD führte den Versuch mit α-Teilchen durch. Ein α-Teilchen ist etwa 5-mal so groß wie ein Proton. Begründe, dass Atomkerne bei RUTHERFORDS Versuchen nur selten getroffen wurden.

3 Berechne das exakte Größenverhältnis zwischen
a) dem Eiffelturm und einer Kirsche.
b) einem Atom und seinem Atomkern.

Starthilfe zu 3:
Teile die größere Zahl durch die kleinere Zahl.

4 Berechne die Größe, die die Kirsche hat, wenn das Verhältnis zwischen Eiffelturm und Kirsche tatsächlich exakt 40000 : 1 ist.

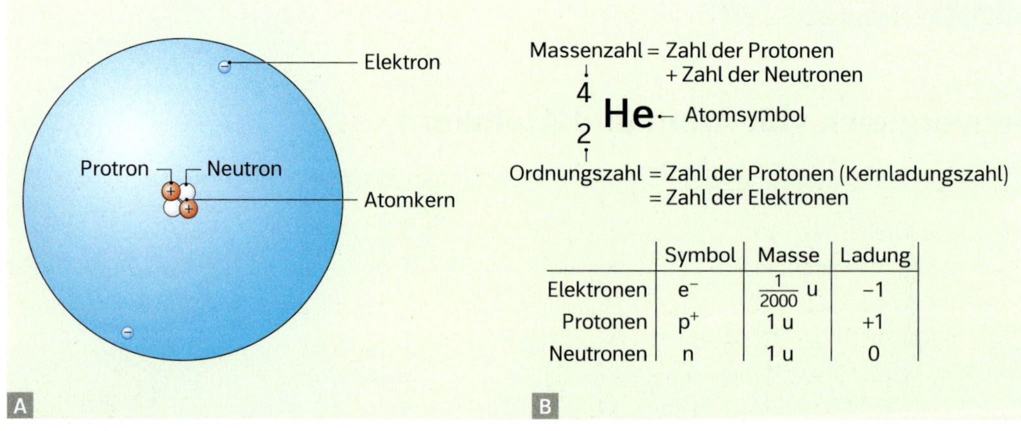

	Symbol	Masse	Ladung
Elektronen	e^-	$\frac{1}{2000}$ u	−1
Protonen	p^+	1 u	+1
Neutronen	n	1 u	0

1 Das Atom: **A** Kern-Hülle-Modell, **B** Eigenschaften der wichtigsten Elementarteilchen

Der Aufbau der Atome

Die Elementarteilchen

Die Entdeckungen von RUTHERFORD ermöglichten es Wissenschaftlern, weitere Details über den Bau der Atome herauszufinden. Sie entdeckten neben dem Elektron noch das **Neutron** und das **Proton** als Bausteine der Atome. Diese drei Teilchen heißen **Elementarteilchen** (→ Bild 1).

Der Atomkern

Protonen und Neutronen befinden sich im Atomkern, die Elektronen befinden in der Hülle. Protonen haben eine **positive Ladung.** Sie werden mit $\mathbf{p^+}$ abgekürzt und haben eine Masse von ungefähr 1 u. Neutronen sind ungeladen. Sie werden mit **n** abgekürzt und haben eine Masse von etwa 1 u. Der Großteil der Atommasse eines Atoms befindet sich in seinem Kern.

Die Atomhülle

In der Atomhülle befinden sich die **Elektronen.** Sie sind negativ geladen und werden mit $\mathbf{e^-}$ abgekürzt. Elektronen haben eine Masse von etwa $\frac{1}{2000}$ u. Das bedeutet, dass 2000 Elektronen die gleiche Masse wie ein Proton oder ein Neutron haben. Da die Masse so gering ist, wird sie bei Berechnungen oft nicht beachtet.

Anzahl der Elementarteilchen

Die Anzahl an Protonen und Elektronen kannst du direkt aus dem Periodensystem der Elemente ablesen (→ Bild 2). Mit diesen Informationen kannst du die Massenzahl der Neutronen berechnen.

Protonenanzahl

Die Ordnungszahl eines Atoms entspricht der Anzahl seiner Protonen. Das Helium-Atom hat 2 Protonen und deshalb die Ordnungszahl 2. Das Lithium-Atom hat 3 Protonen und die Ordnungszahl 3.

Elektronenanzahl

Ein Atom hat dieselbe Anzahl von Protonen im Atomkern und Elektronen in der Atomhülle. Die Ladungen heben sich gegenseitig auf. Deshalb ist ein Atom elektrisch neutral. Das Helium-Atom hat
2 Protonen und 2 Elektronen in der Hülle.

Neutronenanzahl

Die Anzahl der Neutronen erhältst du, wenn du von der gerundeten Atommasse die Protonenanzahl abziehst.

Massenzahl – Anzahl der Protonen = Anzahl der Neutronen

Bau des Wasserstoff-Atoms

Das kleinste und leichteste Atom ist das Wasserstoff-Atom. Es hat 1 Proton im Atomkern und 1 Elektron in der Atomhülle und hat deshalb die Ordnungszahl 1. Da die Atommasse und die Ordnungszahl gleich sind, enthält das Wasserstoff-Atom kein Neutron (→ Bild 2).

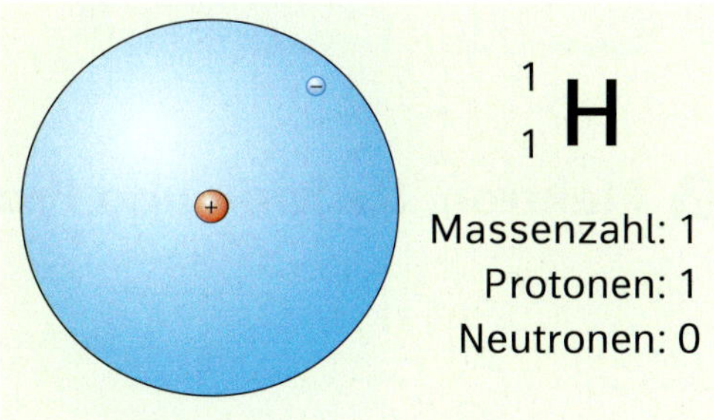

2 Atombau des Wasserstoff-Atoms

Bau des Helium-Atoms

Das Helium-Atom hat 2 Protonen im Atomkern und 2 Elektronen in der Atomhülle. Es hat die Ordnungszahl 2. Die gerundete Atommasse des Helium-Atoms beträgt 4 u. Ziehst du von der Atommasse die Anzahl der Protonen ab, erhältst du 2 Neutronen.

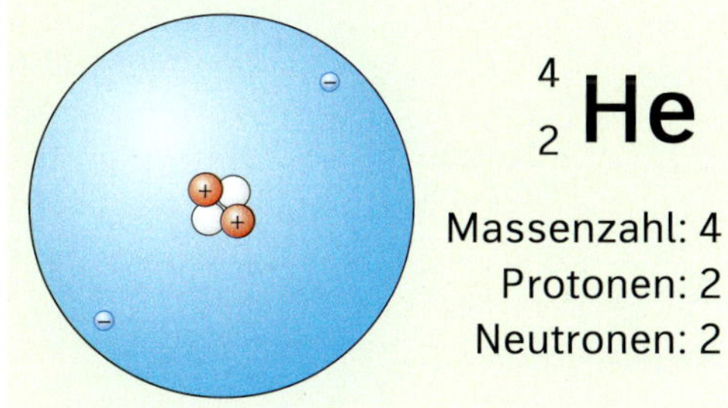

3 Atombau des Helium-Atoms

Bau des Lithium-Atoms

Das Lithium-Atom hat 3 Protonen im Kern und 3 Elektronen in der Atomhülle. Damit hat es die Ordnungszahl 3. Seine gerundete Atommasse ist 7 u. Lithiumatome haben also 4 Neutronen im Atomkern.

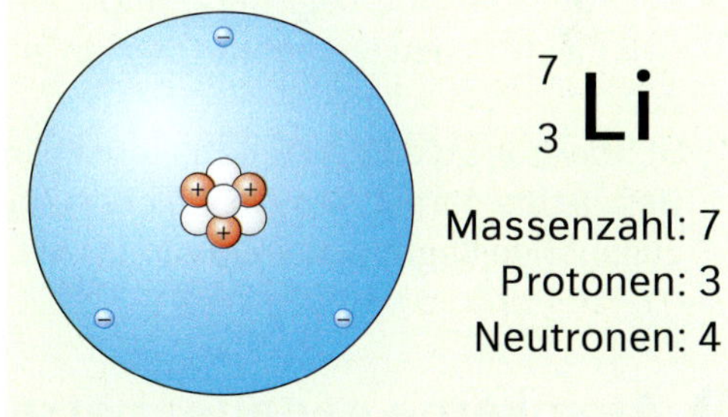

4 Atombau des Lithium-Atoms

> Die Elementarteilchen eines Atoms sind Protonen, Neutronen und Elektronen. Die Protonen und Neutronen befinden sich im Kern, die Elektronen befinden sich in der Hülle.

1 a) Nenne die Elementarteilchen eines Atoms.
b) Nenne die Masse, die Ladung und den Aufenthaltsort der Elementarteilchen eines Atoms.
c) Begründe, dass die Elektronen bei der Bestimmung der Atommasse keine Rolle spielen.

2 Beschreibe den Aufbau eines Lithium-Atoms.

3 Begründe, dass Atome insgesamt elektrisch neutral sind, obwohl sie geladene Teilchen enthalten.

Starthilfe zu 3: Betrachte Bild 2.

4 I Nenne die Anzahl der Protonen, Neutronen und Elektronen eines Sauerstoff-Atoms.

Starthilfe zu 4: Nutze das PSE.

5 II Formuliere einen Merksatz, der den Zusammenhang zwischen Massenzahl, Protonenzahl und Neutronenzahl beschreibt.

ÜBEN UND ANWENDEN

A Elektron, Neutron und Proton – richtig zuordnen

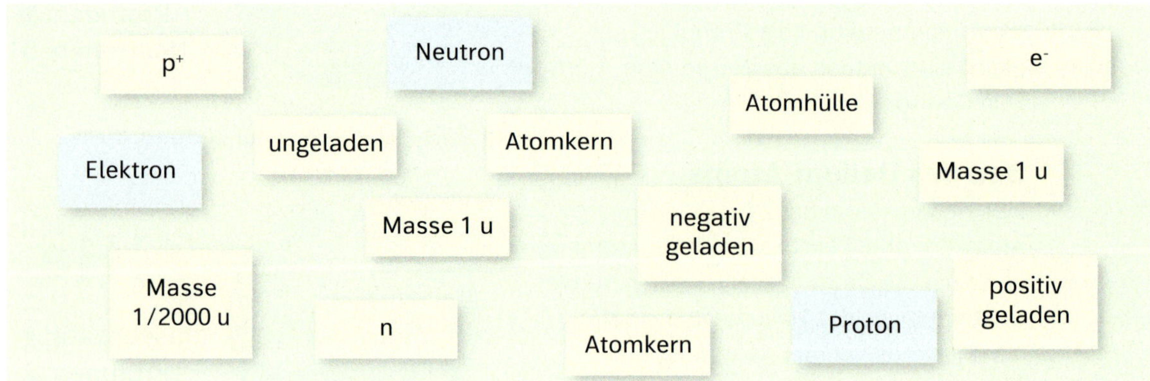

1 Elementarteilchen und ihre Eigenschaften

1 a) Ordne den Oberbegriffen Proton, Neutron und Elektron den Elementarteilchen in Bild 1 zu.
b) Übertrage die Begriffe tabellarisch in dein Heft. Achte darauf, dass in gleichen Zeilen zugehörige Begriffe stehen.

Starthilfe zu 1 a:
Jeder Oberbegriff hat die gleiche Anzahl an zugehörigen Begriffen.

Starthilfe zu 1 b:

Proton	Neutron	Elektron
Atomkern	Atomkern	---
...	...	...

B Atomkerne genauer betrachten

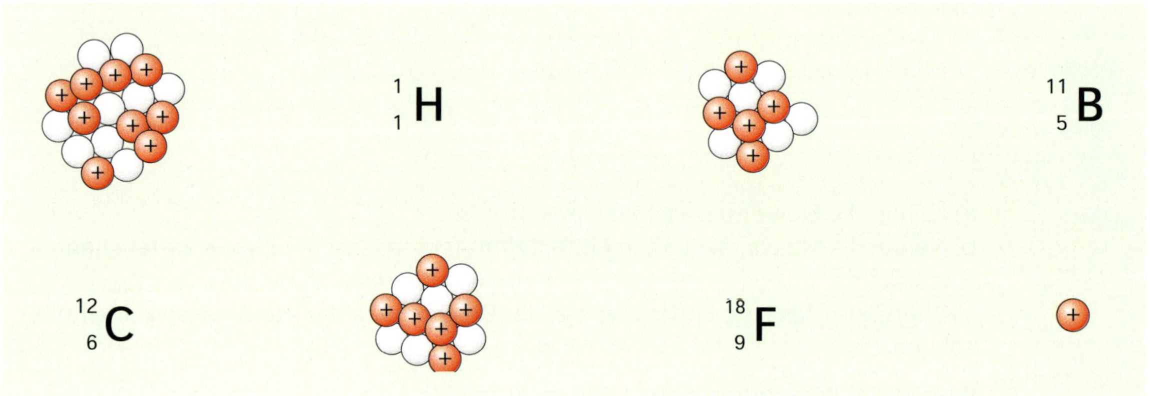

2 Verschiedene Atome

1 Ordne den Atomkernen die richtigen Symbole zu.

2 Zeichne die Atomkerne von $^{7}_{3}Li$, $^{14}_{7}N$ und $^{23}_{11}Na$.

3 Bilde Sätze, die den Aufbau der Atomkerne in Bild 2 beschreiben.

Starthilfe zu 3:
Beginne deinen Satz mit: „Der Atomkern des ...-Atoms besteht aus..."

FORSCHEN UND ENTDECKEN

A Atome selber bauen

Die Vorstellungen von Atombau werden anschaulicher, wenn du sie selbst nachbaust. Es gibt zwei grundsätzlich verschiedene Ansätze (→ Bild 3).

Material:
Kugeln aus Styropor oder Knetmasse, Draht oder Holzspieße, Bindfaden

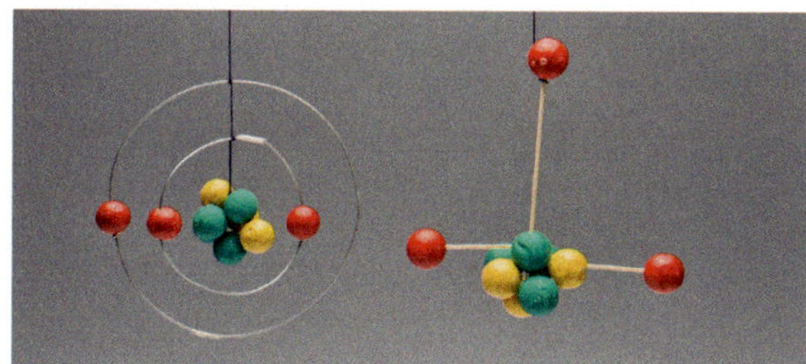
3 Verschiedene Atommodelle

Durchführung:

Schritt 1: Finde heraus, wie viele der einzelnen Elementarteilchen du brauchst.

Schritt 2: Entscheide dich für eine der beiden Möglichkeiten (→ Bild 3).

Schritt 3: Nutze Draht oder Holzstäbchen sowie Kugeln oder Knetmasse zum Zusammenbau des Atoms.

1 Baut in der Klasse Atome von verschiedenen Elementen nach.

2 Finde mithilfe des Periodensystems heraus, welche Elemente nachgebaut wurden.

3 Diskutiere Vor- und Nachteile der beiden Ansätze beim Nachbau von Atomen.

ÜBEN UND ANWENDEN

C Den Atomaufbau vervollständigen

Name des Atoms	Ordnungszahl	Masse des Atoms in u	Anzahl an Protonen	Anzahl an Neutronen	Anzahl an Elektronen
Kohlenstoff	...	...	...	...	...
...	13	27	...	...	...
...	...	...	19	...	...
Beryllium	...	...	...	5	...
...	...	...	...	12	11
...	...	...	...	...	40

4 Tabelle mit fehlenden Angaben

1 Übertrage die Tabelle aus Bild 4 in dein Heft und ergänze die leeren Felder.

Starthilfe zu 1:
Nutze das Periodensystem am Ende des Buchs.

2 II Erstelle selbst eine Tabelle wie in Bild 4. Notiere für deine Tabelle eine Musterlösung. Tausche deine Tabelle mit einer Mitschülerin oder einem Mitschüler aus. Fülle die Tabelle aus, die du erhalten hast.

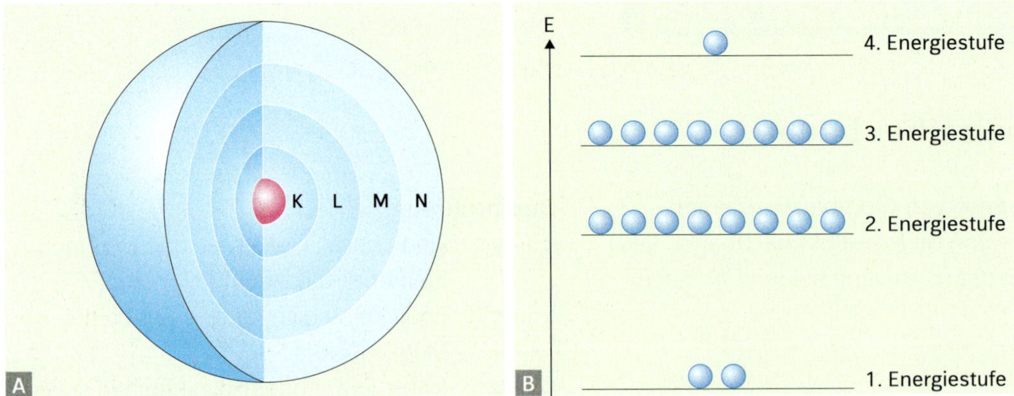

1 Zwei verschiedene Modelle: **A** das Schalenmodell, **B** das Energieniveaumodell

Die Atomhülle

Das Schalenmodell

RUTHERFORD hatte herausgefunden, dass sich die Elektronen in der Atomhülle befinden. Eine genauere Aussage über die Atomhülle konnte etwa zwei Jahre später NILS BOHR (1885-1962) treffen.
BOHR nahm an, dass die Elektronen den Atomkern in kugelförmigen Schalen mit einem bestimmten Abstand umkreisen. Er benannte die Schalen von innen nach außen mit den Buchstaben K, L, M ... bis Q (→ Bild 1A).
Die Elektronen sind negativ, der Kern ist positiv geladen. Kern und Elektronen ziehen sich daher an. Diese Anziehung ist umso stärker, je näher die Elektronen dem Kern sind. Durch die Zufuhr von Energie lässt sich die Anziehungskraft überwinden. Elektronen „springen" dann auf weiter außen gelegene, bisher leere Schalen. Anschließend „fallen" sie wieder auf ihren alten Platz zurück und geben die Energie wieder ab – oft in Form von Licht. Das macht man sich bei Halogenlampen und Leuchtstoffröhren zunutze. Führt man noch mehr Energie zu, können Elektronen auch ganz aus der Hülle entfernt werden. Dann entsteht ein positiv geladenes Teilchen, in dessen Hülle weniger Elektronen sind, als es Protonen im Kern hat. Es ist ein **Ion.**

Grenzen des Schalenmodells

Wie jedes Modell ist das Schalenmodell nur eine Vorstellung, die der Wirklichkeit nicht voll entspricht. Manche Beobachtungen lassen sich damit erklären, andere nicht. Zum Beispiel bleibt unklar, warum die Elektronen nicht in den Kern fallen, obwohl sie von diesem angezogen werden. Wie sich zeigt, handelt es sich bei den Elektronen in Wirklichkeit also keinesfalls um Teilchen, die den Atomkern auf Bahnen umkreisen.

Das Energieniveaumodell

Um die Idee der unterschiedlichen Anziehung zwischen Kern und Elektronen zu zeigen, aber gleichzeitig nicht die falsche Vorstellung von den Schalen zu haben, bietet sich das Energieniveaumodell an (→ Bild 1B). Es macht folgende Kernaussagen:

- Die Elektronen sind gruppenweise bestimmten Energiestufen zugeordnet.
- Der Energiegehalt eines Elektrons kann nicht zwischen zwei Stufen liegen.
- Ein Wechsel der Energiestufe ist mit der Aufnahme oder Abgabe von Energie verbunden.
- Über den Aufenthaltsort der Elektronen wird keine Aussage gemacht.

1 · 1 · H 1,0	Ordnung der ersten Elemente						2 · 2 · He 4,0
3 · 2 1 · Li 6,9	4 · 2 2 · Be 9,0	5 · 2 3 · B 10,8	6 · 2 4 · C 12,0	7 · 2 5 · N 14,0	8 · 2 6 · O 15,9	9 · 2 7 · F 18,9	10 · 2 8 · Ne 20,1
11 · 2 8 1 · Na 22,9	12 · 2 8 2 · Mg 24,3	13 · 2 8 3 · Al 26,9	14 · 2 8 4 · Si 28,0	15 · 2 8 5 · P 30,9	16 · 2 8 6 · S 32,0	17 · 2 8 7 · Cl 35,4	18 · 2 8 8 · Ar 39,9
19 · 2 8 8 1 · K 39,1	20 · 2 8 8 2 · Ca 40,0	31 · 2 8 18 3 · Ga 69,7	32 · 2 8 18 4 · Ge 72,5	33 · 2 8 18 5 · As 74,9	34 · 2 8 18 6 · Se 78,9	35 · 2 8 18 7 · Br 79,9	36 · 2 8 18 8 · Kr 83,8

2 Atomhülle und Periodensystem der Elemente „PSE“ (Ausschnitt)

Zusammenhang zum PSE

Im PSE stehen Elemente mit ähnlichen Eigenschaften untereinander. Sie bilden die Hauptgruppen, die auch **Elementfamilien** genannt werden.
Sowohl das Schalen- wie auch das Energieniveaumodell zeigt die Gemeinsamkeit dieser Elemente: Die Anzahl der Elektronen auf der äußersten besetzten Schale bzw. dem höchsten Energieniveau ist gleich (→ Bild 2). Offensichtlich ist die Anzahl der **Außenelektronen** von besonderer Bedeutung für die chemischen Eigenschaften eines Atoms.
Im PSE stehen Elemente nebeneinander, deren Atome gleich viel besetzte Schalen haben. Auf der äußersten Schale finden sich von links nach rechts immer mehr Elektronen.

Die Edelgaskonfiguration

Ganz rechts im PSE stehen in der 8. Hauptgruppe die Edelgase. Es sind sehr reaktionsträge Elemente. Ihre Atome haben 8 Elektronen auf der äußersten Schale bzw. auf dem höchsten besetzten Energieniveau.
Dieser Zustand heißt **Edelgaskonfiguration.** Er scheint besonders günstig zu sein, denn auch Ionen mit 8 Außenelektronen sind stets reaktionsträge.

Mit dem Schalenmodell und dem Energieniveaumodell lässt sich der Zusammenhang zwischen dem Bau der Atome eines Elements und seiner Stellung im PSE verdeutlichen.

1 Beschreibe die Elektronenverteilung auf die verschiedenen Schalen für die folgenden Atome an: Li, O, S, Ar.

2 Beschreibe Zusammenhänge, die du aus der Hauptgruppennummer und der Periode für den Atombau ableiten kannst.

Starthilfe zu 2:
Betrachte die Gemeinsamkeiten der Atome in Bild 2.

3 I Erkläre mithilfe des Schalenmodells die Abgabe von Licht durch Neon-Gas in Leuchtstoffröhren.

4 II Erläutere, warum manche Chemiker den Einsatz des Schalenmodells kritisch beurteilen.

»

ÜBEN UND ANWENDEN

A Licht verrät den Bau der Atomhülle

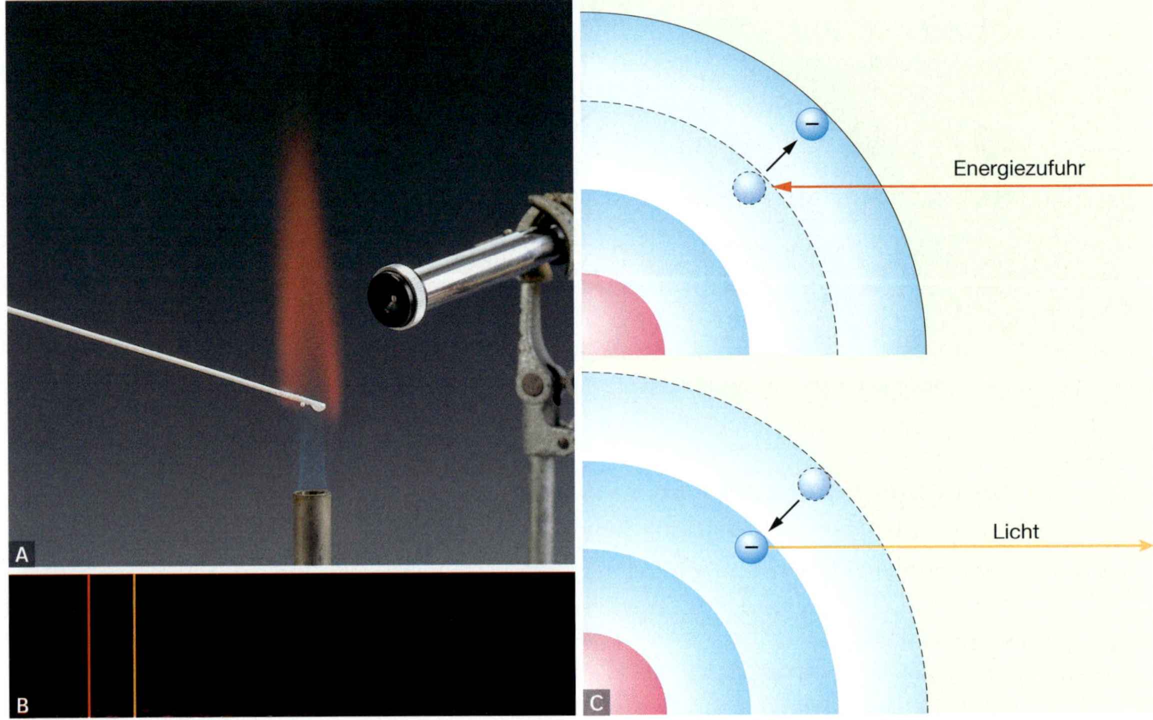

1 Flammenfärbung betrachtet: **A** mit dem Auge, **B** mit dem Spektroskop, **C** Vorgänge im Schalenmodell

Flammenfärbung

Etwas Lithiumsalz wird mithilfe eines Magnesiastäbchens in die Brennerflamme gehalten. Dadurch färbt sich die Flamme rot (→ Bild 1). Wird der Versuch mit anderen Alkalimetallsalzen wiederholt, so ergeben sich andere Farben. Dabei ist das Alkalimetall entscheidend für die Farbe: Natrium färbt gelb, Kalium violett, Calcium orangerot.

Spektroskop

Zur genaueren Untersuchung wird die Flamme durch ein Spektroskop betrachtet. Darin fällt das Licht durch einen Spalt und wird durch ein Prisma in Einzelfarben zerlegt. Es zeigen sich farbige Linien, die Spektrallinien genannt werden. Bei Lithium treten zwei rote Linien auf. Das rote Licht, das wir sehen, besteht also aus einer Mischung von zwei Rottönen.

Erklärung der Ergebnisse

Durch die Energie der Brennerflamme werden Elektronen von einer inneren Schale auf eine äußere gehoben. Innerhalb einer kurzen Zeit fallen die Elektronen von dieser Schale wieder auf die alte zurück. Dabei geben sie die vorher aufgenommene Energie als Licht einer bestimmten Farbe ab. Da jedes Atom eine andere Protonenanzahl im Kern hat, ist die Energie der Schalen unterschiedlich. Damit sind die Energieunterschiede beim Zurückfallen der Elektronen für jedes Atom und damit die auftretende Farbe charakteristisch.

1 Beschreibe die Vorgänge, die zu der Flammenfärbung führen.

2 II Begründe, dass die Flammenfärbung für jedes Metall unterschiedlich ist.

IM ALLTAG

Elektrische Lampen

Natriumdampflampen

2 Natriumdampflampen

An Fußgängerüberwegen kannst du oft Laternen mit orange-gelb leuchtenden Lampen finden. In ihnen leuchten Natriumatome, die durch elektrische Energie dazu angeregt werden. Natriumdampflampen sind zwar teuer, verbrauchen aber im Verhältnis zu ihrer hohen Helligkeit sehr wenig Strom. In ihrem gelben Licht können Menschen zudem besonders gut Kontraste erkennen.

Glühlampen

3 Eine Glühlampe

In einer Glühlampe fließt der Strom durch einen dünnen Metalldraht. Der Draht wird dadurch sehr heiß. Durch die Wärme springen Elektronen in den Metallatomen auf höhere Energieniveaus. Wenn sie auf ihre eigentliche Position zurückspringen, senden sie Licht aus. Glühlampen wandeln den größten Teil der elektrischen Energie in Wärme um.

Leuchtstoffröhren

Leuchtstoffröhren sind Glasrohre, die mit einem Gasgemisch gefüllt sind. Sie werden oft auch Neonröhren genannt. Heute enthalten sie meist gar kein Neon, sondern ein Gemisch aus Argon und Quecksilber.
Durch die angelegte Spannung werden in der Lampe Elektronen durch das Gas in der Röhre geschossen. Die Elektronen rasen durch die Röhre. Dabei können sie Elektronen der Gasatome treffen, aus ihren Bahnen werfen und das Atom in ein Ion verwandeln. Fängt sich dieses Ion ein anderes Elektron ein, um wieder zum Atom zu werden, entsteht Licht. Durch den Einsatz verschiedener Gase und Beschichtungen auf der Glaswand können viele verschiedene Farben entstehen.

4 Eine Leuchtstoffröhre

1 In vielen Staaten der Erde sind Glühlampen heute verboten. Stelle eine begründete Vermutung über die Gründe auf.

2 Zeige Gemeinsamkeiten und Unterschiede zwischen dem Versuch zur Flammenfärbung auf der Seite links und der Funktion einer Leuchtstoffröhre.

3 II Die Effizienz einer Lampe wird in „Lumen pro Watt“ (lm/W) angegeben. Je mehr Licht (Lumen) pro Watt erzeugt wird, umso höher ist der Wert und umso effizienter ist die Lampe. Recherchiere und vergleiche die Werte für die hier vorgestellten Lampen.

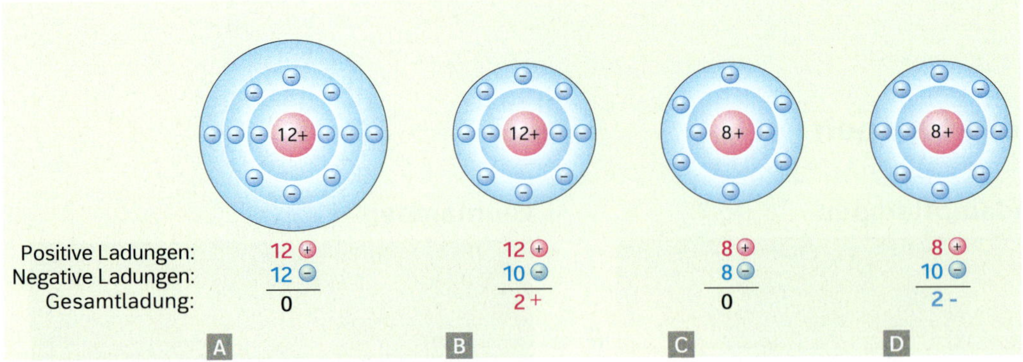

1 Teilchen im Schalenmodell: **A** Magnesium-Atom, **B** Magnesium-Ion, **C** Sauerstoff-Atom, **D** Sauerstoff-Ion

Aus Atomen werden Ionen

Elektronabgabe und Elektronenaufnahme

Atome mit einer vollen äußeren Schale haben eine Edelgaskonfiguration. Solche Atome sind reaktionsträge, da dieser Zustand energetisch günstig ist. Eine Edelgaskonfiguration erreichen Atome, indem sie Elektronen aufnehmen oder abgeben. Dabei entstehen geladene Teilchen, die Ionen. Je weiter links ein Element im Periodensystem steht, umso leichter kann es Elektronen abgeben. Die Elemente rechts im Periodensystem nehmen dagegen eher Elektronen auf.

Magnesium-Ionen

Ein Magnesium-Atom enthält 12 Protonen und 12 Elektronen (→ Bild 1A). In der äußeren Schale befinden sich 2 Elektronen. Um eine Edelgaskonfiguration zu erhalten, kann das Magnesium-Atom diese 2 Elektronen abgeben. In der Atomhülle befinden sich nun 10 negativ geladene Elektronen. Im Atomkern sind weiterhin 12 positiv geladene Protonen. Somit ergibt sich ein Überschuss an 12 – 10 = 2 positiven Ladungen. Das Magnesium-Atom ist zu einem zweifach positiv geladenen **Magnesium-Ion** (Mg^{2+}) geworden (→ Bild 1B).

Oxid-Ionen

Das Sauerstoff-Atom hat 6 Elektronen in der äußeren Schale (→ Bild 1C). Bei einer Reaktion können 2 Elektronen aufgenommen werden. In der Atomhülle befinden sich nun insgesamt 10 negativ geladene Elektronen und im Kern 8 positiv geladenen Protonen.
Insgesamt hat das Atom einen Überschuss an 2 negativen Ladungen. Es ist ein Sauerstoff-Ion entstanden (→ Bild 1D). Dieses wird in der Chemie als **Oxid-Ion** bezeichnet, geschrieben $\mathbf{O^{2-}}$.

Schreibweise für Ionen

Du schreibst bei Ionen zuerst das Atomsymbol. Dahinter kommen hochgestellt die Anzahl und das Vorzeichen der Ladung. Beispielsweise hat ein Aluminium-Ion 3 Protonen mehr als Elektronen. Es hat also insgesamt eine dreifach positive Ladung. Du schreibst $\mathbf{Al^{3+}}$.

Benennung von Ionen

Die Benennung eines Ions hängt davon ab, ob es ein positiv oder negativ geladenes Ion ist und aus welchem Atom es entstanden ist. Sie folgt letztlich einfachen Regeln (→ Bild 2).

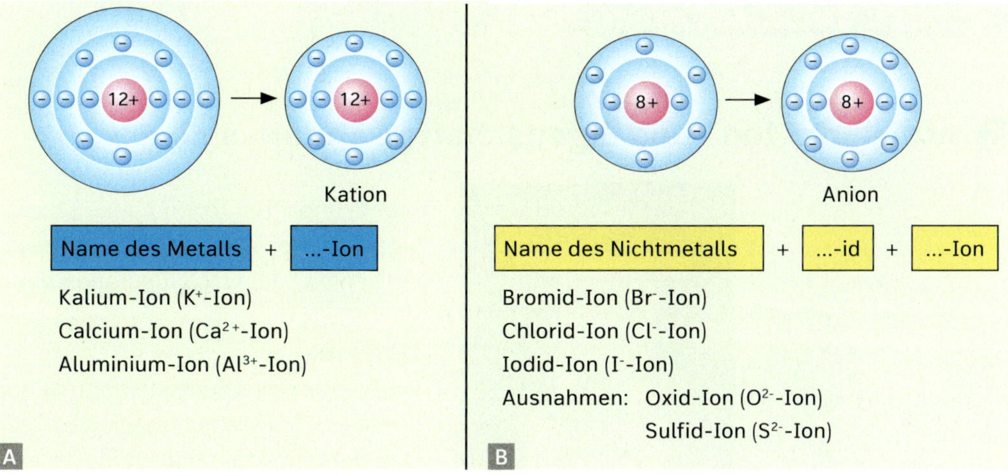

2 Die Namensgebung von Ionen: **A** Kationen, **B** Anionen

Metall-Ionen

Das Natrium-Atom hat ein Außenelektron. Da es keine Edelgaskonfiguration hat, ist es ein reaktiver Stoff. Das Natrium-Ion (Na^+) hingegen hat eine Edelgaskonfiguration. Es reagiert kaum mit anderen Stoffen. Es ist reaktionsträge.

Die Ionen der Metalle sind stets positiv geladen. Positiv geladene Ionen werden **Kationen** genannt. Ihre Benennung erfolgt, indem an den Namen des Atoms das Wort -Ion angehängt wird.

Beispiele sind das Kalium-Ion (K^+), das Calcium-Ion (Ca^{2+}) oder das Aluminium-Ion (Al^{3+}).

> Ionen sind geladene Teilchen. Negativ geladene Ionen heißen Anionen, positiv geladene Kationen.
> Anionen haben häufig die Endung –id.

Nichtmetall-Ionen

Die Ionen der Nichtmetalle sind meist negativ geladen. Negativ geladene Ionen werden Anionen genannt. Sie enden häufig auf -id. Das Wort „-Ion" kann zusätzlich angehängt werden, um zu verdeutlichen, dass ein einzelnes Teilchen gemeint ist. Beispiele sind das Chlorid- (Cl^-), das Bromid- (Br^-) und das Iodid-Ion (I^-). Sonderfälle sind das Sulfid- (S^{2-}) und das Oxid-Ion (O^{2-}).

Nebengruppenelemente

Beispiele für **Nebengruppenelemente** sind Eisen, Kupfer, Zink, Silber und Gold. Alle Elemente der Nebengruppen sind Metalle. Sie bilden also nur Kationen.

Für die Nebengruppenelemente kannst du mit dem Schalenmodell keine Aussage über die Ladung der Ionen geben.

1. Benenne die folgenden Ionen: Mg^{2+}, K^+, Cl^-, O^{2-}.
2. Nenne die Ladungen der folgenden Ionen: Lithium-Ion, Barium-Ion, Sulfid-Ion, Iodid-Ion.

Starthilfe zu 2:
Nutze das Schalenmodell.

3. I Gib jeweils für zwei Anionen und zwei Kationen die Namen und Symbole an.
4. II Nenne die Formeln der folgenden Ionen: Calcium-Ion, Natrium-Ion, Fluorid-Ion.

Starthilfe zu 4:
Edelgase sind reaktionsträge.

5. III Begründe, dass es keine Edelgas-Ionen gibt.

»

ÜBEN UND ANWENDEN

A Atom oder Ion – die Eigenschaften ändern sich

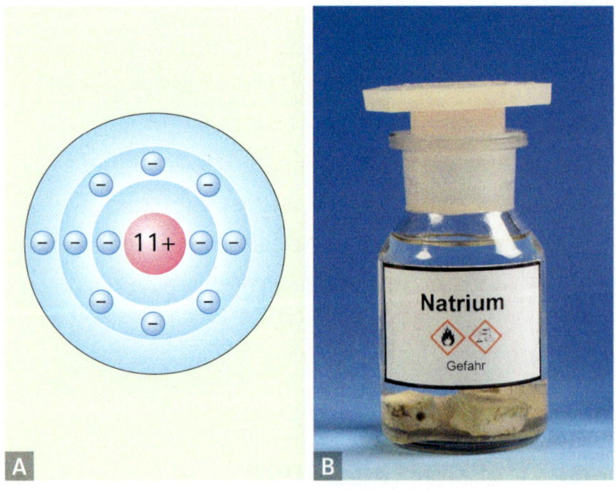

1 Natrium: **A** im Schalenmodell, **B** in einer Chemikalienflasche

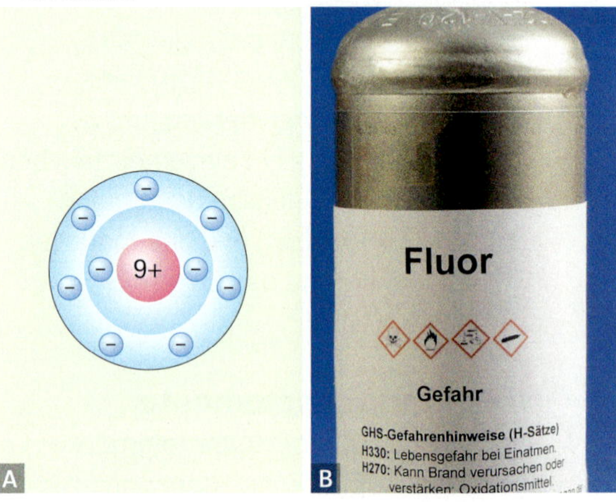

2 Fluor: **A** im Schalenmodell, **B** in einem Chemikalienbehälter

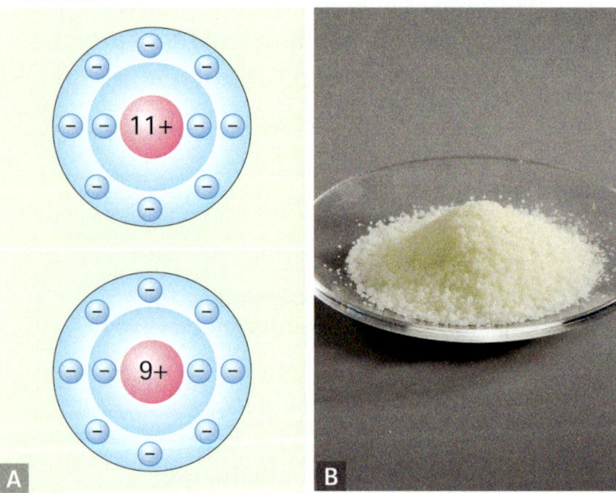

3 Natriumfluorid: **A** im Schalenmodell, **B** als Chemikalie

Atome und ihren Ionen haben unterschiedliche Eigenschaften. Dies liegt daran, dass die Ionen meist eine Edelgaskonfiguration haben.

Natrium

Das Element Natrium ist sehr reaktionsfreudig (→ Bild 1). Mit Wasser reagiert es heftig. Das Natrium-Atom hat ein Elektron in der Außenschale. Dieses Elektron wird leicht abgegeben, und ein Natrium-Ion entsteht. Das Natrium-Ion hat eine Edelgaskonfiguration, ist also reaktionsträge.

Fluor

Das Element Fluor ist ebenfalls sehr reaktionsfreudig. Das erkennst du an den Gefahrenpiktogrammen in Bild 2. Jedes Fluor-Atom hat sieben Elektronen in der Außenschale. Mit nur einem weiteren Elektron wird es zu einem Fluorid-Ion. Dieses hat eine Edelgaskonfiguration und ist deshalb reaktionsträge.

Natriumfluorid

Die Verbindung Natriumfluorid hat die Formel NaF. Dabei handelt es sich um ein Natrium-Ion (Na^+) und ein Fluorid-Ion (F^-). Als Formel von Natriumfluorid kannst du deshalb auch Na^+F^- schreiben. Da beide Ionen im Natriumfluorid eine Edelgaskonfiguration haben, ist das Salz reaktionsträge. Dennoch ist es giftig für Menschen (→ Bild 3).

1. Zeichne jeweils die Ionen von Natrium und Fluor.
2. Begründe mit dem Schalenmodell, dass Natrium und Fluor sehr reaktiv sind.
3. Begründe, dass das Natrium-Ion und das Fluorid-Ion reaktionsträge sind.
4. II Begründe jeweils, ob Kalium, Iod und Kaliumiodid reaktionsfreudige oder reaktionsträge Stoffe sind.

IM ALLTAG

Stimmt die Werbung?

Zahnpasta

Manche Firmen machen damit Werbung, dass ihre Zahnpasta Fluor enthält. Fluor ist ein sehr reaktionsfreudiger Stoff, der die Zähne auflösen würde. In Wirklichkeit wird kein elementares Fluor verwendet, sondern ein Salz des Fluors, ein Fluorid.

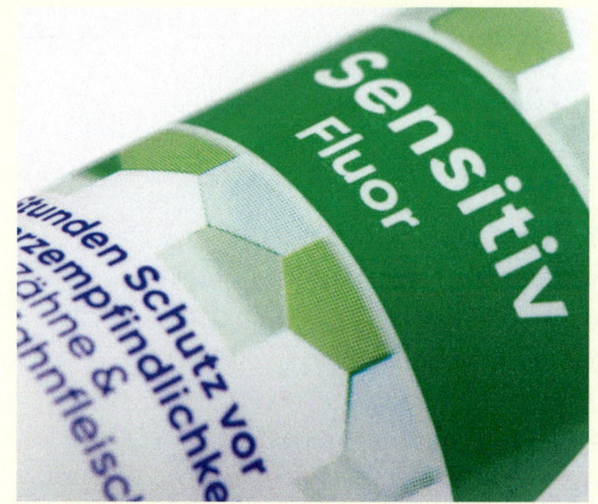

4 Aufdruck auf einer Zahnpastatube

Nahrungsergänzungsmittel

Vielleicht hast du schon gehört, dass einer deiner Bekannten Eisenmangel hat. Um diesen zu beseitigen, gibt es Nahrungsergänzungsmittel. In diesen ist aber kein Eisen enthalten, wie es auf den ersten Blick scheinen mag. Es sind Eisen-Ionen enthalten, da nur diese vom Körper aufgenommen werden können. Auch ist ein Eisenmangel kein Mangel am Element Eisen, sondern an Eisen-Ionen.

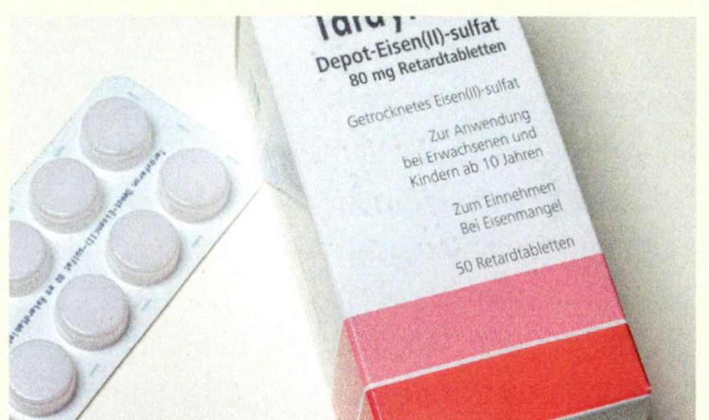

5 Eisentabletten enthalten Eisen-Ionen.

Mineralwasser

Auf dem Etikett einer Mineralwasserflasche sind die Inhaltsstoffe des Wassers angegeben.
Beachte, dass in der Tabelle die Kationen der Metalle angegeben sind – nicht die Metalle an sich.
Als Anionen sind neben Chlorid-Ionen auch Sulfat-Ionen (SO_4^{2-}) und Hydrogencarbonat-Ionen (HCO_3^-) aufgelistet.

In 1 l Mineralwasser aus der Harzquell-Quell

Kationen:	mg/l
Natrium	20,8
Kalium	1,2
Magnesium	8,0
Calcium	46,6
Anionen:	**mg/l**
Chlorid	26,5
Sulfat	48,7
Hydrogencarbonat	123,0

6 Analysedaten auf einer Mineralwasserflasche

1. Begründe, dass der Reinstoff Fluor in der Zahnpasta nicht enthalten sein kann.
2. Begründe, dass elementares Eisen kein Bestandteil eines Lebensmittels sein sollte.
3. II Nenne die Ladung der Eisen-Ionen auf dem Etikett des Nahrungsergänzungsmittels.
4. II Ionen im Wasser entstehen in der Regel dadurch, dass sich Salze darin auflösen. Stelle eine begründete Vermutung auf, warum auf einer Mineralwasserflasche nicht die Mengen der gelösten Salze, sondern der einzelnen Ionen angegeben werden.

«

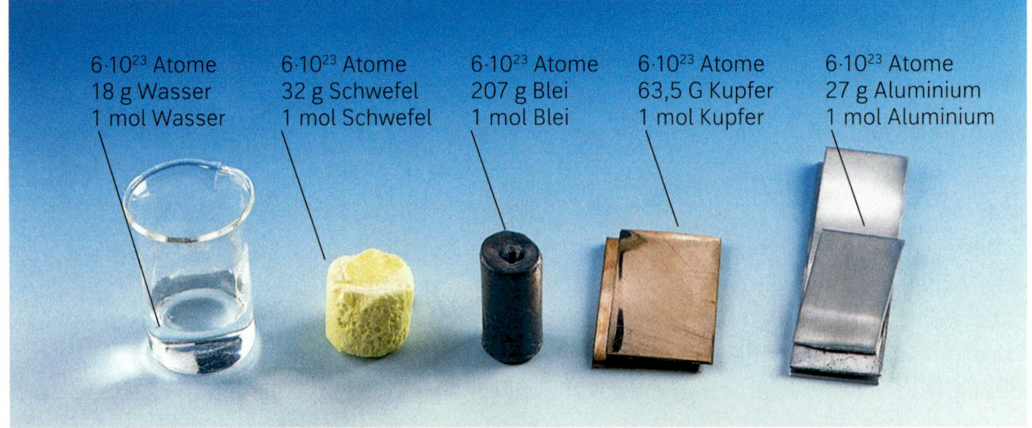

1 Jeweils ein Mol verschiedener Stoffe

Atome – zu klein zum Wiegen?

Atome sind sehr leicht

Ein einzelnes Atom ist viel zu klein und viel zu leicht, um es wiegen zu können. Das kleinste und leichteste Atom ist das Wasserstoffatom. Es wiegt 0,00000000000000000000000166 g. Das wurde nach komplizierten Messungen an einzelnen Wasserstoffatomen ausgerechnet.

Die Atommasseneinheit u

Um nicht jedes Mal die vielen Nullen hinter dem Komma schreiben zu müssen und um mit den Werten leichter rechnen zu können, erfanden Wissenschaftler die Einheit u. Dafür steht für das englische Wort „unit", was einfach „Einheit" bedeutet. Sie einigten sich darauf, dass das leichteste Atom, also das Wasserstoffatom, 1 u wiegen sollte. Daraus ergeben sich alle anderen Atommassen: So wiegt ein Kohlenstoffatom dann 12 u und ein Sauerstoffatom 16 u.

Atommassen im Labor

Im Labor steht meist eine Waage zum Abwiegen von Chemikalien bereit. Ein Wasserstoffatom ist viel zu leicht und kann damit nicht gewogen werden, wohl aber ein Gramm Wasserstoff.

Die Stoffmenge in Mol

In einem Gramm Wasserstoff sind ziemlich genau 600000000000000000000000 Wasserstoffatome enthalten. Das ist eine 6 mit 23 Nullen oder $6 \cdot 10^{23}$. Das Praktische an dieser Anzahl von Atomen ist, dass sie zusammen so viel in Gramm wiegen wie ein einzelnes Atom in u. Genauso wie zum Beispiel bei Socken die Anzahl 2 auch als „Paar" bezeichnet wird oder wie jemand zum Beispiel bei Eiern statt von 12 Stück von einem „Duzend" spricht, nennen Wissenschaftler eine Stoffmenge mit $6 \cdot 10^{23}$ Teilchen ein „Mol".

Massen von u in g umrechnen

Nimmst du ein Mol, also $6 \cdot 10^{23}$ Atome zusammen, so entspricht der Zahlenwert der Atommasse in u genau der Masse in g. Für Kohlenstoff bedeutet das also, dass 1 Mol Kohlenstoff genau 12 g wiegt. Die molare Masse von Kohlenstoff beträgt $12 \frac{g}{mol}$.

Die Atommasse wird in u angegeben. Du findest sie im Periodensystem. 1 Mol, also $6 \cdot 10^{23}$ Atome eines Elements wiegt so viel in Gramm, wie ein Atom dieses Elements in u.

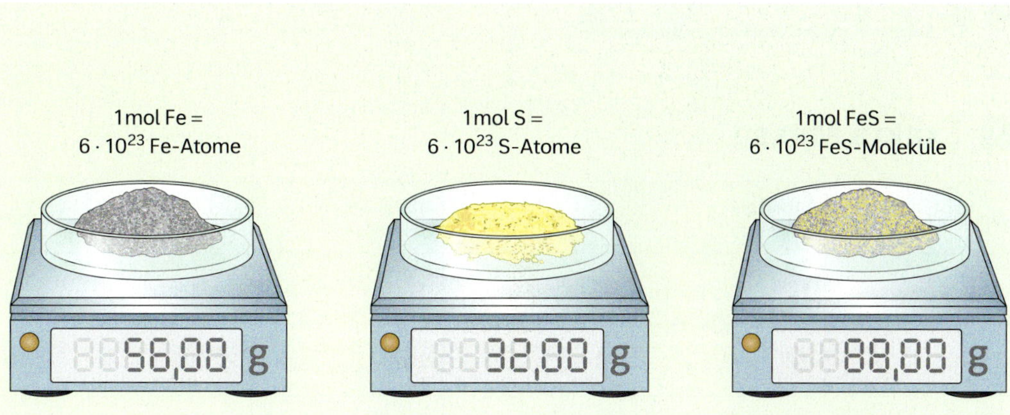

2 Molare Massen von Eisen, Schwefel und Eisensulfid.

Beispiel Eisensulfid

Ein Beispiel zeigt, wie im Labor mit Atommassen gearbeitet wird. Eisen reagiert mit Schwefel zu Eisensulfid (→ Bild 3). Dabei verbinden sich Eisen- und Schwefelatome im Verhältnis 1 zu 1. Damit am Ende beide Edukte vollständig umgesetzt sind, müssen also genauso viele Eisen- wie Schwefelatome eingesetzt werden. Ein Eisenatom wiegt 56 u und ein Schwefelatom 32 u. Abgewogen werden also zum Beispiel 56 g Eisen und 32 g Schwefel.

1 Eisen-Atom hat die Masse 56 u.
$6 \cdot 10^{23}$ Eisen-Atome haben die Masse 56 g.
1 Schwefel-Atom hat die Masse 32 u.
$6 \cdot 10^{23}$ Schwefel-Atome haben die Masse 32 g.

3 Eisen reagiert mit Schwefel zu Eisensulfid.

Molare Masse auch für Moleküle

Auch für Moleküle lassen sich molare Massen bestimmen. Dazu addierst du die Atommassen der einzelnen Atome.

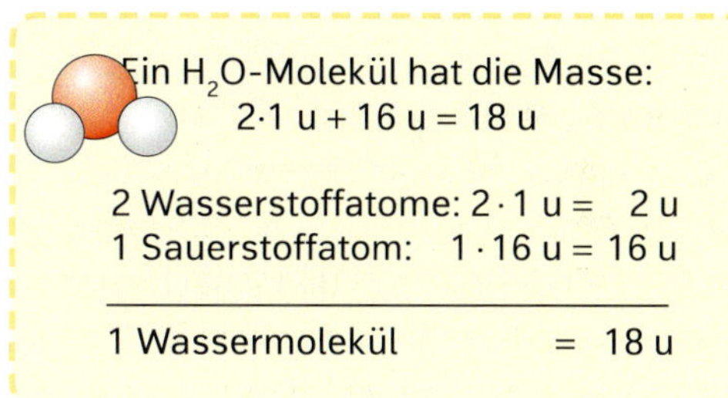

Ein H_2O-Molekül hat die Masse:
$2 \cdot 1\ u + 16\ u = 18\ u$

2 Wasserstoffatome:	$2 \cdot 1\ u =$	2 u
1 Sauerstoffatom:	$1 \cdot 16\ u =$	16 u
1 Wassermolekül	=	18 u

1 **a)** Schreibe den Zahlenwert von einem Mol als Zahl (mit allen Nullen) auf.
b) Begründe, warum Wissenschaftler die Stoffmenge mit so vielen Teilchen immer als „Mol“ aufschreiben.

2 Schreibe die Masse eines Wasserstoffatoms in Gramm auf und erkläre dann die Atommasseneinheit u.

3 **a)** Gib die Stoffmenge an Atomen in Mol an, die in 90 g Wasser enthalten ist.
b) Nenne die zugehörige Anzahl an Atomen.

Starthilfe zu 3a:
Beachte zuerst die Masse von 1 mol Wasser.

4 **I** Nutze Bild 1 und gib die Atommassen der gezeigten Elemente in der richtigen Einheit an.

5 **II** Bestimme die molare Masse von Ammoniak (NH_3).

»

ÜBEN UND ANWENDEN

A Exakte Masse

Atom/Ion	Anzahl der Neutronen	Anzahl der Protonen	Anzahl der Elektronen	Masse	Gerundete Masse
Mg	12	12	12	24,006 u	24 u
Mg^{2+}	12	12	10	24,005 u	24 u
S	16	16	16	32,008 u	32 u
S^{2-}	16	16	18	32,009 u	32 u

1 Vergleich der Massen zwischen Atomen und Ionen

Massen der Atombausteine

In der Chemie wird meist angenommen, dass die Masse eines Protons und die eine Neutrons jeweils 1 u beträgt. Ein Elektron hingegen ist deutlich leichter.

	Proton	Neutron	Elektron
Masse in u	1,007276	1,008665	0,000549
Gerundete Masse in u	1	1	1/2000

2 Masse der Atombausteine

Rundest du die Werte in Bild 2 nach der ersten Nachkommastelle, bestätigt sich für Protonen und Neutronen die Masse von 1 u. Das Elektron hingegen würde auf eine Masse von 0 u kommen. Dies macht aus naturwissenschaftlicher Sicht keinen Sinn. Aus diesem Grund wird die Masse eines Elektrons zumeist mit $\frac{1}{2000}$ u angegeben.

Atomen werden zu Ionen

Wird ein Atom ionisiert, gibt es Elektronen ab oder nimmt Elektronen auf. Die Anzahl der massereichen Protonen und Neutronen ändert sich dabei nicht.

Masse von Atomen und Ionen

In Bild 1 sind die exakten und gerundeten Massen von Magnesium- und Schwefel-Atomen sowie deren Ionen dargestellt. Bei den gerundeten Werten fällt auf, dass die Atome jeweils gleichen Massen wie ihre Ionen haben. Dies kommt daher, dass die Massen der Elektronen so viel geringer als die der Protonen und Neutronen sind. So ergibt sich selbst bei einem Unterschied von mehreren Elektronen immer der gleiche gerundete Wert. Deshalb wird in der Chemie angenommen, dass Atome und Ionen der gleichen Sorte die gleiche Masse haben.

1 **a)** Gib die Masse eines Kalium-Atoms an, die im PSE genannt ist.
b) Runde die Masse sinnvoll.

Starthilfe zu 1b:
Runde auf ganze Zahlen.

2 II **a)** Gib die Anzahl an Protonen, Neutronen und Elektronen in einem Sauerstoff-Atom an.
II **b)** Addiere die gerundeten Massen dieser Bestandteile.
II **c)** Vergleiche das Ergebnis mit der Masse, die im PSE angegeben ist.

Starthilfe zu 2:
Die Ordnungszahl entspricht der Anzahl an Protonen und Elektronen.

ÜBEN UND ANWENDEN

B Atommodelle im Überblick

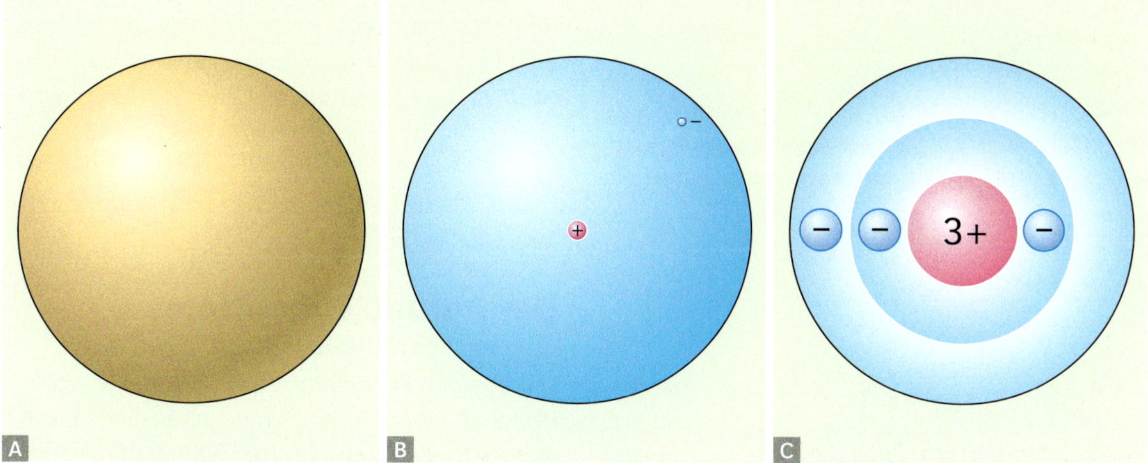

3 Atommodelle: **A** nach DALTON, **B** nach RUTHERFORD, **C** nach BOHR

Modelle werden verfeinert

Ein Modell dient dazu, eine Vorstellung anschaulich zu machen. Die Atommodelle von verschiedenen Wissenschaftlern wurden immer wieder weiterentwickelt und verfeinert. So können wir mit unseren heutigen Vorstellungen vom Atombau viele Phänomene erklären, die früher unerklärlich erschienen.

Modell von DALTON

Im Jahr 1808 veröffentlichte der englische Forscher JOHN DALTON seine Modellvorstellung vom Aufbau der Stoffe. Nach dieser bestehen Stoffe aus kugelförmigen Teilchen. Dieses Modell heißt Kugelteilchenmodell. Alle Teilchen eines Elements sind gleich groß und gleich schwer. Sie sind starr und nicht verformbar. Mit Teilchen bezeichnete DALTON aus der heutigen Sicht nicht nur Atome, sondern auch Moleküle und Ionen.

Modell von RUTHERFORD

1911 veröffentlichte ERNEST RUTHERFORD das Kern-Hülle-Modell des Atoms. Mithilfe radioaktiver Strahlung fand RUTHERFORD heraus, dass Atome aus einem winzigen positiv geladenen Atomkern bestehen, in dessen Kern sich fast die gesamte Masse befindet. Der Kern ist von einer fast leeren Atomhülle umgeben, in der sich die negativ geladenen Elektronen aufhalten.

Modell von BOHR

1913 verbesserte NIELS BOHR das Atommodell von RUTHERFORD. In seinem Modell kreisen die Elektronen in kugelförmigen Schalen mit einem bestimmten Abstand um den Atomkern. Die negativ geladenen Elektronen auf den inneren Schalen werden vom positiv geladenen Atomkern stärker angezogen als die Elektronen auf den äußeren Schalen. Die äußeren Elektronen können bei Energiezufuhr leichter entfernt werden.

1 Beschreibe den Zweck eines Modells.

2 **II** Beschreibe die Gemeinsamkeit der drei Atommodelle.

3 **II** Stelle das Magnesium-Atom in den drei verschiedenen Modellen dar.

4 **III** Begründe, welche Modelle sich zur Darstellung von Ionen eignen.

Auf einen Blick: Aufbau der Materie

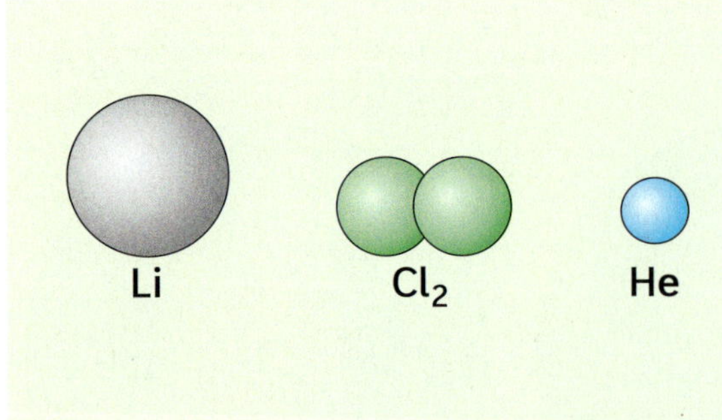

Atome und Moleküle

Stoffe sind aus nicht weiter zerlegbaren Teilchen aufgebaut. Sie werden Atome genannt. Ein chemisches Element besteht aus einer Atomsorte. Alle Atome einer Atomsorte besitzen die gleiche Masse und die gleiche Größe. Die Atome unterschiedlicher Elemente unterscheiden sich in ihrer Masse und ihrer Größe.

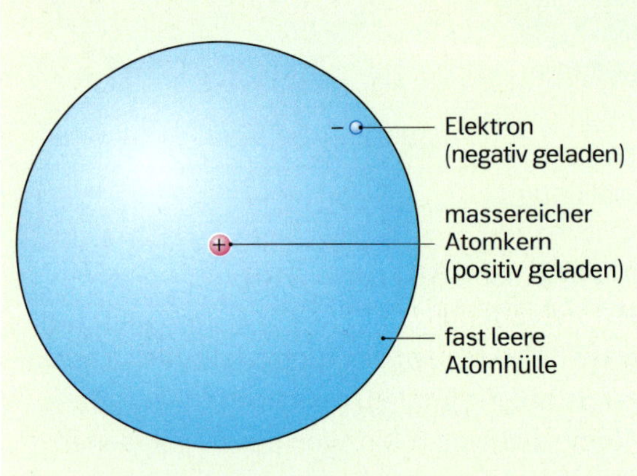

Der Aufbau eines Atoms

Der Atomkern besteht aus positiv geladenen Protonen und ungeladenen Neutronen. Sowohl Protonen als auch Neutronen haben eine Masse von 1 u. In der Atomhülle befinden sich negativ geladene Elektronen. Sie haben eine Masse von ca. $\frac{1}{2000}$ u. Zur Beschreibung eines Atoms wird dessen Massenzahl links oben vom Atomsymbol notiert. Sie ergibt sich aus der Anzahl der Protonen plus der Neutronen. Links unten steht die Ordnungszahl. Sie entspricht der Anzahl an Protonen.

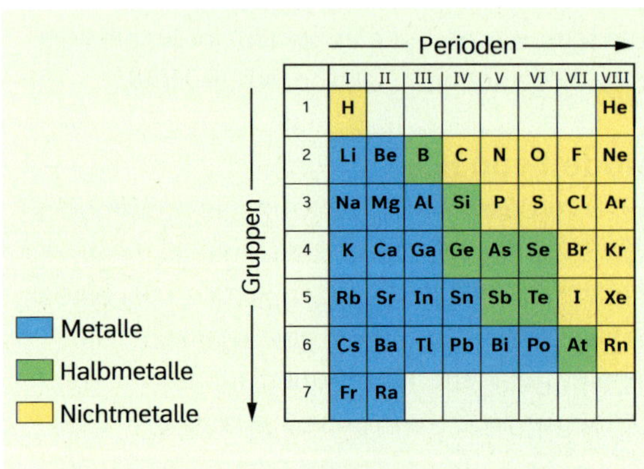

	I	II	III	IV	V	VI	VII	VIII
1	H							He
2	Li	Be	B	C	N	O	F	Ne
3	Na	Mg	Al	Si	P	S	Cl	Ar
4	K	Ca	Ga	Ge	As	Se	Br	Kr
5	Rb	Sr	In	Sn	Sb	Te	I	Xe
6	Cs	Ba	Tl	Pb	Bi	Po	At	Rn
7	Fr	Ra						

Periodensystem der Elemente

Das Periodensystem der Elemente (PSE) ist ein Ordnungssystem. Es ist in Gruppen und Perioden unterteilt. Das Periodensystem enthält Informationen wie die Ordnungszahl, den Elementnamen, die Atommasse und das Atomsymbol. Die Atomsymbole werden international einheitlich verwendet. Die Atommasse bezieht sich immer auf ein einzelnes Atom. Die Elemente im Periodensystem lassen sich in Metalle, Halbmetalle und Nichtmetalle unterteilen. Oft sind diese drei Gruppen im Periodensystem farblich jeweils einheitlich markiert.

WICHTIGE BEGRIFFE

- Atome
- Moleküle
- Periodensystem der Elemente
- Hauptgruppen, Nebengruppen, Perioden

WICHTIGE BEGRIFFE

- Elementname, Atomsymbol
- Ordnungszahl, Kernladungszahl
- Atommasse, Molekülmasse
- Metalle, Halbmetalle, Nichtmetalle

Elementfamilien

In den Hauptgruppen stehen Elemente mit ähnlichen Eigenschaften untereinander. Wegen dieser Eigenschaften werden die Gruppen auch Elementfamilien genannt. Die Elemente der Alkalimetalle ist sehr reaktionsfreudig. Ihre Reaktionsfreudigkeit nimmt von oben nach unten zu. Die Elemente der VIII. Hauptgruppe gehen kaum chemische Reaktionen ein. Sie werden Edelgase genannt, denn sie sind sehr reaktionsträge. Auch in dieser Gruppe nimmt die Reaktionsfreudigkeit von oben nach unten zu.

I. Hauptgruppe
Alkalimetalle
Li
Na
K
Rb
Cs
Fr

Reaktionsfreudigkeit

VIII. Hauptgruppe
Edelgase
He
Ne
Ar
Kr
Xn
Rn

Edelgaskonfiguration

Atome mit einer vollen Außenschale haben eine Edelgaskonfiguration. Solche Stoffe reagieren kaum mit anderen. Atome ohne Edelgaskonfiguration reagieren so, dass sie durch Aufnahme oder Abgabe von Elektronen eine Edelgaskonfiguration erreichen. Dabei entstehen Ionen. Das Natrium-Atom hat ein Außenelektron. Da es keine Edelgaskonfiguration hat, ist es ein reaktiver Stoff. Das Natrium-Ion (Na^+) hingegen hat eine Edelgaskonfiguration. Es reagiert kaum mit anderen Stoffen. Es ist reaktionsträge.

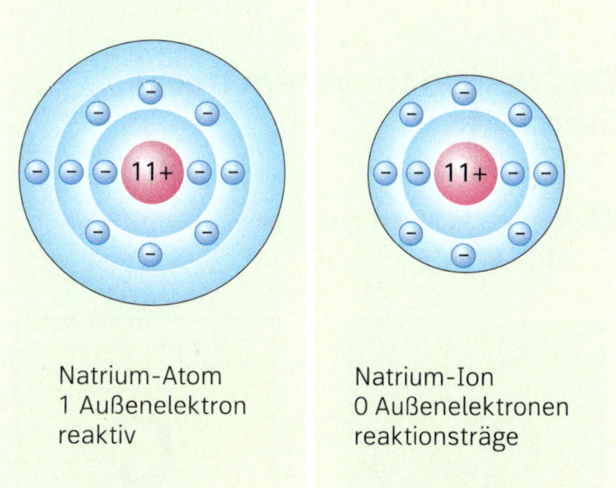

Natrium-Atom
1 Außenelektron
reaktiv

Natrium-Ion
0 Außenelektronen
reaktionsträge

Atommasse und Teilchenzahl

Ein Atom hat eine so geringe Masse, dass es zum Abwiegen keine Waage gibt. Es müssen sehr viele Atome zusammengenommen werden, um auf einer Laborwaage etwas zu sehen. So hat ein Magnesium-Atom eine Masse von etwa 24 u. Nimmst du $6 \cdot 10^{23}$ Magnesium-Atome zusammen, haben diese eine Masse von 24 g. Du hast dann eine Stoffmenge von 1 mol Magnesium.

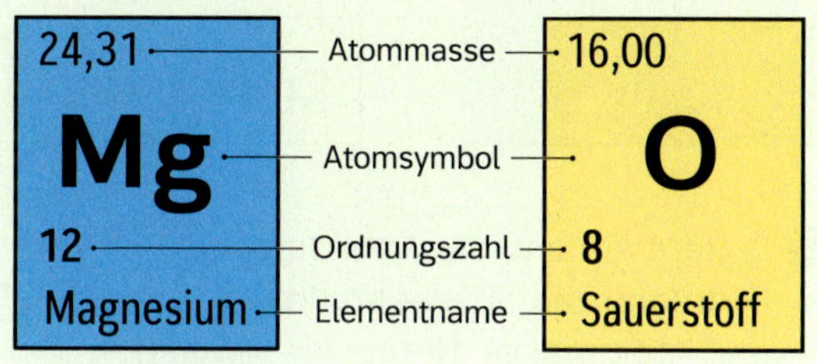

WICHTIGE BEGRIFFE

- Elementfamilien
- Alkalimetalle, Halogene, Edelgase
- Edelgaskonfiguration

WICHTIGE BEGRIFFE

- Atommasse
- Teilchenzahl
- Mol

Lerncheck: Aufbau der Materie

Die Erforschung der Stoffe und Teilchen

1 „Die Alchemisten legten die Grundlage für die heutigen Chemiker.“ Erläutere diese Aussage und verwende dabei auch die Begriffe beobachten, beschreiben und erklären. Beschreibe DALTONS Modellvorstellung von den Atomen.

2 Erkläre die ursprüngliche und einfachste Bedeutung des Begriffs Atom.

3 Beschreibe DALTONS Modellverstellung von den Atomen.

Das Periodensystem der Elemente

4 Nenne das Element mit den leichtesten Atomen.

40,08	12,01
Ca	**C**
20	6
Calcium	Kohlenstoff

5 Erkläre anhand der Abbildung die Begriffe Ordnungszahl, Elementname, Atomsymbol und Atommasse. Nenne die jeweiligen Werte.

DU KANNST JETZT ...

- ... den Begriff Atom erklären.
- ... den Aufbau des Periodensystems der Elemente beschreiben.
- ... aus dem Periodensystem Informationen über die Elemente entnehmen.

Die Elementfamilien

6 Erkläre die Bedeutung des Begriffs Elementfamilie.

7 Nenne die Namen der Elementfamilien der I., VII. und VIII. Hauptgruppe.

8 Ordne die folgenden Elemente jeweils einer Elementfamilie zu: Fluor, Xenon, Natrium, Brom, Neon, Caesium.

9 Begründe die Herkunft des Namens Edelgas.

10 Begründe, dass heute Helium statt Wasserstoff in Zeppelinen verwendet wird.

Halogene und Alkalimetalle

11 Nenne Eigenschaften der Alkalimetalle.

12 Beschreibe die unterschiedlichen Eigenschaften der Halogene.

13 Erkläre, warum die Alkalimetalle und die Halogene in der Natur nur in Verbindungen vorkommen.

DU KANNST JETZT ...

- ... Elemente anhand ihrer Eigenschaften bestimmten Elementfamilien zuordnen.
- ... Eigenschaften von Edelgasen, Alkalimetallen und Halogenen nennen.
- ... die Bildung von Salzen aus Alkalimetallen und Halogenen erläutern.

Atome und Ionen

14 Vergleiche die Atommodelle von DALTON, RUTHERFORD und BOHR. Fertige dazu einfache Zeichnungen an und erkläre sie jeweils kurz.

15 Stelle die Bausteine eines Atoms, ihre ungefähre Masse, ihre Ladungen und ihre Aufenthaltsorte in einer Tabelle zusammen.

I	II	III	IV	V	VI	VII	VIII
H 2,1							**He** ---
Li 1,0	**Be** 1,5	**B** 2,0	**C** 2,5	**N** 3,0	**O** 3,5	**F** 4,0	**Ne** ---
Na 0,9	**Mg** 1,2	**Al** 1,5	**Si** 1,8	**P** 2,1	**S** 2,5	**Cl** 3,0	**Ar** ---

16 Das Element Stickstoff (N) steht im Periodensystem in der 5. Hauptgruppe und in der 2. Periode. Erläutere kurz, was das über seinen Bau aussagt.

17 Erkläre den Begriff Ion und vergleiche am Beispiel des Fluors Bau und Eigenschaften.

18 Zeichne die Bildung eines Magnesium-Ions aus einem Atom im Schalenmodell.

19 Erkläre, wie man mithilfe des Periodensystems sehr schnell und einfach erkennen kann, ob ein Element eher Anionen oder eher Kationen bildet.

20 Begründe die Reaktionsträgheit von Ionen bestimmter Elementfamilien, z. B. der Halogene.

DU KANNST JETZT ...

- ... mithilfe von Periodensystem und Atommodell die Atome einzelner Elemente genauer beschreiben und Stoffeigenschaften erklären.
- ... den Unterschied zwischen Atomen und Molekülen erläutern.

Edelgaskonfiguration

20 **a)** Beschreibe die Elektronenverteilung des Edelgases Neon.
b) Begründe, dass das Atom eine Edelgaskonfiguration hat.

21 Begründe, dass ein Magnesium-Atom sehr reaktiv ist, ein Magnesium-Ion jedoch nicht.

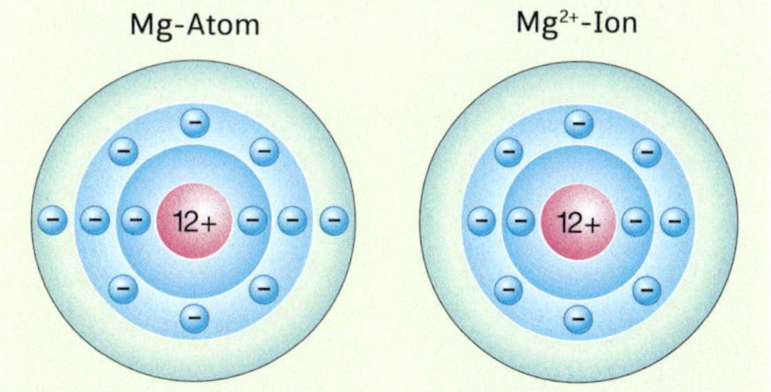

Atommasse und Teilchenzahl

21 **a)** Gib die exakte und die gerundete Masse eines Magnesium-Atoms an.
b) Begründe, ob sich die gerundete Masse ändert, wenn es sich um ein Magnesium-Ion (Mg^{2+}) handelt.

20 Gib die Anzahl der Magnesium-Atomen in 24 g Magnesium an.

DU KANNST JETZT ...

- ... Modellvorstellungen der Atome beschreiben und verschiedene Atommodelle vergleichen.
- ... den Unterschied zwischen Atomen und Ionen erklären.

Was die Welt zusammenhält

Warum bildet Salz Kristalle und warum knirscht es, wenn wir auf das Salz beißen?

Warum leitet Kupfer den elektrischen Strom sehr gut?

Was hält zwei Wasserstoffatome zusammen?

1 Im Meerwasser des Toten Meeres ist viel Salz gelöst, dass bei Wasserverdunstung Salzkrusten auf den Steinen bildet.

Der Atombau bestimmt Stoffeigenschaften

Stoffe und ihre Eigenschaften

Jeder chemische Stoff hat typische Eigenschaften, die für seine Verwendung entscheidend sind. Die chemischen Eigenschaften von Elementen und ihren Verbindungen werden durch den Aufbau der Elektronenhülle der beteiligten Atome bestimmt. Es entstehen unterschiedliche Bindungen zwischen Atomen oder Ionen. Je nach Bindungstyp haben Stoffe unterschiedliche Eigenschaften.

Löslichkeit

Die Löslichkeit eines Stoffes in einem Lösungsmittel kann sehr unterschiedlich sein. Der Atombau und die Art der Bindung beeinflussen entscheidend die Löslichkeit. Viele Ionenverbindungen wie das Kochsalz (Natriumchlorid) lösen sich in Wasser (→ Bild 1). Bestehen Verbindungen nicht aus Ionen, sind sie oft schlecht oder gar nicht in Wasser löslich. Dafür lösen sich solche Stoffe in anderen Lösungsmitteln wie Öl oder Benzin.

Schmelzpunkt und Siedepunkt

Schmelzpunkt und Siedepunkt sind Stoffeigenschaften, die bei der Herstellung, Verarbeitung und Verwendung von Stoffen sehr wichtig sind.
Diese und alle weiteren Eigenschaften von Stoffen werden letztendlich von den Atomen und ihren Bindungen bestimmt. Salze zum Beispiel haben aufgrund ihrer Bindung besonders hohe Schmelz- und Siedepunkte.

Elektrische Leitfähigkeit

Die elektrische Leitfähigkeit gibt an, wie gut Stoffe elektrischen Strom leiten können. Metalle wie Kupfer leiten den Strom gut. Alle Metalle haben einen ähnlichen Atombau, der dafür sorgt, dass Elektronen sich bewegen können.
Auch eine wässrige Salzlösung ist elektrisch leitend, da Salze aus Ionen bestehen. Der Aufbau von Glas hingegen führt dazu, dass Glas elektrisch nichtleitend ist und daher als Isolator verwendet wird.

Die Reaktivität von Stoffen

Die Reaktivität von Stoffen ist sehr unterschiedlich. Elemente wie die Alkalimetalle reagieren schon mit Sauerstoff aus der Luft oder mit Wasser. Die Reaktivität hängt vom Atombau der Stoffe ab.

Die Anzahl der äußeren Elektronen beeinflusst das chemische Verhalten der Atome entscheidend. Atome sind besonders stabil, wenn ihre Außenschale voll besetzt ist (**Oktettregel**). Die Atome der Edelgase haben eine vollbesetzte Außenschale, sie sind daher besonders reaktionsträge. Daher verwendet man Helium für die Befüllung von Ballons oder das Gas Neon in Leuchtstoffröhren. Andere Atome können diesen Zustand durch Aufnahme oder Abgabe von Elektronen erreichen, wenn sie mit einem geeigneten Stoff reagieren.

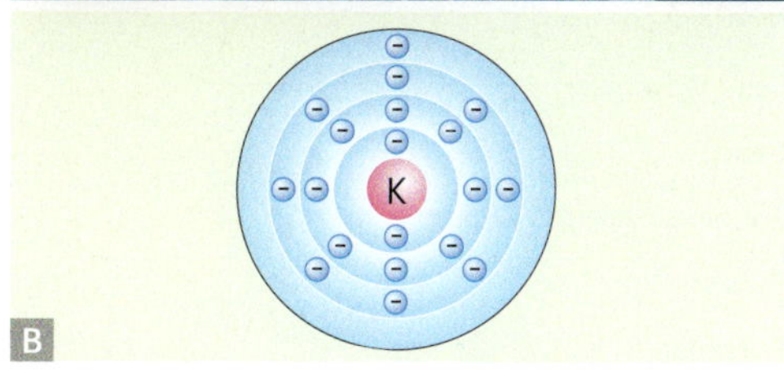

2 Kalium: **A** Reaktion mit Wasser, **B** Atommodell

Farbigkeit

Farbige Stoffe absorbieren einen Teil des sichtbaren Lichtes. Der nicht absorbierte Teil des Lichtes wird reflektiert, sodass wir Farben sehen können. Welcher Teil des Lichtes absorbiert wird, hängt vom Atombau eines Stoffes ab.

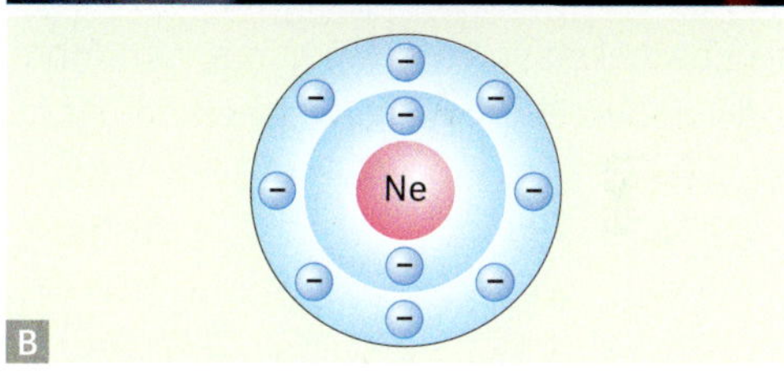

3 Neon: **A** in Leuchtstoffröhren, **B** Atommodell

> Chemische Bindungen sorgen für den Zusammenhalt der Atome. Aus dem Bau der beteiligten Atome ergeben sich die Art der chemischen Bindung und die Eigenschaften der Stoffe.

1. Erläutere anhand von drei Beispielen die Verwendung von Stoffen aufgrund ihrer Eigenschaften.
2. Beschreibe anhand eines Beispiels den Zusammenhang zwischen Atombau und Stoffeigenschaft.
3. Erkläre anhand des Atombaus, warum Neon nicht mit anderen Stoffen reagiert.

   Starthilfe zu 3: Denke dabei an die Oktettregel.
4. I Erkläre, warum Metalle elektrisch leitend sind.
5. II Erläutere den Zusammenhang zwischen der hohen Reaktivität von Kalium und dem Atombau.

ÜBEN UND ANWENDEN

A Elektrische Leitfähigkeit im Vergleich zu anderen Stoffen

1 Elektrische Leitfähigkeit ausgewählter Stoffe

Bild 1 zeigt die elektrische Leitfähigkeit verschiedener Stoffe. Hier fällt besonders die Gruppe der Metalle durch eine gute elektrische Leitfähigkeit auf. Diese Eigenschaft macht man sich bei der Verwendung von Metallen in vielen technischen Geräten zunutze.

1 **a)** Nenne zwei elektrische Leiter.
b) Nenne zwei elektrische Isolatoren.

2 **a)** Vergleiche die elektrische Leitfähigkeit von Meerwasser, Leitungswasser und entmineralisiertem Wasser.
b) Stelle eine begründete Vermutung auf, warum die Leitfähigkeit dieser Flüssigkeiten unterschiedlich ist.

B Stoffe und ihre unterschiedlichen Löslichkeiten

Die Löslichkeit von Stoffen hängt vom Atombau und von den Bindungen zwischen den Atomen ab.

Stoffe, die aus Ionen bestehen, sind gut wasserlöslich. In anderen Lösungsmitteln wie Öl oder Benzin sind sie nicht oder schlecht löslich.

2 Bechergläser mit Kupfersulfat: **A** gelöst in Wasser, **B** in Öl

1 Beschreibe das Löslichkeitsverhalten von Salz in Wasser und in Öl.

2 Erkläre das unterschiedliche Löslichkeitsverhalten von Salz in Wasser und in Öl.

3 Beschreibe, wie man erkennt, ob sich ein Stoff in Wasser löst oder nicht.

4 **II** Beschreibe und erkläre dein Vorgehen beim Kochen von Nudeln.

5 **III** Begründe, dass du beim Anrühren einer Salatsoße zuerst den Essig (verdünnt) mit dem Salz vermischst, bevor du das Öl dazu gibst.

IM ALLTAG

Diamant und Grafit im Vergleich

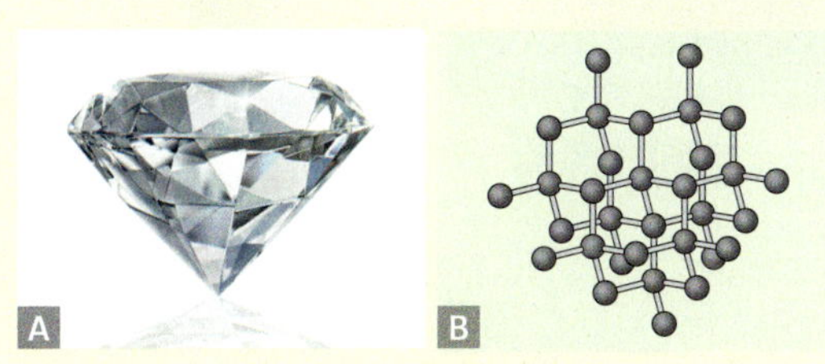

3 Diamant: **A** Stoff, **B** Atommodell

Diamant

Ein Diamant gehört zu den härtesten Materialien, die wir kennen und dient heute nicht nur als Schmuckstück, sondern auch als ein unverzichtbares Industrie-Werkzeug.
In Bohr-, Schneid- und Schleifwerkzeugen setzt man Diamanten ein.
Jedes Kohlenstoffatom bildet Bindungen mit je vier anderen Kohlenstoffatomen aus. Die Atome sind tetraedisch angeordnet. So haben sie einen optimalen Abstand zueinander, wodurch die Bindungen sehr stabil sind.

4 Ein Bohrer mit Diamantbeschichtung kann auch in sehr hartes Material bohren.

5 Grafit: **A** Stoff, **B** Atommodel

Grafit

Auch Grafit besteht aus Kohlenstoffatomen, die allerdings anders angeordnet sind als beim Diamanten. Grafit besteht aus wabenförmigen Schichten, die über bewegliche Elektronen nur sehr locker aneinander gebunden sind. Grafit ist weich und hat gute Schmiereigenschaften. Es wird als Bleistiftmine oder als Schmiermittel für Lager oder Dichtungen verwendet. Aufgrund seiner Atomanordnung ist Grafit elektrisch leitend. Man findet Grafit daher auch als Elektrode in Lithium-Ionen-Batterien.

6 Eine weiche Bleistiftmine eignet sich gut zum Zeichnen.

1. Notiere einige Eigenschaften von Diamant und Grafit in einer Tabelle.
2. Erkläre die unterschiedliche Härte von Diamanten und Grafit mit der Anordnung der Atome.
3. Graphen ist ein Stoff, der ebenfalls nur aus Kohlenstoffatomen besteht. Recherchiere und beschreibe den Aufbau, Eigenschaften und Verwendungsmöglichkeiten von Graphen.
4. Nenne Verwendungsmöglichkeiten von Diamanten und Grafit.
5. **II** Diamant und Grafit bestehen aus Kohlenstoffatomen. Erkläre den Zusammenhang zwischen Atomanordnung (Bindungen) und einigen Eigenschaften der Stoffe.

«

1 Streusalz auf vereisten Straßen

Salze und ihre Eigenschaften

Bedeutung von Salzen im Alltag

Wenn wir im Alltag von Salz sprechen, meinen wir meist das Kochsalz. Dieses Salz wird nicht nur wegen seines Geschmacks und seiner konservierenden Eigenschaften beim Haltbarmachen und Zubereiten von Nahrungsmitteln verwendet. Es kommt auch in Haushaltsmaschinen, großen Industrieanlagen und auf unseren Verkehrswegen zum Einsatz. Darüber hinaus gibt es aber viele andere verschiedene Salze, die wir oft nicht als Salze erkennen. So ist der Rost an der Fahrradkette ebenso ein Salz wie Gips oder das Magnesiapulver beim Turnen. Andere Salze werden zur Herstellung von Stoffen wie Textilfarbstoffen oder Dünger benötigt.

2 Salze können unterschiedliche Farben haben.

Typische Salzeigenschaften

Salze haben gemeinsame Eigenschaften.

- Salze haben hohe Schmelztemperaturen.
- Salze sind im festen Zustand Nichtleiter.
- Salzlösungen sind elektrisch leitfähig.
- Salze sind spröde. Ihre Kristalle zerbrechen bei Krafteinwirkung.

Dabei reicht eine dieser Eigenschaften nicht aus, um einen Stoff sicher als Salz zu erkennen.

Kristallbildung

Alle Salze bilden Kristalle. Die Formen der Kristalle können je nach Salz sehr unterschiedlich sein. Das häufig vorkommende Kochsalzkristall hat würfelförmige Kristalle. Es gibt aber auch beispielsweise pyramidenförmige oder oktaedrische Kristalle.

Löslichkeit von Salzen

Die meisten Salze sind sehr gut in Wasser löslich. Das bedeutet, dass sie mit Wasser zusammen eine klare Lösung ergeben, in der das Salz nicht mehr zu sehen ist. In anderen Lösungsmitteln wie Öl oder Benzin hingegen sind Salze kaum oder gar nicht löslich.

Hohe Schmelztemperatur

Salze haben hohe Schmelz- und auch Siedetemperaturen. Nur wenige Salze lassen sich deshalb mit dem Gasbrenner schmelzen. Kochsalz beispielsweise hat eine Schmelztemperatur von 801 °C (→ Bild 3). Bei dieser Temperatur sind viele andere Stoffe schon flüssig oder gasförmig.

Salz	Schmelztemperatur
Kupferiodid	602 °C
Eisenchlorid	674 °C
Magnesiumchlorid	708 °C
Calciumchlorid	782 °C
Natriumchlorid	801 °C

3 Schmelztemperaturen einiger Salze

Elektrische Leitfähigkeit

Salze sind im festen Zustand nicht elektrisch leitfähig. Sie sind Isolatoren. Liegen sie jedoch in Wasser gelöst vor, leiten die entstehenden Salzlösungen den Strom gut. Da sich jedoch nicht alle Salze in Wasser lösen, kannst du an dieser Eigenschaft nicht alle Salze erkennen.
Auch eine Salzschmelze, in der das Salz flüssig vorliegt, ist elektrisch leitfähig.

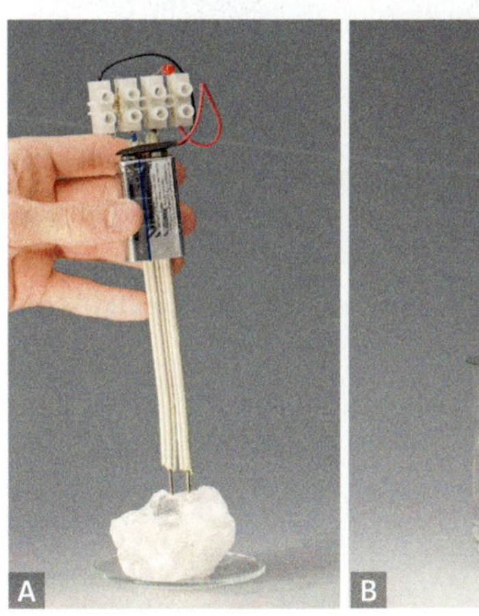

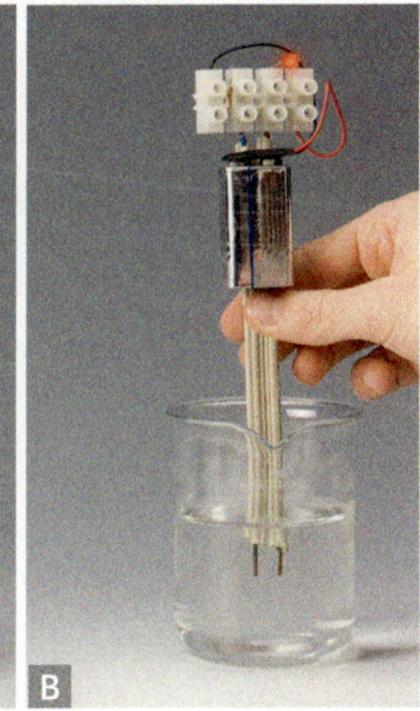

4 Elektrische Leitfähigkeit prüfen **A** bei festem Salz **B** bei Salzlösung

Salze sind spröde

Wenn du eine Salzmühle bei der Zubereitung von Speisen verwendest, knirscht es laut hörbar. Die Salzkristalle zerspringen, wenn du die Mühle drehst.
Sie sind nicht verformbar, sondern spröde. Diese Eigenschaft haben alle Salze. Aber es gibt auch andere Stoffe mit dieser Eigenschaft. So ist auch Zucker spröde, obwohl Zucker nicht zu den Salzen gehört. Salze erkennt man daran, dass sie alle typischen Eigenschaften aufweisen.

5 Salze sind spröde.

> Salze sind Metall-Nichtmetall-Verbindungen. Sie haben hohe Schmelztemperaturen, sind spröde und in festem Zustand Nichtleiter.

1. Nenne drei Bereiche aus dem Alltag, in denen Salze eine wichtige Rolle spielen.
2. Nenne vier typische Eigenschaften von Salzen.
3. Beurteile die Aussage „Salze sind elektrisch leitend“ und begründe diese.
4. I Nenne die Schmelztemperaturen von Wasser und Kochsalz.
5. II Beschreibe einen Versuch, mit dem du herausfinden kannst, ob ein Stoff ein Salz ist.

Starthilfe zu 5:
Überprüfe den Stoff auf eine typische Eigenschaft eines Salzes.

»

ÜBEN UND ANWENDEN

A Salze haben hohe Schmelztemperaturen

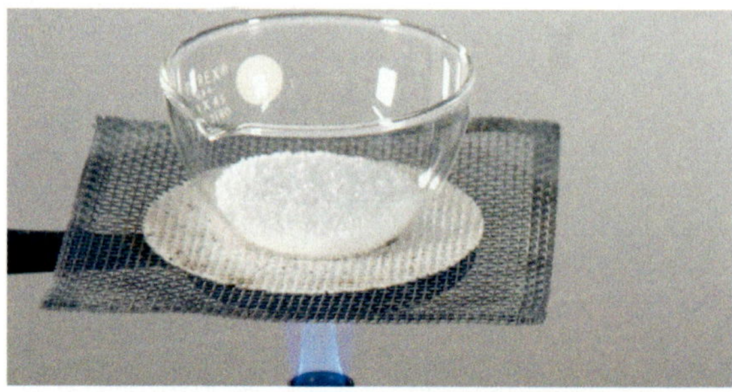

1 Kochsalz hat eine sehr hohe Schmelztemperatur.

Stoff	Schmelztemperatur
Wasser	0 °C
Chlor	-102 °C
Eiseniodid	587 °C
Kupfer	1085 °C
Kaliumchlorid	770 °C
Natriumchlorid	801 °C
Zinn	232 °C
Schwefel	115 °C

2 Schmelztemperaturen von ausgewählten Stoffen

Salze haben hohe Schmelztemperaturen. Es gibt aber auch andere Stoffe, bei denen das so ist. Die Schmelztemperatur ist ein Kriterium, um ein Salz zu identifizieren. Um sicher zu sein, solltest du zusätzlich weitere Eigenschaften betrachten. Auch der Name eines Stoffs gibt einen Hinweis auf ein Salz. Salze enden oft mit -id.

1 **a)** Ordne die Stoffe in Bild 1 nach steigender Schmelztemperatur. Nutze dazu eine Tabelle.
II **b)** Nenne die drei Stoffe, die du aufgrund ihres Namens als Salze identifizieren kannst.

2 Beurteile anhand von Bild 2 die Aussage „Salze haben hohe Schmelztemperaturen".

3 Recherchiere drei Salze, die eine andere Endung als –id haben.

4 Nenne weitere Eigenschaften, die du zur eindeutigen Identifikation eines Salzes heranziehen kannst.

B Salzgewinnung

3 Salz wird aus Meerwasser gewonnen.

In Südeuropa wird die trockene Jahreszeit zur Gewinnung von Salz genutzt. Der Salzgehalt der einzelnen Meere ist zwar recht unterschiedlich, im Durchschnitt aber enthält ein Liter Meerwasser 3 Esslöffel Salz.

1 **a)** Beschreibe in groben Zügen, wie man Salz aus Meerwasser gewinnen kann.
b) Erkläre, warum man Salzwasser auf diese Art trennen kann.
c) Stelle Vermutungen an, warum in Deutschland aus der Nord- oder Ostsee kein Salz gewonnen wird.

FORSCHEN UND ENTDECKEN

A Welche Stoffe leiten den elektrischen Strom?

Material: Leitfähigkeitsmessgerät, Reagenzgläser, Wasser, Natriumchlorid, Aktivkohle, Magnesiumoxid, Kupfer (Späne), Kupfersulfat, Fructose

Durchführung:

Schritt 1: Fülle eine Spatelspitze der Feststoffe in je ein Reagenzglas.

Schritt 2: Überprüfe den Stoff auf elektrische Leitfähigkeit (→ Bild 4).

Schritt 3: Versuche den Stoff in Wasser zu lösen. Überprüfe die elektrische Leitfähigkeit erneut.

Schritt 4: Wiederhole den Versuch mit den anderen Feststoffen.

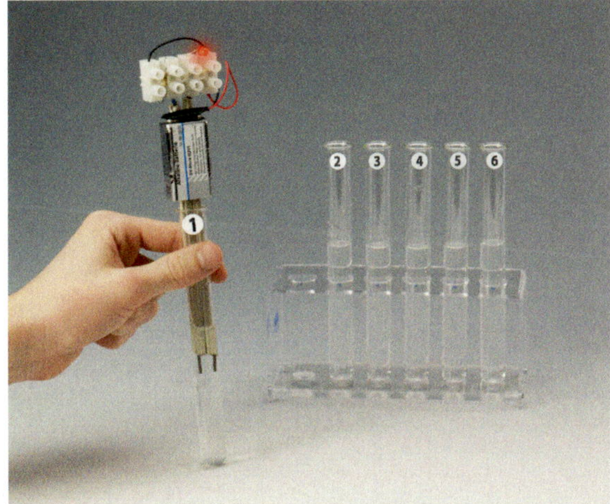

4 Messung der elektrischen Leitfähigkeit

1. Erstelle ein Versuchsprotokoll.
2. Stelle die Leitfähigkeiten tabellarisch gegenüber und begründe, welche der Stoffe Salze sind.

Starthilfe zu 2:

Stoff	Leitfähigkeit Feststoff	Leitfähigkeit Lösung	Salz? (ja/nein)
…	…	…	…

B Welche Stoffe lassen sich verformen?

Material: Löffel, harte Unterlage, Natriumchlorid, Aktivkohle, Eisenchlorid, Kupfer (Späne), Kupfersulfat, Fructose

Durchführung:

Schritt 1: Betrachte eine Spatelspitze eines der sechs Stoffe.

Schritt 2: Stelle jeweils eine Vermutung auf und begründe sie, ob es sich anhand des Namens und des Aussehens um ein Salz handeln könnte.

Schritt 3: Zerdrücke eine kleine Stoffprobe mit dem Löffel (→ Bild 5). Achte dabei auf das Geräusch.

Schritt 4: Wiederhole den Versuch mit den anderen Stoffen.

5 Ein Salzkristall wird zerdrückt.

1. Erstelle ein Versuchsprotokoll.
2. Beschreibe im Versuchsprotokoll die Ergebnisse des Versuchs in einer Tabelle.

Starthilfe zu 2:

Stoff	Vermutung (Begründung)	Beobachtung	Salz? (ja/nein)
…	…		

«

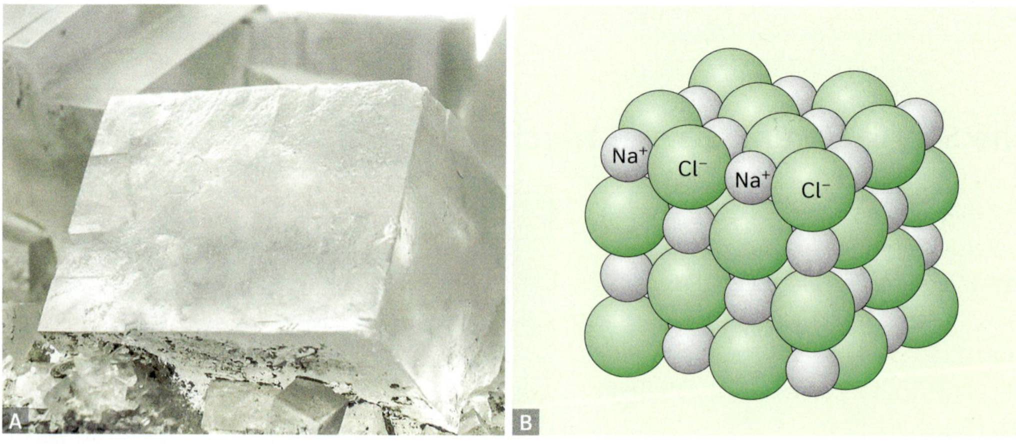

1 Kochsalz: **A** Kristall, **B** Ionengitter

Die Ionenbindung

Aufbau von Salzen

Salze sind Verbindungen aus den Ionen eines Metalls und eines Nichtmetalls. Die Metall-Ionen sind positiv geladen. Sie werden **Kationen** genannt. Die Nichtmetall-Ionen sind negativ geladen. Sie heißen **Anionen.**

Ionengitter und Ionenbindung

Salze bilden Kristalle, die aus Ionengittern aufgebaut sind(→ Bild 1). Darin sind die Ionen dicht und regelmäßig angeordnet. Dabei wechseln sich Anionen und Kationen ab. Das geschieht, da sich unterschiedlich geladene Ionen anziehen, zum Beispiel positiv geladene K^+-Ionen und negativ geladene Br^--Ionen. Durch diese elektrostatische Anziehung entsteht eine Ionenbindung.

Das Ionengitter beim Kochsalz

Im Ionengitter des Natriumchlorids sind abwechselnd Natrium-Kationen (Na^+) und Chlorid-Anionen (Cl^-) angeordnet (→ Bild 1B). Die Natrium-Ionen und die Chlorid-Ionen ziehen sich aufgrund ihrer unterschiedlichen Ladungen gegenseitig an. Durch die regelmäßige Anordnung der Ionen entsteht ein würfelförmiger Kristall.

Ionengitter und Eigenschaften

Die Eigenschaften der Salze lassen sich durch die Anordnung der Teilchen im Ionengitter erklären. Dabei ist die Ladung der Ionen für die Anordnung entscheidend. Zur Erklärung der Eigenschaften wird das dreidimensionale Ionengitter (→ Bild 1B) vereinfachend nur zweidimensional dargestellt (→ Bild 3A).

Elektrische Leitfähigkeit

In einem Salzkristall sind die Ionen fest an ihren Plätzen im Ionengitter gebunden (→ Bild 1B). Es gibt keine Ladungsträger, die sich frei bewegen können, daher ist ein festes Salz nicht elektrisch leitfähig. Es ist ein Isolator. Beim Lösen von Salz in Wasser werden die im Gitter gebundenen Ionen frei. Sie können sich als Ladungsträger im Wasser frei bewegen und leiten den elektrischen Strom (→ Bild 2).

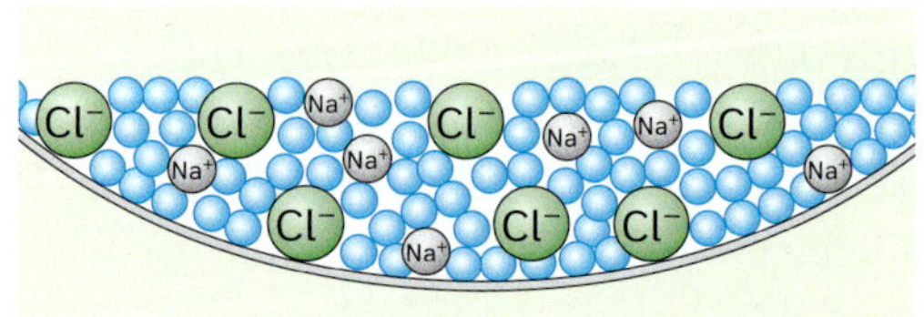

2 Ionen in einer wässrigen Kochsalz-Lösung

3 Das Ionengitter eines Salzkristalls: **A** vor und **B** nach Krafteinwirkung

Hohe Schmelztemperatur

Aufgrund der starken Anziehung zwischen den unterschiedlich geladenen Ionen haben Salze hohe Schmelztemperaturen. Um Salze zu schmelzen, muss das Ionengitter erst aufgebrochen werden. Dafür wird viel Energie benötigt, die in Form von Wärme zugeführt werden muss. Kochsalz beispielsweise hat eine hohe Schmelztemperatur von 801 °C.

Löslichkeit von Salzen

Gelangt ein Salzkristall in Wasser, so lösen sich die Ionen nach und nach aus dem Kristall heraus. Dabei umhüllen die Wassermoleküle jedes Ion. Dadurch sind die Ionen voneinander getrennt und können sich nicht mehr gegenseitig anziehen. Sie verteilen sich gleichmäßig in der Lösung.

Sprödigkeit von Salz

Zerschlägst du mit einem Hammer einen Salzkristall, so zerspringt dieser und du erkennst eine glatte Bruchkante. Salze sind spröde und lassen sich nicht verbiegen. Durch die Krafteinwirkung des Schlages verschieben sich die Schichten im Ionengitter. Gleichnamig geladene Ionen treffen aufeinander und stoßen sich ab. Dadurch werden die Schichten voneinander getrennt und der Salzkristall zerspringt (→ Bild 3).

Die Eigenschaften der Salze lassen sich mit der Ladung der Ionen erklären. Feste Salze sind aus einem Ionengitter aufgebaut.

1 Beschreibe die Anordnung der Ionen in einem Ionengitter.

2 **a)** Nenne drei typische Eigenschaften der Salze.
b) Erkläre die hohe Schmelztemperatur der Salze.
c) Erkläre, warum Salze nicht verformbar sind.

3 I **a)** Begründe, dass feste Salze nicht elektrisch leitfähig sind. Nutze zur Erklärung eine Zeichnung.
I **b)** Begründe die gute elektrische Leitfähigkeit von gelösten Salzen.

4 II Erkläre, warum eine klare Lösung entsteht, wenn man Salz in Wasser gibt.

Starthilfe zu 3a:
Nutze Bild 3 A.

Starthilfe zu 3b:
Nutze Bild 2.

»

FORSCHEN UND ENTDECKEN

A Wie kannst du das Modell eines Ionengitters bauen?

Die chemische Formel für Kochsalz ist NaCl. Diese Formel drückt aus, dass Natrium-Ionen (Na^+) und Chlorid-Ionen (Cl^-) im Verhältnis von 1:1 das Natriumchlorid bilden. Die unterschiedlich geladenen Ionen ziehen sich gegenseitig stark an und bilden ein regelmäßiges, würfelförmiges Ionengitter. In diesem ist jedes Chlorid-Ion von sechs Natrium-Ionen umgeben und umgekehrt.

Material: je 32 Styroporkugeln mit Ø 2 cm und mit Ø 1 cm, Zahnstocher, Styroporkleber, Farben weiß und grün, Behälter für die beiden Farbbäder, Karton, alternativ: bereits farbige Kugeln verwenden

Vorbereitung: Tauche die Styroporkugeln mithilfe der Zahnstocher in die Farbbäder. Färbe die großen Kugeln für die Chlorid-Ionen weiß und die kleinen Kugeln für die Natrium-Ionen grün. Lasse die Farbe auf den Kugeln trocknen. Dazu kannst du die Zahnstocher mit den Kugeln in den Karton stechen.

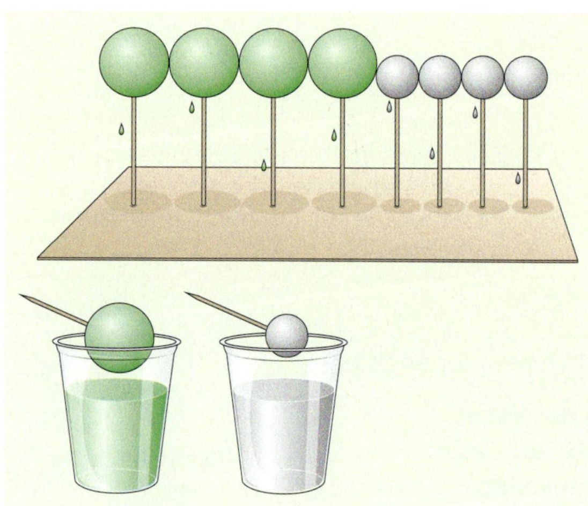

Durchführung:

Schritt 1: Verbinde zwei weiße und zwei grüne Kugeln mithilfe von Zahnstochern aneinander, sodass eine Reihe aus vier Kugeln mit abwechselnden Farben entsteht.

Schritt 2: Wiederhole Schritt 1 bis du 16 Reihen mit je vier Kugeln hast.

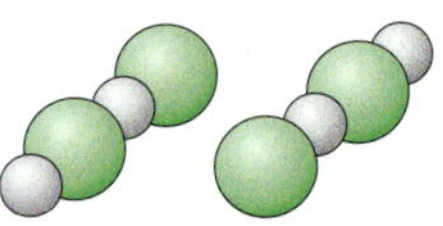

Schritt 3: Verbinde jeweils vier Reihen mit Zahnstochern oder Kleber zu einer Ebene aus 16 Kugeln. Drehe jede zweite Reihe, sodass immer Kugeln in wechselnder Farbe nebeneinander liegen. Fertige insgesamt vier Ebenen.

Schritt 4: Setze zwei Ebenen aufeinander. Verbinde diese mit Zahnstochern oder Kleber.

Schritt 5: Setze insgesamt 4 Ebenen aufeinander. Der entstehende Würfel ist das fertige Modell des Kochsalz-Ionengitters.

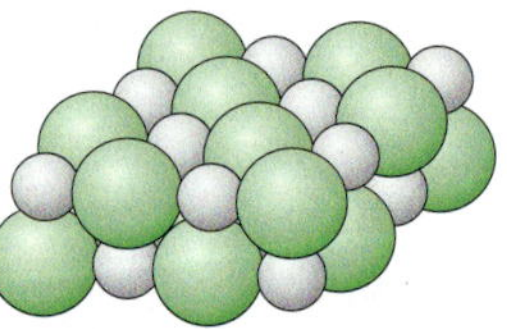

1 Beschreibe das Aussehen des Modells.

2 Nenne die Bedeutung der unterschiedlich farbigen Kugeln im Modell.

3 II Gib die Anzahl an Kugeln an, die du für ein würfelförmiges Modell mit sechs Ionen pro Kante anstelle von vier benötigen würdest.

ÜBEN UND ANWENDEN

A Elektrische Leitfähigkeit im Teilchenmodell

Festes Salz

In Salzkristallen haben die positiv und negativ geladenen Ionen einen festen Platz im Ionengitter. Es gibt dort keine frei beweglichen Ladungsträger. Festes Salz ist daher ein elektrischer Nichtleiter.

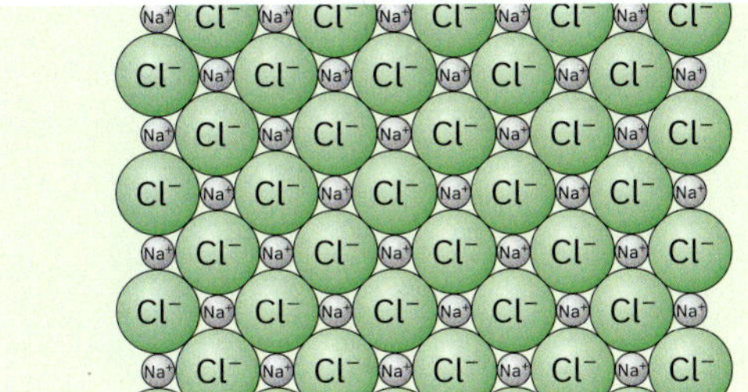

Entmineralisiertes Wasser

Wasser besteht aus Wasser-Molekülen. Im Bild sind diese vereinfacht als Kugeln dargestellt. Flüssiges Wasser besteht aus frei beweglichen Wasser-Molekülen. Da diese Moleküle, anders als Ionen, aber keine Ladungen tragen, können sie den elektrischen Strom auch nicht weiterleiten. Reines Wasser ist also ein Isolator.

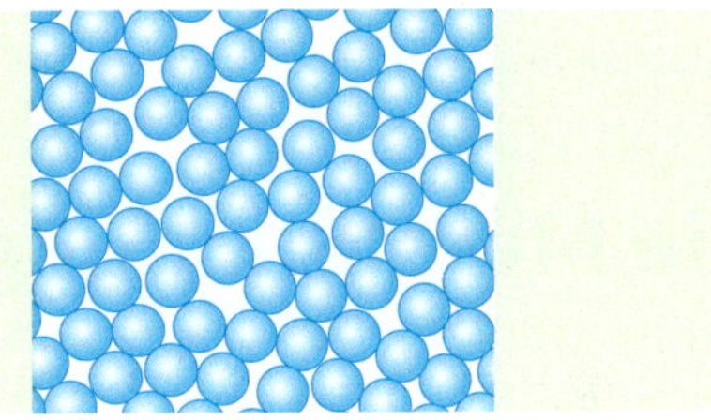

Salzschmelze

Wird ein Salz stark erwärmt, schmilzt es. Es entsteht eine Salzschmelze. Durch die Wärmezufuhr zerfällt das Ionengitter. Die Ionen haben einen größeren Abstand als im Salzkristall zueinander und können sich bewegen. Dadurch können sie Ladungen transportieren. Salzschmelzen sind also elektrisch leitfähig.

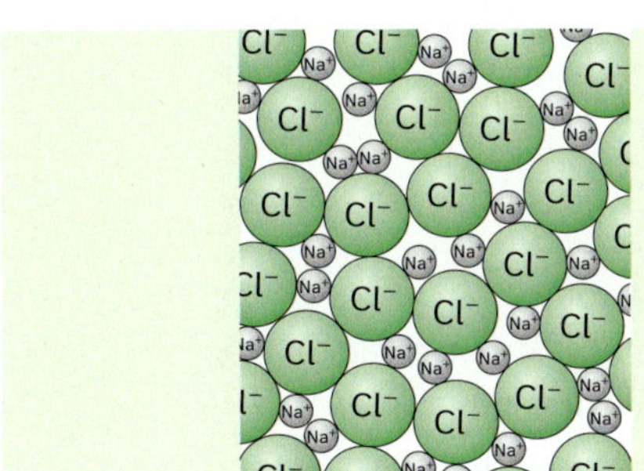

Salzlösung

In Salzlösungen sind die Anionen und Kationen des Salzes von Wasser-Molekülen umgeben. Dies führt dazu, dass sich die Ionen frei in der Lösung bewegen können. Sie dienen als Ladungsträger und leiten den elektrischen Strom. Salzlösungen sind daher elektrische Leiter.

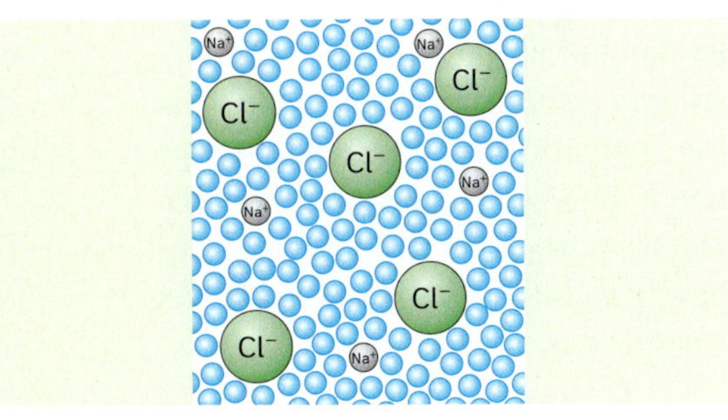

1 **a)** Begründe die elektrische Leitfähigkeit von Salzschmelzen und Salzlösungen.
b) Begründe, dass feste Salze nicht elektrisch leitfähig sind.

2 Zeichne festes Kaliumiodid und eine wässrigen Kaliumiodid-Lösung.

Starthilfe zu 2:
Kaliumiodid besteht aus Kalium-Kationen (K^+) und Iodid-Anionen (I^-).

1 Aluminium-Atome bilden ein Metallgitter.

Die Metallbindung

Aluminium – ein typisches Metall

Aluminium ist ein Feststoff, der für Fahrradfelgen verwendet wird (→ Bild 1). Aluminium hat typische Metalleigenschaften. Es lässt sich verformen, ohne zu zerbrechen und ist ein guter elektrischer Leiter. Diese Eigenschaften lassen sich durch die Anordnung der Aluminium-Atome erklären.

Das Metallgitter

In Metallen liegen die Metall-Atome geordnet und dicht nebeneinander vor. Diese Anordnung wird **Metallgitter** genannt. Im Metallgitter können sich die Metall-Atome nicht von ihren Plätzen bewegen. Die Außenelektronen hingegen sind frei beweglich.

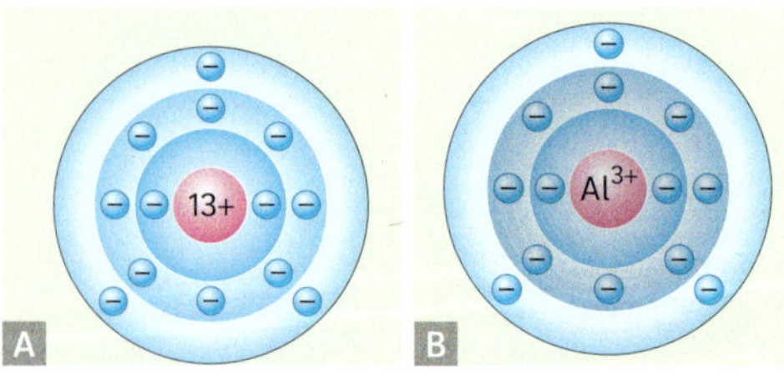

2 Ein Aluminium-Atom: **A** im Schalenmodell, **B** Atomrumpf grau gefärbt, die 3 Außenelektronen können leicht abgegeben werden

Vereinfachte Darstellung

Im Atomkern eines Aluminium-Atoms befinden sich Neutronen und 13 positiv geladene Protonen. In der Atomhülle sind 13 Elektronen auf den Schalen des Atoms verteilt (→ Bild 2A).
Aluminium besitzt drei Elektronen auf der äußeren Schale. Diese können leicht abgegeben werden. Übrig bleibt ein dreifach positiv geladener **Atomrumpf.** Dieser enthält den Atomkern sowie die Elektronen der inneren Schalen. Dieser ist in Bild 2B grau dargestellt.

Die Metallbindung

Im Metallgitter stehen die Außenelektronen jedes Aluminium-Atoms allen anderen Aluminium-Atomen zur Verfügung. Sie befinden sich zwischen den Atomrümpfen. Diese Elektronen heißen **frei bewegliche Elektronen.**
Zwischen den negativ geladenen freien Elektronen und den positiv geladenen Atomrümpfen entstehen Anziehungskräfte. Diese halten die Atome im Metallgitter zusammen. Diese Art der Bindung zwischen den Atomen heißt **Metallbindung.**

Elektrische Leitfähigkeit

Für elektrische Stromkreise werden Kabel aus dem Metall Kupfer verwendet. Dieses Metall hat eine sehr gute elektrische Leitfähigkeit. Wird der Kupferdraht mit einer Batterie wie im Stromkreis in Bild 3A verbunden, werden die Außenelektronen der Kupfer-Atome vom Minuspol zum Pluspol verschoben. Die Batterie wirkt dabei wie eine Pumpe und drückt Elektronen durch den Draht. Im Kupferdraht bewegen sich die frei beweglichen Elektronen. Die Atomrümpfe bewegen sich nicht (→ Bild 3B). Aufgrund der frei beweglichen Außenelektronen sind Metalle gute elektrische Leiter.

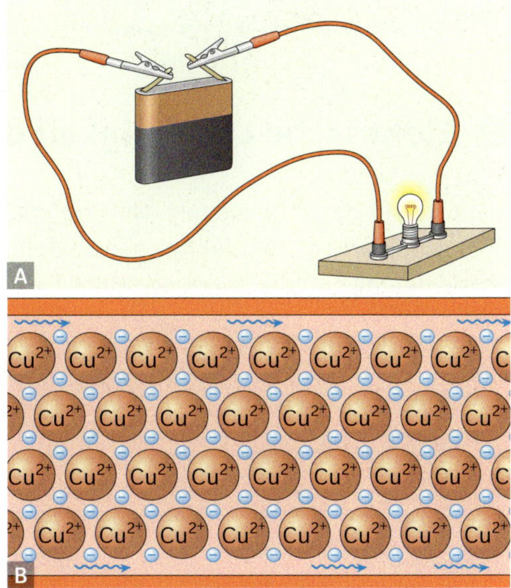

3 Elektrische Leitfähigkeit: **A** Weg der Elektronen in einem Stromkreis, **B** Die freien Elektronen bewegen sich im Kupferdraht.

Verformbarkeit

Getränkedosen sind oft aus Metall. Sie lassen sich verbiegen, ohne zu brechen (→ Bild 4A). Bei Krafteinwirkung auf die Dose gleiten Atomrümpfe des Metalls aneinander vorbei. Da die Außenelektronen frei beweglich sind, kommt es auch nach der Verschiebung der Atomrümpfe wieder zu einer Anziehung zwischen den positiv geladenen Atomrümpfen und den negativ geladenen Elektronen. Das Metall bricht nicht (→ Bild 4B). Es ist **verformbar.**

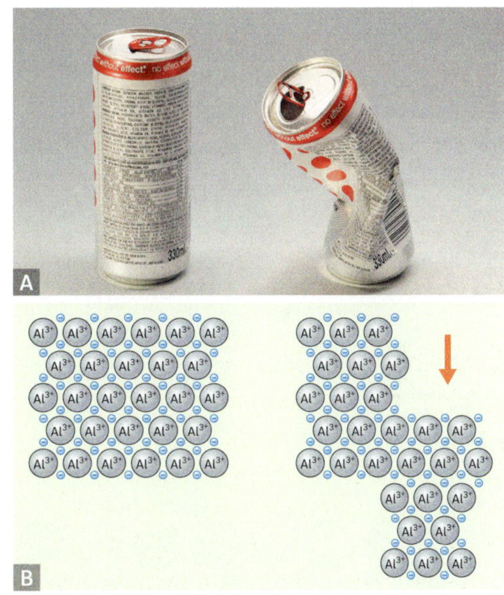

4 Verformbarkeit: **A** Die Aluminiumdose ist zerdrückt, **B** Die Atomrümpfe sind verschoben.

Der Metallglanz

Alle metallischen Oberflächen sind glänzend. Der Glanz entsteht dadurch, dass die sich frei bewegenden Elektronen Energie vom Licht sehr gut aufnehmen und nach kurzer Zeit wieder abgeben. Das Licht wird reflektiert, wodurch der typische Metallglanz entsteht.

1 Nenne zwei typische Eigenschaften von Metallen.

2 Beschreibe die Struktur von Metallen auf der Teilchenebene.

3 I Beim Dosenrecycling werden Dosen zusammengepresst, damit sie weniger Volumen einnehmen. Erkläre, warum dieses Verfahren möglich ist.

4 II Erkläre die gute elektrische Leitfähigkeit von Metallen.

Starthilfe zu 3:
Stoffe sind dann elektrisch leitend, wenn sich Elektronen in eine Richtung bewegen können.

»

ÜBEN UND ANWENDEN

A Elektrische Leitfähigkeit der Metalle

Metalle sind gute elektrische Leiter. Trotzdem unterscheiden sich die elektrischen Leitfähigkeiten der Metalle untereinander deutlich (→ Bild 1).

Bei der Wahl eines Metalls als Leitermaterial kommt es neben der elektrischen Leitfähigkeit auch auf den Preis, die Verarbeitbarkeit und die Stabilität gegenüber Korrosion an.

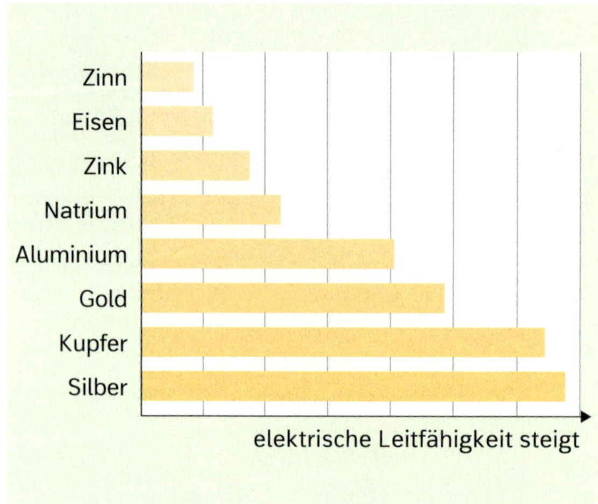

1 Elektrische Leitfähigkeit ausgewählter Metalle

1 Nenne das Metall in Bild 1 mit der besten und das mit der schlechtesten elektrischen Leitfähigkeit.

2 II Stromkabel sind zumeist aus Kupfer. Nenne einen Grund dafür, dass Kupfer anstelle des besser leitfähigen Silbers verwendet wird.

3 II Leiterplatten elektrischer Geräte sind unterschiedlichen Metallen bestückt. Nenne zwei Gründe, die neben der elektrischen Leitfähigkeit die Wahl des Metalls beeinflussen.

B Elektrische Leitfähigkeit der Metalle im Modell

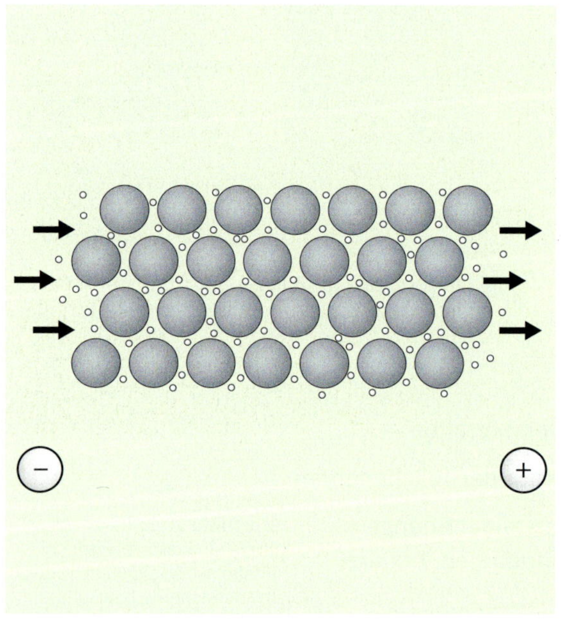

2 Die Bewegung von Elektronen in einem Metallgitter

Die elektrische Leitfähigkeit von Metallen lässt sich im Modell verdeutlichen.

1 **a)** Zeichne das links stehende Bild zur Verdeutlichung der elektrischen Leitfähigkeit von Metallen ab.
b) Vervollständige deine Zeichnung, indem du die Bewegung von Elektronen einzeichnest und alle Bestandteile beschriftest.

2 Stelle eine begründete Vermutung an, wie sich die elektrische Leitfähigkeit verändern würde, wenn das Metall erhitzt wird.

3 I Beschreibe die Bewegung der Elektronen in einem Metallgitter.

4 II Metalle leiten den elektrischen Strom, Salze hingegen sind im festen Zustand Isolatoren. Erkläre diesen Unterschied.

ÜBEN UND ANWENDEN

C Übung zum Atombau

Das Schalenmodell zeigt Anzahl und Aufenthaltsbereiche der einzelnen Atombausteine.

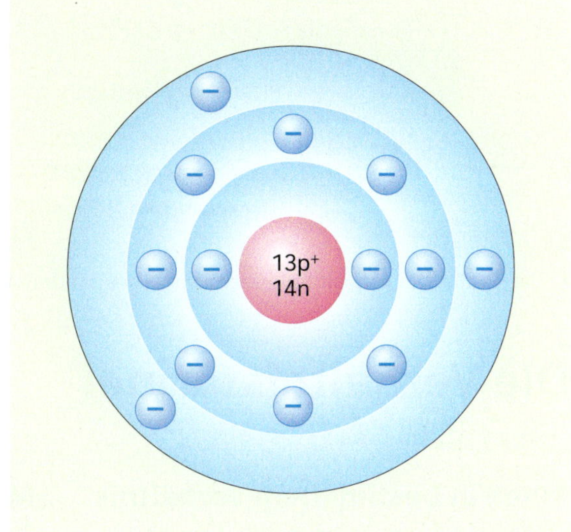

3 Ein Metall-Atom im Schalenmodell

1 **a)** Beschreibe das dargestellte Atom, in dem du die Anzahl der jeweiligen Atombausteine nennst.
b) Gib an, wie viele Elektronen sich in den einzelnen Schalen befinden.
c) Gib die Masse des Atoms an.
d) Gib mit Hilfe des Periodensystems an, um welches Metall-Atom es sich handelt.

D Kupfer und seine Eigenschaften

Kupfer wird aufgrund seiner Eigenschaften vielfältig verarbeitet und verwendet. Die Eigenschaften werden durch den Atombau bestimmt.

4 Kupferkabel auf einer Rolle

1 **a)** Nenne Eigenschaften, die Kupfer zu einem begehrten Rohstoff machen.
b) Erkläre zwei Eigenschaften von Kupfer mit dem Atommodell.

2 Um viele Menschen mit schnellem Internet zu versorgen, werden immer mehr Glasfaserkabel statt Kupferkabel verlegt. Stelle Vermutungen an, worauf man aufgrund der Eigenschaften von Glas bei der Verlegung von Glasfaserkabeln achten muss.

3 **II** Erstelle eine Zeichnung der Vorgänge beim Biegen von Kupferblech auf Teilchenebene.

4 **III** Erkläre die Verformbarkeit von Kupferblech auch mithilfe einer beschrifteten Zeichnung.

Starthilfe zu 3 und 4:
Verwende bei einer Zeichnung Atomrümpfe und Außenelektronen.

«

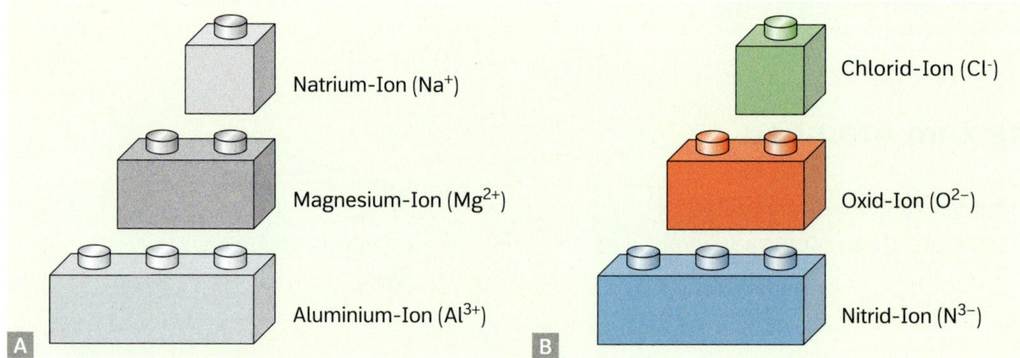

1 Die Bausteine: **A** positiv geladene Ionen im Modell, **B** negativ geladene Ionen im Modell

Die Verhältnisformel

Ionen in bestimmtem Verhältnis

Salze bestehen aus positiv geladenen Metall-Ionen und negativ geladenen Nichtmetall-Ionen. Insgesamt sind Salze jedoch ungeladen. Dies bedeutet, dass sich die positiven und negativen Ladungen der Ionen ausgleichen.

Das Ionenverhältnis

Ein Natrium-Ion (Na^+) hat eine positive Ladung, ein Chlorid-Ion (Cl^-) eine negative Ladung. Um die positive Ladung eines Natrium-Ions auszugleichen, ist ein negativ geladenes Chlorid-Ion notwendig. Sie sind in Natriumchlorid in einem Verhältnis von 1:1 vorhanden. Die **Verhältnisformel** ist Na_1Cl_1. Vereinfacht schreibst du NaCl.

Bausteine als Modell

Du kannst dir die Ionen als Bausteine vorstellen (→ Bild 1). Jeder Baustein ist ein Ion. Die Anzahl der Noppen auf dem Baustein entspricht der Ladung. Dabei kannst du nicht erkennen, ob die Ladung positiv oder negativ ist.

Modell für Natriumchlorid

Zur Darstellung von Natriumchlorid nimmst du einen Baustein mit einer Noppe für das Natrium-Ion und einen Baustein mit einer Noppe für das Chlorid-Ion. Steckst du sie aufeinander, bleibt keine Noppe unbesetzt. Das Verhältnis ist 1:1 (→ Bild 2A).

Modell für Magnesiumchlorid

Magnesiumchlorid ist ein Salz, das aus Magnesium-Ionen und Chlorid-Ionen aufgebaut ist. Zum Ausgleich eines Magnesium-Ions benötigst du zwei negativ geladene Chlorid-Ionen (→ Bild 2B). Erst dann bleibt keine Noppe im Modell unbesetzt. Die Verhältnisformel von Magnesiumchlorid lautet deshalb Mg_1Cl_2. Vereinfacht schreibst du $MgCl_2$. Die tief gestellte Ziffer 2 hinter dem Cl bedeutet, dass es sich um zwei Cl^--Ionen handelt.
Zur Verdeutlichung der Ladung kann auch $Mg^{2+}(Cl^-)_2$ geschrieben werden. Da diese Schreibweise kompliziert aussieht, wird sie nur selten genutzt.

2 Die Verhältnisformel mit Bausteinen: **A** Natriumchlorid, **B** Magnesiumdichlorid

3 Aluminiumoxid: **A** im Modell, **B** als Verhältnisformel

Modell für Aluminiumoxid

Aluminiumoxid besteht aus Aluminium-Ionen (Al^{3+}) und Oxid-Ion (O^{2-}). Zur Darstellung im Modell nimmst du Bausteine mit drei Noppen für Al^{3+} und Bausteine mit zwei Noppen für O^{2-} (→ Bild 3).
Setzt du je einen dieser Bausteine zusammen, bleibt eine Noppe beim Aluminium unbesetzt. Mit einem weiteren Oxid-Baustein bleibt beim Oxid eine Noppe übrig. Erst mit zwei Al^{3+} und drei O^{2-}-Bausteinen sind alle Noppen im Modell besetzt (→ Bild 3). Die Formel für Aluminiumoxid lautet also Al_2O_3.

Vom Modell zur Verhältnisformel

Jedes einfach geladene Ion, kannst du durch einen Baustein mit einer Noppe darstellen. Jedes Ion mit zwei Ladungen kannst du mit einem Baustein, der zwei Noppen hat, darstellen. In einem Ionenkristall sind aber stets sehr viele Ionen miteinander verbunden. Im Modell müsstest du also sehr viele Bausteine im richtigen Verhältnis zusammenstecken.

Die Verhältnisformel gibt das Verhältnis der Ionen in einem Salz an.

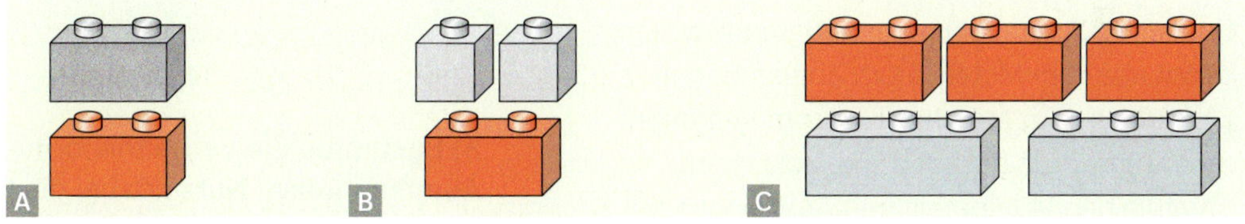

4 Modelle von weiteren Salzen

1 a) Gib die Anzahl an Noppen an, die ein Magnesium- und ein Chlorid-Ion im Modell haben und begründe diese.
b) Zeichne mit Bausteinen ein Modell von Magnesiumchlorid.
c) Begründe, dass die Formel von Magnesiumchlorid $MgCl_2$ ist.

Starthilfe zu 1:
Beachte Bild 2.

2 I a) Gib die Verhältnisformeln der Salze in Bild 4 an.
I b) Nenne die Namen der Salze in Bild 4.

Starthilfe zu 2:
Die Formeln und Namen der Ionen findest du in Bild 1.

3 II Zeichne die Modelle drei weiterer Salze, die hier nicht abgebildet sind und gib deren Verhältnisformel an.

4 III Begründe, dass es das Salz $MgNa_2$ nicht gibt, obwohl es sich mit dem Baustein-Modell gut darstellen lässt.

»

ÜBEN UND ANWENDEN

A Eine Verhältnisformel mithilfe des Schalenmodells aufstellen

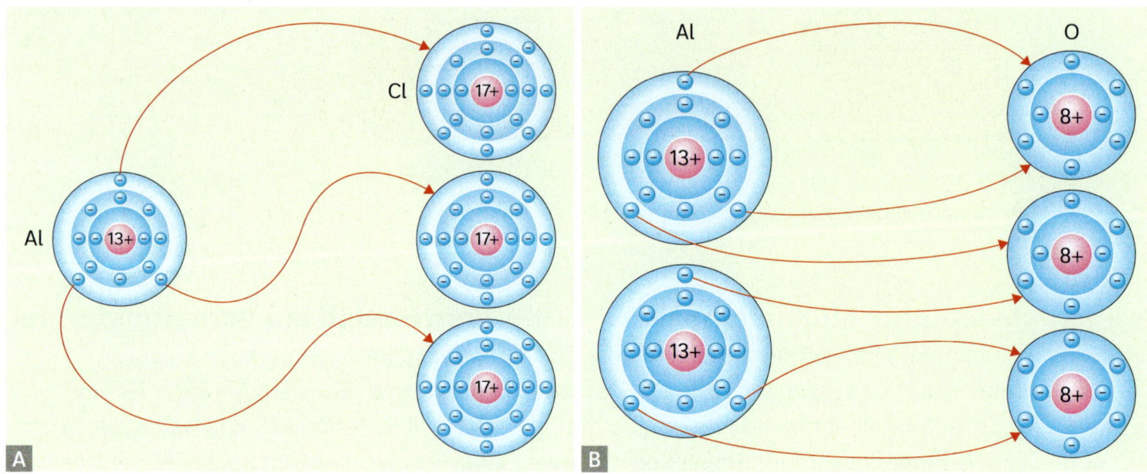

1 Elektronenübergänge zwischen Atomen: **A** Aluminium und Chlor, **B** Aluminium und Sauerstoff

Beim Aufstellen der Verhältnisformeln von Salzen kann dir auch das Schalenmodell helfen. Dabei gehst du wie folgt vor (→ Bild 1).

- Bestimme die Anzahl der Elektronen, die vom Metall-Atom abgegeben und die Anzahl, die vom Nichtmetall-Atom aufgenommen werden, sodass jeweils eine Edelgaskonfiguration entsteht.
- Bestimme die Anzahl an benötigten Atomen, damit alle vom Metall-Atom abgegebenen Elektronen vom Nichtmetall-Atom aufgenommen werden. Es dürfen keine Elektronen übrigbleiben. Alle beteiligten Atome müssen danach eine Edelgaskonfiguration haben. In manchen Fällen benötigst du dafür mehrere Metall-Atome.
- Gib nun die Verhältnisformel an. Dabei gibt die tiefgestellte Zahl nach dem Elementsymbol die Anzahl der jeweiligen Atome an. Das Metall-Ion wird zuerst genannt.

Beispiel

1. Al gibt 3 Elektronen ab.
   Cl nimmt 1 Elektron auf.
2. Das Al-Atom gibt je eines seiner drei Außenelektronen an ein Chlor-Atom ab. Es werden also 1 Al-Atom und 3 Cl-Atome benötigt.
3. Die Formel lautet $AlCl_3$.

1 **a)** Bestimme die Verhältnisformel von Aluminiumoxid. Nutze dabei die Schritte 1 bis 3 in der linken Spalte sowie Bild 1B.

Starthilfe zu 1b:
Beachte, dass Sauerstoff als Molekül (O_2) in der Reaktionsgleichung vorkommt.

b) Stelle das Reaktionsschema dieser Reaktion auf.

2 **a)** Zeichne das Schalenmodell eines Magnesium- und eines Fluor-Atoms.
b) Gehe die Punkte 1 bis 3 des Beispiels auf dieser Seite durch. Leite die Formel von Magnesiumfluorid her.
c) Stelle das Reaktionsschema dieser Reaktion auf.

ÜBEN UND ANWENDEN

B Unterschiedliche Verbindungen eines Elements

Im Periodensystem der Elemente finden sich in den Nebengruppen einige wichtige Elemente. Deren Atome lassen sich mit dem Schalenmodell nicht sinnvoll darstellen. Beispiele sind Eisen, Zink oder Kupfer. Kupfer kommt in Verbindungen als Cu^{+}-Ion oder Cu^{2+}-Ion vor.
Im Modell ist das Kupfer-Ion also entweder ein Baustein mit einer Noppe oder mit zwei Noppen (→ Bild 2).
Da Sauerstoff zwei Außenelektronen hat, ist das Oxid-Ion zweifach negativ geladen. Es wird durch einen Baustein mit zwei Noppen dargestellt. Dikupferoxid hat folglich die Formel Cu_2O. Monokupferoxid hat die Formel CuO.

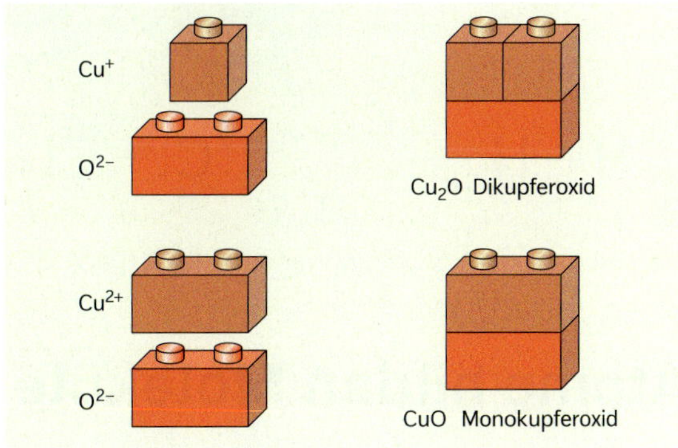

2 Verschiedene Kupferoxide: **A** Dikupferoxid Cu_2O, **B** Monokupferoxid CuO

1 Gib die Ladung von Ionen für die verschiedenen Hauptgruppen des PSE an und begründe dies.

2 Eisen-Ionen können zweifach oder dreifach positiv geladen sein.
a) Gib die Formeln dieser beiden Ionen an.
b) Zeichne die Bausteine der beiden Eisenchloride und der beiden Eisenoxide.
c) Nenne die Namen der vier Verbindungen aus Aufgabe 2b.

C Was gehört zusammen?

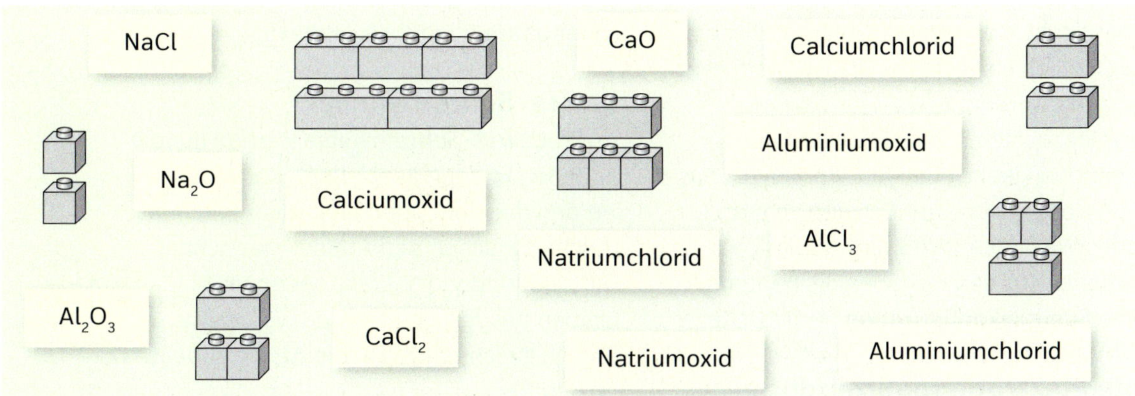

3 Verschiedene Salze: Namen – Bausteinmodelle – Verhältnisformeln

1 Ordne die Formeln, die Namen der Verbindungen und die Modelle einander zu. Erstelle dazu in deinem Heft eine Tabelle nach folgendem Muster: Name/Modell/Formel/Ladung der Metall

2 Gib jeweils die Ladung der Metall-Ionen an und ergänze sie in der vierten Spalte der Tabelle.

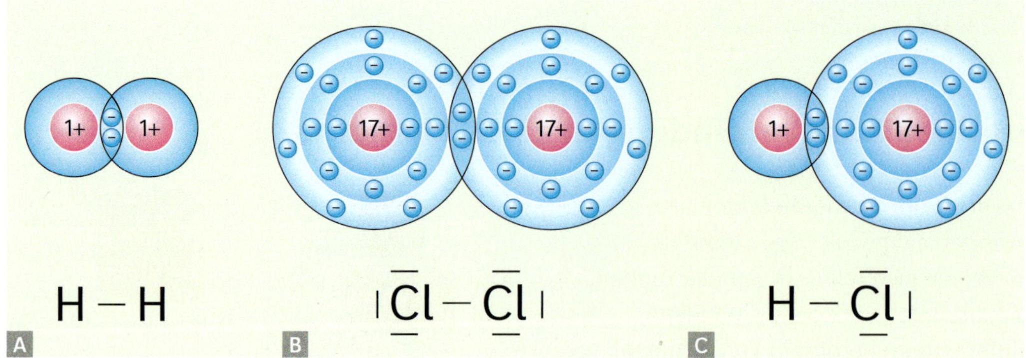

1 Moleküle einiger Stoffe: **A** Wasserstoff, **B** Chlor, **C** Chlorwasserstoff

Atome bilden Moleküle

Ionen und Moleküle

Bei der Reaktion von Metallen mit Nichtmetallen entstehen durch Elektronenübertragung Ionenverbindungen.
Auch zwei Nichtmetalle wie beispielsweise zwei Chloratome können eine Bindung eingehen. Dabei bilden sich allerdings keine Ionen, sondern **Moleküle.** Die entstehenden Verbindungen sind flüchtig.

Was Moleküle zusammenhält

Ein Wasserstoff-Atom besitzt ein Außenelektron. Für eine Edelgaskonfiguration benötigt es ein weiteres Elektron. Dieses kann durch ein weiteres Wasserstoff-Atom geliefert werden.
Im Gegensatz zu Salzen bleiben die Elektronen jedoch bei den Atomen. Durch eine Überlappung der Schalen scheint jedes Wasserstoff-Atom trotzdem zwei Außenelektronen zu haben. Es hat damit eine **Edelgaskonfiguration** (→ Bild 1A).

Die Elektronenpaarbindung

Die beiden Elektronen in den überlappenden Schalen im Wasserstoffmolekül (H_2) bilden ein Elektronenpaar (→ Bild 1A). Die Bindung wird daher als **Elektronenpaarbindung** bezeichnet.

Unterschiedliche Elektronenpaare

Ein Chlor-Atom hat sieben Außenelektronen. Für eine Edelgaskonfiguration benötigt es ein weiteres Elektronen. Durch Überlappung der Schalen von zwei Chlor-Atomen bildet sich ein Chlor-Molekül. In diesem haben beide Atome acht Außenelektronen und damit eine Edelgaskonfiguration.
Im Chlor-Molekül bilden die Elektronen in den überlappenden Schalen ein **bindendes Elektronenpaar**. Die anderen Elektronen der Chlor-Atome bilden keine Bindungen. Deshalb werden sie **nichtbindende Elektronenpaare** genannt (→ Bild 1B).

Lewis-Schreibweise

In der **Lewis-Schreibweise** werden nur die Außenelektronen gezeichnet. Dabei werden die bindenden Elektronenpaare als Striche zwischen den Atomen gezeichnet. Die nichtbindenden Elektronenpaare bleiben bei den Atomen und werden als Striche gleichmäßig um die Atome verteilt (→ Bild 2).

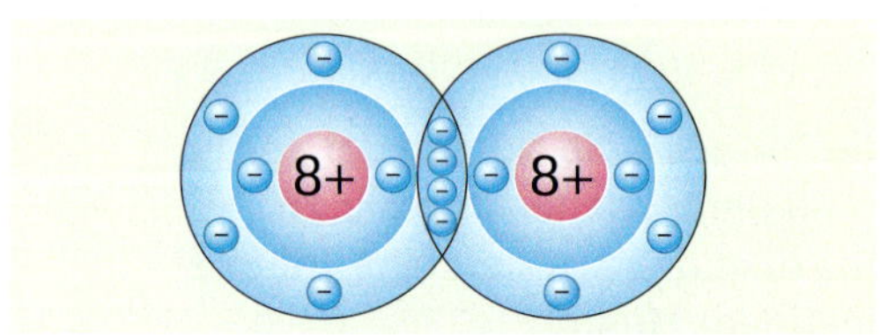

2 Doppelbindung in einem Sauerstoff-Molekül

Stoff	chemische Formel	Schalenmodell	LEWIS-Formel
Wasser	H_2O	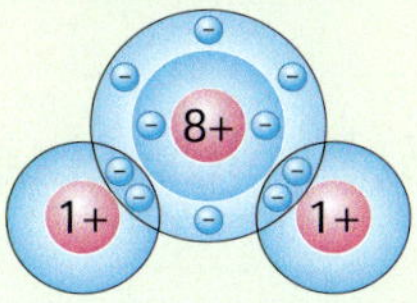	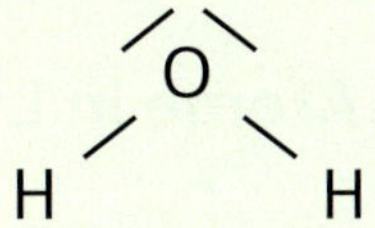 H–O–H
Kohlenstoff-dioxid	CO_2	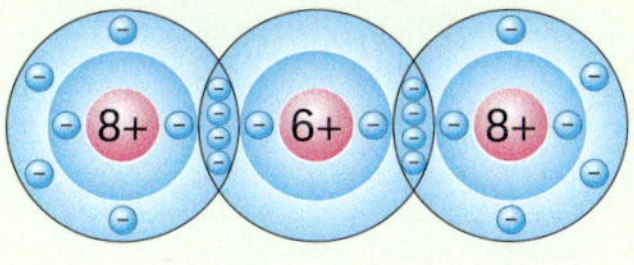	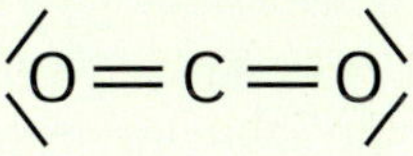 O=C=O

3 Moleküle aus drei Atomen

Mehrfachbindungen

Sauerstoff-Atome mit sechs Außenelektronen benötigen zwei weitere Elektronen, um eine Edelgaskonfiguration zu erreichen. Im Sauerstoff-Molekül (O_2) bilden zwei Elektronen des einen Atoms mit zwei Elektronen des anderen Atoms zusammen zwei Elektronenpaare. Dadurch entsteht eine Doppelbindung, welche die Atome im Molekül zusammenhält (→ Bild 2). Ein Stickstoff-Atom mit fünf Außenelektronen benötigt drei weitere Elektronen. Mit einem zweiten Stickstoff-Atom bildet sich eine Dreifachbindung.

Das Wasser-Molekül

Ein Sauerstoff-Atom benötigt zwei Elektronen, um eine Edelgaskonfiguration zu erreichen. Im Wasser-Molekül werden diese von zwei Wasserstoff-Atome bereit gestellt (→ Bild 3). Zwischen dem Sauerstoff-Atom und den Wasserstoff-Atomen bildet sich jeweils eine Elektronenpaarbindung.
Am Sauerstoff verbleiben zwei nichtbindende Elektronenpaare.

Das Kohlenstoffdioxid-Molekül

Das Kohlenstoffdioxid-Molekül besteht aus einem Kohlenstoff-Atom und zwei Sauerstoff-Atomen. Das Kohlenstoff-Atom benötigt vier Elektronen, um eine Edelgaskonfiguration zu erreichen. Die Sauerstoff-Atome benötigen jeweils zwei Elektronen. Das Kohlenstoff-Atom geht mit den Sauerstoff-Atomen jeweils eine Doppelbindung ein. Damit erreichen sowohl das Kohlenstoff-Atom als auch die Sauerstoff-Atome eine Edelgaskonfiguration. Es entsteht ein lineares Molekül

LEWIS-Schreibweise	Summenformel
|C – Cl|	Cl_2
O=O	O_2
|N≡N|	N_2

4 Unterschiedliche Darstellung von Molekülen

Molekülen bestehen aus meheren Atomen. Sie werden durch Elektronenpaarbindungen zusammengehalten. Zur Darstellung nutzt du die LEWIS-Schreibweise.

1 Nenne die Voraussetzung dafür, dass sich eine Elektronenpaarbindung und keine Ionenbindung ausbildet.

2 Zeichne das Sauerstoff- und das Wasser-Molekül im Schalenmodell und in der LEWIS-Schreibweise.

3 I Erkläre den Bau eines Wasserstoffmoleküls.

4 II Erkläre den Bau des Chlorwasserstoff-Moleküls.

Starthilfe zu 4:
Ermittle zuerst die Anzahl an Außenelektronen des Wasserstoff- und des Chlor-Atoms.

»

ÜBEN UND ANWENDEN

A Atome in LEWIS-Schreibweise

Für die Bindungen in Molekülen sind nur die Außenelektronen der beteiligten Atome wichtig. Deshalb werden die inneren Schalen in der LEWIS-Schreibweise weggelassen.
Beim Zeichnen werden die Elektronen um das Atomsymbol gruppiert. Einzelne Elektronen werden als Punkte, Elektronenpaare als Striche dargestellt.

Hauptgruppen I	II	III	IV	V	VI	VII	VIII
H · 1 Wasserstoff	Nichtmetall (gelb), Halbmetall (grün), Metall (blau)						He| 2 Helium
Li · 3 Lithium	Be · 4 Beryllium	· B · 5 Bor	· C · 6 Kohlenstoff	· N | 7 Stickstoff	· O | 8 Sauerstoff	| F | 9 Fluor	|Ne| 10 Neon
Na · 11 Natrium	Mg · 12 Magnesium	· Al · 13 Aluminium	· Si · 14 Silicium	· P | 15 Phosphor	· S | 16 Schwefel	|Cl| 17 Chlor	|Ar| 18 Argon

1 LEWIS-Schreibweise ausgewählter Atome

Beachte, dass erst immer alle vier Positionen um das Atomsymbol mit einzelnen Elektronen besetzt werden. Erst danach bilden sich Elektronenpaare (→ Bild 1).

1. Beschreibe Gemeinsamkeiten bei der Verteilung der Außenelektronen in den verschiedenen Hauptgruppen.
2. Schreibe die folgenden Atome in LEWIS-Schreibweise:
   a) Na, S, Cl
   II b) K, Se, Br
3. Zeichne die folgenden Moleküle in LEWIS-Schreibweise:
   II a) Cl_2, Br_2, N_2, H_2S
   III b) HBr, Br_2, PH_3
4. **III** Zeichne die Moleküle aus den folgenden Atomsorten in LEWIS-Schreibweise:
   H und F, H und O, N und H

B Bindende und nichtbindende Elektronenpaare

Ein Wasser-Molekül besteht aus je einem bindenden Elektronenpaar zwischen dem Sauerstoff- und den Wasserstoff-Atomen. Am Sauerstoff-Atom befinden sich zwei nichtbindende Elektronenpaare (→ Bild 2).

Die bindenden Elektronenpaare halten die Moleküle zusammen. Die nichtbindenden Elektronenpaare beeinflussen die räumliche Anordnung der Atome.

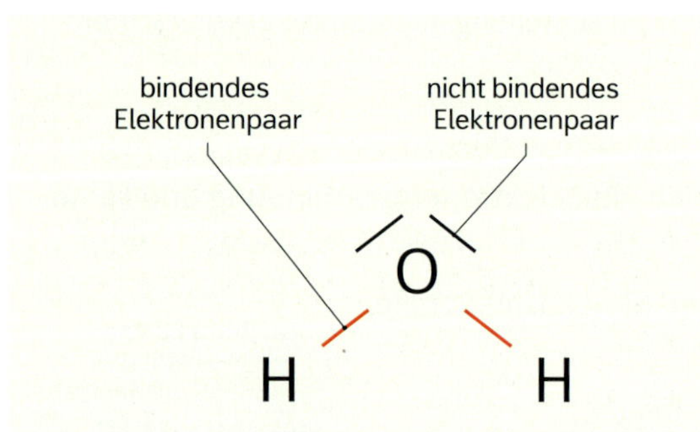

2 Elektronenpaare beim Wasser-Molekül

1. Beschreibe die Aufgabe der bindenden und nichtbindenden Elektronenpaare bei einem Wasser-Molekül.
2. **II** Stelle eine Vermutung auf, weshalb das Wasser-Molekül gewinkelt ist.
3. **II** Zeichne ein Ammoniak-Molekül (NH_3) und kennzeichne die bindenden und nichtbindenden Elektronenpaare.
4. **III** Gib die maximale Anzahl an Elektronenpaaren in einem zweiatomigen Molekül an.

ÜBEN UND ANWENDEN

C Woraus besteht Methan?

Methan ist ein farbloses, brennbares Gas. Um herauszufinden, aus welchen Atomsorten ein Methan-Molekül ausgebaut ist, wird das Gas analysiert. Dazu wird Methan an der Luft verbrannt. Die entstehenden Stoffe werden aufgefangen und nachgewiesen (→ Bild 3).
Im U-Rohr schlägt sich an den kalten Glaswänden eine klare Flüssigkeit nieder. Wird weißes Kupfersulfat hinzugeben, färbt sich dieses blau. Bei der Flüssigkeit handelt es sich also um Wasser (H_2O).
In der im Bild rechts stehenden Gaswaschflasche ist Kalkwasser. Das durch das Kalkwasser geleitete Gas verursacht eine Trübung. Dies weist Kohlenstoffdioxid (CO_2) nach.
Der zur Verbrennung benötigte Sauerstoff stammt aus der Luft.

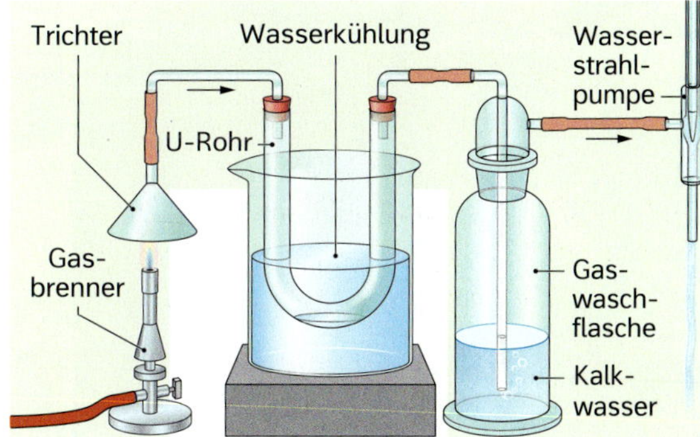

3 Versuchsaufbau zur Analyse von Methan

1. Nenne die Atomsorten, die in Methan enthalten sind.
2. Erkläre, wie man mithilfe des Versuchs zur Bestimmung der Atomsorten gekommen ist.
3. Gib die Verhältnisformel und die LEWIS-Formel von Methan an.

D Von der Verhältnisformel zum Reaktionsschema

Das Methan-Molekül hat die Formel CH_4.
So stellst du die Reaktionsschema der Verbrennung von Methan auf:

1. Stelle das Reaktionsschema in Worten auf.
2. Notiere die Formel jedes vorkommenden Stoffs. Die Formel darfst du bei den nächsten Schritten nicht mehr verändern.
3. Gleiche die Anzahl an Wasserstoff-Atomen aus, indem du die Anzahl der Wasser-Moleküle änderst.
4. Gleiche die Anzahl an Sauerstoff-Atomen aus, indem du die Anzahl der Sauerstoff-Moleküle änderst.

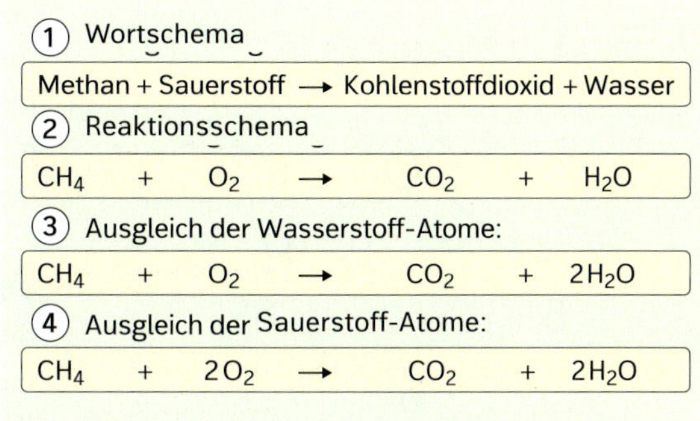

4 Schritte zum Erstellen eines Reaktionsschemas

1. Stelle das Reaktionsschema für die Verbrennung von Schwefel (S) mit Sauerstoff (O_2) auf.
2. **II** Stelle das Reaktionsschema für die Verbrennung von Ethan (C_2H_6) auf.
3. **III** Kohlenstoff kann zu CO oder zu CO_2 verbrennen. Stelle eine Vermutung auf, welche der beiden Verbindungen bei Sauerstoffmangel entsteht.

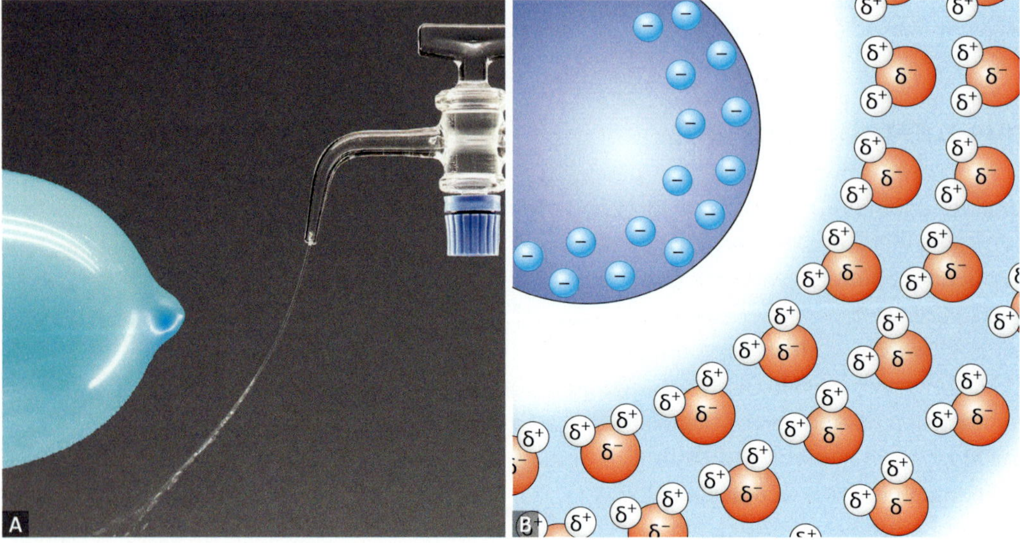

1 Ein Wasserstrahl wird abgelenkt: **A** im Versuch, **B** im Teilchenmodell

Polare und unpolare Elektronenpaarbindung

Ein Wasserstrahl wird abgelenkt

Der Wasserstrahl in Bild 1 fließt aus einer Pipette. Er fließt aber nicht gerade heraus, sondern wird von einem elektrisch geladenen Luftballon angezogen (→ Bild 1A). Einen Luftballon kannst du durch Reibung an Kleidung elektrisch aufladen.

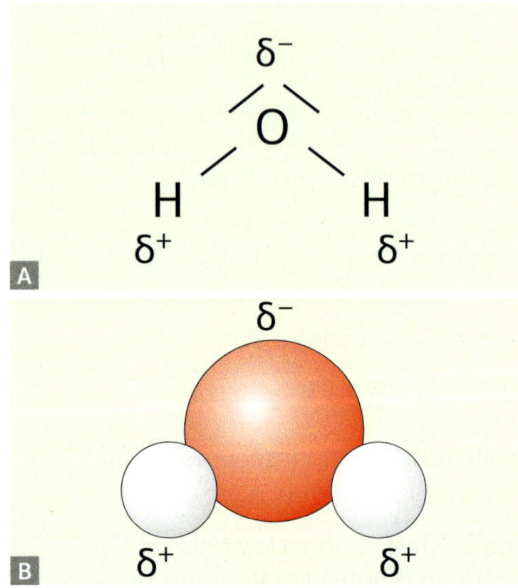

2 Teilladungen eines Wasser-Moleküls: **A** in der Strukturformel, **B** im Teilchenmodell

Teilladungen im Wasser-Molekül

Die Atome im Wasser-Moleküls sind teilweise geladen. Das Sauerstoff-Atom hat eine negative Teilladung und die Wasserstoff-Atome haben positive Teilladungen (→ Bild 2). In der Chemie nutzt du das Symbol δ^- (ausgesprochen: „delta minus") für negative Teilladungen. Für positive Teilladungen nutzt du das Symbol δ^+ (ausgesprochen: „delta plus"). Die Teilladungen im Wasser-Molekül gleichen sich aus, sodass es insgesamt elektrisch neutral, also ungeladen ist.

Teilladungen ziehen sich an

Sind mehrere Wasser-Moleküle vorhanden, ziehen sich die positiven Teilladungen (δ^+) des einen Moleküls und die negativen Teilladungen (δ^-) der benachbarten Moleküle gegenseitig an. Im Wasser ziehen somit die Wasserstoff-Atome jedes Moleküls die Sauerstoff-Atome der nahegelegenen Moleküle an. Auch der negativ geladene Luftballon zieht die positiven Teilladungen (δ^+) der Wasser-Moleküle an und lenkt so den Wasserstrahl ab.

Die polare Elektronenpaarbindung

Im Wasser-Molekül werden die bindenden Elektronen stärker zu dem Sauerstoff-Atom als zu den Wasserstoff-Atomen gezogen. Das bindende Elektronenpaar befindet sich nicht in der Mitte zwischen zwei Atomkernen. Dadurch entstehen im Wassermolekül zwei positive Teilladungen und eine negative Teilladung.
Diese Bindung wird als polare Elektronenpaarbindung bezeichnet. Chlorwasserstoff (HCl) ist ein weiteres Beispiel für ein Molekül mit polarer Elektronenbindung.

Die unpolare Elektronenpaarbindung

Im Sauerstoff-Molekül (O_2) befinden sich die Bindungselektronen in der Mitte zwischen den beiden Atomkernen. Die Elektronen werden von den Protonen in den Atomkernen gleichermaßen angezogen. Hier treten keine Teilladungen auf. Diese Bindung wird als **unpolare Elektronenpaarbindung** bezeichnet. Sind Moleküle aus zwei gleichen Atomen aufgebaut, liegt diese Form der Bindung vor.

Es gibt polare und unpolare Elektronenpaarbindungen. Wie stark die Anziehungskräfte auf die Bindungselektronen wirken, erkennst du an der Elektronegativität (EN).

	Sauerstoff (O_2)	Chlorwasserstoff (HCl)
EN der Atome		δ^+ δ^-
	⟨O=O⟩	
	O = 3,5	H = 2,1 Cl = 3,0
EN-Differenz	3,5 - 3,5 = 0	3,0 - 2,1 = 0,9
	unpolare	polare
	Elektronenpaarbindung	

3 Elektronenpaarbindung: **A** im Sauerstoff-Molekül, **B** im Chlorwasserstoff-Molekül

Elektronegativität von Atomen

Die Eigenschaft eines Atoms, Bindungselektronen an sich zu ziehen, heißt Elektronegativität. Sie wird mit den Buchstaben EN abgekürzt. Fluor ist das am stärksten elektronegative Element. Es hat eine EN von 4. Verbinden sich zwei Atome, kannst du die Differenz der Elektronegativität errechnen. Bei gleichen Atomen ist die Differenz der Elektronegativität 0. Dies ist beispielsweise im Sauerstoffmolekül (O_2) der Fall (→ Bild 3). Es liegt eine unpolare Bindung vor.
Von einer polaren Elektronenpaarbindung sprichst du, wenn die EN-Differenz größer als 0,4 ist. Je höher die EN-Differenz, desto stärker polar ist die Bindung.

1 Gib die Teilladungen der Atome in einem Wasser-Molekül an.

2 Beschreibe, wie polare Elektronenpaarbindungen entstehen.

3 I Gib die Elektronegativität eines Chlor-Atoms und die EN-Differenz eines Chlor-Moleküls an.

4 II Beschreibe, was man unter der Elektronegativität und unter der Elektronnegativitätsdifferenz versteht.

5 III Begründe, warum der Wasserstrahl in Bild 1 von dem Luftballon abgelenkt wird.

Starthilfe zu 5:
Je näher sich zwei Teilladungen sind, desto stärker ist die Abstoßung oder die Anziehung.

»

ÜBEN UND ANWENDEN

A Berechnung der Elektronegativitäts-Differenz

I	II	III	IV	V	VI	VII	VIII
H 2,1							**He** ---
Li 1,0	**Be** 1,5	**B** 2,0	**C** 2,5	**N** 3,0	**O** 3,5	**F** 4,0	**Ne** ---
Na 0,9	**Mg** 1,2	**Al** 1,5	**Si** 1,8	**P** 2,1	**S** 2,5	**Cl** 3,0	**Ar** ---
K 0,8	**Ca** 1,0	**Ga** 1,6	**Ge** 1,8	**As** 2,0	**Se** 2,4	**Br** 2,8	**Kr** ---
Rb 0,8	**Sr** 1,0	**In** 1,7	**Sn** 1,8	**Sb** 1,9	**Te** 2,1	**I** 2,5	**Xe** ---
Cs 0,7	**Ba** 0,9	**Tl** 1,8	**Pb** 1,8	**Bi** 1,9	**Po** 2,0	**At** 2,2	**Rn** ---

1 Elektronegativitätstabelle

Der Chemiker LINUS PAULING erforschte die Elektronegativität und schrieb sie in einer Elektronegativitätstabelle auf. In dieser Tabelle (→ Bild 1) kannst du die Elektronegativität der Atome ablesen und damit die Elektronegativitätsdifferenz (EN-Differenz) von Molekülen berechnen. Von dem höheren Elektronegativitäts-Wert ziehst du den niedrigeren Wert ab. Die Elektronegativitätsdifferenz bestimmt die Art der Bindung (→ Bild 2).

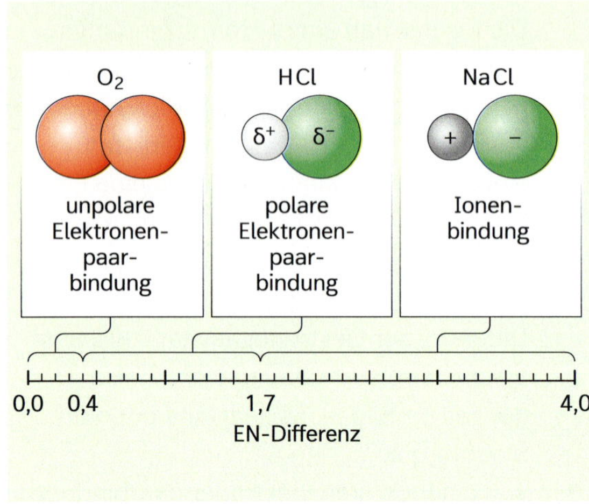

2 Die EN-Differenz bestimmt die Bindung.

Elektronegativität der Atome:
Na = 0,9
Cl = 3,0

Berechnung:
3,0
− 0,9
2,1

EN-Differenz der Bindung: 2,1

3 Berechnung der EN-Differenz von NaCl

1. Beschreibe, wie du die EN-Differenz berechnest.
2. Beschreibe den Zusammenhang zwischen der EN-Differenz und der Polarität einer Bindung mit je einem Je-desto-Satz.
3. **II** Nutze Bild 2 und nenne die Bindungsart, wenn die EN-Differenz in einem Molekül
   a) kleiner oder gleich 0,3 ist.
   b) zwischen 0,3 und 2,0 ist.
   c) größer als 2,0 ist.
4. **II** **a)** Berechne die EN-Differenz der Bindungen in folgenden Molekülen:
   H_2O, Li_2O, HBr, NaCl, NH_3
   b) Erläutere, um welche Art von Bindung es sich bei den Molekülen jeweils handelt.
5. **III** Stelle eine Vermutung auf, warum in der VIII. Hauptgruppe keine Werte für die Elektronegativität vorhanden sind.

ÜBEN UND ANWENDEN

B Welche Aussagen sind richtig?

① In einem Wasser-Molekül tragen das Sauerstoff-Atom eine negative und die Wasserstoff-Atome positive Teilladungen.

② Je größer die Teilladungen in einem Molekül sind, desto weniger stark ziehen sich die Moleküle gegenseitig an.

③ Im PSE nimmt die EN innerhalb der Perioden (von links nach rechts) zu und innerhalb der Hauptgruppen (von oben nach unten) ab.

④ Die Eigenschaft Bindungselektronen anzuziehen, heißt Elektronegativität.

⑤ Positive und negative Teilladungen zweier Moleküle stoßen sich ab.

⑥ In Molekülen, die unpolare Elektronenpaarbindungen ausbilden, treten keine Teilladungen auf.

⑦ Bei einer polareren Elektronenpaarbindung befindet sich das bindende Elektronenpaar in der Mitte zwischen den Atomkernen.

⑧ Das Symbol δ wird „delta" ausgesprochen.

⑨ Bei gleichen Atomen ist die Differenz der Elektronegativität 4.

⑩ Eine polare Elektronenpaarbindung liegt vor, wenn die EN-Differenz zwischen 0,3 und 2,0 ist.

5 verschiedene Aussagen zur Elektronegativität

1 Nenne die fünf korrekten Aussagen.

2 Korrigiere die falschen Aussagen und schreibe sie dann richtig in dein Heft.

3 Formuliere zwei weitere richtige Aussagen zur Elektronegativität verschiedener Atome.

C Brom und seine Eigenschaften

Brom ist ein reaktives Gas, das aus Molekülen (Br_2) besteht. Die Art der Bindung bestimmt die Eigenschaften.

1 Zeichne ein Molekül von Brom in der LEWIS-Schreibweise.

2 Gib die Art der Bindung zwischen den zwei Bromatomen an.

3 Erkläre die relativ niedrige Schmelz- und Siedetemperatur.

4 Erkläre, warum Brom den elektrischen Strom nicht leitet.

Brom

- Schmelztemperatur: -7°C
- Siedetemperatur: 59°C
- Leitfähigkeit: Nichtleiter
- Wasserlöslichkeit: in Wasser schwer löslich

6 kurzer Steckbrief vom Element Brom

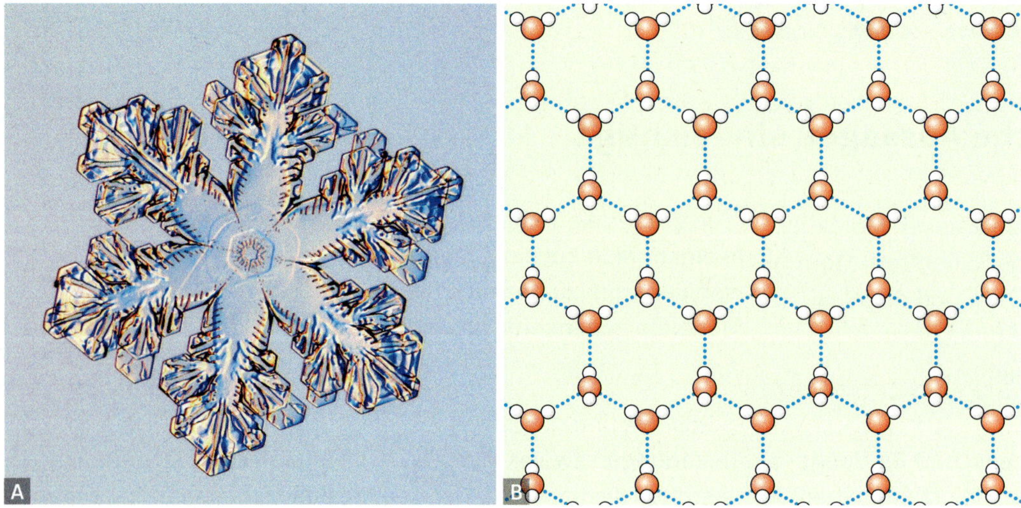

1 Eiskristall: **A** lichtmikroskopische Aufnahme eines secheckigen Eiskristalls, **B** regelmäßig angeordnete Wassermoleküle im Eiskristall

Die Wasserstoffbrücken

Gefrorenes Wasser

Gefriert Wasser, lagern sich je sechs Wasser-Moleküle zu einem Ring zusammen. Diese Wasser-Moleküle sind in besonderer Form miteinander verbunden. In der Mitte des Ringes ist ein leerer Raum. Dieser Hohlraum bewirkt die geringere Dichte von Eis im Vergleich zu flüssigem Wasser. Auch bei Schneeflocken findest du diese sechseckige Form (→ Bild 1). Sie entsteht durch die Teilladungen der Wassermoleküle und durch die Wechselwirkungen zwischen den Molekülen.

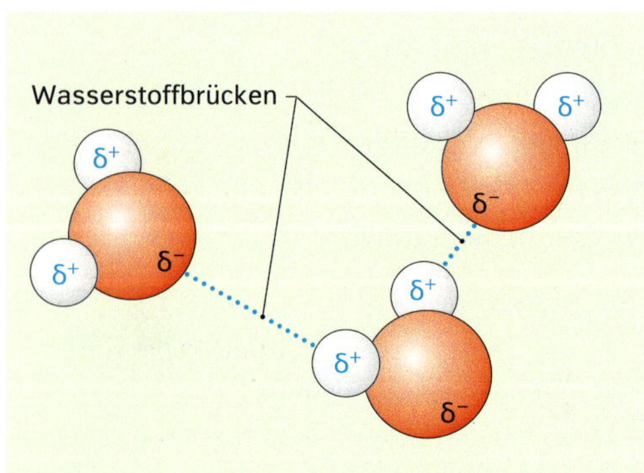

2 Wasserstoffbrücken bei Wasser-Molekülen

Wasserstoffbrücken

Benachbarte Wasser-Moleküle ziehen sich durch ihre Teilladungen gegenseitig an. Die positiv geladenen Wasserstoff-Atome werden von den negativ geladenen Sauerstoff-Atomen angezogen und umgekehrt. Diese Anziehungskräfte zwischen Wasser-Molekülen heißen **Wasserstoffbrücken.**

Starke und schwache Bindungen

Die Wasserstoffbrücken in Wasser sind recht stabil. Sie halten die Wasser-Moleküle zusammen. Es muss viel Energie aufgewendet werden, um die Moleküle voneinander zu trennen. Das bewirkt die hohe Siedetemperatur des Wassers. Die Siedetemperatur eines Stoffes ist umso höher, je stärker die Wechselwirkungen zwischen den Teilchen sind.
Andere Moleküle, wie Kohlenstoffdioxid, bilden keine Wasserstoffbrücken aus. Die Siedetemperatur von Kohlenstoffdioxid liegt daher deutlich unterhalb der Raumtemperatur von 20 °C, nämlich bei -78,5 °C.

Oberflächenspannung

In flüssigem Wasser trennen und bilden sich ständig neue Wasserstoffbrücken. Sie sind nicht dauerhaft. Wasserstoffbrücken bewirken, dass die Wassermoleküle im Wasser zusammengehalten werden. Die großen, fast runden Tropfen und die Oberflächenspannung des Wassers lassen sich so erklären.

Die Dichteanomalie

Eis schwimmt auf Wasser. Es hat eine geringere Dichte als Wasser. Der Grund dafür sind auch hier die Wasserstoffbrücken. In Wasser sind die Wasser-Moleküle unregelmäßig angeordnet. In Eis sind die Wasser-Moleküle wegen der Wasserstoffbrücken regelmäßig angeordnet. Sie bilden Sechsecke, die größere Hohlraum in der Mitte haben (→ Bild 1B). Diese Hohlräume führen dazu, dass sich in einem bestimmten Volumen Eis weniger Teilchen befinden als in dem gleichen Volumen an Wasser. In Eis werden die Wasser-Moleküle ebenfalls durch Wasserstoffbrücken zusammengehalten.

Wasserstoffbrücken in anderen Stoffen

Auch andere Moleküle bilden Wasserstoffbrücken. Eine Voraussetzung dafür sind polare Bindungen innerhalb eines Moleküls. Die EN-Differenz muss über 0,3 liegen. Beispiele sind Fluorwasserstoff (HF) und Ammoniak NH_3.

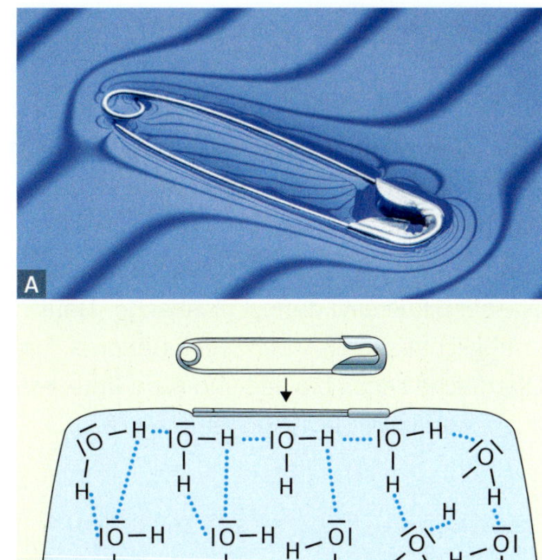

3 Oberflächenspannung: **A**, Büroklammer schwimmt auf Wasseroberfläche **B** Wasserstoffbrückenbindung im Teilchenmodell

4 Eis schwimmt auf Wasser.

Wasser-Moleküle sind über Wasserstoffbrücken miteinander verbunden. Diese bewirken die besonderen Eigenschaften des Wassers.

1. Zeichne eine Wasserstoffbrücke zwischen zwei Wasser-Molekülen.
2. Erkläre die höhere Siedetemperatur von Wasser im Vergleich zu Molekülen wie zum Beispiel Schwefelwasserstoff (H_2S).
3. I Nenne Beispiele, bei denen Wasserstoffbrücken auftreten.
4. II Skizziere drei Moleküle Ammoniak NH_3 und zeichne die jeweiligen Wasserstoffbrücken zwischen den Molekülen ein.
5. II Beschreibe das Zustandekommen der typischen Wassertropfen-Form.

Starthilfe zu 4:
Beachte, dass das Stickstoffatom ein nicht bindendes Elektronenpaar hat, das Platz braucht.

»

FORSCHEN UND ENTDECKEN

A Wir untersuchen die Oberflächenspannung von Wasser

Mit diesem Versuch kann die Oberflächenspannung von Wasser sichtbar gemacht werden. Wasser bildet eine dünne, elastische „Haut". Diese ermöglicht es, dass viele Gegenstände auf der Oberfläche liegen bleiben und nicht untergehen, auch, wenn ihre Dichte höher ist.

1 Versuch zur Oberflächenspannung von Wasser

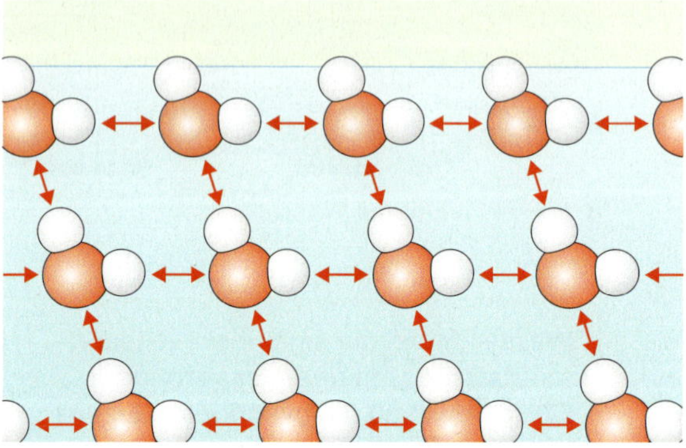

2 Wassermoleküle an der Wasseroberfläche im Modell

3 Wasserläufer auf einem See

Diese ungewöhnliche Eigenschaft hat Wasser aufgrund seiner polaren Molekülstruktur. Die Anziehung zwischen den polaren Wassermolekülen bewirkt eine große Oberflächenspannung.

Material: Wasser, eine kleine Glasschale, feingemahlener Pfeffer in einem Pfefferstreuer, Spülmittel, Pipette

Durchführung:

Schritt 1: Fülle eine Glasschüssel zu zwei Drittel mit Wasser.

Schritt 2: Streue vorsichtig so viel Pfeffer auf die Wasseroberfläche, bis sie gut bedeckt ist.

Schritt 3: Tropfe anschließend mit Hilfe der Pipette einen Tropfen Spülmittel in die Mitte der Wasseroberfläche und beobachte, was mit dem Pfeffer geschieht.

1 Notiere deine Beobachtungen.

2 Werte den Versuch aus, in dem du zunächst die Entstehung der Oberflächenspannung von Wasser erklärst (→ Bild 2).

3 Erkläre die Folgen durch Zugabe von Spülmittel in Wasser.

4 Beschreibe mögliche Folgen der Zerstörung der Oberflächenspannung von Wasser für Lebewesen (→ Bild 3).

5 Verwendet man für den Versuch Alkohol statt Wasser, so sinkt der Pfeffer auf den Boden der Glasschale. Stelle eine begründete Vermutung auf, warum Alkohol eine andere Oberflächenspannung hat als Wasser.

6 Erläutere anhand von Beispielen die Bedeutung der Oberflächenspannung von Wasser.

7 II Erkläre, warum die Oberflächenspannung verschiedener Flüssigkeiten unterschiedlich groß ist.

ÜBEN UND ANWENDEN

A Wasser löst Salze

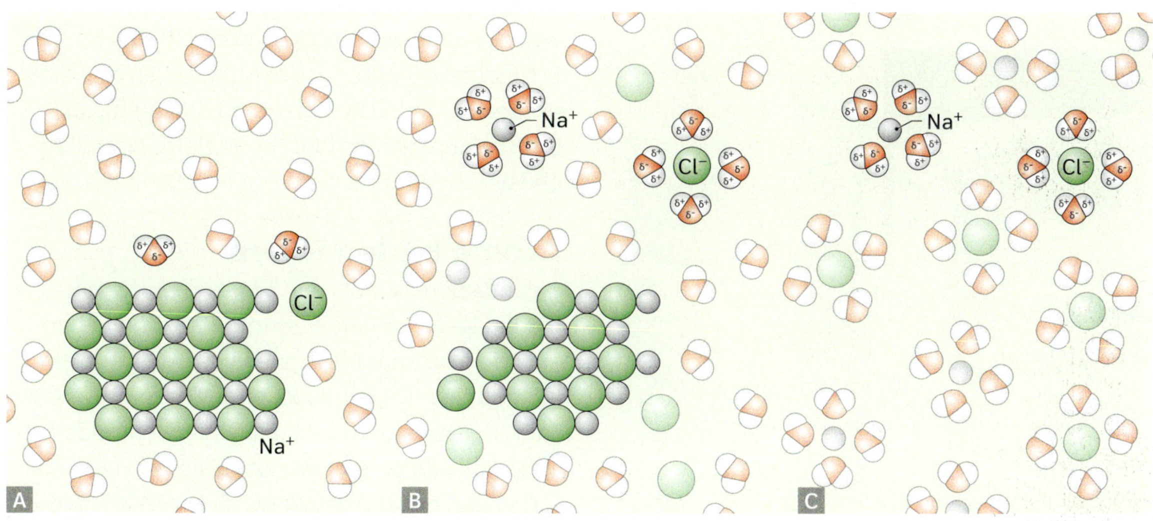

4 Modell des Lösevorgangs von Kochsalz in Wasser: **A** Kochsalzkristall in Wasser, **B** Ionen werden von Wassermolekülen umgeben (Hydratation), **C** Salz ist vollständig gelöst

Kochsalz (NaCl) löst sich in Wasser. Was passiert dabei? Kochsalz besteht aus Natrium-Ionen und Chlorid-Ionen. Wie du in Bild 4 A siehst, sind sie in einem Kristallgitter angeordnet. Ein Wasser-Molekül hat positive und negative Teilladungen. Positive und negative Ladungen ziehen sich gegenseitig an. Gibst du Kochsalz in Wasser, werden erst die äußeren Ecke und Kanten der Kochsalz-Kristalle gelöst. Dafür muss die Bindungsenergie zwischen den Ionen, auch Gitterenergie genannt, überwunden werden. Die gelösten Ionen werden von Wassermolekülen umgeben (Hydrathülle). Die dabei frei werdende Energie heißt Hydratationsenergie. Je nachdem, ob die Gitterenergie oder die Hydratationsenergie größer ist, kühlt sich die Umgebung ab oder erwärmt sich. Kochsalz kann nur in Flüssigkeiten gelöst werden, die wie Wasser Teilladungen haben.

5 Kochsalz löst sich nicht in Speiseöl

1 Beschreibe, wie sich das Kochsalz in Wasser löst.

2 II Gib an, welche Teilladungen des Wassers welche Bestandteile des Kochsalzes aus dem Kristallgitter herauslösen.

3 **a)** Skizziere jeweils ein in Wasser gelöstes Natrium-Ion und Chlorid-Ion.
b) Markiere negative und positive Teilladung des Wassermoleküls.

4 Stelle eine begründete Vermutung auf, warum sich Kochsalz nicht in Öl löst.

Auf einen Blick: Was die Welt zusammenhält

Salze

Salze und ihre Eigenschaften

Salze sind spröde und haben eine hohe Schmelztemperatur. Feste Salze leiten den elektrischen Strom nicht, wässrige Lösungen von Salzen hingegen schon. Grund dafür sind die beweglichen Ionen. Salze lösen sich in Wasser.

Atome bilden Ionen

Salze bilden sich bei der Reaktion eines Metalls mit einem Nichtmetall. Bei der Reaktion gehen ein oder mehrere Elektronen vom Metall-Atom auf das Nichtmetall-Atom über. Diesen Übergang kannst du dir gut mit Hilfe des Schalenmodells vorstellen. Es entstehen positiv geladene Metall-Ionen und negativ geladene Nichtmetall-Ionen.

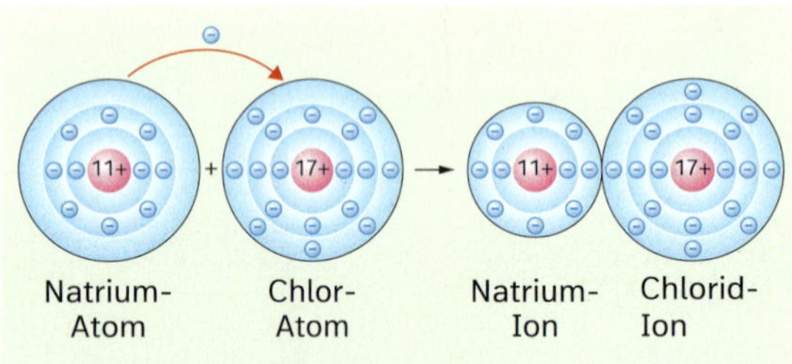

Die Ionenbindung

Salzkristalle sind aus Ionengittern aufgebaut. In diesen ziehen sich die entgegengesetzt geladenen Ionen stark an, sodass Salze hohe Schmelztemperaturen haben. Beim Verformen treffen gleich geladene Ionen aufeinander und stoßen sich ab. Der Salzkristall zerspringt.

Metalle

Metalle und ihre Eigenschaften

Metalle sind elektrisch leitfähig, verformbar und wärmeleitfähig. Grund sind die Außenelektronen der Metall-Atome. Sie stehen allen Atomen gemeinsam zur Verfügung.

Die Metallbindung

Metalle sind meist fest. Zwischen den negativ geladenen freien Elektronen und den positiv geladenen Atomrümpfen entstehen Anziehungskräfte. Diese halten die Atome im Metallgitter zusammen.

WICHTIGE BEGRIFFE

- Atome, Ionen
- Ionenbindung
- Ionengitter

WICHTIGE BEGRIFFE

- Metallbindung
- Sprödigkeit
- Verformbarkeit

Die Verhältnisformel

Das Verhältnis der Ionen in einem Salz wird in einer Verhältnisformel dargestellt. Du kannst dir die Zusammensetzung des Salzes mit Bausteinen vorstellen.

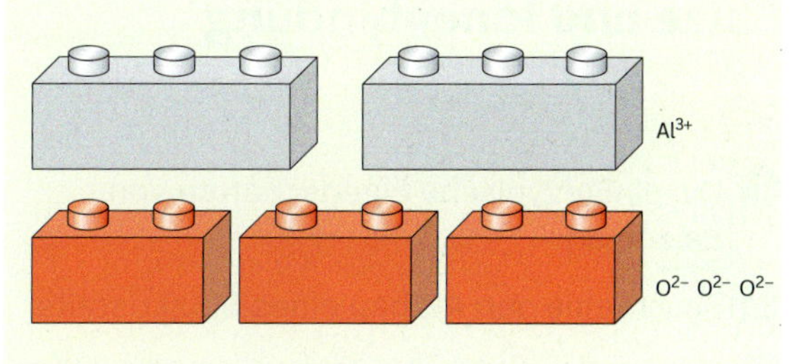

Die Elektronenpaarbindung

Flüchtige Stoffe bestehen aus ungeladenen Molekülen. Ihre Atome werden durch Elektronenpaarbindungen zusammengehalten. Dabei werden die Außenelektronen zweier Atome gemeinsam genutzt, um eine Edelgaskonfiguration zu erreichen. Bindende Elektronenpaare werden als Striche zwischen den Atomen in der LEWIS-Schreibweise gezeichnet.

Polare und unpolare Bindungen

Die Elektronegativität ist ein Maß für die Anziehungskräfte, die auf Bindungselektronen wirken. Je größer die EN-Differenz zwischen Atomen ist, desto stärker polar ist die Bindung. Dabei unterscheidet man je nach Größe der EN-Differenz unpolare und polare Elektronenpaarbindungen und Ionenbindungen.

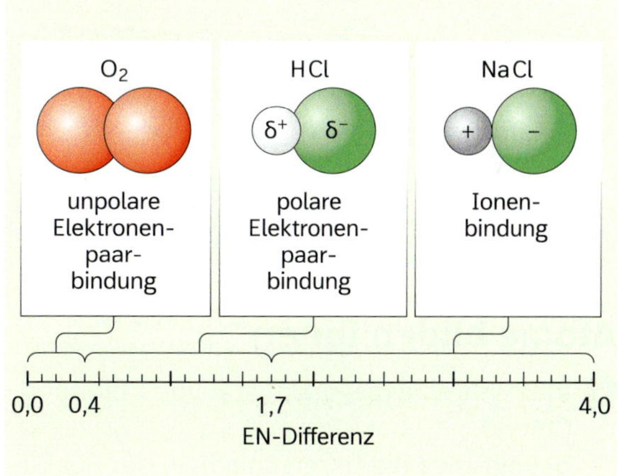

Wasserstoffbrücken

Benachbarte Wasser-Moleküle ziehen sich durch ihre Teilladungen gegenseitig an. Durch diese Wasserstoffbrücken lassen sich die hohe Siedetemperatur und die Tröpfchenbildung erklären. So erklärt sich auch die Oberflächenspannung des Wassers. Deshalb kannst du Gläser so füllen, dass sich das Wasser darauf wölbt. Auch Verbindungen von Wasserstoff mit Fluor, Sauerstoff, Stickstoff oder Chlor können Wasserstoffbrücken ausbilden.

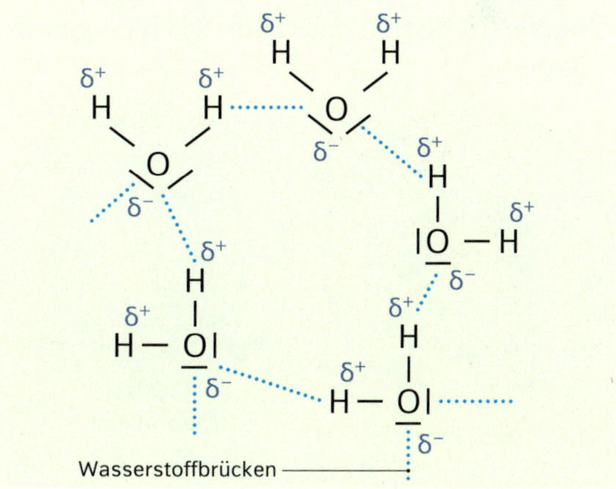

WICHTIGE BEGRIFFE

- Verhältnisformel
- Elektronenpaarbindung
- Elektronegativität

WICHTIGE BEGRIFFE

- LEWIS-Formel
- Wasserstoffbrücken
- Oberflächenspannung

Lerncheck: Was die Welt zusammenhält

Salze und Ionenbindung

1 Gib einige typische Eigenschaften von Salzen an.

2 Beschreibe den Aufbau eines Salzkristalls.

3 Begründe mithilfe des Ionengitters die Sprödigkeit von Salzen.

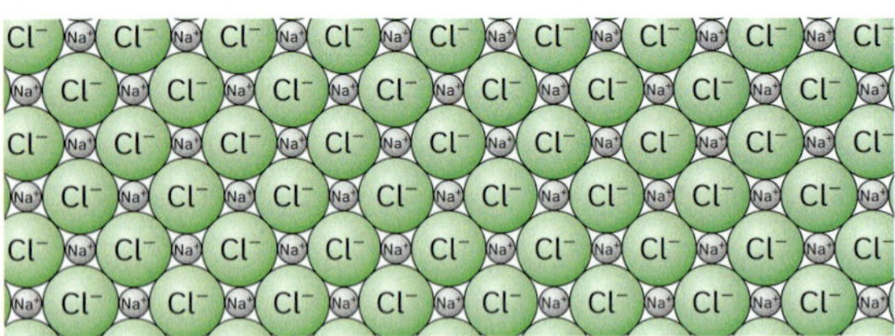

Atome bilden Ionen

4 **a)** Beschreibe die Reaktivität von Chlor und Chlorid.
b) Begründe die Unterschiede in der Reaktivität.
c) Erläutere und begründe, mit welchen anderen Atomen das Chlor-Atom reagieren könnte.

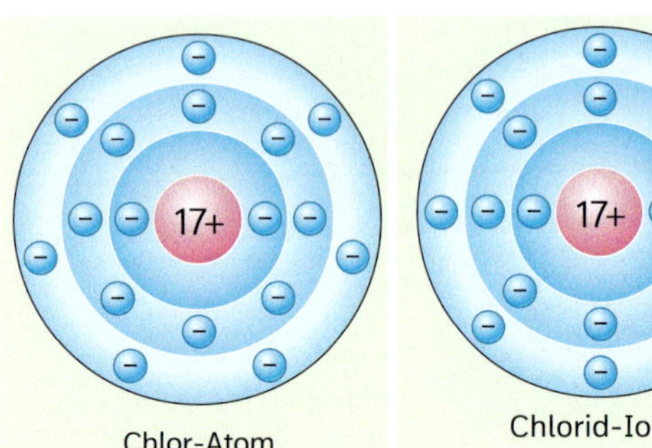

DU KANNST JETZT ...

- ... die Edelgasregel anwenden.
- ... die Reaktivität von Atomen und Ionen erklären.
- ... begründen und erklären, wie eine Ionenverbindung entsteht.
- ... typische Eigenschaften von Salzen erklären.

Metalle und Metallbindung

5 Nenne drei Eigenschaften von Metallen.

6 Begründe die Verformbarkeit von Metallen. Verwende dabei eine Skizze mit Atomrümpfen und Elektronen.

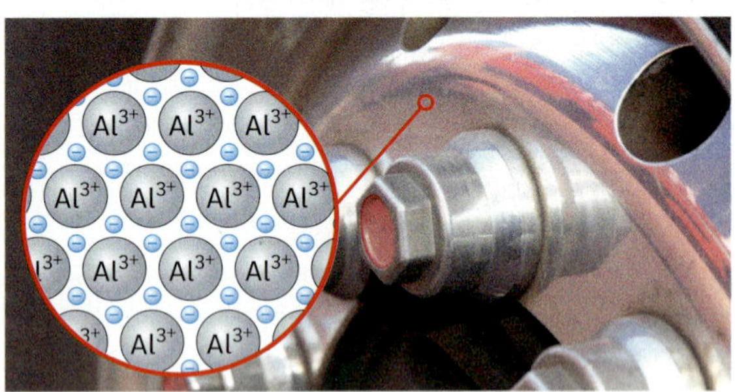

Die Verhältnisformel

7 Gib die Verhältnisformeln von Magnesiumchlorid, Magnesiumoxid und Aluminiumchlorid an.

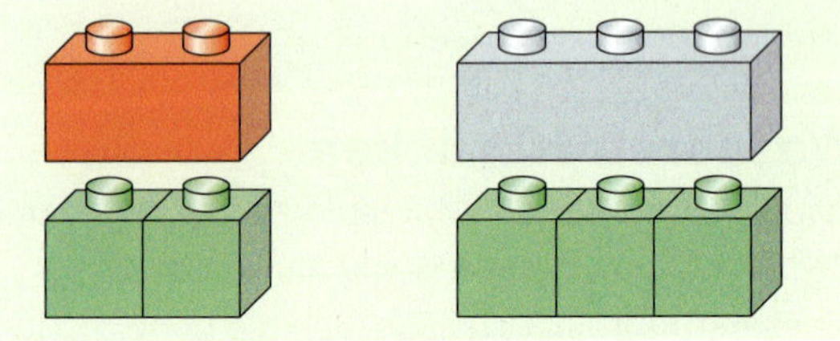

8 Erkläre die Verhältnisformeln von Calciumchlorid unter Verwendung des Schalenmodells.

DU KANNST JETZT ...

- ... Eigenschaften von Metallen nennen.
- ... die Verformbarkeit und die elektrische Leitfähigkeit von Metallen erklären.
- ... Eigenschaften von Salzen nennen.
- ... Verhältnisformeln von Salzen aufstellen.

Polare und unpolare Elektronenpaarbindung

9 **a)** Beschreibe die obere Abbildung.
b) Gib die Eigenschaften an, auf denen dieses Phänomen beruht.

10 Skizziere ein Wasser-Molekül mit seinen Teilladungen.

11 Skizziere die Wasserstoffbrücken zwischen drei Wasser-Molekülen.

12 Nenne mindestens zwei Moleküle, die Wasserstoffbrücken ausbilden können.

13 Erläutere den Unterschied zwischen einer polaren und unpolaren Elektronenpaarbindung.

14 Nenne jeweils ein Beispiel für eine Verbindung mit einer polaren und einer unpolaren Elektronenpaarbindung.

15 Natrium hat einen EN-Wert von 0,9; Fluor von 4,0. Erläutere, welcher Bindungstyp im Natriumfluorid (NaF) vorliegt.

DU KANNST JETZT ...

- ... den Bau eines Moleküls mit den bindenden und nichtbindenden Elektronenpaaren erklären.
- ... polare und unpolare Elektronenpaarbindung unterscheiden.
- ... anhand der Elektronegativitätsdifferenz den Bindungstyp angeben.

Wasserstoffbrückenbindung

16 Erkläre bei Wasser
a) die hohe Siedetemperatur und
b) die Tröpfchenbildung.

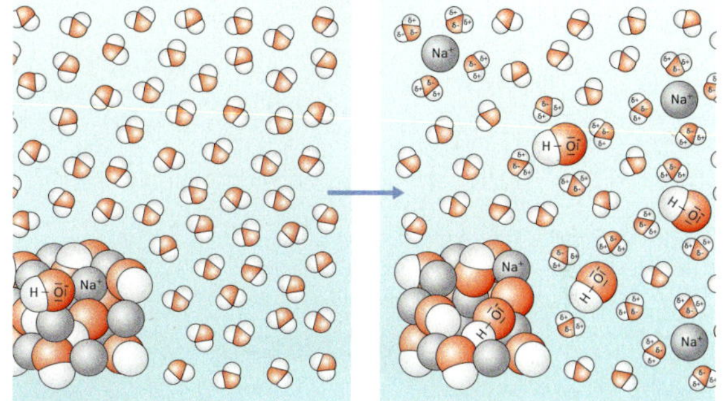

17 Beschreibe die Anziehungskräfte, die zwei Wasser-Moleküle zusammenhalten.

18 Gib die Ladungen in einem Natriumchlorid-Molekül an.

19 Beschreibe den Lösevorgang von Kochsalz mithilfe des Bildes. Verwende dabei auch die Begriffe Gitterenergie und Hydratationsenergie.

20 Erkläre die geringere Dichte von Eis im Vergleich zu flüssigem Wasser.

21 Beschreibe und erkläre die Oberflächenspannung von Wasser im Vergleich zu anderen Flüssigkeiten wie etwa Öl.

DU KANNST JETZT ...

- ... Teilladungen beschreiben.
- ... den Aufbau von Wasserstoffbrücken beschreiben.
- ... daraus die Eigenschaften des Wassers mithilfe von Wasserstoffbrücken erklären.
- ... erläutern, wie Wasser Salze löst.

Vom Geben und Nehmen

Wie funktionieren Batterien?

Warum muss ich einen Akku aufladen?

Was heißt eigentlich sauer?

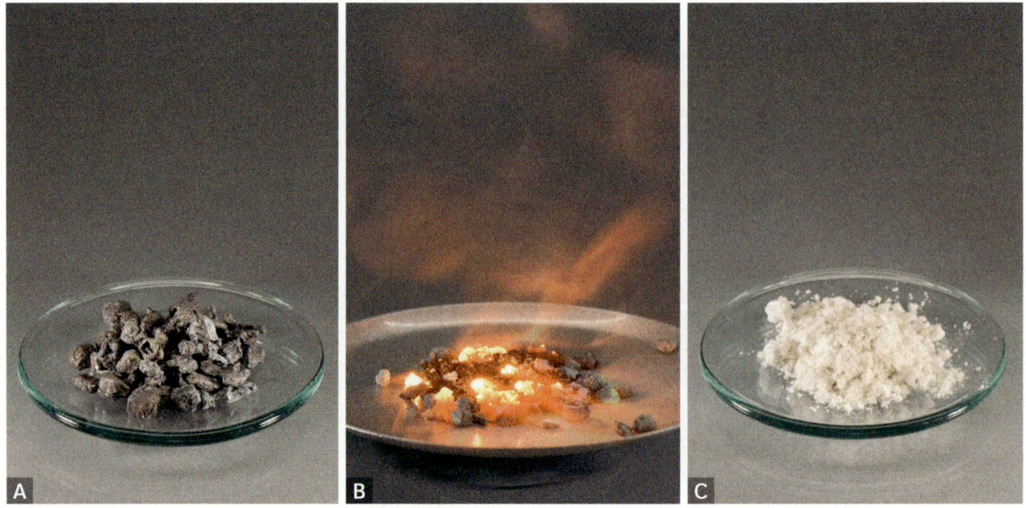

1 Eine Redoxreaktion: **A** Calcium, **B** Calciumpulver verbrennt, **C** Calciumoxid entsteht

Die Redoxreaktion

Verbrennung von Calcium

Erhitzt du Calcium mit der Brennerflamme, kannst du eine helle gelbe Flamme beobachten. Durch die Reaktion ist aus dem metallisch-graue Calcium in ein weißes Pulver entstanden (→ Bild 1).
Bei der Reaktion reagiert das Calcium mit dem Sauerstoff aus der Luft. Eine solche Reaktion, bei der ein Stoff Sauerstoff aufnimmt, hast du als Oxidation kennengelernt. Das Reaktionsschema lautet:

$$2\,Ca + O_2 \rightarrow 2\,CaO$$

Elektronenabgabe

Bei der Reaktion von Calcium mit Sauerstoff wird das Calcium oxidiert. Dabei gibt das Calcium-Atom zwei Elektronen an das Sauerstoff-Atom ab (→ Bild 2). Eine **Oxidation** ist also eine Elektronenabgabe. Der Reaktionspartner, der Elektronen abgibt, heißt **Donator.**

Elektronenaufnahme

Bei der Reaktion nimmt der Sauerstoff die Elektronen des Calciums auf. Der Sauerstoff wird reduziert. Eine Elektronenaufnahme ist eine **Reduktion**. Der Reaktionspartner, der Elektronen aufnimmt, heißt **Akzeptor.**

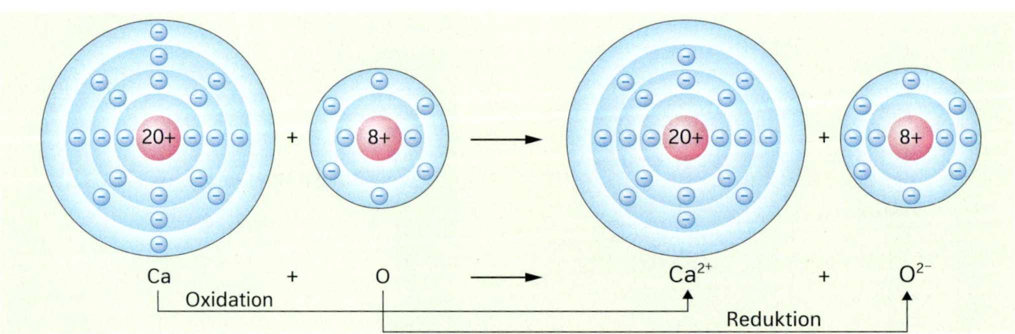

2 Elektronenübertragung von Calcium auf Sauerstoff

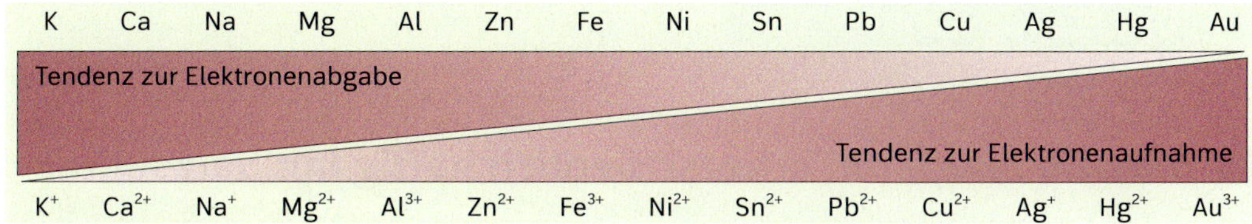

3 Die Redoxreihe der Metallatome und der Metall-Ionen

Elektronenübertragung

Bei der Reaktion von Calcium mit Sauerstoff gibt das Calcium-Atom Elektronen ab. Es wird oxidiert. Die Elektronen werden von einem Sauerstoff-Atom aufgenommen. Dieses wird reduziert. Da die Aufnahme und Abgabe von Elektronen immer gleichzeitig geschieht, werden Elektronenübertragungen zwischen den Reaktionspartnern **Redoxreaktion** genannt.
Bei einer Redoxreaktion werden Elektronen vom Elektronendonator auf den Elektronenakzeptor übertragen. Die Anzahl der abgegebenen Elektronen entspricht dabei immer der Zahl der aufgenommenen Elektronen. Eine Elektronenübertragung läuft nach dem **Donator-Akzeptor-Prinzip** ab.

Eisen-Atome reagieren mit Kupfer-Ionen

Gibt man einen Eisennagel in eine Kupfersulfat-Lösung, so wird der Nagel nach einiger Zeit mit einem rötlichen Belag überzogen. Die anfangs blaue Kupfersulfat-Lösung färbt sich gelblich (→ Bild 4). Bei diesem Belag handelt es sich um reines Kupfer.

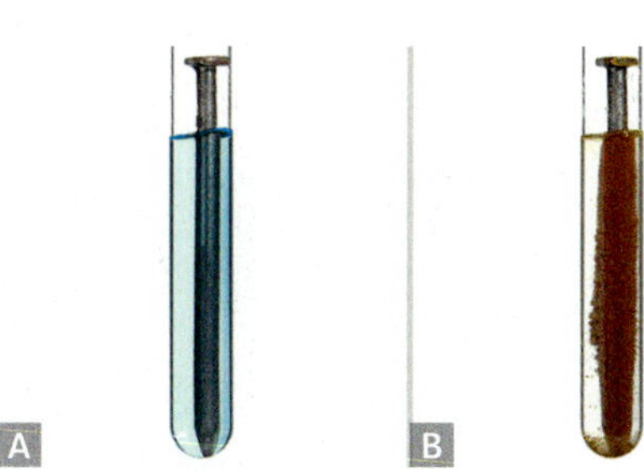

4 Ein Eisennagel in Kupfersulfat-Lösung: **A** zu Beginn der Reaktion, **B** nach einigen Stunden

Redoxreihe der Metalle

Die Eisenatome aus dem Nagel geben Elektronen an die Kupfer-Ionen in der Lösung ab. Es entstehen Eisen-Ionen, die in die Lösung gehen und Kupfer-Atome, die an den Eisennagel gelangen:

Oxidation: $Fe \rightarrow Fe^{2+} + 2e^-$
Reduktion: $Cu^{2+} + 2e^- \rightarrow Cu$
Redoxreaktion: $Fe + Cu^{2+} \rightarrow Fe^{2+} + Cu$

Die Neigung zur Abgabe von Elektronen ist von Metall zu Metall unterschiedlich. Die unedlen Metalle geben relativ leicht Elektronen ab, während die edlen Metalle ihre Elektronen schwerer abgeben. Ordnet man die Metalle nach abnehmender Neigung zur Elektronenabgabe, so erhält man die **Redoxreihe der Metalle** (→ Bild 3).

1 Erkläre den Begriff Redoxreaktion anhand des Versuchs zur Verbrennung von Calcium.

Starthilfe zu 1:
Nutze dazu Bild 2.

2 Erläre das Donator-Akzeptor-Prinzip.

3 I In der Redoxreihe der Metalle sind die Metalle von unedel nach edel geordnet. Nenne je zwei edle und zwei unedle Matalle.

4 II Ein Eisennagel steht in einer Silbernitratlösung.
a) Beschreibe, welche Reaktion zu erwarten ist.
b) Stelle ein Reaktionsschema für die Reaktion auf.
c) Erläutere an diesem Beispiel das Donator-Akzeptor-Konzept.

Starthilfe zu 4b):
Erstelle drei Teilgleichungen: Oxidation, Reduktion und Redoxreaktion.

ÜBEN UND ANWENDEN

A Metalle reagieren unterschiedlich heftig mit Salzsäure

Gibst du verschiedene Metalle in Salzsäure, kannst du unterschiedlich starke Reaktionen beobachten.

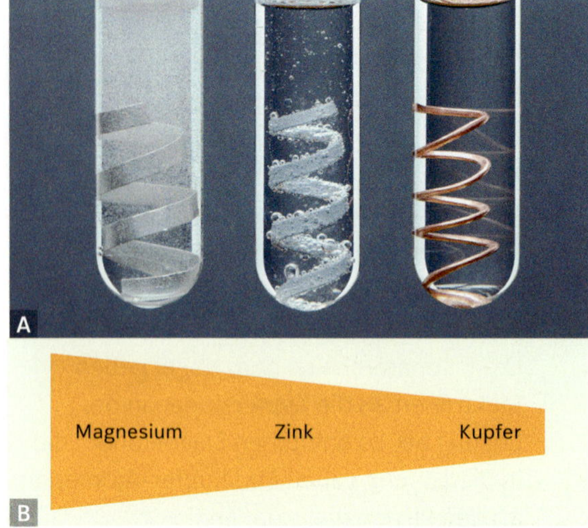

1 Metalle reagieren mit Salzsäure: **A** Reaktionen in Reagenzgläsern, **B** Oxidationsreihe der Metalle

1 **a)** Nenne das entstehende Gas.
b) Beschreibe einen Versuch, mit dem du nachweisen kannst, welches Gas entstanden ist.

2 **a)** Zeichne die Oxidationsreihe aus Bild 1B in dein Heft und beschrifte sie mit „edel" und „unedel".
b) Erweitere die Oxidationsreihe am linken und rechten Rand mit mindestens einem weiteren Metall.

3 Nenne für die Reaktionen in den Reagenzgläsern jeweils
a) die Wortgleichung.
b) das Reaktionsschema.

4 **II** Stelle Vermutungen über die Versuchsbeobachtungen an, wenn Natrium und Gold in Salzsäure gegeben werden.

B Redoxreaktion oder nicht?

2 Verbrennung von Schwefel in reinem Sauerstoff

Wird Schwefel über dem Gasbrenner entzündet und in einen Erlenmeyerkolben mit reinem Sauerstoff gehalten, verbrennt der Schwefel mit einer tiefblauen Flamme.
Die Wortgleichung für diese Reaktion lautet:

Schwefel + Sauerstoff → Schwefeldioxid

1 Stelle das Reaktionsschema dieser Reaktion auf.

2 Begründe ohne Schalenmodell, dass es sich um eine Redoxreaktion handelt.

Starthilfe zu 2:
Schwefel gibt bei der Reaktion Elektronen ab.

ÜBEN UND ANWENDEN

C Magnesium reagiert mit Chlor

Magnesium und Chlor reagieren in einer heftigen Reaktion miteinander. Dabei entsteht Magnesiumdichlorid.
Das Magnesium-Atom hat zwei Außenelektronen. Ein Chlor-Atom hat sieben Außenelektronen und kann folglich nur eines aufnehmen.
Mit diesem erreicht es eine Edelgaskonfiguration.
Um beide Elektronen abzugeben, werden zwei Chlor-Atome benötigt.

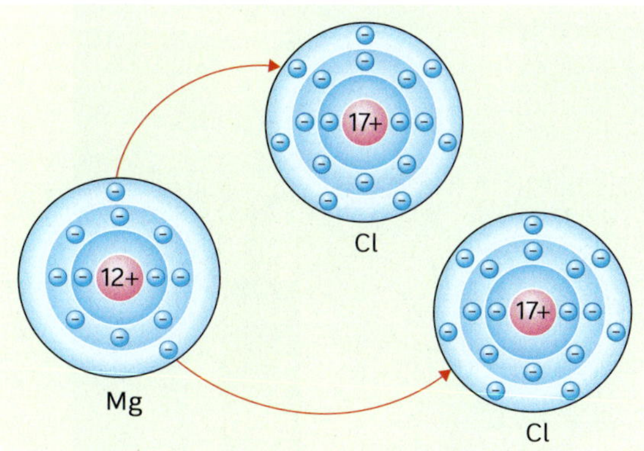

3 Reaktion von Magnesium mit Chlor

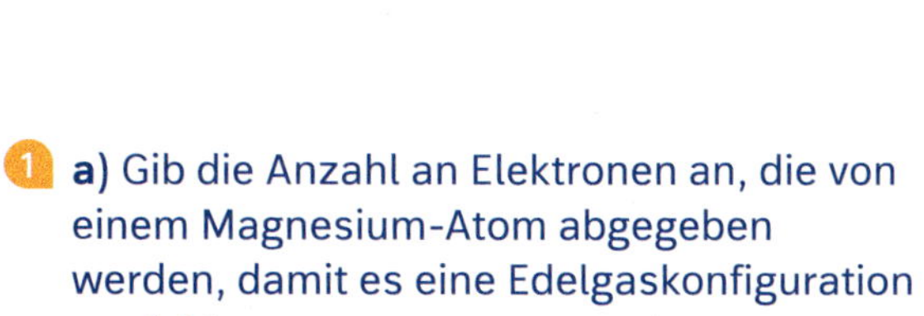

1 **a)** Gib die Anzahl an Elektronen an, die von einem Magnesium-Atom abgegeben werden, damit es eine Edelgaskonfiguration erreicht.
b) Gib die Anzahl an Elektronen an, die ein Chlor-Atom zum Erreichen einer Edelgaskonfiguration aufnehmen muss.
c) Leite aus Aufgabe 1 a) und 1 b) die Formel von Magnesiumdichlorid ab.

2 Stelle das Reaktionsschema der Magnesiumdichlorid-Synthese auf.

3 **a)** Nenne die Atome, die oxidiert und die reduziert werden.
b) Begründe, ob es sich bei der Reaktion um eine Redoxreaktion handelt.

D Ordne das Durcheinander!

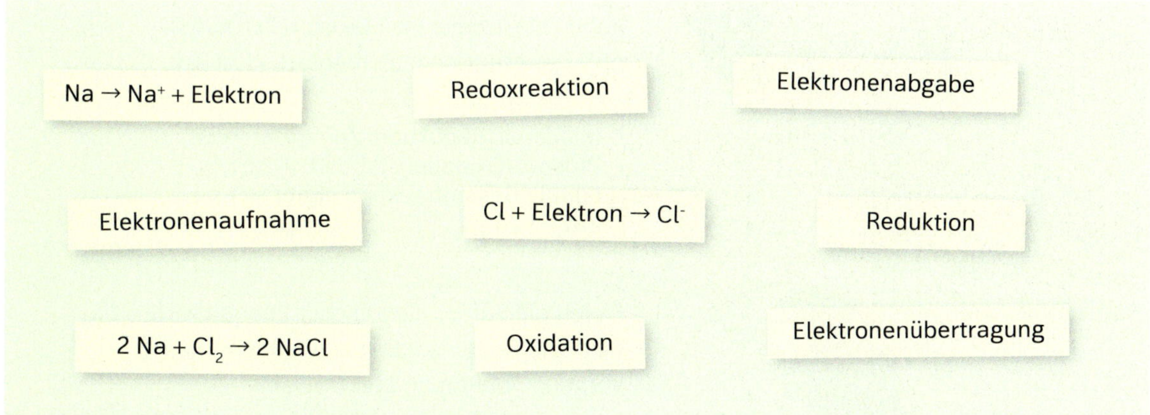

4 Die Begriffe und ihre Erklärungen sind durcheinander.

1 Ordne die folgenden Begriffe und ihre Erklärungen zu insgesamt drei Gruppen. Jede Gruppe enthält drei Begriffe.

Starthilfe zu 1:
Es gibt zwei Möglichkeiten, die Begriffe sinnvoll zu sortieren.

Die Elektrolyse

1 Elektrolyse einer Zinkjodid-Lösung

Elektrolyse einer Zinkjodid-Lösung

Zinkjodid (ZnI_2) ist ein Salz, das in Wasser löslich ist. In der Lösung finden sich positiv geladene Zn^{2+}-Ionen und negativ geladene I^--Ionen. Die Ionen sind im Wasser frei beweglich. Wenn man zwei Grafitstäbe in die Lösung taucht und eine elektrische Gleichspannung anlegt, dann beobachtet man Folgendes: Am Minuspol setzt sich ein grauer Feststoff am Grafitstab ab. Es ist metallisches Zink. Am Pluspol entstehen gelbe Schlieren. Dort bildet sich elementares Iod (→ Bild 1).

Erzwungene Redoxreaktion

Die Gleichspannungsquelle bewirkt, dass am Pluspol, der **Anode,** ein Elektronenmangel herrscht. Am Minuspol, der **Kathode,** herrscht ein Elektronenüberschuss. Die positiv geladenen Zink-Ionen (Zn^{2+}) aus der Lösung wandern zur Kathode. Dort nehmen sie zwei Elektronen auf (Reduktion) und es bildet sich hier elementares Zink (Zn).
Die negativ geladenen Iodid-Ionen (I^-) sammeln sich am Pluspol, der Anode. Dort geben sie jeweils ein Elektron ab (Oxidation). Dabei entsteht elementares Iod (I_2).

Minuspol/Reduktion: $Zn^{2+} + 2\,e^- \rightarrow Zn$
Pluspol/Oxidation: $2\,I^- \rightarrow I_2 + 2\,e^-$
Für die Gesamtreaktion ergibt sich:
$ZnI_2 \rightarrow Zn + I_2$

Durch die Zufuhr elektrischer Energie wird hier eine Redoxreaktion erzwungen. Diesen Vorgang nennt man **Elektrolyse.**

Der Prozess, bei dem durch elektrischen Strom eine Redoxreaktion erzwungen wird, nennt man Elektrolyse.

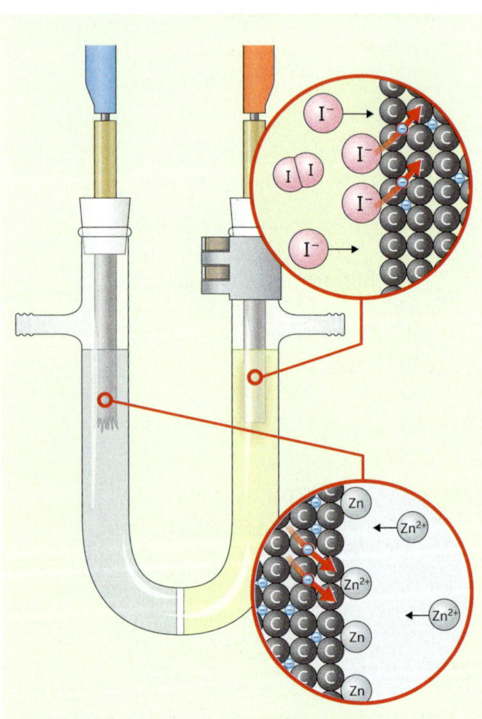

2 Vorgänge an den Elektroden im Teilchenmodell

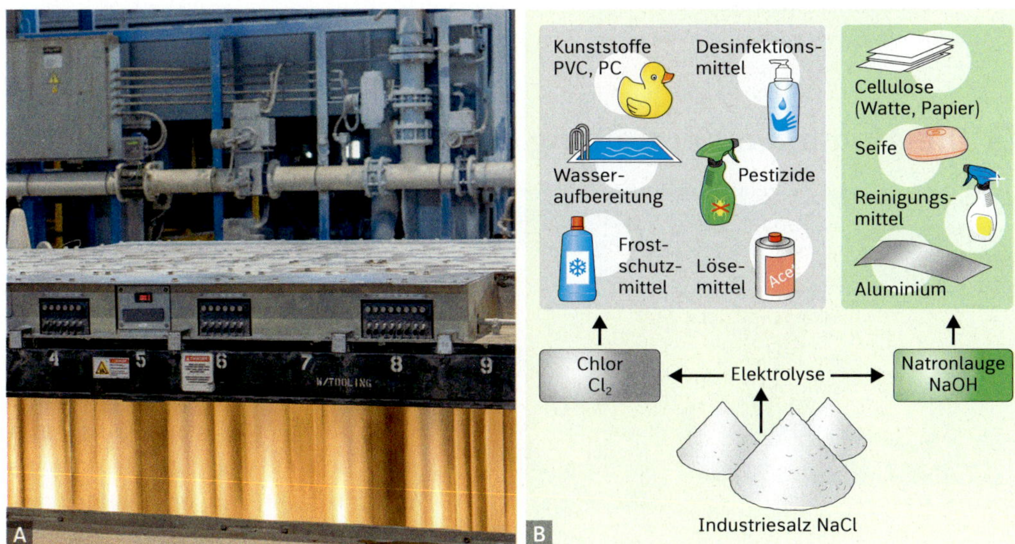

3 Industrielle Elektrolyse-Verfahren: **A** Aluminiumherstellung, **B** Produkte der Kochsalz-Elektrolyse

Elektrolyse einer Salzschmelze

Liegt ein Salz wie zum Beispiel Kochsalz (Natriumchlorid) als Feststoff vor, leitet es den elektrischen Strom nicht. Das liegt daran, dass die **Ionen**, aus denen die Salzkristalle bestehen, im Ionengitter festgehalten werden. Um den elektrischen Strom leiten zu können, müssen die Ionen beweglich sein. Dafür muss das Natriumchlorid so stark erhitzt werden, bis es flüssig wird. Diese **Salzschmelze** leitet den elektrischen Strom. Durch die Elektrolyse von geschmolzenem Natriumchlorid kann das extrem reaktive Metall Natrium hergestellt werden. Die Elektrolyse einer Kochsalzlösung ergibt hingegen Natronlauge (→ Bild 3B).

Technische Anwendungen

Wasserstoff, Aluminium, Chlor und Natronlauge sind wichtige Stoffe, die in der Natur nicht vorkommen und durch Elektrolyse gewonnen werden können.
Wasserstoff wird durch die Elektrolyse von Wasser hergestellt. Der dabei entstehende Wasserstoff wird zur Herstellung von Dünger, vielen Kunststoffen und Kraftstoffen gebraucht.
Aluminium wird in einem aufwändigen Verfahren aus dem Erz Bauxit hergestellt.
Mit der Chloralkalilektrolyse werden aus Natriumchlorid die Produkte Chlor, Wasserstoff und Natronlauge erzeugt (→ Bild 3B).
Für all diese Verfahren ist ein hoher Energieeinsatz notwendig.

1 Beschreibe den Versuchsaufbau zur Elektrolyse einer Zinkjodid-Lösung.

2 Erkläre die Vorgänge bei der Elektrolyse im Teilchenmodell.

3 Erläutere, warum Elektrolysen immer Redoxreaktionen sind.

Starthilfe zu 2:
Nutze dazu Bild 2.

4 Begründe, weshalb die Elektrolyse nicht mit festem Natriumchlorid, sondern mit einer Salzschmelze oder einer Salzlösung durchgeführt wird.

5 I Nenne technische Anwendungen, bei denen das Elektrolyse-Verfahren zum Einsatz kommt.

6 II Erkläre, warum ein hoher Energieaufwand bei Elektrolyse-Verfahren nötig ist.

»

ÜBEN UND ANWENDEN

A Die Aluminiumherstellung

1 Das Erz Bauxit wird abgebaut.

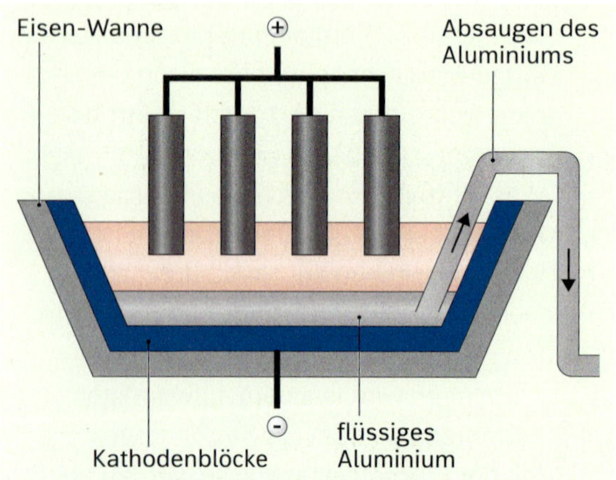

2 Elektrolyse von Aluminiumoxid

3 Reines Aluminium in großen Rohblöcken zur Weiterverarbeitung

Aluminium wird elektrolytisch gewonnen

Aluminium kommt in der Natur nur in Verbindungen vor. Im rot-braunen Erz Bauxit beträgt der Anteil an Aluminium ca. 25 %. Bauxit wird meist im Tagebau abgebaut. Das hinterlässt erhebliche Umweltschäden. Um aus Bauxit Aluminium zu gewinnen, sind viele Schritte notwendig.
Das Bauxit wird zunächst zerkleinert. Anschließend wird Aluminiumoxid abgetrennt. Vor der Elektrolyse muss das Aluminiumoxid geschmolzen werden. Dazu wird das Aluminiumoxid mit Zusätzen vermischt und in eine Stahlwanne gefüllt, die mit Kohle ausgekleidet ist. Aluminiumoxid schmilzt erst bei Temperaturen über 2000 °C. Die Zusätze bewirken, dass das Aluminiumoxid bereits bei 950 °C schmilzt.
Die Stahlwanne bildet den Minuspol, die Kathode. Oben in die Schmelze tauchen Elektroden aus Kohlenstoff, die Anoden. Sie werden an den Pluspol angeschlossen. Bei der Elektrolyse entsteht am Boden des Gefäßes Aluminium und an der Anode Sauerstoff, der mit dem Kohlenstoff der Anode zu Kohlenstoffmonooxid reagiert. Das flüssige Aluminium sammelt sich am Boden und wird mit einem Saugrohr abgesaugt.
Um eine Tonne Aluminium herzustellen, benötigt man so viel Energie, wie vier Familien in einem Jahr verbrauchen. Beim Recycling vom Aluminium sind nur 5 % dieser Energie notwendig.

1 Beschreibe den Herstellungsprozess von Aluminium in eigenen Worten.

2 Erkläre, warum es wichtig ist, Aluminium zu recyceln.

3 II Nenne die Teilreaktionen, die an den Elektroden während der Elektrolyse ablaugen, als Wortgleichung.

Berufe im Bereich chemische Industrie

Chemikantin/Chemikant

Chemikantinnen und Chemikanten arbeiten in der chemischen Industrie. Hier steuern und kontrollieren sie die Herstellung von chemischen Erzeugnissen. Um die Qualität der Produkte zu kontrollieren, werden Proben entnommen und untersucht. Zudem überwachen sie den reibungslosen Betrieb der Maschinen und beheben Störungen.
Voraussetzung: mindestens ein Hauptschulabschluss, Dauer der Ausbildung: dreieinhalb Jahre

4 Chemikanten

Produktionsfachkraft Chemie

Eine Produktionsfachkraft Chemie bedient die modernen Produktionsanlagen und sorgt für den reibungslosen Ablauf aller Arbeitsschritte. Während des kompletten Produktionsvorgangs überwacht die Fachkraft die Vorgänge an den Anlagen und prüft Zwischenergebnisse anhand von Proben und Messungen.
Voraussetzung: Hauptschulabschluss oder Realschulabschluss, Dauer der Ausbildung: zwei Jahre

5 Produktionsfachkraft Chemie

Lacklaborantin/Lacklaborant

Lacklaboranten arbeiten in Industrieunternehmen, die Lack herstellen bzw. verarbeiten. Dort sind sie meist in Labors tätig. Weitere Arbeitsfelder sind im Möbel-, Fahrzeug- oder Maschinenbau. Eine Lacklaborantin oder ein Lacklaborant untersucht die Eigenschaften von Farben und Lacken und arbeitet an der Entwicklung neuer Lacke mit.
Voraussetzung: mittlerer Schulabschluss, Dauer der Ausbildung: dreieinhalb Jahre

6 Lacklaborantin

1. Welcher von den drei Berufen gefällt dir? Begründe.
2. Recherchiere weitere Informationen über den Beruf, der dir am besten gefällt.
3. Recherchiere nach weiteren Berufen in der chemischen Industrie. Stelle einen Beruf vor.

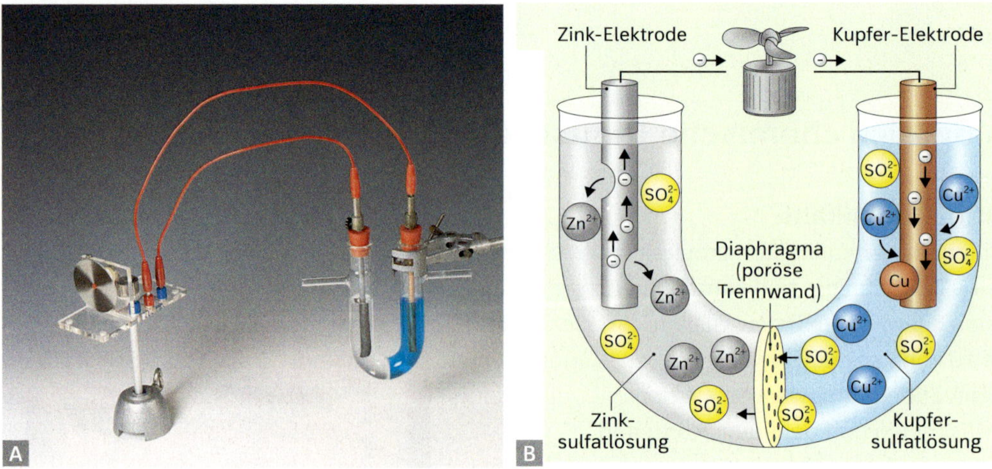

1 Aufbau eines galvanischen Elements: **A** Versuchsaufbau, **B** Vorgänge an den Elektroden

Galvanische Zellen

Mobile Energieträger

Ob Taschenlampe, Smartphone oder E-Bike – Batterien oder Akkus findest du in fast allen mobilen Elektrogeräten. Sie sind unverzichtbarer Bestandteil unserer Lebenswelt.

Galvanisches Element

Ein galvanisches Element besteht aus zwei Halbzellen, die räumlich voneinander getrennt sind. In die eine Halbzelle taucht eine Zink-Elektrode in eine Zinksulfat-Lösung ein. In die andere Halbzelle taucht eine Kupfer-Elektrode in eine Kupfersulfat-Lösung ein (→ Bild 1). Zwischen den beiden Zellen befindet sich eine halbdurchlässige Wand, das **Diaphragma.** Es verhindert, dass die Kupfer-Ionen direkt mit den Zink-Atomen reagieren können. Einen solchen Aufbau nennt man allgemein **galvanisches Element.** Im galvanischen Element läuft eine Redoxreaktion ab. Die Reduktion und Oxidation finden finden aber räumlich getrennt in je einer Halbzelle statt. Die Elektronen müssen daher den Umweg über die Kabel nehmen. Die elektrische Energie können wir nutzen.

Vorgänge in den Halbzellen

Zink-Atome geben leichter Elektronen ab als Kupfer-Atome. Ein Zink-Atom kann zwei Elektronen abgeben. Es wird zu einem Zn^{2+}-Ion oxidiert. Die Zn^{2+}-Ionen gehen in Lösung, sodass sich der Zinkstab langsam auflöst. Die Elektronen bleiben im Zinkstab zurück. Er ist der Minuspol.

Minuspol/Oxidation: $Zn \rightarrow Zn^{2+} + 2\,e^-$

In der Kupferhalbzelle nehmen gelöste Cu^{2+}-Ionen aus der Kupfer-Elektrode je zwei Elektronen auf. Sie werden zu Cu-Atomen reduziert und lagern sich an die Kupferelektrode an. Der Kupferstab wird also langsam dicker und ist der Pluspol.

Pluspol/Reduktion: $Cu^{2+} + 2\,e^- \rightarrow Cu$

SO_4^{2-}-Ionen können das Diaphragma durchqueren und ermöglichen einen Ladungsausgleich. Durch Verbinden der beiden Elektroden wird daher der Stromkreis geschlossen. In einer galvanischen Zelle läuft freiwillig eine Redoxreaktion ab.

Gesamtreaktion: $Cu^{2+} + Zn \rightarrow Cu + Zn^{2+}$

Batterien

Batterien sind in ihrem Aufbau einer galvanischen Zelle ähnlich. Sie haben einen Pluspol, einen Minuspol und einen Elektrolyten. In einer Batterie sind zwei Halbzellen voneinander getrennt.
Alkali-Mangan-Batterien sind besonders verbreitet. Sie bestehen aus einer Metallhülle, die innen mit Mangandioxid beschichtet ist. Dieses bildet die Kathode. In der Mitte der Zelle liegt die Anode. Sie besteht aus Zinkpulver. Als Elektrolyt dient Kalilauge. Nachteilig ist, dass Batterien nicht wieder aufladbar sind. Sie müssen nach dem Gebrauch an Sammelstellen entsorgt werden. Batterien gibt es in verschiedenen Ausführungen: Mignon-Batterien sind die häufigsten Batterien. Sie befinden sich u. a. in Fernbedienungen und in der Funkmaus.

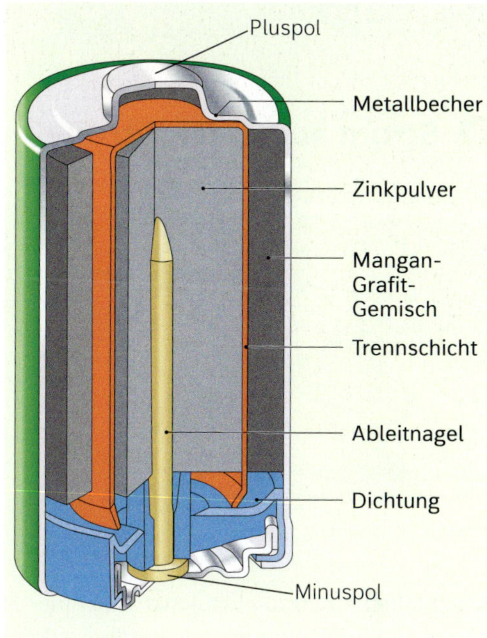

2 Der Aufbau einer Alkali-Mangan-Batterie

Akkus – wiederaufladbare Batterien

Akkumulatoren, kurz Akkus, sind wiederaufladbare Batterien. Beim Aufladen des Akkus laufen die Redoxreaktionen des galvanischen Elements umgekehrt ab. Dazu wird eine Spannung angelegt. Durch die Zufuhr von elektrischem Strom wird die chemische Energie wieder verfügbar gemacht. Je nach Einsatzbereich werden unterschiedliche Akkutypen verwendet. Im Auto wird ein Bleiakku als Starterbatterie eingesetzt. Im Smartphone nutzt man Lithium-Ionen-Akkus.

3 E-Scooter enthalten Akkus

1 Beschreibe den Aufbau eines galvanischen Elements.

2 Nenne Einsatzbereiche für verschiedene Batterietypen.

3 Vergleiche den Aufbau einer Alkali-Mangan-Batterie mit dem Aufbau des galvanischen Elements.

Starthilfe zu 3:
Nutze dazu Bild 1 und 2.

4 Erläutere den Unterschied zwischen einer Batterie und einem Akkumulator.

5 I Erkläre, warum die Alkali-Mangan-Batterie ein galvanisches Element ist.

6 II Begründe, warum eine galvanische Zelle nicht beliebig lange elektrische Energie liefern kann.

»

ÜBEN UND ANWENDEN

A Strom aus einer Zitrone

1 Eine Zitronenbatterie

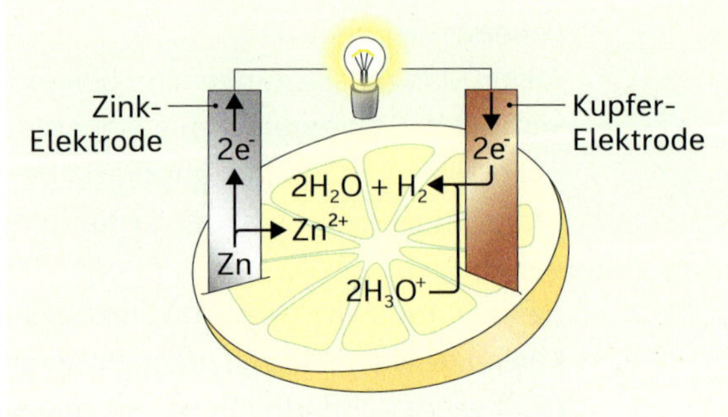

2 Chemische Vorgänge in der Zitronenbatterie

Eine einfache Batterie lässt sich aus einer Zitrone und je einem Blechstück aus Kupfer und aus Zink herstellen.
Hier findet eine Redoxreaktion statt: Die Zink-Atome an der Zinkelektrode geben Elektronen ab und Säureteilchen (H_3O^+-Ionen) nehmen Elektronen auf. Die Elektronen fließen im Stromkreis von einer Elektrode zur anderen. Die Zitronensäure im Fruchtsaft der Zitrone ist dabei elektrisch leitend.

1. Beschreibe den Versuchsaufbau aus Bild 1.
2. Beschreibe die Vorgänge an der Zinkelektrode und an der Kupferelektrode.
3. Erkläre die Funktionsweise der Zitronensäure.

B Das Magnesium-Silber-Element

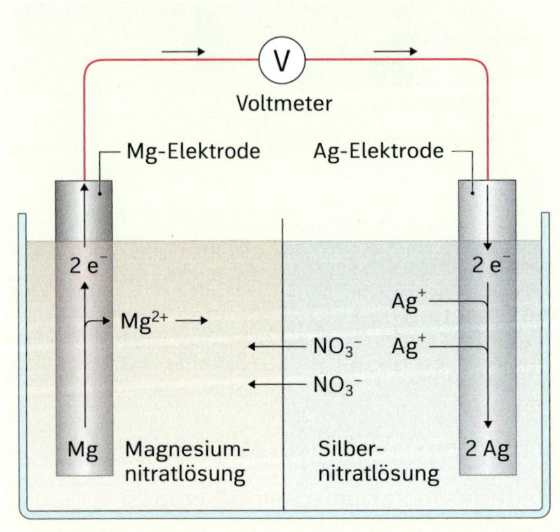

3 Funktionsweise eines Magnesium-Silber-Elements

Das galvanische Element in Bild 3 besteht aus einer Magnesium- und einer Silberhalbzelle. Hier taucht eine Magnesium-Elektrode in Magnesiumsulfatlösung und eine Silber-Elektrode in Silbersulfatlösung. Zwischen den Halbzellen ist ein Diaphragma. Der Stromkreis wird mit Kabeln und einer Lampe geschlossen.

1. Beschreibe den Aufbau des galvanischen Elements.
2. II Stelle die Reaktionsschemata für die Vorgänge an der Magnesiumelektrode und an der Silberelektrode auf. Stelle dann das Reaktionsschema für die Gesamtreaktion auf.

IM ALLTAG

Verschiedene Batterien

Lithium-Batterie
Spannung: 3 V
Minuspol: Lithium
Pluspol: Mangandioxid
Eigenschaften: Hochleistungsbatterie mit dauerhaft konstanter Spannung, teuer
Verwendung: Hörgeräte

Zink-Kohle-Batterie
Spannung: 1,5 – 9 V (durch Kombination mehrerer Zellen)
Minuspol: Zink, Pluspol: Manganoxid
Eigenschaften: Spannung sinkt beim Entladen schnell, günstig, wenig auslaufssicher
Verwendung: Taschenlampen

Zink-Silberoxid-Batterie
Spannung: 1,5 V
Minuspol: Zink
Pluspol: Silberoxid
Eigenschaften: Spannung bleibt lange gleich, langlebig, teuer
Verwendung: Armbanduhren

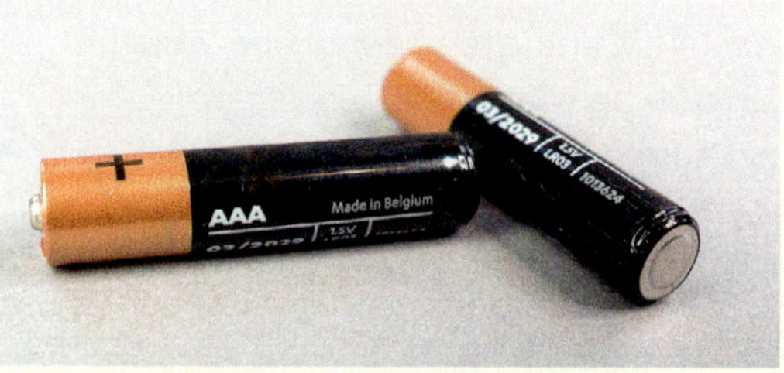

Alkali-Mangan-Batterie
Spannung: 1,5 V
Minuspol: Zink
Pluspol: Manganoxid und Grafit
Eigenschaften: gute Belastbarkeit, auslaufsicher, daher lange lagerfähig.
Verwendung: Uhren, Fernbedienungen

1. Beschreibe an zwei Beispielen die unterschiedlichen Einsatzmöglichkeiten der vorgestellten Batterien.
2. II Begründe, dass Alkali-Mangan-Batterien immer häufiger anstelle von Zink-Kohle-Batterien verwendet werden.

1 Säuren und Laugen im Alltag: **A** Essig im Dressing für Salat, **B** Natronlauge auf Laugengebäck

Säuren und Laugen

Im Alltag

Säuren und Laugen sind in vielen Lebensmitteln enthalten. Zitronen sind zum Beispiel sauer, denn sie enthalten Zitronensäure. Cola enthält Phosphorsäure. Laugengebäck wird vor dem Backen mit Natronlauge bestrichen. Auch viele Reinigungsmittel enthalten Säuren oder Laugen. Ihre typischen Eigenschaften zeigen Säuren und Laugen nur, wenn sie in Wasser gelöst sind.

Säuren

Eine der bekanntesten sauren Lösungen aus dem Alltag ist **Essig**. Speiseessig wird als Geschmacksstoff in Salaten und als Konservierungsmittel für Lebensmittel verwendet. Essig ist sauer, weil er etwa 5 % **Essigsäure** enthält. Kohlensäure entsteht, wenn Kohlenstoffdioxid in Wasser gelöst wird.
Wird die gasförmige Säure **Chlorwasserstoff (HCl)** in Wasser gelöst, entsteht **Salzsäure**. Konzentrierte Salzsäure enthält mehr als 30 % Chlorwasserstoff. In verdünnter Salzsäure ist weniger Chlorwasserstoff gelöst.

Laugen

Laugen fühlen sich seifig an. Im Haushalt kommen sie vor allem in Waschmitteln, Seifen und Putzmitteln vor. Stärker konzentrierte Laugen lösen Eiweiße und Fette auf. Sie kommen in Abflussreinigern zum Einsatz. Eine Lauge in wässriger Lösung wird auch als **Base** bezeichnet.

Die pH-Bereiche

Der pH-Wert gibt an, ob eine Lösung sauer, neutral oder alkalisch ist. Die pH-Skala reicht von 0 bis 14 (→ Bild 2). Ist der pH-Wert kleiner als 7, liegt eine saure Lösung vor. Bei pH-Wert 7 ist die Lösung neutral und bei einem pH-Wert größer als 7 liegt eine alkalische Lösung vor. Zur Bestimmung des pH-Werts verwendet man **Indikatoren**. Mithilfe einer Farbskala lässt sich der pH-Wert feststellen. Indikatoren gibt es in flüssiger Form oder als Papierstreifen.

Der pH-Wert hat keine Einheit. pH 7 steht für eine neutrale Lösung. Werte unter pH 7 zeigen eine saure Lösung, Werte über pH 7 zeigen eine alkalische Lösung.

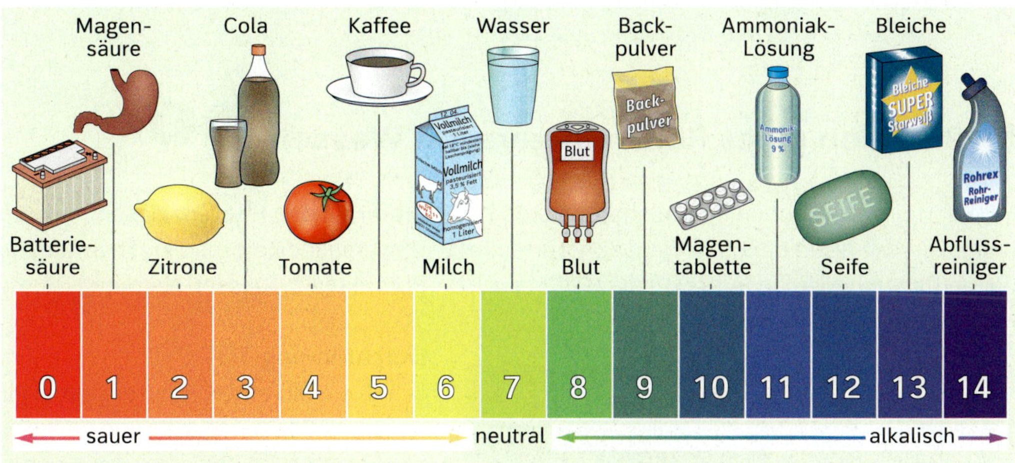

2 Die pH-Werte verschiedener Lösungen

Säure-Base-Begriff von ARRHENIUS

Der schwedische Chemiker SVANTE ARRHENIUS (1859 – 1927) erforschte Säuren und Basen.

Nach ARRHENIUS bilden Säuren in wässriger Lösung positiv geladene Wasserstoff-Ionen (H^+-Ionen) und negativ geladenen Säurerest-Ionen. Für Salzsäure sieht das Reaktionsschema wie folgt aus:

$HCl \rightarrow H^+ + Cl^-$

Basen bilden in wässriger Lösung negativ geladene Hydroxid-Ionen (OH^--Ionen) und einen Basenrest, der positiv geladen ist. Ein Beispiel ist Natronlauge in wässriger Lösung:

$NaOH \rightarrow Na^+ + OH^-$

Laut ARRHENIUS bilden also Säuren in wässriger Lösung positive Wasserstoffionen (H^+) und Basen in wässriger Lösung negative Hydroxid-Ionen (OH^-).

pH-Werte messen

Zitronensaft ist stärker sauer als der Saft einer Tomate. Beide Lebensmittel werden mit Universalindikatorpapier auf ihren pH-Wert geprüft (→ Bild 3). Der Zitronensaft hat den pH-Wert 2. Das Universalindikatorpapier färbt sich dunkelrot. Das Universalindikatorpapier auf der Tomate färbt sich eher hellrot, sie ist weniger sauer. Im Zitronensaft ist die Konzentration der H^+-Ionen größer als im Tomatensaft. Ein kleinerer pH-Wert zeigt eine höhere Konzentration an H^+-Ionen an.

3 Universalindikator auf einer Zitrone und einer Tomate

1. Nenne je drei Verwendungen von Säuren und Laugen.
2. Ordne folgende Lösungen in sauer, neutral oder alkalisch ein: Mineralwasser, Waschmittel-Lösung, Magensäure, Apfelsaft, Meerwasser, Salzsäure, Brezellauge

Starthilfe zu 2:
Erstelle eine Tabelle mit den Spalten sauer, neutral und alkalisch.

3. Erkläre den Säure-Base-Begriff von ARRHENIUS in eigenen Worten.
4. Erkläre mit dem Modell von ARRHENIUS, warum eine Zitrone saurer ist als eine Tomate.

FORSCHEN UND ENTDECKEN

A Reaktion eines Rohrreinigers mit Wasser

Mit Rohrreinigern können im Haushalt Verstopfungen in Abflüssen behoben werden. Rohrreiniger enthalten neben anderen Inhaltsstoffen auch Natriumhydroxid.

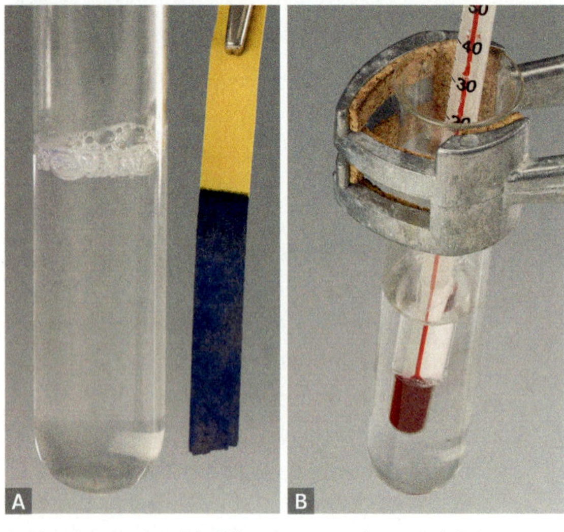

1 Natriumhydroxid-Plätzchen reagieren mit Wasser: **A** pH-Wert prüfen, **B** Temperaturmessung

Material: drei Reagenzgläser, Pinzette, Lupe, Universalindikatorpapier, Thermometer, Haare, Rohrreiniger, Wasser, Natriumhydroxid-Plätzchen

Durchführung:

Schritt 1: Gib etwas Rohrreiniger in eines der Reagenzgläser und einige Natriumhydroxid-Plätzchen in ein anderes. Das dritte Glas bleibt zunächst leer.

Schritt 2: Fülle alle drei Gläser etwa zur Hälfte mit Wasser.

Schritt 3: Achte auf sichtbare Veränderungen.

Schritt 4: Miss in jedem Glas die Temperatur und den pH-Wert.

Schritt 5: Füge jeweils einige Haare hinzu und beobachte für einige Minuten weiter.

1 Beschreibe deine Beobachtungen. Beginne mit dem Aussehen von Rohrreiniger und Natriumhydroxid.

2 Deute deine Beobachtungen und ziehe entsprechende Rückschlüsse.

ÜBEN UND ANWENDEN

A Kohlenstoffdioxid in Wasser

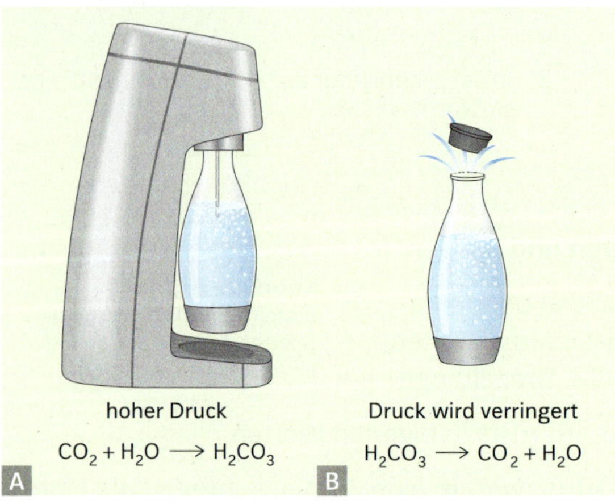

2 CO_2 in Wasser lösen: **A** unter Druck, **B** ohne Druck

Beim Öffnen einer Sprudelflasche, kannst du ein Zischen hören. In den Getränken ist Kohlenstoffdioxid unter hohem Druck eingepresst. Dabei entsteht in geringer Menge Kohlensäure.

1 Beschreibe, unter welcher Bedingung sich Kohlenstoffdioxid in Wasser löst.

2 **a)** Erläutere die chemischen Vorgänge beim „Sprudeln" von Wasser in Bild 2A.
b) Erläutere die chemischen Vorgänge beim Öffnen der Sprudelflasche in Bild 2B.

Saure und alkalische Lösungen überall

In Erfrischungsgetränken

In Erfrischungsgetränken sind verschiedene Säuren gelöst. In verdünnter Form sorgen die Säuren für den erfrischenden Geschmack.

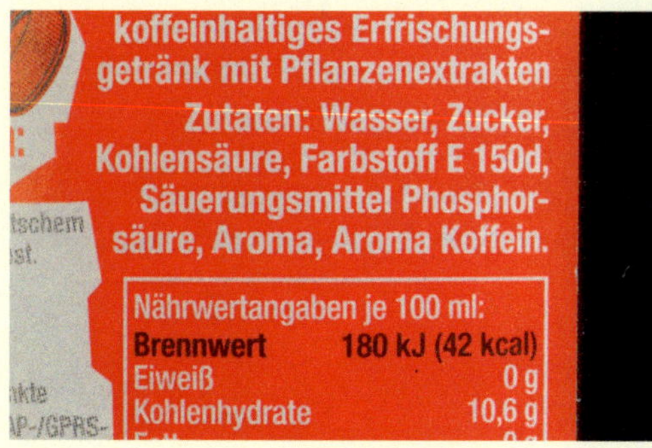

3 Das Etikett einer Cola-Flasche

Zum Schützen

Junge Bäume können mit weißer Kalkmilch gestrichen werden. Kalkmilch enthält Kalkwasser und ist alkalisch. Es wirkt desinfizierend und behindert das Wachstum von Krankheitserregern und Schimmelpilzen. Zudem schützt er vor Frostverletzungen.

4 Ein junger Baum wird mit Kalkmilch bestrichen.

Auf Gebäck

Der Teig von Laugengebäck wird vor dem Backen mit einer alkalischen Lösung aus verdünnter Natronlauge bestrichen. Das Laugengebäck erhält dadurch seinen typischen Geschmack und seine dunkle Farbe.

5 Laugenbrezel

Im Magen

Magensäure ist eine saure Lösung. Sie enthält etwa 0,5-1 % Salzsäure. Die Magensäure zersetzt die Nahrung und tötet außerdem viele Krankheitserreger ab

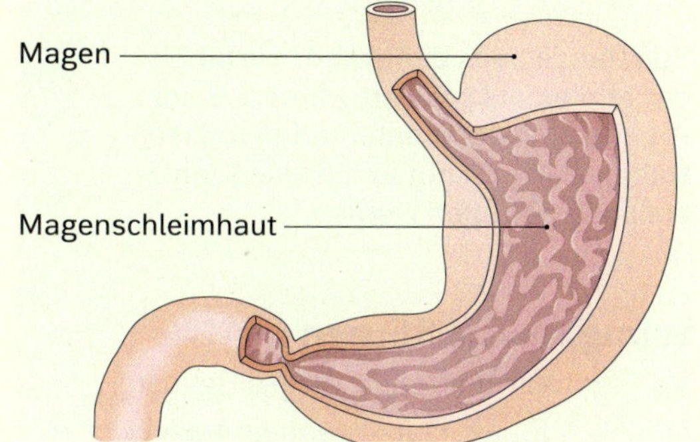

6 Magensäure zersetzt Lebensmittel.

1. Betrachte das Etikett einer Colaflasche. Nenne die angegebenen Säuren.
2. Begründe, warum Bäume mit Kalkmilch eingestrichen werden.
3. **II** Stelle eine Vermutung an, weshalb es ungefährlich ist, Laugengebäck zu essen.
4. **III** Recherchiere, warum der Magen von der Magensäure nicht angegriffen wird.

«

A

B

1 Protonenübertragung bei Chlorwasserstoff und Wasser: **A** im Teilchenmodell, **B** als LEWIS-Formel

Saure Lösungen

Ätzende Wirkung von Säuren

Der Saft aus einer Zitrone enthält Zitronensäure und schmeckt sauer. Konzentrierte Schwefelsäure hingegen wirkt stark ätzend und zerstört die Haut. Die Wunden verheilen sehr schlecht.

Substanzen aus dem Labor dürfen daher niemals probiert werden. Beim Arbeiten mit ätzenden Stoffen müssen Handschuhe, Schutzbrille und Schutzkleidung getragen werden.

Lösungen von Säuren

Wird Chlorwasserstoff in Wasser gelöst, bilden sich Ionen. Dabei geht ein positiv geladenes Wasserstoff-Ion auf ein Wasser-Molekül über. Bei diesem Vorgang entstehen ein **Oxonium-Ion** (H_3O^+) und ein Chlorid-Ion (Cl^-):

$$HCl + H_2O \rightarrow H_3O^+ + Cl^-$$

Je stärker konzentriert eine saure Lösung ist, desto mehr Oxonium-Ionen enthält sie.

Die Protonenübertragung

Das positiv geladene Wasserstoff-Ion ist nur ein positiv geladenes Proton. Als einzelnes, freies Proton ist es extrem reaktiv. Freie Protonen kommen in wässrigen Lösungen daher praktisch nicht vor. Deshalb handelt es sich beim Übergang eines Wasserstoff-Ions auf ein Wasser-Molekül um eine **Protonenübertragung** nach dem **Donator-Akzeptor-Prinzip** (→ Bild 1).

Säure + Wasser →
Oxonium-Ion + Säurerest-Ion

Die Färbung von Indikatorpapier

Tauchst du Indikatorpapier in die wässrige Lösung einer Säure, verfärbt sich das Indikatorpapier rot.

In allen sauren Lösungen sind Oxonium-Ionen vorhanden. Die Oxonium-Ionen sind für die saure Wirkung von sauren Lösungen und für die Verfärbung des Universalindikators verantwortlich.

Elektrische Leitfähigkeit

Säuren gibt es in allen Aggregatzuständen. Citronensäure ist fest, Schwefelsäure ist flüssig und Chlorwasserstoff ist gasförmig. Reine Säuren leiten den elektrischen Strom nicht. Wird aber zum Beispiel Citronensäure in Wasser gelöst, leitet die entstandene saure Lösung den elektrischen Strom (→ Bild 2).

Beim Lösen von Säuren in Wasser bilden sich Oxonium-Ionen und Säurerest-Ionen. Die Ionen sind geladen und in der Lösung frei beweglich. Deshalb leiten saure Lösungen den elektrischen Strom.

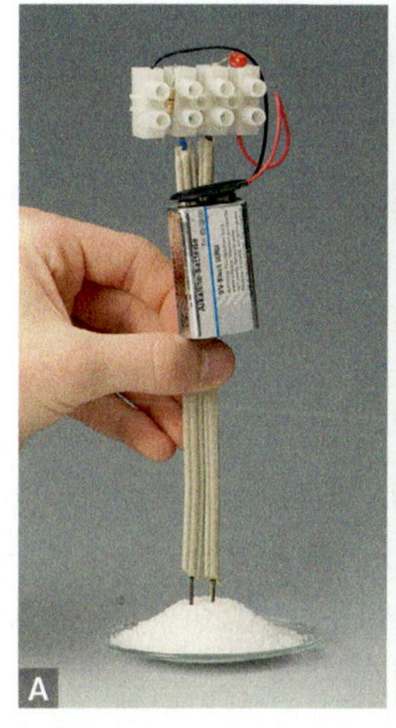

2 Leitfähigkeit: **A** Der Reinstoff Citronensäure leitet keinen elektrischen Strom. **B** Citronensäure-Lösung leitet den elektrischen Strom.

Reaktion mit Kalkstein

Leitungswasser enthält Kalk. Mit der Zeit lagert sich dieser an Haushaltsgeräten und in Wasserleitungen ab. Geräte wie Kaffeemaschinen oder Wasserkocher werden dadurch beschädigt. Entkalker enthalten Säuren, um Kalkablagerungen in den Geräten zu lösen (→ Bild 3).

Kalk besteht aus Calciumcarbonat ($CaCO_3$). Gibst du Salzsäure auf ein Stück Kalkstein, wird er zersetzt, und es bildet sich ein farbloses Gas. Es entstehen das lösliche Salz Calciumchlorid ($CaCl_2$), Wasser und Kohlenstoffdioxid:

$$CaCO_3 + 2\,HCl \rightarrow CaCl_2 + H_2O + CO_2$$

3 Entkalker lösen Kalbablagerungen: **A** vor der Verwendung des Entkalkers, **B** nach der Verwendung

Saure Lösungen enthalten Oxonium- und Säurerest-Ionen. Daher leiten Säuren den elektrischen Strom. Die Oxonium-Ionen sind für die typischen Eigenschaften von Säuren verantwortlich.

1. Begründe, welche Schutzmaßnahmen beim Arbeiten mit Säuren und sauren Lösungen notwendig sind.
2. Erkläre den Begriff Protonenübertragung.
3. Beschreibe den Nachweis einer sauren Lösung mit Universalindikator.
4. Erkläre, warum feste Citronensäure elektrischen Strom nicht leitet.
5. I Stelle Eigenschaften einer Säure zusammen.
6. II Marmor ist ein Gestein, das Kalk enthält. Platten aus Marmor werden manchmal in Häusern als Fußbodenbelag oder Fensterbank verbaut. Beurteile, ob sich Essigreiniger zum Reinigen von Marmor-Flächen eignet.

Starthilfe zu 2:
Verwende die Begriffe: Proton, Oxonium-Ion, Übergang, Donator, Akzeptor, Säurerest-Ion

»

ÜBEN UND ANWENDEN

A Stimmts oder stimmts nicht?

1) Schwefelsäure wirkt stark ätzend.
2) Salzsäure enthält H_3O^+-Ionen und Cl^--Ionen.
3) Iodwasserstoff und Iodwasserstoff-Lösung sind das gleiche.
4) Salzsäure ist die Lösung von Chlorwasserstoff in Wasser.
5) Chlorwasserstoff leitet den elektrischen Strom.
6) Bei der Protonenübertragung wird ein Wasserstoff-Atom übertragen.
7) Die Säurerest-Ionen sind für die saure Indikatorreaktion verantwortlich.
8) Die Oxonium-Ionen sind für die saure Indikatorreaktion verantwortlich.
9) Alle sauren Lösungen enthalten Oxonium-Ionen.
10) Wasser-Moleküle hydratisieren die Oxonium-Ionen und die Säurerest-Ionen.

1 Richtig oder falsch?

1 Gib an, welche Aussagen richtig sind.

2 Verbessere die fünf falschen Aussagen und schreibe sie richtig in dein Heft.

B Die Wirkung von Entkalkern

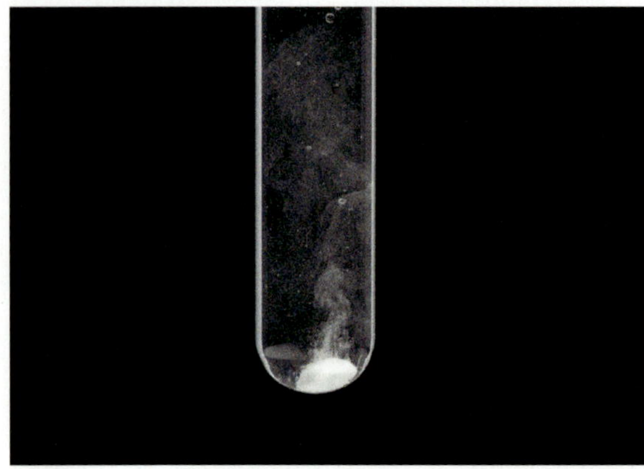

2 Calciumcarbonat reagiert mit Entkalkern.

Gibst du Entkalker zu Calciumcarbonat, findet eine chemische Reaktion statt. Mit Universalindikator kannst du die Veränderung des pH-Werts erkennen. Während der Reaktion entsteht ein Gas.

3 pH-Wert-Skala von Universalindikator

1 **a)** Beschreibe den Versuch in Bild 2.
b) Beschreibe einen Versuch, mit du das entstandene Gas nachweisen kannst.

2 Universalindikatorpapier ist zu Beginn der Reaktion rot, am Ende des Versuchs gelb. Erkläre die Veränderung des pH-Werts im Verlauf der Reaktion.

3 II Recherchiere, welche Säuren in Entkalkern verwendet werden.

IM ALLTAG

Wirkung von Säuren

Ameisensäure

Ameisen haben Ameisensäure in ihren Giftdrüsen. Diese Ameisensäure versprühen sie, um sich zu verteidigen. Auch Brennnesseln, Bienen und Quallen produzieren Ameisensäure, um sich gegen Feinde zu wehren. Wenn die Haut mit Ameisensäure in Berührung kommt, brennt es und ist schmerzhaft. Ameisensäure ist stark sauer. Sie ist eine stärkere Säure als Essigsäure.

4 Ameisen versprühen Ameisensäure.

Übersäuerte Böden kalken

In der Landwirtschaft können die Böden zu viel sauer wirkende Verbindungen.enthalten. Diese Böden sind **übersäuert.** Pflanzen können auf übersäuerten Böden nur schlecht wachsen. Landwirte bringen daher Kalk auf die Böden. Der Kalk kann die saure Wirkung aufheben. Durch das Kalken wachsen die Pflanzen besser und die Erträge werden höher.

5 Kalk wird auf ein Feld aufgebracht.

Zuviel Säure schadet den Zähnen

Früchte und säurehaltige Getränke wie Colagetränke enthalten Säuren, die den Zahnschmelz angreifen können. Nahrungsreste werden von Bakterien auf den Zähnen in Säuren umgewandelt. Diese Säuren wirken auf den Zahnschmelz: Der Zahnschmelz wird weich und Mineralien aus der Zahnoberfläche werden herausgelöst. Das Putzen der Zähne nach dem Essen entfernt sowohl Nahrungs- und Säurereste als auch viele Bakterien.

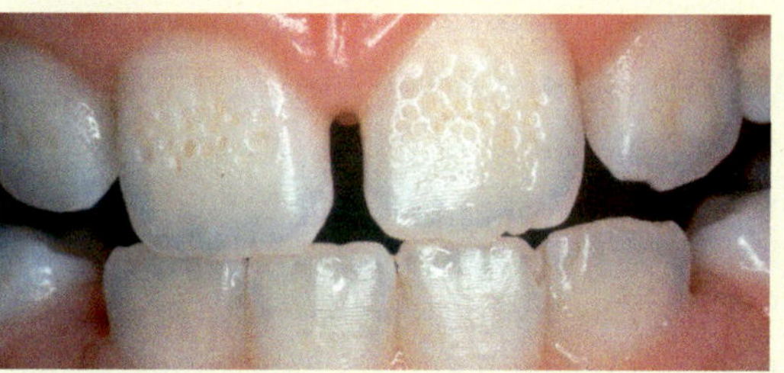

6 Der Zahnschmelz kann durch Säureeinwirkung geschädigt werden.

Verätzungen

Viele Säuren wirken ätzend. Sie können Stoffe wie etwa die Keidung oder die Haut angreifen oder zerstören. Vor allem stark saure Lösungen sind gefährlich. Verätzungen sind schmerzhaft und heilen schlecht. Daher müssen beim Umgang mit konzentrierten Säuren immer Schutzbrille und Handschuhe getragen werden.

7 Umgang mit Säure

1 Beschreibe eine Wirkung von Säuren genauer.

2 Beschreibe zwei Arten, um die ätzende Wirkung von Säuren zu mindern.

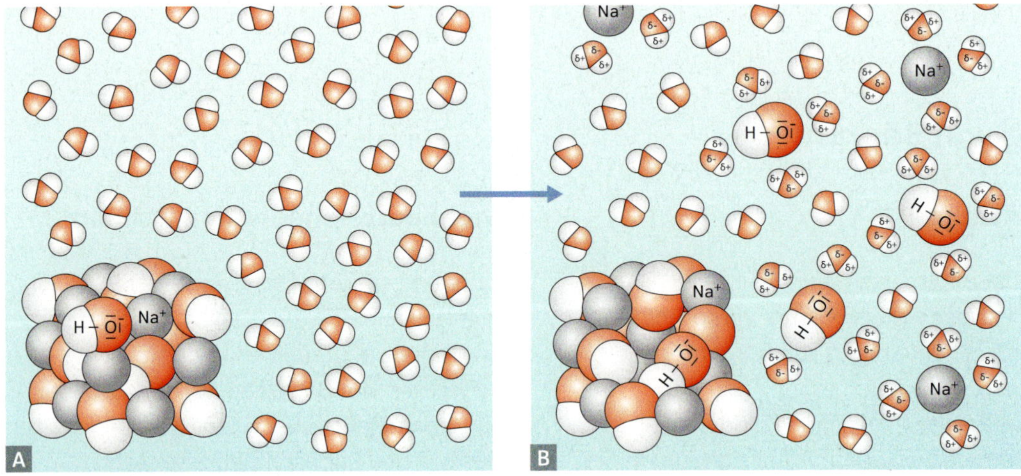

1 Die Bildung von Natronlauge im Modell: **A** Lösevorgang zu Beginn, **B** Hydratisierung

Alkalische Lösungen

Rohrreiniger bilden Laugen

Rohrreiniger enthalten alkalische Stoffe wie beispielsweise Natriumhydroxid. Wenn sie mit Wasser in Kontakt kommen, bilden sich starke Laugen. Diese haben eine stark Wirkung. Rohrverstopfungen durch Haare und Fette können mit Natriumhydroxid aufgelöst werden.

Bildung von Natriumhydroxid-Lösung

Natriumhydroxid entsteht, wenn ein Stück Natrium in Wasser gegeben wird. Alle Alkalimetalle wie Natrium und Kalium reagieren mit Wasser zu **Hydroxiden**. Dabei entsteht auch Wasserstoff. Die Reaktion ist stark exotherm, es wird viel Energie frei. Ein Universalindikator im Wasser färbt sich blau.
Aus dem Alkalimetall Natrium und Wasser entsteht eine alkalische Natriumhydroxid-Lösung. Diese Lösung wird auch Natronlauge genannt:

$$2\,Na + 2\,H_2O \rightarrow 2\,Na^+ + 2\,OH^- + H_2$$

Hydratisierung

Werden Hydroxide in Wasser gelöst, entstehen alkalische Lösungen. Festes Natriumhydroxid besteht aus positiv geladenen Natrium-Ionen und negativ geladenen Hydroxid-Ionen. Die Ionen bilden ein Ionengitter (→ Bild 1A).
Wird Natriumhydroxid in Wasser gegeben, lösen die Wassermoleküle das Ionengitter auf. In der Lösung befinden sich nun frei bewegliche Natrium-Ionen (Na^+) und Hydroxid-Ionen (OH^-). Diese Ionen werden von Wasser-Molekülen umlagert und somit **hydratisiert** (→ Bild 1B). Dieser Vorgang kann in folgendem Schema geschrieben werden.

Metallhydroxid →
Metall-Ion + Hydroxid-Ion

Die Färbung von Indikatorpapier

Tauchst du Indikatorpapier in eine alkalische Lösung, verfärbt sich das Papier blau. Alkalische Lösungen enthalten Hydroxid-Ionen. Je mehr Hydroxid-Ionen in einer alkalischen Lösung sind, desto höher ist der pH-Wert.

Die elektrische Leitfähigkeit

Feste Natriumhydroxid-Plätzchen (NaOH) sind Bestanteil von Rohrreinigern. Im festen Zustand sind sie Nichtleiter. Wird das Natriumhydroxid in Wasser gelöst, leitet die entstandene alkalische Lösung den elektrischen Strom. Die Natriumhydroxid ist ein Feststoff. Die Ionen sind an feste Plätze gebunden. Erst in Wasser gelöst können die frei beweglichen Ionen elektrische Ladungen transportieren und somit den elektrischen Strom leiten. Die so entstandene Natronlauge ist stark ätzend und löst somit Verstopfungen und Verunreinigungen in Abflüssen.

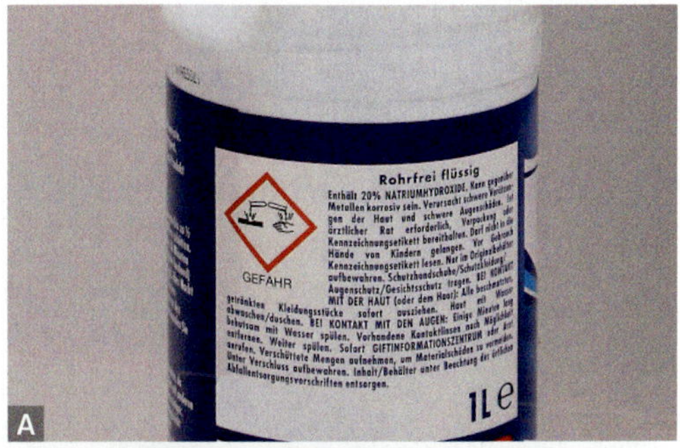

2 Rohrreiniger enthält Natriumhydroxid:
A Inhaltsstoffe, **B** Wirkung am Abfluss

Weitere alkalische Lösungen

Wird gasförmiges Ammoniak (NH_3) in Wasser gelöst, entsteht Ammoniak-Lösung. Durch die Reaktion von Ammoniak mit Wasser liegen auch in dieser Lösung Hydroxid-Ionen vor, die mit einem geeigneten Indikator nachgewiesen werden können (→ Bild 4).

$$NH_3 + H_2O \rightarrow NH_4^+ + OH^-$$

Branntkalk wird durch Brennen von Kalkstein gewonnen. Seine chemische Bezeichnung ist Calciumoxid (CaO). Calciumoxid reagiert mit Wasser zu Calciumhydroxid: Die wässrige Lösung von Calciumhydroxid wird auch Kalkwasser genannt. Die enthaltenen Hydroxid-Ionen sind für die alkalische Wirkung von Kalkwasser verantwortlich.

3 Ammoniak-Lösung reagiert alkalisch.

Alkalische Lösungen werden auch Laugen genannt. Sie enthalten Hydroxid-Ionen.

1. Beschreibe das Lösen von Natriumhydroxid in Wasser mit einem Reaktionsschema.
2. Erkläre den Unterschied von Natriumhydroxid und einer Natriumhydroxid-Lösung anhand chemischer Eigenschaften.
3. Nenne die Teilchen, die in jeder alkalischen Lösung enthalten sind.

Starthilfe zu 3: Betrachte dazu auch Bild 1.

4. I Stelle Eigenschaften einer Lauge zusammen.
5. II Branntkalk (Calciumoxid) reagiert mit Wasser zu Calciumhydroxid. Erstelle das Reaktionsschema.

»

ÜBEN UND ANWENDEN

A Ammoniak und Ammoniak-Lösung

1 Ammoniak ist gut wasserlöslich, entfernt Schmutz und wird als „Salmiakgeist" im Haushalt verwendet.

Ammoniak ist gut wasserlöslich. Beim Lösen in Wasser bildet es eine Ammoniak-Lösung. Bei diesem Vorgang entstehen Ammonium-Ionen (NH^{4+}) und Hydroxid-Ionen (OH^-), da Wasserstoff-Ionen (H^+) aus dem Wasser auf die Ammoniak-Moleküle übergehen. Das Reaktionsschema lautet:

$$NH_3 + H_2O \rightarrow NH_4^+ + OH^-$$

1 Nenne eine Möglichkeit, wie du nachweisen kannst, dass Ammoniak-Lösung alkalisch ist.

2 Begründe, dass Ammoniak-Lösung den elektrischen Strom leitet, reiner Ammoniak jedoch nicht.

FORSCHEN UND ENTDECKEN

A Wie lässt sich Ammoniak nachweisen?

Öffnest du eine Flasche mit Ammoniak-Lösung, entweicht ein Gas. Zusammen mit Chlorwasserstoff bildet sich Ammoniumchlorid.

Material: Universalindikator-Papier, Wattestäbchen, 10%ige Salzsäure, 10%ige Ammoniak-Lösung, destilliertes Wasser

2 Ammoniaknachweis

Durchführung:

Schritt 1: Öffne eine Flasche mit Ammoniak-Lösung und halte einen trockenen Streifen Universalindikator-Papier über die Öffnung.

Schritt 2: Wiederhole Schritt 1 mit einem feuchten Streifen Universalindikator-Papier.

1 Erstelle ein Versuchsprotokoll.

2 Begründe, dass das Universalindikator-Papier angefeuchtet sein muss.

Schritt 3: Befeuchte ein Wattestäbchen mit Salzsäure und halte es über eine geöffnete Flasche mit Ammoniak-Lösung (→ Bild 2).

3 III Formuliere das Reaktionsschema für Schritt 3.

Eine Mindmap erstellen

Was ist eine Mindmap?

Eine Mindmap kann dir helfen, einen Überblick über ein Thema zu bekommen oder einen umfangreichen Text bildlich darzustellen. Das Hauptthema der Mindmap steht dabei im Zentrum. Von diesem führen Linien zu Unterthemen. Das Erstellen einer Mindmap kann dir beim Lernen helfen, weil du dich intensiv mit dem Thema beschäftigst.

Schritt 1: Lege deine Heftseite quer. Schreibe das Thema in die Mitte des Blattes und kreise es farbig ein.

Schritt 2: Zeichne vom Thema ausgehend Linien für Gliederungspunkte. Die Linien können verschiedene Farben haben.

Schritt 3: Schreibe an jede Linie mit ein oder zwei Worten, was dir zu den einzelnen Gliederungspunkten einfällt.

Schritt 4: An jede Linie kannst du jetzt weitere Abzweigungen zeichnen. Schreibe an jede Abzweigung Ideen, die dir zu den Begriffen auf den Linien einfallen.

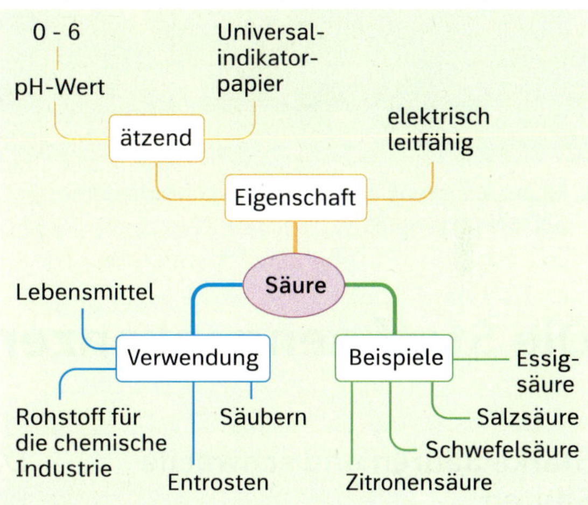

3 Mindmap zum Thema Säuren

Erstelle eine Mindmap

Aus einem Schülerreferat zum Thema Seife:

Seife

Seifen bilden mit Wasser alkalische Lösungen. Wir verwenden Seifen heutzutage hauptsächlich zum Waschen und Reinigen. Die Geschichte von Seife geht weit zurück. Bereits 4500 v. Chr. setzten die Sumerer sie als Heilmittel ein. Hochwertige Seifen werden Feinseifen genannt. Die Badekultur der Römer machte sie sehr populär. Seifen werden auch zum Desinfizieren verwendet. Sie können Hautschutzmittel zugesetzt sein. Bei der Herstellung von Seifen werden Fette und Laugen benötigt. Im Mittelalter hatten Seifen einen äußerst schlechten Ruf, da sie als Verursacher von Krankheiten galten. Seifen werden durch Seifensieden hergestellt. Sehr bekannt sind die Kernseife und die Schmierseife. Je nach Bedarf enthalten moderne Seifen Zusätze wie Duft- und Farbstoffe.

1 Lies den Text „Seife“ und ordne die Textaussagen den Unterthemen Geschichte, Arten, Zusätze, Verwendung und Herstellung zu.

2 Zeichne eine Mindmap zu „Seifen“ in dein Heft.

«

1 Magnesium reagiert: **A** mit schwach konzentrierter Salzsäure-Lösung, **B** mit stark konzentrierter Salzsäure-Lösung

Die Stoffmengenkonzentration

Starke Säuren und schwache Säuren

Viele Metalle, zum Beispiel Magnesium, reagieren mit Salzsäure. Wie heftig die Reaktion verläuft, hängt von der Konzentration der Salzsäure ab. Je konzentrierter die Säure, umso heftiger reagiert sie (→ Bild 1). Die Konzentrationen der Salzsäuren aus Bild 1 sind mit $c = 0{,}1\ \frac{mol}{l}$ und $c = 1\ \frac{mol}{l}$ angegeben. Die Angaben beziehen sich auf die Anzahl an H_3O^+-Ionen in einem Liter der Salzsäure. Die stärker konzentrierte Salzsäure enthält mehr H_3O^+-Ionen je Liter als die weniger konzentrierte Salzsäure.

Element	Masse eines Atoms	Masse von $6 \cdot 10^{23}$ (=1 mol) Atomen
Kupfer	63,5 u	63,5 g
Schwefel	32,1 u	32,1 g
Sauerstoff	16 u	16 g
Wasserstoff	1 u	1 g
Chlor	35,5 u	35,5 g

2 Die Massen einiger Atome

Die Stoffmenge

Die Größe, die die Teilchenmenge angibt, wird als **Stoffmenge *n*** bezeichnet. Sie wird in der Einheit Mol angegeben. Die Kombination aus Zahlenwert und Einheit ist eine Größe.

Ein Mol wurde dabei unabhängig vom Stoff auf die Anzahl von $6 \cdot 10^{23}$ Teilchen festgelegt. In einem Liter Salzsäure mit der Angabe $1\ \frac{mol}{l}$ sind also $6 \cdot 10^{23}$ HCl-Moleküle gelöst. Im Wasser sind daraus dann $6 \cdot 10^{23}$ H_3O^+-Ionen entstanden. Bei Salzsäure mit der Angabe $0{,}1\ \frac{mol}{l}$ sind zehnmal weniger HCl-Moleküle vorhanden.

Molare Masse

$6 \cdot 10^{23}$ Teilchen eines Stoffes, also ein Mol, hat eine bestimmte Masse. Man spricht von der **molaren Masse** eines Stoffes. Sie ist für jeden Stoff unterschiedlich. Für die verschiedenen Elemente sind die Werte der molaren Massen im Periodensystem der Elemente angegeben (→ Bild 2).

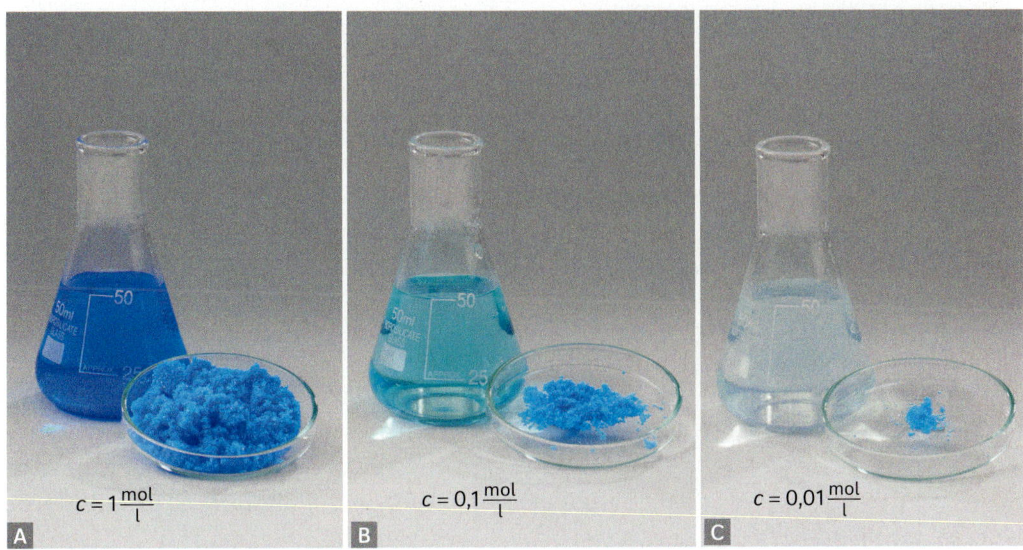

3 Kupfersulfat und seine Lösungen in unterschiedlichen Konzentrationen: **A** 1 $\frac{mol}{l}$, **B** 0,1 $\frac{mol}{l}$, **C** 0,01 $\frac{mol}{l}$

Die Stoffmengenkonzentration

Eine Angabe für Lösungen ist die **Stoffmengenkonzentration *c*.** Sie gibt an, welche Menge *n* eines Stoffes in einem bestimmten Volumen *V* der Lösung enthalten ist:

$$c\,(\text{gelöster Stoff}) = \frac{n\,(\text{gelöster Stoff})}{V\,(\text{Volumen Lösung})}.$$

Die abgebildeten Kupfersulfatlösungen sind unterschiedlich konzentriert (→ Bild 3). Die Angabe $c = 1 \frac{mol}{l}$ bedeutet: In einem Liter der Lösung ist ein Mol $CuSO_4$ gelöst. In der Lösung mit der Angabe 0,1 $\frac{mol}{l}$ sind nur 0,1 mol $CuSO_4$ in einem Liter gelöst.

Der pH-Wert gibt die H_3O^+-Konzentration an

Das Buchstabenkürzel pH stammt aus dem Lateinischen „potentia hydrogenii", was soviel bedeutet wie „Konzentration der Wasserstoff-Ionen". Je kleiner der pH-Wert, desto größer ist die Konzentration an H_3O^+-Ionen. Eine starke Säure wie konzentrierte Salzsäure hat einen pH-Wert von 1. Ein kleiner pH-Wert zeigt eine höhere Konzentration an H_3O^+-Ionen an als ein größerer pH-Wert. Wird die Konzentration auf ein Zehntel verringert, steigt der pH-Wert um 1 (→ Bild 4).

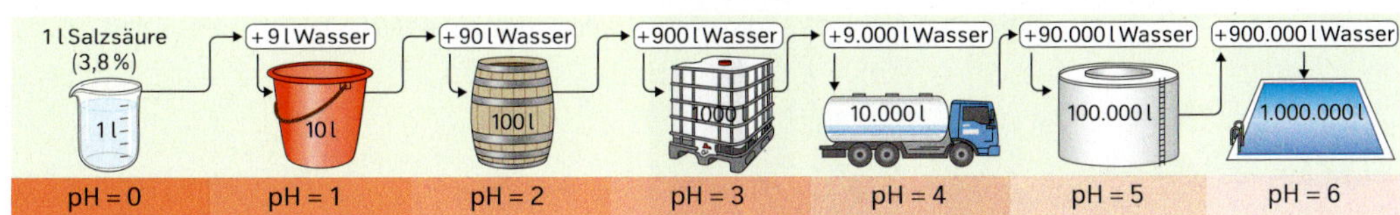

4 pH-Wert-Änderung bei Verdünnung

1. Erkläre die Begriffe Stoffmenge und molare Masse.
2. Beschreibe den Zusammenhang zwischen dem Volumen der Lösung und der Menge des gelosten Stoffessowie der Konzentration.
3. Beschreibe den Zusammenhang zwischen der Konzentration und der Färbung der Lösung in Bild 3.

»

ÜBEN UND ANWENDEN

A Natronlauge herstellen

1 Herstellen von Natronlauge

In einem Labor soll ein Liter Natronlauge mit der Konzentration $c = 1\ \frac{mol}{l}$ hergestellt werden. Es wird 1 mol reines, festes Natriumhydroxid benötigt. Dazu muss die Molmasse von Natriumhydroxid ermittelt werden. Die Masse wiegt man ab und gibt sie in einen Messkolben, der zunächst nur etwa 900 ml Wasser enthält. Erst nachdem sich das Natriumhydroxid gelöst hat, wird bis zur Markierung mit destilliertem Wasser aufgefüllt.

Element	Masse eines Atoms	Masse von $6 \cdot 10^{23}$ (= 1 mol) Atomen
Natrium	22,99 u	22,99 g
Sauerstoff	16 u	16 g
Wasserstoff	1,01 u	1 g

2 Massen einiger Atome

1 Berechne die Masse des Natriumhydroxids, die für eine Konzentration von $c = 1\ \frac{mol}{l}$ abgemessen werden muss.

B Verdünnung und pH-Wert

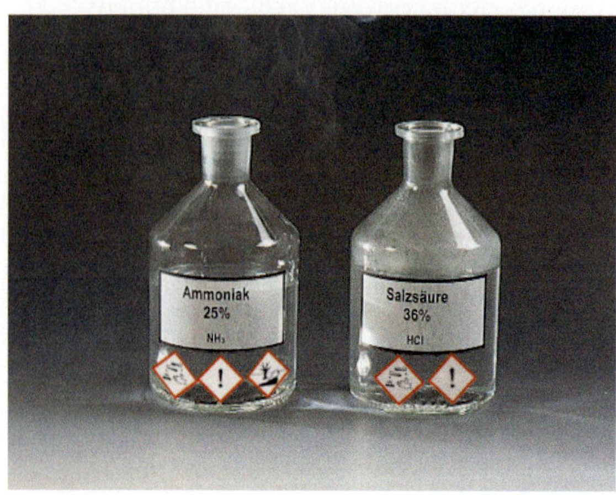

3 Salzsäure in unterschiedlichen Konzentrationen

Eine Salzsäure hat einen pH-Wert von 1. Durch Verdünnung mit Wasser kann ein höherer pH-Wert eingestellt werden. Dazu wird diese Lösung auf das 10-fache Volumen mit Wasser verdünnt. Die Stoffmengenkonzentration an H_3O^+ -Ionen ist nun zehnfach kleiner. Die Lösung hat den pH-Wert 2.

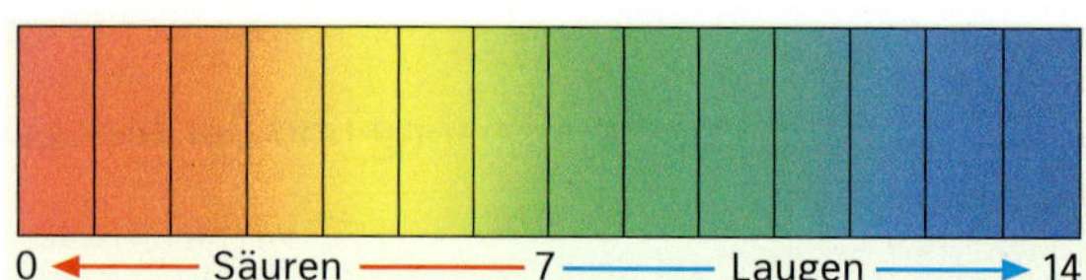

4 pH-Wert-Skala von Universalindikator

1 Erkläre den Zusammenhang zwischen Stoffmengenkonzentration von H_3O^+-Ionen und dem pH-Wert.

2 Der pH-Wert der Lösung soll auf den Wert 3 erhöht werden. Beschreibe, wie du vorgehen musst.

Optimale pH-Werte

Im Aquarium

Wer ein Aquarium betreibt, muss auf den pH-Wert des Wassers achten. Je nach Herkunft und ursprünglichem Lebensraum benötigen die Fische einen bestimmten pH-Wert. Der pH-Wert muss daher regelmäßig kontrolliert werden. Wenn das Wasser im Aquarium zu sauer oder zu alkalisch ist, können die Fische anfälliger für Krankheiten werden oder sterben.

5 Ein optimaler pH-Wert des Aquariumwassers ist wichtig für gesunde Fische.

Säureschutzmantel der Haut

Gesunde Haut hat einen Säureschutzmantel, der als Barriere dient, damit keine Krankheitserreger und chemischen Substanzen eindringen können. Der natürliche Säureschutzmantel hat einen pH-Wert zwischen 4 und 6.
Seife ist alkalisch. Durch das Waschen der Haut mit Seife wird der pH-Wert der Haut kurzfristig erhöht und die Fettschicht der Haut, die ebenfalls schützend wirkt, abgewaschen.

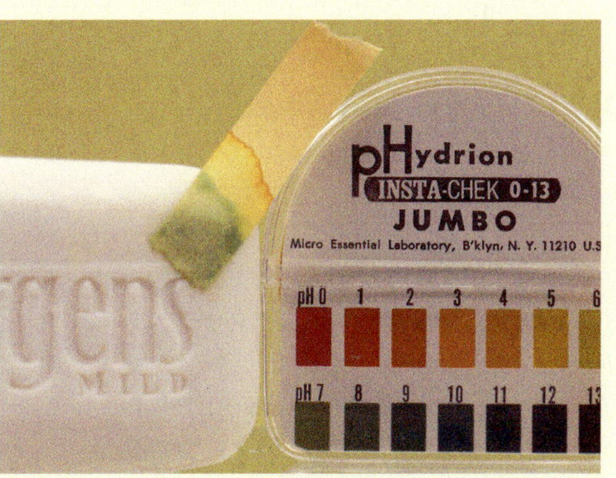

6 Seifen haben einen alkalischen pH-Wert

pH-Wert in einem Pool

Der pH-Wert in einem Pool ist für die Gesundheit der Badenden und für die Erhaltung der Reinigungssysteme im Pool wichtig. Durch einen zu hohen Wert wird beim Schwimmen der Schutzmantel der Haut zerstört und Ablagerung von Kalk im Pool gefördert. Der pH-Wert lässt sich über Kontrollsets ermitteln. Zur richtigen Einstellung des pH-Wertes können verschiedene Chemikalien zugegeben werden.

7 Kontrolle des pH-Wertes im Pool

1. Erläutere die Wichtigkeit eines optimalen pH-Wertes an einem Beispiel.
2. Erkläre, warum es sinnvoll ist, sich mit „pH-neutralen“ Seifen zu waschen.

1 Der Aufbau einer Neutralisationsanlage für saures und alkalisches Abwasser

Neutrale Lösungen

Der pH-Wert von Abwässern

Abwasser aus Industriebetrieben sind durch Chemikalien oft stark sauer oder alkalisch. Um damit die Umwelt nicht zu belasten, müssen sie vor der Einleitung in die Kanalisation neutralisiert werden. Dazu wird der pH-Wert gemessen. Bei zu saurem Abwasser wird alkalische Lösung hinzugegeben und bei zu alkalischem Abwasser wird saure Lösung zugegeben (→ Bild 1). Liegt der pH-Wert zwischen 6,5 und 9, kann das Abwasser in die Kanalisation.

Die Bildung neutraler Lösungen

Vermischst du passende Mengen einer sauren und alkalischen Lösung, entsteht eine neutrale Lösung. Dieser Vorgang wird **Neutralisation** genannt. Für die Neutralisation von Natronlauge und Salzsäure gilt folgende Reaktionsschema:

$$NaOH + HCl \rightarrow H_2O + NaCl$$

Neben Wasser bildet sich bei einer Neutralisation auch immer ein Salz. Bei der Neutralisation von Natronlauge mit Salzsäure entsteht zum Beispiel eine Natriumchlorid-Lösung.

Vorgänge bei der Neutralisation

Salzsäure enthält Oxonium-Ionen und Chlorid-Ionen. In Natronlauge befinden sich Hydroxid-Ionen und Natrium-Ionen. Reagieren Salzsäure und Natronlauge im richtigen Mengenverhältnis miteinander, entsteht eine neutrale Lösung. Der Universalindikator zeigt das durch Grünfärbung an.

Die Bildung von Wasser und Salz

Die neutrale Lösung aus Salzsäure und Natronlauge enthält die gleiche Anzahl an positiv geladenen Oxonium-Ionen und negativ geladenen Hydroxid-Ionen. Sie reagieren zusammen zu Wasser-Molekülen. Es erfolgt eine **Protonenübertragungssreaktion** von Oxonium-Ionen (H_3O^+-Ionen) an Hydroxid-Ionen (OH^--Ionen) nach dem **Donator-Akzeptor-Prinzip**.

Die Lösung ist deshalb weder sauer noch alkalisch. Daneben befinden sich in der Lösung gleich viele Natrium-Ionen und Chlorid-Ionen. Dampfst du die neutrale Lösung ein, setzen sich die Natrium-Ionen und Chlorid-Ionen zu Natriumchlorid-Kristallen zusammen.

Die Neutralisationsreaktion

Die ätzende Natronlauge und die ätzende Salzsäure wurden zu einer neutralen Natriumchlorid-Lösung. Das zugehörige Reaktionsschema lautet:

$$Na^+ + OH^- + H_3O^+ + Cl^- \rightarrow Na^+ + Cl^- + 2\,H_2O$$

Die Natrium-Ionen (Na^+) und die Chlorid-Ionen (Cl^-) liegen vor und nach der chemischen Reaktion in unveränderter Form vor. Da sie bei der eigentlichen chemischen Reaktion unbeteiligt sind, können die Natrium-Ionen und Chlorid-Ionen aus dem Reaktionsschema gekürzt werden. Damit lautet das Reaktionsschema vereinfacht:

$$OH^- + H_3O^+ \rightarrow 2\,H_2O$$

Energie wird frei

Zu einer Salzsäure wird Natronlauge gegeben um sie zu neutralisieren. In Bild 3 siehst du, dass dabei die Temperatur steigt. Wenn Oxonium-Ionen und die Hydroxid-Ionen zu Wasser-Molekülen reagieren, erwärmt sich die Lösung. Es wird Energie frei. Es handelt sich bei der Neutralisationsreaktion um eine **exotherme** Reaktion. Durch weitere Zugabe von Natronlauge steigt die Temperatur, bis alle Oxonium- und Hydroxidionen miteinander reagiert haben. Eine weitere Zugabe von Natronlauge setzt keine weitere Energie frei, sondern wirkt abkühlend.

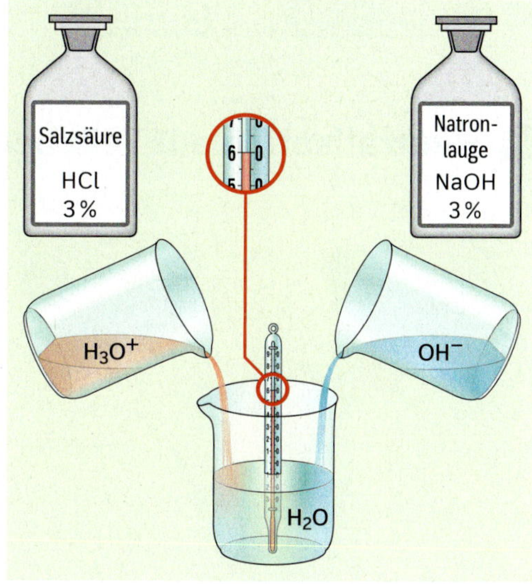

2 Neutralisation von Salzsäure und Natronlauge

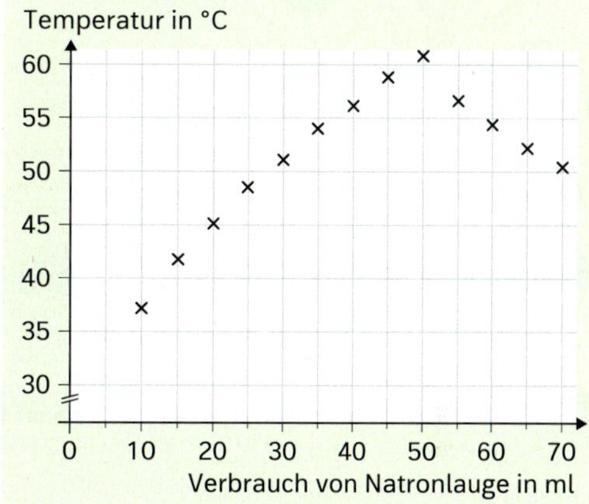

3 Temperaturverlauf einer Neutralisation von Salzsäure mit Natronlauge

Bei der Neutralisation einer sauren und einer alkalischen Lösung entstehen Wasser und Salz.

1 **a)** Beschreibe mithilfe von Bild 2 die Neutralisation.
b) Notiere das allgemeine Reaktionsschema einer Neutralisationsreaktion.

2 Beschreibe, welcher Stoff übrigbleibt, wenn du die neutrale Lösung in Bild 2 eindampfst.

3 Formuliere Reaktionsschemata für folgende Reaktionen:
a) Kalilauge reagiert mit Salzsäure.
b) Natronlauge reagiert mit Salpetersäure.

Starthilfe zu 3:
Kalilauge = KOH;
Salpetersäure = HNO_3
Salze der Salpetersäure enden mit -nitrat.

4 Beschreibe und erkläre den Kurvenverlauf des Diagramms in Bild 3.

»

ÜBEN UND ANWENDEN

A Neutralisation auf Teilchenebene

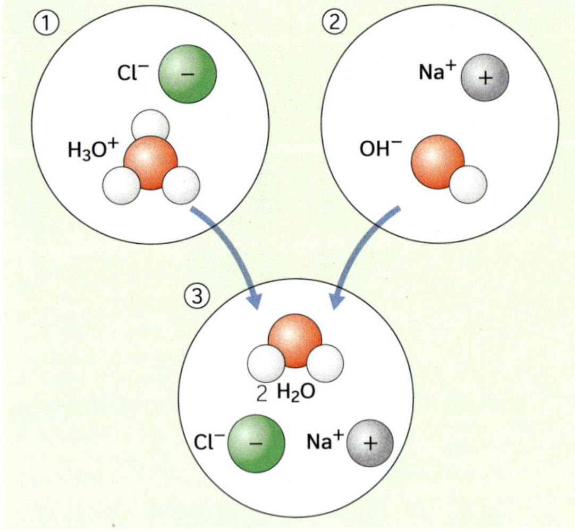

1 Neutralisationsreaktion im Teilchenmodell

Bei einer Neutralisation von Salzsäure und Natronlauge reagieren die Teilchen miteinander. Das kannst du in Bild 1 erkennen.

1. Beschreibe die Neutralisation auf der Teilchenebene so genau wie möglich.
2. Nenne die Wortgleichung zur Neutralisationsreaktion in Bild 1.
3. **a)** Nenne das Wortschema für folgende Neutralisationsreaktionen: Salzsäure und Kalilauge, Salpetersäure und Natronlauge,
   b) Nenne das Reaktionsschema dieser Neutralisationsreaktionen auf.

FORSCHEN UND ENTDECKEN

A Wie läuft eine Neutralisation ab?

Material:
Becherglas 100 ml, Messzylinder 50 ml, Glasstab, zwei Tropfpipetten, flüssiger Universalindikator, 1 %ige Natronlauge, 1 %ige Salzsäure

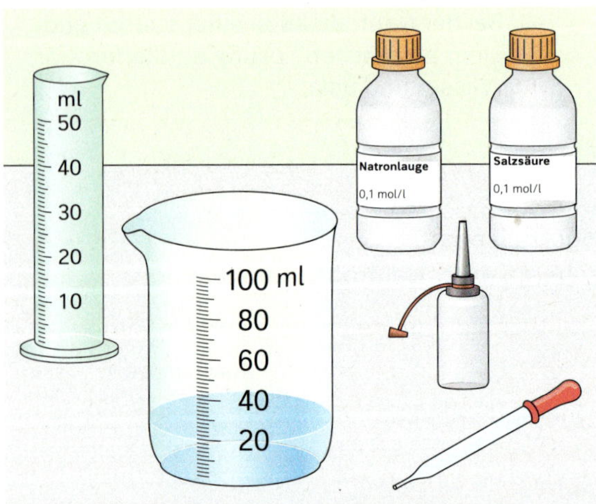

2 Benötigte Chemikalien und Materialien

Durchführung:

Schritt 1: Miss 20 ml Wasser ab und füge einige Tropfen Indikator hinzu, bis eine deutliche Färbung zu erkennen ist.

Schritt 2: Gibt 5-10 Tropfen Natronlauge hinzu. Notiere die Anzahl der verwendeten Tropfen und die Farbe des Indikators.

1. Stelle eine begründete Vermutung auf, wie du wieder eine neutrale Lösung herstellen kannst. Probiere deine Idee aus.
2. Erstelle zu deinem Versuch ein Versuchsprotokoll.

IM ALLTAG

Anwendungen der Neutralisation

Hilfe gegen Sodbrennen

Unser Magen benötigt Magensäure, um Nahrung zu zersetzen. Magensäure enthält Salzsäure. Produziert unser Magen zu viel Magensäure, kann sie die Speiseröhre verätzen. Es kommt zu Sodbrennen. Durch die Einnahme von Tabletten, die das Salz Natriumhydrogencarbonat ($NaHCO_3$) enthalten (→ Bild 3), wird die Magensäure teilweise neutralisiert. Das Natriumhydrogencarbonat reagiert mit der Salzsäure in der Magensäure zu Wasser, Natriumchlorid und Kohlenstoffdioxid. Ein alltäglicher Name für Natriumhydrogencarbonat ist Natron.

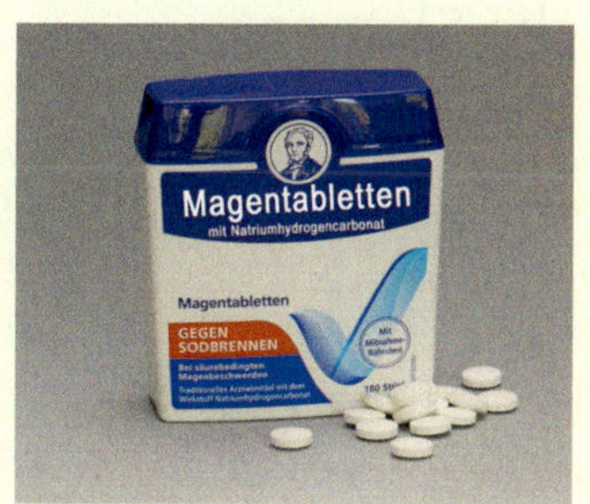

3 Natriumcarbonat in Tablettenform

Neutralisation in der Industrie

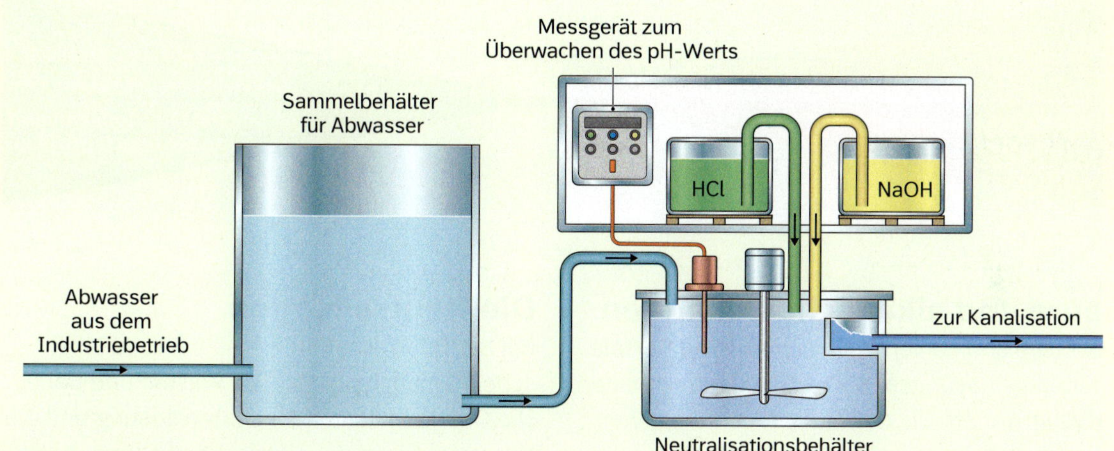

4 Eine Neutralisationsanlage

Die Abwässer aus Industriebetrieben sind oft sauer oder alkalisch. Bevor sie in die Kanalisation eingeleitet werden dürfen, müssen sie neutralisiert werden. Sonst würde das Abwasser die Umwelt zu sehr schädigen. In einer Neutralisationsanlage wird dazu der pH-Wert gemessen. Zeigt der pH-Wert an, dass das Abwasser zu sauer ist, wird eine alkalische Lösung zugegeben. Ist das Abwasser zu alkalisch, wird eine saure Lösung dazugegeben. In Bild 4 siehst du das Funktionsschema einer Neutralisationsanlage. Solche Anlagen werden in der Lebensmittelindustrie, von Getränkeproduzenten oder auch von Laborbetrieben eingesetzt.

1 Nenne die chemische Bezeichung für die Säure, die bei der Bekämpfung von Sodbrennen neutralisiert werden muss.

2 **II** Beschreibe die Funktionsweise einer Neutralisationsanlage mithilfe von Bild 4.

3 **III** Recherchiere, warum Abwässer aus dem Haushalt oft leicht alkalisch sind.

Auf einen Blick: Vom Geben und Nehmen

Die Elektrolyse und das galvanische Element

Bei der Elektrolyse wird durch elektrischen Strom eine Elektronenübertragung erzwungen. Elektrische Energie wird in chemische Energie umgewandelt.

Das Daniell-Element ist ein galvanisches Element. Es besteht aus einer Zink-Elektrode und einer Kupfer-Elektrode. In beiden Halbzellen läuft räumlich getrennt eine Redoxreaktion ab. Die Elektronen gehen vom Minuspol zum Pluspol.

Die Stoffmengenkonzentration und pH-Wert

Die Stoffmengenkonzentration gibt an, welche Stoffmenge eines Stoffes in einer Lösung gelöst ist. Sie wird in der Einheit Mol pro Liter angegeben. Je kleiner der pH-Wert, desto größer ist die Konzentration an H_3O^+-Ionen. Eine starke Säure wie konzentrierte Salzsäure hat den pH-Wert 1.

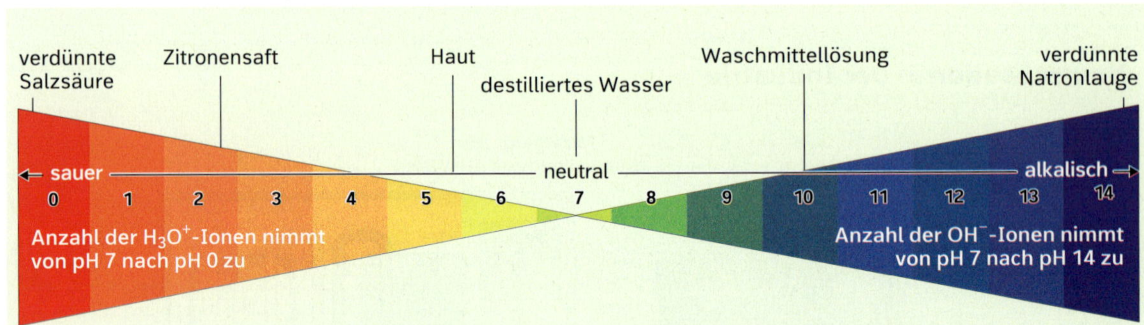

Saure und alkalische Lösungen

Salzsäure und kohlensaure Lösung sind Beispiele für saure Lösungen. Saure Lösungen enthalten Oxonium-Ionen. Die Oxonium-Ionen entstehen durch die Übertragung der positiv geladenen Wasserstoff-Ionen auf die Wasser-Moleküle. Es handelt es sich um eine Protonenübertragung nach dem Donator-Akzeptor-Prinzip.

Natronlauge und Ammoniak-Lösung gehören zu den alkalische Lösungen. Sie enthalten Hydroxid-Ionen. Die frei beweglichen Ionen einer alkalischen Lösung sorgen für die elektrische Leitfähigkeit.

WICHTIGE BEGRIFFE

- Elektronendonator, Elektronenakzeptor
- Elektrolyse
- galvanisches Element
- Säure, saure Lösung, Oxonium-Ionen
- Base, alkalische Lösung, Hydroxid-Ionen

Die Neutralisation

Bei der Neutralisation von sauren und alkalischen Lösungen entstehen Wasser und Salz.

Die Oxonium-Ionen der sauren Lösung und die Hydroxid-Ionen der alkalischen Lösung reagieren zu Wasser-Molekülen. Es erfolgt eine Protonenübertragungsreaktion von Oxonium-Ionen (H_3O^+-Ionen) an Hydroxid-Ionen (OH^--Ionen) nach dem Donator-Akzeptor-Prinzip.

WICHTIGE BEGRIFFE

- Stoffmenge, Stoffmengenkonzentration
- pH-Wert
- Neutralisation
- Donator-Akzeptor-Prinzip

Lerncheck: Vom Geben und Nehmen

Die Elektrolyse und das galvanische Element

1. Erkläre den Begriff Redoxreaktion.
2. Beschreibe die Vorgänge der Elektrolyse einer Kupferchlorid-Lösung.
3. Beschreibe den Aufbau eines galvanischen Elements.

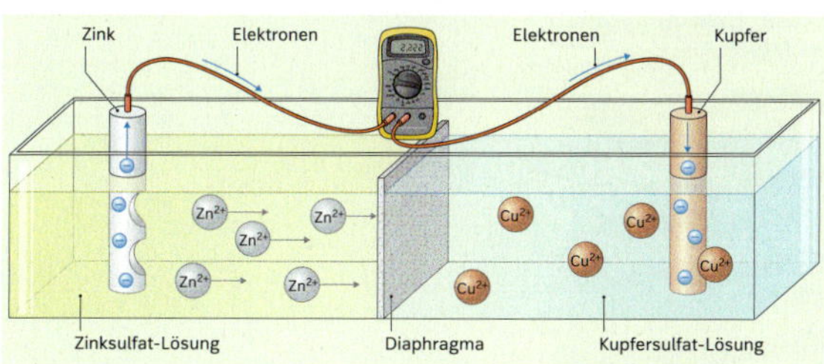

4. Erkläre die Entstehung von Spannung in einem galvanischen Element.

Batterien und Akkumulatoren

5. Beschreibe die Vorgänge in einer Alkali-Mangan-Batterie.
6. Begründe, dass es sich bei einer Batterie um ein galvanisches Element handelt.
7. Nenne verschiedene Batterien und gib deren Einsatzmöglichkeiten an.
8. Nenne den Unterschied zwischen einer Batterie und einem Akkumulator.

DU KANNST JETZT ...

- ... Elektronendonatoren und Elektronenakzeptoren unterscheiden und bestimmen.
- ... die Vorgänge bei der Elektrolyse beschreiben.
- ... den Aufbau eines galvanischen Elements beschreiben.
- ... verschiedene Batterien und deren Einsatzmöglichkeiten benennen.
- ... zwischen Batterien und Akkumulatoren unterscheiden.

Saure und alkalische Lösungen

9. Nenne drei Säuren und drei Basen.
10. Nenne Sicherheitsvorkehrungen beim Arbeiten mit sauren und alkalischen Lösungen.
11. Nenne die Namen der Ionen, die in jeder sauren Lösung vorkommen.
12. Magnesium reagiert mit Salzsäure. Formuliere das Reaktionsschema.
13. Chlorwasserstoff wird in Wasser gelöst. Erkläre an diesem Beispiel des Donator-Akzeptor-Prinzips.
14. Beschreibe zwei Beispiele für die anwendung von alkalische Lösungen.
15. Natriumhydroxid wird in Wasser gelöst. Formuliere das Reaktionsschema.

Die Neutralisation

16. Natronlauge wird mit Salzsäure neutralisiert. Formuliere das Reaktionsschema.
17. Erkläre, warum diese Neutralisationsreaktion eine Protonenübertragungsreaktion ist.
18. Nenne zwei Anwendungen der Neutralisation in unserem Alltag.

DU KANNST JETZT ...

- ... saure und alkalische Lösungen unterscheiden.
- ... Eigenschaften von sauren und alkalischen Lösungen beschreiben
- .... das Verhalten von Säuren und sauren Lösungen beschreiben.
- ... die Reaktionen von Säuren und Laugen mithilfe allgemeiner Reaktionsschemata darstellen.

Ausgewählte Energiewandler

Elektrizität für Bewegungen und Bewegungen für Elektrizität nutzen – wie geht das?

Welche Aufgaben haben Transformatoren und wie sind sie aufgebaut?

Wozu dienen diese winzigen elektronischen Bauelemente?

1 Ein Magnetkran auf einem Schrottplatz

Die magnetische Wirkung des elektrischen Stroms

Eine Spule als Magnet

Eine Kompassnadel in der Nähe eines elektrischen Leiters wird ausgelenkt, sobald Strom fließt. Wickelst du einen elektrischen Leiter wie in Bild 2 zu einer **Spule** auf und schließt diese an eine Spannungsquelle an, werden Büroklammern aus Eisen angezogen, sobald Strom fließt. Eine Spule in einem geschlossenen Stromkreis ist ein **Elektromagnet.** Solche Elektromagnete kommen beispielsweise auf Schrottplätzen zum Einsatz (→ Bild 1).

Windungen verstärken

Wird aus dem geraden Leiter eine Spule gewickelt, wird die Kompassnadel stärker ausgelenkt, sobald Strom fließt. Die magnetische Wirkung wird durch die dicht beieinanderliegenden **Windungen** auf einen viel kleineren Raum konzentriert und somit verstärkt. Wird die Anzahl der Windungen einer Spule weiter erhöht, ist die magnetische Wirkung noch stärker. Sogar kleine Gegenstände aus Eisen können mit diesem Elektromagneten angehoben werden.

Ein Eisenkern verstärkt

Steckst du in das Innere einer Strom führenden Spule einen **Eisenkern,** wird dieser magnetisiert. Durch seine magnetische Kraftwirkung erhöht sich die magnetische Kraftwirkung der Spule. Die Wirkung ist so groß, dass sogar mehrere Büroklammern angehoben werden können (→ Bild 2). Wird der Stromkreis unterbrochen, behält der Eisenkern nur eine sehr schwache magnetische Wirkung. Die Büroklammern fallen ab.

Die Stromstärke bestimmt die Wirkung

Die magnetische Wirkung eines Strom führenden Leiters tritt erst ein, wenn Elektronen durch den Leiter fließen. Je mehr Elektronen in einer Sekunde durch den Leiter fließen, desto stärker ist die magnetische Kraftwirkung. Die magnetische Kraftwirkung hängt also von der Stromstärke ab. Ein Elektromagnet kann je nach Bedarf angeschaltet, geregelt und abgeschaltet werden.

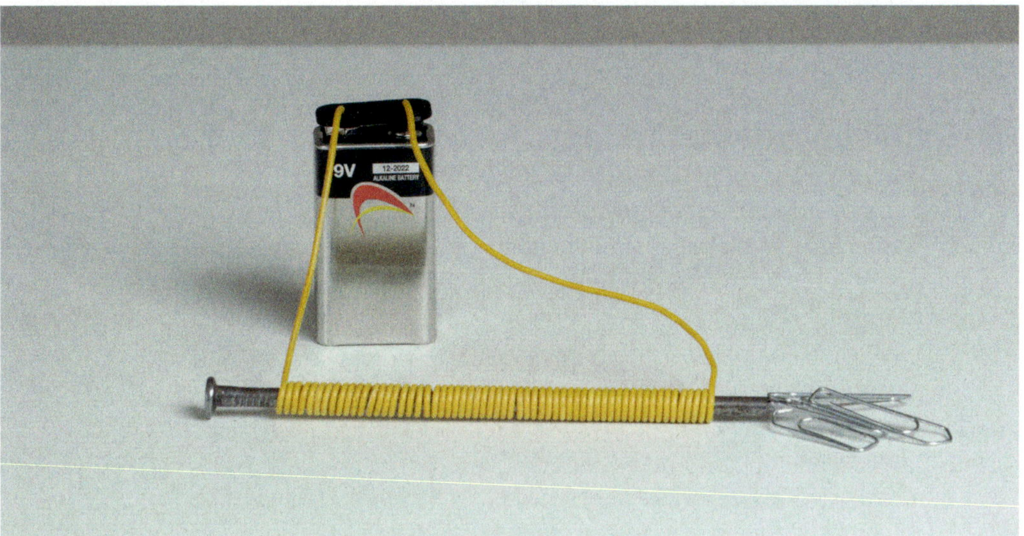

2 Ein selbstgebauter Elektromagnet

OERSTEDT als Entdecker

Der dänische Physiker HANS CHRISTIAN OERSTED (1777 – 1851) gilt als Entdecker des Zusammenhangs zwischen Elektrizität und Magnetismus.
1820 experimentierte er mit einer Batterie und mit einem Strom führenden, metallischen Leiter. Die Nadel eines in der Nähe liegenden Kompasses bewegte sich plötzlich. OERSTED schlussfolgerte, dass um jeden Strom führenden, metallischen Leiter ein Magnetfeld entsteht. Er hatte den **Elektromagnetismus** entdeckt.
Mit dieser Entdeckung wurde die Umwandlung elektrischer Energie in Bewegungsenergie möglich.

Grundlage für Elektrotechnik

Aus seiner Entdeckung und seinen weiteren Forschungen zum Elektromagnetismus entwickelten sich die Elektrotechnik und Elektrizitätslehre.
Viele Geräte aus unserem Alltag wie Computer, Radio, Fernsehen und Mobilfunk funktionieren auf dieser Grundlage. Dadurch hat sich unsere Gesellschaft in der Folge grundlegend verändert.

Um jeden Strom durchflossenen Leiter entsteht ein Magnetfeld. Die magnetische Kraftwirkung eines Elektromagneten hängt von
- der Windungszahl der Spule,
- dem Einsatz eines Eisenkerns,
- und der Stromstärke ab.

1 Nenne alle Möglichkeiten, das Magnetfeld um einen Strom führenden Leiter zu verstärken.

2 I Begründe, dass das Magnetfeld um eine Spule stärker ist als das Magnetfeld um einen geraden, Strom führenden Leiter.

3 II Begründe, dass eine Spule mit Eisenkern eine größere magnetische Wirkung hat als ein gerader, Strom führenden Leiter.

4 II Begründe, dass ein Elektromagnet angeschaltet, geregelt und abgeschaltet werden kann.

Starthilfe zu 4:
Benutze die Begriffe Elektronenfluss und Stromstärke.

»

FORSCHEN UND ENTDECKEN

A Ein Magnetfeld erzeugen

Material: Kompassnadel, Spannungsquelle, mehrere Experimentierkabel, Schalter, Lampe

Durchführung:

Schritt 1: Stelle die Kompassnadel auf und warte, bis sie sich in Nord-Süd-Richtung ausgerichtet hat.

Schritt 2: Baue einen Stromkreis auf. Richte dabei ein Experimentierkabel so aus, dass es parallel zur ausgerichteten Kompassnadel verläuft. (→ Bild 1)

Schritt 3: Schließe und öffne mehrmals den Schalter.

Schritt 4: Vertausche die Anschlüsse des Leiters an der Elektrizitätsquelle und wiederhole Schritt 3.

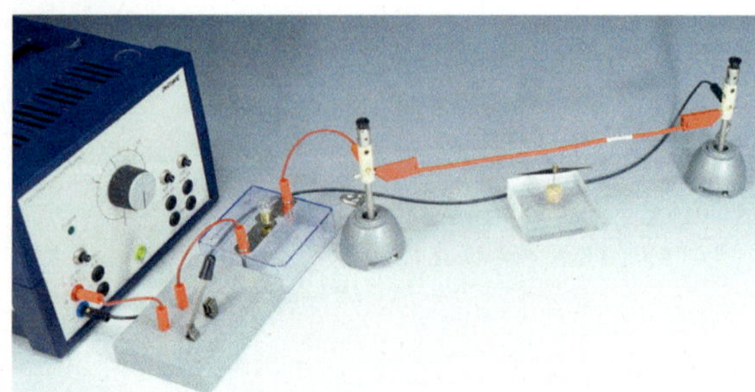

1 Der Versuchsaufbau

1. Beschreibe deine Beobachtungen.
2. Begründe, dass sich eine Kompassnadel in der Nähe eines Leiters beim Öffnen und Schließen des Stromkreises bewegt.
3. Ziehe jeweils eine Schlussfolgerung aus den Beobachtungen in den Schritten 3 und 4.

B Ein Magnetfeld verstärken

Material: Spannungsquelle, mehrere Experimentierkabel, Schalter, 2 Spulen mit verschiedenen Windungszahlen, Eisenkern, Büroklammer aus Eisen, Geodreieck

Durchführung:

Schritt 1: Baue einen Stromkreis mit der Spule mit der geringeren Windungszahl auf. Stelle an der Spannungsquelle eine Gleichspannung von 6 V ein.

Schritt 2: Schließe den Stromkreis. Miss mit dem Geodreieck, ab welcher Entfernung die Büroklammer angezogen wird.

Schritt 3: Baue in den Stromkreis die Spule mit der höheren Windungszahl ein und wiederhole Schritt 2.

Schritt 4: Lege in die Spule aus Schritt 3 einen Eisenkern und wiederhole Schritt 2.

Schritt 5: Erhöhe für den Aufbau in Schritt 4 die Spannung schrittweise um 2 V bis 12 V und wiederhole jeweils Schritt 2.

Nur Gleichspannung nutzen

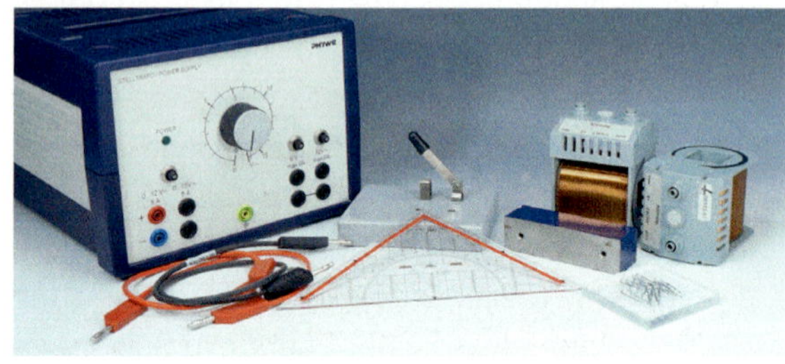

2 Das Versuchsmaterial

Windungszahl der Spule	Eisenkern ja/nein	*U* in V	Entfernung in cm
…	nein	6 V	…

3 Messwerttabelle

1. Schreibe deine Messwerte in eine Tabelle.
2. Ziehe zwei Schlussfolgerungen aus den Messwerten, indem du Je-desto-Sätze formulierst.
3. II Begründe deine Je-desto-Sätze, indem du die Ursache dafür erläuterst.

IM ALLTAG

Elektromagnete im Einsatz

Der elektrische Türgong

Bild 4 zeigt den Aufbau eines **Türgongs.** Mit dem Klingelknopf als Tastschalter wird der Stromkreis geschlossen. Die Spule baut ein Magnetfeld auf und der Eisenstab wird schnell in die Spule hineingezogen. Er schlägt gegen den linken Metallstab. Dadurch entsteht ein Ton: „Ding". Die Feder wird dabei zusammengedrückt.
Lässt du den Klingelknopf los, wird der Stromkreis unterbrochen. Das MAgnetfeld verschwindet. Die Feder dehnt sich aus, sodass der Eisenstab gegen den rechten, längeren Metallstab schlägt. Dadurch entsteht ein tieferer Ton: „Dong".

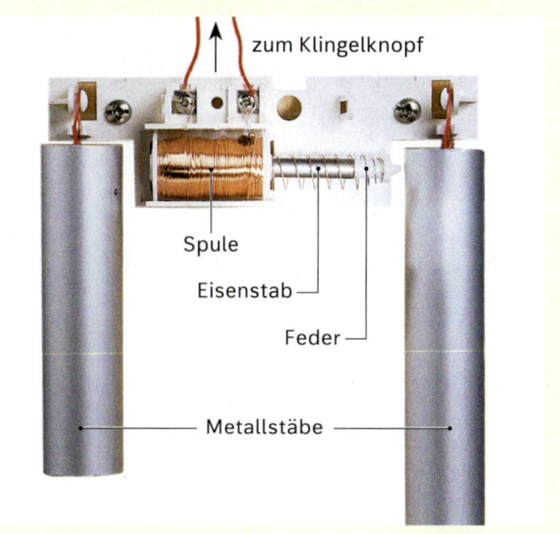

4 Ein Türgong mit zwei Tönen

Der Lautsprecher

In Bild 5 siehst du den Aufbau eines **Lautsprechers.** Fließt ein Elektronenstrom durch die Spule, baut sie ein Magnetfeld auf. Das Magnetfeld des Dauermagneten und das Magnetfeld der Spule stoßen einander ab. Die Spule schwingt nach vorne. Die Membran des Lautsprechers ist mit der Spule verbunden und schwingt ebenfalls nach vorne. Eine einzelne Bewegung ergibt jedoch noch keinen Ton. Töne entstehen erst durch ein schnelles Hin- und Herschwingen der Membran und der Übertragung dieser Schwingungen an die Luft. Dies geschieht, wenn schnell ändernde Stromstärken im angeschlossenen Stromkreis ebenso schnell wechselnde Anziehungs- und Abstoßungskräfte zwischen den Magnetfeldern im Lautsprecher verursachen.

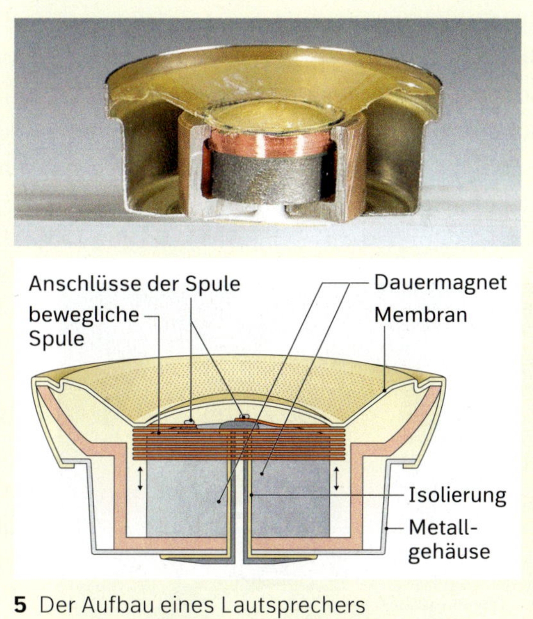

5 Der Aufbau eines Lautsprechers

1 **a)** Beschreibe den Aufbau und die Funktionsweise eines Türgongs.
b) Begründe, dass bei dem abgebildeten Türgong zwei verschiedene Töne entstehen.

2 **II** Beschreibe den Aufbau und die Funktionsweise eines Lautsprechers.

3 **III** Recherchiere ein weiteres Gerät, dessen Funktionsweise auf dem Prinzip eines Elektromagneten beruht. Zeichne den schematischen Aufbau und beschreibe die Funktionsweise des Gerätes.

«

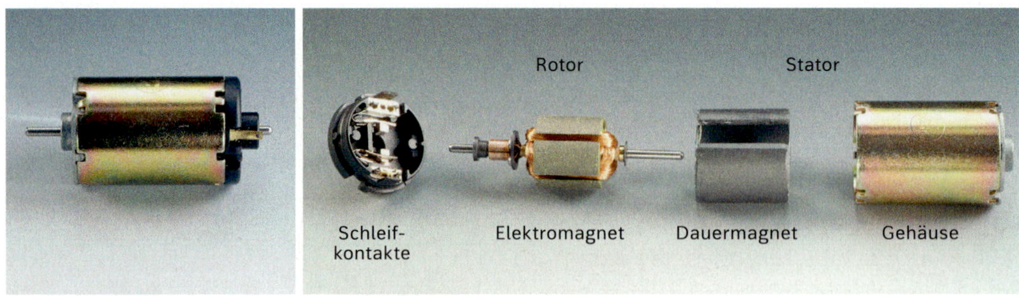

1 Die Bestandteile eines Gleichstrom-Elektromotors

Der Elektromotor

Elektromotoren

Elektromotoren treiben Elektroautos, E-Bikes und ICEs an. Bohrmaschinen, Küchenmaschinen und viele Maschinen in der Industrie werden an das Stromnetz angeschlossen und erzeugen Bewegungen für die unterschiedlichsten Zwecke.
Alle Elektromotoren funktionieren nach dem gleichen Prinzip. Ein Dauermagnet oder ein Elektromagnet erzeugen ein äußeres Magnetfeld. Darin dreht sich eine von Strom durchflossene Spule. Dieser Elektromagnet wird durch einen Eisenkern verstärkt (→ Bild 2).

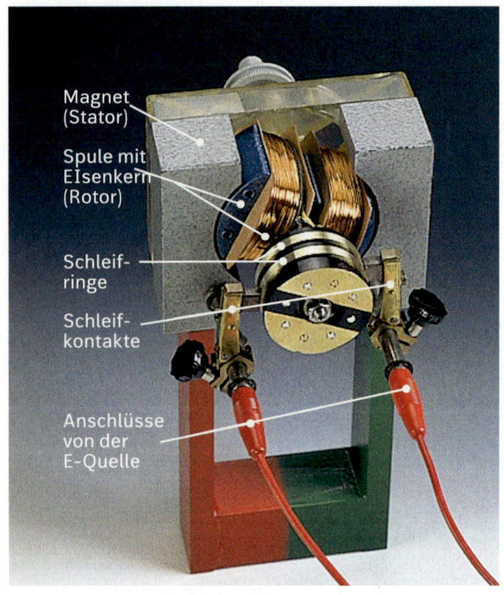

2 Der Stator und der Rotor eines Elektromotors im Versuchsmodell

Drehbewegung

Befindet sich eine drehbar gelagerte Spule im Magnetfeld eines Dauermagneten, dann dreht sie sich, sobald Strom durch die Spule fließt. Nord- und Südpole des Dauermagneten und des Elektromagneten der Spule ziehen sich an. Wenn sie sich am nächsten stehen, bleibt die Spule stehen. Wie gelingt es, dass sich die Spule weiterdreht? Indem beim Stromanschluss plus und minus vertauscht werden, wechselt auch die Richtung des Magnetfeldes in der Spule. Die Spule dreht sich weiter, bis sich die Nord- und Südpole wieder am nächsten sind. Durch fortlaufendes Umpolen des Stroms lässt sich eine fortlaufende Drehung der Spule erreichen.

Bauteile des Elektromotors

Der äußere Magnet ist oft feststehend und wird daher als **Stator** bezeichnet. Die Spule mit dem Eisenkern befindet sich drehbar auf einer Achse. Sie bildet den Rotor. Der Anschluss an eine Gleichspannung erfolgt über zwei Schleifkontakte und geteilte Schleifringe, die mit der rotierenden Spule verbunden sind und so den Strom übertragen. Darüber wird bei jeder Drehung das automatische Umpolen der Spannung zum gerade passenden Zeitpunkt bewirkt (→ Bild 3). Daher heißt der geteilte Schleifring auch **Kommutator** (lat.: commutare, vertauschen).

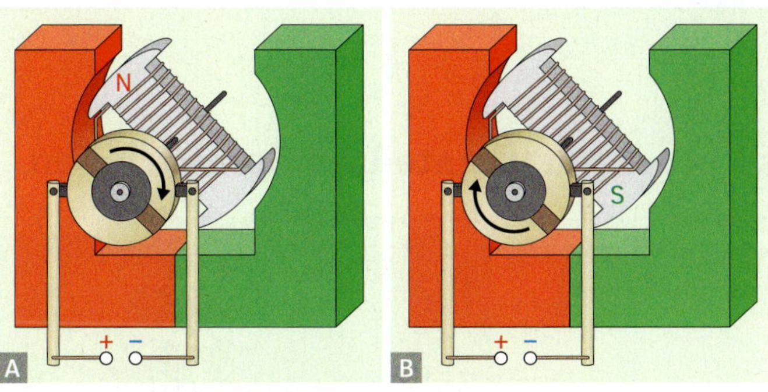

3 Die Schleifkontakte wechseln die Schleifringhälfte:
A der Rotor beim Start, **B** der Rotor um 180° gedreht

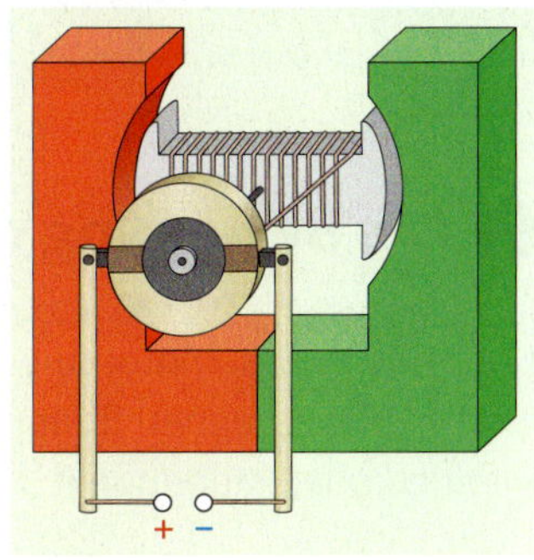

4 Ein besonderer Punkt

Der Totpunkt

In Bild 4 liegen die Schleifkontakte auf den isolierten Bereichen zwischen den beiden Hälften des Schleifringes. Die Spule wird an dieser Stelle nicht mit elektrischer Energie versorgt. Diese Stelle heißt **Totpunkt** des Elektromotors. Aufgrund seiner Trägheit dreht sich der Rotor aber weiter.

Vielpolige Rotoren

Ein Elektromotor mit einer Spule läuft aufgrund des Totpunktes nicht ruhig. Daher werden in technisch genutzten Rotoren meist viele Spulen eingebaut mit Polen in die verschiedenen Richtungen. Der Kommutator wird entsprechend unterteilt.

Wechselstrom-Motoren

Viele Elektromotoren werden nicht mit Gleichspannung, sondern mit Wechselspannung aus dem Stromnetz betrieben. Bei solchen Wechselstrom-Motoren wird das äußere Magnetfeld von einem Elektromagneten erzeugt. Dieser wird wie die Spulen über die Wechselspannung versorgt. Dadurch erfolgt automatisch die passgenaue Umpolung der Stromrichtung.

Der Motor – ein Energiewandler

Elektromotoren funktionieren nur, wenn ihnen elektrische Energie zugeführt wird. Sie können dann mechanische Arbeit verrichten. Dabei geben sie mechanische Energie ab. Sie sind also Energiewandler. Die zugeführte Energie ist aber nicht vollständig nutzbar. Ein Teil der elektrischen Energie wird in Wärme umgewandelt. Das spürst du daran, dass der Motor im Einsatz warm wird (→ Bild 5).

Hoher Wirkungsgrad

Elektromotoren haben einen hohen Wirkungsgrad, oft von etwa 90 %. Das bedeutet, dass 90 % der eingesetzten elektrischen Energie als mechanische Energie nutzbar sind. Die Wärmeabgabe an die Umgebung ist mit 10 % vergleichsweise gering.

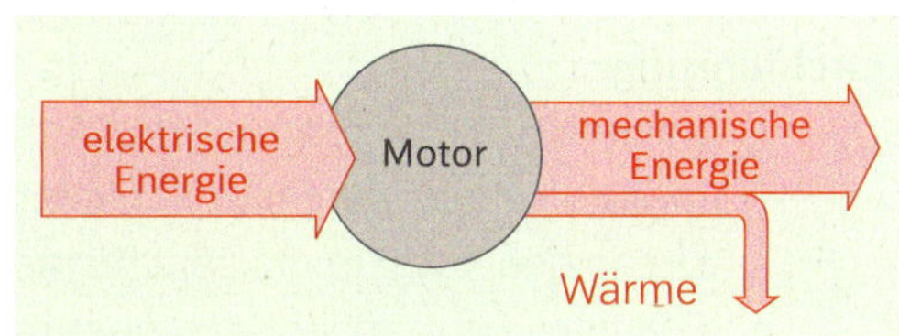

5 Energieumwandlung im Elektromotor

1 **a)** Beschreibe den Aufbau eines Elektromotors.
b) Erkläre mithilfe von Bild 3A und Bild 3B die Funktionsweise des Elektromotors.

2 Begründe, dass der Rotor eines Elektromotors nicht mit einem Dauermagneten ausgerüstet werden kann.

3 **a)** Begründe, dass die Schleifringe von Gleichstrom-Motoren geteilt sein müssen.
b) Beschreibe die Wirkung des Kommutators.

»

FORSCHEN UND ENTDECKEN

A Die Bewegung des Rotors mit ungeteilten Schleifringen

Material: Aufbaumotor mit ungeteilten Schleifringen, Bügelmagnet, Spannungsquelle, Experimentierkabel, Klebepunkt

Durchführung:

Schritt 1: Setze die Schleifkontakte des Aufbaumotors auf die ungeteilten Schleifringe.

Schritt 2: Drehe den Rotor in die senkrechte Position und markiere den oberen Teil mit einem Klebepunkt.

Schritt 3: Stelle die Spannungsquelle auf 6 V und verbinde sie mit den Schleifkontakten.

Schritt 4: Vertausche mehrfach die Pole an den Schleifkontakten.

1 Ein Aufbaumotor mit ungeteilten Schleifringen

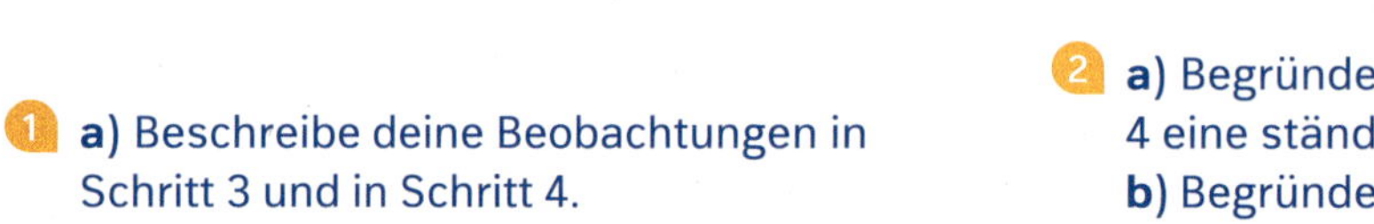

1 **a)** Beschreibe deine Beobachtungen in Schritt 3 und in Schritt 4.
b) Vergleiche deine Beobachtungen in a).

2 **a)** Begründe, dass der Polwechsel in Schritt 4 eine ständig neue Bewegung bewirkt.
b) Begründe, dass der Rotor nach jedem Polwechsel in der neuen Lage stehenbleibt.

B Die Bewegung des Rotors mit geteiltem Schleifring

Material: Aufbaumotor mit geteiltem Schleifring, Bügelmagnet, Spannungsquelle, Experimentierkabel, Klebepunkt

Durchführung:

Schritt 1: Setze die Schleifkontakte des Aufbaumotors auf den geteilten Schleifring.

Schritt 2: Drehe den Rotor in die senkrechte Position und markiere den oberen Teil mit dem Klebepunkt.

Schritt 3: Stelle die Spannungsquelle auf 6 V und verbinde sie mit den Schleifkontakten.

2 Der Aufbaumotor mit Kommutator

1 Beschreibe deine Beobachtung.

2 **a)** Erkläre die Wirkung des geteilten Schleifringes.
b) Beschreibe die Rotorposition, bei der sich die Wirkung des geteilten Schleifringes zeigt.

3 **II** Begründe das Verhalten des Motors mit der Wirkung des Kommutators.

4 **II** Zeige und erkläre das Verhalten des Motors im Totpunkt.

ÜBEN UND ANWENDEN

A Zwei- bis vielpolige Schleifringe

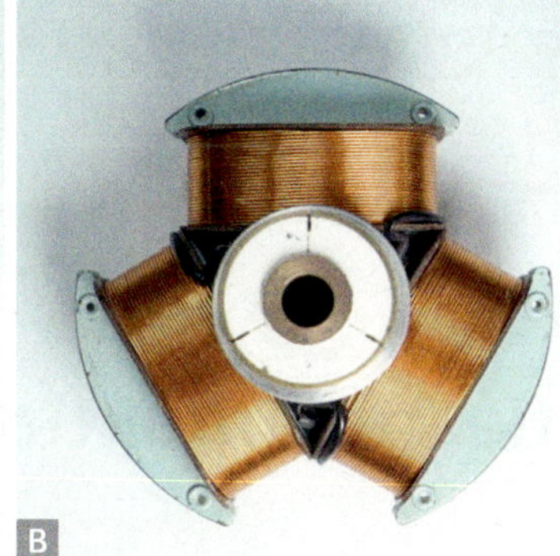
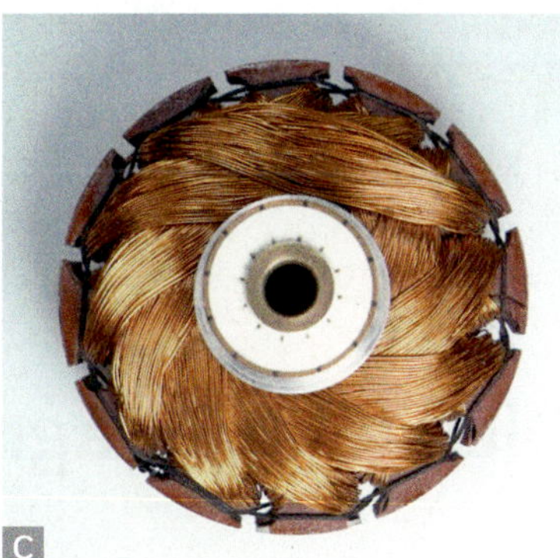

3 Verschiedene Trommelanker: **A** zweipolig, **B** dreipolig, **C** zwölfpolig

Die Ankerform der Eisenkerne des Rotors führt zu einer gleichmäßigen Verteilung des Magnetfeldes an den Polen. Technische Motoren werden nicht als zweipolige Rotoren mit einer Spule und einem Eisenkern gebaut, sondern als vielpolige Trommelanker.

1 Erkläre die Bezeichnung „Anker" an den Rotoren.

2 **a)** Beschreibe, wie ein vielpoliger Elektromotor im Vergleich zu einem zweipoligen läuft.
b) Erkläre das unterschiedliche Laufverhalten.

B Wechselstrom-Motoren

Auch Wechselstrom-Motoren werden mit vielpoligen Rotoren gebaut. Bild 4 zeigt zur einfacheren Übersicht das Schema eines Wechselstrom-Motors mit einem zweipoligen Rotor. Bei Wechselstrom, so wie er aus dem Stromnetz zur Verfügung steht, wechselt die Spannung 50-mal in der Sekunde ihr Vorzeichen. Plus- und Minuspol der Spannungsquelle wechseln. Entsprechend wechselt die Stromrichtung.

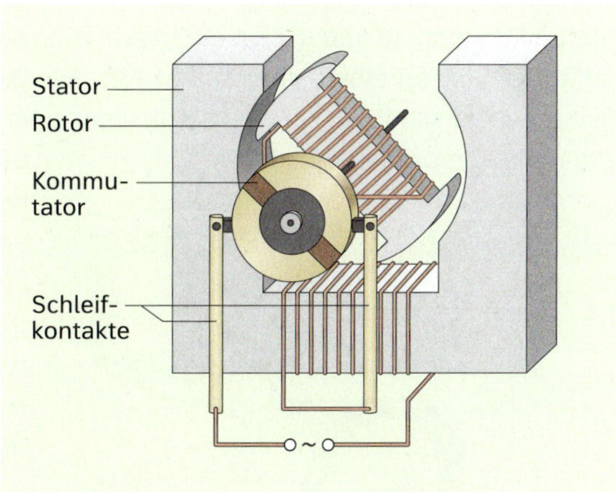

4 Der Aufbau eines Wechselstrom-Motors

1 **a)** Benenne den Hauptunterschied zwischen einem Gleichstrom-Motor und einem Wechselstrom-Motor.
b) Erkläre, wie bei einem Wechselstrom-Motor das Umpolen der Magnete erreicht wird.

2 Recherchiere und stelle Beispiele für den Einsatz von Gleichstrom-Motoren und Wechselstrom-Motoren vor.

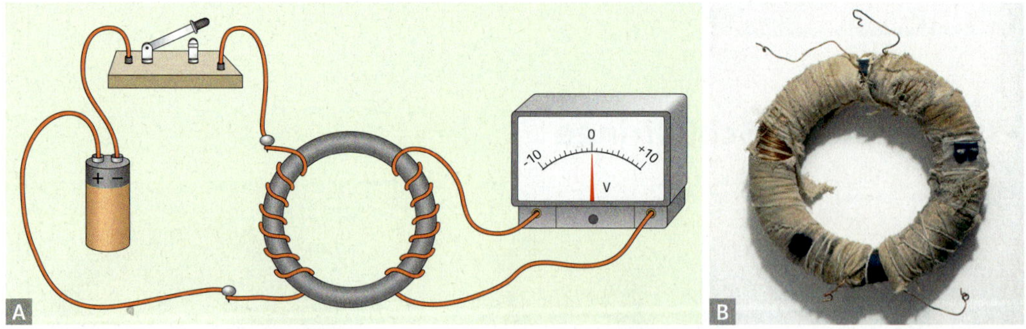

1 A Der erste Versuch von MICHAEL FARADAY, **B** der Original-Eisenring von FARADAY

Die elektromagnetische Induktion

Elektrizität durch Magnetismus

Der englische Physiker MICHAEL FARADAY (1791 – 1866) kannte den Versuch von OERSTED und notierte 1822 in sein Notizbuch: „Magnetismus in Elektrizität umwandeln". Nach mehreren misslungen Versuchen, gelang ihm erst 1831 ein Experiment mit Erfolg. Er wickelte um einen Eisenring auf beiden Hälften je einen Kupferdraht. Wenn er den Stromkreis auf der linken Seite schloss, reagierte auf der rechten Seite der Zeiger des Messgerätes kurz. Öffnete er den Stromkreis, bewegte sich der Zeiger in die entgegengesetzte Richtung. In der rechten Kupferspule haben sich die freien Elektronen also für einen Moment bewegt. Sie wurden verschoben. Er hatte somit eine Spannung gemessen (→ Bild 1).

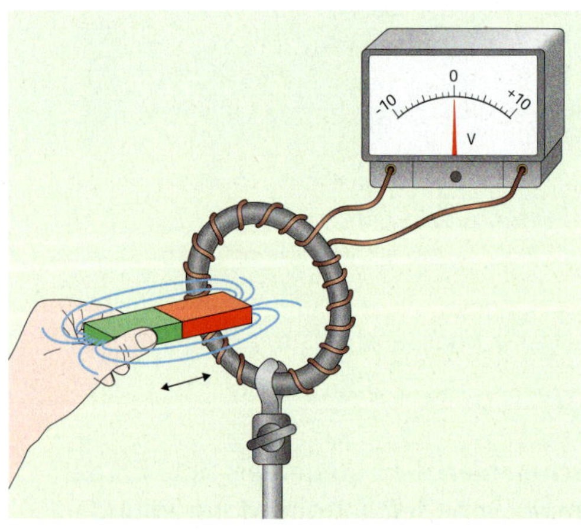

2 Der zweite Versuch von FARADAY

Elektrizität durch Bewegung

Wenig später bewegte FARADAY einen Stabmagneten in einer Kupferspule hin und her (→ Bild 2). Der Zeiger des Messgerätes bewegte sich in beide Richtungen. Ihm war es gelungen, mithilfe eines bewegten Magnetfeldes und einer Spule eine Spannung zu erzeugen.

Die Induktion

In beiden Versuchen werden die Elektronen in der Kupferspule ständig einem Magnetfeld anderer Stärke ausgesetzt. Im ersten Versuch wird es kurz auf- und wieder abgebaut. Im zweiten Versuch hat das Magnetfeld des Stabmagneten an jeder Stelle eine andere Stärke. Durch die Hin- und Herbewegung des Magneten wirkt ein Magnetfeld auf die Elektronen in der Kupferspule, das sich in Richtung und Stärke ständig ändert. Es ist mal schwach und mal stark. In beiden Versuchen bewirkt die Veränderung des Magnetfeldes ein veränderliches elektrisches Feld in der Kupferspule. Eine Spannung entsteht.

Ändert sich das Magnetfeld im Inneren einer Spule, so entsteht eine Spannung. Dieser Vorgang heißt **elektromagnetische Induktion**, die Spannung wird **induziert**.

Spannung durch Drehbewegung

In Bild 3 dreht sich ein Bügelmagnet über einer Spule mit einem Eisenkern. Das Magnetfeld reicht in die Windungen der Spule hinein. Durch die Drehbewegung des Magneten ändern sich die Richtung und die Stärke des Magnetfeldes der Spule ständig. Die Elektronen in der Spule werden ständig hin- und hergeschoben. Zwischen den Spulenenden wird eine Wechselspannung induziert.

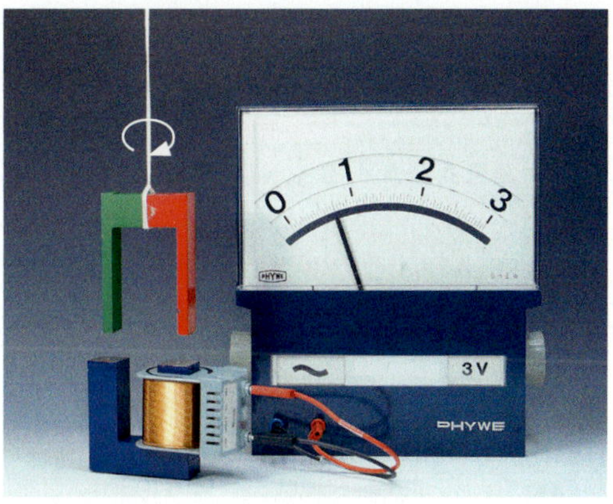

3 Ein Magnet wird schnell gedreht.

Die Anwendung

Vom kleinen Fahrraddynamo über die Lichtmaschine im Auto wie in Bild 4 bis zum großen Kraftwerksgenerator nutzen alle Geräte dasselbe Prinzip. Eine Spule und ein Magnetfeld drehen sich gegeneinander. Die Bewegungsenergie wird so in elektrische Energie umgewandelt.

4 Die Lichtmaschine im Auto – ein Generator

Die Abhängigkeiten der Induktionsspannung

Bei sonst gleichen Bedingungen gilt: Der Betrag der induzierten Spannung steigt mit
- der Geschwindigkeit der Bewegung.
- der Windungszahl der Spule.
- der Stärke des Magnetfeldes.

Die Richtung der induzierten Spannung hängt von der Bewegungsrichtung und der Richtung des Magnetfeldes ab.
Diese Zusammenhänge werden im **Induktionsgesetz** zusammengefasst.

Induktionsgesetz:
Durch die Bewegung eines Magnetfeldes und einer Spule zueinander wird in der Spule eine Spannung induziert. Die induzierte Spannung hängt von der Richtung und der Geschwindigkeit der Bewegung, der Windungszahl der Spule und der Stärke des Magnetfeldes ab.

1 MICHAEL FARADAY wollte „Magnetismus in Elektrizität umwandeln".
a) Beschreibe die Versuche von MICHAEL FARADAY.
b) Nenne alle Beobachtungen und ziehe Schlussfolgerungen daraus.

2 Beschreibe einen Versuch, der zeigt, dass durch eine Drehbewegung Bewegungsenergie in elektrische Energie umgewandelt werden kann.

3 **a)** Eine Spannung wird „induziert". Übersetze diesen Fachbegriff in einen Begriff aus der Umgangssprache.
b) Nenne die Voraussetzungen, die für eine Induktion nötig sind.

Starthilfe zu 3b:
Beachte zwei Bauteile und was zu tun ist.

4 **I** Beschreibe, wovon die induzierte Spannung abhängt.

5 **III** Elektrische Erscheinungen sind schon seit mehreren tausend Jahren bekannt. Begründe, dass erst durch die Versuche von OERSTED und FARADAY die Nutzung der elektrischen Energie für die Menschheit möglich wurde.

»

FORSCHEN UND ENTDECKEN

A Faraday's Experiment

Material: geschlossener Eisenring, 2 lange und 3 kurze Experimentierkabel, Schalter, Spannungsquelle, Kompass

Durchführung:

Schritt 1: Baue den Versuch wie in Bild 1 auf.

Schritt 2: Stelle den Kompass auf und warte, bis sich die Kompassnadel ausgerichtet hat.

Schritt 3: Öffne und schließe den Stromkreis mithilfe des Schalters mehrmals.

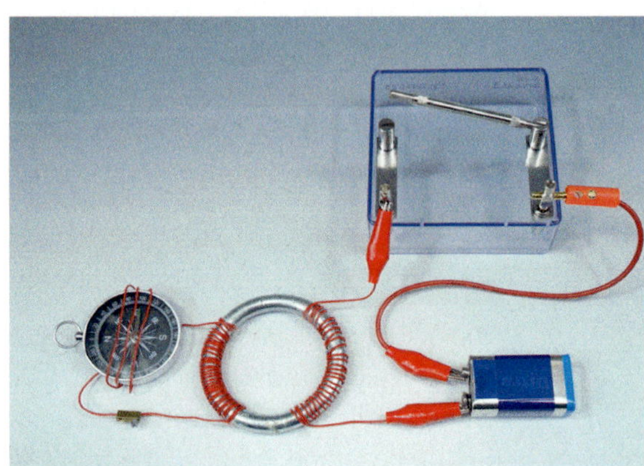

1 Der Versuchsaufbau

1. Beschreibe deine Beobachtungen.
2. Ziehe eine Schlussfolgerung aus deinen Beobachtungen.

B Induktionsspannung durch Bewegung

Material: Spule mit 600 Windungen, Stabmagnet, Spannungsmessgerät mit Mittelstellung des Zeigers, 2 Experimentierkabel

Durchführung:

Schritt 1: Schließe die Spule an das Spannungsmessgerät an (Einstellung auf Gleichspannung).

Schritt 2: Bewege den Stabmagneten mit dem Nordpol voran in der Spule hin und her.

Schritt 3: Drehe den Stabmagneten um und wiederhole Schritt 2 mit dem Südpol.

Schritt 4: Halte den Stabmagneten fest und bewege die Spule hin und her.

Schritt 5: Wiederhole Schritt 2 mit einer größeren Geschwindigkeit.

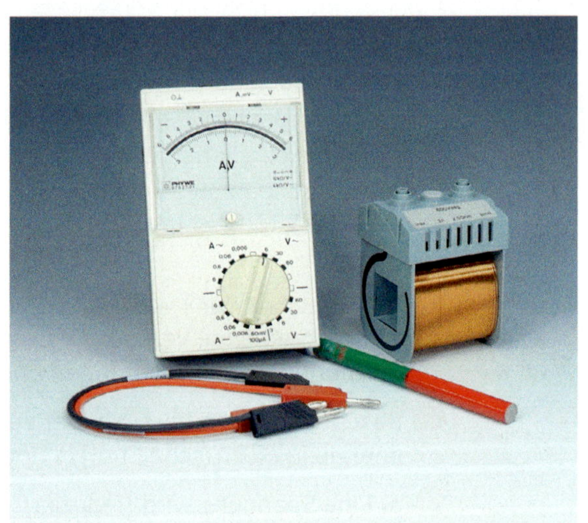

2 Das Versuchsmaterial

1. Beschreibe deine Beobachtungen.
2. Formuliere mehrere Schlussfolgerungen aus deinen Beobachtungen.

FORSCHEN UND ENTDECKEN

C Die Induktionsspannung erhöhen

Material: Spule mit 600 Windungen, Spule mit 1200 Windungen, 2 verschieden starke Stabmagnete, Spannungsmessgerät mit Mittelstellung des Zeigers, 2 Experimentierkabel

Durchführung:

Schritt 1: Schließe die Spule mit 600 Windungen an das Spannungsmessgerät an.

Schritt 2: Bewege den schwächeren Dauermagneten in der Spule mit gleichmäßiger Geschwindigkeit hin und her.

Schritt 3: Wiederhole Schritt 2 mit der Spule mit 1200 Windungen bei gleicher Geschwindigkeit.

Schritt 4: Wiederhole Schritt 2 mit dem stärkeren Magneten und der Spule mit 1200 Windungen bei gleicher Geschwindigkeit.

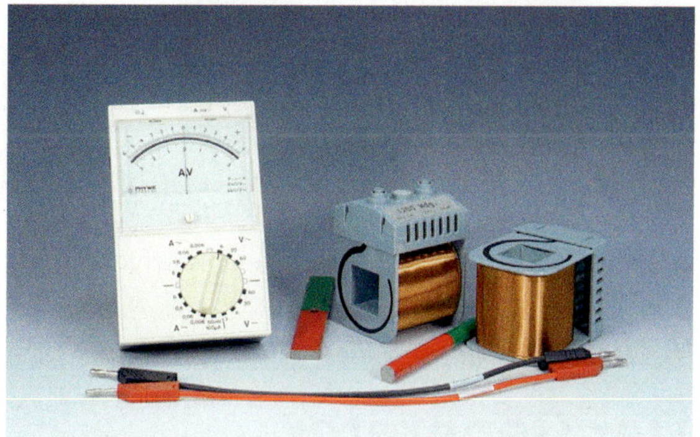

3 Das Versuchsmaterial

1. Schreibe deine Beobachtungen in eine geeignete Tabelle.
2. Ziehe Schlußfolgerungen aus den Beobachtungen, indem du jeweils einen Je-desto-Satz formulierst.

D Induktionsspannung durch Drehbewegung

Material: U-Eisenkern, Spule mit 1200 Windungen, Spannungsmessgerät mit Mittelstellung des Zeigers, Messgerät mit Wechselspannungsbereich, 2 Experimentierkabel, Stativmaterial, Bügelmagnet, Bindfaden

Durchführung:

Schritt 1: Setze die Spule auf den Eisenkern und schließe sie an das Spannungsmessgerät an.

Schritt 2: Hänge den Bügelmagneten so an das Stativ, dass er über der Spule schwebt (→ Bild 4).

Schritt 3: Drehe den Bügelmagneten erst langsam, dann schnell.

Schritt 4: Wiederhole Schritt 3 mit einem Messgerät mit Wechselspannungsbereich.

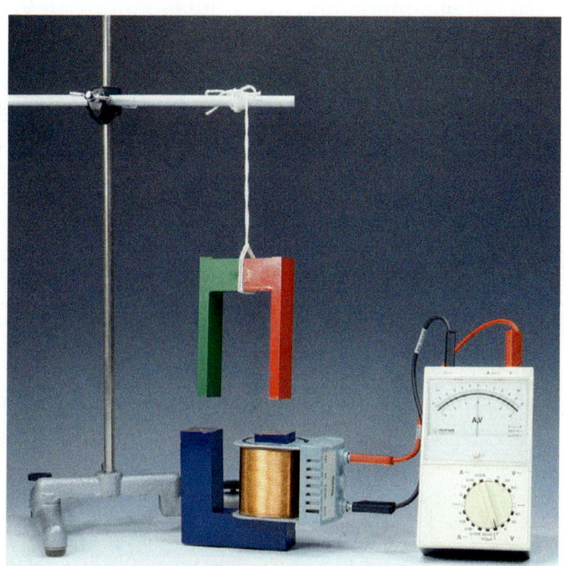

4 Der Magnet wird gedreht.

1. Beschreibe deine Beobachtungen und formuliere jeweils ein Ergebnis.

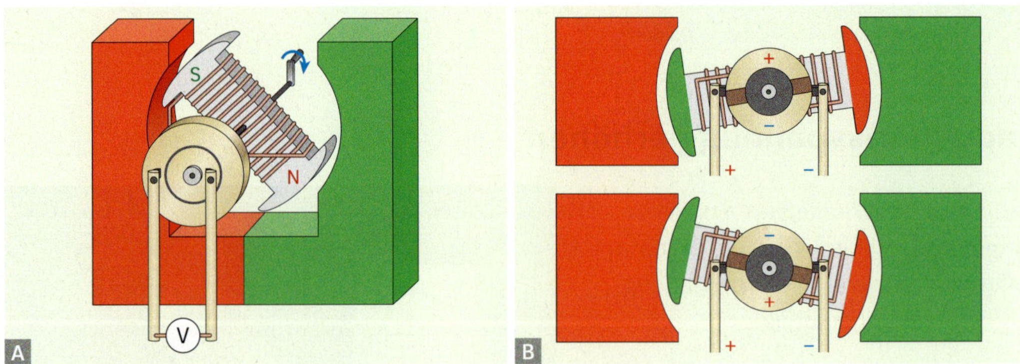

1 Außenpolgenerator: **A** mit ungeteilten Schleifringen, **B** Polwechsel in der Spule durch einen Kommutator

Der Generator

Der Aufbau eines Außenpolgenerators

Maschinen, die mechanische Energie in elektrische Energie umwandeln, heißen **Generatoren.** Dem Generator wird durch Drehen der Rotorachse mechanische Energie zugeführt. Die elektrische Energie wird über Schleifkontakte abgegriffen. **Außenpolgeneratoren** sind wie Elektromotoren aus Stator und Rotor aufgebaut. Der Stator liefert das Magnetfeld. Darin dreht sich der Rotor mit der Spule.

Wechselspannung an der Spule

Wenn sich die Spule im Feld des Magneten bewegt, wird in ihr eine Spannung induziert. Die Bewegungsrichtung der Elektronen wechselt bei jeder Halbdrehung. Dadurch wechseln jedes Mal auch die Pole der induzierten Spannung. In der Spule wird eine Wechselspannung induziert.

Der Wechselstrom-Außenpolgenerator

An ungeteilten Schleifringen kann die Wechselspannung der Spule direkt abgegriffen werden (→ Bild 2 A).
Sind Generatoren mit ungeteilten Schleifringen an einen Stromkreis angeschlossen, so rufen sie darin einen **Wechselstrom** hervor. Diese Generatoren heißen deshalb **Wechselstrom-Außenpolgeneratoren.**

Der Gleichstrom-Außenpolgenerator

In der Spule wechseln die Pole der induzierten Spannung bei jeder Halbdrehung. Bei Generatoren mit Kommutator wie in Bild 1 B werden die Pole bei jedem Polwechsel zurückgetauscht. Der Generator liefert **pulsierende Gleichspannung** (→ Bild 2 B). Sie rufen im Stromkreis einen **Gleichstrom** hervor. Sie heißen daher **Gleichstrom-Außenpolgeneratoren.**

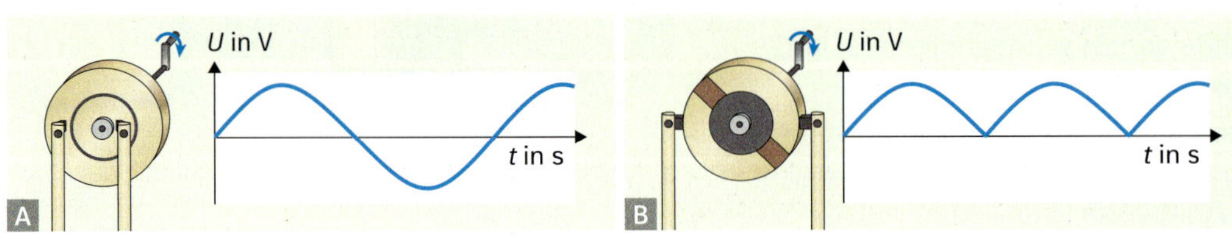

2 Induzierte Spannung: **A** Wechselspannung bei ungeteilten Schleifringen, **B** Gleichspannung bei geteilten Schleifringen

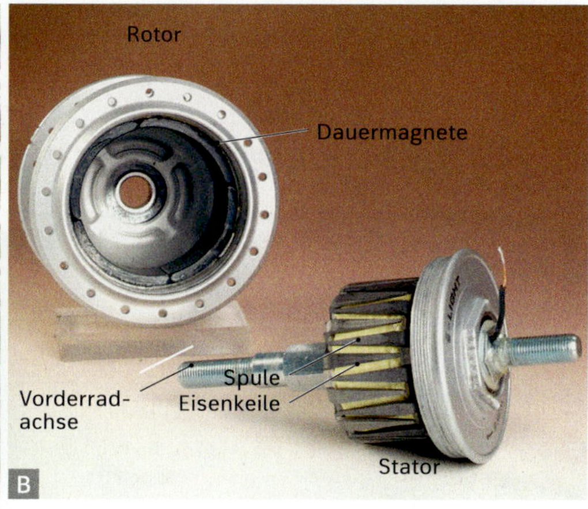

3 Ein Fahrrad-Nabendynamo: **A** am Vorderrad, **B** im Detail

Der Aufbau des Nabendynamos

Bild 5 zeigt einen Nabendynamo. Er ist ein Sonderfall des Außenpolgenerators. Die innenliegende Spule befindet sich feststehend auf der Vorderachse. Die Eisenkerne gehen als Eisenkeile von den Spulenenden aus. Um die Spule dreht sich ein Kranz von Dauermagneten.

Die beim Drehen induzierte Wechselspannung kann ohne Schleifkontakte mit dem Stromkreis der Beleuchtungsanlage verbunden werden.

Je schneller sich das Vorderrad dreht, desto höher ist die Spannung und desto heller leuchten die Lampen. LED-Lampen erreichen ihre höchste Lichtstärke schon bei langsamer Fahrt.

Der Innenpolgenerator

Generatoren können auch als **Innenpolgeneratoren** gebaut werden. Dann dreht sich im Inneren ein Magnet. Das kann ein Dauermagnet oder ein Elektromagnet sein. Die Spulen mit ihren Eisenkernen sind als Stator darum angeordnet. Es wird auch hier durch die Änderung des Magnetfeldes in den Spulen Spannung induziert. Ein Vorteil ist, dass bei feststehenden Spulen keine Schleifkontakte nötig sind und so weniger Energie in Form von Wärme verloren geht. Der Wirkungsgrad ist höher. Daher werden in Kraftwerken zur Erzeugung elektrischer Energie Innenpolgeneratoren verwendet. Innenpolgeneratoren liefern immer Wechselspannung.

1 Beschreibe den Aufbau und die Funktionsweise
a) eines Wechselstrom-Außenpolgenerators.
b) eines Gleichstrom-Außenpolgenerators.

Starthilfe zu 2:
Beachte die Bauweise, die Anschlüsse, die gelieferte Spannung und den Wirkungsgrad.

2 Vergleiche Innenpolgeneratoren mit Außenpolgeneratoren.

3 **a)** Gib die Energieumwandlung an einem Generator an.
b) Zeichne die Energieumwandlung als Energieflussdiagramm.

4 Vergleiche einen Elektromotor mit einem Generator. Berücksichtige dabei die wesentlichen Bauteile und die jeweilige Energieumwandlung.

5 **a)** Beschreibe den Nabendynamo in Bild 3.
b) Erkläre, wie und warum sich die Helligkeit der Scheinwerferlampe bei unterschiedlicher Geschwindigkeit ändert.

6 **a)** Beschreibe die Graphen in Bild 2 und benenne jeweils die Art der Spannung.
b) Erläutere die Wirkung des Kommutators in Bild 1 B.

»

FORSCHEN UND ENTDECKEN

A Ein Außenpolgenerator wird gedreht

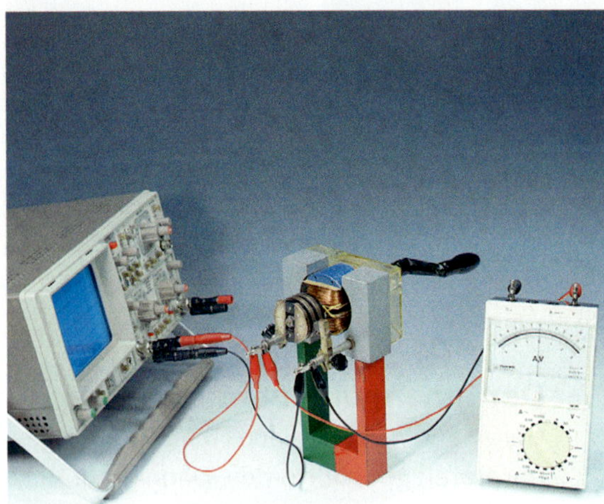

1 Der Versuchsaufbau

Material: Aufbaumotor mit ungeteilten Schleifringen und mit geteiltem Schleifring, Kurbel, Gleichspannungsmessgerät mit Mittelstellung, Oszilloskop, Experimentierkabel

Durchführung:

Schritt 1: Setze die Schleifkontakte des Aufbaumotors auf die ungeteilten Schleifringe.
Schritt 2: Schalte das Oszilloskop und das Gleichspannungsmessgerät parallel zum Aufbaumotor (→ Bild 1).
Schritt 3: Drehe langsam an der Kurbel des Aufbaumotors und beobachte das Messgerät und das Oszilloskop.
Schritt 4: Drehe die Kurbel des Aufbaumotors schneller und beobachte erneut.
Schritt 5: Setze die Schleifkontakte des Aufbaumotors auf den geteilten Schleifring.
Schritt 6: Wiederhole Schritt 3.
Schritt 7: Wiederhole Schritt 4.

1 Beschreibe die Reaktionen von Messgerät und Oszilloskop
a) in Schritt 3.
b) in Schritt 4.
c) in Schritt 6.
d) in Schritt 7.

2 Beschreibe den Spannungsverlauf an den Schleifringen des Aufbaumotors und erkläre das Verhalten des Messgerätes und des Oszilloskops
a) in Schritt 3.
b) in Schritt 4.
c) in Schritt 6.
d) in Schritt 7.

3 **a)** Begründe die Unterschiede zwischen den Reaktionen in Schritt 3 und in Schritt 4.
b) Erkläre die Ursache für die geänderten Reaktionen in Schritt 3 und in Schritt 4.

Starthilfe zu 4:
Berücksichtige die Anzeige des Zeigermessgerätes bei hoher Drehgeschwindigkeit des Außenpolgenerators.

4 **II** Begründe, dass Oszilloskope und Zeigermessgeräte nicht für alle Messungen gleich geeignet sind.

5 **II** Skizziere die Spannungsverläufe in Schritt 3 und in Schritt 6 in je einem t-U-Diagramm.

6 **II** **a)** Begründe die Unterschiede zwischen den Reaktionen in Schritt 4 und in Schritt 7.
II **b)** Erkläre die Ursache für die geänderten Reaktionen.

7 **II** Begründe, dass sich das Zeigermessgerät für Messungen am Aufbaumotor mit geteilten Schleifringen auch bei hoher Drehzahl eignet.

IM ALLTAG

Innenpolgeneratoren im Einsatz

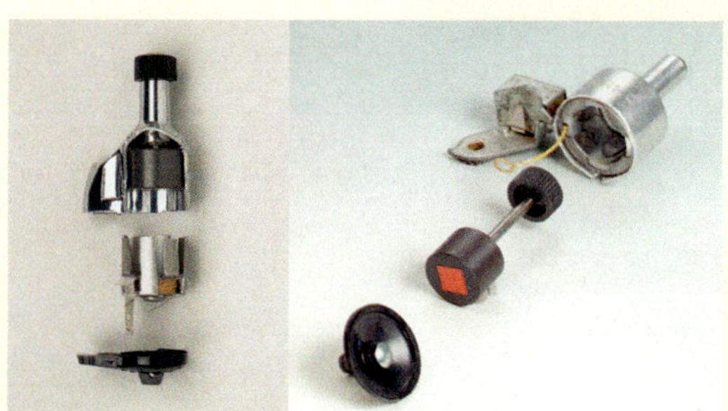

2 Zwei zerlegte Modelle des Fahrraddynamos

Der Fahrraddynamo

Der Rotor wird von 8 Dauermagneten gebildet. Vom unteren und vom oberen Ende der Spule gehen je 4 Eisenbleche aus. Zwischen denen dreht sich der Rotor. In der Spule wird eine Spannung induziert. Ihre Anschlüsse liegen am Gehäuse und an der Kontaktschraube.

4 Ein Generator wird kontrolliert.

Der Generator im Kraftwerk

Dauermagnete sind für Großgeneratoren ungeeignet. Der Rotor besteht aus Elektromagneten. Ihre Magnetkraft kann von außen geregelt werden. So kann die Leistung des Generators an die Anforderungen des öffentlichen Netzes angepasst werden.

3 Schema einer geöffneten Windkraftanlage

Die Windkraftanlage

Die Drehzahl der Rotorblätter und der angekoppelten Generatoren ist von der Windgeschwindigkeit abhängig. Damit schwanken auch die Spannung und ihre Frequenz. Beide Größen werden durch eine Elektronik an die Werte des öffentlichen Versorgungsnetzes angepasst.

5 Eine offene Lichtmaschine

Die Lichtmaschine im Kraftfahrzeug

Die Lichtmaschine liefert Drehstrom. Bei Drehstrom werden drei zeitlich versetzte Wechselströme erzeugt. Die elektrische Anlage benötigt Gleichspannung. Die Elektronik des Kraftfahrzeugs macht die drei Teilströme der Lichtmaschine für das Bordnetz verfügbar.

1 **a)** Beschreibe den Aufbau eines Fahrraddynamos.
b) Erkläre die Funktionsweise des Fahrraddynamos aus a).

2 Erstelle eine Tabelle, in der konstruktive Unterschiede der auf dieser Seite abgebildeten Generatoren aufgeführt sind.

Starthilfe zu 1:
Beachte, dass es verschiedene Modelle von Fahrraddynamos gibt. Sie unterscheiden sich in ihrem Aufbau und in ihrer Funktionsweise.

«

1 Spannungsquellen für: **A** Gleichspannung, **B** Wechselspannung

Gleichspannung – Wechselspannung

Elektrische Geräte brauchen elektrische Energie

Alle elektrischen Geräte benötigen eine Spannungsquelle. Bei manchen Geräten, die mit wenig Energie auskommen, ist die Spannungsquelle eingebaut. Andere Geräte müssen durch eine Spannungsquelle von außen mit Energie versorgt werden.

Der Unterschied zwischen Gleich- und Wechselspannung

Einige Spannungsquellen wie Solarzellen liefern **Gleichspannung.** An dem einen ihrer Anschlüsse liegt immer der Minuspol, am anderen immer der Pluspol. In einem angeschlossenen Stromkreis bewegen sich die Elektronen immer in dieselbe Richtung. Auf dem Schirm eines **Oszilloskops** wird der zeitliche Verlauf der elektrischen Spannung als Linie dargestellt. Die Spannung ist konstant. Der Graph im *t*-*U*-Diagramm ist eine Parallele zur Zeitachse (→ Bild 2).
Bei Spannungsquellen für **Wechselspannung** werden Pluspol und Minuspol ständig vertauscht. Auch die Höhe der Spannung ändert sich fortwährend. Im angeschlossenen Stromkreis wechselt der Elektronenstrom ständig seine Richtung und Stärke. Das Oszilloskop und das *t*-*U*-Diagramm zeigen eine **Sinuskurve** (→ Bild 3).

Die Ursache der Polumkehr

In Spannungsquellen für Wechselspannung wird die Spannung durch Induktion erzeugt. Sie enthalten eine Spule. Jedes Mal, wenn das magnetische Feld darin die Richtung wechselt, werden Pluspol und Minuspol vertauscht.

Die Spannungsquelle muss zum elektrischen Gerät passen

Die meisten elektrischen Geräte dürfen je nach Bauart nur mit Gleichspannung oder nur mit Wechselspannung betrieben werden. Wird das nicht berücksichtigt, arbeiten sie nicht richtig. Sie können dadurch sogar zerstört werden.

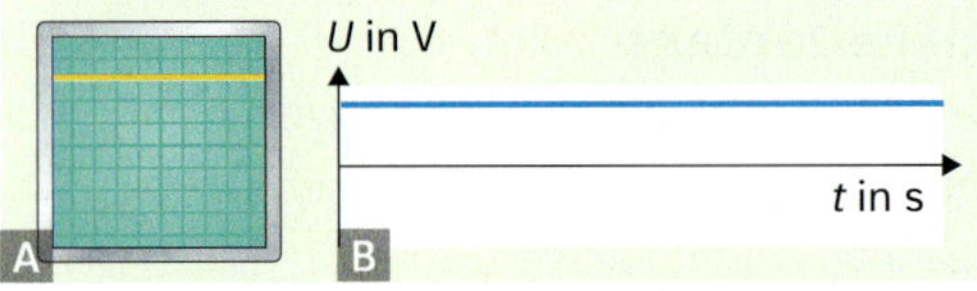

2 Verlauf der Gleichspannung: **A** auf dem Oszilloskop, **B** im *t*-*U*-Diagramm

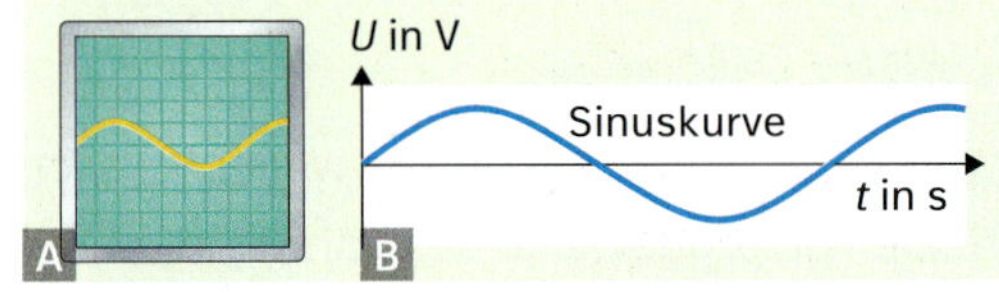

3 Verlauf der Wechselspannung: **A** auf dem Oszilloskop, **B** im *t*-*U*-Diagramm

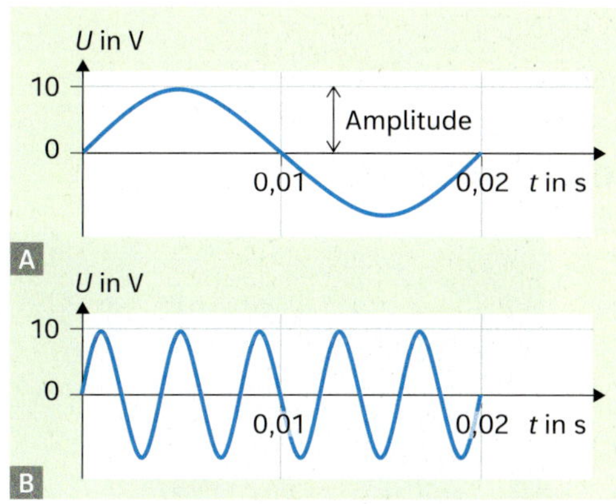

4 Wechselspannungen: **A** mit einer Frequenz von 50 Hz, **B** mit einer Frequenz von 250 Hz

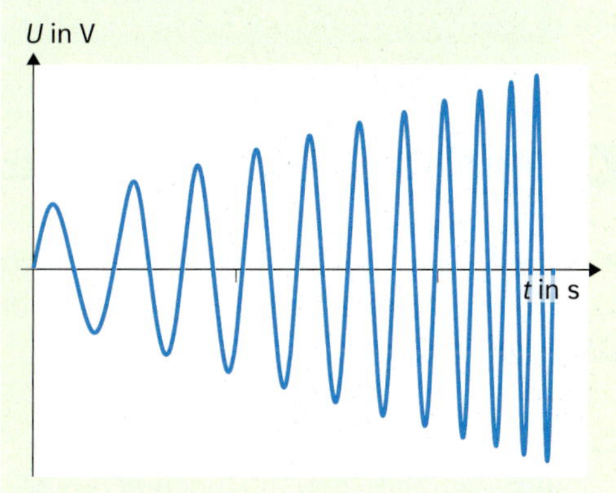

5 Das Fahrrad wird schneller – die Frequenz und die Spannung steigen.

Der Begriff Frequenz

Die Häufigkeit des Polwechsels wird mit dem Begriff **Frequenz** beschrieben. Die zugehörige Maßeinheit ist **Hz (Hertz)**, benannt nach dem Physiker HEINRICH HERTZ (1857 – 1894).

Die Eigenschaften der Wechselspannung

Das Bild 4A zeigt das *t*-*U*-Diagramm einer Wechselspannung mit 50 Hz. In dem abgebildeten Zeitraum von 0,02 s passen genau ein Wellenberg und ein Wellental. In 1 s durchläuft die Wechselspannung also 50 Wellenberge und 50 Wellentäler.
Das Bild 4B zeigt das *t*-*U*-Diagramm für 250 Hz, hier passen 250 Wellenberge und 250 Wellentäler in 1 s. Der maximale Abstand zwischen der Zeitachse und dem Graphen zeigt die **Amplitude**, die größte erreichte Spannung. Die Amplituden sind in den Diagrammen in Bild 4A und in Bild 4B gleich. Beide haben den Wert 10 V.

Die Spannung im Dynamo

Im Fahrraddynamo wird der Richtungswechsel des Magnetfeldes durch rotierende Magnete hervorgerufen. Der Dynamo liefert eine Wechselspannung. Die Frequenz und die Spannung hängen davon ab, wie schnell die Magnete im Dynamo gedreht werden. Wird das Fahrrad geschoben, sind die Frequenz und die Spannung niedrig. Bei schneller Fahrt steigen beide ab (→ Bild 5).

Die Wechselspannung im öffentlichen Netz

Die öffentlichen Energieversorgungsunternehmen arbeiten mit 50 Hz. Die 230 V an den Steckdosen im Haushalt liegen also auch als Wechselspannung an. An jeder der beiden Buchsen liegt 50-mal in der Sekunde der Pluspol und 50-mal pro Sekunde der Minuspol an. Die Frequenz muss möglichst genau eingehalten werden, da manche Geräte sonst nicht richtig arbeiten.

1. Erkläre den Unterschied zwischen Gleichspannung und Wechselspannung.
2. Erkläre den Begriff Frequenz.
3. Erkläre, warum es nicht egal ist, ob man Geräte mit Gleichspannung oder Wechselspannung betreibt.
4. Begründe, dass beim Fahrraddynamo mit der Frequenz auch die Spannung steigt.

Starthilfe zu 4:
Bedenke, dass die Spannung durch Induktion erzeugt wird.

»

FORSCHEN UND ENTDECKEN

A Die Polwechsel am Oszilloskop erkennen

Material: 1,5-V-Batterie, 3,8-V-Lithium-Ionen-Akku, Oszilloskop, Experimentierkabel, Krokodilklemmen

Durchführung:

Schritt 1: Verbinde den Pluspol und den Minuspol der Batterie mit dem Oszilloskop.

Schritt 2: Fertige eine Skizze vom Schirm des Oszilloskops auf kariertem Papier an.

Schritt 3: Vertausche die Anschlüsse an der Batterie und wiederhole die Schritte 1 und 2.

Schritt 4: Wiederhole die Schritte 1 bis 3 mit dem 3,8-V-Lithium-Ionen-Akku.

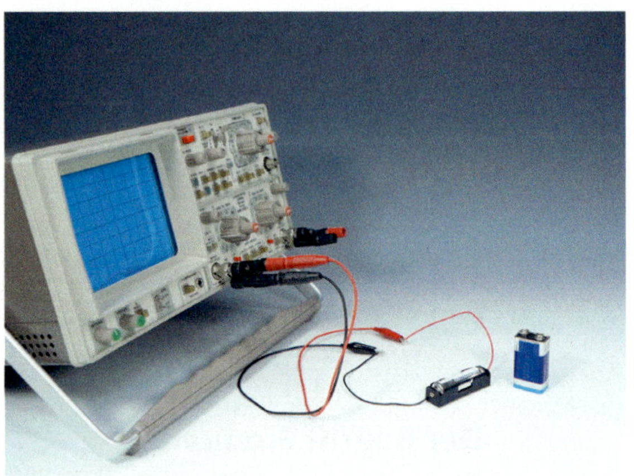

1 Das Versuchsmaterial

1 Benenne die Art der Spannung, die am Oszilloskop dargestellt wird.

2 **a)** Beschreibe, woran du am Oszilloskop die Höhe der Spannung der Spannungsquelle erkennst.
b) Beschreibe, woran du am Oszilloskop den Polwechsel erkennst.

3 **II** Begründe den Spannungsverlauf an der Spannungsquelle mithilfe der Bilder am Oszilloskop.

B Die Spannungsverläufe am Oszilloskop interpretieren

Material: Fahrraddynamo, Oszilloskop, Experimentierkabel, Krokodilklemmen

Durchführung:

Schritt 1: Verbinde die Kontakte des Fahrraddynamos mit dem Oszilloskop.

Schritt 2: Drehe langsam am Reibrad des Dynamos.

Schritt 3: Fertige eine Skizze vom Schirm des Oszilloskops auf kariertem Papier an.

Schritt 4: Drehe deutlich schneller am Reibrad und wiederhole Schritt 3.

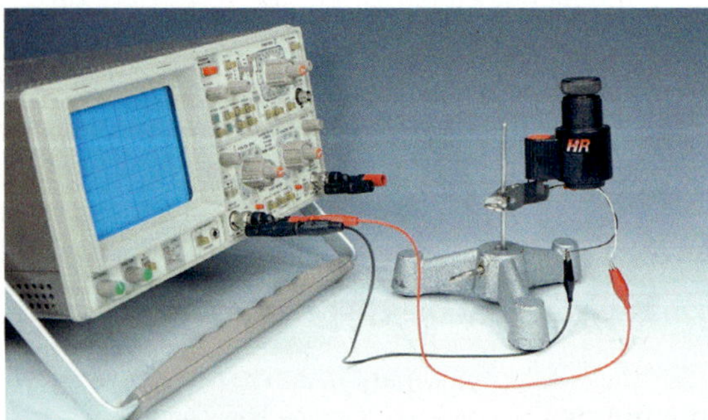

2 Das Versuchsmaterial

1 Benenne die Art der Spannung, die am Oszilloskop dargestellt wird.

2 **a)** Beschreibe den Spannungsverlauf am Fahrraddynamo mithilfe der Bilder am Oszilloskop.
b) Beschreibe die Unterschiede zwischen deinen Skizzen.

Starthilfe zu 2b):
Benutze die Begriffe Wechselspannung, Amplitude und Frequenz.

3 **II** Begründe den Spannungsverlauf am Fahrraddynamo mithilfe der Bilder am Oszilloskop.

IM ALLTAG

Spannungsquellen für Gleichspannung und Wechselspannung

Batterien und Akkus

In Batterien und Akkus ist chemische Energie gespeichert. Oft bestehen sie aus mehreren in Reihe geschalteten Einzelelementen. Dadurch wird eine höhere Gleichspannung erreicht. Wenn Akkus keine elektrische Energie mehr liefern, können sie wieder aufgeladen werden. Batterien sind dann unbrauchbar. Sie müssen gesondert recycelt werden. Die enthaltenen Wertstoffe können so wiederverwertet werden.

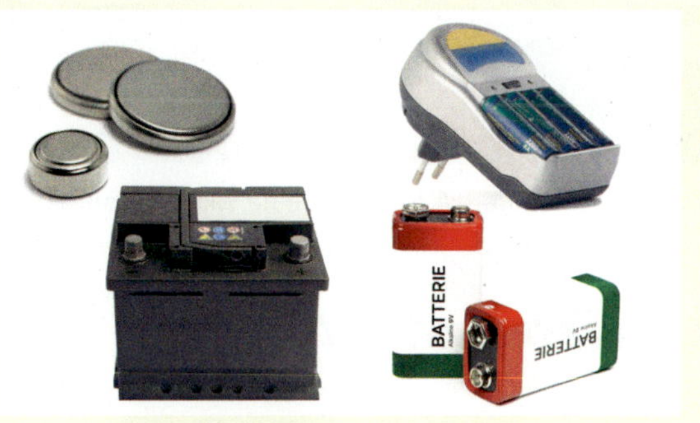

3 Spannungsquellen für Gleichspannung

Solarzellen

Solarzellen liefern elektrische Energie. Wenn Licht auf sie fällt, liegt an ihren Anschlüssen eine Gleichspannung an. Sie können jedoch keine Energie speichern. Wenn das Licht erlischt, ist keine Spannung mehr messbar. Die Spannung einer einzelnen Zelle ist sehr gering. Sie beträgt nur 0,5 V. Zur Nutzung werden immer mehrere Zellen in Reihe zu einem Solarmodul zusammengeschaltet. Die Einzelspannungen der Zellen addieren sich zur Gesamtspannung des Moduls.

4 Solarzellen liefern Gleichspannung

Generatoren

Wechselspannung wird durch Generatoren erzeugt. Dabei wird mechanische Energie in elektrische Energie umgewandelt. Die mechanische Energie kann durch Muskelkraft, Dampfturbinen, Verbrennungsmotoren, aber auch durch Windräder oder Wasserräder geliefert werden. Dampfturbinen oder Verbrennungsmotoren nutzen zur Bereitstellung von Energie häufig fossile Energieträger. Deren Einsatz wird zukünftig immer weiter eingeschränkt werden.

5 Spannungsquellen für Wechselspannung

1. Recherchiere und berichte Recyclingverfahren unterschiedlicher Batterietypen.
2. **III** Solarzellen liefern Gleichspannung. Für das öffentlichen Versorgungsnetz wird Wechselspannung benötigt. Recherchiere und berichte, wie elektrische Energie aus Solarparks für das öffentliche Netz nutzbar gemacht wird.

«

1 Transformatoren: **A** Netzgeräte für Niederspannung, **B** Umspannwerk für Hochspannung

Der Transformator

Spannungen transformieren

Würdest du einen Laptop direkt an die 230 V Netzspannung anschließen, würde er sofort durchbrennen. Zum Anschluss ist ein Netzgerät (→ Bild 1A) nötig. Es setzt die Spannung auf zum Beispiel 20 V herab.
Wenn elektrische Spielzeuge nicht mit Batterien betrieben werden, haben sie auch einen Trafo, der die gefährliche Netzspannung auf ungefährliche wenige Volt heruntertransformiert. Im naturwissenschaftlichen Unterricht liefern Netzgeräte die niedrige Spannung für Experimente.
Für den Transport elektrischer Energie in Hochspannungsleitungen liefern die Transformatoren in Umspannwerken zum Beispiel 110 000 V (→ Bild 1B).

Ein Transformator, kurz Trafo, ist ein Gerät, das Spannungen auf gewünschte Werte transformiert, also verändert.

Bau und Funktionsweise

Ein Transformator besteht immer aus zwei Spulen. Sie sind nicht elektrisch miteinander verbunden. Ein geschlossener Eisenkern überträgt aber das Magnetfeld von einer Spule zur anderen, wenn Strom durch eine Spule fließt und sie so zum Elektromagneten wird (→ Bild 2A).
Die erste Spule, die sogenannte **Primärspule,** wird normalerweise an Wechselspannung U_1 angeschlossen (→ Bild 2B). Dadurch entsteht ein laufend wechselndes Magnetfeld im Inneren der Spule. Dieses wird über den **Eisenkern** ins Innere der zweiten Spule, der **Sekundärspule,** übertragen. Da es sich laufend ändert, erzeugt in der Sekundärspule das Magnetfeld durch **elektromagnetische Induktion**, die Sekundärspannung U_2.
Die induzierte Spannung hängt vom Verhältnis der Windungszahlen n_1 und n_2 der beiden Spulen ab (→ Bild 2B).

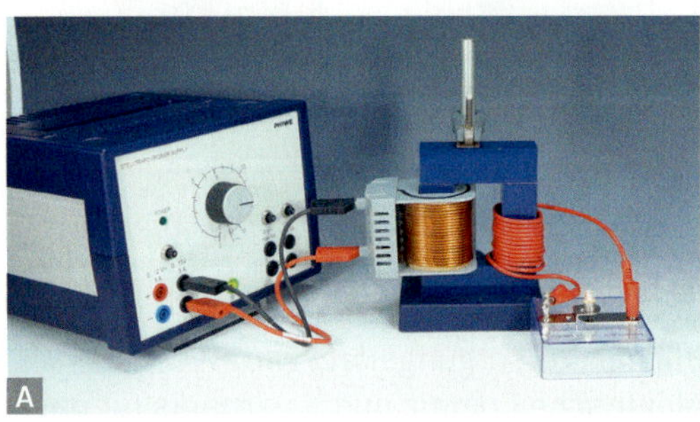

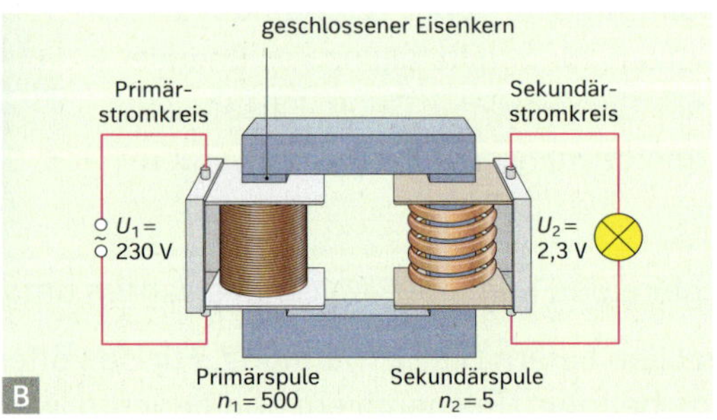

2 Bau eines Transformators: **A** im Physikraum, **B** Schema

Die Sekundärspannung

Die Sekundärspannung U_2 hängt direkt von der Primärspannung U_1 ab. Die induzierte Spannung wächst oder sinkt aber auch mit der Windungszahl n_2 der Sekundärspule. Genauer betrachtet kommt es auf das Verhältnis der Windungszahlen $\frac{n_2}{n_1}$ an.

Erstes Trafo-Gesetz:

$$U_2 = \frac{n_2}{n_1} \cdot U_1 \leftrightarrow \frac{U_2}{U_1} = \frac{n_2}{n_1}$$

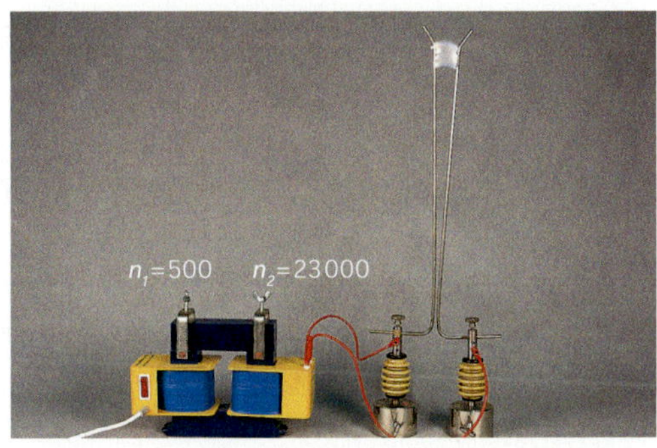

3 Versuchsaufbau mit einem Hochspannungstrafo

Unbelasteter und belasteter Trafo

Solange der Sekundärstromkreis nicht geschlossen ist, fließt hier kein Strom. Der Trafo ist dann **unbelastet.** Die Energiestromstärke (Leistung) $P = U \cdot I$ ist Null, wenn die Stromstärke Null ist.

Wird jedoch ein Verbraucher an die Sekundärspannung U_2 angeschlossen, dann wird der Trafo **belastet.** Je nach dem Widerstand $R = \frac{U_2}{I_2}$ des Verbrauchers fließt dann eine Sekundärstromstärke von $I_2 = \frac{U_2}{R}$.

Dann wandelt der Verbraucher elektrische Energie in andere Energieformen um. Die Energiestromstärke ist $P_2 = U_2 \cdot I_2$.

Aber woher kommt die Energie? Sie wird von der Primärseite geliefert.

Da das Energieerhaltungsprinzip gilt, kann aus dem Trafo auf der Sekundärseite nur entnommen werden, was auf der Primärseite hineingegeben wird. Also gilt:

$P_1 = P_2$ und damit $U_1 \cdot I_1 = U_2 \cdot I_2$.

Zweites Trafo-Gesetz:

$$\frac{I_1}{I_2} = \frac{U_2}{U_1} \leftrightarrow \frac{I_1}{I_2} = \frac{n_2}{n_1}$$

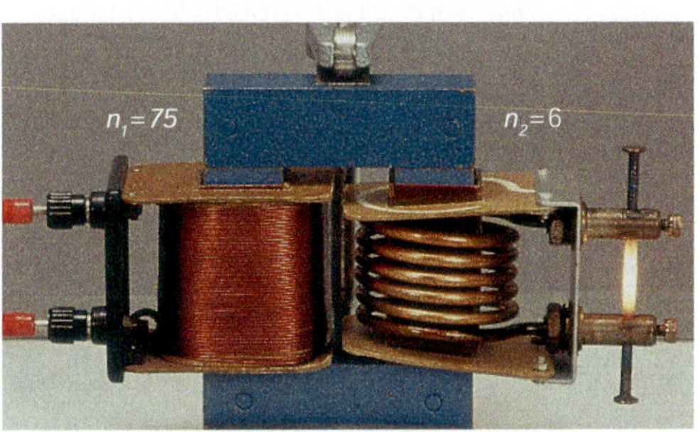

4 Versuchsaufbau mit einem Hochstromtrafo

Versuche mit Transformatoren

Versuche mit Transformatoren sind eindrucksvoll, aber auch gefährlich. Hat die Sekundärspule wie in Bild 3 fast die 50-fache Windungszahl, dann ist auch die Sekundärspannung fast 50-mal so hoch. 230 V Netzspannung wird auf über 10 000 V hochtransformiert und erzeugt einen Lichtbogen. Beim Hochstromtrafo in Bild 4 ist die Sekundärspannung gering. Wird an der Sekundärseite ein Eisennagel eingespannt, entsteht durch den geringen Widerstand eine hohe Stromstärke. Der Nagel wird heiß und glüht durch.

1 **a)** Beschreibe drei Beispiele, bei denen Transformatoren im Alltag genutzt werden.
b) Ergänze folgende Aussage: Ist die Windungszahl auf der Sekundärseite 10-mal größer als auf der Primärseite, dann ist die Sekundärspannung ..., und die Sekundärstromstärke ist ....

2 Beim Hochstromtrafo in Bild 4 werden auf der Primärseite U_1 = 25 V und I_1 = 15 A gemessen. Berechne die Spannung und die Stromstärke auf der Sekundärseite.

3 **I** Zeichne den Aufbau eines Trafos in dein Heft und beschrifte deine Zeichnung.

4 **II** Begründe, warum ein Trafo nur mit Wechselspannung betrieben werden kann.

»

FORSCHEN UND ENTDECKEN

A Der unbelastete Transformator

Nur die angegebenen Spannungen und Spulen verwenden!

Material: Spannungsquelle, 2 Spannungsmessgeräte, Eisenkern, Spulen mit unterschiedlichen Windungszahlen (300, 600, 1200)

Durchführung:

Schritt 1: Baue einen Trafo wie in Bild 1 auf.
Schritt 2: Übernimm die Tabelle 2 in dein Heft.
Schritt 3: Miss für jedes Spulenpaar die Spannung an der Sekundärspule.

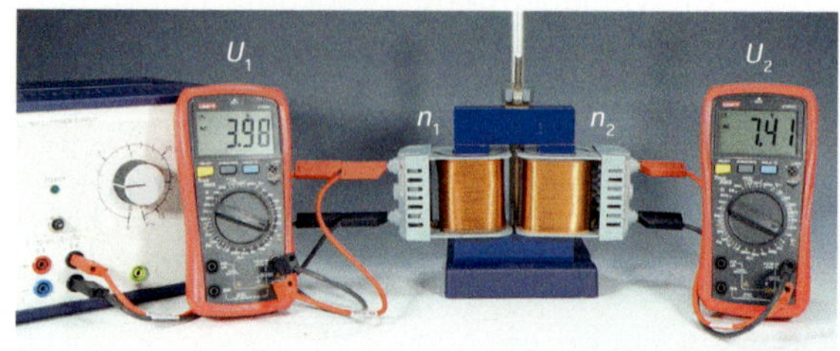

1 Versuchsaufbau zum unbelasteten Trafo

n_1	n_2	U_1 in V	U_2 in V
300	300	4,0	
300	600	4,0	
300	1200	4,0	
600	300	4,0	
1200	300	4,0	

2 Messwerttabelle

1 Werte deine Versuche mithilfe der Tabelle aus. Formuliere deine Ergebnisse mit Je-desto-Sätzen.

2 II Formuliere einen mathematischen Zusammenhang, der das Verhältnis von Windungszahl und Spannung beschreibt.

B Ein ungefährlicher Schlag am Weidezaun

Material: 9-V-Blockbatterie, Schalter, Eisenkern, Spulen mit 300 und 12 000 Windungen

Durchführung:

Schritt 1: Baue den Versuch wie in Bild 3 auf.
Schritt 2: Schließe für eine kurze Zeit den Schalter, sodass Strom durch die Primärspule fließt.
Schritt 3: Öffne dann den Schalter.

Achtung: Führe diesen Versuch ausschließlich mit einer Batterie auf der Primärseite durch, nie mit einem Netzgerät!

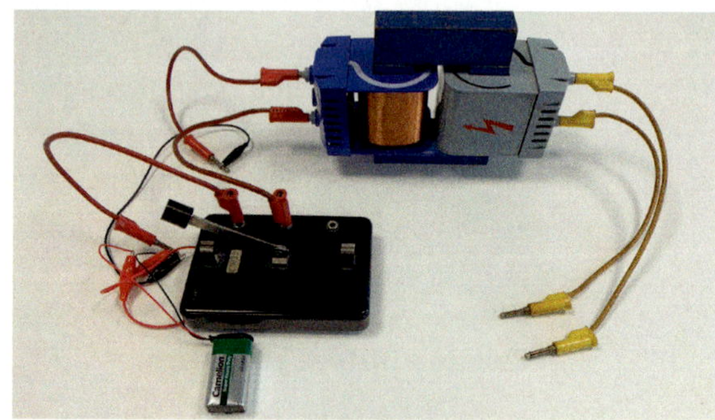

3 Modellversuch zum elektrischen Weidezaun

1 Beobachte und beschreibe die Erscheinung zwischen den Kabelenden auf der Sekundärseite.

2 Wiederhole den Versuch und berühre die Kabelenden auf der Sekundärseite mit der Hand.

3 Erkläre deine Beobachtungen mit deinen Kenntnissen über die elektromagnetische Induktion.

4 Erkläre, warum dieser Versuch trotz der hohen Spannung ungefährlich ist.

5 Elektrische Weidezäune funktionieren nach demselben Prinzip. Berichte von eigenen Erfahrungen oder recherchiere zusätzliche Informationen zu solchen Weidezäunen.

ÜBEN UND ANWENDEN

A Energiestrom am Trafo

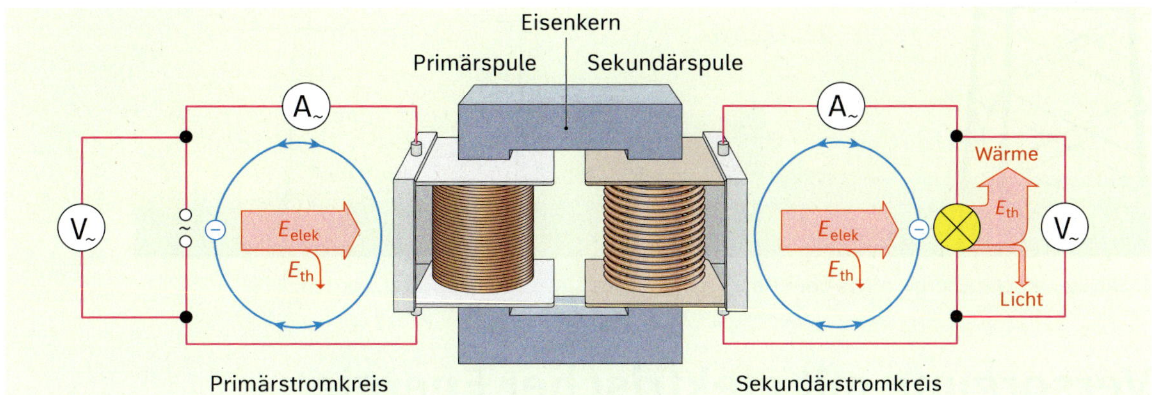

4 Der Elektronenstrom und der Energiestrom bei einem Trafo

Bild 4 zeigt die Elektronenströme auf der Primärseite und auf der Sekundärseite eines belasteten Trafos. Auf der Sekundärseite ist eine Glühlampe als Verbraucher angeschlossen. Ein „idealer Transformator" würde aus der Primärseite genau den Energiestrom beziehen, der auf der Sekundärseite umgewandelt wird.

$P_1 = P_2 \leftrightarrow U_1 \cdot I_1 = U_2 \cdot I_2$

Wenn der Trafo über eine Zeit t in Betrieb ist, wird die Energie $E = P \cdot t$ umgesetzt.

Beim „realen Trafo" werden die Spulen warm und ein Teil der elektrischen Energie geht als Wärme an die Umgebung verloren.

1 **a)** Beschreibe das Energieflussdiagramm in Bild 4.
b) Erkläre den Unterschied zwischen einem idealen und einem realen Trafo.

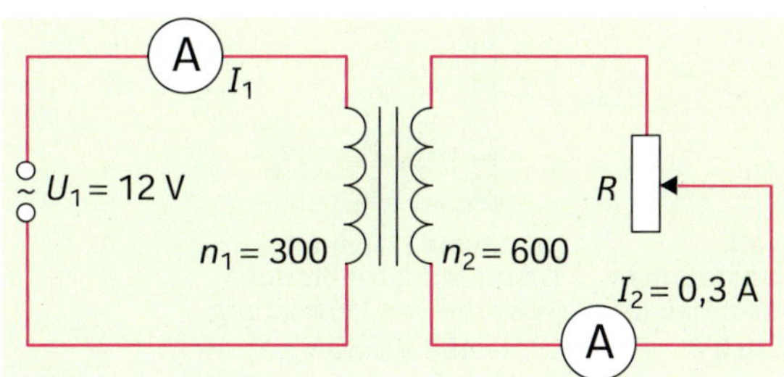

5 Schaltkreis mit Schaltsymbol eines Trafos

2 Nutze das in Bild 6 gezeigte Typenschild.
a) Benenne die Werte für U_1 und U_2.
b) Als maximale Leistung P wird 50 W angegeben. Berechne die Sekundärstromstärke I_2.
c) Berechne für diesen Fall auch die Primärstromstärke I_1 (bei „idealem Trafo").
d) Berechne die Energie in der Einheit J, die der Trafo bei 50 W Leistung in einer Betriebsstunde umsetzt.
e) Nimm an, die Primärspule habe $n_1 = 4000$ Windungen. Berechne n_2.

Beispielaufgabe zu Bild 5:

gegeben: $n_1 = 300$; $n_2 = 600$; $U_1 = 12$ V; $I_2 = 0{,}3$ A

gesucht: U_2 und Energieumsatz E in $t = 10$ min

Lösung: $U_2 = \frac{600}{300} \cdot 12\ \text{V} = 24\ \text{V}$

$E = 24\ \text{V} \cdot 0{,}3\ \text{A} \cdot 600\ \text{s} = 4320\ \text{J}$

IK-B/IS Electronic Transformer
Modell: IK-BIS21 230 V
Input: AC230 V 50/60 Hz
Output: AC12 V 20 W-50 W
Ta: 40 °C Te: 50 °C cosϕ:0,98
CE 12 V

6 Typenschild eines Trafos

1 Die elektrische Energie muss über Hochspannungsleitungen transportiert werden.

Versorgung mit elektrischer Energie

Elektrische Energie gewinnen

Die elektrische Energie zur Versorgung unserer Haushalte, des Gewerbes und der Industrie wird in **Kraftwerken** gewonnen. Wasserkraftwerke und Windkraftwerke nutzen die Bewegungsenergie von Wasser und Wind. Die Generatoren wandeln die Bewegungsenergie in elektrische Energie um. In Wärmekraftwerken wird Wasserdampf erzeugt, der über Turbinen ebenfalls Generatoren antreibt. In allen Generatoren wird Wechselspannung induziert und in das Stromnetz eingespeist. Einzig Fotovoltaik-Anlagen zur Gewinnung elektrischer Energie aus Sonnenlicht produzieren Gleichspannung. Diese muss zur Einspeisung ins Netz durch Wechselrichter in Wechselspannung umgewandelt werden.

Elektrische Energie transportieren

Die Standorte der Kraftwerke hängen davon ab, wo die Energie aus Wasser, Wind, Kohle oder anderen Brennstoffen zur Verfügung steht.
Die gewonnene elektrische Energie muss dann über Nah- und Fernleitungen zu den Verbrauchern transportiert werden. Dies erfolgt durch **Verbundnetze,** über die die verschiedenen Kraftwerke ebenso wie die Verbraucher zusammengeschaltet sind. Es gibt regionale Netze, nationale Netze bis hin zu einem europäischen Verbundnetz. So können Unregelmäßigkeiten in der Produktion elektrischer Energie und im Bedarf ausgeglichen werden.

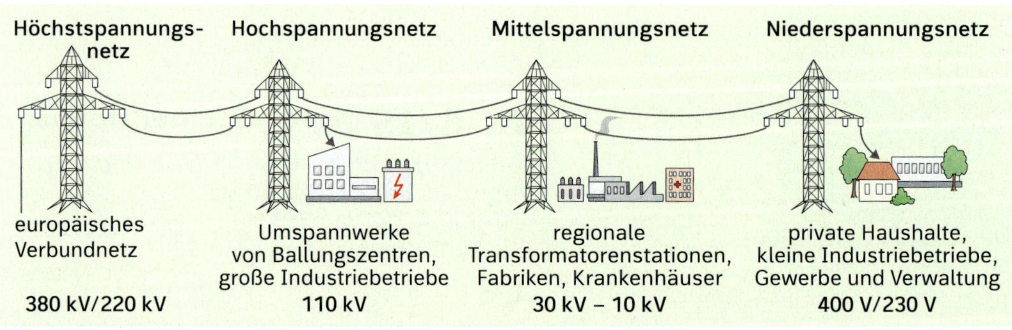

2 Die Spannungsebenen des Versorgungsnetzes für elektrische Energie in Deutschland

3 Ein Transformator im Umspannwerk

4 Freileitung aus Aluminium mit Stahl und mit Verbundwerkstoff als Kern

Hochspannungsleitung

Der Transport der elektrischen Energie erfolgt nicht ohne Verluste. Wenn elektrischer Strom durch eine Leitung fließt, erwärmt sich der Leiter. Die Elektronen stoßen bei ihrer Bewegung gegen die Atome des Metalls. Die Temperatur steigt. Je höher die Stromstärke ist, desto mehr elektrische Energie wird in thermische Energie umgewandelt. Sie wird dann als Wärme an die Umgebung abgegeben und kann nicht weiter genutzt werden. Ziel muss es also sein, die Wärmeverluste gering zu halten.

Nun ist die transportierte elektrische Leistung $P = U \cdot I$ sowohl von der Stromstärke I als auch von der Spannung U abhängig. Wenn man die Energie bei hoher Spannung transportiert, ist bei gleicher Leistung nur eine geringe Stromstärke nötig. Dies schränkt die Wärmeverluste erheblich ein.

Trafos „spannen um“

Zum Transport in Fernleitungen wird die elektrische Spannung in **Umspannwerken** auf Hochspannung transformiert. Dies leisten riesige Transformatoren (→ Bild 3). Mit bis zu 380 kV wird die Energie durch Freileitungen transportiert.

In der Nähe der Verbraucher befinden sich dann wieder Transformatorenstationen. Hier wird die die Spannung auf die 230 V heruntertransformiert, die uns an den meisten Steckdosen zur Verfügung steht. Das Transformieren der Spannungen gelingt nur, weil das Netz mit Wechselspannung arbeitet.

Wirkungsgrad

Bleiben die Wärmeverluste gering, so kommt ein Großteil der eingesetzten elektrischen Energie beim Verbraucher an. Der Wirkungsgrad ist dann hoch.

1 **a)** Nenne Anlagen zur Gewinnung elektrischer Energie.
b) Beschreibe die Funktion von Generatoren bei den meisten dieser Anlagen.

2 Gib an, welche Kraftwerke Gleichspannung und welche Wechselspannung liefern.

3 Erkläre die Funktion von Umspannwerken und Transformatorenstationen.

Starthilfe zu 3:
Beachte auch, wo die Spannung herauf- und wo sie heruntertransformiert wird.

4 Hochspannungsleitungen sind viel gefährlicher als Niederspannungsleitungen. Begründe, warum sie trotzdem zum Transport elektrischer Energie notwendig sind.

5 I Erkläre den Begriff „Verbundnetz“.

6 II Erkläre den „Trick“, mit dem in der Technik die Wärmeverluste an Fernleitungen möglichst gering gehalten werden.

»

IM ALLTAG

Vielseitige Energieberufe

Elektronikerinnen und Elektroniker der Fachrichtung Energie- und Gebäudetechnik

Elektronikerinnen und Elektroniker der Fachrichtung Energie- und Gebäudetechnik planen, errichten und warten Anlagen der Energieversorgung in Gebäuden. Dazu zählen Leitungen zum Energietransport zu Maschinen und Beleuchtungseinrichtungen. Auch der Bau von Steuereinrichtungen dafür gehört zu ihren Aufgaben.

1 Die Arbeit am Schaltschrank

Elektroanlagenmonteurinnen und -monteure

Elektroanlagenmonteurinnen und -monteure arbeiten im Bereich der Verteilung der elektrischen Energie. Sie installieren Anlagen wie Generatoren, Transformatoren oder Überlandleitungen. Monteurinnen und Monteure arbeiten bei Anlagenherstellern, in Unternehmen der Elektroinstallation und in Energieversorgungsunternehmen. Mit einer Zusatzausbildung werden sie auch beim Bau und bei der Wartung von Windkraftanlagen eingesetzt.

2 Die Vorbereitung der Montage des Rotorblattes

Netzmonteurinnen und -monteure

Netzmonteurinnen und -monteure werden im Kabelnetz- und Rohrleitungsbau sowie in der technischen Gebäudeausrüstung eingesetzt. Das können sowohl privatwirtschaftliche als auch öffentliche Unternehmen sein. Sie übernehmen Aufgaben bei der Montage, dem Betrieb sowie der Wartung von Verteilungsanlagen für die Fernwärme-, Gas-, Energie- oder Wasserversorgung.

3 Die Reparatur einer Freileitung

1. Recherchiere die Zugangsvoraussetzungen, die Ausbildungszeiten und die Berufsaussichten der beschriebenen Ausbildungsberufe.
2. Suche Unterschiede und Gemeinsamkeiten bei Anstellungen im öffentlichen Bereich und im privatwirtschaftlichen Bereich.

IM ALLTAG

Strom vom Meer in die Stadt

4 Offshore-Windkraftanlage in der Nordsee

HGÜ

Elektrische Energie, die durch Windkraftanlagen in der Nord- und Ostsee gewonnen wird, muss sehr weit zu den Verbrauchern in ganz Deutschland transportiert werden. Die Verluste durch Wärmeabgabe sind bei Wechselspannung groß, da die Elektronen sich ständig hin und her bewegen.

Auch lassen sich die Leitungen unter Wasser oder in der Erde nicht mit Wechselspannung realisieren. Sehr lange Entfernungen werden mit **Hochspannungs-Gleichstrom-Übertragung (HGÜ)** überbrückt. Dazu wandeln Konverter Wechselstrom in Gleichstrom und umgekehrt um.

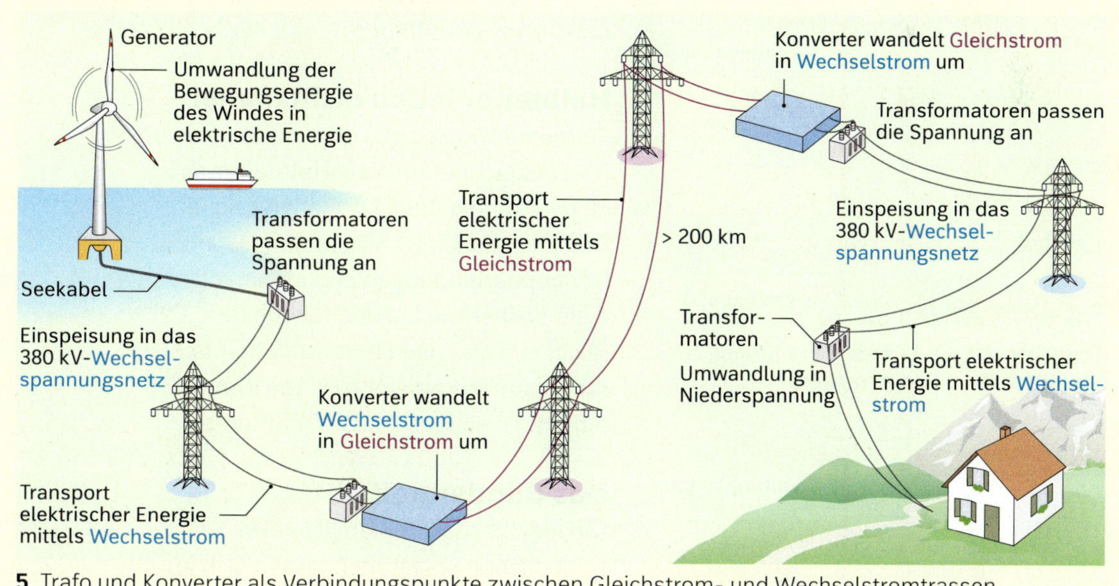

5 Trafo und Konverter als Verbindungspunkte zwischen Gleichstrom- und Wechselstromtrassen

1 **a)** Begründe, warum das normale Stromverbundnetz mit Wechselstrom arbeitet.
b) Erkläre, warum die Übertragung elektrischer Energie bei Wechselstrom weniger effizient ist als bei Gleichstrom.

2 Beschreibe die Spannungsumwandlungen im HGÜ-Netz. Nutze dazu Bild 5.

Von elektrischen Leitern, Halbleitern und Nichtleitern

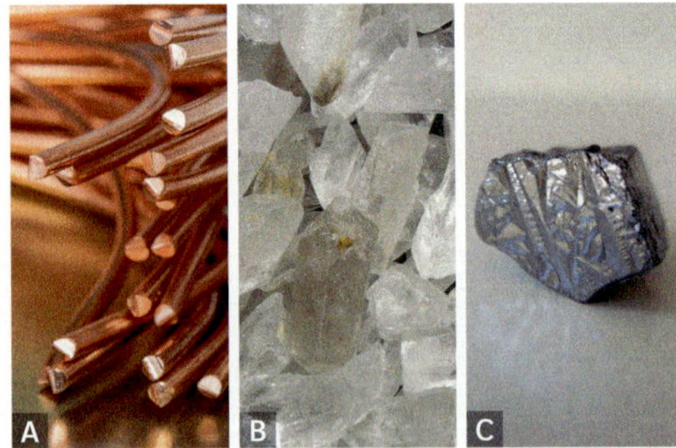

1 Stoffe mit unterschiedlichen Leitfähigkeiten: **A** Metall Kupfer, **B** Quarz (SiO_2), **C** Silicium

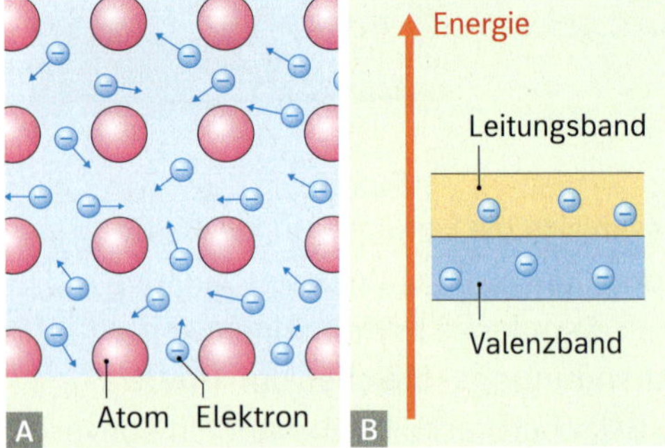

2 Metallische Leitfähigkeit: **A** Kristall mit beweglichen Elektronen, **B** im Bändermodell

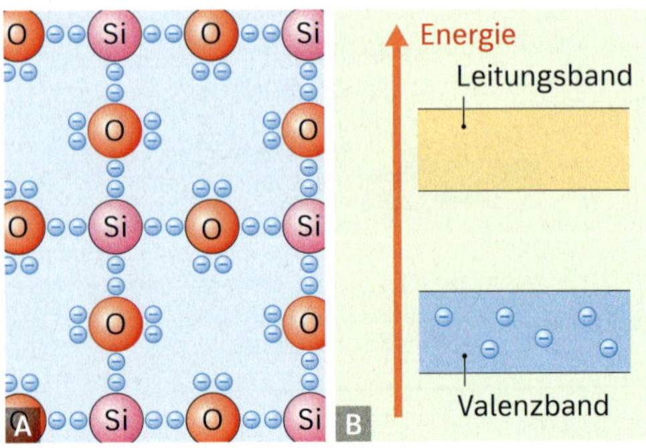

3 Nichtleiter: **A** SiO_2-Kristall mit unbeweglichen Elektronen, **B** im Bändermodell

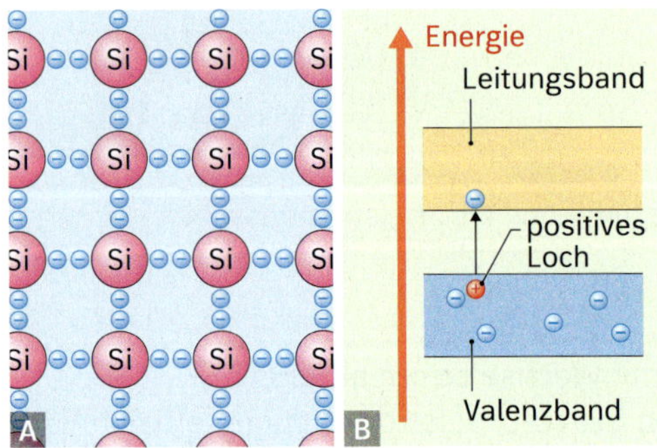

4 Halbleiter: **A** Siliciumkristall mit wenigen beweglichen Elektronen, **B** im Bändermodell

Elektrische Leiter

Stoffe leiten den elektrischen Strom, wenn sich elektrische Ladungen bewegen. In **Feststoffen** sind die Atome unbeweglich. **Metalle** sind gute elektrische Leiter. Bei ihnen sind Elektronen im Kristallgitter leicht beweglich. Bei Metallen sind die äußeren Elektronen nur schwach an die Atome gebunden. Bereits bei Raumtemperatur haben die Elektronen so viel Energie, dass sie sich frei zwischen den Atomen bewegen können.

Elektrische Nichtleiter

Bei elektrisch nicht leitenden Feststoffen wie in Quarz (Siliciumdioxid, SiO_2) sind die Elektronen so fest in ihren Elektronenpaarbindungen gebunden, dass sie sich daraus nicht lösen können und keine beweglichen Elektronen auftreten.

Halbleiter leiten nicht immer

Elemente wie Silicium (Si) und Germanium (Ge) bezeichnet man als **Halbleiter.** Silicium-Atome haben 4 Außenelektronen. Diese sind auch im Siliciumkristall in Elektronenpaarbindungen gebunden, allerdings nicht so fest wie bei den Nichtleitern. Es reicht eine geringe Energiezufuhr, um Elektronen aus Bindungen zu lösen. Dann nimmt die elektrische Leitfähigkeit zu.

Das Bändermodell

Die elektrischen Leitfähigkeiten in unterschiedlichen Feststoffen lassen sich im **Bändermodell** darstellen. Die Bänder zeigen Energieniveaus, auf denen sich Elektronen befinden können. In Leitungsbändern sind Elektronen beweglich. In Valenzbändern sind Elektronen an ihre Atome gebunden und ermöglichen keinen elektrischen Strom.

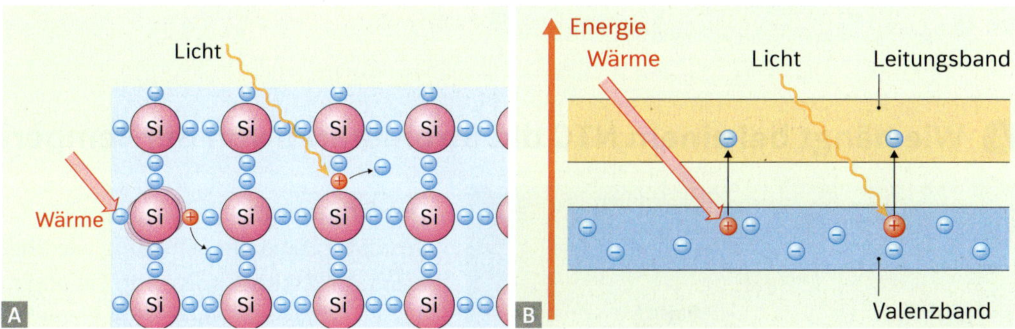

5 Leitfähigkeit durch Energiezufuhr: **A** Elektronen werden aus Bindungen gelöst, **B** im Bändermodell

Leitfähig durch Energiezufuhr

Bei niedrigen Temperaturen leiten Halbleiter den elektrischen Strom fast gar nicht. Steigt die Temperatur, werden sie leitfähig. Die Atome bewegen sich stärker und Elektronen werden aus ihren Bindungen „herausgerüttelt" und beweglich.
Auch durch Licht können Elektronen aus den Bindungen „geschlagen" werden. So wird der Halbleiter bei Lichteinfall leitfähig.

Halbleiter im Bändermodell:
Der Halbleiter wird leitfähig, wenn Energie in Form von Wärme oder Licht zugeführt wird. Dann werden Elektronen vom Valenzband in das Leitungsband angehoben.

Halbleiter als Sensoren

Diese Eigenschaft lässt sich in der Elektronik nutzen. **Wärmesensoren** reagieren auf unterschiedliche Temperaturen. **Lichtsensoren** reagieren auf unterschiedlich starke Lichteinstrahlung.

NTC und LDR

Um Temperaturen zu messen und Prozesse temperaturabhängig zu steuern, kommen **Wärmesensoren** zum Einsatz. Anders als bei üblichen Widerständen fällt bei Halbleitern der Widerstand mit steigender Temperatur. Solche Sensoren heißen **NTC.** Als Lichtsensoren dienen **Fotowiderständen.** Bei einem **LDR** fällt der Widerstand mit steigender Lichtintensität.

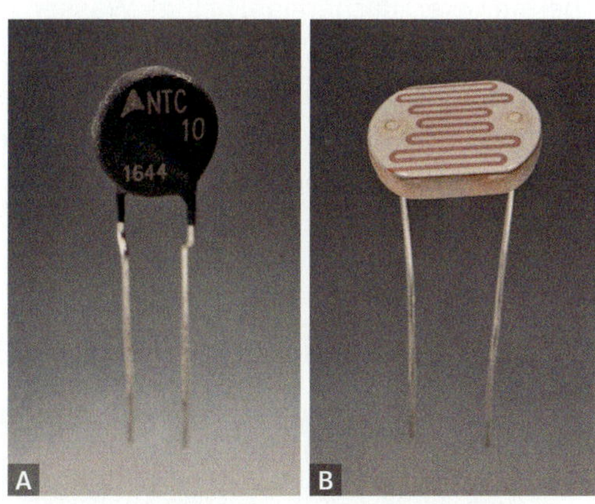

6 Elektronische Sensoren: **A** NTC als Temperatursensor, **B** LDR als Lichtsensor

1 **a)** Erkläre, wie es überhaupt zu einer Leitfähigkeit in einem Feststoff kommen kann.
b) Nenne je ein Beispiel für einen metallischen Leiter, einen Nichtleiter und einen Halbleiter.

2 Beschreibe, wie die elektrische Leitfähigkeit von Halbleitern von der Temperatur und vom Lichteinfluss abhängt.

Starthilfe zu 2:
Formuliere zwei „Je..., desto..."-Sätze.

3 I Beschreibe, wozu sich NTC und LDR jeweils nutzen lassen.

4 II **a)** Erkläre die Halbleitereigenschaft von Silicium über die Elektronenbeweglichkeit.
b) Erkläre mithilfe des Bändermodells den Einfluss von Wärme und Licht auf die Leitfähigkeit von Silicium.

FORSCHEN UND ENTDECKEN

A Wie hängt bei einem NTC die Stromstärke von der Temperatur ab?

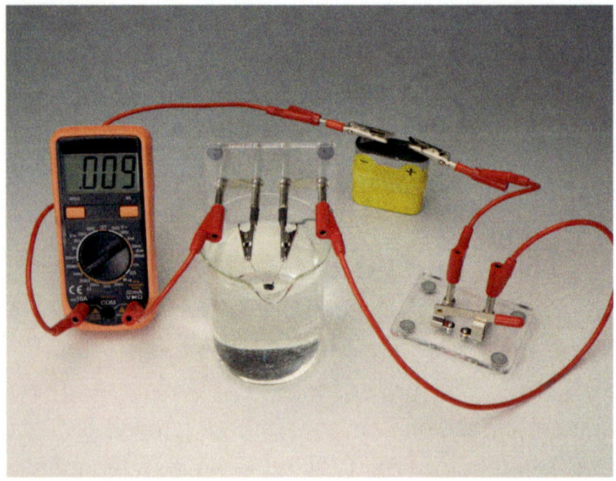

1 Versuchsaufbau

Material: 4,5-V-Flachbatterie, NTC, Multimeter, Experimentierkabel mit Krokodilklemmen, Thermometer, Becherglas, heißes Wasser, Eis

Hinweis: NTC steht für „negativer Temperatur-Coeffizient", das heißt, mit steigender Temperatur fällt der Widerstand.

Durchführung:

Schritt 1: Baue die Schaltung wie abgebildet auf.

Schritt 2: Stelle mithilfe von Eis und heißem Wasser unterschiedliche Temperaturen im Wasser des Becherglases her und miss jeweils die Temperatur.

Schritt 3: Tauche den LDR jeweils so in das Wasser, dass die Zuleitungskabel nicht ins Wasser kommen (nicht leiten).

Schritt 4: Lies jeweils die Stromstärke am richtig eingestellten Multimeter ab.

1. Notiere in einer Messwerttabelle die Temperaturen in °C und die dazu gemessenen Stromstärken in mA.
2. Formuliere das Versuchsergebnis in einem „Je..., desto,..."-Satz.
3. Zeichne auf der Grundlage deiner Messwerte ein Temperatur-Stromstärke-Diagramm.
4. Erkläre den Verlauf der T-I-Kurve.

B Wie lässt sich der Motor über Licht steuern?

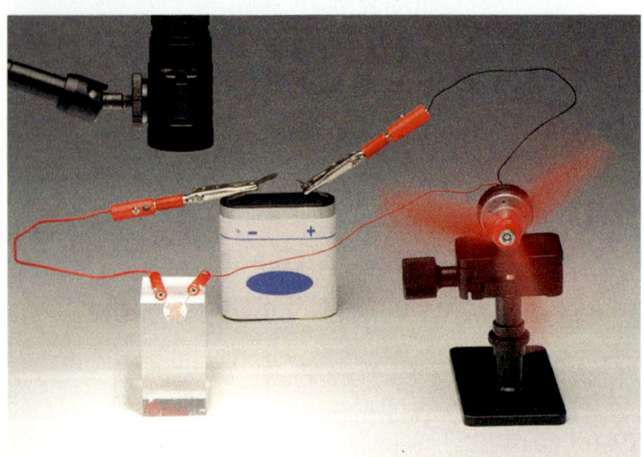

2 Motorgeschwindigkeit über Licht steuern

Hinweis:
LDR steht für „light dependent resistance", ist also ein lichtabhängiger Widerstand.

Material: 4,5-V-Flachbatterie, LDR, Solarmotor (z. B. mit Propeller), Experimentierkabel mit Krokodilklemmen, Taschenlampe (Handy)

Durchführung:

Schritt 1: Baue die Schaltung wie abgebildet auf.

Schritt 2: Überprüfe, wie schnell sich der Propeller dreht, je nachdem, ob du den LDR mit der Hand abdeckst oder nicht oder ihn mit der Taschenlampe anleuchtest.

1. **a)** Beschreibe deine Beobachtungen.
b) Erkläre deine Beobachtungen mit deinen Kenntnissen über Halbleitersensoren.

IM ALLTAG

Halbleiterproduktion

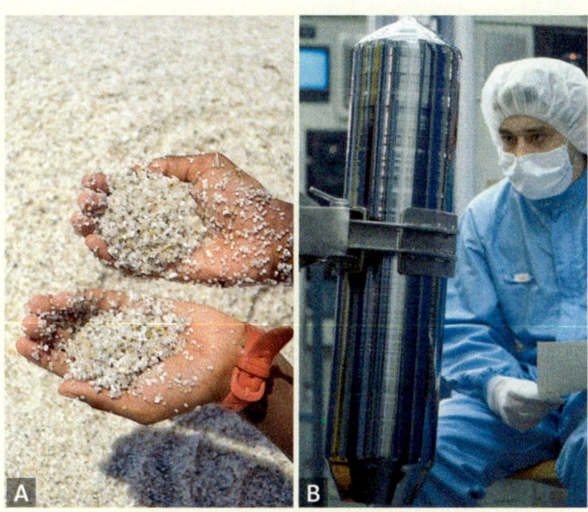
3 Silicium: **A** Quarzsand, **B** reines Silicium im Block

Vom Sand zum Wafer

Halbleiter-Chips sind in elektronischen Bauteilen aller Art. Nicht nur in Computern oder Smartphones, auch in den elektronischen Steuerungen von Waschmaschinen oder in Autos finden sie sich. Alle diese Chips werden auf der Grundlage von Silicium als Halbleiter gefertigt. Dies gilt auch für die meisten Solarzellen von Fotovoltaikanlagen. Silicium ist eines der Elemente, die auf der Erde häufig vorkommen, beispielsweise im Quarzsand (→ Bild 3A). Um reines Silicium zu erhalten, muss es allerdings energieaufwändig chemisch aus dem Siliciumdioxid gewonnen werden. Zunächst werden reine Siliciumkristall-Blöcke (→ Bild 3B) hergestellt und dann in feine Schichten geschnitten, so genannte Wafer.

Alles clean

In weiteren Verarbeitungsschritten werden viele andere Elemente eingesetzt. Einige „Seltene Erden“ kommen auf der Erde nur in begrenztem Maße vor. In komplizierten Verfahren werden elektronische Schaltungen im Miniaturformat auf die Oberflächen der Wafer aufgebracht. Geringste Mengen bestimmter Elemente werden an einigen Stellen aufgedampft. Durch diese Dotierung erhält der Halbleiter besondere Leitungseigenschaften. Dioden und Transistoren entstehen und werden zu integrierten Schaltkreisen, so genannten ICs verbunden. Absolute Sauberkeit ist für diese Produktion unerlässlich (→ Bild 4).

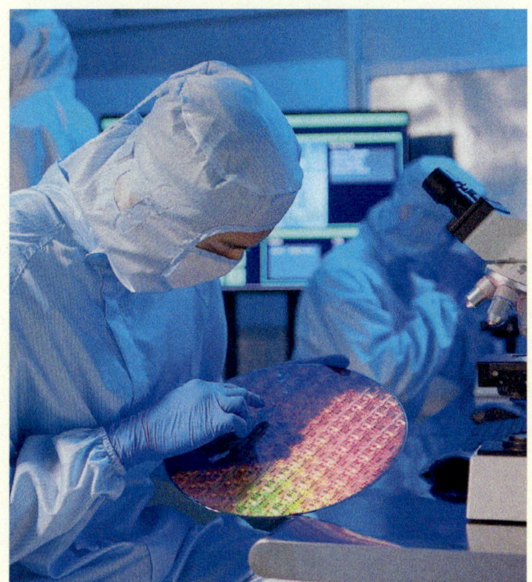
4 Chip-Produktion im Reinraum

1 Beurteile die Aussage: „Silicium zur Chip-Herstellung gibt es wie Sand am Meer“.

2 Begründe, warum die Personen in Bild 4 Schutzanzüge und Atemmasken tragen.

3 **a)** Recherchiere Videos, die den Ablauf der Wafer-Produktion und der Chip-Produktion zeigen.
b) Nutze ein oder mehrere Videos und notiere ein Flussdiagramm, das wichtige Arbeitsschritte übersichtlich zusammenfasst.
c) Vergleicht eure Ergebnisse in der Klasse und diskutiert Gemeinsamkeiten und Unterschiede.

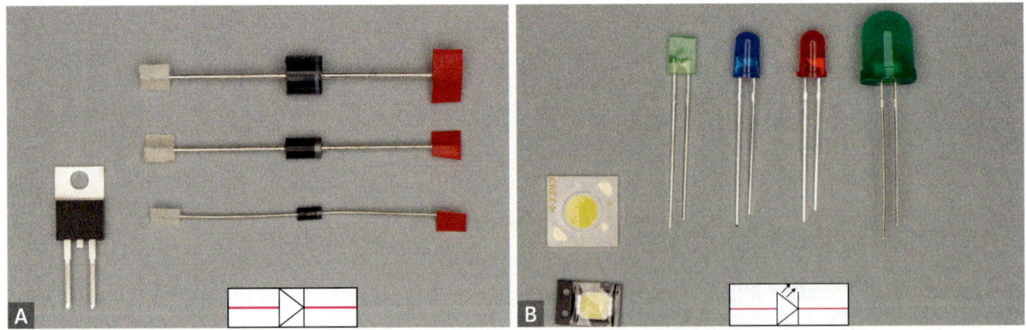

1 Dioden und ihre Schaltzeichen: **A** Gleichrichterdioden, **B** Leuchtdioden (LED)

Dioden

Wozu sind Dioden nützlich?

Du kennst sicher LEDs. Sie dienen in vielen Lampen als energieeffiziente Leuchtmittel. Andere LEDs sind kleine, farbige Lämpchen zu verschiedenen Zwecken. **LED** bedeutet Licht emittierende Diode. Emittieren heißt dabei aussenden. Schon bei **Leuchtdioden** zeigt sich, dass sie nur leuchten, wenn man sie richtig herum an den Pluspol und den Minuspol der Spannungsquelle anschließt.

Bei anderen Dioden ist gerade dieses Verhalten gewünscht. Sie lassen den Strom nur in eine Richtung durch und sperren ihn in der anderen Richtung. So lässt sich mit einer **Gleichrichterdiode** zum Beispiel aus Wechselstrom Gleichstrom machen.

Dioden werden als Leuchtdioden (LED) oder als Gleichrichterdioden genutzt.

Dioden haben zwei Bereiche

In Halbleiterkristalle lassen sich geringe Mengen an Fremdatomen einbringen. Dies wird als **Dotierung** bezeichnet. Silicium lässt sich zum Beispiel mit Phosphoratomen dotieren, die fünf Außenelektronen besitzen. Im Silicium-Kristall werden davon nur vier Elektronen gebunden. Das übrige Elektron ist beweglich. Bei einer solchen **n-Dotierung** machen negative Ladungsträger den Halbleiter leitend (→ Bild 2A).

Wird dagegen mit Atomen dotiert, die wie Bor nur drei Außenelektronen besitzen, so bleibt die vierte Bindung mit Silicium-Atomen frei. Auf diesen Platz kann ein benachbartes Elektron springen. Es hinterlässt aber einen anderen freien Bindungsplatz, ein „positives Loch“. Bei einer solchen **p-Dotierung** sorgen „positive Löcher“ für die Leitfähigkeit (→ Bild 2B). Jede Diode besteht aus zwei Bereichen: einem n-dotierten und einem p-dotierten.

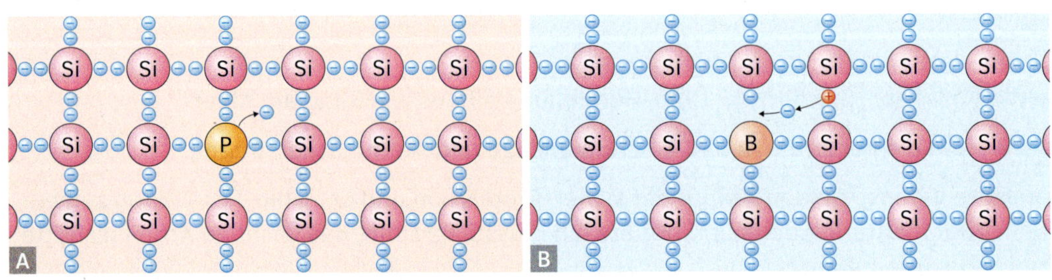

2 Dotierung: **A** n-Dotierung mit Phosphor, **B** p-Dotierung mit Bor

Der pn-Übergang

Die Grenze zwischen dem p-dotierten und dem n-dotierten Bereich einer Diode heißt **pn-Übergang.** Hier liegen bewegliche Elektronen und positive Löcher nebeneinander. Die Elektronen füllen die Löcher aus und es entsteht eine Grenzschicht ohne bewegliche Ladungsträger (→ Bild 3A).

Diode in Sperrrichtung

Eine Diode sperrt, leitet also keinen Strom, wenn sie so mit einer Spannungsquelle verbunden wird, dass der p-dotierte Bereich an den Minuspol und der n-dotierte Bereich an den Pluspol geschlossen ist. Dann werden noch mehr bewegliche Ladungsträger aus der Sperrschicht abgezogen. Die Sperrschicht wird breiter (→ Bild 3B).

Diode in Durchlassrichtung

Eine Diode leitet Strom, wenn sie umgekehrt an die Spannungsquelle angeschlossen wird. Dann werden sowohl die frei beweglichen Elektronen als auch die positiven Löcher zur Mitte gedrückt. Die Grenzschicht wird kleiner, bis sie ab einer gewissen Grenzspannung verschwindet und die Diode leitet (→ Bild 3C).

LEDs senden Licht aus

Die Stromleitung im n-dotierten Bereich erfolgt durch freie Elektronen im Leitungsband. Im p-dotierten Bereich verschieben sich positive Löcher im Valenzband. Am pn-Übergang wird Energie frei, wenn freie Elektronen freie Löcher auffüllen (→ Bild 3D).

LEDs geben beim pn-Übergang der Elektronen Energie als Licht ab.

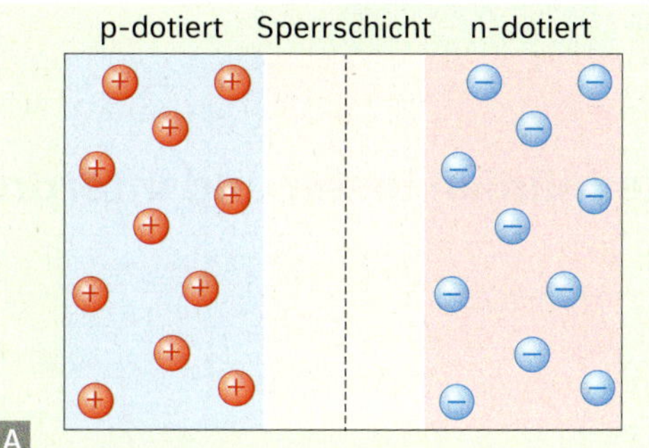

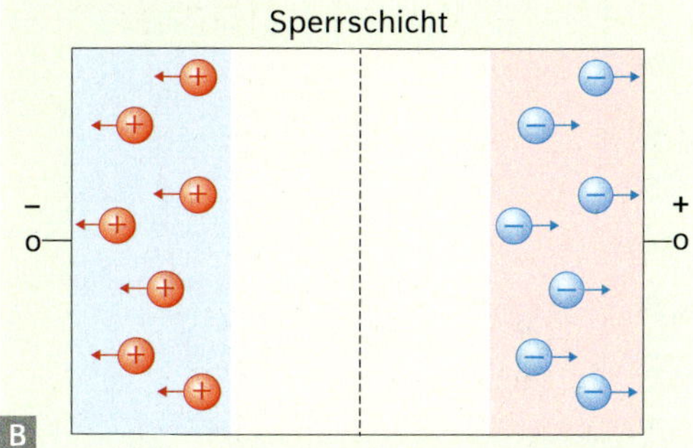

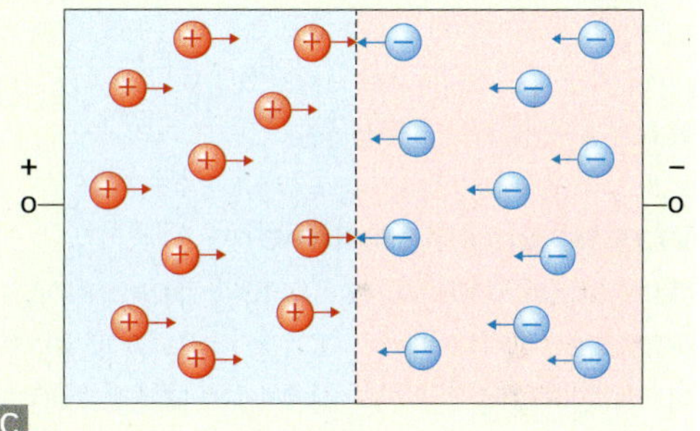

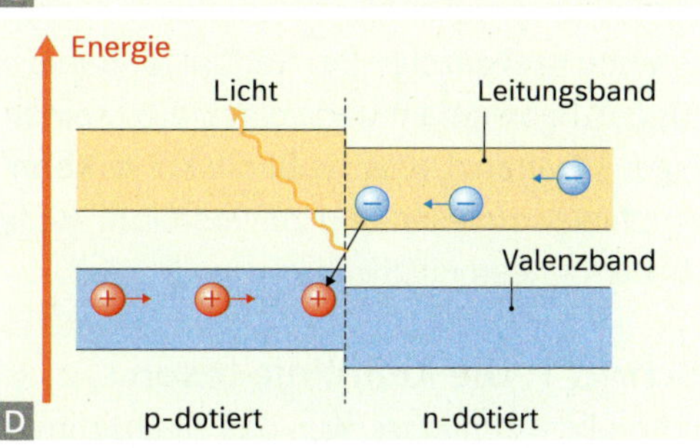

3 Dioden in elektrischen Schaltungen: **A** ohne Spannung, **B** in Sperrrichtung, **C** in Durchlassrichtung, **D** Bändermodell einer LED in Durchlassrichtung

1. Gib zwei Verwendungsmöglichkeiten für Dioden an.
2. Benenne und beschreibe die beiden Bereiche, aus denen eine Diode besteht.
3. **I** Gib an, wie eine Diode angeschlossen werden muss, damit sie leitet.
4. **II** **a)** Erkläre, wie die Leitfähigkeiten im n-dotierten und im p-dotierten Bereich einer Diode zustande kommen.
   b) Beschreibe Vorgänge am pn-Übergang einer LED.

Starthilfe zu 4 b):
Nutze dazu das Bändermodell.

»

METHODE

Kennlinien lesen und interpretieren

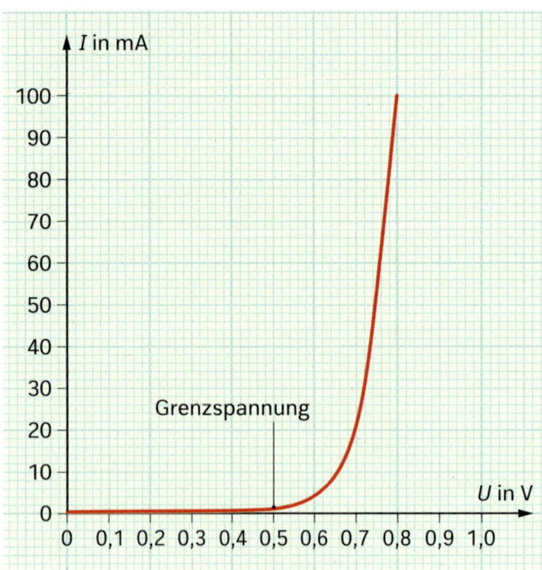

1 *U*-*I*-Kennlinie einer Diode

Was ist eine Kennlinie?

Wird an elektronische Bauteile Spannung angelegt, so fließt je nach Widerstand unterschiedlich viel Strom. In einem Diagramm wird diese Abhängigkeit der Stromstärke I von der Spannung U gezeigt. Der Verlauf ist dabei typisch für das Bauelement und zeigt einige seiner Eigenschaften. Daher heißt die Kurve **Kennlinie.** Kennlinien zu lesen und zu verstehen, ist für Anwendungen nützlich.

Schritt 1: Die Kennlinie lesen

Formuliere zunächst, was das Diagramm darstellt. Benenne Auffälligkeiten. Wichtig ist, dass du dabei noch keine Erklärungen einbringst.
Beispiel:
Das Diagramm in Bild 1 zeigt, wie die Stromstärke durch eine Diode von der Spannung abhängt. Im Bereich von 0 V bis etwa 0,9 V steigt die Stromstärke von 0 mA auf 100 mA an. Dabei fällt auf, dass bis zu einer Grenzspannung von etwa 0,5 V die Stromstärke fast bei 0 mA bleibt. Erst bei höheren Spannungen steigt die Stromstärke stark an.

Schritt 2: Die Interpretation

Jetzt versuchst du, den Kurvenverlauf zu erklären. Dabei nutzt du dein Wissen über das elektronische Bauteil.
Beispiel:
Die Diode ist offenbar in Durchlassrichtung geschaltet, denn es fließt Strom. Aber erst ab einer bestimmten Grenzspannung kommen sich Elektronen und positive Löcher so nahe, dass die Sperrschicht überwunden wird und Strom fließt. Bei höheren Spannungen steigt die Stromstärke mit der Spannung wie bei anderen elektrischen Leitern.

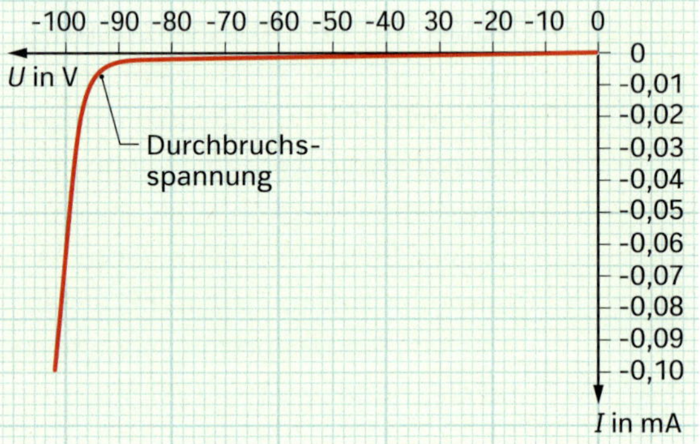

2 *U*-*I*-Kennlinie einer Diode in umgekehrter Polung

1. Lies und interpretiere die Kennlinie einer Diode in Bild 2.
2. Lies und interpretiere die Kennlinien verschieden farbiger LEDs in Bild 3.

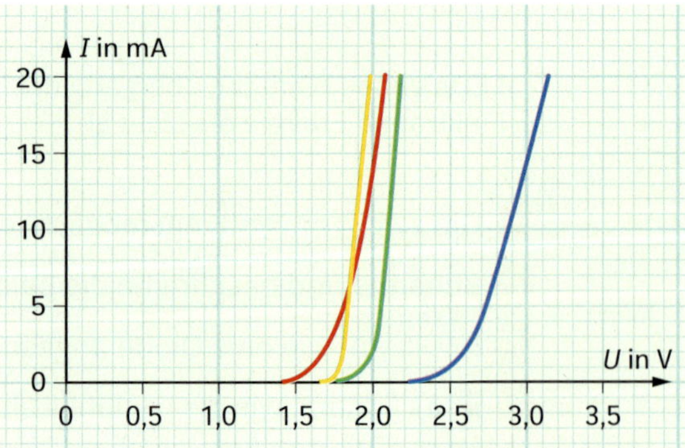

3 *U*-*I*-Kennlinien verschieden farbiger LEDs

FORSCHEN UND ENTDECKEN

A Wann leuchtet die LED?

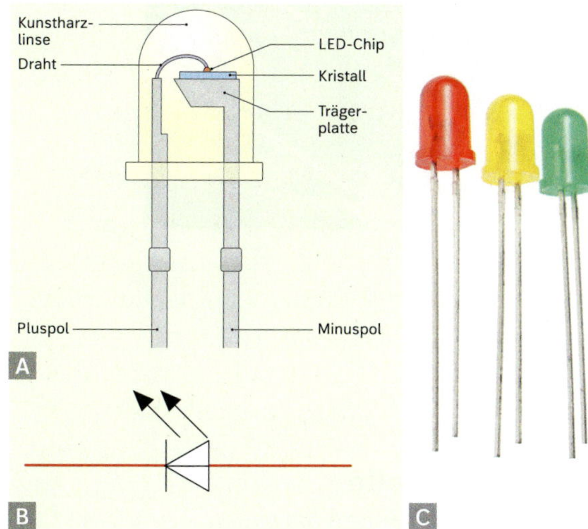

4 LED: **A** schematischer Aufbau, **B** Schaltzeichen, **C** Bauteil

Material: 4,5-V-Flachbatterie, rote LED, Widerstand (220 Ω), Experimentierkabel mit Krokodilklemmen, Lupe

Hinweis: LEDs werden zumeist mit einem Vorwiderstand betrieben, der die LED vor zu hoher Spannung schützt.

Durchführung:

Schritt 1: Betrachte den Aufbau der LED mit der Lupe und vergleiche deine Beobachtungen mit der Schemazeichnung in Bild 4A.

Schritt 2: Schalte die LED, den Vorwiderstand und die Batterie in Reihe zu einem Stromkreis.

Schritt 3: Prüfe, ob die LED leuchtet.

Schritt 4: Prüfe, ob die LED leuchtet, wenn du sie andersherum in die Schaltung einbaust.

1 Notiere, welche Bauteile der LED du erkennen kannst.

2 Notiere, ob du das längere oder das kürzere „Beinchen" der LED an den Pluspol der Batterie anschließen musst, damit sie leuchtet.

3 Zeichne einen Schaltplan für den Stromkreis mit der leuchtenden LED.

4 II Entwickle „Eselsbrücken", mit denen du dir die richtige Schaltung der LED und das Zeichnen des Schaltzeichens merken kannst.

B Eine Kennlinie aufnehmen

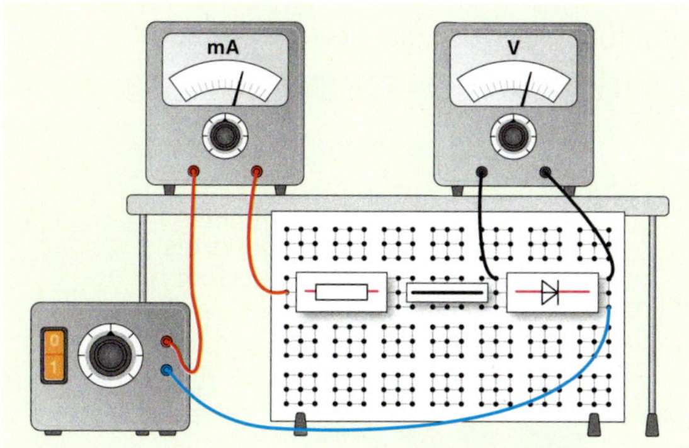

5 Versuchsaufbau zur Messung einer Kennlinie

Material: regelbare Spannungsquelle, LED mit passendem Vorwiderstand, zwei Multimeter (als Voltmeter und Amperemeter geschaltet), Experimentierkabel

Durchführung:

Schritt 1: Baue den Versuch wie in Bild 5 oder nach Anleitung auf.

Schritt 2: Miss die Stromstärken für verschiedene Spannungen im Bereich von 0 V bis 5 V.

1 **a)** Notiere die Messwerte in einer Tabelle.
b) Zeichne das U-I-Diagramm.
c) Interpretiere das Diagramm mithilfe der Methode „Kennlinien lesen und interpretieren".

1 Fotovoltaikanlage auf einem Hausdach

Fotovoltaik

Sonnenenergie

Die Sonne liefert die Energie, die das Leben auf der Erde erst ermöglicht. Gesteine, Wasser und Luft werden erwärmt. Dies ist auch die Voraussetzung für Wind und Regen. Bei der Fotosynthese bilden die Pflanzen energiereiche Biomasse.
Um Sonnenenergie direkt zur Energieversorgung des Menschen zu nutzen, gibt es im Prinzip zwei Möglichkeiten. **Solarthermie-Anlagen** wandeln Sonnenenergie in Wärme um. **Fotovoltaik-Anlagen** erzeugen mit Sonnenenergie elektrischen Strom.

Solarzellen wandeln Lichtenergie in elektrische Energie um.

Bau einer Solarzelle

Fotovoltaik-Anlagen werden auf vielen Dächern zur regenerativen Stromversorgung installiert. Diese Anlagen bestehen meist aus mehreren Modulen (→ Bild 2A). Darin liegen die eigentlichen Solarzellen. Eine stabile, entspiegelte Glasplatte bietet Schutz von oben und lässt Licht durch. Kunststoffschichten halten Feuchtigkeit ab. Ein Alurahmen hält alles zusammen.
Die **Solarzelle** selbst besteht aus zwei dünnen Silicium-Schichten. Die obere Schicht ist n-dotiert, die darunter ist p-dotiert. Elektroden leiten den erzeugten Strom ab. Die untere Elektrode wird durch eine Metallfolie gebildet, die obere ist in Form schmaler Streifen aufgelegt.

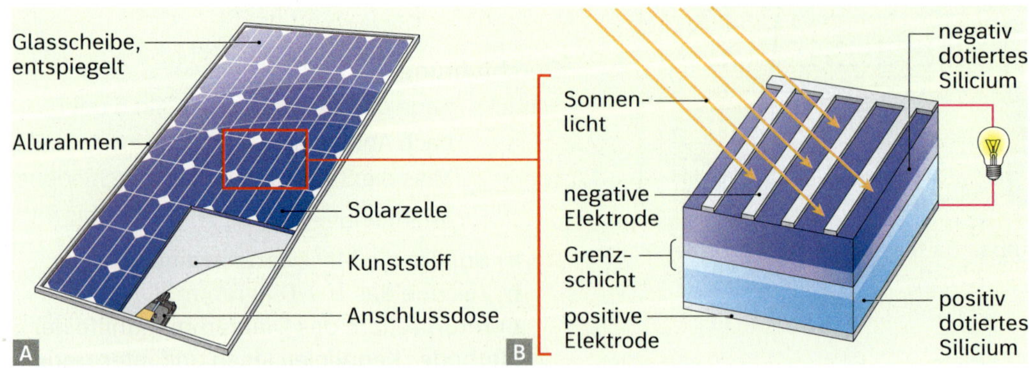

2 Aufbau einer Fotovoltaikanlage: **A** Fotovoltaik-Modul, **B** Solarzelle

3 Fotovoltaik: **A** Vorgänge in der Solarzelle, **B** im Bändermodell

Vorgänge in der Solarzelle

Licht dringt durch die Abdeckungen des Solarmoduls bis in die Halbleiterschichten der Solarzelle. Im p-dotierten Bereich „schlägt" das Licht mithilfe seiner Energie Elektronen aus ihren Bindungen. Einige Elektronen haben so viel Energie, dass sie am pn-Übergang die Grenzschicht zum n-dotierten Bereich überwinden. So sammeln sich oben mehr Elektronen und unten bleiben positive Löcher zurück. Die Solarzelle ist jetzt eine Spannungsquelle, die oben einen Minuspol und unten einen Pluspol besitzt. Wird nun an diese Spannungsquelle ein Verbraucher wie eine Lampe oder ein Motor angeschlossen, dann fließen die Elektronen über den geschlossenen Stromkreis zurück zum Pluspol der Solarzelle. Die Spannung einer Solarzelle beträgt etwa 0,5 V. Durch Zusammenwirken vieler Solarzellen lassen sich hohe Spannungen erzeugen.

Energieumwandlungen

Das Bändermodell zeigt, dass das Licht Energieportionen mitbringt, die Elektronen aus ihren Bindungen lösen. Sie werden aus dem Valenzband in das energiereichere Leitungsband gehoben.
Weil die Elektronen über die Grenzschicht am pn-Übergang nicht zurückfließen können, müssen sie den „Umweg" über den angeschlossenen Verbraucher nehmen. Dabei geben sie ihre Energie wieder ab. Sie treiben dann zum Beispiel einen Motor an oder bringen eine Lampe zum Leuchten (→ Bild 4).

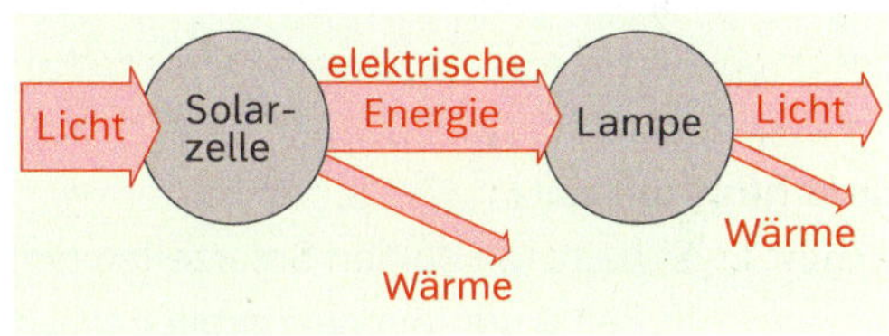

4 Energiefluss von der Solarzelle zum Verbraucher

1 a) Benenne die Energieumwandlung, die an einer Solarzelle stattfindet.
b) Beschreibe, wo in der Solarzelle diese Umwandlung stattfindet.

2 Stelle die Bauteile eines Solarmoduls und ihre Funktionen in einer Tabelle zusammen.

Starthilfe zu 2:

Glasscheibe	Schutz vor ...
Alurahmen	...

3 I Begründe, warum in Solarmodulen viele Solarzellen zusammengeschaltet werden.

4 II Erkläre die unterschiedlichen Formen der beiden Elektroden einer Solarzelle.

5 II Solarzellen funktionieren auch mit Lampenlicht. So könnte man immer wieder Strom und Licht erzeugen und die Energieprobleme wären gelöst. Beurteile diese Idee.

6 III Vergleiche die Energieumwandlungen bei Solarzellen und LEDs.

A Experimente mit Solarzellen

Material: zwei gleichartige Solarzellen, helle Lampe (z. B. Beamer), Experimentierkabel, schwarze Pappe, Solarmotor mit Propeller, zwei Multimeter, DVD-Hülle, doppelt klebendes Klebeband, Geodreieck

Hinweis: Die Versuche können bei gleichbleibendem Sonnenschein im Freien durchgeführt werden. Sonst dient die helle Lampe als Lichtquelle.

Durchführung A:

Schritt 1: Schalte den Solarmotor an die Solarzelle.

Schritt 2: Untersuche, wie die Drehung des Motors von der Beleuchtung der Solarzelle abhängt und wie sich Teilabdeckungen der Solarzelle auswirken.

1 **a)** Notiere deine Beobachtungen.
b) Erkläre deine Beobachtungen.

Durchführung B:

Schritt 1: Schalte die beiden Solarzellen einmal in Reihe und einmal parallel.

Schritt 2: Miss jeweils die Spannung an einer Solarzelle und an beiden in Reihe beziehungsweise parallel geschalteten Solarzellen.

Schritt 3: Miss jeweils die Stromstärken in beiden Stromkreisen (Kurzschlussstromstärken ohne Verbraucher).

2 **a)** Notiere deine Messwerte.
b) Beurteile, mit welcher Schaltweise sich die Spannung und mit welcher sich die Stromstärke erhöhen lässt.
c) Zeichne die entsprechenden Schaltpläne.
d) Erläutere die Bedeutung des Versuchsergebnisses für die Konstruktion von Solarmodulen aus Solarzellen.

1 Mit Solarzellen experimentieren

Durchführung C:

Schritt 1: Klebe eine Solarzelle auf die DVD-Hülle (→ Bild 2).

Schritt 2: Stelle mit der beweglichen DVD-Hülle verschiedene Winkel der Solarzelle zum Licht ein.

Schritt 3: Miss jeweils die Winkel und die dazu gehörigen Spannungen an der Solarzelle.

3 **a)** Notiere die Messwerte in einer Tabelle.
b) Zeichne ein Diagramm, das die Spannung in Abhängigkeit vom Einfallswinkel des Lichtes darstellt.
c) Interpretiere das Diagramm.

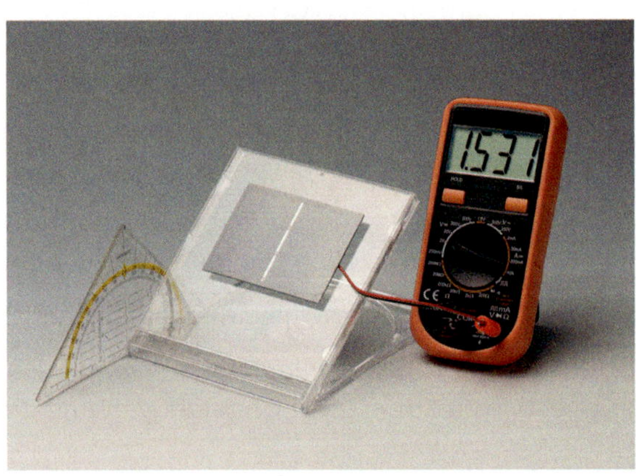

2 Abhängigkeit der Spannung vom Lichteinfall

IM ALLTAG

Solarenergie nutzen

3 Flächen für Fotovoltaik: **A** Dächer, **B** Grünland

Strom vom Dach

Der Anteil von Fotovoltaik an der Stromerzeugung in Deutschland wächst stetig. Für die Fotovoltaik-Anlagen werden Flächen benötigt. Das Dach eines günstig gelegenen Einfamilienhauses deckt etwa den Strombedarf von ein bis zwei Familien. Größere Anlagen werden auf den Dächern von öffentlichen Gebäuden, Supermärkten, Lagerhallen oder Parkhäusern installiert. Auch auf Wiesen sieht man des Öfteren Fotovoltaik. Hier steht die Energiegewinnung in Konkurrenz zur landwirtschaftlichen Nutzung und zum Umweltschutz.

Fotovoltaik in Zahlen

Die Technik macht Fortschritte und die Gesellschaft und die Energieversorgung ändern sich. Die Tabelle gibt einige Orientierungsdaten aus dem Jahr 2020.

Sonneneinstrahlung jährliche Gesamtenergie pro m²	1000 $\frac{kWh}{m^2}$
Wirkungsgrad der Fotovoltaik	20 %
jährlicher Stromverbrauch eines 4-Personen-Haushaltes	4000 kWh
Jährlicher Gesamtstromverbrauch in Deutschland	650 Mrd. kWh
Anteil der Fotovoltaik an der Stromerzeugung	8 %

4 Eckdaten zur Fotovoltaik

Solarfolien

Es gibt nicht nur Solarzellen aus Silicium. Auch bestimmte Kunststoffe zeigen Halbleitereigenschaften. Damit lassen sich dünne und biegsame Solarfolien herstellen. Sie können auf Autos, Zeltplanen oder Kleidung aufgebracht werden. Ihr Wirkungsgrad ist zwar geringer als der von Silicium-Solarzellen. Sie sind aber vielseitig einsetzbar.

5 Organische Fotovoltaik-Folie

1 **a)** Beurteile den Nutzen von Fotovoltaik-Anlagen auf Dächern.
b) Erläutere Einschränkungen für die Stromversorgung durch Fotovoltaik.

2 Bewerte das Aufstellen riesiger Fotovoltaik-Anlagen auf Grünflächen (→ Bild 3B).

3 Nenne Vor- und Nachteile von Solarfolien und überlege dir mögliche Nutzanwendungen.

4 **II** **a)** Beurteile, welche Daten in der Tabelle (→ Bild 4) von technischen oder gesellschaftlichen Entwicklungen abhängen und welche davon unabhängig sind.
b) Berechne die Fotovoltaik-Fläche, die heute zur Stromversorgung einer Familie benötigt wird.
c) Berechne die Fläche, die nötig wäre, um den deutschen Strombedarf komplett über Fotovoltaik zu decken. Veranschauliche dein Ergebnis.

«

Auf einen Blick: Ausgewählte Energiewandler

Elektromagneten

Fließt ein elektrischer Strom, so bildet sich um den elektrischen Leiter ein Magnetfeld. Eine von Strom durchflossene Spule bildet einen Elektromagneten. Seine Stärke wächst mit der Zahl der Windungen, mit der Stromstärke und mit einem Eisenkern im Inneren der Spule.

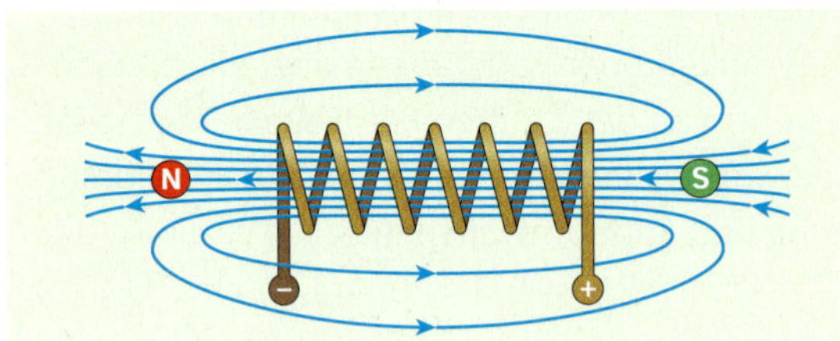

Elektromagnetische Induktion

Ändert sich im Inneren einer Spule das Magnetfeld, so entsteht eine elektrische Spannung. Es heißt, die Spannung wird induziert. Wird der Stromkreis geschlossen, fließt ein Induktionsstrom.

Die Höhe der Induktionsspannung steigt mit der Änderungsgeschwindigkeit des Magnetfeldes und mit der Windungszahl der Spule. Auch ein Eisenkern verstärkt die Induktion. Oft wird ein Magnet bewegt, um das Magnetfeld zu ändern. Sich drehende Magnete induzieren Wechselspannung.

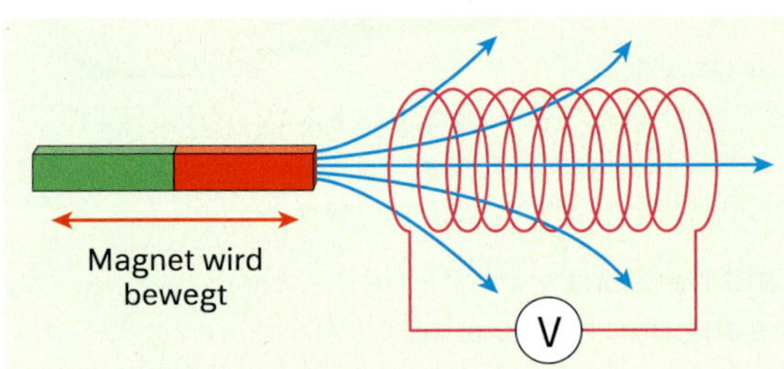

WICHTIGE BEGRIFFE

- OERSTEDT-Versuch
- FARADAY-Versuche
- Elektromagnet
- elektromagnetische Induktion
- Wechselspannung, Gleichspannung

Der Elektromotor

Bei einem Elektromotor rotieren Spulen mit Eisenkernen (Rotor) im Magnetfeld eines äußeren Magneten (Stator). Die Spulen werden über Schleifkontakte mit Strom versorgt, sodass die Spulen wie Elektromagnete wirken und von den Polen des äußeren Magneten angezogen beziehungsweise abgestoßen werden. Bei Gleichstrommotoren sorgt der Kommutator für das rechtzeitige Umpolen des Stroms und damit der Magnetpole der Spulen.

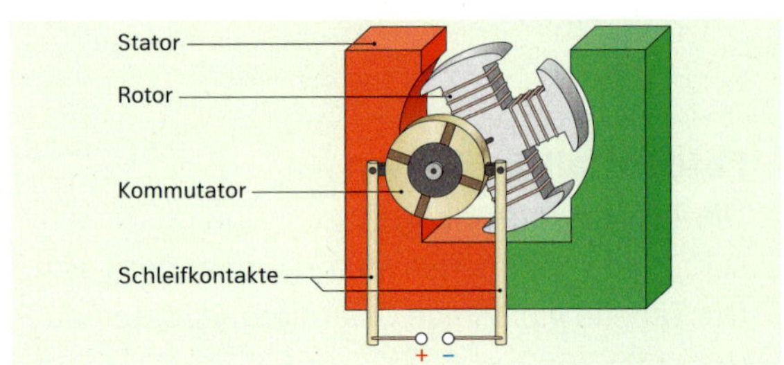

Der Generator

Generatoren und Elektromotoren sind baugleich. Sie werden umgekehrt genutzt. Bei Generatoren wird der Rotor gedreht, zum Beispiel durch den Wind oder fließendes Wasser. Drehen sich die Spulen im Magnetfeld, wird in den Spulen elektrische Spannung induziert. Die elektrische Energie wird genutzt.

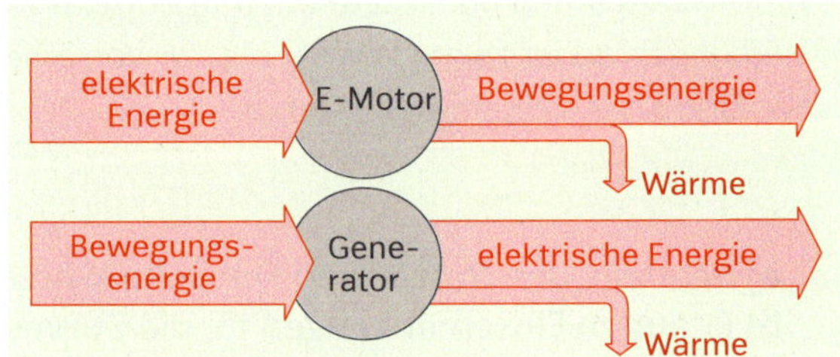

WICHTIGE BEGRIFFE

- Elektromotor
- Rotor, Stator, Schleifkontakte, Kommutator
- Generator
- Energiefluss

Der Transformator

Der Transformator transformiert, also verändert, elektrische Spannungen und Stromstärken. Ein Trafo besteht aus zwei Spulen, die über einen Eisenkern verbunden sind. Die Primärspule wird mit Wechselspannung U_1 versorgt. Das wechselnde Magnetfeld in der Primärspule wird über den Eisenkern in die Sekundärspule übertragen. Es induziert dort die Sekundärspannung U_2.

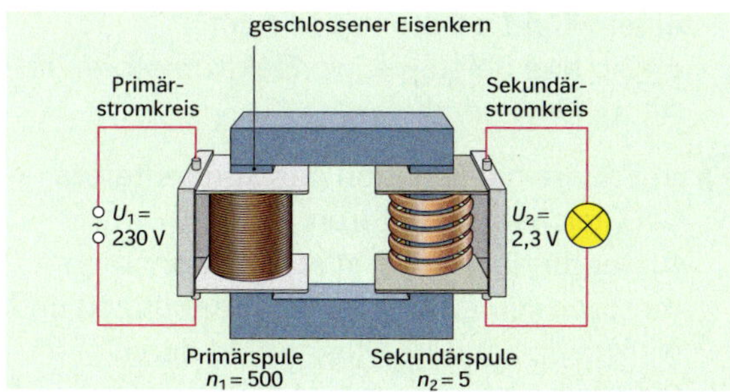

Der belastete Trafo

Wird der Stromkreis geschlossen, fließt durch den Widerstand R_2 der Sekundärstrom I_2. Der Trafo ist belastet. Wegen des Energieerhaltungsprinzips ist $P_1 = P_2$ und $U_1 \cdot I_1 = U_2 \cdot I_2$. Bei kleinerem n_2 wird die Spannung herunter- und die Stromstärke herauftransformiert – und umgekehrt.

Erstes Trafo-Gesetz:

$$U_2 = \frac{n_2}{n_1} \cdot U_1 \leftrightarrow \frac{U_2}{U_1} = \frac{n_2}{n_1}$$

Zweites Trafo-Gesetz:

$$\frac{I_1}{I_2} = \frac{U_2}{U_1} \leftrightarrow \frac{I_1}{I_2} = \frac{n_2}{n_1}$$

WICHTIGE BEGRIFFE

- Transformator
- Primär- und Sekundärspule
- Wirkungsgrad
- Transport elektrischer Energie
- Verbundnetz

Halbleiter

Halbleiter wie Silicium (Si) oder Germanium (Ge) sind Elemente der 4. Hauptgruppe. Bei niedrigen Temperaturen sind sie elektrische Nichtleiter (Isolatoren). Bei höheren Temperaturen oder bei Lichteinfall werden Elektronen durch die Energiezufuhr aus dem Valenzband ins Leitungsband gehoben. Der Halbleiter wird leitend. Dies wird für Temperatur- und Lichtsensoren genutzt.

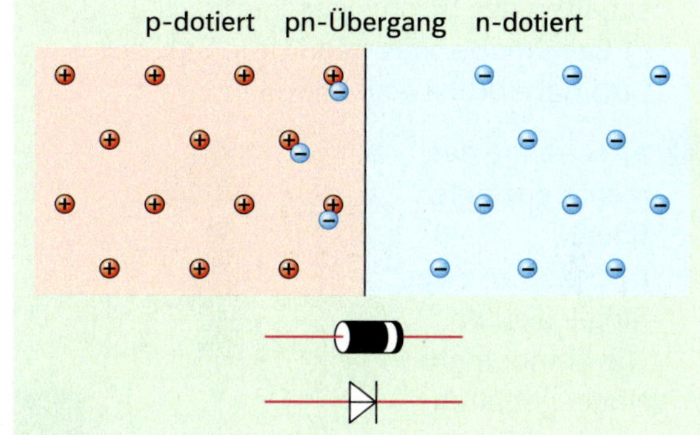

Dioden

Durch Dotierung des Halbleiters mit einigen Fremdatomen aus der 3. oder 5. Hauptgruppe wird die Leitfähigkeit gezielt erhöht. Bei p-Dotierung leiten „positive Löcher" den Strom, bei n-Dotierung bewegliche Elektronen. Dioden bestehen aus aneinandergrenzenden p- und n-dotierten Schichten. Dioden leiten den Strom nur in eine Richtung und sind daher als Gleichrichter nutzbar. LEDs wandeln am pn-Übergang elektrische Energie in Lichtenergie um. Bei Solarzellen wandelt die Diode Lichtenergie in elektrische Energie um.

WICHTIGE BEGRIFFE

- Halbleiter
- NTC, LDR, Sensoren
- n-Dotierung, p-Dotierung
- Dioden, LED, Kennlinien
- Solarzellen, Fotovoltaik

Lerncheck: Ausgewählte Energiewandler

Elektromagneten und elektromagnetische Induktion

1 **a)** Beschreibe , wie du den OERSTEDT-Versuch aufbauen würdest.
b) Beschreibe, was beim Einschalten des Stroms geschieht.
c) Beschreibe, was beim Umpolen der Stromanschlüsse zu beobachten ist.

2 **a)** Benenne das rechts gezeigte Bauteil.
b) Erläutere zwei Möglichkeiten, wie immer mehr Nägel gehalten werden könnten.

3 **a)** Beschreibe, wie im abgebildeten Versuchsaufbau Spannung erzeugt werden kann.
b) Erläutere zwei Möglichkeiten, eine höhere Spannung zu induzieren.

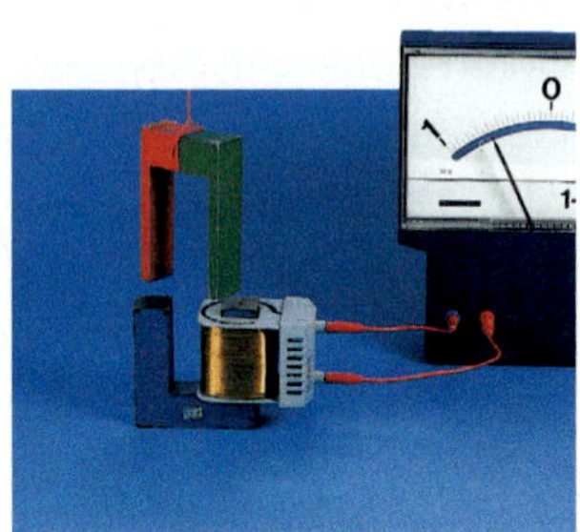

Elektromotoren und Generatoren

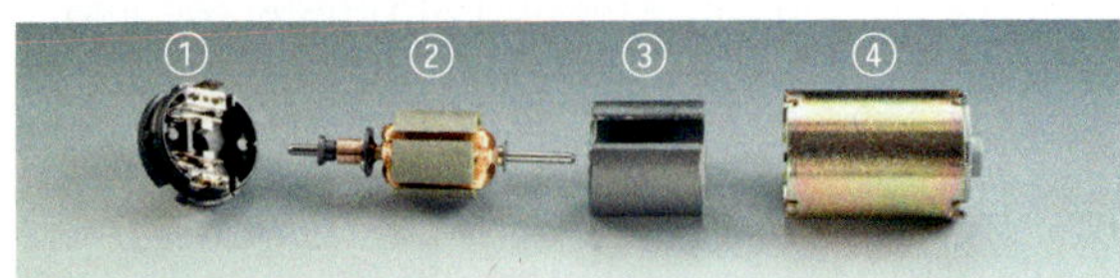

4 **a)** Benenne die mit ① bis ④ gekennzeichneten Bauteile eines Elektromotors.
b) Benenne die Energieumwandlung, die an einem Elektromotor stattfindet.
c) Gib drei Beispiele, wo Elektromotoren im Alltag eingesetzt werden.

5 **a)** Erkläre die Funktion des Kommutators bei Gleichstrommotoren.
b) Begründe, warum Wechselspannungsmotoren keinen Kommutator benötigen und warum das äußere Magnetfeld durch Elektromagneten erzeugt wird.

6 Erkläre, warum ein Elektroauto seinen Motor beim Bremsen oder Bergabfahren auch als Generator nutzen kann.

7 Benenne jeweils die Energieumwandlungen, die an einem Elektromotor und an einem Generator stattfinden.

8 **a)** Nenne Beispiele für den Einsatz von Generatoren zur Gewinnung elektrischer Energie.
b) Erkläre, warum Generatoren Wechselstrom liefern.

DU KANNST JETZT ...

- ... den OERSTED-Versuch beschreiben.
- ... eine stromdurchflossene Spule als Elektromagneten beschreiben.
- ... beschreiben, dass ein veränderliches Magnetfeld in einer Spule eine Spannung induziert.

DU KANNST JETZT ...

- ... den Aufbau und die Funktionsweise eines Elektromotors erklären.
- ... Gleichstrommotoren und Wechselstrommotoren vergleichen.
- ... den Aufbau und die Funktionsweise eines Generators erklären.
- ... Elektromotor und Generator vergleichen.

Transformatoren

9 Erläutere die Funktionsweise eines Transformators. Verwende folgende Begriffe: Wechselspannung, Magnetfeldänderung, Eisenkern, Frequenz, Windungszahl.

10 Ein Trafo mit 1200 Windungen an der Primärspule und 300 Windungen an der Sekundärspule ist an eine Haushaltssteckdose angeschlossen. Berechne die an der Sekundärspule anliegende Spannung.

11 **a)** Vergleiche den Aufbau von Hochspannungstransformator und Hochstromtransformator.
b) Nenne je ein Anwendungsbeispiel für die beiden Trafos.

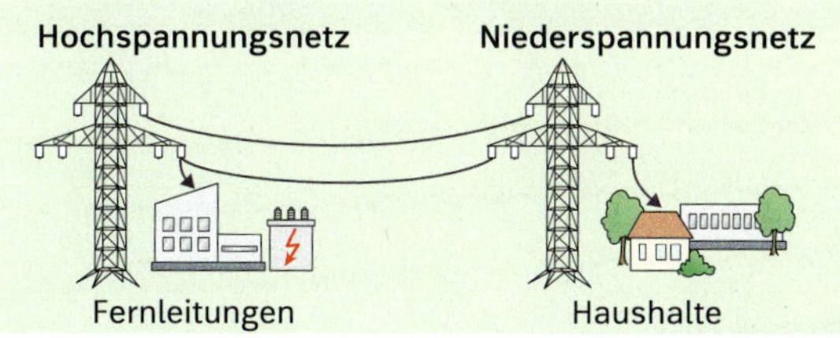

12 **a)** Beschreibe die Bedeutung des Verbundnetzes für die Versorgung mit elektrischer Energie.
b) Erkläre die Funktion von Umspannwerken und Umspannstationen.

13 Erkläre den Vorteil von Hochspannungsleitungen für den Transport elektrischer Energie. Verwende die Begriffe: Stromstärke, Wärme, Wirkungsgrad.

DU KANNST JETZT …

- … den Bau und die Funktionsweise eines Trafos beschreiben und erklären.
- … die Trafo-Formel anwenden.
- … Anwendungen von Trafos erläutern.
- … Transporte elektrischer Energie beurteilen.

Halbleiter-Bauelemente

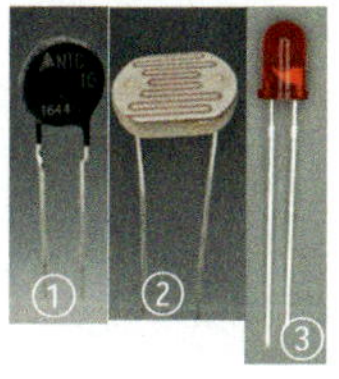

14 **a)** Benenne die abgebildeten Bauelemente ① bis ③ und gib ihre Funktionen an.
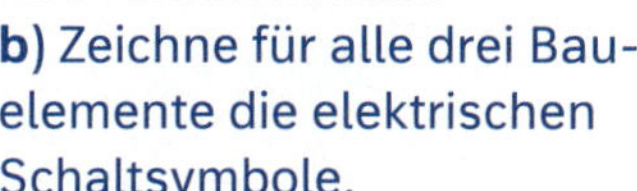
b) Zeichne für alle drei Bauelemente die elektrischen Schaltsymbole.
c) Benenne das Bauelement, das nur bei richtig gepoltem Anschluss funktioniert, und gib die richtige Polung an.

15 **a)** Beschreibe den Aufbau einer Diode.
b) Erkläre, warum Dioden den Strom nur in eine Richtung durchlassen.

16 **a)** Benenne die Energieumwandlung, die an einer Fotovoltaikanlage stattfindet.
b) Zeichne ein Energieflussdiagramm, das auch Wärmeverluste an die Umgebung berücksichtigt.
c) Moderne Fotovoltaikanlagen erreichen Wirkungsgrade von etwa 20 %. Erkläre, was das bedeutet.

17 Nenne Energiewandler, die Wechselspannung und solche, die Gleichspannung liefern.

DU KANNST JETZT …

- … die Leitfähigkeit von Halbleitern im Energiestufenmodell erklären.
- … Bau und Funktionen von Halbleitern, Sensoren und Dioden erklären.
- … Kennlinien lesen.
- … Anwendungen von Halbleiterbauelementen beschreiben.

Energieumwandlung beurteilen

Wo kommt die Energie her, die alles antreibt und die Wohnungen hell und warm macht?

Welche Kraftwerke liefern Strom am effektivsten?

Wie können Wind und Sonne helfen, unsere Energieprobleme zu lösen?

1 Ein Solarfeld

Energieumwandlungen entwerten Energie

Energie nutzen

Zum Heizen und Kochen, aber auch in der Industrie wird thermische Energie benötigt. Bewegungsenergie nutzen wir für Transporte, für unsere Mobilität und beim Betrieb von Maschinen. Zur Beleuchtung nutzen wir Lichtenergie. Überall nutzen wir Energie.

Versorgung mit Energie

Woher kommt die benötigte Energie? Da gibt es viele Möglichkeiten: Kohle, Erdöl und Erdgas sind **fossile Energieträger.** Holz und andere Biomasse sind Beispiele für **regenerative Energieträger.** Sonnenlicht und die Bewegungsenergie von Wind oder Wasser liefern ebenfalls regenerativ Energie.

Energiewandler

Eine Windkraftanlage wandelt Bewegungsenergie des Windes in elektrische Energie und Wärme um. Solarzellen einer Fotovoltaikanlage wandeln Lichtenergie der Sonne in elektrische Energie und Wärme um. Elektrische Energie wird in Lampen in Lichtenergie und Wärme umgewandelt. Ein Elektromotor wandelt elektrische Energie in Bewegungsenergie und Wärme um. Diese Bespiele zeigen, dass **Energiewandler** die Energie einer Energieform in Energie anderer Energieformen umwandeln. Dabei entsteht neben der gewünschten Energieform auch immer Wärme. Diese und andere unerwünschte Energie gehen für die weitere Nutzung verloren.

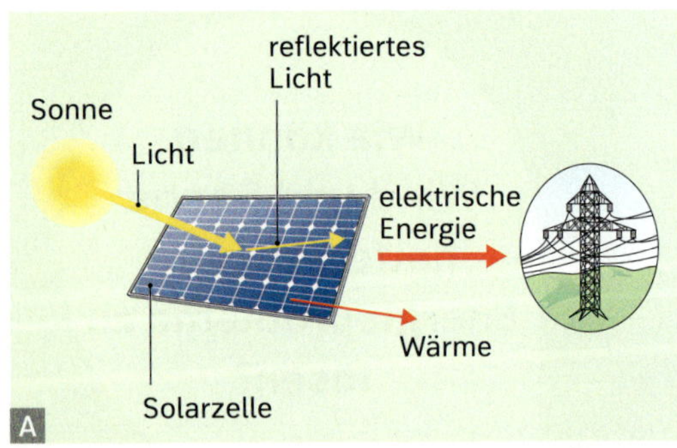

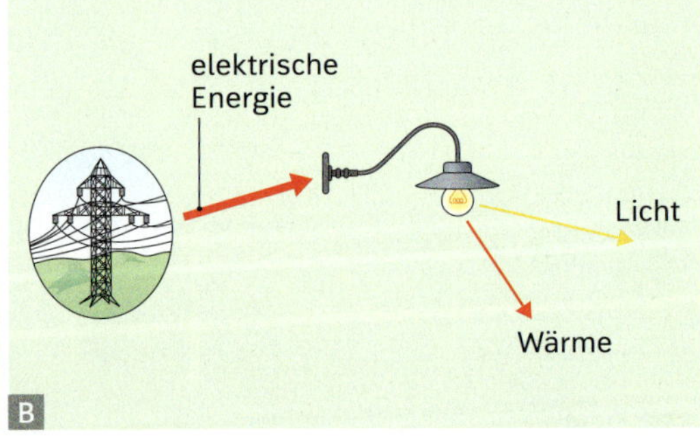

2 Energiewandler: **A** Solarzelle, **B** Glühlampe

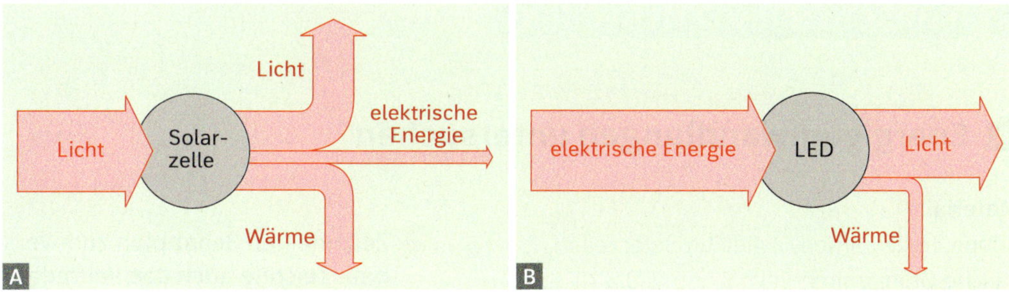

3 Energieflussdiagramme: **A** einer Solarzelle, **B** einer LED

Das Energieflussdiagramm

Energieumwandlungen kannst du mit **Energieflussdiagrammen** wie in Bild 3 darstellen. In der Mitte befindet sich immer der Energiewandler. Er wird als Kreis gezeichnet. Die zugeführte Energie und die abgegebenen Energien werden als Pfeile dargestellt. Die Pfeilbreite ist ein Maß für die Energiemenge. Je breiter ein Pfeil ist, desto größer ist die Energiemenge.

Energieerhaltung und Energieentwertung

Nach dem Energieerhaltungsprinzip geht bei Energieumwandlungen keine Energie verloren und es entsteht auch keine Energie. Der Pfeil der zugeführten Energie ist genauso breit wie die Summe der Pfeile der abgegebenen Energien.
Allerdings ist der Pfeil für die abgegebene erwünschte Energieform immer schmaler als der Pfeil der zugeführten Energie. Es gibt immer einen mehr oder weniger breiten Wärme-Pfeil. Er stellt die Wärme dar, die ungenutzt an die Umgebung abgegeben wird.

Nach dem Prinzip der **Energieerhaltung** bleibt bei Energieumwandlungen die Gesamtmenge der Energie gleich.
Nach dem Prinzip der **Energieentwertung** wird der Anteil an weiter nutzbarer Energie bei jeder Energieumwandlung geringer.

Energieflüsse messen

Die elektrische Energie E und die Energiestromstärke als Leistung P lassen sich gut messen und berechnen. $P = U \cdot I$ kannst du als Produkt aus elektrischer Spannung U und Stromstärke I ermitteln und in der Einheit Watt (W) angeben. Auch für andere Energieströme gilt, dass die Energiestromstärke P die pro Zeit t geflossene Energie E angibt. Die bekannten Einheiten sind Sekunde (s) für die Zeit, Joule (J) für die Energie und Watt (W) für die Energiestromstärke (Leistung).

Energie E und Energiestromstärke P:
$E = P \cdot t$ Einheiten: 1 J = 1 Ws
weitere Einheit: 3600000 J = 1 kWh

1 **a)** Gib drei Beispiele an, in denen wir im Alltag Energie nutzen.
b) In der Wohnung soll es im Winter warm sein. Gib drei verschiedene Möglichkeiten an, wie die Versorgung mit Energie zum Heizen erfolgen kann.

2 Zeichne ein Energieflussdiagramm für eine Bohrmaschine, die elektrische Energie in Bewegungsenergie und in Wärme umwandelt.

Starthilfe zu 2:
Zeichne die Breiten der Pfeile so, dass die Prinzipien der Energieerhaltung und der Energieentwertung berücksichtigt sind.

3 Erkläre anhand von Bild 3A und 3B die Energieerhaltung und die Energieentwertung.

4 Auf einer Bohrmaschine steht „800 W". Berechne, wie viel elektrische Energie beim Bohren innerhalb von 5 min in Bewegungsenergie und Wärme umwandelt wird.

»

FORSCHEN UND ENTDECKEN

A Energieumwandlungen untersuchen

Material:
Sonne, helle Lampe, 2 gleiche Solarzellen, 2 gleiche Glühlämpchen (z. B. 3,5 V, 0,2 A), Experimentierkabel, Schalter, Multimeter, Karton

1 Solarzelle und Glühlampe als Energiewandler

Durchführung:

Schritt 1: Baue den Versuch wie in Bild 1 auf.

Schritt 2: Beleuchte die Solarzelle mit Sonnenlicht oder mit hellem Lampenlicht.

Schritt 3: Schalte das Multimeter einmal so in den Stromkreis, dass du die Spannung messen kannst und einmal so, dass du die Stromstärke messen kannst. Bedenke: U-Messung parallel; I-Messung in Reihe; passende Messbereiche einstellen!

Schritt 4: Lies jeweils die Spannungen und Stromstärken ab.

Schritt 5: Baue einen zweiten gleichen Stromkreis auf, jeweils ohne Messgeräte.

Schritt 6: Stelle die zweite Solarzelle in den Karton und beleuchte sie nur mit der Glühlampe aus dem ersten Stromkreis.

1 Zeichne den Schaltplan zum Versuchsaufbau. Zeichne auch das Voltmeter und das Amperemeter ein.

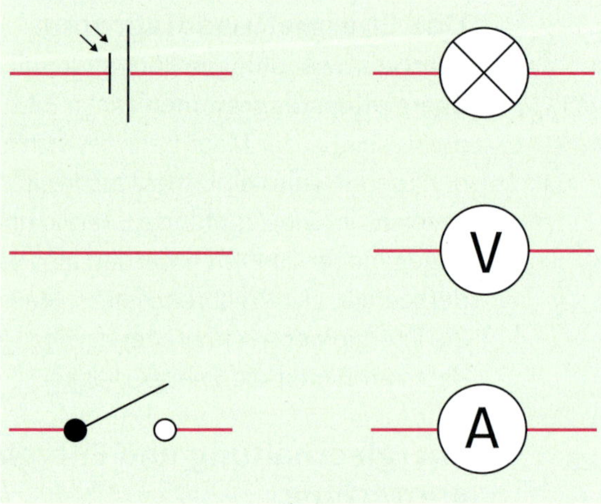

2 Beschreibe deine Beobachtungen und halte die Messwerte für U und I fest.

3 Zeichne das Energieflussdiagramm für die Solarzelle und das Energiediagramm für die Glühlampe.

4 Berechne aus den Messwerten für U und I die elektrische Energiestromstärke (Leistung) des Glühlämpchens.

5 Auf der hellen Lampe ist sicherlich die „Wattzahl" ablesbar. Lies den Wert ab. Erkläre den deutlichen Unterschied zwischen der Leistung der Lampe und der Leistung des Glühlämpchens.

6 Beschreibe und erkläre deine Beobachtung, wenn du versuchst, die zweite Glühlampe mit der zweiten Solarzelle und der ersten Glühlampe über zu betreiben.

7 Zeichne ein Energieflussdiagramm für beide Schaltkreise beginnend bei der Sonne und endend bei der zweiten Glühlampe.

8 Recherchiere den Begriff „Perpetuum mobile" und wende ihn auf diesen Versuch an.

ÜBEN UND ANWENDEN

B Chemische Energie „verheizen“

Manche Wohnungen werden mit elektrischer Energie beheizt. Dann lässt sich der Energieumsatz direkt am „Elektrozähler“ ablesen. Häufiger kommen Gasheizungen, Ölheizungen oder Kaminöfen zum Einsatz (→ Bild 2A). In den Brennstoffen ist chemische Energie gespeichert (→ Bild 2B). Sie wird beim Brennvorgang in den Heizkesseln oder Öfen in thermische Energie umgewandelt. So wird die Wohnung warm gehalten. Letztlich wird aber die gesamte Energie als Wärme in die Umgebung abgegeben und geht für weitere Nutzungen verloren. Wieviel Heizenergie eine Wohnung „verbraucht“, hängt aber nicht nur vom Heizwert der Brennstoffe ab.

B

Energieträger	Heizwert H in $\frac{kWh}{kg}$
Heizöl	11,8
Erdgas	12,5
Holz	4,44
Braunkohle	5,35
Steinkohle	7,42

2 Heizen mit Brennstoffen: **A** Kaminofen, **B** Heizwerte verschiedener Brennstoffe

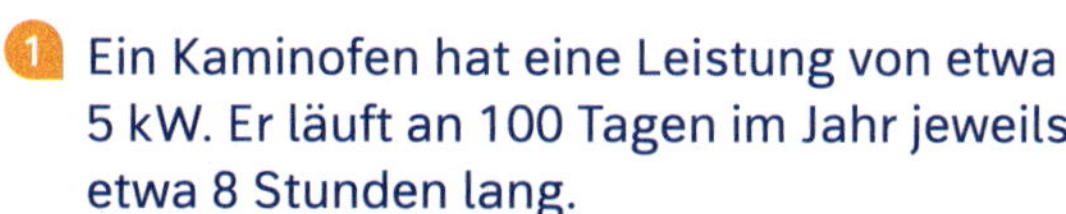

1 Ein Kaminofen hat eine Leistung von etwa 5 kW. Er läuft an 100 Tagen im Jahr jeweils etwa 8 Stunden lang.
a) Berechne die im Jahr umgesetzte Energiemenge in der Einheit kWh.
b) Nutze die Information aus Tabelle 2B und gib die dafür benötigte Holzmenge in kg an.

2 Manche Kaminöfen lassen sich mit Holz oder auch mit Braunkohle oder Steinkohle befeuern.
a) Beurteile, bei welchem der vorgeschlagenen Brennstoffe mehr oder weniger Masse in kg eingekauft werden muss.
b) Erläutere den fossilen oder regenerativen Ursprung der genannten Energieträger.
c) Holz setzt beim Verbrennen etwa so viel CO_2 frei wie Braunkohle. Begründe, warum Holz dennoch als CO_2-neutral gilt.

3 Bild 3 zeigt, dass der Wärmebedarf eines Niedrigenergiehauses bei etwa 70 kWh pro Quadratmeter und Jahr liegt.
a) Berechne die im Jahr benötigte Heizenergie für ein Haus mit 120 m² Wohnfläche.
b) Wieviel kg Erdgas muss für eine Gasheizung im Jahr eingekauft werden?

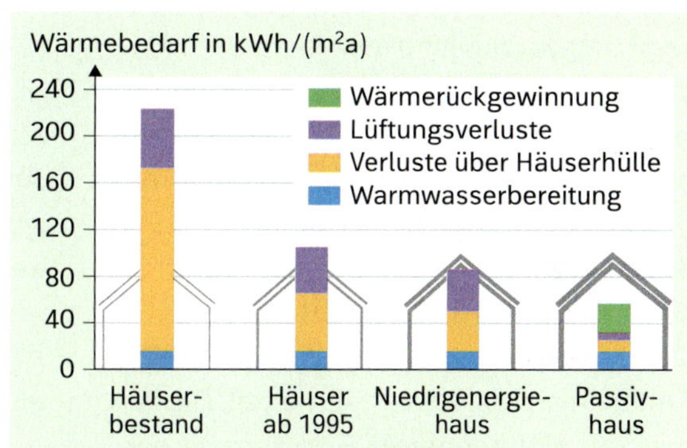

3 Wärmebedarf von Wohnhäusern

4 Halte die wichtigsten Aussagen aus Bild 3 in drei bis vier Sätzen fest.

5 **a)** Vergleiche den Gesamtwärmebedarf des aktuellen Gebäudebestandes mit dem von Passivhäusern.
b) Bewerte Maßnahmen zur Wärmedämmung an Gebäuden.

6 **II** Erläutere deine Vermutungen, durch welche Maßnahmen der Wärmebedarf offensichtlich reduziert wurde.

«

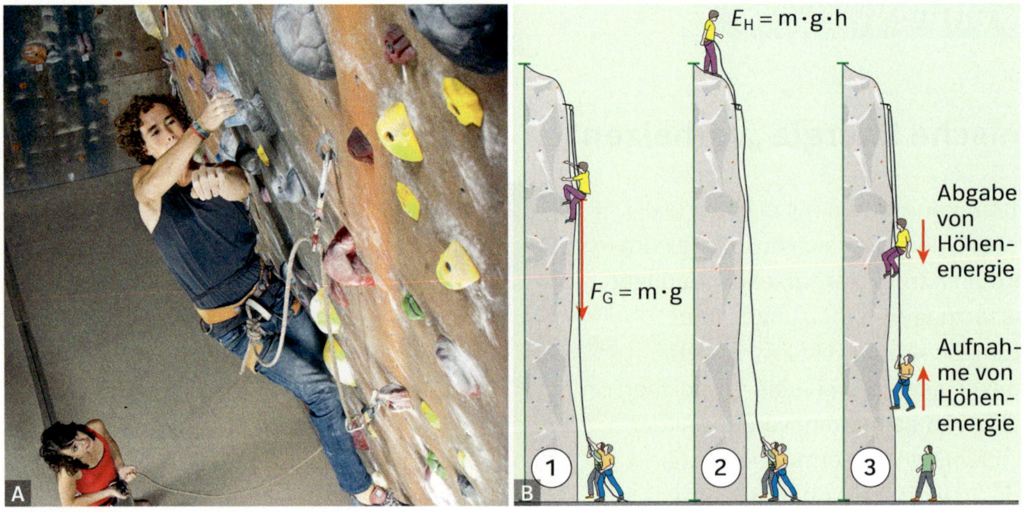

1 Klettern am Toprope: **A** in der Kletterhalle, **B** Schema zu Arbeit und Energie

Energie mechanisch übertragen

Hubarbeit und Höhenenergie

An der Kletterwand 4 m hoch zu klettern, ist eine ganzes Stück Arbeit (→ Bild 1A). Die Arbeit, die zum Anheben eines Körpers verrichtet wird, heißt **Hubarbeit.** Um doppelt so hoch zu klettern, ist doppelt so viel Hubarbeit nötig. Die Hubarbeit ist proportional zur Höhe *h*. Der Kletterer muss nämlich Kraft gegen die Gewichtskraft F_G aufbringen. Je größer die Gewichtskraft ist, desto größer wird auch die Hubarbeit. Die Hubarbeit wird an einem Körper beim Anheben auf die Höhe *h* verrichtet. Sie ist dann als **Höhenenergie E_H** in dem Körper gespeichert. Die Höhenenergie wird beim Abseilen wieder abgegeben. Am Toprope könnte damit eine ebenso schwere oder etwas leichtere Person etwa auf die gleiche Höhe angehoben werden (→ Bild 1B).

Berechnung der **Höhenenergie:**

$$E_H = F_G \cdot h$$

Einheit: 1 J = 1 Nm
(1 Joule = 1 Newton · 1 Meter)
mit der Gewichtskraft: $F_G = m \cdot g$

$$\rightarrow E_H = m \cdot g \cdot h$$

Ortsfaktor in Europa: $g = 9{,}81\ \frac{\text{N}}{\text{kg}}$

Arbeit und Energie

Die **Energie** ist in einem Körper enthalten. Sie ist eine so genannte **Speichergröße** und beschreibt einen **Zustand.** Sie ändert sich, wenn bei einem Vorgang Energie aufgenommen oder abgegeben wird. Mechanisch übertragene Energie wird als **Arbeit** bezeichnet. Arbeit ist eine **Übertragungsgröße** und beschreibt einen **Prozess.** Bei der Unterscheidung von Energie und Arbeit musst du dir nur klarmachen, dass die Energie einmal gespeichert ist und einmal übertragen wird.

Mechanische Energie

Nicht nur beim Anheben von Körpern wird mechanische Arbeit verrichtet. Allgemein wird **mechanische Energie** übertragen, wenn an einem Körper eine Kraft *F* längs eines Weges *s* verrichtet wird. Zur Berechnung müssen Kraft und Weg parallel sein.

Berechnung der **mechanischen Energie:**

$$E_{mech} = F \cdot s$$

Einheit: 1 J = 1 Nm

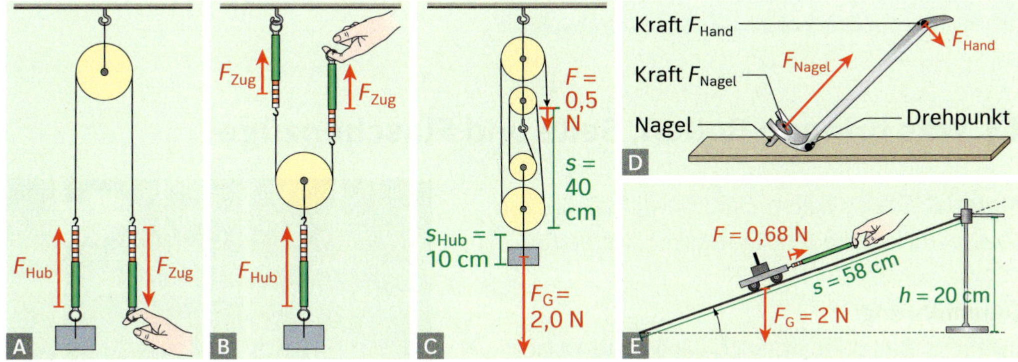

2 Kraftwandler: **A** feste Rolle, **B** lose Rolle, **C** Flaschenzug, **D** Hebel (Brechstange), **E** schiefe Ebene

Kraft sparen – Weg drauflegen

Mithilfe von Seilen und Rollen lässt sich zunächst der Ansatzpunkt für Kräfte an einen günstigeren Ort verlagern. Bei der losen Rolle hängt das Gewicht an zwei Seilenden. Ein Seilende erfordert daher nur die halbe Kraft. Allerdings muss doppelt so viel Seilstrecke s gezogen werden, um den Körper um die Höhe $h = \frac{1}{2}s$ anzuheben. Was an Kraft gespart wird, wird an Weg draufgelegt. Das ist auch bei Hebeln so. Am längeren Hebelarm ist weniger Kraft nötig. Dafür muss die Bewegung über einen längeren Weg erfolgen (→ Bild 2).

Die **goldene Regel der Mechanik** gilt für alle Kraftwandler: Eine Verringerung der aufzubringenden Kraft *F* führt zu einer Verlängerung des zurückzulegenden Weges *s*. Das Produkt aus Kraft und Weg bleibt gleich.

$$F_1 \cdot s_1 = F_2 \cdot s_2$$

„Einfache“ Maschinen

Ein Blick in die Geschichte der Menschheit zeigt, dass **Kraftwandler** die mechanische Übertragung von Energie vereinfachten. Bis heute werden Seile und Rollen benutzt ebenso wie schiefe Ebenen, Hebel und Flaschenzüge (→ Bild 2).

Die mechanische Leistung

Die Übertragung von mechanischer Energie kann schneller oder langsamer erfolgen. Zur Berechnung der Energiestromstärke oder auch Leistung *P* gelten dieselben Regeln und Einheiten wie bei jedem Energiefluss.

Berechnung der **mechanischen Leistung:**

$$P = \frac{E}{t} = \frac{F \cdot s}{t}$$

Einheiten:
$1\ \text{W} = 1\ \frac{\text{J}}{\text{s}} = 1\ \frac{\text{Nm}}{\text{s}}$

1 **a)** Berechne die Hubarbeit, die der Kletterer verrichtet, wenn er 4 m hoch klettert und eine Masse von 60 kg hat.
b) Berechne seine mechanische Leistung, wenn er dies in einer Zeit von $t = 120$ s vollbringt.

Starthilfe zu 1 a):
gegeben: $m = ...$
$h = ...$
$g = 9{,}81\ \frac{\text{N}}{\text{kg}}$
(nutze gerundet: $g \approx 10\ \frac{\text{N}}{\text{kg}}$)
gesucht: E_H
Formel: $E_H = m \cdot g \cdot h$
eingesetzt: $E_H = ...$
Lösung: ...

2 **a)** Erkläre, warum der Kraftmesser am Flaschenzug in Bild 2C nur $\frac{1}{4}$ der Gewichtskraft der Masse anzeigt.
b) Gib die Seillänge an, die gezogen werden muss, um die Masse um 50 cm anzuheben. Begründe deine Lösung.

3 Vergleiche die Kräfte und die Längen der Bewegungen auf beiden Seiten des Hebels an der Brechstange in Bild 2D. Nutze die goldene Regel der Mechanik.

»

FORSCHEN UND ENTDECKEN

A Was bringen Rollen, Seile und Flaschenzüge?

Material: Stativ, Rollen, Seil, Gewichtsteller mit Massestücken, Federkraftmesser, Meterstab

Durchführung:

Schritt 1: Baue den Versuch wie in Bild 1A auf.

Schritt 2: Hebe den Gewichtsteller mit den Massestücken (m = 200 g) um die Höhe h = 10 cm an.

Schritt 3: Miss die Haltekraft und die Seillänge s, die du zum Anheben am Seil ziehen musst.

Schritt 4: Baue nacheinander auch die Versuche 1B und 1C auf. Wähle Massestücke, Gewichtsteller und lose Rollen so, dass sie eine Masse von 200 g haben.

Schritt 5: Wiederhole jeweils die Schritte 2 und 3.

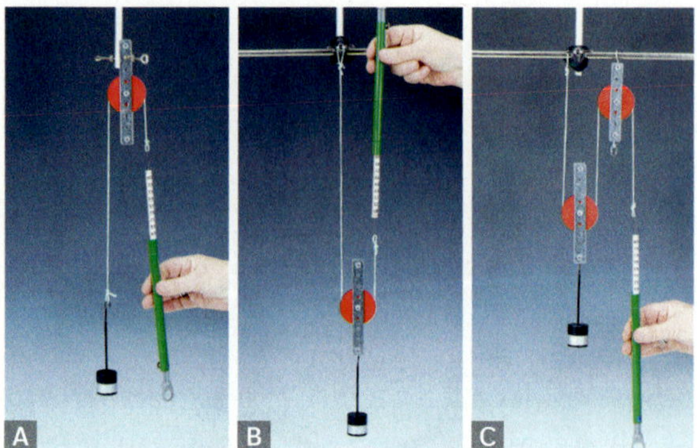

1 Versuchsaufbauten: **A** feste Rolle, **B** lose Rolle, **C** Flaschenzug

1 **a)** Trage deine Messwerte in eine Tabelle ein. Sie enthält jeweils die Gewichtskräfte, die Beträge und Richtungen der Haltekräfte und die Seillängen s, die zum Anheben des Massestückes um 10 cm gezogen wurden.
b) Erkläre die Versuchsergebnisse.

B Messungen am Hebel

Material: Stativ, Hebel mit Haken, Gewichtsteller mit Massestücken, Federkraftmesser

Durchführung:

Schritt 1: Baue den Versuch wie in Bild 2 auf.

Schritt 2: Hänge verschiedene Massestücke an einen Haken auf die linke Seite. Miss den Betrag der Gegenkraft F_2, die du an einem Haken auf der rechten Seite halten musst, damit der Hebel im Gleichgewicht ist.

Schritt 3: Verändere die Abstände a_1 der Aufhängung der Masse auf der linken Seite vom Drehpunkt D. Miss jeweils die Haltekräfte.

Schritt 4: Verändere die Abstände a_2 des Kraftangriffs auf der rechten Seite vom Drehpunkt D. Miss jeweils die Haltekräfte.

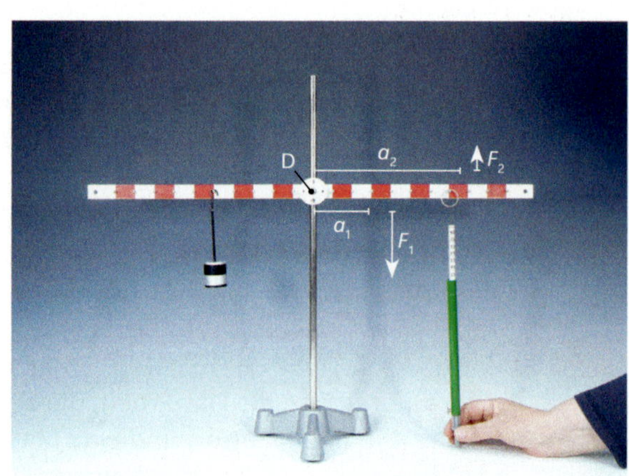

2 Versuchsaufbau zum zweiseitigen Hebel

1 **a)** Halte in einer Tabelle jeweils die Abstände a_1 und a_2 sowie die Gewichtskräfte F_1 und die Gegenkräfte F_2 fest.
b) Formuliere „Je… , desto …“-Sätze als Ergebnis.

Kraftwandler überall im Einsatz

Ohne Serpentinen unmöglich

Fahrzeuge können Hänge mit großen Steigungswinkeln nicht auf direktem Weg überwinden. Ihre aufgebrachte Kraft ist zu klein. Deshalb sind an Hängen wie in Bild 3 schlangenförmige Straßen mit kleinem Steigungswinkel angelegt. Sie heißen **Serpentinen.** Die aufzubringende Kraft wird viel kleiner. Der zurückgelegte Weg wird über eine Serpentine aber deutlich länger.

3 Serpentinen im Gebirge

Die Astschere als Hebelwerkzeug

Dort, wo der Ast abgeschnitten wird, entfaltet die Astschere eine große Kraft. Sie wird aber nur über eine kurze Wegstrecke, etwa die Astdicke, ausgeübt. Die Gärtnerin kann an den langen Hebelarmen mühelos mit geringem Kraftaufwand schneiden. Sie bewegt die Hände dabei aber über eine längere Strecke. Als Länge der Hebelarme gelten die Abstände zwischen dem Drehpunkt und den Ansatzpunkten der Kräfte.

4 Eine Astschere

Die Gangschaltung am Fahrrad

Fährst du mit deinem Fahrrad bergauf, musst du eine größere Kraft aufbringen als auf ebener Strecke. Um diese Kraft zu verringern, wählst du mit der **Gangschaltung** wie in Bild 5 einen kleineren Gang, also ein kleineres Übersetzungsverhältnis. Die Kette läuft dann hinten über ein größeres Zahnrad. Das Zahnrad vorne muss nun jedoch häufiger gedreht werden. Der Weg, den deine Beine zurücklegen, wird also länger.

5 Viele Zahnräder am Fahrrad

1 Erkläre an zwei Beispielen die goldene Regel der Mechanik.

2 Vergleiche eine steile Treppe mit einer schrägen Rampe für Rollstuhlfahrer. Auf beiden Wegen kommen Personen nach oben. Wo ist der Weg weiter, wo ist mehr Kraft nötig?

3 Recherchiere weitere Beispiele für Werkzeuge mit Hebelwirkung. Stelle sie in der Klasse vor.

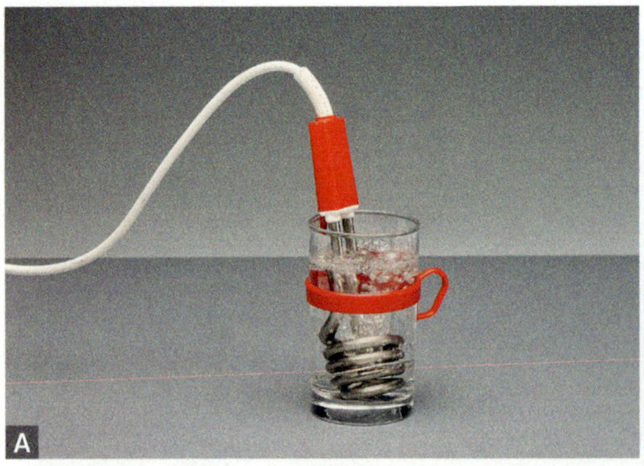

1 Wasser erwärmen: **A** Ein Reisetauchsieder bringt Teewasser zum Sieden. **B** Badewasser wird auf 35 °C erwärmt.

Energie thermisch übertragen

Die Temperatur

Mit einem **Thermometer** kannst du messen, wie „warm" es ist. Du gibst dann die **Temperatur** der Zimmerluft zum Beispiel als 19 °C an oder die Temperatur des Badewassers mit 35 °C. Das Wasser für Tee siedet bei 100 °C. Bei 0 °C gefriert Wasser zu Eis. Im Alltag wird die Temperatur zumeist in der Einheit °C (Grad Celsius) angegeben.
In der Physik wird die absolute Temperatur in der Einheit K (Kelvin) angegeben. Die Kelvin-Skala fängt beim absoluten Temperaturnullpunkt mit 0 K an. Das entspricht −273,15 °C. Die Temperaturschritte sind dieselben wie bei der Celsius-Skala. So ergeben sich für Temperaturdifferenzen in beiden Skalen dieselben Werte.

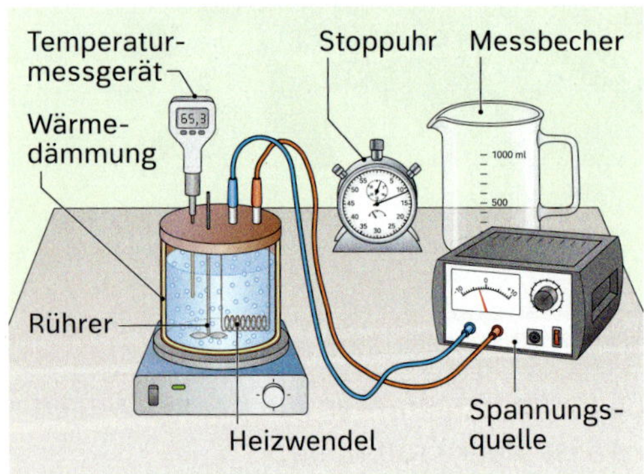

2 Wärmemengen mit dem Kalorimeter messen

Wärme

Wieviel Wärme muss dem Wasser zugeführt werden, um es von beispielsweise 20 °C bis 35 °C oder bis 100 °C zu erwärmen? Die **Wärme** ist die **Energiemenge** $\boldsymbol{\Delta E_{th}}$, die dabei thermisch auf das Wasser übertragen wird. Diese hängt offenbar nicht nur von der Temperaturdifferenz ΔT ab. Das Teewasser lässt sich mit weniger Energiezufuhr erhitzen als die große Menge des Badewassers. Die benötigte Energie hängt auch von der Masse m des Wassers ab.

Wärmemengen messen

Mit einem Kalorimeter (calor: lateinisch für Wärme) lassen sich Wärmemengen messen (→ Bild 2). In ein gut wärmeisoliertes Gefäß wird eine bestimmte Wassermasse eingefüllt, zum Beispiel $m = 0{,}5$ kg. Dann wird gleichmäßig Energie zugeführt. Für verschiedene Temperaturerhöhungen ΔT werden die Zeiten zum Aufheizen gemessen. Bei elektrischer Beheizung ergibt sich die benötigte Energie direkt als $E = P \cdot t$. Diese Energie wird in thermische Energie ΔE_{th} umgewandelt. Wie sich zeigt, steigt die benötigte Energie proportional mit der Temperaturerhöhung. Und wenn mehr Wasser erhitzt werden soll, ist auch entsprechend mehr Energie nötig.

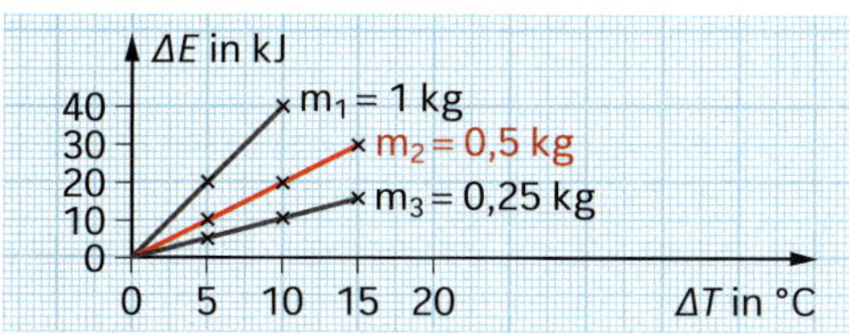

3 Zugeführte Energie für Temperaturzunahmen ΔT

4 Wärmeisolierte Rohrleitungen für Fernwärme

Berechnung der **Wärmemenge ΔE_{th}**:

$$\Delta E_{th} = c \cdot m \cdot \Delta T$$

Die zum Erhitzen von Wasser benötigte Wärme ist proportional zur Temperaturdifferenz ΔT und proportional zur Masse m.
Der Proportionalitätsfaktor ist c.
c heißt spezifische Wärmekapazität und ist für verschiedene Stoffe unterschiedlich. Für Wasser gilt: $c_{H_2O} = 4{,}2\ \frac{\text{kJ}}{\text{kg} \cdot \text{K}}$.

Wärme und thermische Energie

Die als Wärme aufgenommene Energie ist als **thermische Energie** in dem Körper bei höherer Temperatur gespeichert. Sie kann auch wieder abgegeben werden.

Wasser als „Wärmespeicher"

Wasser hat eine hohe spezifische Wärmekapazität im Vergleich zu vielen anderen Flüssigkeiten oder Feststoffen. Das bedeutet, es muss viel Energie aufgewendet werden, um die Temperatur von Wasser zu erhöhen. Die große Energiemenge ist dann aber als thermischer Energie im Wasser gespeichert.

Technisch Wärme übertragen

Wasser kann viel thermische Energie speichern. Daher wird es oft in Heizungsanlagen genutzt. Das warme Wasser wird in Kesseln gespeichert und über Heizungsrohre zu den Heizkörpern transportiert. Ähnliches passiert in größerem Maßstab in Fernwärmenetzen. Kraftwerke speichern Abwärme in riesigen Speichertürmen. Über wärmeisolierte Rohre fließt das heiße Wasser in Wohngebiete und versorgt die Wohnungen mit Fernwärme (→ Bild 4).

Beispielaufgabe

Berechne die Wärmemenge, die ein Fernwärmepeicher mit 50 000 m^3 Wasser abgeben kann. Das Wasser wird bei 95 °C gespeichert und hat im Rücklauf 55 °C.

gegeben: $m = 50\,000\,000$ kg; $\Delta T = 40$ K

gesucht: ΔE_{th}

Formel: $\Delta E_{th} = c \cdot m \cdot \Delta T$

Rechnung:

$\Delta E_{th} = 4{,}2\ \frac{\text{kJ}}{\text{kg} \cdot \text{K}} \cdot 50\,000\,000\ \text{kg} \cdot 40\ \text{K}$

Lösung:

$\Delta E_{th} = 8\,400\,000\,000\ \text{kJ} = 2{,}3\ \text{GWh}$

zur Erinnerung: 1 kWh = 3 600 kJ

1 **a)** Entscheide und begründe, ob bei gleicher Ausgangstemperatur mehr Wärme nötig ist, um 0,2 l Teewasser auf 100 °C zu erhitzen oder 120 l Badewasser auf 35 °C zu erwärmen.
b) Berechne für das Teewasser und die Badewannenfüllung aus Aufgabe 1 a) die benötigten Wärmemengen, wenn das Wasser in beiden Fällen mit 10 °C aus der Wasserleitung kommt.

2 **a)** Wasser kann vergleichsweise viel thermische Energie speichern. Beschreibe ein Beispiel, wie dies technisch genutzt wird.
b) Begründe, warum Speicherkessel und Rohrleitungen für Heizwasser wärmeisoliert sind.

3 **II** Begründe, warum die drei Geraden in Bild 2B unterschiedlich steil ansteigen.

»

FORSCHEN UND ENTDECKEN

A Wieviel Energie wird zum Aufheizen von Wasser benötigt?

Material: Tauchsieder (z. B. 300 W), großes Becherglas, Thermometer, Stoppuhr (z. B. Handy)

Durchführung:

Schritt 1: Bereite eine Messtabelle vor:
$P = 300\ \text{W} = 0{,}3\ \text{kW}$; $m_1 = 0{,}2\ \text{kg}$

Zeit *t*	s	0	20	40	60
$\Delta E = P \cdot t$	kJ	0	6	12	...
Temp.	°C	...	...		
ΔT	K	...	...		
$c = \frac{\Delta E}{m \cdot \Delta T}$	$\frac{kJ}{kg \cdot K}$	...	...		

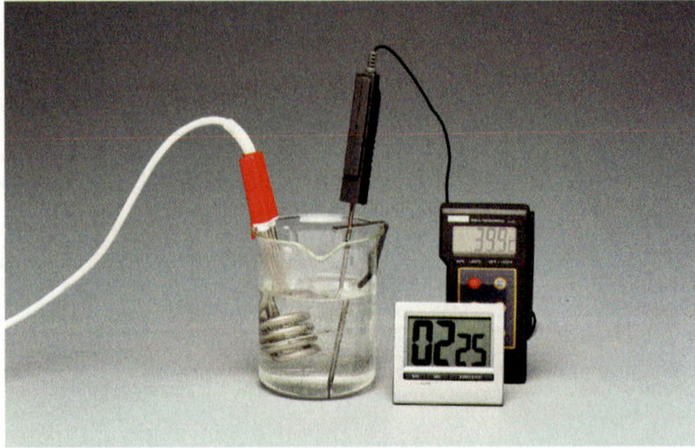

1 Versuch zur Bestimmung von Wärmemengen

Schritt 2: Fülle 200 ml ($m = 0{,}2$ kg) Wasser in das Becherglas. Miss die Anfangstemperatur.

Schritt 3: Halte den Tauchsieder in das Wasser und schalte ihn ein. Starte gleichzeitig die Stoppuhr und lass diese über den ganzen Versuch weiterlaufen.

Schritt 4: Rühre das Wasser während des Heizvorganges ab und zu um. Lies in Abständen von 20 s jeweils die Temperatur ab und notiere die Messwerte in der Tabelle. Beende den Versuch, wenn die Temperatur etwa 80 °C beträgt.

Schritt 5: Wiederhole den Versuch mit 400 ml Wasser und noch einmal mit 600 ml Wasser.

1 **a)** Erstelle ein Diagramm, das die Temperaturdifferenzen in Abhängigkeit von den zugeführten Wärmemengen ΔE darstellt.
b) Trage die Messwerte für die drei Versuchsserien mit unterschiedlichen Farben in dasselbe Schaubild ein.

2 Werte das Diagramm aus. Welche Erwartungen hattest du an den Verlauf der Kurven? Treffen die Erwartungen zu? Finde Gründe für mögliche Abweichungen.

3 **II** **a)** Berechne jeweils die Werte für die spezifische Wärmekapazität *c*.
b) Begründe, warum die Werte höher sind als der offizielle Wert von $c_{H_2O} = 4{,}2\ \frac{kJ}{kg \cdot K}$.

B Durch mechanische Arbeit die thermische Energie erhöhen

Material: Pürierstab oder Handmixer, großes Becherglas, Thermometer

Durchführung:

Schritt 1: Fülle kaltes Wasser in das Becherglas und miss die Anfangstemperatur.

Schritt 2: Quirle das Wasser mit dem Pürierstab ca. 2 min lang. Miss anschließend die Temperatur.

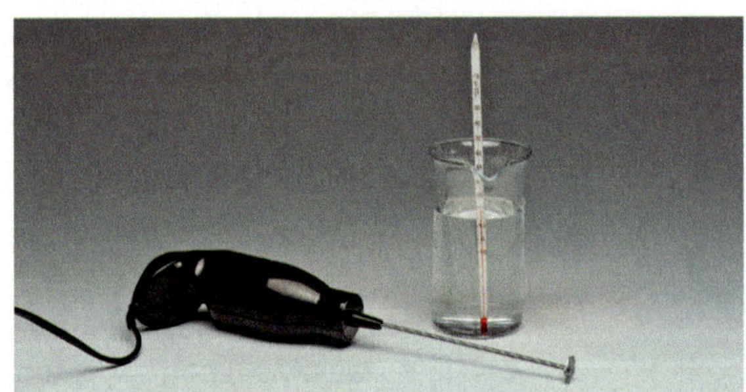

2 Steigt die Temperatur beim Quirlen?

1 Erkläre deine Beobachtungen.

Wasser und Klima

Arbeitsaufträge für alle Teams

Recherchiert zu den vorgeschlagenen Themen nähere Informationen, eindrucksvolle Bilder und Animationen. Stellt eure Ergebnisse in Form einer Computerpräsentation der Klasse vor. Setzt den Schwerpunkt auf Wasser als Speicher und Transportmittel für thermische Energie. Zusätzlich könnt ihr auch die Wärmeaufnahme und Wärmeabgabe beim Verdunsten und Kondensieren von Wasser thematisieren.

TEAM 1 Seeklima

An der See ist es im Sommer angenehm kühl und im Winter weniger kalt. Wegen seiner hohen spezifischen Wärmekapazität heizt sich das Wasser sich bei Sonneneinstrahlung weniger auf als das Land, bleibt aber im Herbst auch länger warm. An der Küste weht fast immer Wind. Im Sommer kommt er tagsüber vom Meer, nachts weht er in die andere Richtung.

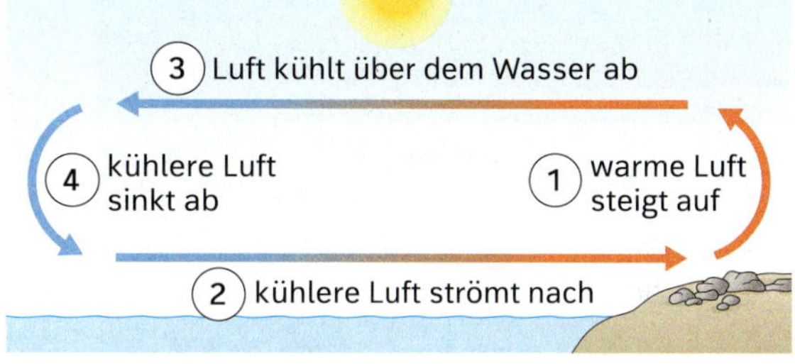

3 Wie Seewind entsteht

TEAM 2 Meeresströmungen

Meeresströmungen transportieren gigantische Mengen an thermischer Energie. Das Wasser des Golfstroms wird in den Tropen von der Sonne erwärmt. Von der Karibik strömt das warme Wasser bis nach Europa und sorgt hier für ein mildes Klima. Mit dem Klimawandel könnte der Golfstrom „abreißen" und in Europa für kältere Temperaturen sorgen.

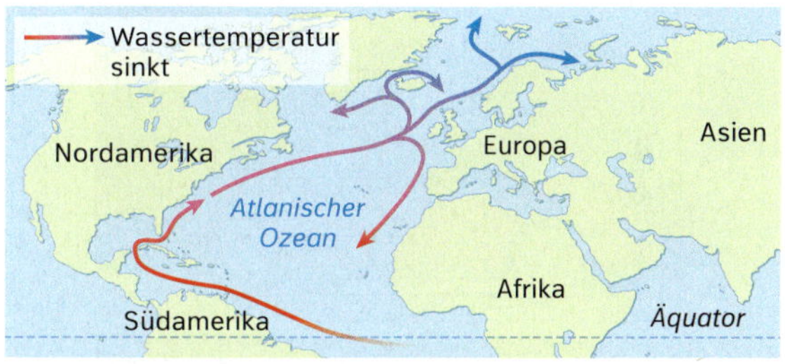

4 Der Golfstrom

TEAM 3 Hurrikans und Taifune

Hurrikans in Amerika und Taifune in Asien bilden sich, wenn das Meerwasser auf über 26 °C aufgeheizt ist. Das Wasser speichert dann unvorstellbare Mengen an thermischer Energie. Aus einem Wechsel von Verdunstung und Kondensation von Wasser entstehen dann Wirbelstürme und Starkregen.

5 Hurrikans

Der Wirkungsgrad

1 Energiewandler: **A** Speicherkraftwerk, **B** Stromtrasse, **C** Ladesäule, **D** Elektroauto, **E** Rekuperation beim Elektroauto

Energieumwandlungsketten

In einem **Wasserspeicherkraftwerk** speichert das Wasser in dem hoch gelegenen Reservoir eine bestimmte Menge an Höhenenergie.
Stürzt das Wasser durch die Turbinen herab, wird Höhenenergie in Bewegungsenergie und durch den **Generator** in elektrische Energie umgewandelt. Der Generator wird durch Reibung warm und ein Teil der Energie geht als Wärme an die Umgebung verloren.
Über **Transformatoren** und **Stromtrassen** wird die elektrische Energie zu den Verbrauchern geleitet. Auch dabei wird ein Teil der elektrischen Energie in Wärme umgewandelt und in die Umwelt abgegeben.
An einer Ladesäule für Elektroautos wird die elektrische Energie aus dem Stromnetz in chemische Energie des **Akkus** umgewandelt. Wieder wird Wärme frei.
Bei der Fahrt wandelt das E-Auto die chemische Energie aus dem Akku in elektrische Energie um, und der **Elektromotor** wandelt elektrische Energie in Bewegungsenergie um. In beiden Schritten wird wiederum Wärme erzeugt und abgegeben. Das Auto kann auch einen Berg hochfahren. Dann wird ein Teil der elektrischen Energie in Höhenenergie umgewandelt.
Beim Bergabfahren und beim Bremsen kann der Elektromotor als **Generator** arbeiten und den Akku wieder ein bisschen aufladen. Bei dieser **Rekuperation** wird Höhenenergie in Bewegungsenergie und dann in elektrische Energie und weiter in chemische Energie des Akkus umgewandelt.
Immer geht Wärme an die Umwelt verloren. In jedem Umwandlungsschritt wird die Menge an nutzbarer Energie geringer.

Energie kann weder erzeugt noch vernichtet werden. Sie kann nur von einer Form in andere Formen unter Abgabe von Wärme umgewandelt werden.

Der Wirkungsgrad

Wird nur wenig Energie in Form von Wärme entwertet, hat die Energieumwandlung einen hohen Wirkungsgrad η (griech.: eta). Der **Wirkungsgrad** gibt an, welcher Anteil der zugeführten Energie nutzbar ist.
Du kannst ihn berechnen, indem du den Quotienten aus der genutzten Energie E_{nutz} und der zugeführten Energie E_{zu} bildest.
Der Wirkungsgrad ergibt sich auch als Wert des Quotienten aus der genutzten Leistung P_{nutz} und der zugeführten Leistung P_{zu}.
Da bei beiden Berechnungen im Zähler und im Nenner des Bruches die gleichen Einheiten stehen, kürzen diese sich heraus. Der Wirkungsgrad besitzt somit keine Einheit. Es handelt sich um eine Zahl. Der Zahlenwert ist größer als 0 und kleiner als 1. Wäre der Wirkungsgrad genau 1 und gar größer, wäre die Maschine ein Perpetuum mobile.
Der Wirkungsgrad wird häufig auch in Prozent angegeben. Dafür wird der Zahlenwert mit 100 multipliziert. Ein Wirkungsgrad von 0,55 entspricht also 55 %.

Name: Wirkungsgrad
Formelzeichen: η (Eta)
Berechnung: $\eta = \frac{E_{nutz}}{E_{zu}}$; $\eta = \frac{P_{nutz}}{P_{zu}}$
Einheit: keine
Größenordnung: $0 < \eta < 1$
$0\,\% < \eta < 100\,\%$

Der Gesamtwirkungsgrad

Bei Maschinen finden häufig mehrere Energieumwandlungen hintereinander statt. Der **Gesamtwirkungsgrad η_{ges}** der Energieumwandlungskette wird dabei als Produkt der Einzelwirkungsgrade berechnet.

Name: Gesamtwirkungsgrad
Berechnung: $\eta_{ges} = \eta_1 \cdot \eta_2 \cdot \ldots \cdot \eta_n$
n = Anzahl der Energiewandler

Beispielaufgabe

a) Dem Elektromotor eines E-Autos werden 54 MJ elektrische Energie zugeführt. Hiervon werden 44 MJ in mechanische Energie umgewandelt. Berechne den Wirkungsgrad des Elektromotors.

geg.: $E_{zu} = 54\text{ MJ}$, $E_{nutz} = 44\text{ MJ}$
ges.: η
Lösung: $\eta = \frac{E_{nutz}}{E_{zu}} = \frac{44\text{ MJ}}{54\text{ MJ}} = 0{,}81$
Antwort: Der Wirkungsgrad beträgt 81 %.

b) Der Wirkungsgrad des Akkus des E-Autos beträgt 90 %. Berechne den Gesamtwirkungsgrad des E-Autos.

geg.: $\eta_{E\text{-}Motor} = 0{,}81$, $\eta_{Akku} = 90\,\% = 0{,}90$
ges.: η_{ges}
Lösung: $\eta_{ges} = \eta_{E\text{-}Motor} \cdot \eta_{Akku}$
$\eta_{ges} = 0{,}81 \cdot 0{,}90 = 0{,}73$
Antwort: Der Gesamtwirkungsgrad des E-Autos beträgt 73 %.

1. Erkläre, warum der Akku des Elektroautos durch die Bergabfahrt nicht wieder auf den Stand vor der Bergauffahrt geladen werden kann.

2. Eine Glühlampe hat $\eta = 5\,\%$, eine Leuchtstoffröhre hat $\eta = 25\,\%$. Erkläre, was das bedeutet.

3. I Ein Transformator wandelt 1,5 MJ an elektrischer Energie um. Dabei wurden 1,65 MJ an Energie dem Trafo zugeführt. Berechne den Wirkungsgrad.

4. II Eine LED-Lampe (10 V/600 mA) strahlt bei voller Helligkeit eine Lichtleistung von 3,15 W ab. Berechne den Wirkungsgrad.

5. II Über ein Ladegerät mit einem Wirkungsgrad von 70 % soll ein Smartphone mit 36 kJ Energie geladen werden. Berechne die Energie, die dem Ladegerät zugeführt werden muss.

Starthilfe zu 4:
$P = U \cdot I$

Starthilfe zu 5:
Löse die Größengleichung des Wirkungsgrades nach E_{nutz} auf.

»

FORSCHEN UND ENTDECKEN

A Die Bestimmung des Wirkungsgrades eines Elektromotors

Material: Spannungsquelle, kleiner E-Motor, Massestück ($m = 0{,}1$ kg), Seil, Stromstärkemessgerät, Spannungsmessgerät, Experimentierkabel, Stoppuhr (Smartphone), Meterstab

Durchführung:

Schritt 1: Baue den Versuch wie in Bild 1 auf.

Schritt 2: Stelle das Massestück auf den Boden. Stelle die Stoppuhr auf null.

Schritt 3: Nimm die Spannungsquelle in Betrieb und starte die Zeitmessung.

Schritt 4: Miss die Spannung U und die Stromstärke I, während der Motor das Massestück nach oben zieht.

Schritt 5: Unterbrich den Stromkreis, kurz bevor das Massestück auf Höhe des Tisches ist. Stoppe die Zeit t und miss die vom Massestück zurückgelegt Höhe h.

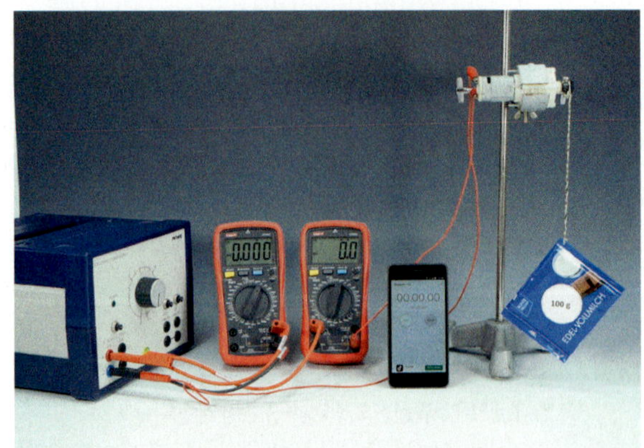

1 Welchen Wirkungsgrad hat der Elektromotor?

1 a) Beschreibe den Versuchsaufbau.
b) Berechne mit deinen Messwerten den Wirkungsgrad des Elektromotors. Teile dazu die genutzte Energie ($E_{nutz} = m \cdot g \cdot h$) durch die zugeführte Energie ($E_{zu} = U \cdot I \cdot t$).

B Wie wirkt der Wirkungsgrad beim „Wasserkochen“?

Material: Messbecher (1 l), Wasser, elektrischer Wasserkocher, Heizplatte, Kochtöpfe mit Deckeln, Thermometer

Durchführung:

Schritt 1: Miss für jeden Versuchsteil 1 Liter Wasser ab ($m = 1$ kg) und halte die Anfangstemperatur fest. Notiere die „Wattzahl“ des Heizgerätes.

Schritt 2: Erhitze das Wasser bis zum Sieden und miss die Zeit bis zum Sieden.

Schritt 3: Teste verschiedene Verfahren zum Erhitzen des Wassers. Nutze einmal den Wasserkocher und einmal die Heizplatte. Erhitze auf der Heizplatte das Wasser einmal in einem Topf ohne Deckel und einmal mit Deckel. Teste auch verschieden große Töpfe.

2 Wasser zum Sieden bringen

1 Berechne für jeden Heizvorgang den Wirkungsgrad η. Die zugeführte elektrische Energie beträgt $E = P \cdot t$. Die genutzte Wärme ist $\Delta E_{th} = 4{,}2\,\frac{kJ}{kg \cdot K} \cdot 1\,kg \cdot \Delta T$.

2 Vergleiche die Energieeffizienz der Möglichkeiten, Wasser zu erhitzen.

ÜBEN UND ANWENDEN

A Wirkungsgrade recherchieren, vergleichen und berechnen

Wie bei allen Energiewandlern wird auch bei Elektrogeräten die Energie am effektivsten genutzt, wenn der Wirkungsgrad hoch ist. Das senkt zudem die Energiekosten.

3 Je höher der Wirkungsgrad ist, desto geringer sind die Energiekosten.

1 a) Eine Bohrmaschine ist an eine Steckdose angeschlossen. Bei Volllast beträgt die Stromstärke 3,0 A. Bestimme die zugeführte elektrische Leistung an der Steckdose.
b) Durch Reibungskräfte werden im Motor 25 % und im Getriebe weitere 13 % in thermische Energie umgewandelt und als Wärme abgegeben. Berechne den Gesamtwirkungsgrad η_{ges} der Bohrmaschine.

2 Bei allen Elektrogeräten wird ein Teil der Energie in Form von Wärme an die Umgebung abgegeben. Dies senkt den Wirkungsgrad. Übernimm die Tabelle 4 in dein Heft. Recherchiere die Wirkungsgrade und fülle deine Tabelle aus.

Energiewandler	Wirkungsgrad η
Glühlampe	≈ 5 %
LED-Lampe	
Smartphone-Ladegerät	
Wasserkocher	
Bohrmaschine	
Transformator	
Elektromotor	

4 Wie hoch sind die Wirkungsgrade?

B Energieflussdiagramme interpretieren und zeichnen

Der Wirkungsgrad eines Energiewandlers lässt sich auch am Energieflussdiagramm über die Pfeilbreiten ermitteln. Sie stellen die Stärke der Energieströme dar.

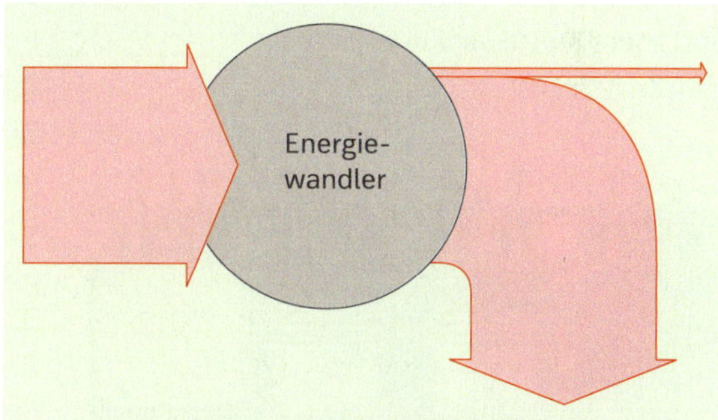

5 Wirkungsgrad eines Energiewandlers

1 a) Miss die Dicke der Pfeile in Bild 5 und bestimme den Wirkungsgrad η des Energiewandlers.
b) Gib mit deinem Ergebnis in a) einen möglichen Energiewandler an. Benutze dazu deine recherchierten Wirkungsgrade aus Tabelle 4.
c) Benenne zu dem gewählten Energiewandler die zugeführte Energie, die genutzte Energie und die entwertete Energie.

2 Erstelle ein maßstabsgetreues Energieflussdiagramm einer LED-Lampe. Zeichne 100 % als 40 mm Pfeilbreite. Nutze den recherchierten Wirkungsgrad aus Tabelle 4.

3 II a) Erstelle ein Energieflussdiagramm für den Motor und das Getriebe einer Bohrmaschine. Nutze die Wirkungsgrade aus Aufgabe 1a).
II b) Benenne in den Energieflussdiagrammen alle Formen von Energie.

«

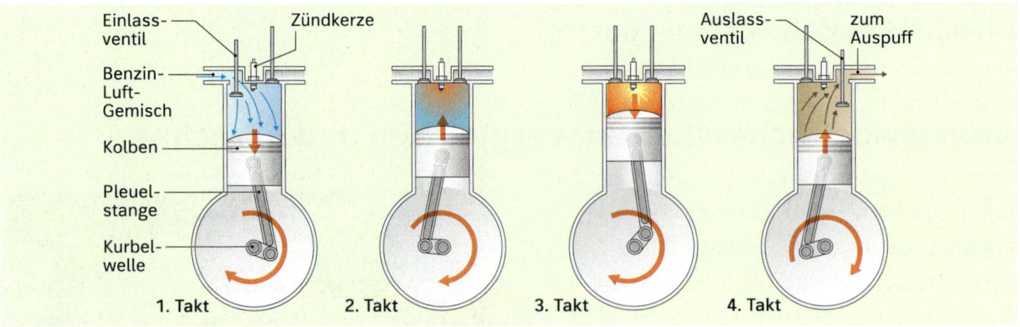

1 Die Arbeitsweise eines Kolbens eines Viertakt-Ottomotors

Antriebe zur Mobilität

Energie für Mobilität

Im Jahr 2021 wurden in Deutschland 25 % des gesamten Energiebedarfs für den Verkehrsbereich verwendet. Dieser Bedarf wird bisher zum größten Teil durch fossile Kraftstoffe abgedeckt. Regenerative Kraftstoffe wie Biodiesel oder Bioalkohol werden oft beigemischt. Wasserstoff hat als Kraftstoff vielleicht eine Zukunft.
Verbrennungsmotoren treiben Autos für den Individualverkehr an. Auch Busse, Lkw, Schiffe und Flugzeuge nutzen Verbrennungsmotoren unterschiedlicher Bauarten.
Elektromotoren treiben Bahnen und mehr und mehr Autos an.

2 Jeder Kolben ist in einem anderen Takt.

Der Viertakt-Ottomotor

In einem **Viertakt-Ottomotor** wird ein Benzin-Luft-Gemisch verbrannt. Dabei wird chemische Energie in Bewegungsenergie und thermische Energie gewandelt, die in Form von Wärme abgegeben wird. Die Vorgänge im Zylinder laufen in vier Takten ab. Sie wiederholen sich regelmäßig (→ Bild 1).

1. Takt: Das Ansaugen
Das Einlassventil ist geöffnet, das Auslassventil ist geschlossen. Der Kolben bewegt sich im Zylinder nach unten und saugt das Benzin-Luft-Gemisch an.

2. Takt: Das Verdichten
Beide Ventile sind geschlossen. Der Kolben bewegt sich nach oben und verdichtet das Gemisch. Es entsteht eine Temperatur von 400 °C bis 600 °C.

3. Takt: Das Arbeiten
Beide Ventile sind geschlossen. Das Gemisch wird durch einen elektrischen Funken der Zündkerze gezündet. Es verbrennt mit einer Temperatur von 1500 °C. Der Kolben wird nach unten gedrückt. Auf die Kurbelwelle wirkt eine Kraft. Sie wird gedreht.

4. Takt: Das Ausstoßen
Das Auslassventil wird geöffnet. Der Kolben bewegt sich nach oben und drückt die Verbrennungsgase aus dem Zylinder.

Diesel-Motor und andere Motoren

Im Prinzip funktionieren alle Verbrennungsmotoren ähnlich. Dieselkraftstoff wird wie Benzin aus Erdöl gewonnen, hat aber eine etwas andere chemische Zusammensetzung. Daher sind auch die Motoren etwas anders gebaut. Ähnliches gilt für Gasmotoren, die das Fahren mit Erdgas oder Biogas erlauben. Die Motoren sind jeweils technisch optimiert. Sie erreichen Wirkungsgrade über 40 %.

Der Schadstoffausstoß

Hauptbestandteil der Abgase von Verbrennungsmotoren ist neben Wasserdampf das Kohlenstoffdioxid (CO_2). Es trägt bei der Verbrennung fossiler Kraftstoffe als **Treibhausgas** zur menschengemachten Klimaerwärmung bei. CO_2 entsteht zwar auch bei der Verbrennung von biologisch erzeugten Kraftstoffen. Jedoch wurde dieselbe Menge CO_2 bei der Fotosynthese gebunden, sodass der Einsatz insgesamt CO_2-neutral ist. Die Abgase enthalten je nach Brenntechnik und Filteranlagen zudem Kohlenstoffmonooxid (CO), Stickstoffoxide (NO_x) und Rußpartikel. Diese Stoffe belasten die Umwelt und die Gesundheit.

Kraftstoffverbrauch

Der Kraftstoffverbrauch eines Fahrzeugs hängt von seiner Masse, seiner Form, der Fahrweise und vielen anderen Faktoren ab. Sparsame 3-Liter-Autos benötigen etwa 3 l Benzin pro 100 km. 1 Liter Benzin speichert etwa 8,5 kWh chemische Energie.

3 Elektroauto

Elektromobilität

Elektromotoren haben mit um die 80 % einen hohen Wirkungsgrad. Im Vergleich zu Verbrennungsmotoren bestehen sie aus weniger Bauteilen. Sie sind daher günstiger herzustellen und zu warten. Bei Straßenbahnen und Zügen hat sich der Elektroantrieb bereits durchgesetzt. Die Bahnen beziehen ihre elektrische Energie während der Fahrt aus Stromleitungen.
Bei Pkw besteht das Problem der Energiespeicherung. **Akkus** aus **Lithium-Ionen-Zellen** speichern etwa 50 kWh und ermöglichen Reichweiten bis zu 500 km. Viele haben aber eine Masse von über 300 kg, die immer mitbewegt werden muss. Außerdem werden für die Produktion wertvolle Rohstoffe benötigt. An **Ladestationen** oder Wallboxen können die Akkus wieder aufgeladen werden. Für die Gesamtenergiebilanz eines E-Autos ist dann wichtig, wie effizient und umweltverträglich die elektrische Energie bereitgestellt wird.

1 **a)** Nenne die zwei grundsätzlich unterschiedlichen Antriebe für Fahrzeuge.
b) Gib für beide Antriebsformen die Energieumwandlungen an.

Starthilfe zu 1 b):
Nutze: thermische, elektrische, chemische und Bewegungsenergie

2 **a)** Beschreibe den Funktionsablauf eines Ottomotors.
b) Benenne den Takt, in dem die Bewegungsenergie freigesetzt wird.

3 I Vergleiche Verbrennungs- und Elektromotoren bezüglich ihres Schadstoffausstoßes.

4 II Vergleiche den Energiebedarf eines 3-l-Autos mit dem eines Elektroautos.

5 II Mit einem Solardach von 3 m² könnte ein Pkw im Jahr ca. 500 kWh elektrische Energie erzeugen (→ Bild 3). Berechne die Strecke, die der Pkw damit fahren könnte.

»

ÜBEN UND ANWENDEN

A Verbrennungsmotoren im Vergleich

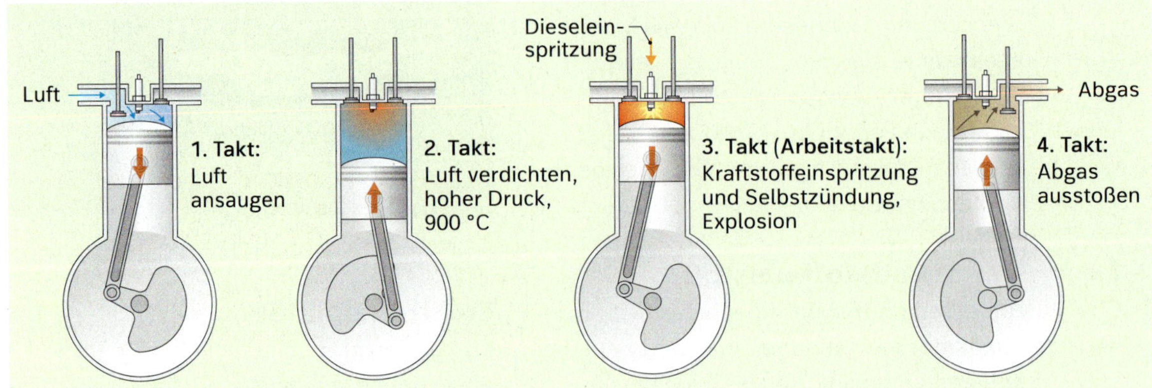

1 Arbeitsweise eines Dieselmotors

Verbrennungsmotoren unterscheiden sich in der Art des Kraftstoffs, in der Zahl der Takte, in der Zuführung des Kraftstoffs, in der Arbeitsweise der Ventile, in Druck und Temperatur, in der Zündung des Kraftstoff-Luft-Gemisches, in der Zahl der Zylinder, im Wirkungsgrad, in den Anwendungsbereichen und in vielen technischen Details.

1. Nutze Bild 1 und vergleiche die Arbeitsweise des Dieselmotors mit der Arbeitsweise des Viertakt-Ottomotors.
2. Recherchiere und nenne typische Anwendungsbereiche für Dieselmotoren.
3. Vergleiche die Arbeitsweise des Zweitaktmotors in Bild 2 mit dem Viertakt-Ottomotor.
4. Recherchiere und nenne typische Anwendungsbereiche für Zweitaktmotoren sowie Vor- und Nachteile dieser Motoren.
5. Recherchiere im Internet nach Animationen zur Arbeitsweise verschiedener Verbrennungsmotoren. Führe geeignete Videos vor, schalte den Ton dabei ab und sprich die Erläuterungen selbst.
6. **II** Bild 3 zeigt einen 12-Zylinder-Motor. Solche Motoren können als Ottomotoren für Benzin ausgelegt sein, aber auch als Dieselmotoren oder sogar für Biogas oder Wasserstoff gebaut werden.
   a) Überlege und erläutere, welche Vorteile Motoren mit vielen Zylindern haben.
   b) Erläutere, welche Steuerungsprobleme bei solchen Motoren gelöst werden müssen.

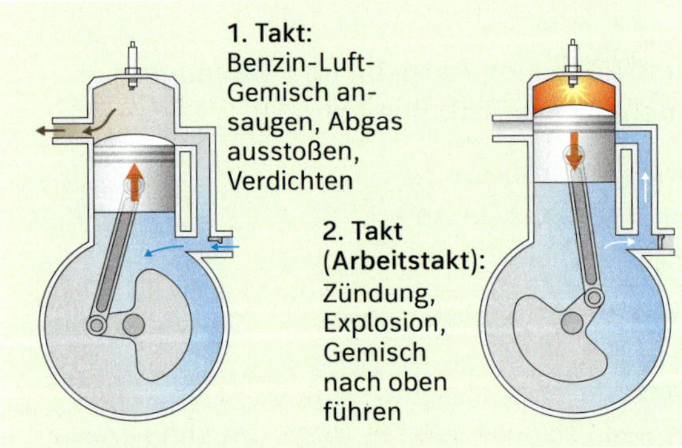

2 Arbeitsweise eines Zweitakt-Motors

3 12-Zylinder-V-Motor

IM ALLTAG

Antriebe der Zukunft?

Hybridantriebe

Fahrzeuge mit Hybridantrieb haben zwei Antriebe (hybrid – griech./lat.: Mischung). Meist sind es ein Verbrennungsmotor mit Benzintank und ein Elektromotor mit Akku. Der Verbrennungsmotor dient für lange Strecken und kann über den Generator den Akku aufladen. Der Elektromotor beschleunigt gut für schnelles Anfahren. Er erlaubt ein leises und schadstoffarmes Fahren im Stadtverkehr und auf kurzen Wegen. Die Akkus von **Plug-In-Hybriden** (plug in – engl.: einstöpseln) können auch über Ladestationen aufgeladen werden. Die Energiebilanz solcher Hybride bleibt in der Praxis meist hinter reinen Antrieben zurück, da die Autos sehr schwer sind.

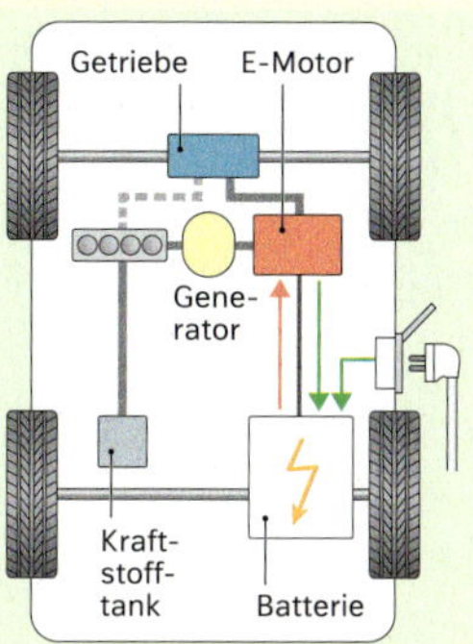

4 Zwei Antriebe im Hybrid-Auto

5 Linienbus betrieben mit Wasserstoff

Fahren mit Wasserstoff

Wasserstoff (H_2) reagiert mit Sauerstoff (O_2) zu Wasser (H_2O) als „Abgas" und setzt dabei Energie zur Bewegung frei. Zwei Technologien können zum Einsatz kommen. In **Brennstoffzellen** findet die Reaktion langsam statt, und es wird elektrische Energie erzeugt. Diese treibt dann einen Elektromotor an. Alternativ kann Wasserstoff auch in einem **Verbrennungsmotor** als Kraftstoff eingesetzt werden. Die Wirkungsgrade sind mit 50 % und 35 % nur deswegen nicht konkurrenzfähig, weil der Wasserstoff erst einmal unter hohem Aufwand an elektrischer Energie in einem **Elektrolyseur** produziert und dann verteilt werden muss. Der Wirkungsgrad dafür beträgt etwa 50 %.

1 **a)** Erkläre die Begriffe Hybridantrieb und Plug-In-Hybrid.
b) Beschreibe Vorteile und Nachteile eines Hybridantriebs im Vergleich zu einem reinen Verbrennungsmotor und im Vergleich zu einem reinen Elektromotor.
c) Beurteile Hybridantriebe unter dem Gesichtspunkt der Nachhaltigkeit.

2 **a)** Nenne die zwei Motortypen, die bei Wasserstofffahrzeugen zum Einsatz kommen können.
b) Vergleiche und beurteile den Schadstoffausstoß und den Wirkungsgrad eines Wasserstofffahrzeugs mit dem eines Benzinmotors und mit dem eines Elektromotors.

3 **II** Zeichne je ein Energieflussdiagramm von einer Windkraftanlage, die mit einem Wirkungsgrad von 50 % elektrische Energie produziert, bis zu einem Wasserstoffauto mit Brennstoffzelle. Ein Auto benötigt ca. 12 kWh zum Fahren von 100 km. Zeichne 12 kWh als 12 mm.

«

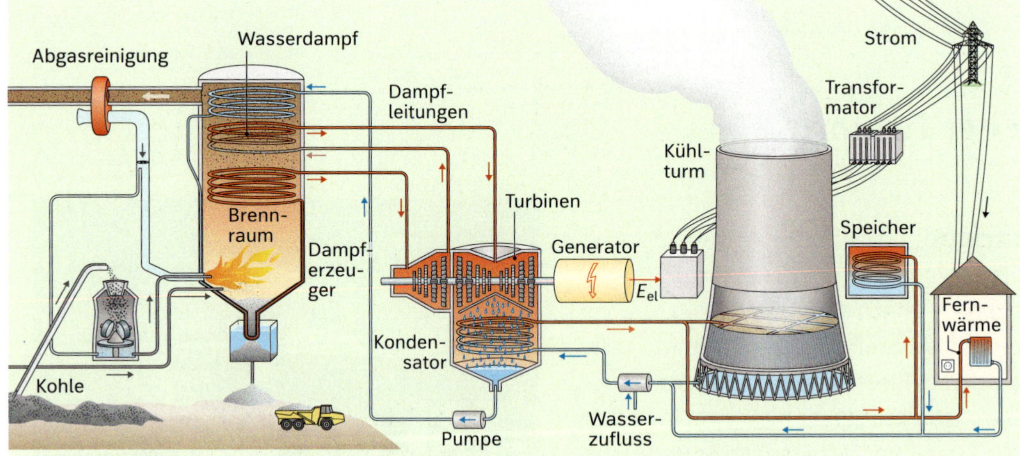

1 Aufbau eines Wärmekraftwerks mit Kraft-Wärme-Kopplung (Schema)

Wärmekraftwerke

Wärmekraftwerke

Kraftwerke sind Anlagen zur Bereitstellung von elektrischer Energie. Neben Wasserkraftwerken, Windkraftanlagen und Solarkraftwerken decken **Wärmekraftwerke** etwa die Hälfte des Strombedarfs in Deutschland.
Hier wird ein **Brennstoff** verfeuert. Die darin gespeicherte chemische Energie wird beim Verbrennen in thermische Energie umgewandelt. Mithilfe der thermischen Energie wird Wasserdampf erzeugt, der über eine Turbine einen Generator antreibt. Dieser wandelt die Bewegungsenergie des Dampfes in elektrische Energie um.
Als Brennstoffe kommen **fossile Energieträger** wie Steinkohle, Braunkohle, Erdöl oder Erdgas zum Einsatz. Auch **regenerative Energieträger** wie Biomasse, Biogas oder Altholz und Müll werden genutzt.

Atomkraftwerke

Auch **Atomkraftwerke** sind Wärmekraftwerke. Allerdings wird hier kein Brennstoff in einer chemischen Reaktion verbrannt, sondern in den „Brennstäben" findet eine Kernreaktion statt. Dabei entsteht sehr viel thermische Energie zur Dampferzeugung.

Bau und Funktion eines Steinkohlekraftwerkes

Die Steinkohle wird heute importiert und zunächst gelagert. Sie wird gemahlen und nach und nach in den **Brennraum** gegeben. Ein Gebläse sorgt für die Zufuhr von vorgewärmter Frischluft. Im Kessel befindet sich ein Wärmetauscher aus spiralig geführten Wasserleitungen. Das Wasser wird in diesem **Dampferzeuger** erhitzt und verdampft. Der über 500 °C heiße Wasserdampf steht unter Druck und strömt durch die **Dampfturbinen.** Sie drehen sich und treiben den **Generator** an. Nach dem Prinzip der Induktion wird in den Spulen des Generators elektrischer Strom erzeugt. Er wird über Transformatoren auf die gewünschte Hochspannung transformiert und in das Stromnetz eingespeist.
Der Wasserdampf wird im **Kondensator** mithilfe von **Kühlwasser** abgekühlt und kondensiert zu flüssigem Wasser. Dieses wird erneut in den Verdampfer gepumpt.
Verschiedene Systeme der **Rauchgasreinigung** entfernen Schwefeldioxid, Stickstoffoxide und Staub weitgehend aus den Abgasen. Aus dem Schornstein entweicht überwiegend Kohlenstoffdioxid (CO_2).

2 Blockheizkraftwerk: **A** Aufbau, **B** Energiefluss

Der Wirkungsgrad

Die thermische Energie im Wärmekraftwerk wird nur zum Teil in elektrische Energie umgewandelt. Der Wasserdampf muss gekühlt und wieder zu flüssigem Wasser kondensiert werden. Das kann durch Kühlwasser aus Flüssen geschehen. Über Kühltürme wird Wasser verdampft und der Dampf in die Atmosphäre gegeben.
Solche Wärmekraftwerke haben typischerweise einen Wirkungsgrad von etwa 40 %.

Kraft-Wärme-Kopplung

Der Wirkungsgrad kann auf über 80 % erhöht werden, wenn die Abwärme nicht ungenutzt in die Umwelt entweicht. Bei einer **Kraft-Wärme-Kopplung** wird ein Teil der thermischen Energie zum Beispiel zum Heizen in Fernwärmesystemen in der Industrie genutzt.

Durch **Kraft-Wärme-Kopplung** wird der Wirkungsgrad von Wärmekraftwerken fast verdoppelt.

Blockheizkraftwerke

Ein **Blockheizkraftwerk (BHKW)** wie in Bild 2 funktioniert nach diesem Prinzip der Kraft-Wärme-Kopplung. Es besteht aus einem Verbrennungsmotor, einem Generator und Wärmetauschern. Das BHKW wird mit Biogas, Erdgas oder Diesel betrieben. Der Motor wandelt die chemische Energie des Gases in Bewegungsenergie. Damit wird der Generator angetrieben. Im Generator erfolgt die Umwandlung in elektrische Energie.
Die Wärme, die beim Betrieb des Motors entsteht, wird über einen Wärmetauscher in ein Nahwärmenetz eingeleitet. Sie kann zu Heizzwecken genutzt werden.
Blockheizkraftwerke werden als kleinere Einheiten nah an den Verbrauchern betrieben. Das erleichtert die Nutzung der thermischen Energie. Nur so können hohe Wirkungsgrade erzielt werden.

1 Stelle die Abläufe in einem Wärmekraftwerk in Form eines Verlaufsschemas dar.

Starthilfe zu 1:
Zufuhr von Brennstoff und Luft → Verbrennung → Wasser verdampft → ...

2 Erstelle ein Energieflussdiagramm für ein Steinkohlekraftwerk.

3 **a)** Erkläre, wodurch der Wirkungsgrad bei Kraft-Wärme-Kopplung erhöht wird.
b) Gib die thermische Energie an, die ein Großkraftwerk von 2 GW elektrischer Leistung in etwa liefern kann.

4 I Nenne fossile und regenerative Brennstoffe für Wärmekraftwerke.

5 II **a)** Vergleiche ein Wärmekraftwerk wie in Bild 1 mit einem BHKW wie in Bild 2.
b) Erläutere, in welcher Jahreszeit der Wirkungsgrad eines BHKW niedriger sein wird.

ÜBEN UND ANWENDEN

A Strom und Wärme aus Biomasse

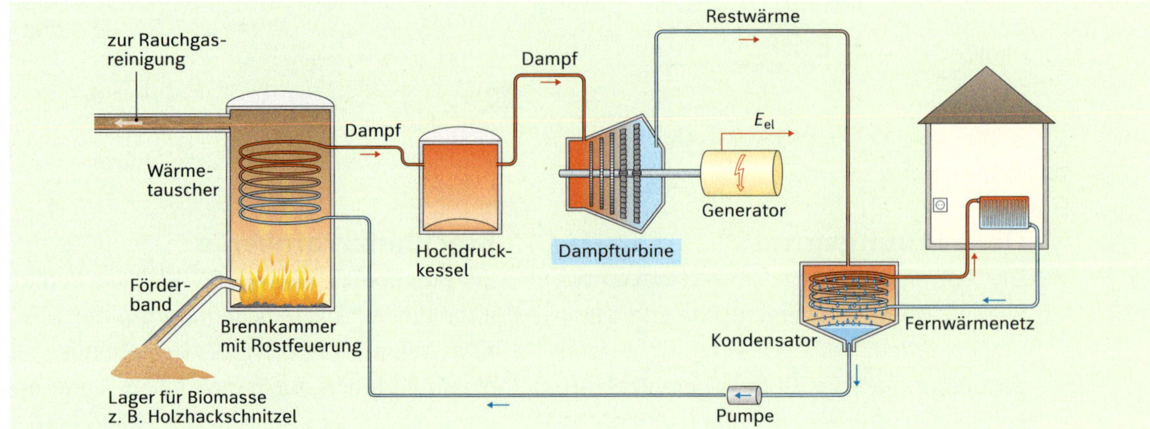

1 Biomassekraftwerk (Schema)

Altholz, Biomüll, aber auch speziell dafür angebaute Energiepflanzen lassen sich in Wärmekraftwerken zur Gewinnung elektrischer Energie verbrennen.

1 **a)** Vergleiche das Biomassekraftwerk mit einem Kohlekraftwerk.
b) Erkläre, ob Bild 1 ein gekoppeltes oder ein ungekoppeltes Kraftwerk zeigt.

B Biomasse – regenerative Energieträger

2 Hackschnitzel aus Restholz

3 Mais – Nahrungsmittel oder Energiepflanze?

Holz, Pflanzen und organische Reste sind Beispiele für **Biomasse.** Biomasse entsteht beim Wachstum von Pflanzen und Tieren. Pflanzen nutzen bei der Fotosynthese Energie von der Sonne und bauen mit Kohlenstoffdioxid (CO_2) aus der Atmosphäre energiereiche Stoffe auf. Beim Verbrennen oder Verrotten werden die Energie und das CO_2 wieder freigesetzt.

Der Anbau von Energiepflanzen steht in Konkurrenz zur Nahrungsmittelproduktion und zum Erhalt natürlicher Ökosysteme.

1 Begründe, warum Biomasse regenerativ und CO_2-neutral nutzbar ist.

2 Begründe, warum Energiepflanzen nicht unbegrenzt zur Verfügung stehen.

IM ALLTAG

Biogas

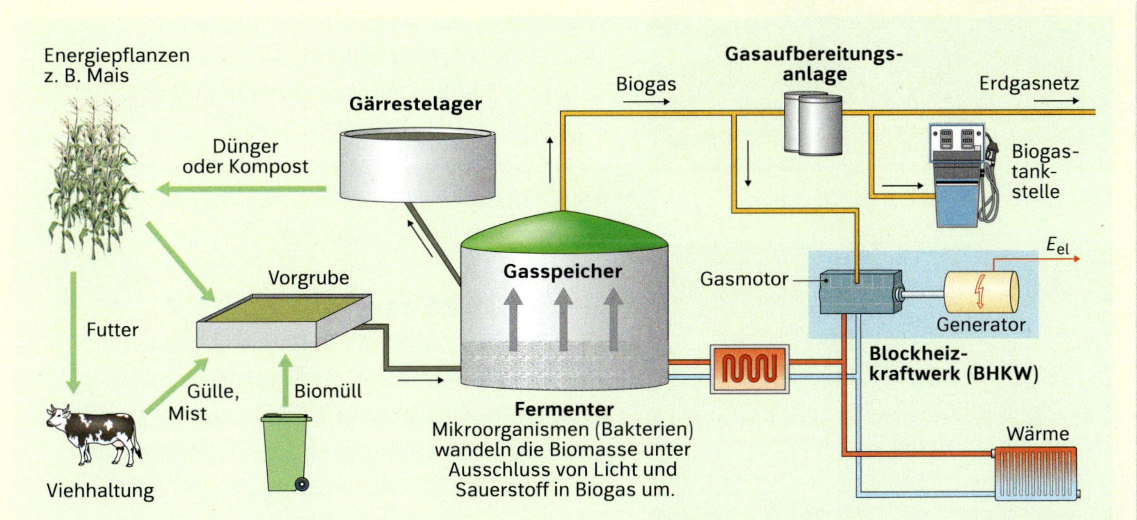

4 Das Funktionsprinzip einer Biogasanlage (Schema)

Die Biogasanlage

In einer **Biogasanlage** wie in Bild 4 werden pflanzliche und tierische Rückstände, beispielsweise Gülle aus der Landwirtschaft vergoren. Zur Steigerung des Gasaufkommens werden der Gärmasse Energiepflanzen wie Mais, Raps und besondere Gräser zugesetzt. Diese Pflanzen werden eigens für diesen Zweck angebaut. Auch organische Stoffe aus der Lebensmittelproduktion können verwendet werden.

Durch die Gärung entstehen brennbare Gase, hauptsächlich Methan. Sein Anteil ist abhängig von der Art der Pflanzen, die vergoren werden. **Biogas** muss vor der Nutzung weiter aufbereitet werden. Dabei werden dem Gas Wasser, Kohlenstoffdioxid und Schwefel entzogen. Der Anteil an Methan steigt dadurch von etwa 50 % auf 80 % an. Das Gemisch hat nun die Qualität von Erdgas.

1 **a)** Zähle Rohstoffe auf, aus denen Biogas gewonnen werden kann.
b) Nutze Bild 4 und beschreibe, was im Fermenter geschieht.

2 **a)** Beschreibe neben dem Einspeisen ins Erdgasnetz die drei Nutzungsmöglichkeiten für Biogas, die in Bild 4 vorgestellt werden.
b) Gib für diese drei Nutzungsformen jeweils die Umwandlungen der Energieformen an.
c) Erkläre am Beispiel des Biogas-BHKW das Prinzip der Kraft-Wärme-Kopplung.

3 **a)** Erkläre, warum die Rohstoffe für die Biogasproduktion als regenerativ bezeichnet werden.
b) Biogas hat etwa die Qualität von Erdgas. Erkläre, warum die Verbrennung von Biogas im Gegensatz zur Verbrennung von Erdgas CO_2-neutral ist.

4 **II** Vergleiche die Bereitstellung von elektrischer Energie in einer Biogasanlage mit der in einem Biomassekraftwerk.

«

Nachhaltige Energieversorgung

1 Das Laufwasserkraftwerk Iffezheim

2 Eine Windkraftanlage in der Nordsee

3 Eine Fotovoltaikanlage auf Gebäuden

4 Ein Biomasse-Heizkraftwerk

Nachhaltigkeit

Während bisher die Energieversorgung zu etwa 80 % auf der Verbrennung fossiler Rohstoffe beruht, muss eine nachhaltige Energieversorgung dauerhaft regenerativ, umweltschonend, bezahlbar und sozialverträglich sein. Etwa 2500 TWh werden in Deutschland jährlich benötigt.

Elektrische Energie

Etwa 500 TWh wurden 2020 an elektrischer Energie verbraucht und zu weniger als 50 % regenerativ erzeugt. Wenn Strom zunehmend auch zur Mobilität und zur Erzeugung von Wasserstoff verwendet werden soll, wird der Bedarf stark anwachsen.

Wasserkraftwerke

Speicherkraftwerke und Laufwasserkraftwerke nutzen die Höhenenergie und Bewegungsenergie des Wassers. Die Generatoren arbeiten mit fast 90 % Wirkungsgrad. Allerdings stellen die Sperrwerke enorme Eingriffe in die Natur dar. Mit jährlich 20 TWh ist der Beitrag zur Stromversorgung zudem gering und mit kaum ausbaubar.

Windkraftwerke

Offshore-Windparks und Windkraftanlagen an Land lieferten 2020 zusammen etwa 130 TWh. Der Wirkungsgrad moderner Anlagen erreicht 50 %. Die Anlagen benötigen hohe Investitionen in Beton und Stahl. An Land stören sie das Landschaftsbild und führen zu Lärmbelastung.

Solarkraftwerke

Trotz des niedrigen Wirkungsgrades von 15 % – 22 % entwickelt sich Solarstrom zur preisgünstigsten Stromversorgung. 2020 wurden 51 TWh Solarstrom erzeugt. Große Solarparks beanspruchen viel Platz. Dächer eigenen sich gut für Fotovoltaik.

Biomassekraftwerke

Biomasse in Kraftwerken oder Blockheizkraftwerken konnte 2020 gut 45 TWh elektrische Energie liefern. Mit Kraft-Wärme-Kopplung ist der Wirkungsgrad mit 80 % hoch, wobei nur die Hälfte der Energie in elektrischer Form zu nutzen ist. Wo Biomasse als Rückstand anfällt, kann sie so gut eingesetzt werden. Die zusätzliche landwirtschaftliche Produktion erfordert Flächen und senkt die Energiebilanz erheblich.

Just in time

Elektrische Energie kann kaum gespeichert werden. Sie muss „just in time" bereitgestellt werden. Der Energiebedarf unterliegt erheblichen Schwankungen über den Tag und auch über die Woche und über das Jahr. Auf der anderen Seite ist das Angebot an Wind oder Sonne sehr unterschiedlich. Wärmekraftwerke können nur begrenzt hoch- und runtergefahren werden. Daher sind die meisten Kraftwerke in einem **europäischen Verbundnetz** zusammengeschaltet. Dies sichert die Versorgung über den Ausgleich von Angebot und Nachfrage. Der Transport über lange Strecken führt aber dennoch zu erheblichen Verlusten. Außerdem können Energiespeicher für Ausgleich sorgen. Pumpspeicherkraftwerken pumpen bei Stromüberschuss Wasser hoch und liefern bei Bedarf wieder Strom. Das Verfahren ist effektiv, hat aber insgesamt nur geringe Speicherkapazitäten.

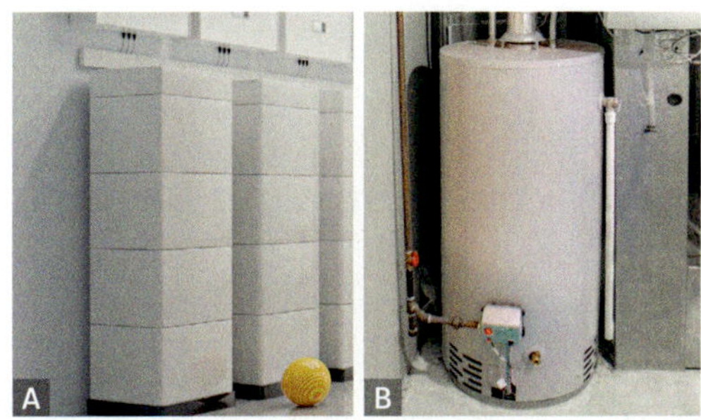

5 Speichertechnik im Haus: **A** Batteriespeicher für Solarenergie, **B** Warmwasserspeicher

Speichertechniken

Fast verlustfrei lässt sich Energie in chemischer Form speichern und auch transportieren. Das kennen wir von Kohle, Öl, Gas oder Holz. Thermische Energie lässt sich in großen Warmwasserbehältern speichern. Diese müssen gegen Wärmeverluste aber gut isoliert sein.
In Batterien beziehungsweise wiederaufladbaren Akkus lässt sich eine kleinere Energiemenge speichern. Batteriesysteme sind teuer und problematisch für die Umwelt. Eine weitere Speichermöglichkeit stellt die elektrolytische Wasserstoffproduktion dar. Die Forschungen daran und an anderen Speichertechnologien werden die Energiewende stark beeinflussen.

Energie effizient nutzen

Ganz am Ende der Energieflusskette stehen immer die Verbraucher. Wozu sie wieviel und welche Energie umsetzen, entscheidet über die Nachhaltigkeit.

1 **a)** Nenne die Werte für den Gesamtenergiebedarf und den Bedarf an elektrischer Energie in Deutschland und gib jeweils die Anteile der regenerativen Energieversorgung an.
b) Erläutere, wie sich diese Werte zukünftig entwickeln könnten.

2 **a)** Erkläre, warum Verfahren zur Energiespeicherung wichtig für eine nachhaltige Energieversorgung sind.
b) Nenne und beurteile zwei Speichermöglichkeiten.

Starthilfe zu 2:
Berücksichtige dabei auch die elektrische Energie.

3 **a)** Ordne die regenerativen Arten der Stromerzeugung nach ihrem Anteil an der Stromversorgung im Jahr 2020.
b) Nenne jeweils einen Vorteil und einen Nachteil für jede dieser Stromerzeugungsarten.

»

FORSCHEN UND ENTDECKEN

A Elektrolyseur und Brennstoffzelle

Material: Schutzbrille, großes Becherglas (1 l), Schwammtuch, Natron ($NaHCO_3$), 2 Topfkratzer aus Edelstahl, 2 Experimentierkabel mit Krokodilklemmen, 2 weitere Experimentierkabel, Gleichspannungsquelle, 2 Reagenzgläser, Holzspan, Solarmotor mit Propeller

Durchführung:

Schritt 1: Löse 1 Esslöffel Natron in etwa 500 ml Wasser und baue den Versuch wie in Bild 1 auf.

Schritt 2: Schalte die Spannung ein. Warte, bis sich etwas Gas zwischen den Stahlfasern der Topfkratzer gesammelt hat.

Schritt 3: Schalte die Spannungsquelle ab und entferne sie aus dem Versuchsaufbau.

Schritt 4: Schalte den Elektromotor mit dem Propeller über die Elektrokabel an die beiden Topfkratzer.

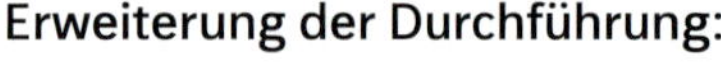

Erweiterung der Durchführung:

Schritt 5: Wiederhole Schritt 2.

Schritt 6: Fange auf jeder Seite einen Teil der sich bildenden Gase mit den Reagenzgläsern auf.

Schritt 7: Führe mit dem Gas im Reagenzglas von der Seite, die mit dem Minuspol der Spannungsquelle verbunden war, eine Knallgasprobe durch.

Schritt 8: Führe mit dem Gas im Reagenzglas von der Seite, die mit dem Pluspol der Spannungsquelle verbunden war, eine Glimmspanprobe durch.

Zusatzinformation
Elektrolyse von Wasser unter Zufuhr von elektrischer Energie:

$$2\,H_2O \rightarrow 2\,H_2 + O_2$$

Reaktion in einer Brennstoffzelle unter Abgabe von elektrischer Energie:

$$2\,H_2 + O_2 \rightarrow 2\,H_2O$$

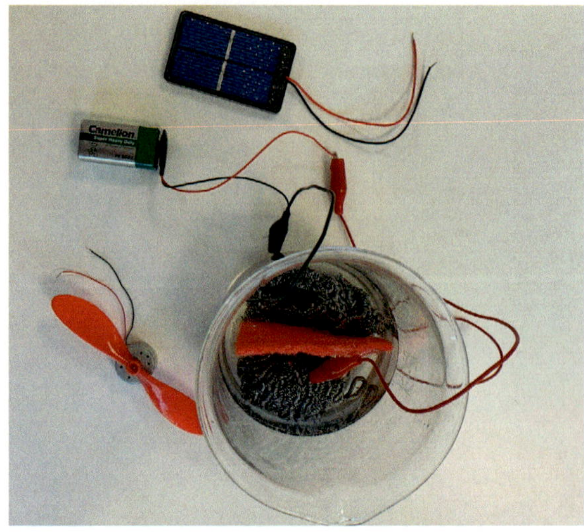

1 Elektrolyseur und Brennstoffzelle sind dasselbe.

1. Beschreibe und erkläre deine Beobachtungen in Schritt 2 und Schritt 4.
2. Erläutere, welche Gase du in Schritt 7 und in Schritt 8 nachgewiesen hast.
3. Zeichne das Energieflussdiagramm für den Elektrolyseur und für die Brennstoffzelle.
4. II Recherchiere und berichte über den Aufbau und die Funktionsweise technischer Elektrolyseure und Brennstoffzellen.
5. II Informiert euch über Vorteile und Nachteile der Energiespeicherung über Wasserstoff. Diskutiert dies in der Klasse.

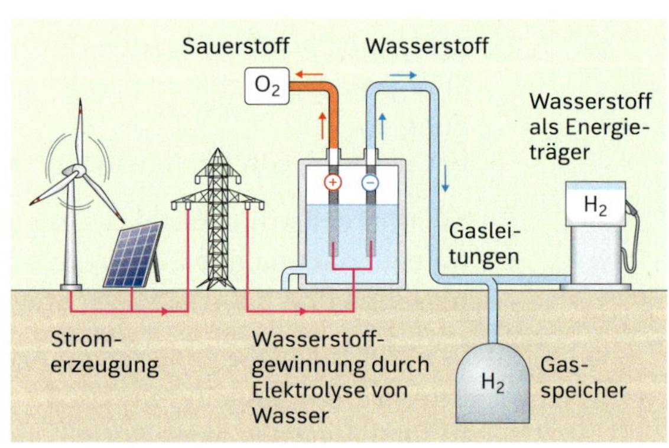

2 Wasserstoffproduktion

IM ALLTAG

Indirekte Energiespeicher

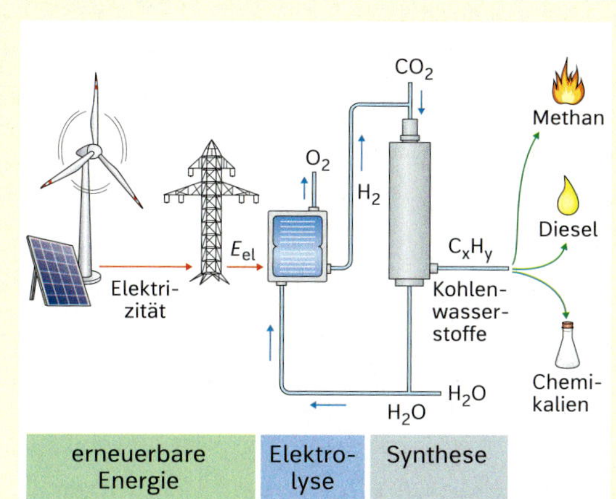

1 Das Power-to-Liquid-Verfahren

Power-to-Liquid

Die Speicherung elektrischer Energie ist oft nur auf indirektem Weg möglich. Elektrische Energie aus regenerativen Anlagen kann aber genutzt werden, um einen anderen Energieträger herzustellen.
Beim **Power-to-Liquid-Verfahren** wird sie genutzt, um Wasserstoff oder einen synthetischen Ersatzstoff für Erdöl herzustellen. Überschüssige elektrischer Energie aus Windkraftanlagen oder Fotovoltaikanlagen wird zunächst für die Elektrolyse zur Produktion von Wasserstoff genutzt. Unter Zusatz von CO_2 aus Biogasanlagen entstehen dann synthetische Kraftstoffe oder Chemikalien.

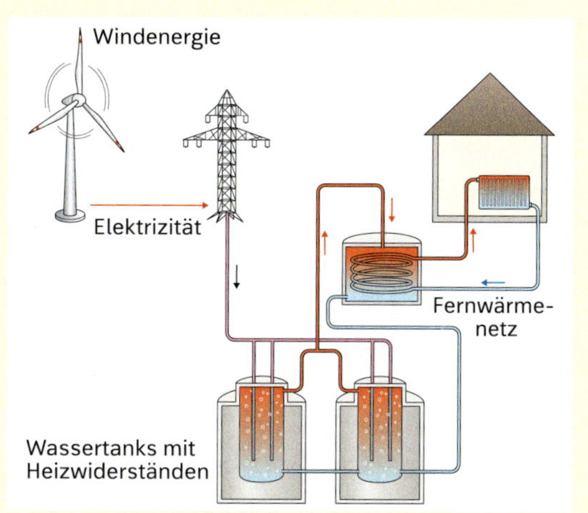

2 Das Power-to-Heat-Verfahren

Power-to-Heat

Wenn die elektrische Energie einer Windkraftanlage gerade nicht benötigt wird, muss die Anlage abgeschaltet werden.
Power-to-Heat ist ein Verfahren, mit dem zweitweise überschüssige elektrische Energie dennoch genutzt werden kann. Das Kernstück der Anlage sind große wärmeisolierte Wassertanks. Darin wird das Wasser elektrisch beheizt. Die elektrische Energie aus Windkraftanlagen wird in thermische Energie gewandelt und im Wasser gespeichert. Die Wassertanks sind in ein Fernwärmenetz eingebunden. Darüber kann die elektrische Energie von den Windkraftanlagen jetzt indirekt als Wärme genutzt werden.

1 **a)** Übersetze die Begriffe „power to liquid“ und „power to heat“ sinngemäß ins Deutsche.
b) Vergleiche beide Verfahren bezüglich der aus der zugeführten elektrischen Energie gewonnenen Nutzenergie.

2 **a)** Recherchiere Standorte für das Power-to-Liquid-Verfahren und das Power-to-Heat-Verfahren in Deutschland.
b) Wähle ein Verfahren aus und fertige darüber ein Referat an.
Gehe dabei auf die Größe der Anlage und den beschriebenen Entwicklungsstand ein.

3 Recherchiere weitere Verfahren zur indirekten Speicherung von elektrischer Energie.

«

Auf einen Blick: Energieumwandlungen beurteilen

Energieumwandlungen

Energiewandler wandeln Energie von einer Energieform in eine oder mehrere andere um. Dabei bleibt nach dem Prinzip der Energieerhaltung die Gesamtenergiemenge gleich. Gleichzeitig geht dabei aber nach dem Prinzip der Energieentwertung immer ein Teil der eingesetzten Energie für die weitere Nutzung verloren, weil sie in Form von Wärme an die Umwelt abgegeben wird.

Energiefluss

Der Energiefluss im Verlauf mehrerer Energieumwandlungen lässt sich anschaulich in einem Energieflussdiagramm darstellen. Breiter gezeichnete Pfeile stehen für entsprechend mehr Energie als schmalere Pfeile.

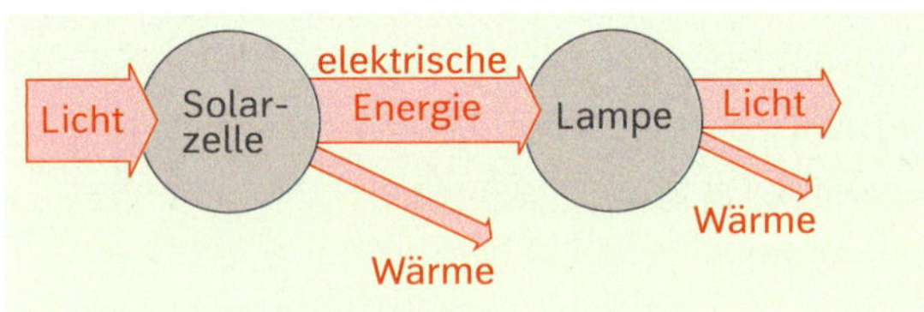

Der Wirkungsgrad

Der Wirkungsgrad gibt für eine Energieumwandlung an, welcher Anteil der zugeführten Energie als Nutzenergie gewonnen wird. Effektive Energiewandler haben einen hohen Wirkungsgrad.

$$\eta = \frac{E_{\text{nutz}}}{E_{\text{zugeführt}}}$$

mit $0 < \eta < 1$, bzw. $0\,\% < \eta < 100\,\%$

Energie mechanisch übertragen

Energie kann mechanisch übertragen werden. Dafür gilt:

$$\Delta E_{\text{mech}} = F \cdot s$$

Für die Übertragung von Höhenenergie bedeutet dies:

$$\Delta E_{\text{H}} = F_{\text{G}} \cdot \Delta h = m \cdot g \cdot \Delta h$$

Energie kann in Form von Höhenenergie gespeichert werden: $E_{\text{H}} = m \cdot g \cdot h$.

Kraftwandler wie Hebel, Flaschenzüge oder schiefe Ebenen nutzen die Beziehung

$$\Delta E_{\text{mech}} = F_1 \cdot s_1 = F_2 \cdot s_2,$$

wonach die gleiche Energiemenge übertragen wird, wenn das Produkt aus Kraft mal Weg gleich ist. Dies ist bekannt als „Goldene Regel der Mechanik".

Die Energie E wird in der Einheit Joule (J) angegeben. Die Leistung P (Energiestromstärke) wird in der Einheit Watt (W) angegeben.

Da: $E = P \cdot t$ gilt auch: 1 J = 1 Ws
und 1 kWh = 1000 · 3600 Ws = 3 600 000 J.

WICHTIGE BEGRIFFE

- Energieformen
- Energieumwandlungen
- Energieerhaltung, Energieentwertung
- Energiefluss
- Nutzenergie
- Wirkungsgrad

WICHTIGE BEGRIFFE

- Kraft
- mechanische Energieübertragung
- Höhenenergie
- „Goldene Regel" der Mechanik
- Einheiten der Energie: J, kWh
- Einheiten der Leistung: W, kW

Energie thermisch übertragen

Temperaturen werden in der Einheit °C oder in K (Kelvin) gemessen. In Form von Wärme wird Energie thermisch übertragen.

$$\Delta E_{th} = c \cdot m \cdot \Delta T$$

Dabei ist *m* die Masse des Körpers, ΔT ist die Temperaturdifferenz und *c* ist die für den Stoff typische spezifische Wärmekapazität. Für Wasser gilt: $c_{H_2O} = 4{,}2\,\frac{kJ}{kg \cdot K}$.

Die übertragene Energie kann als thermische Energie gespeichert werden.

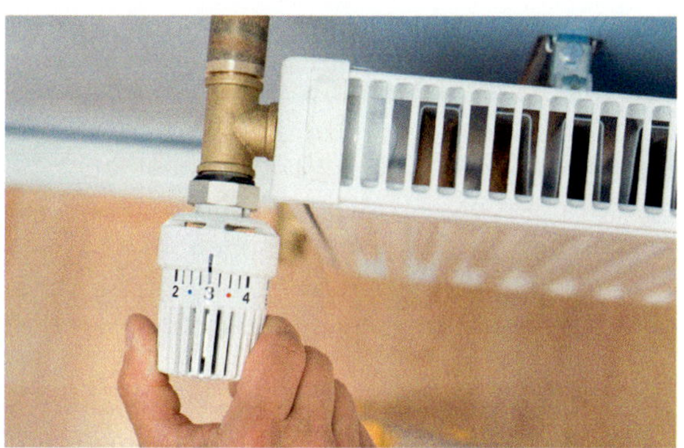

Energie für Elektrizität

Kraftwerke stellen elektrische Energie bereit. In Wärmekraftwerken wird die chemische Energie eines Brennstoffs in Wärme umgewandelt. Damit wird Wasserdampf erzeugt, der Turbinen antreibt. In Generatoren wird die Bewegungsenergie in elektrische Energie umgewandelt. Die Verbrennung von fossilen Energieträgern belastet durch das entstehende CO_2 das Klima. Die Verbrennung von Biomasse als nachwachsendem Energieträger ist dagegen CO_2-neutral.

Energie für Mobilität

Verbrennungsmotoren wie der Ottomotor und der Dieselmotor treiben viele Fahrzeuge an. Die chemische Energie der Kraftstoffe wird über Wärme in Bewegungsenergie umgewandelt. Benzin und Diesel aus Erdöl sind begrenzt verfügbar. Außerdem belastet das Verbrennen fossiler Energieträger das Klima. Alternative Antriebe werden erprobt.

Nachhaltige Energieversorgung

Regenerative Energiequellen aus Biomasse, Wind, Wasser, Erdwärme und vor allem Sonnenenergie müssen die fossilen Energieträger nach und nach ersetzen. Aber sie benötigen Flächen und Material und stehen nicht unbegrenzt zur Verfügung. Daher muss die begrenzte Energie effizient genutzt werden. Technische Fortschritte und weniger Umwandlungsschritte erhöhen die Wirkungsgrade. Und jeder ist aufgefordert, die Nutzenergie effektiv zu nutzen.

WICHTIGE BEGRIFFE

- Temperaturänderung und Wärme
- spezifische Wärmekapazität
- Verbrennungsmotor
- fossile Energieträger
- Elektromotor
- Generator

WICHTIGE BEGRIFFE

- Kraftwerke
- regenerative Energien
- nachwachsend, CO_2-neutral
- Energiespeicher
- Wasserstoff
- nachhaltige Energienutzung

Lerncheck: Energieumwandlungen beurteilen

Energieumwandlungen

1 Dieselgeneratoren dienen der Stromversorgung, wenn kein Anschluss ans Stromnetz verfügbar ist. Sie werden mit Diesel betankt. Ein Verbrennungsmotor treibt einen Generator an, der Strom erzeugt. Der Motor hat einen Wirkungsgrad von 50 %, der Generator von 90 %.
Zeichne das Energieflussdiagramm für den Dieselgenerator.

2 Im Jahr trifft Sonnenlicht mit einer Energiemenge von ca. 1000 kWh auf 1 m² Fläche.
a) Eine Fotovoltaikanlage liefert pro m² im Jahr etwa 190 kWh elektrische Energie. Berechne den Wirkungsgrad.
b) Eine Solarthermieanlage liefert auf der gleichen Fläche ca. 450 kWh Wärme zum Aufheizen von Wasser. Berechne den Wirkungsgrad.
c) Vergleiche die Energieeffizienz beider Anlagetypen.

DU KANNST JETZT ...

- ... Energieflüsse in Energieflussdiagrammen darstellen.
- ... Energieumwandlungen über ihren Wirkungsgrad beurteilen.
- ... Wirkungsgrade berechnen.

Mechanische Energie

3 Das Pumpspeicherkraftwerk Geesthacht speichert etwa 3 Millionen Kubikmeter Wasser (1 m³ Wasser entspricht $m = 1$ t). Die Fallhöhe beträgt $h = 80$ m. Nutze $g = 9{,}81\,\frac{\text{N}}{\text{kg}}$. Der Wirkungsgrad der Generatoren ist etwa 90 %.
a) Berechne die gespeicherte Höhenenergie in der Einheit Joule und in der Einheit kWh.
b) Ein Vier-Personen-Haushalt benötigt elektrische Energie von ca. 4000 kWh im Jahr. Für wie viele Haushalte würde die gespeicherte Energiemenge ein Jahr lang reichen?

4 Ein Rollstuhlfahrer mit Rollstuhl hat eine Masse von 80 kg.
a) Berechne seine Gewichtskraft.
b) Zum Glück gibt es eine schräge Rampe von 30 m Länge, um einen Höhenunterschied von 3 m zu überwinden. Gib an, mit welcher Kraft der Rollstuhl geschoben werden muss.

DU KANNST JETZT ...

- ... mechanisch übertragene Energie berechnen.
- ... als Höhenenergie gespeicherte Energie berechnen.
- ... die „goldene Regel der Mechanik“ anwenden.

Thermische Energie

5 a) Berechne die thermische Energie, die benötigt wird, um 20 l Wasser in einer Waschmaschine von 20 °C auf 40 °C zu erhitzen.
b) Begründe mithilfe einer einfachen Überlegung, wievielmal mehr thermische Energie ein Waschgang mit 60 °C benötigt.
c) Haushalte mit Fotovoltaikanlagen wählen günstige Zeiten für den Betrieb bestimmter Elektrogeräte. Begründe dies.

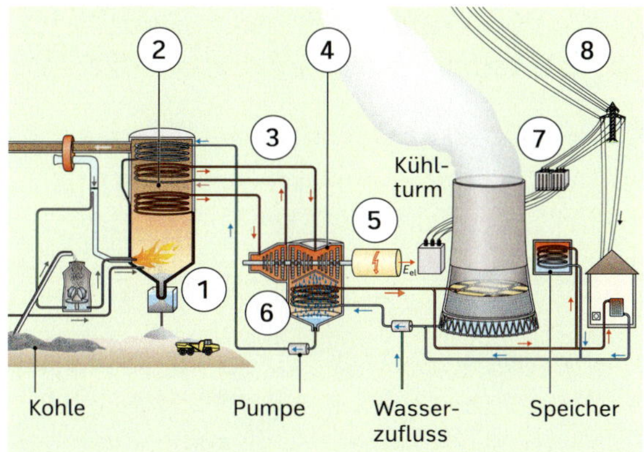

6 a) Benenne die bezeichneten Bauteile eines Wärmekraftwerkes und gib jeweils ihre Funktion an.
b) Unterschiedliche Wärmekraftwerke arbeiten mit unterschiedlichen Brennstoffen. Nenne Beispiele für fossile und regenerative Brennstoffe.
c) Erkläre, wie durch Wärmekopplung der Wirkungsgrad von Wärmekraftwerken erhöht werden kann.

DU KANNST JETZT ...

- ... Wärmemengen als thermisch übertragene Energie berechnen.
- ... die Funktionsweise von Verbrennungsmotoren erklären.
- ... den Aufbau und die Funktion von Wärmekraftwerken erklären.

Energie nachhaltig nutzen

7 a) Gib drei Beispiele an, woraus sich Biogas gewinnen lässt.
b) Beschreibe mehrere Möglichkeiten, Biogas zu nutzen.
c) Begründe, warum die Verbrennung von Biogas als CO_2-neutral gilt.
d) Begründe, dass die Nutzung von Biogas zwar regenerativ, aber nicht unbedingt nachhaltig ist.

8 Begründe, warum Windenergie nicht alle Energieprobleme lösen kann.

9 a) Notiere Ideen, wie Benzin oder Diesel gespart werden können.
b) Sammelt, vergleicht und diskutiert eure Ideen im Team.
c) Beurteilt gemeinsam, wo Chancen und Probleme der verschiedenen Ansätze liegen, und präsentiert eure Ergebnisse.

10 Beschreibe Verhaltensweisen, die helfen, im Haushalt elektrische Energie zu sparen.

DU KANNST JETZT ...

- ... fossile und regenerative Energieträger vergleichen.
- ... Vorteile und Probleme einer regenerativen Energieversorgung beschreiben.
- ... Verbraucherverhalten bezüglich der Energieeffizienz beurteilen.

Radioaktivität

Was wird denn hier gemessen? Besteht Gefahr?

Wozu bekommt man vor der Röntgenuntersuchung eine Bleischürze umgehängt?

Können wir die Kernenergie sicher nutzen?

1 Strahlungsmessung zur Überprüfung einer radioaktiven Umweltbelastung

Radioaktivität und ihre Messung

Was ist Radioaktivität?

Die meisten Atome sind stabil. Es gibt aber auch Atome, deren Atomkerne mit der Zeit zerfallen. Diese Atome sind **instabil.** Die Kerne wandeln sich in Kerne anderer Elemente um. Dabei wird Strahlung ausgesendet. Solche Stoffe sind **radioaktiv.** Umgangssprachlich wird oft von **radioaktiver Strahlung** gesprochen. Strahlung selbst kann aber nicht radioaktiv sein, sondern nur der Körper, der diese Strahlung verursacht.

Quellen der Radioaktivität

Überall auf der Erde ist Radioaktivität vorhanden. Diese geringe natürliche **Umgebungsstrahlung** hat drei Ursachen:
Die **terrestrische Strahlung** geht von radioaktiven Elementen aus, die in Mineralien in der Erde (lat.: terra), aber auch in Baustoffen und Pflanzen vorkommen.
Die **kosmische Strahlung** gelangt aus dem Weltall zu uns, vor allem aus Kernreaktionen auf der Sonne.
Die **Eigenstrahlung** im menschlichen Körper entsteht, weil mit der Nahrung und über die Atmung ständig radioaktive Stoffe aufgenommen werden.

Radioaktivität messen

Radioaktivität kannst du nicht fühlen, nicht sehen oder hören, auch nicht riechen oder schmecken. Darum wurden Geräte entwickelt, die die Radioaktivität anzeigen. Ein solches Gerät ist das **Geiger-Müller-Zählrohr.** Es macht das Eintreffen radioaktiver Strahlung über einen Lautsprecher hörbar. Die Messung nutzt die ionisierende Wirkung radioaktiver Strahlen.

Ionisierende Strahlen

Wenn radioaktive Strahlung auf Atome trifft, kann sie ihre Energie auf Elektronen in der Elektronenhülle übertragen. Ein Elektron nimmt eine Portion Energie auf, verlässt sein Energieniveau und oft die Elektronenhülle. Zurück bleibt ein positiv geladenes Ion, ein Kation.
Die Ionen lösen vielfältige chemische Reaktionen aus. Dadurch kommt es zu Schäden in Materialien. Auch der menschliche Körper ist gefährdet.

Ionisierende Strahlen schlagen Elektronen aus der Atomhülle von Atomen und hinterlassen Ionen.

Das Geiger-Müller-Zählrohr

Das Geiger-Müller-Zählrohr ist ein sehr robustes und zuverlässiges Nachweisgerät für **ionisierende Strahlung.** Es besteht aus dem eigentlichen Zählrohr und einem angeschlossenen Zähler und einem Lautsprecher. Jede eintreffende Strahlung löst im Zählrohr einen Stromstoß aus. Dann springt der Zähler um eine Zahl weiter und ein Knack- oder Piepton wird hörbar.

Funktionsweise des Zählrohrs

In einem luftdicht verschlossenen Rohr befindet sich ein Edelgas unter geringem Druck. Durch das Rohr verläuft ein dünner Draht, die Anode. Zwischen ihr und der Außenhülle, der Kathode, besteht eine Gleichspannung von 500 V. Dringt durch das Glimmerfenster des Rohres Strahlung eines radioaktiven Körpers ein, so werden die Gasmoleküle ionisiert. Die entstandenen freien Elektronen werden von der Anode angezogen. Auf ihrem Weg erzeugen sie weitere Ionen und Elektronen. Es entsteht eine **Elektronenlawine.** Diese entlädt den Draht und erzeugt so einen kurzen Stromstoß im äußeren Stromkreis.

Kontrolle der Radioaktivität

Mit dem Geiger-Müller-Zählrohr lässt sich messen, ob die Zählrate über der Zählrate bei natürlicher Umgebungsstrahlung liegt. So wird kontrolliert, ob Grenzwerte für die radioaktive Strahlenbelastung eingehalten werden.

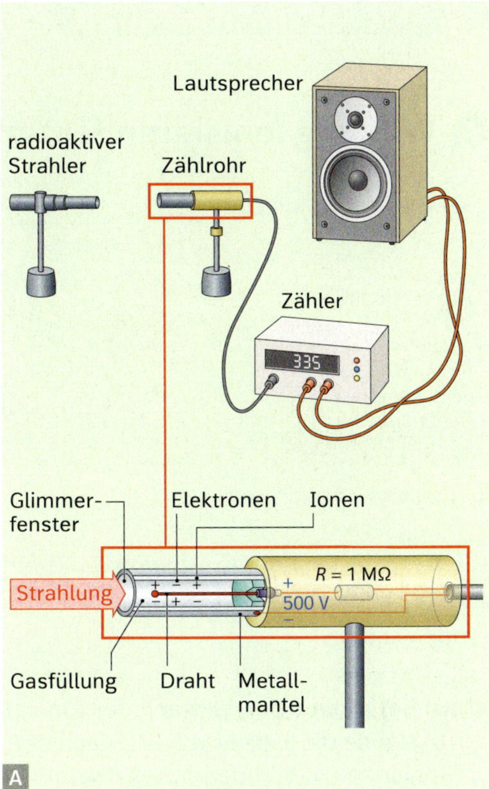

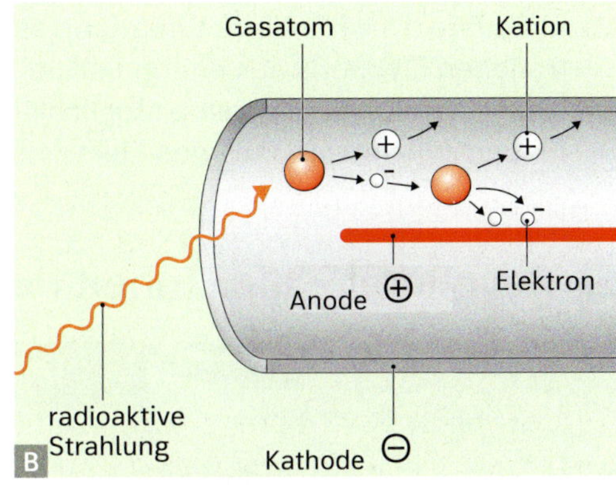

2 Geiger-Müller-Zählrohr: **A** Aufbau und Funktion, **B** Ionisation und Elektronenlawine

1 a) Erkläre, was unter dem Begriff Radioaktivität verstanden wird.
b) Nenne drei natürliche Ursachen für Radioaktivität.

2 Beschreibe die Wirkung ionisierender Strahlung.

3 a) Zeichne den Aufbau eines Geiger-Müller-Zählrohrs und beschrifte deine Zeichnung.
b) Erkläre die Funktionen der wichtigsten Bauteile.

Starthilfe zu 3a:
Betrachte dazu Bild 2.

4 Begründe, warum sich radioaktive Strahlung nicht ohne Nachweisgeräte erkennen lässt.

5 Erläutere die Vorgänge im Inneren des Zählrohrs beim Eintreffen ionisierender Strahlung.

Starthilfe zu 5:
Erkläre das Entstehen einer Elektronenlawine.

»

ÜBEN UND ANWENDEN

A Wirkung ionisierender Strahlung

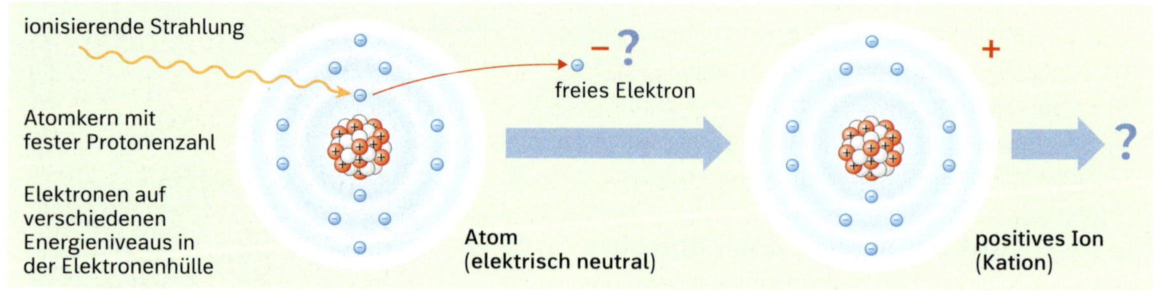

1 Ionisierung durch Strahlung

Die verschiedenen Arten radioaktiver Strahlung, aber auch Röntgenstrahlen haben eine ionisierende Wirkung.

1 **a)** Beschreibe den Vorgang der Ionisation.
b) Nenne die jeweils vor und nach der Ionisation vorhandenen Teilchen.

2 **a)** Erkläre die veränderte Situation des betroffenen Elektrons aus energetischer Sicht.
b) Überlege und beschreibe Möglichkeiten für den zukünftigen Weg des Elektrons.

3 **a)** Begründe die Ladung des Ions.
b) Erkläre die veränderte Situation für spätere chemische Reaktionen.
c) Begründe die vielfältigen Schäden, die ionisierende Strahlen verursachen können.

4 **III** a) Bild 1 zeigt ein Elektron, das aus der innersten Schale, also dem niedrigsten Energieniveau, herausgeschlagen wurde. Beschreibe Möglichkeiten, wie die freie Position besetzt werden könnte.
b) Erläutere weitere Möglichkeiten der Strahlenwirkung auf die Atomhülle.

B Becquerel – die Einheit der Aktivität

2 Radioaktiv belastete Nahrungsmittel

Ein Nachweisgerät wie das Geiger-Müller-Zählrohr misst die in das Zählrohr eintreffende Strahlung. Man hört in unregelmäßigen Abständen das Knacken, das für jeden Einschlag steht. Wenn andersherum angegeben werden soll, wieviel Radioaktivität von einem radioaktiven Material ausgeht, dann ist die Anzahl der radioaktiven Zerfälle pro Zeit ein sinnvolles Maß. Die **Aktivität** ist die Anzahl der radioaktiven Zerfälle pro Zeit.
Sie wird in der Einheit **Becquerel (Bq)** angegeben. Zum Beispiel bedeutet 152 Bq = 152 1/s, dass durchschnittlich 152 Zerfälle pro Sekunde stattfinden.

2 **a)** 2011 wurde ein halbes Jahr nach der dem Unfall im Kernkraftwerk Fukushima in 1 kg Milchpulver 31 Bq gemessen werden. Erkläre, was das bedeutet.
b) Beurteile die Belastung, wenn der Grenzwert bei 200 Bq pro 1 kg liegt.
c) Begründe, warum der Hersteller das Milchpulver dennoch vom Markt genommen hat.

IM ALLTAG

Die Entdecker der Radioaktivität

Antoine Henri Becquerel

Die Radioaktivität wurde von dem französischen Physiker Antoine Henri Becquerel (1852 – 1908) entdeckt. Im Jahr 1896 legte er zufällig uranhaltige Salze auf eine Fotoplatte, die sich in einer dunklen Schublade befand. Obwohl kein Licht in die Schublade gelangt war, verfärbte sich die Fotoplatte schwarz. Dies war ein Hinweis auf eine bisher unbekannte Art von Strahlung. Becquerel nannte diese **Uranstrahlen.**

3 Antoine Henri Becquerel

Wilhelm Conrad Röntgen

Noch vor Becquerels Experiment hatte Wilhelm Conrad Röntgen (1845 – 1923) am 08.11.1895 in Würzburg eine neue Art von Strahlen entdeckt. Er nannte sie **X-Strahlen.** Heute werden sie als **Röntgenstrahlen** bezeichnet. Sie können undurchsichtige Körper durchdringen. Röntgen erhielt dafür im Jahr 1901 den ersten Nobelpreis für Physik. Die Röntgenstrahlung hat ähnliche Eigenschaften wie die von Becquerel entdeckte Strahlung.

4 Wilhelm Conrad Röntgen

Marie und Pierre Curie

Angeregt durch Becquerels Experimente untersuchte die polnisch-französische Physikerin Marie Curie (1867 – 1934) im Rahmen ihrer Doktorarbeit die uranhaltigen Mineralien genauer. Unterstützt von ihrem Ehemann, dem französischen Physiker Pierre Curie (1859 – 1906), entdeckte sie darin ein sehr stark strahlendes Element. Sie nannte es **Radium,** das Strahlende. Für das Auftreten der Strahlung schlug sie die Bezeichnung **radioaktiv** vor. Zusammen mit Becquerel erhielt das Ehepaar Curie im Jahr 1903 für die Entdeckung der Radioaktivität den Nobelpreis für Physik. 1911 erhielt Marie Curie nochmals einen Nobelpreis, diesmal für Chemie.

5 Marie und Pierre Curie

1 **a)** Gib die Namen der Nobelpreisträger und ihre besonderen Leistungen an.
b) Ein Strahlen-Chaos? Ordne die Namen, die dieselben Strahlen bezeichnen, einander zu.
c) Beschreibe die Wirkung, über die Becquerel wie auch die anderen die Strahlungen entdeckten.

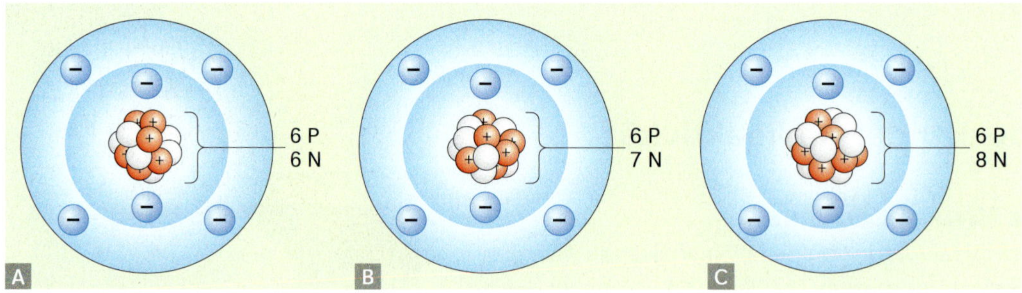

1 Atommodelle von drei Kohlenstoffisotopen: **A** C-12, **B** C-13, **C** C-14 (instabil, radioaktiv)

Isotope und Nuklide

Atome

Nach dem Kern-Hülle-Modell besteht der Atomkern aus **Protonen** und **Neutronen.** Beide haben jeweils die Masse von 1 u. Protonen sind positiv geladen, Neutronen sind ungeladen, also elektrisch neutral. In der Atomhülle befinden sich so viele **Elektronen** wie sich Protonen im Kern befinden. Die Elektronen sind negativ geladen und tragen praktisch nicht zur Masse des Atoms bei.

Isotope

Atome desselben Elementes können unterschiedlich viele Neutronen im Kern haben, der dadurch unterschiedlich schwer ist. Die meisten Kohlenstoff-Atome haben 6 Neutronen, einige besitzen aber auch zum Beispiel 7 oder 8 Neutronen.

Isotope sind Atome eines Elementes, die sich nur in der Zahl ihrer Neutronen unterscheiden.

Die chemischen Eigenschaften aller Isotope eines Elementes sind identisch, da die Zahl der Protonen und damit die Zahl der Elektronen dieselbe ist.
Natürlich vorkommende Elemente bestehen meist aus einer Mischung mehrerer Isotope.

Wichtige Grundbegriffe

Durch die **Ordnungszahl Z** wird ein chemisches Element eindeutig festgelegt. Diese Zahl heißt auch **Protonenzahl** oder **Kernladungszahl.** Die Summe der Protonen Z und Neutronen N im Atomkern wird als **Massenzahl A** bezeichnet.

$$A = Z + N$$

Die Schreibweisen

Bei der **Kurzschreibweise** eines Kerns wird nur die Massenzahl A verwendet.
So hat das Kohlenstoffatom 6 Protonen und 6 Neutronen. Die Massenzahl beträgt $A = 6 + 6 = 12$ und die Kurzschreibweise lautet C-12.
Bei der **Symbolschreibweise** werden die Massenzahl A und die Kernladungszahl Z vor das Elementsymbol X geschrieben. Für das Natriumatom ergibt sich: ${}^{12}_{6}C$.

Kurzschreibweise: X-A
Symbolschreibweise: ${}^{A}_{Z}X$

Massenzahl = Zahl der Protonen + Zahl der Neutronen = A

${}^{12}_{6}\mathrm{C}$ — Elementsymbol — **C-12**

Ordnungszahl = Zahl der Protonen (Kernladungszahl) = Z
= Zahl der Elektronen

2 Die Schreibweisen für ein Kohlenstoffatom

4 Nuklidkarte: **A** Gesamtkarte, **B** Ausschnitt der Nuklidkarte für leichte Kerne

Die Nuklidkarte

Eine Nuklidkarte (→ Bild 3) gibt eine Übersicht über die verschiedenen Isotope der Elemente. Die Atomkerne mit einer ganz bestimmten Zahl von Protonen und Neutronen heißen auch **Nuklide.** Die schwarz eingezeichneten Nuklide sind stabil. Bei ihnen ist die Anzahl von Protonen und Neutronen im Kern annähernd gleich. Die blau und rot eingezeichneten Nuklide haben zu viele oder zu wenige Neutronen. Dadurch sind sie instabil und zerfallen radioaktiv. Dabei gehen sie in stabilere Nuklide über, oft über mehrere Schritte. Auch ganz schwere Kerne sind instabil, zum Beispiel alle Isotope von Radium, Uran und Plutonium.

Die Nuklidkarte lesen

In der Nuklidkarte (→ Bild 3B) sind die Isotope eines Elementes waagerecht nebeneinander aufgeführt. Sie haben alle die gleiche Protonenzahl, jedoch eine unterschiedliche Anzahl von Neutronen. Deshalb sind die Isotope eines Elementes parallel zur Rechtsachse der Nuklidkarte angeordnet. Du findest zum Beispiel für das Element Kohlenstoff sechs Isotope mit den Massenzahlen von 9 bis 14. Die Kerne besitzen 3 bis 8 Neutronen. Ist die Anzahl der Protonen unterschiedlich, handelt es sich auch um unterschiedliche chemische Elemente. Zum Beispiel hat das Element Beryllium Be 4 Protonen, Bor B hat 5 Protonen und Kohlenstoff C hat 6 Protonen.

1 **a)** Vergleiche die Isotope eines Elementes. Nenne Gemeinsamkeiten und Unterschiede.
b) Erkläre, warum die Isotope eines Elementes dieselben chemischen Eigenschaften haben.

Starthilfe zu 2 und 4: Nutze die Nuklidkarte aus Bild 3B.

2 Gib für das Lithium-Isotop Li-7 die Kernladungszahl, die Neutronenzahl, die Massenzahl und die Zahl der Elektronen an.

3 **I** Fertige für die drei Atome der Isotope H-1, H-2 und H-3 je eine beschriftete Zeichnung an. Orientiere dich an Bild 1 für Kohlenstoffisotope.

4 **II** **a)** Liste die drei Wasserstoffisotope in ihrer Kurzschreibweise und in ihrer Symbolschreibweise auf.
b) Lies in der Nuklidkarte ab, welches der H-Nuklide instabil ist und finde dafür die Ursache.

5 **III** Begründe, warum die Atommassen im Periodensystem der Elemente oft keine ganzzahligen Werte haben.

6 **III** Die Nuklidkarte in Bild 3 zeigt oberhalb der stabilen Nuklide rot gezeichnete Nuklide, unterhalb blau gezeichnete. Ordne diesen instabilen Nukliden zu, ob sie zu viele oder zu wenige Neutronen besitzen.

»

ÜBEN UND ANWENDEN

A Isotope bestimmen

Isotope eines Elementes unterscheiden sich in der Neutronenzahl ihrer Nuklide.

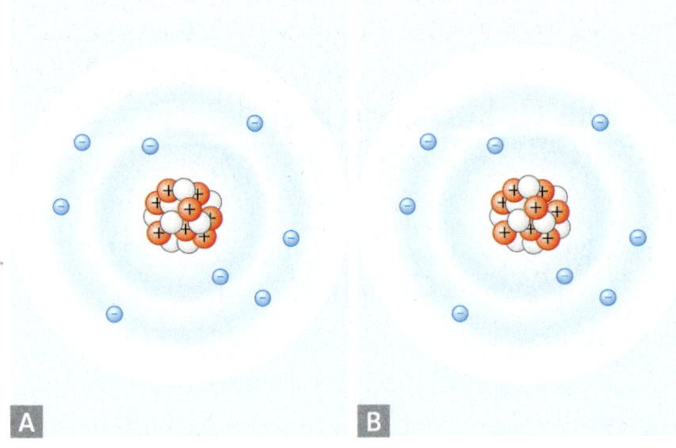

1 Atommodelle zweier Sauerstoffisotope

1 **a)** Nenne die Anzahl der Protonen, Neutronen und Elektronen der Isotope He-3, C-14, Fe-54, Fe-56, U-235 und U-238.
b) Schreibe alle Isotope aus a) in Symbolschreibweise.
c) Ermittle die Namen der Elemente und schreibe diese zu den Lösungen von b).

2 **II a)** In der Natur existieren drei verschiedene Sauerstoffisotope: O-16, O-17 und O-18. Zwei davon sind in Bild 1 dargestellt. Ordne diese den richtigen Isotopen zu.
II b) Zeichne das Atommodell des dritten Isotops.
II c) Schreibe alle drei Isotope in Symbolschreibweise.

B Elementarteilchen erforschen

Atome sind offenbar nicht die kleinsten Teilchen. Aber sind Protonen, Neutronen und Elektronen nun die kleinsten Teilchen? Physikerinnen und Physiker haben inzwischen einen ganzen „Teilchenzoo“ an Elementarteilchen gefunden: Quarks, Gluonen, Positronen, Neutrinos, Higgs-Teilchen, Photonen, Gravitonen. Mithilfe mathematischer Berechnungen lassen sich Voraussagen über die Existenz und die Eigenschaften von Elementarteilchen machen. Aufwändige Experimente in riesigen Teilchenbeschleunigern wie am CERN bei Genf bestätigen oder widerlegen manche Berechnungen. Protonen und Neutronen zum Beispiel bestehen aus verschiedenen Sorten von "Quarks“.

2 Unterirdischer Teilchenbeschleuniger am CERN

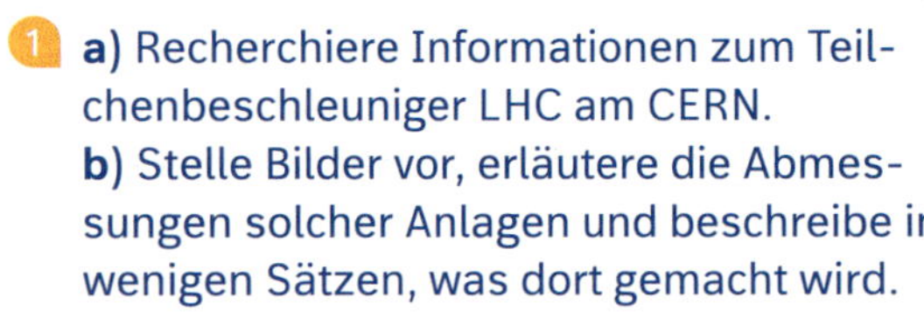

1 **a)** Recherchiere Informationen zum Teilchenbeschleuniger LHC am CERN.
b) Stelle Bilder vor, erläutere die Abmessungen solcher Anlagen und beschreibe in wenigen Sätzen, was dort gemacht wird.

2 **III** Gluon bedeutet „Klebeteilchen“. Das haben sich die Forschenden ausgedacht und dann tatsächlich entdeckt.
Erkläre, warum ohne eine zusätzliche Klebekraft die Protonen eines Atomkerns auseinanderfliegen müssten.

METHODE

Mit der Nuklidkarte arbeiten

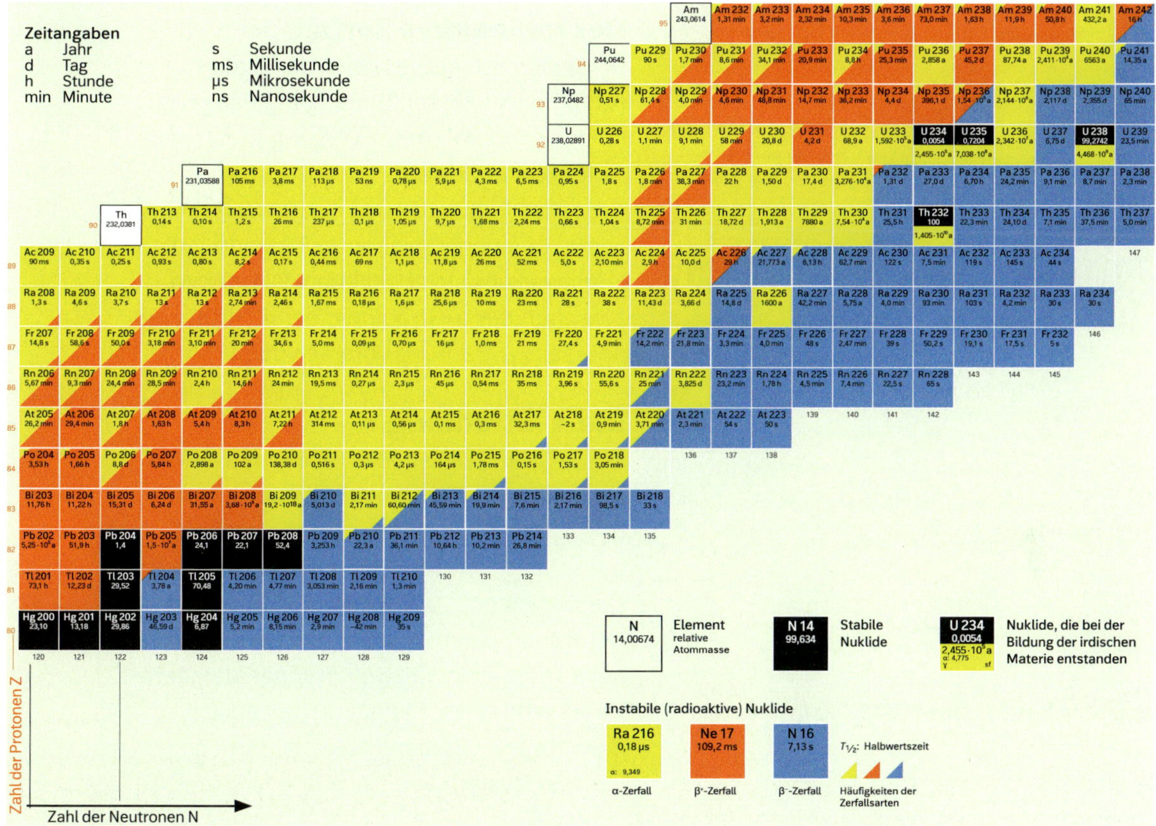

3 Auszug aus der Nuklidkarte aus dem Bereich der natürlichen Zerfallsreihen (vereinfacht)

In der Nuklidkarte lässt sich für jedes Nuklid das Elementsymbol und daneben die Massenzahl ablesen. Die Ordnungszahl findet sich am linken Rand, die Neutronenzahl steht am unteren Rand der Karte.
Bei instabilen Nukliden ist die Halbwertzeit $T_{1/2}$ vermerkt. Sie bezeichnet die Zeitspanne, in der die Hälfte des vorhandenen radioaktiven Materials zerfällt.
Die Farben zeigen die unterschiedlichen Typen des radioaktiven Zerfalls. Beim α-Zerfall entsteht ein Nuklid mit einer um 2 reduzierten Ordnungszahl und einer um 4 reduzierten Massenzahl. Beim β-Zerfall (β^-) entsteht ein Nuklid gleicher Masse mit einer um 1 erhöhten Ordnungszahl.

1 **a)** Gib die Ordnungszahl und damit die Kernladungszahl für Blei (Pb) an.
b) Nenne die stabilen Bleiisotope.
c) Nenne den Zerfallstyp für Pb-212.
d) Nenne zwei Unterschiede der Isotope Pb-211 und Pb-212.

2 Gib die Halbwertszeit für das Plutonium-Isotop Pu-239 an.

3 **a)** Nenne den Typ des radioaktiven Zerfalls von Pu-239.
b) Nenne das Zerfallsprodukt des radioaktiven Zerfalls von Pu-239.
c) Charakterisiere das Zerfallsprodukt durch die Ordnungszahl, die Massenzahl, die Halbwertszeit und den Zerfallstyp.

Strahlungsarten und ihre Eigenschaften

Der radioaktive Zerfall

Instabile Atomkerne haben die Eigenschaft, sich spontan unter Energieabgabe umzu-wandeln. Dieser Vorgang heißt **radioaktiver Zerfall.**

Die dabei freiwerdende Energie wird in Form von energiereichen Teilchen oder als Energiestrahlung abgegeben. Dabei wird zwischen der α-Strahlung, der β-Strahlung und der γ-Strahlung unterschieden.

Die α-Strahlung

Die α-Strahlung ist eine **Teilchenstrahlung.** Beim Zerfall des Atomkerns wird ein α-Teilchen aus dem Atomkern geschleudert. Das α-Teilchen ist ein **Heliumkern.** Dieser besteht aus zwei Protonen und zwei Neutronen. Beim α-Zerfall entsteht ein neues Element. Da zwei Protonen den Kern verlassen haben, kannst du das neue Element zwei Stellen weiter links im Periodensystem finden (→ Bild 1).

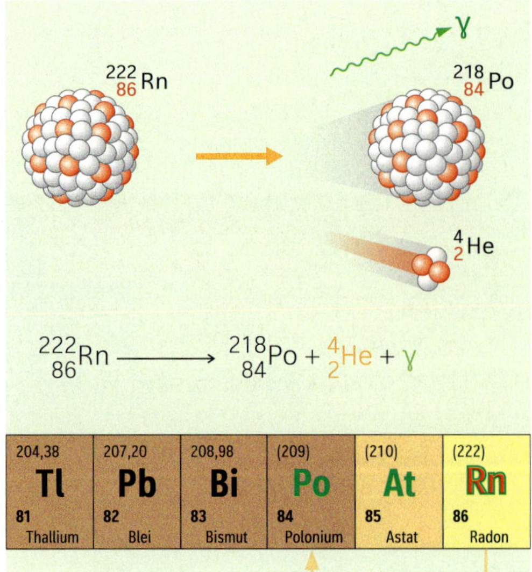

1 Der α-Zerfall als modellhafte Darstellung, als Gleichung und im PSE

Die β-Strahlung

Die β-Strahlung ist ebenfalls eine Teilchenstrahlung. Hier zerfällt im Atomkern ein Neutron in ein Proton und ein Elektron. Dieses Elektron ist das β-Teilchen, welches das Atom verlässt. Auch beim β-Zerfall ändert sich das Element. Du findest es eine Position weiter rechts im Periodensystem (→ Bild 2).

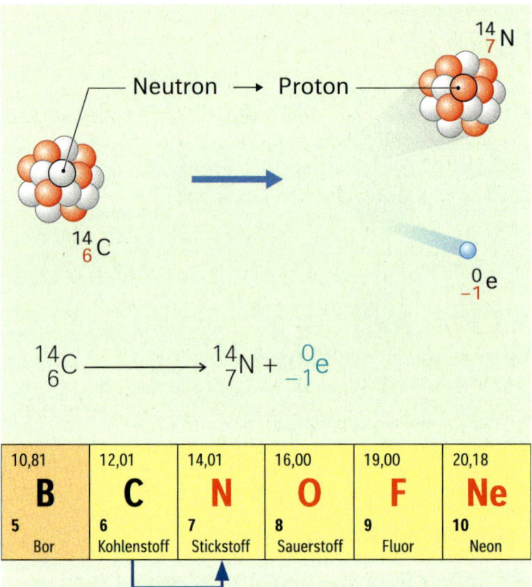

2 Der β-Zerfall als modellhafte Darstellung, als Gleichung und im PSE

Die γ-Strahlung

Bei der γ-Strahlung handelt es sich um eine sehr energiereiche elektromagnetische Strahlung. Sie ist mit Licht oder Röntgenstrahlen vergleichbar, überträgt nur viel mehr Energie. Dabei verlässt kein Teilchen den Atomkern. Die γ-Strahlung ist eine Begleiterscheinung von nahezu jeder Teilchenstrahlung (→ Bild 3).

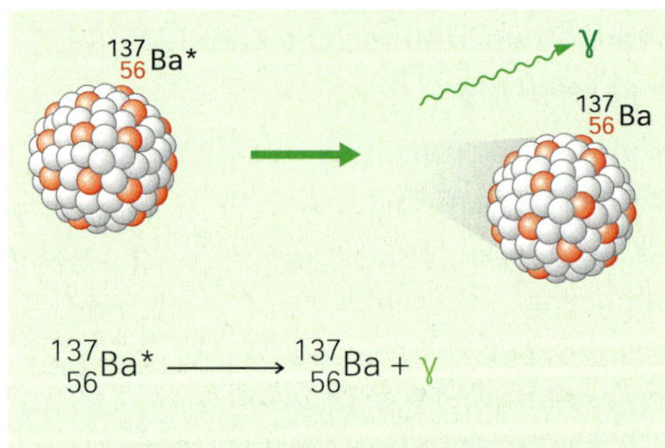

3 Die γ-Strahlung als modellhafte Darstellung und als Gleichung

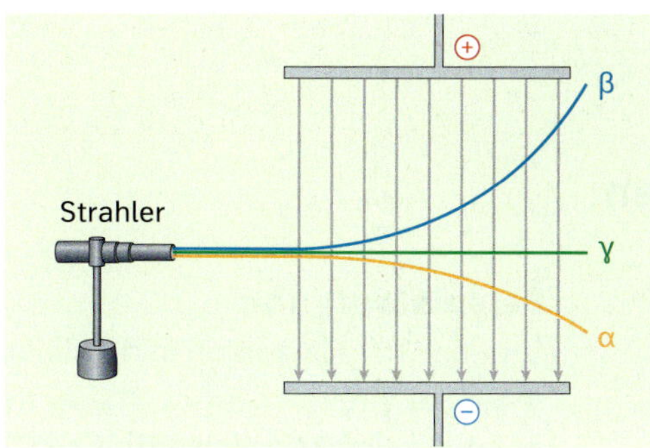

4 Die Ablenkung im elektrischen Feld

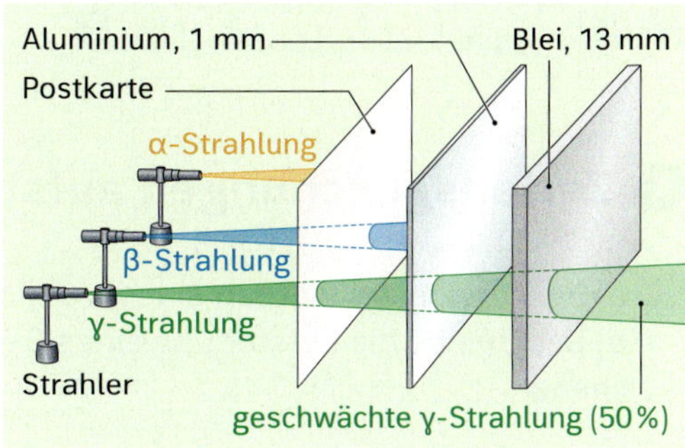

5 Die Möglichkeiten der Abschirmung

Einige Eigenschaften

Die drei Strahlungsarten besitzen unterschiedliche Eigenschaften. Unter anderem verhalten sie sich im elektrischen Feld unterschiedlich, lassen sich durch verschiedene Materialien abschirmen und haben unterschiedliche Reichweiten im selben Stoff.

Das Verhalten im elektrischen Feld

Die α-Teilchen werden im elektrischen Feld wegen ihrer zweifach positiven Ladung zum Minuspol hin abgelenkt. Die β-Teilchen sind negativ geladene Elektronen. Sie werden im elektrischen Feld vom Pluspol angezogen.
Der Heliumkern ist viel schwerer als ein Elektron. Aus diesem Grund wird er wegen seiner größeren Masse nicht so stark abgelenkt wie das Elektron.
Da die γ-Strahlung keine Ladung besitzt, erfährt sie im elektrischen Feld auch keine Ablenkung (→ Bild 4).

Die Abschirmbarkeit

Die Heliumkerne der α-Strahlung sind relativ groß und können bereits durch ein Blatt Papier abgeschirmt werden.
Zur Abschirmung der β-Strahlung genügt eine 1 mm dicke Aluminiumplatte.
Um die γ-Strahlung abzuschirmen, werden meterdicke Bleiplatten oder Beton benötigt. Sie kann jedoch nie vollständig abgeschirmt werden (→ Bild 5).

Die Reichweite

Die α-Strahlung hat in Luft die kürzeste Reichweite von den drei Strahlungsarten. Sie beträgt nur etwa 4 cm bis 6 cm.
Die Reichweite der β-Strahlung in Luft beträgt mehrere Meter. Die Strahlung mit der größten Reichweite ist die γ-Strahlung. Sie kommt in Luft mehrere Kilometer weit.

> α-Teilchen: Heliumkern
> β-Teilchen: Elektron
> γ-Strahlung: elektromagnetische Strahlung

1. Erkläre mit eigenen Worten den Begriff radioaktiver Zerfall.
2. Erläutere den Begriff Teilchenstrahlung und grenze ihn von dem Begriff Energiestrahlung ab.
3. **a)** Begründe das Verhalten der drei Strahlungsarten im elektrischen Feld.
   b) Zähle Materialien auf, mit denen sich die Strahlungen abschirmen lassen.
4. **I** Zeichne die α-, β- und γ-Strahlen wie in den Bildern 1 bis 3.
5. **II** Beschreibe die Kernzerfallsprozesse bei der α-Strahlung anhand von Bild 1 und bei der β-Strahlung anhand von Bild 2.
6. **III** Radium Ra-226 ist ein α-Strahler. Gib die Kernzerfallsgleichung an.

Starthilfe zu 2 und 4:
Nutze die Methode: „Mit der Nuklidkarte arbeiten".

»

ÜBEN UND ANWENDEN

A Zerfallsgleichungen aufstellen

1 **a)** Beschreibe den Aufbau eines α-Teilchens.
b) Beschreibe die Entstehung eines β-Teilchens.

A

204,38 **Tl** 81 Thallium	207,20 **Pb** 82 Blei	208,98 **Bi** 83 Bismut	(209) **Po** 84 Polonium	(210) **At** 85 Astat	(222) **Rn** 86 Radon

B

114,82 **In** 49 Indium	118,71 **Sn** 50 Zinn	121,75 **Sb** 51 Antimon	127,60 **Te** 52 Tellur	126,90 **I** 53 Iod	131,29 **Xe** 54 Xenon

1 Zwei unterschiedliche Zerfälle

2 **a)** Gib die Zerfallsgleichung für Polonium Po-210 an (→ Bild 1A).
b) Gib die Zerfallsgleichung für Tellur Te-128 an (→ Bild 1B).

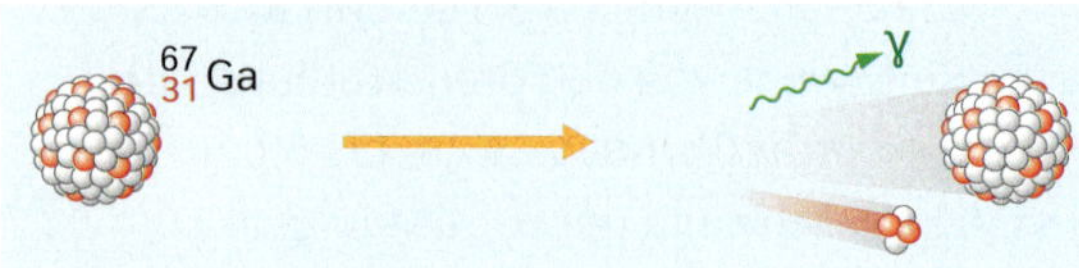

2 Ein Zerfall im Modell

3 **a)** Nenne die Art des Zerfalls in Bild 2.
b) Formuliere die Zerfallsgleichung zu a).

4 Übernimm jeweils die folgende Zerfallsgleichung und vervollständige sie.

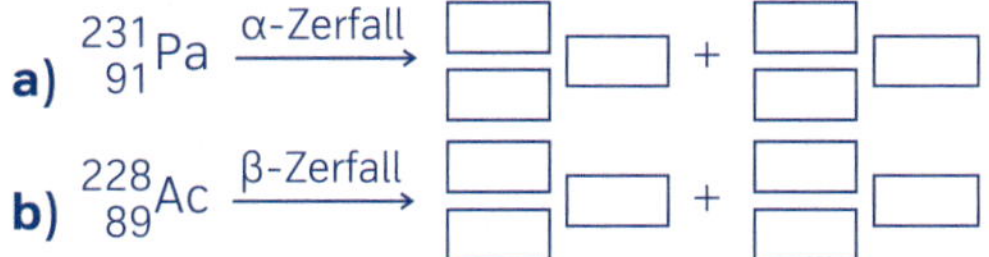

c) Schreibe die jeweiligen Elementnamen unter die Zerfallsgleichungen.

5 I **a)** Plutonium Pu-239 zerfällt durch einen α-Zerfall. Schreibe die Zerfallsgleichung auf.
I **b)** Benenne das neu entstandene Element.

6 I **a)** Stelle die Zerfallsgleichung für einen β-Zerfall von Sauerstoff O-24 auf.
I **b)** Gib die Veränderung der Kernladungszahl an.

Beispielaufgabe

Thorium Th-232 zerfällt in der Reihenfolge α-β-β-α.
a) Gib die vier Zerfallsgleichungen an.
b) Nenne das Endprodukt der Zerfallsreihe.

Lösung:
a)

$$^{232}_{90}Th \xrightarrow{\alpha\text{-Zerfall}} {}^{4}_{2}He + {}^{228}_{88}Ra$$

$$^{228}_{88}Ra \xrightarrow{\beta\text{-Zerfall}} {}^{0}_{-1}e + {}^{228}_{89}Ac \quad (+\gamma)$$

$$^{228}_{89}Ac \xrightarrow{\beta\text{-Zerfall}} {}^{0}_{-1}e + {}^{228}_{90}Th \quad (+\gamma)$$

$$^{228}_{90}Th \xrightarrow{\alpha\text{-Zerfall}} {}^{4}_{2}He + {}^{224}_{88}Ra \quad (+\gamma)$$

b) Das Endprodukt ist Radium Ra-224.

7 I Nenne die Zerfallsgleichung für die γ-Strahlung von Xenon Xe-137.

8 II Benenne die Zerfallsart, wenn aus Curium Cm-242 das Isotop Plutonium Pu-238 geworden ist.

9 II Das Isotop Radon Rn-221 zerfällt unter Abgabe von α-Strahlung oder β-Strahlung. Gib den neuen Kern an, der
a) bei α-Strahlung,
b) bei β-Strahlung entsteht.

10 II Astat At-217 zerfällt in der Reihenfolge α-β-α-β.
a) Gib die vier Zerfallsgleichungen an.
b) Nenne das Endprodukt der Zerfallsreihe.

Starthilfe zu 10:
Die Beispielaufgabe hilft dir bei der Lösung.

11 III Regenwasser enthält einen Anteil des radioaktiven Wasserstoffisotops H-3.
a) Gib die Zerfallsart von H-3 an und begründe deine Entscheidung.
b) Stelle die zugehörige Zerfallsgleichung auf.

ÜBEN UND ANWENDEN

B Das Spektrum der elektromagnetischen Strahlung

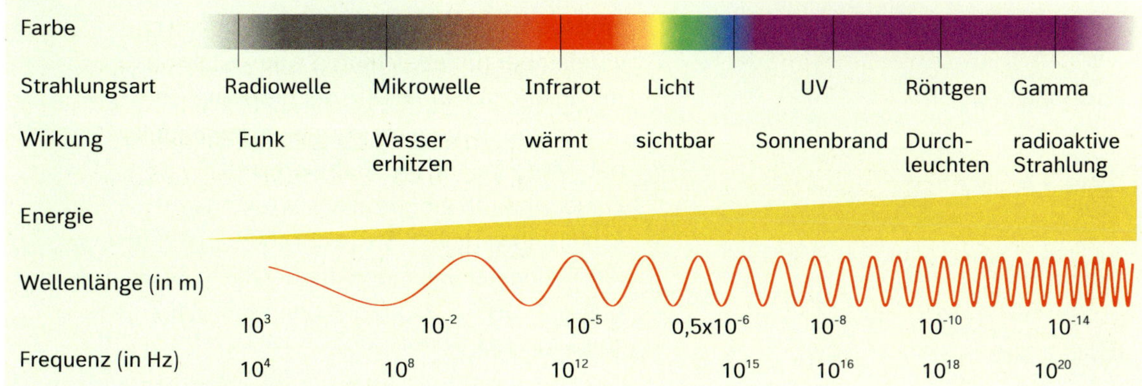

3 Spektrum der elektromagnetischen Strahlen

Was elektromagnetische Strahlung eigentlich ist, ist schwer zu verstehen. Irgendwie breiten sich elektrische und magnetische Kräfte wellenartig mit Lichtgeschwindigkeit im Raum aus. Und trotzdem kennen wir verschiedene elektromagnetischen Strahlen gut: Licht können wir sehen und die nicht sichtbaren Strahlen zeigen sich durch ihre Wirkungen.

1 **a)** Nenne die Bereiche elektromagnetischer Strahlung und vergleiche sie in Bezug auf ihre Energie und auf die Wellenlängen und die Frequenzen ihrer Wellen.
b) Finde Zusammenhänge und bilde „Je ..., desto ...“-Sätze.

2 Begründe, warum Radiowellen völlig unschädlich sind, Gammastrahlen aber tödlich sein können.

C Technische Anwendung ionisierender Strahlen

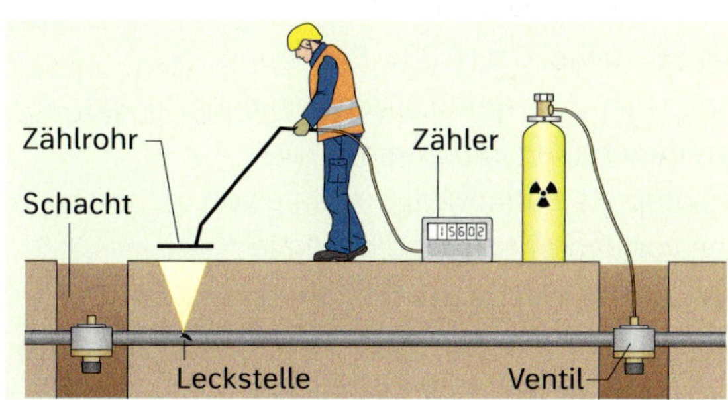

4 Lecksuche bei unterirdischen Rohrleitungen

Radioaktive Stoffe können sehr genau aufgespürt werden. In Bild 4 ist die Lecksuche bei unterirdischen Rohrleitungen dargestellt. Dabei werden niedrig dosierte radioaktive Stoffe verwendet. Nach dem Durchspülen der Leitungen besteht keine Gesundheitsgefährdung mehr.

Mit der Tracer-Methode lassen sich schwer zugängliche Rohrleitungen überprüfen. Tracer (engl. to trace: einer Spur folgen) sind Stoffe, die beigemischt werden, um die Verteilung dieser Substanzen zu untersuchen.

1 Beschreibe mithilfe von Bild 4 das Auffinden eines Lecks im Rohr.

2 **III** Auch die zellschädigende Wirkung radioaktiver Strahlen lässt sich nutzen, zum Beispiel zur Schädlingsbekämpfung. Recherchiere zum SIT-Verfahren (Sterile-Insekten-Technik) und erstelle einen Kurzvortrag über die Bekämpfung der Tsetse-Fliege in Sansibar.

«

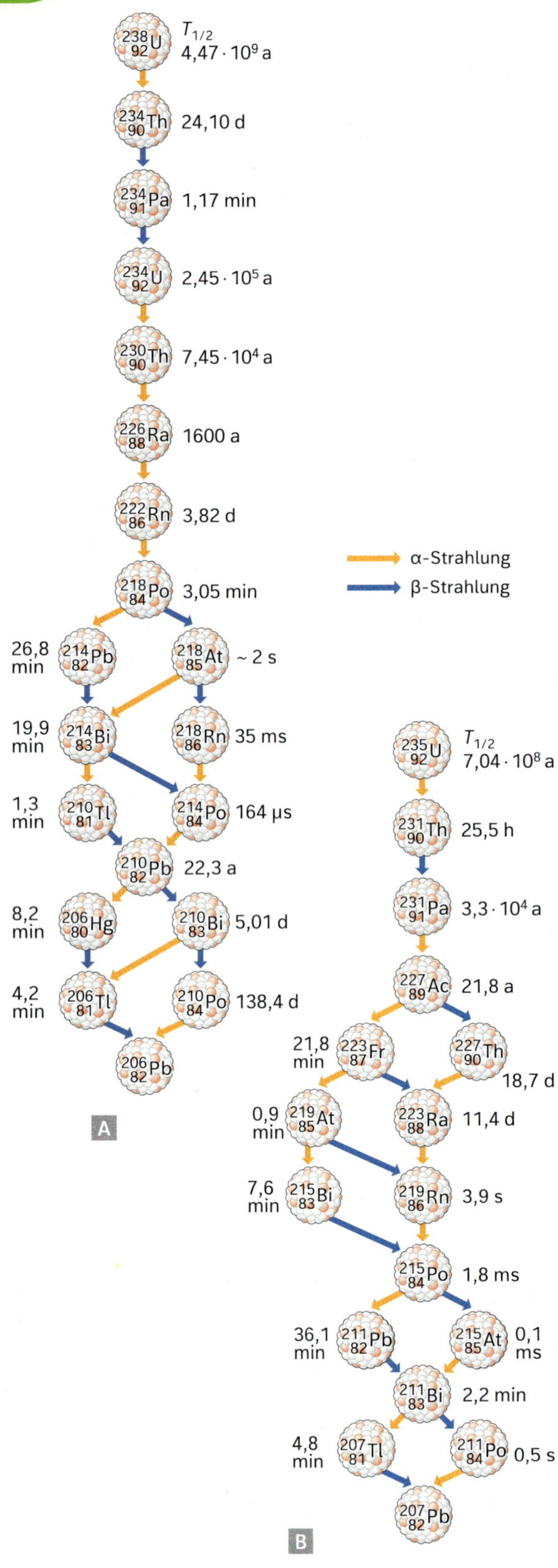

1 Halbwertszeiten: **A** U-238-Zerfallsreihe, **B** U-235-Zerfallsreihe

Die Halbwertszeit

Der Zerfall dauert seine Zeit

Niemand kann vorhersagen, wann ein Kern eines Isotops zerfällt. Durch Messungen wurde aber für jedes Isotop eine Zeit ermittelt, in der sich die Hälfte der ursprünglich vorhandenen Ausgangskerne umgewandelt hat. Diese Zeit ist die **Halbwertszeit $T_{1/2}$.** Für jeden Stoff gibt es eine charakteristische Halbwertszeit. Sie reicht von $9 \cdot 10^{-17}$ s (90 Trillionstel Sekunden) für Beryllium Be-6 bis zu $7 \cdot 10^{24}$ a (7 Quadrillionen Jahre) für Tellur Te-128.

> Die Zeit, nach der nur noch die Hälfte der radioaktiven Kerne vorhanden ist, heißt **Halbwertszeit $T_{1/2}$.**

Die natürlichen Zerfallsreihen

Kerne mit einer größeren Ordnungszahl als Blei zerfallen spontan. Durch Aussendung von α-Strahlung oder β-Strahlung wandeln sie sich in andere radioaktive Kerne um. Der spontane Kernzerfall geht so lange weiter, bis ein stabiles Isotop entstanden ist. Zerfallsreihen können auch verzweigt sein. Der Zufall entscheidet, ob ein α-Zerfall oder ein β-Zerfall stattfindet.
In der Natur gibt es **drei Zerfallsreihen,** die Uran U-238-Reihe, die U-235-Reihe und die Thorium Th-232-Reihe. Die natürlichen Zerfallsreihen haben immer ein stabiles Bleiisotop als Endnuklid. Im Laufe von Millionen von Jahren nimmt die Menge radioaktiver Stoffe auf der Erde ab und die Bleivorräte nehmen immer mehr zu. Diese natürlichen Zerfallsreihen werden also irgendwann nicht mehr vorkommen (→ Bild 1).

Die künstliche Zerfallsreihe

Es gibt auch eine bekannte künstliche Zerfallsreihe. Das Ausgangsnuklid Plutonium Pu-241 zerfällt und hat Tl-205 als Endnuklid. Das Pu-241 entsteht heute in kleinen Mengen in Kernkraftwerken.

Halbwerts-zeit $T_{1/2}$ in Jahren (a)	Menge noch vorhandener Kerne		
	Zahl der Kerne	in %	in Bruchteilen
0. $T_{1/2}$: 0 a	$10000 = N_0$	100 %	$\frac{1}{1}$
1. $T_{1/2}$: 5730 a	5000	50 %	$\frac{1}{2}$
2. $T_{1/2}$: 11460 a	2500	25 %	$\frac{1}{4}$
3. $T_{1/2}$: 17190 a	1250	12,5 %	$\frac{1}{8}$

2 Zerfall des Kohlenstoff-Isotops C-14

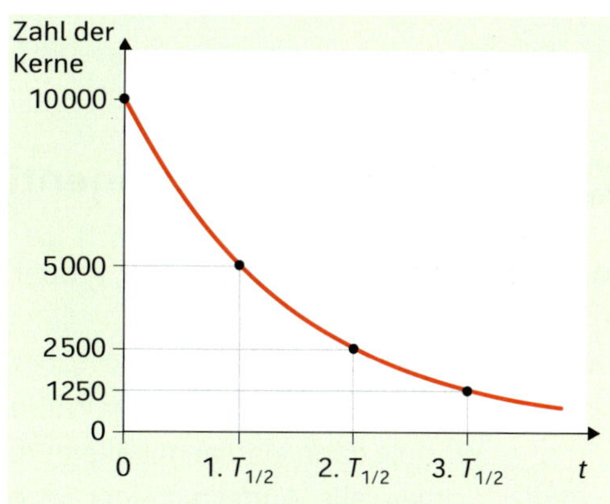

3 Das Diagramm eines exponentiellen Zerfalls

Die exponentielle Abnahme

Auch wenn der genaue Zeitpunkt für den Zerfall eines radioaktiven Kerns nicht vorhersagbar ist, erfolgt die Abnahme der Gesamtheit aller Kerne nach festen mathematischen Regeln. Eine exponentielle Abnahme liegt hier vor. Egal, welche Menge anfangs da ist, nach der Halbwertszeit ist noch die Hälfte vorhanden. Vergeht noch einmal so viel Zeit, ist davon wieder nurnoch die Hälfte vorhanden, also ein Viertel. Wieder nach einer Halbwertzeit ist davon wieder nur noch die Hälfte da, also ein Achtel. Und so geht es immer weiter.

Die Zerfallskurve

Die Tabelle in Bild 2 zeigt diese exponentielle Abnahme für C-14 mit einer Halbwertszeit von $T_{1/2} = 5730$ Jahren und einer Ausgangszahl von angenommen 10000 Kernen. Diese Ausgangsmenge lässt sich auch als 100 % bezeichnen. Dann sind nach einer Halbwertzeit noch 50 % vorhanden und so weiter. Das Diagramm in Bild 3 zeigt die typische radioaktive Zerfallskurve. Die Zahl der radioaktiven Kerne ist in Abhängigkeit von der Zeit aufgetragen. Die Kurve fällt zwar immer weiter, nähert sich der Null aber immer langsamer an.

1 **a)** Schreibe die Abkürzungen für die Einheiten der Halbwertszeiten in Worten auf. Beginne mit der größten Einheit. „a bedeutet Jahre". „d bedeutet ...".
b) Nenne mithilfe von Bild 1 die Isotope der beiden Uran-Zerfallsreihen mit der jeweils kleinsten und größten Halbwertszeit.

Starthilfe zu 1:
Nutze die Methode: „Mit der Nuklidkarte arbeiten".

2 Das radioaktive Iod-Isotop I-131 kann bei Unfällen in Kernkraftwerken und durch Atombomben frei werden. I-131 hat eine Halbwertszeit von 8,09 d.
a) Erstelle eine Tabelle mit fünf Halbwertszeiten für den Zerfall von Iod I-131. Gib die Mengen in % an und beginne bei 100 %.
b) Zeichne ausgehend von der Tabelle aus 2a) eine Zerfallskurve.

Starthilfe zu 2:
Orientiere dich an Bild 2 und 3.

3 **I** Es sind 5 g des radioaktiven Isotops C-14 vorhanden. Gib an, wie viel Gramm C-14 nach 5730 Jahren noch vorhanden sind und wie viel nach 11460 Jahren noch da sind.

4 **II** Nutze Bild 3 und gib an, wie viele C-14-Kerne nach 5730 Jahren zerfallen sind und wie viele in den nächsten 5730 Jahren zerfallen sind. Erkläre den Unterschied.

FORSCHEN UND ENTDECKEN

A Mit Würfeln die exponentielle Abnahme modellieren

Material: viele Würfel (mehr als 50), großer Becher

Durchführung:

Schritt 1: Notiere die Gesamtzahl der Würfel. Würfele dann einmal mit allen Würfeln.

Schritt 2: Sortiere alle Würfel mit einer Sechs aus. Zähle die verbliebenen Würfel.

Schritt 3: Wiederhole die Schritte 1 und 2, bis keine Würfel mehr vorhanden sind.

1 Würfel fallen zufällig

Anzahl der Würfe	0	1	2	3	...
Würfel mit einer 6	...	...	...	...	...
verbleibene Würfel	...	...	...	...	...
erwartete Zahl verbliebener Würfel	...	...	...	...	...

2 Tabelle mit beobachteten und erwarteten Werten

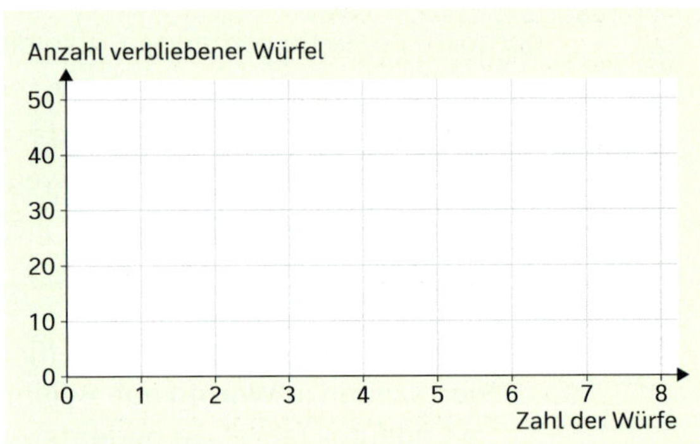

3 Diagramm zur exponentiellen Abnahme

1 **a)** Zeichne eine Tabelle wie in Bild 2 in dein Heft und trage die beobachteten Werte für die Sechser und für die jeweils verbliebenen Würfel ein.
b) Entwirf ein Diagramm ähnlich wie in Bild 3 und trage die beobachteten Werte aus der Tabelle als Kreuzchen ein. Lies ab, nach welchem Wurf erstmals weniger als die Hälfte der Anfangszahl übrig blieb.
c) Erkläre, warum es jedes Mal weniger Sechser gibt.

2 **a)** Überlege, mit welcher Wahrscheinlichkeit eine Sechs beim Würfeln auftritt. Berechne daraus, wie viele deiner Würfel nach dem 1. Wurf und nach weiteren Würfen übrig geblieben sein müssten. Trage die Werte in die untere Tabellenzeile ein.
b) Zeichne auch diese Werte mit einer anderen Farbe in das Diagramm ein. Verbinde diese Kreuzchen zu einer Verlaufskurve.
c) Vergleiche den Verlauf der beobachteten Würfelzahlen mit dem Verlauf der rechnerisch ermittelten Werte.
d) Erkläre die Unterschiede.

3 **a)** Vergleiche das Würfelmodell mit dem Zerfall eines radioaktiven Isotops. Tabelle 4 hilft dir zu verstehen, was im Modell wofür in der Realität steht. Übernimm die Tabelle in dein Heft und ergänze sie.
b) Jedes Modell hat Grenzen. Zeige an zwei Beispielen Schwächen dieses Modells.

Würfelmodell	radioaktiver Zerfall
Würfel	...
Würfel mit einer 6	...
verbliebene Würfel	...
...	ein gleich bleibender Zeitabschnitt
...	Halbwertzeit $T_{1/2}$
Wahrscheinlichkeit für eine 6	...

4 Vergleich zwischen Würfelmodell und radioaktivem Zerfall

Mit Radioaktivität das Alter bestimmen

Die Radiokarbonmethode

Die **Radiokarbonmethode,** kurz **C-14-Methode,** wird ausschließlich zur Altersbestimmung von **organischen Materialien** verwendet. Die Grundlage ist der Austausch von Kohlenstoffen. C-14 ist ein Isotop des Elementes Kohlenstoff. Es entsteht unter dem Einfluss der Höhenstrahlung aus dem Stickstoffisotop N-14. C-14 ist nicht stabil und zerfällt. Gleichzeitig wird in der Atmosphäre neues C-14 gebildet. Da die Höhenstrahlung seit tausenden Jahren nahezu konstant ist, bleibt auch der Anteil des C-14 in der Atmosphäre konstant. Mit dem Sauerstoff der Luft entsteht aus den Isotopen C-14 und C-12 Kohlenstoffdioxid (CO_2). Dieses wird von den Lebewesen aufgenommen und gelangt so in die Nahrungskette. In lebenden Organismen entsteht ein konstantes natürliches Verhältnis zwischen dem instabilen C-14 und dem stabilen C-12. Stirbt der Organismus, zerfällt das bisher aufgenommene C-14 weiterhin mit seiner Halbwertszeit von 5730 Jahren. Aus dem gemessenen Mengenverhältnis von C-14 zu C-12 in einer Probe kann der grobe Zeitraum bestimmt werden, in dem der Organismus verstorben ist.

Die C-14-Methode stellt momentan die genaueste Methode der Altersbestimmung archäologischer Funde bis zu einem Zeitraum von 50 000 Jahren dar.

Der „rote Franz“

Im Jahr 1900 wurde beim Torfstechen in der Nähe von Neu Versen bei Meppen im Emsland die gut erhaltene Leiche eines Mannes gefunden.

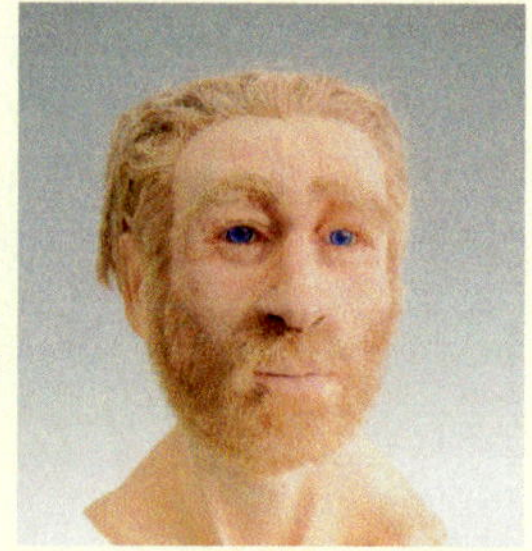

5 Rekonstruktion seines Gesichtes

Bei einer gerichtsmedizinischen Untersuchung der Haare mit der C-14-Methode wurde der Zeitpunkt des Todes auf die zweite Hälfte des 3. Jahrhunderts datiert. Die Moorleiche wurde aufgrund der roten Haare auf den Namen „roter Franz“ getauft.

6 Eine gut erhaltene Moorleiche: der „rote Franz“

1 **a)** Gib an, wie lange die Moorleiche „roter Franz“ im Moor lag, bevor sie untersucht wurde.
b) Berechne, wie viele Halbwertszeiten von C-14 in diesen Jahren in etwa vergangen sind. Ein grob auf eine ganze Zahl gerundeter Wert reicht hier.
c) Überlege und schätze ab, wieviel Prozent der normalen C-14-Menge die Forschenden in der Moorleiche gefunden haben, wodurch ihre Datierung möglich wurde.

2 **a)** Begründe, warum man mit der C-14-Methode keine Datierungen von Dinosaurier-Fossilien vornehmen kann, die oft über 100 Millionen Jahre alt sind.
b) Recherchiere und berichte über die K-40-Methode zur Altersbestimmung.

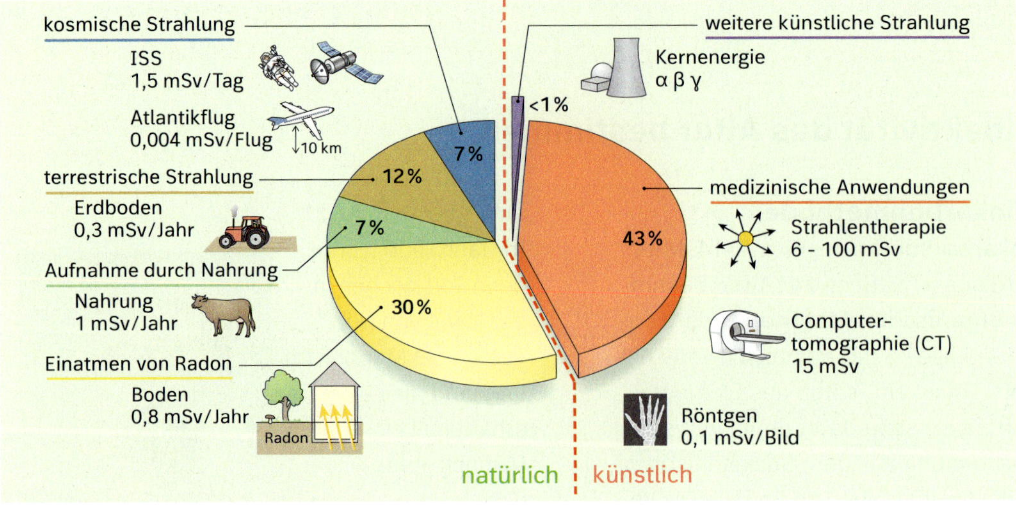

1 Durchschnittliche Strahlenbelastung aus verschiedenen Quellen

Wirkungen ionisierender Strahlen auf Lebewesen

Strahlenschäden

Trifft Strahlung auf Lebewesen, können die Atome in manchen Zellen **ionisiert** werden. Als Folge kann sich dabei die betroffene Zelle oder auch die DNA im Zellkern verändern. Dies kann zwei unterschiedliche Arten von Schäden hervorrufen.

1. Somatischen Schäden

Leicht veränderte Zellen können vom Körper selbst repariert werden. Abgestorbene Zellen werden abgestoßen und durch neue ersetzt. Doch auch der Körper kommt an seine Grenzen. Schäden, die im Körper der bestrahlten Person selber auftreten, heißen **somatische Schäden.** Dabei werden Früh- und Spätschäden unterschieden.

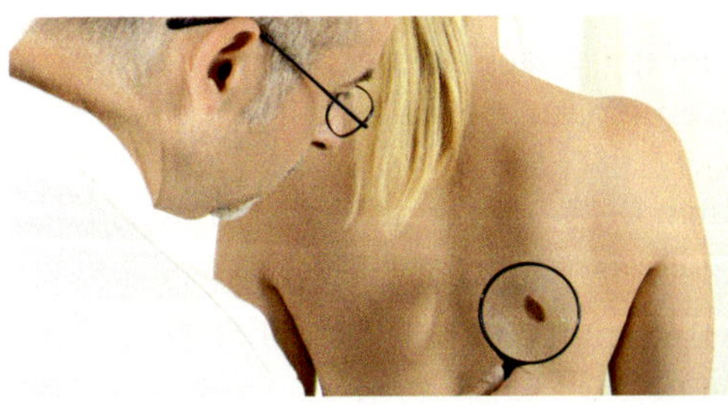

2 Eine Kontrolluntersuchung beim Hautarzt

Somatische Frühschäden

Frühschäden treten bei sehr starker Strahlung auf und äußern sich in der **Strahlenkrankheit.** Erscheinungen dieser Strahlenkrankheit können Durchfall, Erbrechen, Haarausfall oder ein verändertes Blutbild sein. Bei sehr hohen Strahlendosen kann die Krankheit auch zum **Strahlentod** führen.

Somatische Spätschäden

War der Körper nur einer schwachen Strahlung ausgesetzt, kann die Strahlung dennoch Schäden in der DNA hervorrufen. Durch solche Mutationen entstehen als Spätschäden Leukämie, Lungenkrebs, Hautkrebs oder Unfruchtbarkeit.

2. Genetischen Schäden

Wurden durch die Einwirkung von ionisierender Strahlung Keimzellen verändert, kann dies deren Erbgut schädigen. Betreffen die Auswirkungen die Folgegeneration, wird von **genetischen Schäden** gesprochen. Dazu gehören Fehlbildungen und **Mutationen.** Diese Mutationen können zu Fehlbildungen und Erbkrankheiten führen.

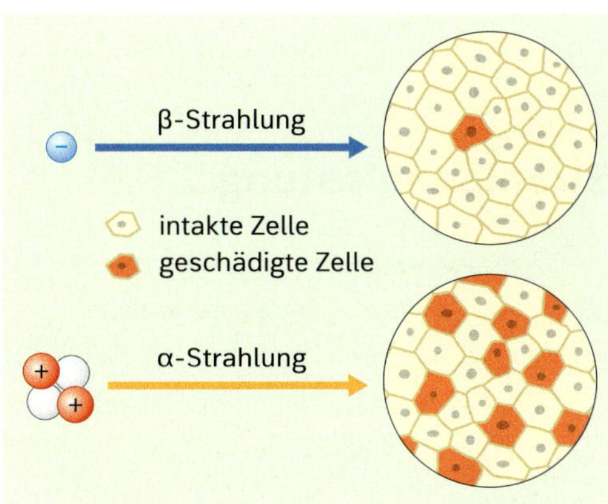

3 Die biologische Wirkung der Strahlungsarten bei jeweils gleicher Energiemenge

Strahlenwirkungen messen

Die **biologische Strahlenwirkung** berücksichtigt nicht nur die aufgenommene Energie pro 1 kg Körpermasse, sondern auch die unterschiedliche biologische Wirkung verschiedener Strahlungsarten.

In Bild 3 erkennst du, dass α- und β-Strahlung unterschiedliche Schädigungen hervorrufen. β-Teilchen haben eine kleine Masse und sie schädigen lebende Zellen weniger als die massereicheren α-Teilchen.

Die Einheit der biologischen Strahlenwirkung ist **1 Sv (Sievert).** Sie wurde nach dem schwedischen Physiker und Mediziner ROLF SIEVERT (1896 – 1966) benannt.

Wie stark sich Strahlenschäden bei betroffenen Personen auswirken können, hängt von unterschiedlichen Faktoren ab:

- Strahlungsart
- Menge der ionisierenden Strahlung
- Abstand zur Strahlungsquelle
- Einwirkungsdauer
- Strahlenempfindlichkeit der Organe.

Das Strahlenschutzgesetz

Die durchschnittliche Strahlenbelastung pro Person in Deutschland beträgt etwa 4,3 mSv pro Jahr. Dieser Wert setzt sich aus vielen verschiedenen Faktoren zusammen. Einige davon sind in Bild 1 dargestellt. Wie hoch die Grenzwerte für die effektive Strahlendosis bei bestimmten Tätigkeiten maximal sein darf, ist im **Strahlenschutzgesetz (StrlSchG)** festgelegt.

Einige Grenzwerte

Personen, die beruflich mit ionisierender Strahlung zu tun haben, dürfen zu ihrem eigenen Schutz einen Wert von 20 mSv pro Jahr nicht überschreiten (StrlSchG §78).

Ab einem Wert von 100 mSv geht die Wissenschaft von Schädigungen eines Ungeborenen aus.

Die Strahlenkrankheit beginnt bei etwa 1000 mSv. Ohne medizinisches Eingreifen sterben nach 3 bis 6 Wochen rund die Hälfte der Personen, die einer Strahlung von 3000 mSv – 4000 mSv ausgesetzt waren. Ab 8000 mSv hat eine Person nur noch geringe Überlebenschancen, da sie in kurzer Zeit einer großen Menge ionisierender Strahlung ausgesetzt war.

Die 5 Regeln zum Strahlenschutz

Die fünf wichtigsten Regeln zum Strahlenschutz lassen sich ganz einfach merken. Sie beginnen alle mit dem Buchstaben A:

- **A**bstand halten
- **A**ufenthaltsdauer verkürzen
- **A**bschirmung optimieren
- **A**ktivität verringern
- **A**ufnahme in den Körper vermeiden.

1. Beschreibe die Bedeutungen von somatischen und genetischen Schäden und gib jeweils Beispiele.
2. I Gib den Unterschied zwischen somatischen Frühschäden und somatischen Spätschäden an.
3. II Formuliere die Abhängigkeiten bezüglich der Stärke der Strahlenschäden.
4. II Begründe die fünf Regeln des Strahlenschutzes.

Starthilfe zu 1:
Benutze die Begriffe: Zelle, Krebs, Zellkern, DNA, Strahlenkrankheit, Mutation, Erbkrankheit, Tod

Starthilfe zu 2:
Es werden keine Beispiele verlangt!

»

ÜBEN UND ANWENDEN

A Exponentielle Abnahme der Strahlenbelastung

Im Jahr 1986 ereignete sich in der damaligen Sowjetunion im Kernkraftwerk Tschernobyl ein GAU, ein „größter anzunehmender Unfall“. Dabei gelangten große Mengen radioaktiver Substanzen in die Atmosphäre. Je nach Windrichtung und Wetterlagen waren bestimmte Regionen in Europa von radioaktivem „Fallout“ betroffen. Regen brachte die radioaktiven Isotope auf die Erde und diese belasteten teilweise langfristig die Böden.
Im Fallout befanden sich unter anderem die Caesium-Isotope Cs-134 und Cs-137. Cs-134 hat eine Halbwertszeit von 2,1 Jahren.
In Deutschland gingen insgesamt ca. 600 g Cs-137 nieder. Bis heute sind Wildpilze aus manchen Regionen so hoch mit Cs-137 kontaminiert, dass die Grenzwerte für die Strahlenbelastung bei Lebensmitteln überschritten wird. Ob bestimmte radioaktive Isotope in Pflanzen, Tieren oder Pilzen vorkommen, hängt nicht nur von ihrer physikalischen Halbwertszeit ab, sondern auch davon, welche Rolle das Element im Stoffwechsel spielt. Strontium-90 lagert sich zum Beispiel ähnlich wie Calcium in die Knochen ein.

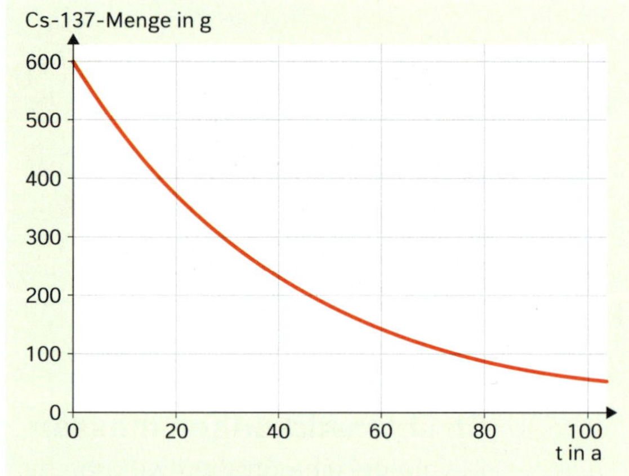

1 Radioaktiver Zerfall von Cs-137

2 Radioaktiv belastete Wildpilze

1 **a)** Lies aus der Zerfallskurve in Bild 1 den ungefähren Wert für die Halbwertszeit von Cs-137 ab.
b) Gib das Jahr an, in dem von den ursprünglich im Fallout vorhandenen 600 g allein durch radioaktiven Zerfall nur noch 300 g übrig waren.
c) Lies aus der Zerfallskurve in Bild 1 ab, wie viel g Cs-137 ungefähr heute noch aus dem Fallout vorhanden sind.
d) Lies ab, wann in etwa die Menge an Cs-137 unter 50 g gefallen sein wird.

3 Die Strahlenbelastung durch den Fallout war 1986 für Cs-134 und Cs-137 in vergleichbarer Größenordnung. Begründe, warum man sich heute über Cs-134 weniger Sorgen machen muss als über Cs-137.

3 Die Menge an radioaktiven Substanzen im Boden verringert sich nicht nur durch radioaktiven Zerfall. Überlege und nenne Gründe für weitere Möglichkeiten, wie es zur Abnahme der radioaktiven Isotope im Boden kommt.

4 **a)** Erkläre, warum Wildpilze im Gegensatz zu Zuchtpilzen radioaktiv belastet sein können.
b) Erkläre, warum auch das Fleisch von Wildtieren wie Rehen oder Wildschweinen radioaktiv belastet sein kann.

5 **III** Begründe, warum es „ein Glück“ war, dass Strontium-90 im Fallout von Tschernobyl nur in geringen Mengen auftrat.

IM ALLTAG

Medizinische Untersuchungen

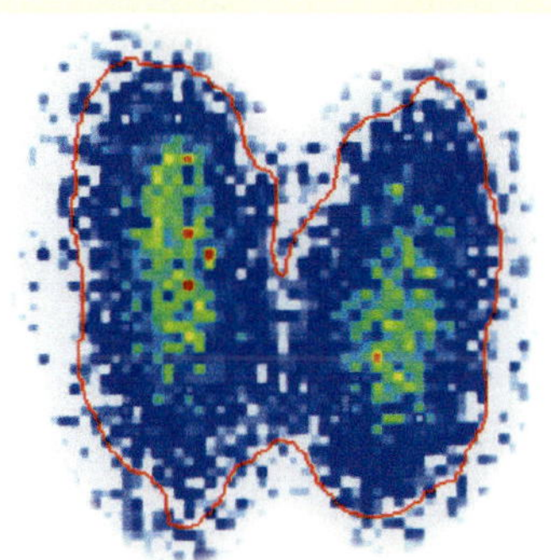

3 Ein Schilddrüsen-Szintigramm

Die radiologische Diagnostik

Mit radioaktiven Methoden lässt sich die Funktionsfähigkeit mancher Organe wie Schilddrüse oder Nieren am besten untersuchen. Dazu wird der Patientin oder dem Patienten ein Mittel mit einem sehr schwach-radioaktiven Stoff gespritzt. Die Organe nehmen diese Substanz auf. Nach wenigen Minuten kann die Strahlung gemessen werden, die von dem Organ ausgeht. In Bild 4 siehst du ein Computerbild, ein **Szintigramm.** Dort lassen sich bei einem kranken Organ Bereiche sehen, in denen sich der radioaktive Stoff stärker angesammelt hat. Das Diagnoseverfahren mithilfe radioaktiver Stoffe heißt **Radiografie.** Die Art und die Menge des radioaktiven Mittels sind so gewählt, dass sich ein deutliches Untersuchungsergebnis ergibt, aber die Patientin oder der Patient nicht geschädigt wird. Die Halbwertszeit des eingesetzten Stoffes ist sehr gering. Kurze Zeit nach der Untersuchung ist von dem radioaktiven Stoff im Körper nichts mehr vorhanden.

Medizinische Strahlenbehandlung

In Bild 4 siehst du, wie ionisierende Strahlung zur Bekämpfung von Krebszellen genutzt wird. Die Strahlung wird gezielt auf den Tumor gerichtet. So wird vermieden, dass gesunde Organe bestrahlt werden. Die Krebszellen werden zerstört und eine Heilung ist in vielen Fällen möglich.

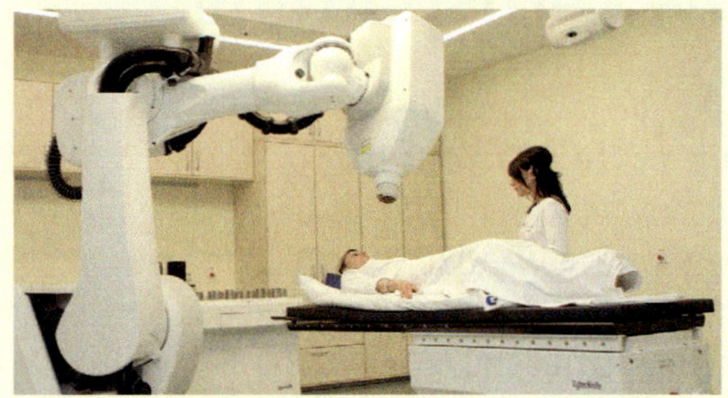

4 Eine Strahlenbehandlung

Ein medizinischer Beruf: MTRA

Radiologie heißt das Fachgebiet, das sich mit der Strahlenkunde in der Medizin beschäftigt. Die Fachärzte heißen Radiologinnen oder Radiologen. Ihnen zur Seite stehen **medizinisch-technische Radiologieassistentinnen** oder **-assistenten,** kurz **MTRA.** Sie sind in drei großen Arbeitsgebieten tätig: Auf dem Gebiet der **Röntgendiagnostik** erstellen sie Röntgenbilder von inneren Organen und dem Knochenbau der Patienten. In der **Strahlentherapie** werden Patientinnen und Patienten, die an einem Tumor leiden, mit radioaktiven Präparaten gezielt bestrahlt. Im Rahmen der **Nuklearmedizin** werden mithilfe verschiedener Messverfahren Aufzeichnungen von Organen erstellt. Rund um diese radiologischen Untersuchungsmethoden gehören auch pflegerische Tätigkeiten zum Berufsbild: Verbände wechseln, Kontrastmittel spritzen, Blut abnehmen oder das Beruhigen der Patientinnen und Patienten.

1 Nenne Fähigkeiten, die eine MTR-Assistentin oder ein MTR-Assistent haben muss, um den Beruf verantwortungsbewusst ausüben zu können.

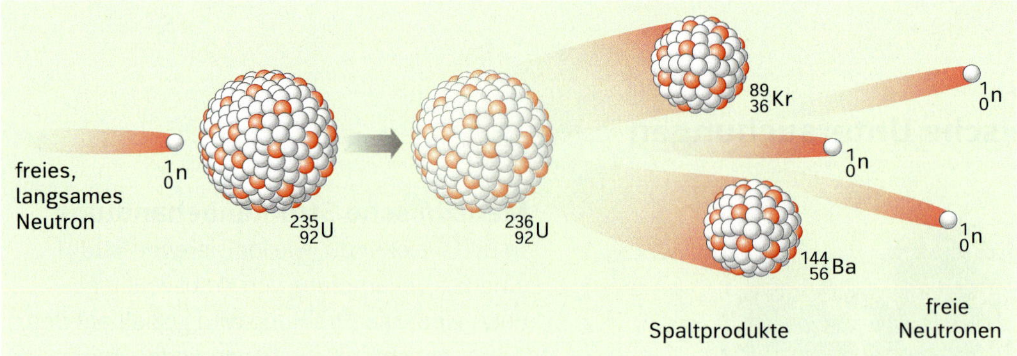

1 Die Kernspaltung

Die Kernspaltung

Die erste Kernspaltung

Im Jahr 1938 arbeiteten die beiden Chemiker OTTO HAHN (1879 – 1968) und FRITZ STRASSMANN (1902 – 1980) in Berlin an einem Experiment. Dabei wurde Uran mit Neutronen beschossen. Zu ihrem Erstaunen entdeckten sie aber anschließend Barium in ihrem Versuch. Dieses Element hatten sie nicht erwartet. Sie wussten, dass es nur aus dem Uran entstanden sein konnte. HAHN und STRASSMANN hatten mit diesem Versuch die erste **Kernspaltung** durchgeführt. Dabei kam ihnen der Zufall zu Hilfe. Uran U-235 ist das einzige spaltbare natürliche Isotop. HAHN erhielt für diese Entdeckung 1944 den Nobelpreis für Chemie.

Die wissenschaftliche Erklärung

Die Physikerin LISE MEITNER (1878 – 1968) gehörte auch zu dem Wissenschaftsteam. Ihr gelang die physikalische Erklärung des Versuches von HAHN und STRASSMANN. Sie war der Ansicht, dass keines der beteiligten Teilchen einfach verschwinden kann. Uran hat 92 Protonen. Daher musste es neben dem Barium mit 56 Protonen ein zweites Element geben. Dessen Protonenzahl ergibt sich einfach rechnerisch: 92 – 56 = 36. Es handelt sich um das Edelgas Krypton. HAHN und STRASSMANN hatten dies bei ihrem Versuch nicht bemerkt.

Der Spaltungsvorgang

Kerne mit großer Massenzahl können gespalten werden. Um den Spaltungsprozess auszulösen, wird ein **freies Neutron** benötigt. Dieses muss langsam genug sein, um vom Kern aufgenommen zu werden.
In Bild 1 ist die Spaltung eines U-235-Kerns dargestellt. Trifft das freie Neutron auf den Atomkern, wird es von ihm aufgenommen. Dadurch wird der Kern instabil. Er zerfällt sofort in zwei **Spaltprodukte.**
Die Kombination der Spaltprodukte muss nicht immer gleich sein. Statistisch am häufigsten zerfällt U-235 in Barium Ba-144 und Krypton Kr-89. Bei dem Spaltungsvorgang werden zwei oder drei Neutronen frei. Mit diesen freien Neutronen können weitere Kernspaltungen ausgelöst werden.
Die Kernspaltung kann mithilfe einer **Kernreaktionsgleichung** dargestellt werden:

$$^{1}_{0}n + ^{235}_{92}U \rightarrow ^{236}_{92}U \rightarrow ^{144}_{56}Ba + ^{89}_{36}Kr + 3\,^{1}_{0}n$$

Neutron + Uran → Uran → Barium + Krypton + Neutronen

$$^{1}_{0}n + ^{235}_{92}U \rightarrow ^{236}_{92}U \rightarrow ^{147}_{57}La + ^{87}_{35}Br + 2\,^{1}_{0}n$$

Neutron + Uran → Uran → Lanthan + Brom + Neutronen

2 Kernreaktionsgleichungen von U-235 mit zwei unterschiedlichen Spaltmöglichkeiten

Spaltprodukt
freies Neutron
$^{1}_{0}n$
$^{235}_{92}U$
$^{236}_{92}U$
Spaltprodukt
$^{235}_{92}U$
$^{236}_{92}U$

3 Mehrere Spaltungen in Folge ergeben eine Kettenreaktion.

Die Kettenreaktion

Wird ein Atomkern Uran U-235 mit einem Spaltneutron beschossen, findet eine Kernspaltung statt. Es entsteht U-236. Der Kern zerfällt aber spontan wieder in zwei Spaltprodukte. Zusätzlich werden zwei oder drei Neutronen frei. Wenn diese Neutronen die richtige Geschwindigkeit haben, können sie ihrerseits zwei oder drei weitere Urankerne U-235 spalten. Bei jeder Spaltung werden wiederum je zwei bis drei Neutronen frei. Die Anzahl der Spaltungen nimmt also exponentiell zu. Dieser Vorgang heißt **Kettenreaktion** (→ Bild 3).

Kernenergie

Bei der Spaltung von 1 kg U-235 wird etwa 200 000-mal so viel Energie frei wie beim Verbrennen von 1 kg Kohle. Dies ist im Vergleich auch zu anderen chemischen Reaktionen also viel, viel mehr.

Unkontrolliert und kontrolliert

Die ungeheuer zerstörerische Wirkung von **Atombomben** ergibt sich, wenn die nukleare Kettenreaktion unkontrolliert abläuft. Außerdem kontaminieren die radioaktiven Spaltprodukte die Umwelt langfristig.
In **Kernkraftwerken** findet eine kontrollierte Kernspaltung statt, um die Kernenergie friedlich zu nutzen. Mit Steuerstäben lassen sich hier Neutronen abfangen, sodass ihre Anzahl gesteuert werden kann.

4 „Atompilz" bei einem Atomwaffentest am Bikini-Atoll 1946

1 **a)** Beschreibe anhand von Bild 1 die Vorgänge bei der Kernspaltung von U-235.
b) Nenne die häufigsten Spaltprodukte.
c) Erkläre, welche Wirkung die zwei oder drei freiwerdenden Neutronen haben können.

2 **a)** Erkläre, warum die Kernspaltung sowohl für militärische Zwecke als auch für friedliche Zwecke so „interessant" ist.
b) Vergleiche die Abläufe der Kettenreaktionen bei der militärischen und bei der friedlichen Nutzung der Kernenergie.

Starthilfe zu 2:
Vergleiche die Energiemengen mit der bei chemischen Reaktionen.

3 **I** Beschreibe die Kettenreaktion in Bild 2.

4 **III** In der Kernreaktionsgleichung A in Bild 3 entstehen 3 Neutronen, in der Gleichung B nur 2. Begründe die unterschiedliche Anzahl der freiwerdenden Neutronen.

Starthilfe zu 4:
Vergleiche die Protonenzahlen in den Kernreaktionsgleichungen.

»

FORSCHEN UND ENTDECKEN

A Kettenreaktionen mit Dominosteinen

Material: Domino-Spielsteine

Durchführung:

Schritt 1: Stelle Dominosteine wie in Bild 1 hintereinander auf und stoße einen Stein an.

Schritt 2: Verändere deinen Aufbau so, dass du nur einen Stein am Anfang des Versuchs anstoßen musst und dadurch 2, 4, 8, ... Steine gleichzeitig umfallen.

Schritt 3: Nimm aus dem Aufbau aus Schritt 2 so viele Steine heraus, dass immer gleich viele Steine umfallen.

1 Beschreibe jeweils deine Beobachtung.

2 Vergleiche deine Beobachtung aus Schritt 2 mit einer unkontrollierten Kettenreaktion.

1 Eine Domino-Kette

3 Vergleiche deine Beobachtung aus Schritt 3 mit einer kontrollierten Kettenreaktion.

4 II a) Nenne das technische Bauteil, das die Entnahme der Dominosteine aus Schritt 3 in einem Kraftwerk übernimmt.

II b) Beschreibe das Funktionsprinzip dieses technischen Bauteils.

ÜBEN UND ANWENDEN

A Die Atombomben von Hiroshima und Nagasaki

Am 9. August 1945 warfen amerikanische Flugzeuge zwei Atombomben auf die japanischen Städte Hiroshima und Nagasaki ab. Die Städte wurden komplett zerstört, Pflanzen, Tiere und Menschen radioaktiv verstrahlt. Auch Generationen später traten noch Erbschäden bei der Bevölkerung auf. Diese schrecklichen Waffen beendeten den zweiten Weltkrieg in Japan.
Die Entwicklung von Kernwaffen wurde zuerst in Deutschland unter den Nationalsozialisten vorangetrieben. Viele europäische Wissenschaftler wanderten in dieser Zeit in die USA aus und beteiligten sich dort an der Weiterentwicklung dieser Waffen. Ziel war es, den Krieg mit Nazi-Deutschland zu beenden.

1 Erkläre die zerstörerische und langfristig schädliche Wirkung von Atombomben.

2 Hiroshima 1945

2 Stelle Abwägungen gegenüber, die Wissenschaftler dazu gebracht haben könnten, sich an der Entwicklung von Atombomben zu beteiligen.

3 Im „kalten Krieg“ nach dem 2. Weltkrieg bedrohten sich Ost und West gegenseitig mit Atomwaffen, ohne dass diese zum Einsatz kamen. Erkläre diese Strategie.

Die Entdeckung und die Erklärung der Kernspaltung

Otto Hahn

Lebensdaten: geboren am 08.03.1879 in Frankfurt am Main, gestorben am 28.07.1968 in Göttingen
Studium: Universität Marburg und München Forschung in London, Montreal und Berlin
Fächer: Chemie
Bekannteste Entdeckung: Durchführung der 1. Kernspaltung von Uran U-235 (1938)
Auszeichnung: Nobelpreis für Chemie (1944)

Fritz Strassmann

Lebensdaten: geboren am 22.02.1902 in Boppard, gestorben am 22.04.1980 in Mainz
Studium: Leibniz Universität Hannover
Fächer: Chemie
Bekannteste Entdeckung: Durchführung der 1. Kernspaltung von Uran U-235 (1938)
Auszeichnung: Enrico-Fermi-Preis

Die erste Kernspaltung wurde von O. Hahn und F. Strassmann 1938 auf diesem Holztisch durchgeführt. Er befindet sich heute im Deutschen Museum in München.

Lise Meitner

Lebensdaten: geboren am 07.11.1878 in Wien, gestorben am 27.10.1968 in Cambridge
Studium: Universität Wien (Promotion über Wärmeleitung)
Fächer: Französisch, Mathematik, Physik, Philosophie
Forschung und Lehre:

- Wechsel nach Berlin zu Otto Hahn
- als Frau hat sie nicht zu allen Laboren Zutritt
- am Kaiser-Wilhelm-Institut muss sie ihre Arbeit als Gast unbezahlt ausüben
- während des 1. Weltkrieges arbeitet sie als Röntgenschwester in einem Frontlazarett
- 1922 kann sie sich als erste Frau in Physik habilitieren und wird später außerordentliche Professorin
- 1933 wird ihr durch die Nazis die Lehrerlaubnis entzogen, weil sie Jüdin ist
- sie flieht über die Niederlande nach Schweden
- von dort verfolgt sie die Experimente von Hahn und Strassmann und liefert die theoretische Erklärung.

Bekannteste Entdeckung: Theoretische Erklärung der Kernspaltung von Uran U-235 (1939)
Auszeichnungen: Otto-Hahn-Preis, Bundesverdienstkreuz, Enrico-Fermi-Preis, Max-Planck-Medaille

1 Erstelle einen 20-minütigen Vortrag zum Leben und zu den Forschungsprojekten von Lise Meitner. Gehe dabei auch auf die Schwierigkeiten von Naturwissenschaftlerinnen in der damaligen Zeit ein.

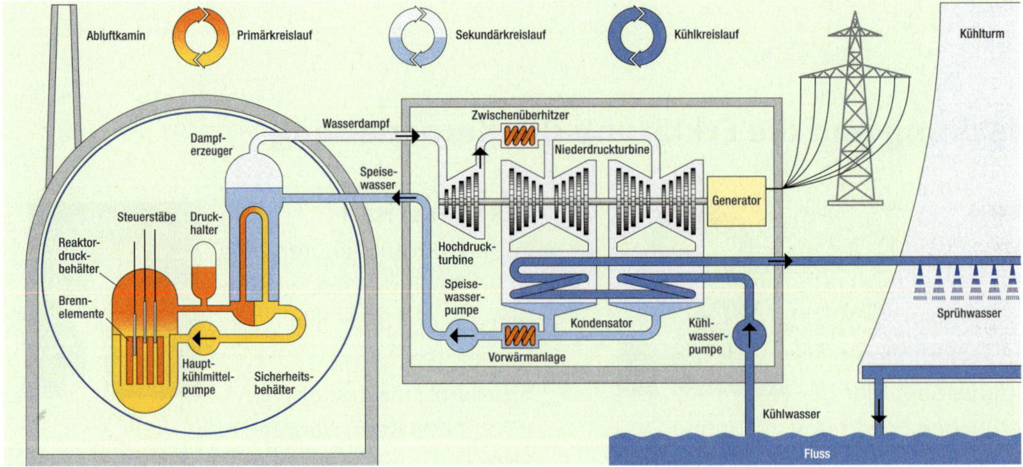

1 Der Aufbau eines Kernkraftwerkes mit Druckwasserreaktor

Kernkraftwerke

Die Kernenergie nutzen

Bei der **kontrollierten Kernspaltung** wird Kernenergie in thermische Energie umgewandelt. Diese lässt Wasser verdampfen. Der Wasserdampf treibt Turbinen an und ein Generator erzeugt elektrischen Strom. Kernkraftwerke sind Wärmekraftwerke.

Der Druckwasserreaktor

Das **Reaktorgebäude** besteht aus einer dicken Stahlbetonschicht. Sie ist sehr stabil und schirmt außerdem die radioaktive Strahlung ab. Das Herzstück eines Druckwasserreaktors ist der **Reaktordruckbehälter.** Hier findet findet die Kernspaltung statt. Das Uran U-235 befindet sich in langen **Brennstäben.** Mehrere Brennstäbe werden zu **Brennelementen** zusammengefasst. Bei der Kernspaltung entstehen neben den Spaltprodukten schnelle Neutronen und thermische Energie. Die thermische Energie erwärmt Wasser. Das Wasser dient aber auch als **Moderator.** In Bild 2 B siehst du, dass Wasser die schnellen Neutronen aus der Kernspaltung abbremst. Dadurch erhalten sie die richtige Geschwindigkeit und können weitere Kernspaltungen auslösen.

Die Steuerung des Reaktors

Damit die Kettenreaktion kontrolliert abläuft, wird immer ein Teil der neu gebildeten Neutronen weggefangen. Dies bewirken Boratome, die dem Wasser zugegeben werden. Außerdem können **Steuerstäbe** zwischen die Brennstäbe geschoben werden. Sie absorbieren um so mehr Neutronen, je tiefer sie zwischen die Brennstäbe abgesenkt werden. So kann die Kettenreaktion reguliert und der Reaktor auch ganz heruntergefahren werden.

Drei Wasserkreisläufe

Der **Primärkreislauf** ist ein Wasserkreislauf, der die thermische Energie aus dem Reaktor zum Verdampfer führt. Das Wasser steht unter sehr hohem Druck, damit es bei über 300 °C flüssig bleibt. In diesem abgeschlossenen Kreislauf befindet sich radioaktiv verunreinigtes Wasser. Im **Sekundärkreislauf** zirkuliert das Wasser, das im Verdampfer verdampft, die Turbinen antreibt und im Kondensator wieder flüssig wird. Der **Kühlkreislauf** nutzt Flusswasser. Es kühlt im Kondensator den Wasserdampf ab. In Kühltürmen gibt das Wasser Wärme ab. Dann kommt es wieder in den Fluss.

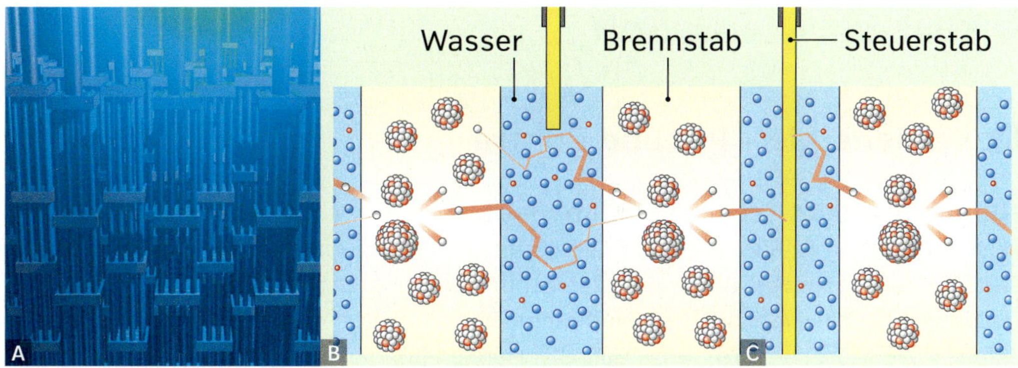

2 Im Kernreaktor: **A** Blick auf die Brennelemente, **B** Wasser als Moderator, **C** abgesenkter Steuerstab

Abklingbecken

Wenn ein Großteil des U-235 gespalten ist, werden die Brennelemente ausgetauscht. Bei der Kernspaltung entstehen neue radioaktive Stoffe, die selbstständig zerfallen und dabei viel Wärme abgeben. Die „abgebrannten" Brennelemente müssen über mehrere Jahre im **Abklingbecken** fortlaufend mit Wasser gekühlt werden. Sonst würde sich wieder eine unkontrollierte Kettenreaktion entwickeln.

Neue Brennelemente

Uran kommt als Uranerz in der Erde vor. Im Uranbergbau wird es abgebaut. Allerdings ist der Anteil des spaltbaren Uran-Isotops 235 so gering, dass es in **Urananreicherungsanlagen** aufwändig konzentriert werden muss. Aus dem angereicherten Uran-235 werden die Brennelemente produziert.

Radioaktive Abfälle

In Kernkraftwerken entstehen neben schwach- und mittelradioaktiven Abfällen auch hochradioaktive Abfälle. In abgebrannten Brennstäben befindet sich eine Vielzahl unterschiedlicher radioaktiver Stoffe. Zum Beispiel hat Plutonium-239 eine Halbwertszeit von über 24 000 Jahren. Die Abfälle müssen daher über extrem lange Zeiträume sicher abgeschirmt werden. Obwohl seit den 1960iger Jahren viele Kernkraftwerke in Betrieb gingen, ist die Frage der **Endlagerung** noch nirgends auf der Welt befriedigend gelöst.

Rückbau von Kernkraftwerken

Am Ende ihrer Laufzeit muss ein Kernkraftwerk wieder abgebaut werden. Dieser Rückbau geschieht über viele Jahre. Neben normalem Bauschutt fällt dabei auch viel **radioaktiver Abfall** an.

1 Vergleiche ein Kernkraftwerk mit einem Kohlekraftwerk.

Starthilfe zu 1:
Nenne wichtige Gemeinsamkeiten und wichtige Unterschiede.

2 **a)** Erläutere, wie eine kontrollierte Kettenreaktion erreicht wird.
b) Erkläre die Rolle des Wassers als Moderator.

3 **a)** Stelle in einer Tabelle die drei Wasserkreisläufe und ihre Funktionen zusammen.
b) Gib an, welcher der Kreisläufe radioaktiv kontaminiertes Wasser enthält.

4 Beschreibe drei Probleme, die mit dem Betrieb von Kernkraftwerken verbunden sind.

5 I a) Beschreibe den Bau und die Funktionen des Reaktorgebäudes.
b) Beschreibe die Funktion der großen Kühltürme.

6 II Erstelle das Energieflussdiagramm eines Kernkraftwerks.

ÜBEN UND ANWENDEN

A Kernenergie – Pro und Contra

Unabhängigkeit
Kernkraft macht die Stromversorgung unabhängig vom Import von Kohle, Erdöl oder Erdgas. Wenig Fläche wird beansprucht. Uran muss aber auch importiert werden.

Klimaneutral
In Kernkraftwerken wird kein kohlenstoffhaltiges Material verbrannt. Daher entsteht auch kein Kohlenstoffdioxid (CO_2). Kernkraftwerke tragen nicht zum Klimawandel bei.

Sicherheit
Mehrere Sicherheitssysteme schützen normalerweise zuverlässig vor radioaktiver Belastung. Schwere Unfälle sind aber nicht ausgeschlossen und schon passiert.

Radioaktiver Abfall
Abgebrannte Brennelemente und Material vom Rückbau von Kernkraftwerken enthalten hochradioaktiven Abfall. Die Endlagerung hochradioaktiver Abfälle ist ungeklärt.

Versorgungssicherheit
Unabhängig von Sonne oder Wind arbeiten Kernkraftwerke durchgehend und sichern die Grundversorgung mit Strom. Uran ist allerdings auch eine endliche Ressource.

Kosten
Strom aus Kernkraftwerken gilt als kostengünstig, wenn nur der Bau und Betrieb der Kraftwerke betrachtet wird. Rechnet man die Entsorgung hinzu, wird er teuer.

1 Die zukünftige Rolle der Kernenergie, oft auch Atomenergie genannt, ist umstritten. Ordne die oben genannten Argumente Pro oder Contra zu – oder auch dazwischen.

2 **a)** Recherchiert in Teams weitere Informationen zu den Argumenten.
b) Führt eine Pro- und Contra-Diskussion auf der Basis eurer weiteren Informationen.

B GAU – ein größter anzunehmender Unfall

1986 geschah im Kernkraftwerk Tschernobyl, in der ehemaligen Sowjetunion, ein GAU, ein **g**rößter **a**nzunehmender **U**nfall. Auslöser war ein Fehler von Mitarbeitern während eines Sicherheitstests. Die Notabschaltung über die Steuerstäbe funktionierte dann nicht. Die Kettenreaktion geriet außer Kontrolle. Eine Explosion zerstörte das Reaktorgebäude. Über 200 radioaktive Substanzen gelangten in die Atmosphäre.

1 Der neue Sarkophag von Tschernobyl

Über eine Million von Menschen starben, auch in der Folge an Krebserkrankungen. Die Gegend ist bis heute unbewohnbar. Der „Fallout“ radioaktiver Substanzen erreichte auch Deutschland. Der zerstörte Reaktor wurde mit einer Stahlbetonhülle abgeschirmt, die 2016 durch einen neuen „Sarkophag“ überdeckt werden musste. 2011 geschah ein weiterer GAU im japanischen Kernkraftwerk Fukushima. Ursache war hier ein Erdbeben und ein Tsunami. Viel Radioaktivität wurde freigesetzt.

1 **a)** Beschreibe die Ursachen für die GAU in Tschernobyl und Fukushima.
b) Überlege und nenne weitere mögliche Ursachen für unvorhersehbare Katastrophen.

2 Recherchiere Genaueres zu den Unfällen in Tschernobyl und Fukushima und berichte.

Die Suche nach einem Endlager

Anforderungen an ein Atommüll-Endlager

Das größte Problem stellt die Entsorgung der hochradioaktiven Stoffe dar, zu denen auch Plutonium gehört. Wegen seiner Halbwertszeit von 24 000 a muss über Jahrtausende sichergestellt werden, dass von dem radioaktiven und hochgiftigen Stoff keine Gefahr für Menschen und Umwelt ausgeht. Deshalb müssen Endlager wichtige **Kriterien** erfüllen:

- Undurchlässigkeit für Gase und Flüssigkeiten,
- gute Wärmeleitfähigkeit, damit die Wärme abgeführt werden kann,
- keine Verbindung zum Grundwasser,
- keine Austrittsmöglichkeiten zur Erdoberfläche,
- Hohlraumstabilität, damit es nicht zu Bergschäden kommen kann.

Drei Arten von Wirtsgesteinen

Bodenformationen, die diese Kriterien erfüllen, heißen **Wirtsgesteine.** Es kommen drei unterschiedliche Arten von Wirtsgesteinen zur Lagerung von Atommüll infrage: Steinsalz, Ton und Kristallingestein wie Granit.

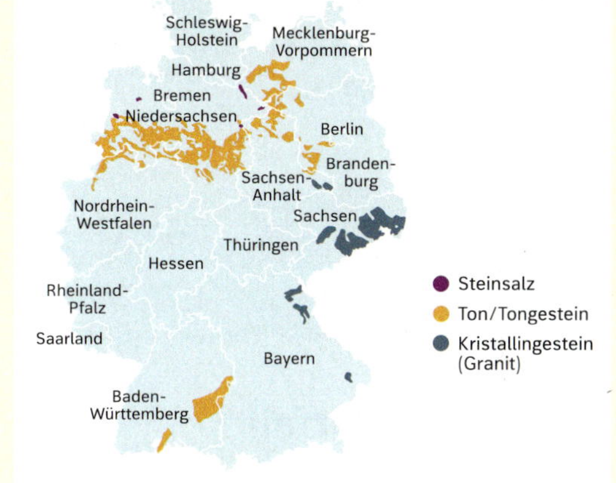

2 Wirtsgestein-Vorkommen in Deutschland

Die Eigenschaften der Wirtsgesteine

Eigenschaft	Steinsalz	Ton/ Tonstein	Kristallingestein (Granit)
Wärmeleitfähigkeit	hoch	schlechter Wärmeleiter	mittel
Temperaturbelastbarkeit	hoch	gering	hoch
Wasserdurchlässigkeit	praktisch undurchlässig	sehr gering bis gering	sehr gering (ohne Risse) bis durchlässig (mit Rissen)
Festigkeit	mittel	gering bis mittel	hoch
Verformungsverhalten	viskos	verformbar (verschließt Risse) bis spröde	spröde
Hohlraumstabilität	Eigenstabilität, verschließt Hohlräume gut	stabilisiert Hohlräume unzureichend	hoch (ohne Risse) bis gering (mit Risse)
Löslichkeit in Wasser	hoch	sehr gering	sehr gering
Rückhaltevermögen	sehr gering	sehr hoch	mittel bis hoch

Legende
günstig
mittel
ungünstig

3 Eine Bewertung der Eigenschaften der Wirtsgesteine

1 Beschreibe die Anforderungen an ein Endlager.

2 **a)** Schweden und Finnland planen Endlager in Granit, Frankreich setzt auf Ton. In Deutschland soll bis 2031 ein Standort gefunden werden. Beurteile die Planungen.
b) Recherchiere weitere Informationen zur Endlagerung und berichte.

«

Auf einen Blick: Radioaktivität

Radioaktivität

Instabile Nuklide zerfallen und senden dabei ionisierende Strahlung aus. Solche Kerne bestimmter Isotope heißen radioaktiv. Terrestrische Strahlung, kosmische Strahlung und Eigenstrahlung in unserem Körper sind natürliche Quellen der Radioaktivität. Medizinische Untersuchungen und Therapien, aber auch die militärische und friedliche Nutzung der Kernenergie sind künstliche Quellen von Radioaktivität.

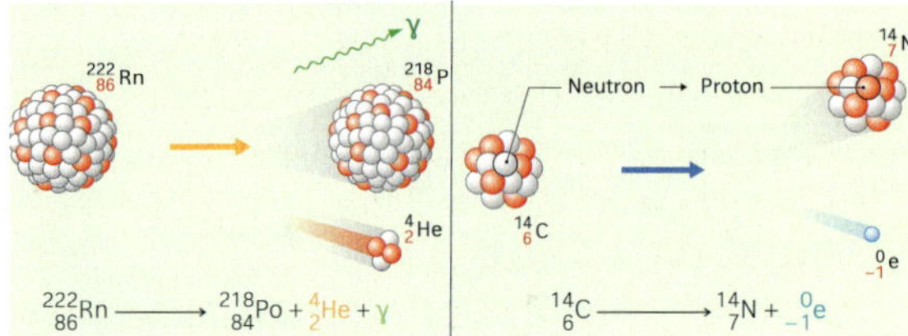

Radioaktiver Zerfall

Beim α-Zerfall sendet der Kern α-Strahlung aus. Sie besteht aus schnellen Helium-Kernen $^{4}_{2}He$. Das Zerfallsprodukt hat eine um 2 geringere Kernladungszahl und eine um 4 verringerte Massenzahl.

Beim β-Zerfall sendet der Kern β-Strahlung aus. Das sind schnelle Elektronen. Sie entstehen, wenn sich ein Neutron in ein Proton und ein Elektron umwandelt. Der Kern hat bei gleicher Masse eine um 1 größere Kernladungszahl.

Immer entsteht auch γ-Strahlung, eine energiereiche elektromagnetische Strahlung.

α-Strahlen lassen sich durch Papier, β-Strahlen durch dünne Metallschichten, γ-Strahlen durch Blei oder dicke Stahlbetonwände abschirmen.

Ionisierende Wirkung

Die drei Arten radioaktiver Strahlung und Röntgenstrahlen haben eine ionisierende Wirkung. Sie sind so energiereich, dass sie Elektronen aus der Atomhülle schlagen und Ionen zurücklassen. Die ionisierende Wirkung wird zur Messung der Strahlung im Geiger-Müller-Zählrohr genutzt. Sie ist aber auch die Ursache für Strahlenschäden an Materialien und im menschlichen Körper. Ionisierende Strahlen werden unter entsprechenden Schutzmaßnahmen in der Medizin, aber auch gezielt zur Diagnose und Therapie genutzt.

Kernspaltung und Kernenergie

Kerne wie Uran-235 lassen sich spalten. Dabei wird sehr viel Energie frei. Zerstörerisch wirken Atombomben mit ihren unkontrollierten Kettenreaktionen. In Kernkraftwerken wird die Kettenreaktion gesteuert. Die Energie wird in Wärmekraftwerken zur Stromversorgung genutzt. Die Diskussion um die Sicherheit von Kernkraftwerken, ihre Nachhaltigkeit und die Endlagerung der radioaktiven Abfälle hält an.

WICHTIGE BEGRIFFE

- Radioaktivität
- ionisierende Strahlen
- Geiger-Müller-Zähler
- radioaktiver Zerfall, Halbwertszeit
- Element, Isotop, Nuklid
- α-, β- und γ-Strahlen

WICHTIGE BEGRIFFE

- Kernspaltung
- Atombombe
- Kernkraftwerk
- biologische Strahlenwirkung
- Strahlenschutz
- Radiologie

Lerncheck: Radioaktivität

Radioaktiver Zerfall

1 **a)** Nenne die Elementarteilchen, die im Kern eines Atoms vorkommen.
b) Gib an, wie viele dieser Kernteilchen im Kohlenstoff-Nuklid $^{12}_{6}C$ vorkommen.
c) Ein anderes Kohlenstoffisotop ist $^{14}_{6}C$. Gib an, wie sich Kern und Hülle dieses Isotops von $^{12}_{6}C$ unterscheiden.

2 Nenne zwei natürliche und zwei künstliche Quellen für Radioaktivität.

3 **a)** Benenne das abgebildete Gerät und seinen Zweck.
b) Beschreibe wesentliche Bauteile des Gerätes und ihre Funktionen.

4 Polonium-209 zerfällt radioaktiv. Lies die Art des Zerfalls und die Halbwertszeit ab und erstelle die Zerfallsgleichung. Nutze dazu die Nuklidkarte.

5 $^{14}_{6}C$ ist radioaktiv und zerfällt in einem β-Zerfall. Schreibe die Zerfallsgleichung auf. Beschreibe, was dabei passiert.

6 Ein urzeitlicher Baumstamm enthält etwa 12 % des normalen C-14-Anteils. Bestimme sein Alter mit der C-14-Methode.

Ionisierende Strahlen

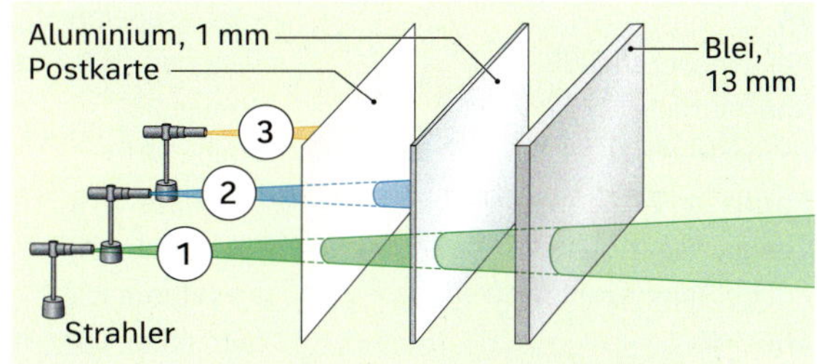

7 **a)** Nenne die drei Strahlungsarten, die in obiger Anordnung abgeschirmt werden.
b) Nenne zu den drei Strahlungsarten weitere Eigenschaften wie ihre Masse, ihre elektrische Ladung und die Ablenkbarkeit in elektrischen Feldern.

Kernenergie nutzen

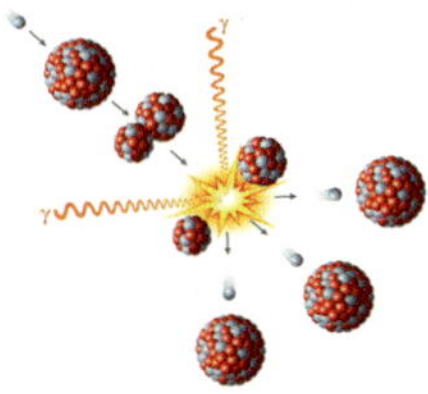

8 **a)** Beschreibe den gezeichneten Vorgang.
b) Zeichne vereinfacht drei Schritte einer nachfolgenden Kettenreaktion.
c) Erkläre, wie in Kraftwerken die Kettenreaktion kontrolliert wird.

9 **a)** Erkläre, warum Kernenergie als klimafreundlich gilt.
b) Erkläre, warum die Endlagerung radioaktiver Abfälle ein schwieriges Problem darstellt.

DU KANNST JETZT ...

- ... natürliche und künstliche Quellen der Radioaktivität nennen.
- ... eine radioaktive Zerfallsreaktion beschreiben und die Zerfallsgleichung aufstellen.
- ... für α-, β- und γ-Strahlen Eigenschaften und Abschirmmöglichkeiten nennen.

DU KANNST JETZT ...

- ... Wirkungen ionisierender Strahlen beschreiben.
- ... die Kernspaltung als Kettenreaktion beschreiben.
- ... Nutzen und Gefahren der Kernenergie abwägen.

Stichwortverzeichnis

f. = die folgende Seite
ff. = die folgenden Seiten

E

F

G

H

I

Gefahrstoffe

Gefahrstoffe sind Stoffe, die zu physikalischen Gefahren, Gesundheitsgefahren oder Umweltgefahren führen können. Einfache Piktogramme geben Hinweise auf Gefahren, die von Gefahrstoffen und dem Umgang mit ihnen ausgehen. Die Kennzeichnung erfolgt weltweit einheitlich nach GHS (Globally Harmonised System).
Je nach **Gefahrenpotenzial** müssen Gefahrstoffe mit den entsprechenden GHS-Piktogrammen gekennzeichnet werden.

Zusätzlich gibt es Signalwörter, die den Grad der Gefährdung anzeigen:

- **Gefahr** für schwerwiegende Gefahrenkategorien
- **Achtung** für weniger schwerwiegende Gefahrenkategorien

In der unten stehenden Tabelle werden die im vorliegenden Buch genutzten Gefahrstoffe aufgelistet und durch Hinweise zum Umgang mit ihnen ergänzt.

Beim Umgang mit Chemiklaien ist immer eine Schutzbrille zu tragen!

Haftungsausschluss: Trotz sorgfältiger Prüfung ist es möglich. dass bei der Zusammenstellung Fehler aufgetreten sind. Die angegebenene Daten sind daher von der Lehrkraft zu prüfen.

Stoff	GHS-Piktogramm, Signalwort	Gefahrenhinweise	Sicherheitssymbole, Entsorgungssymbole
Ammoniak-Lösung (w = 10 %)	Gefahr	H 314, H 335, H 400	
Eisenchlorid	Gefahr	H 290, H 318, H 302, H 315	
Kaliumchlorid	Achtung		
Kupfersulfat	Gefahr	H 318, H 302, H 315, H 410	
Lithium	Gefahr	H 260, H 314	
Lithiumchlorid	Achtung	H 302, H 315, h 319	
Magnesiumchlorid-Lösung	Achtung		
Natriumhydroxid	Gefahr	H 314	
Natronlauge	Gefahr	H 314	
Phenolphthalein-Lösung, alkoholisch, w <0,1 % (R)	Gefahr	H 225, H 319	
Rohrreiniger	Gefahr	H 314	
Salzsäure (w = 1 %)	Achtung	H 315, H 319, H 335	
Salzsäure (w > 25 %)	Gefahr	H 314, H 335	

Sicherheitssymbole geben Hinweise, wie man sich und andere im Umgang mit Gefahrstoffen schützen kann.

Sicherheitssymbole		
Schutzbrille Während des gesamten Experiments muss die Schutzbrille getragen werden. Dies gilt auch für Brillenträger.	**Handschuhe** Während des Experiments müssen Schutzhandschuhe getragen werden.	**Abzug** Der Versuch wird im Abzug durchgeführt. Schutzscheibe möglichst tief geschlossen halten.

Hinweise zur sachgerechten Entsorgung von Abfällen bieten die folgenden Symbole.

Entsorgungssymbole		
Waschbecken Flüssige Abfälle können im Waschbecken entsorgt werden.	**Mülltonne** Feste Stoffe können in den Mülleimer gegeben werden. Heiße und glühende Abfälle müssen vorher abkühlen.	**Kanister** Gefährliche Abfälle werden in einem Gefäß gesammelt und als Sondermüll von der Lehrkraft entsorgt.

Für das Verhalten im Chemieraum sind einige Regeln unbedingt zu beachten.

Laborordnung

- Im Chemiesaal wird nicht gegessen oder getrunken.
- Die Anwendung der Sicherheitseinrichtungen (Not-Aus-Schalter, Feuerlöscher, Fluchtwege, Augendusche, Waschbecken, Verbandskasten) muss bekannt sein.
- Schutzbrillen und Abzüge müssen bei Vorgabe genutzt werden.
- Geschmacksproben von Chemikalien sind nicht erlaubt.
- Geruchsproben dürfen nur nach Erlaubnis der Lehrkraft durchgeführt werden.
- Beim Experimentieren bleiben nur unbedingt notwendige Materialien auf dem Tisch.
- Gänge werden freigehalten, Taschen gehören beim Experimentieren unter den Tisch.
- Lange Haare werden zusammengebunden.
- Versuchsanleitungen sind vor Beginn des Experimentierens genau zu lesen und zu befolgen.
- Die Entsorgung der Chemikalien erfolgt nach Vorgabe der Versuchsanleitung oder der Lehrkraft.
- Der Chemieraum ist sauber zu halten.
- Beschädigungen von Materialien und Geräten sind der Lehrkraft mitzuteilen.

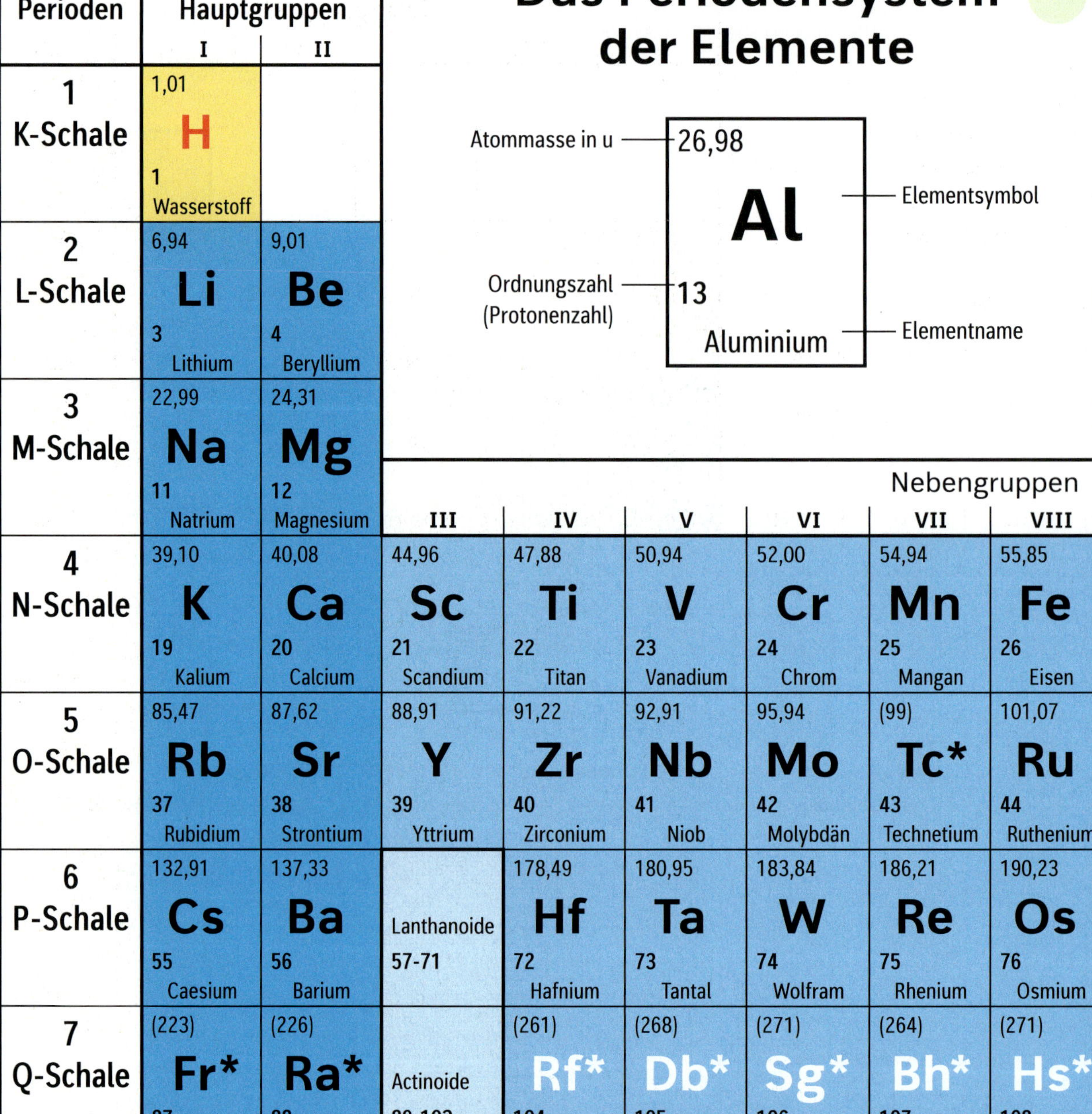

Das Periodensystem der Elemente

Perioden	Hauptgruppen I	Hauptgruppen II	Nebengruppen III	IV	V	VI	VII	VIII
1 K-Schale	1,01 **H** 1 Wasserstoff							
2 L-Schale	6,94 **Li** 3 Lithium	9,01 **Be** 4 Beryllium						
3 M-Schale	22,99 **Na** 11 Natrium	24,31 **Mg** 12 Magnesium						
4 N-Schale	39,10 **K** 19 Kalium	40,08 **Ca** 20 Calcium	44,96 **Sc** 21 Scandium	47,88 **Ti** 22 Titan	50,94 **V** 23 Vanadium	52,00 **Cr** 24 Chrom	54,94 **Mn** 25 Mangan	55,85 **Fe** 26 Eisen
5 O-Schale	85,47 **Rb** 37 Rubidium	87,62 **Sr** 38 Strontium	88,91 **Y** 39 Yttrium	91,22 **Zr** 40 Zirconium	92,91 **Nb** 41 Niob	95,94 **Mo** 42 Molybdän	(99) **Tc*** 43 Technetium	101,07 **Ru** 44 Ruthenium
6 P-Schale	132,91 **Cs** 55 Caesium	137,33 **Ba** 56 Barium	Lanthanoide 57-71	178,49 **Hf** 72 Hafnium	180,95 **Ta** 73 Tantal	183,84 **W** 74 Wolfram	186,21 **Re** 75 Rhenium	190,23 **Os** 76 Osmium
7 Q-Schale	(223) **Fr*** 87 Francium	(226) **Ra*** 88 Radium	Actinoide 89-103	(261) **Rf*** 104 Rutherfordium	(268) **Db*** 105 Dubnium	(271) **Sg*** 106 Seaborgium	(264) **Bh*** 107 Bohrium	(271) **Hs*** 108 Hassium

Lanthanoide	138,91 **La** 57 Lanthan	140,12 **Ce** 58 Cer	140,91 **Pr** 59 Praseodym	144,24 **Nd** 60 Neodym	(147) **Pm** 61 Promethium
Actinoide	(227) **Ac*** 89 Actinium	(232) **Th*** 90 Thorium	(231) **Pa*** 91 Protactinium	(238) **U*** 92 Uran	(237) **Np*** 93 Neptunium

hwarz = feste Elemente
t = gasförmige Elemente
au = flüssige Elemente
eiß = künstliche Elemente
= radioaktive Elemente

Metalle
Nebengruppen-Metalle
Halbmetalle
Nichtmetalle

			Hauptgruppen					
VIII	I	II	III	IV	V	VI	VII	VIII
								4,00 He 2 Helium
			10,81 B 5 Bor	12,01 C 6 Kohlenstoff	14,01 N 7 Stickstoff	16,00 O 8 Sauerstoff	19,00 F 9 Fluor	20,18 Ne 10 Neon
			26,98 Al 13 Aluminium	28,09 Si 14 Silicium	30,97 P 15 Phosphor	32,06 S 16 Schwefel	35,45 Cl 17 Chlor	39,95 Ar 18 Argon
58,69 Ni 28 Nickel	63,55 Cu 29 Kupfer	65,38 Zn 30 Zink	69,72 Ga 31 Gallium	72,63 Ge 32 Germanium	74,92 As 33 Arsen	78,97 Se 34 Selen	79,90 Br 35 Brom	83,80 Kr 36 Krypton
106,42 Pd 46 Palladium	107,87 Ag 47 Silber	112,41 Cd 48 Cadmium	114,82 In 49 Indium	118,71 Sn 50 Zinn	121,75 Sb 51 Antimon	127,60 Te 52 Tellur	126,90 I 53 Iod	131,29 Xe 54 Xenon
195,08 Pt 78 Platin	196,97 Au 79 Gold	200,59 Hg 80 Quecksilber	204,38 Tl 81 Thallium	207,20 Pb 82 Blei	208,98 Bi 83 Bismut	(209) Po* 84 Polonium	(210) At* 85 Astat	(222) Rn* 86 Radon
(282) Ds* 110 Darmstadtium	(282) Rg* 111 Roentgenium	(285) Cn* 112 Copernicium	(287) Nh* 113 Nihonium	(285) Fl* 114 Flerovium	(289) Mc* 115 Moscovium	(293) Lv* 116 Livermorium	(294) Ts* 117 Tennessin	(294) Og* 118 Oganesson

151,96 Eu 63 Europium	157,25 Gd 64 Gadolinium	158,93 Tb 65 Terbium	162,50 Dy 66 Dysprosium	164,93 Ho 67 Holmium	167,26 Er 68 Erbium	168,93 Tm 69 Thulium	173,04 Yb 70 Ytterbium	174.97 Lu 71 Lutetium
(243) Am* 95 Americium	(247) Cm* 96 Curium	(247) Bk* 97 Berkelium	(251) Cf* 98 Californium	(252) Es* 99 Einsteinium	(257) Fm* 100 Fermium	(258) Md* 101 Mendelevium	(259) No* 102 Nobelium	(266) Lr* 103 Lawrencium

Die wichtigsten Laborgeräte

Bildquellenverzeichnis

|2 & 3d design Renate Diener, Wolfgang Gluszak, Düsseldorf: 149.3, 149.4, 157.8, 157.9, 401.11, 401.12. |7reasons Medien GmbH, Absdorf: 121.1. |action press - die bildstelle, Hamburg: die bildstelle/REX FEATURES LTD. 156.2, 401.15. |akg-images GmbH, Berlin: 80.2, 383.1, 383.4; Hessisches Landesmuseum 150.4, 157.3, 401.7; Lessing, Erich 401.16; NordicPhotos 383.2; Science Photo Library 150.3, 157.2, 401.6. |Alamy Stock Photo, Abingdon/Oxfordshire: Barrios, Vidura Luis 5.2, 204.1; Bujdoso, Andor 251.3; Buradaki 265.2; Cultura Creative RF 251.1; Friedrich, Dirk A. 238.4; GRANGER - Historical Picture Archvie 382.2; Grigorev, Vladimir 205.2; Hertel, Jens 195.3; HUTCHINSON, Wayne 263.4; imageBROKER 359.2; koene, ton 359.3; Krechka, Natallia 6.1, 242.1; lasalle, rich 221.2; Maricic, Mihajlo 359.1; Nature Picture Library 263.1; Perepelytsia, Oleksandr 296.2; PjrStudio 243.1; Rezvykh, Alexey 250.1; RGB Ventures/SuperStock 311.2; Ryzhov, Kirill 280.1; Solovei, Anna 259.2; Thoermer, Val 351.1; US Army Photo 381.2; vrvr 385.1; Wagner, James 338.4; Wiskerke 191.3; Zoonar GmbH 378.2. |Alamy Stock Photo (RMB), Abingdon/ Oxfordshire: ACTIVE MUSEUM/ACTIVE ART 16.1; AGAMI Photo Agency/Douma, Theo 133.1, 401.1; Alpha Stock 178.4; Bildagentur-online/Ohde 108.1; Brown, Paul 131.1, 400.1; BSIP SA 18.1; Cultura Creative (RF)/IS2010-10 326.1; Fearn, Paul 138.2, 168.3; GL Archive 363.1; Haghani, Mohamad 124.1; Hamilton, Brian 130.1, 400.2; Holmes, John 143.2; Hympi 36.1; IanDagnall Computing 141.1; imageBROKER 141.2; imageBROKER/Lang, Hans 131.2, 400.3; imageBROKER/SeaTops 133.4, 401.5; imageBROKER/von Poser, Fabian 170.1; Life on white 89.2; Lussardi, Antonella 82.2; Marissen, Wilfred 142.2; Mark, Ocskay 115.2; MARKA 55.2; MasPix 125.3; McKay, Duncan 147.3; MIlanesio, Maurizio 95.1; Nature Picture Library 142.3; Oleksiy Maksymenko Photography 289.2; Oyvind Martinsen Muskox Collection 145.1; Panther Media GmbH 147.1; PB Images 94.2; philipus 295.5; pinzon, danilo, jr 37.2; Popov, Andriy 24.3; public domain sourced/access rights from Darling Archive 66.2; Science History Images 125.2; Science History Images/Photo Researchers 168.1, 171.4; shapencolour 108.2; Shields, Martin 92.5; Tack, Jochen 177.2; travel images 293.1; Tweedie, Penny 146.1; Vit Kovalcik 66.1; Wankowicz, Bogdan 92.4; Westend61 GmbH 142.1; Westend61 GmbH/Umstätter, Uwe 170.3; wordley, samuel 21.2; World History Archive 152.2; ZUMAPRESS.com/Koichi Kamoshida/Jana Press/ ZUMAPRESS.com 121.3. |APA-PictureDesk GmbH, Wien: PhotoResearchers/Shields, Martin 84.1. |Artothek, Fürth: © Landesmuseum Hannover - ARTOTHEK 375.1, 375.2. |Atelier tigercolor Tom Menzel, Klingberg: 260.1, 260.2, 394.7, 394.14, 394.16, 395.1, 395.2, 395.3, 395.4, 395.5. |BC GmbH Verlags- und Medien-, Forschungs- und Beratungsgesellschaft, Ingelheim: 120.2, 174.1, 174.7, 352.1. |Bienemann, Lisa, Braunschweig: 255.1, 255.2, 255.3, 255.4. |CERN, Geneva 23: 366.3. |CTC Global Corporation, Irvine: Dave Bryant 305.2. |Druwe & Polastri, Cremlingen/Weddel: 279.3, 295.1. |EnviroChemie GmbH, Rossdorf: 272.1. |fotolia.com, New York: Dan Race 376.2; donyanedomam 144.2; flyingcowboy 210.1; industrieblick 333.3; Michel, T. 213.1, 213.7, 236.1, 258.1, 266.2, 274.2; phantom1311 299.6; Reitz-Hofmann, Birgit 299.3; Renze, Gundolf 329.1. |Freundner-Huneke, Imme, Neckargemünd: 7.1, 302.3, 324.1, 352.4. |Gall, Eike, Enkirch: 262.2, 270.3. |Gesellschaft für Anlagen- und Reaktorsicherheit (GRS) gGmbH, Köln: 384.1. |Getty Images, München: Ashworth, Richard 206.1. |Getty Images (RF), München: Debenport, Steve 89.1; Reschke, Ed 4.1, 50.1. |Herzig, Wolfgang, Essen: 12.1, 15.1, 48.2, 74.2, 80.3, 81.1, 81.2, 83.1, 83.2, 84.2, 85.1, 87.2, 87.3, 90.1, 90.4, 91.1, 91.6, 119.1, 122.1, 123.1, 126.1, 127.1, 139.1, 140.1, 153.2, 154.1, 155.1, 156.1, 188.2, 189.1, 207.2, 207.4, 209.2, 209.4, 220.2, 245.1, 249.2, 250.2, 252.2, 253.1, 254.2, 269.4, 315.4, 320.1, 320.3, 321.2, 361.2, 364.1, 365.1, 371.1, 374.2, 378.1, 389.4, 401.9, 401.10, 401.19. |Imago, Berlin: blickwinkel 354.1; Bluegreen Pictures 156.5, 401.21; Fellechner, Norbert 379.2; Weisflog, Rainer 355.2. |Institut für Humangenetik, Universitätsklinikum, RWTH Aachen/Dr. rer.nat. Herdit M. Schüler, Aachen: 73.1, 73.2, 75.1, 402.1, 402.2. |Interfoto, München: Natural History Museum/Evans, Mary 150.1; Science & Society 288.2. |iStockphoto.com, Calgary: aluxum 160.1; Beliy, Misha 88.3; betty1704 144.3; CoreyFord 134.2; Design Cells 100.2; Dr_Microbe 76.1; eternalcreative 44.5; EvgeniyShkolenko 100.1; Hansen, Vincent Shane 330.1; HRAUN 11.3; janulla 35.1; kasipat 306.3; koldunova 205.1; Kuvaev, Denis 75.2; Matauw 82.1; Monkey Business Images 72.1; pelucco 305.1; Prill, Achim 149.2; Ryan, Chris 96.1; Saran_Poroong 163.1; swissmediavision Titel; Terroa 88.2; TomekD76 214.1; Toonix 176.1; v_apl 135.1; ValentynVolkov 235.1; vchal 115.4; VMJones 156.3, 401.18. |juniors@wildlife Bildagentur GmbH, Hamburg: Maier, R. 111.1. |Karnath, Brigitte, Wiesbaden: 120.3, 157.1, 157.4, 157.5, 157.6, 401.8. |Keis, Heike, Rödental: 142.4, 170.4, 315.3. |Krämer, Andreas, Dipperz: 29.1. |Kranenberg, Hendrik, Drolshagen: 167.1. |laif, Köln: Langrock/Zenit 306.2. |Lüddecke, Liselotte, Hannover: 150.2, 156.4, 401.14. |mauritius images GmbH, Mittenwald: Merten, Hans-Peter 304.1; Science Source/Biophoto Associates 52.2, 54.6; Science Source/ Kim, Kwangshin 22.1. |Max-Delbrück-Centrum für Molekulare Medizin in der Helmholtz-Gemeinschaft (MDC), Berlin: Hakan Toka 90.2, 90.3. |Mettin, Markus, Offenbach: 265.3, 275.1, 281.1. |Meyer-Marc, Sabine, Berlin: 96.2, 97.1. |Minkus Images Fotodesignagentur, Isernhagen: 5.1, 59.1, 59.2, 62.3, 67.1, 67.2, 78.1, 91.2, 91.3, 91.4, 91.5, 158.1, 187.1, 195.1, 195.2, 195.4, 211.1, 211.2, 211.3, 213.5, 213.9, 219.3, 230.1, 237.2, 241.1, 244.1, 244.2, 244.3, 248.1, 258.4, 258.5, 261.1, 261.2, 269.1, 269.2, 269.3, 309.3, 309.4, 310.1, 310.2, 312.1, 312.2, 318.2, 323.1, 323.2, 323.3, 328.2, 334.1, 334.2, 336.1, 336.2, 340.2. |Naumann, Andrea, Aachen: 94.1, 99.1, 99.2, 99.3, 99.4. |OKAPIA KG - Michael Grzimek & Co., Frankfurt/M.: Biophoto Associates/Science Source 52.4, 54.2; de Oliveira, Paulo 135.2; imageBROKER/Szönyi, Michael 338.5; Kage Mikrofotografie 9.1; Kerstitch 120.1; NAS/ Abbey, M. 56.5; NAS/Longcore, Bill 52.5, 54.1; NAS/Porter, K.R. 52.6, 54.3; Rainbow/McCoy, Dan 63.2; Science Source/NAS/Abbey, M. 56.2, 56.3, 56.4, 56.6, 56.7; Yoav Levy/Phototake 271.2. |PantherMedia GmbH (panthermedia.net), München: t.r.o.t.z 299.9; Zieher, Andreas 94.5. |Picture-Alliance GmbH, Frankfurt a.M.: dieKLEINERT.de/Metzinger, Arnold 295.4; dieKLEINERT.de/Privitzer, Wolfgang 157.7; dpa 87.1, 363.2; dpa/Buell, Carl 124.2; dpa/Kyodo 71.1; dpa/Rehm, Manfred 383.3; dpa/Sauer, Stefan 51.3; dpa/ Wissenschaftliche Rekonstruktionen: W.Schnaubelt/N.Kieser (Wildlife Art) für Hessisches Landesmuseum Darmstadt) 150.5; HU Berlin/Brockmann, Dirk 20.4; Minden Pictures/Arndt, Ingo 134.1; Okapia 143.3; Wildlife/Oxford, P. 144.1. |Roß, Anke, Lienen: 104.1, 104.2. |Sauriermuseum Frick, Frick, Schweiz: 121.2. |Schlierf, Birgit und Olaf, Lachendorf: 174.2, 174.3, 174.8, 174.9, 178.2, 178.3, 213.2, 213.3, 213.4, 213.6, 213.8, 258.3, 266.3, 274.3, 352.2, 352.3, 394.1, 394.2, 394.3, 394.4, 394.5, 394.6, 394.8, 394.9, 394.10, 394.11, 394.12, 394.13, 394.15, 394.17, 394.18, 394.19, 394.20, 394.21, 394.22, 394.23, 394.24, 394.25, 395.6. |Schobel, Ingrid, Hannover: 14.2, 18.2, 19.1, 22.2, 22.3, 23.1, 24.4, 26.1, 27.1, 30.2, 31.1, 33.1, 34.1, 34.2, 35.2, 39.1, 39.2, 40.1, 41.1, 41.3, 41.4, 42.1, 43.1, 44.1, 44.2, 44.3, 44.4, 46.1, 46.2, 46.3, 46.4, 46.5, 47.1, 48.1, 48.3, 49.1, 49.2, 52.1, 53.1, 54.7, 56.1, 58.1, 58.2, 58.3, 58.4, 58.5, 58.6, 60.1, 60.2, 60.3, 61.1, 62.2, 64.1, 65.1, 68.1, 68.2, 69.1, 70.1, 72.2, 73.3, 76.2, 77.1, 78.2, 78.3, 78.4, 78.5,

78.6, 79.1, 79.2, 79.3, 82.3, 86.1, 88.4, 100.3, 101.1, 102.1, 102.2, 105.1, 106.1, 106.2, 108.3, 109.1, 110.1, 110.2, 111.2, 112.1, 112.2, 113.1, 113.2, 114.1, 114.2, 114.4, 115.1, 115.3, 128.1, 129.1, 130.2, 130.3, 131.3, 132.1, 136.1, 147.2, 148.1, 148.2, 151.1, 152.4, 152.5, 153.1, 157.10, 214.2, 214.3, 215.1, 216.1, 216.2, 216.3, 216.4, 217.1, 217.2, 217.3, 217.4, 218.2, 219.1, 219.2, 219.4, 221.1, 236.2, 236.3, 237.1, 238.2, 238.3, 238.5, 240.2, 240.3, 241.3, 244.4, 248.2, 254.3, 258.6, 259.3, 264.1, 267.1, 277.1, 283.3, 285.1, 285.2, 285.3, 285.4, 287.4, 288.1, 288.3, 292.1, 292.2, 292.3, 292.4, 296.7, 296.8, 297.1, 297.2, 300.4, 303.1, 303.2, 303.3, 304.2, 307.2, 308.4, 308.5, 308.6, 308.7, 308.8, 308.9, 309.1, 309.2, 312.3, 312.4, 312.5, 312.6, 313.1, 313.2, 313.3, 313.4, 314.1, 314.2, 314.3, 315.2, 316.2, 317.1, 317.2, 317.3, 320.2, 320.4, 321.1, 323.5, 326.2, 326.3, 327.1, 327.2, 328.1, 329.2, 330.2, 331.1, 331.2, 331.3, 331.4, 331.5, 334.3, 335.1, 337.1, 337.2, 341.5, 342.1, 344.1, 344.2, 345.2, 346.1, 347.1, 347.2, 348.1, 349.1, 352.5, 353.1, 353.2, 354.2, 357.1, 361.1, 362.1, 366.1, 366.2, 368.1, 368.2, 368.3, 369.1, 369.2, 370.1, 371.2, 372.1, 373.1, 376.1, 377.1, 380.1, 381.1, 385.2, 387.1, 388.1, 388.2, 389.1, 400.4, 400.5, 400.6, 401.2, 401.13, 401.17, 403.1, 403.2. |Schofield, Keith, Neuwied: Mit freundlicher Genehmigung von Jan Gritz 74.1. |Science Photo Library, München: 161.1, 161.4, 170.5, 174.4, 174.5, 174.6, 262.1, 363.3; 11732041 266.4; A Barrington Brown 63.1; Andrew Lambert Photography 197.2; Biophoto Associates 23.2, 51.1, 52.7, 54.4; Boeing 150.6; Chillmaid, Martyn F. 170.6, 210.2, 233.1; CHRISTIAN JEGOU PUBLIPHOTO DIFFUSION 117.1; Croll, Ted 263.2; DAYNES, E./PLAILLY, P. 152.3; Dept. of clinical cytogenetics, Addenbrookes Hospital/SPL 55.3; Entressangle, S./Daynes, E. 152.1; EYE OF SCIENCE 26.2; Giphotostock 208.2, 245.2, 246.1; Gschmeissner, Steve 58.7; Hutchings, Richard 212.1; Landmann, Patrick 7.2, 358.1; Libbrecht, Kenneth 234.1; MINT IMAGES/LANTING, FRANS 143.1; Murti, Dr. Gopal 52.3, 54.5; Nunuk, David 191.1; Pasieka, Alfred 379.1; Plailly, Philippe 164.2; Science Source 168.2, 243.3; Science Source/Turtle Rock Scientific 161.2; SCIENCE SOURCE/Turtle Rock Scientific 268.1; SCIENTIFIC PICTURE RESEARCH 263.3; Tek Image 254.1; Trevor Clifford Photography 207.1; Turtle Rock Scientific 172.1, 172.2, 172.3, 172.4, 174.10, 238.1, 246.2, 257.2, 257.3; Winters, Charles D. 159.1; ZERILLIMEDIA/ZERILLI, FRANCESCO 161.3. |Shutterstock.com, New York: Animaflora PicsStock 319.1; Engineer studio 118.1; Gladkov, Viktor 38.1; Kallman, Tory 128.2; Masarik 4.2, 116.1; New Africa 300.1; PHOTO FUN 382.1; Proxima Studio 49.3; Savvapanf Photo 207.3; Scharfsinn 345.1; Shelley, Luke 145.2; StoryTime Studio 71.2; Syda Productions 37.1; Vinne 117.3; Xenlumen 299.5; Zoka74 62.1. |Simper, Manfred, Wennigsen: 95.3, 265.1. |SNSB – Staatliche Naturwissenschaftliche Sammlungen Bayerns, München: mit freundlicher Genehmigung der SNSB 118.2. |Steinkamp, Albert, Reken: 282.1, 282.3, 286.1, 286.2, 287.1, 287.2, 287.3, 289.1, 290.1, 290.2, 291.1, 291.2, 294.1, 298.1, 298.2, 300.3, 302.2, 318.1, 322.2, 332.1, 332.2, 332.3, 332.4, 340.1. |stock.adobe.com, Dublin: 7activestudio 17.3; a3701027 16.2; aerogondo 243.2; Africa Studio 30.1; africa-studio.com (Olga Yastremska and Leonid Yastremskiy) 256.1; agephotography 24.2; aiaikawa 92.3; aleciccotelli 322.5; anatchant 17.2; andreaobzerova 13.3; andriano_cz 107.1; Angelov 18.3; Anton 11.1; Antonioguillem 13.1, 28.1, 36.2; Apisak 94.4; Aufwind-Luftbilder 356.2; balipadma 307.1; Bezuglov, Andriy 98.3, 333.1; Biczó, Zsolt 325.1, 335.2; Bildagentur-o 319.2; bildlove 356.1; Blue Planet Studio 325.3, 350.2; bluesky6867 256.2; Brastock Images 374.1; Camp's 341.1; Carola G. 149.1; Catmando 121.4; Cherries 20.1; Chiara 308.3; ChristArt 209.6; cjorgens 170.2; click_and_photo 45.4; CMP 175.2; Costanzo, Francesca 311.1; crazypixels20 38.2; creativenature.nl 133.2, 401.3; Denecke, Hans Peter 296.3; Dmitry, Kalinovsky 251.2; DNY3D 344.3; Dörr, M. & Frommherz, M. 164.1; Echeverri Urrea, Luis 271.3; Elenathewise 163.3; esoxx 296.6; euthymia 296.5; evegenesis 209.3; evgenii_v 338.1; EVGENIY, PARILOV 209.5; familie-eisenlohr.de 350.1; FB/Frank BAUMERT/www.baumert-foto.de 235.3; Filimonov, Iakov 10.1; fotohansel 258.2; fotomek 342.2; Funtay 249.1; Furian, Peter Hermes 389.3; Gärtner, Friedrich-W. 308.2; Gärtner, Juan 107.3; Geithe, Ralf 299.8; Goffkein 45.2; Hainer, Robert 362.2; HandmadePictures 387.2; hasehase2 350.4; hayo 240.1; hikdaigaku86 17.1; iaremenko 319.3; Ildi 25.2; industrieblick 306.1; INFINITY 218.1; Jähne, Karin 236.4; jamsedel 203.1; Jargstorff, Wolfgang 300.2; jk-rostov.ru 338.3; juefraphoto 88.1; JuergenL 94.3; kab-vision 259.4; Kamshylin, Sergey 389.2; Kara 357.2, 388.3; Kastelic, Matej 253.2; KH August 202.1; Khrutmuang, Piman 45.1; Kneschke, Robert 12.2; KPixMining 279.2; kyrychukvitaliy 348.3; lassedesignen 125.1; lavizzara 337.3; LIGHTFIELD STUDIOS 103.1; Lohrbach, Marina 316.1; Lukassek 24.1; lukszczepanski 45.3; Luma 191.2; MACLEG 338.2; Mainka, Markus (www.markus-mainka.de 9.3; ManuPadilla 21.1; Maruta, Dmitri 271.1; Mary Evans Library 32.2; mauvries 350.3; Miceking 21.3; michal812 387.4; mino21 343.1; Monstar Studio 10.2; msk.nina 341.3; nateejindakum 173.1; nevenm 80.1; nobeastsofierce 51.2; o1559kip 20.3; oasisamuel 351.2; Oleg 387.3; oleg_doroshenko 6.2, 278.1; pe-foto 175.4; Petair 296.1; Pixel-Shot 43.2; Pixelwolf2 179.1; PLUkaAOM 325.2; Popov, Andrey 355.1; Pormezz 178.1; Production Perig 299.1; Prostock-studio 32.1; Racle Fotodesign 266.1; Rawpixel.com 13.2, 28.2; ReaLiia 261.3; Rido 177.1; RioPatuca Images 9.2; Robin 89.3; ryanking999 311.3; salita2010 308.1; Sanders, Gina 107.2; sasapanchenko 333.2; Scanrail 401.20; Schlierner 299.2; Sebastian Rothe Photography 323.4; sebschneider 315.1; Seybert, Gerhard 348.2; sinhyu 25.1, 55.1; Siwakorn1933 250.3; slaw1949 117.2; solipa 175.1; Stock57 205.3; stockphoto-graf 341.2; Studio Romantic 11.2; Subbotina, Anna 3.1, 8.1, 20.2; supachai 209.1; SVEDOLIVER 386.1; Swt, U. 179.2; Syda Productions 95.2; tarei 138.1; TebNad 360.1; Thierry RYO 212.2; thingamajiggs 41.2; tunedin 341.4; tuntep 164.3; vchalup 14.1; Vital 175.3; vorclub 299.7; Warning signs 282.2, 302.1, 302.4; whitepointer 166.1; wildestanimal 133.3, 401.4; Wylezich, Björn 163.2, 299.4. |Südwestrundfunk (SWR), Stuttgart: © SWR/www.planet-schule.de 157.11. |Tegen, Hans, Hambühren: 190.1, 190.3, 194.2, 194.4, 194.6, 196.1, 252.1, 259.1, 270.1, 270.2, 283.1, 283.2, 284.1, 284.2, 284.3, 293.2, 295.2, 296.4, 301.1, 301.2, 322.1, 322.3, 322.4. |vario images, Bonn: Callista Images/Cultura RM 114.3; Cultura RF Monty Rakusen 295.3. |Wildermuth, Werner, Würzburg: 92.1, 92.2, 93.1, 94.6, 98.1, 98.2, 137.1, 140.2, 146.2, 159.2, 159.3, 159.4, 159.5, 161.5, 161.6, 161.7, 161.8, 161.9, 161.10, 161.11, 161.12, 164.4, 165.1, 166.2, 166.3, 169.1, 171.1, 171.2, 171.3, 180.1, 180.2, 181.1, 181.2, 181.3, 182.1, 183.1, 184.1, 185.1, 185.2, 185.3, 186.1, 188.1, 190.2, 192.1, 193.1, 193.2, 194.1, 194.3, 194.5, 194.7, 197.1, 197.3, 199.1, 199.2, 199.3, 200.1, 200.2, 200.3, 201.1, 201.2, 201.3, 201.4, 202.2, 203.2, 203.3, 203.4, 208.1, 218.3, 218.4, 220.1, 222.1, 222.2, 222.3, 223.1, 223.2, 224.1, 224.2, 225.1, 225.2, 225.3, 225.4, 225.5, 225.6, 225.7, 226.1, 226.2, 227.1, 227.2, 227.3, 227.4, 228.1, 228.2, 229.1, 229.2, 230.2, 230.3, 230.4, 231.1, 231.2, 231.3, 232.1, 232.2, 234.2, 234.3, 235.2, 239.1, 239.2, 239.3, 240.4, 240.5, 240.6, 241.2, 247.1, 257.1, 273.1, 273.2, 274.1, 274.4, 275.2, 276.1. |© Senvion, Hamburg: 279.1.

Aufgaben verstehen und richtig bearbeiten

Dieses Buch enthält Bilder, Texte und Aufgaben. Mithilfe der Aufgaben kannst du zeigen, was du gelernt hast. Dazu musst du verstehen, was die Verben in den Aufgaben bedeuten.

Nennen bedeutet, dass du Namen, Daten oder Gegebenheiten ohne weitere Erklärungen aufzählst. Oft reicht eine Stichwortliste aus.

1 Nenne ein Beispiel für den Genotyp eines reinerbigen Merkmals bei Erbsen.

1. Reinerbiger Genotyp

Der Genotyp von grünen, reinerbigen Erbsen ist zum Besipiel gg.

Beschreiben bedeutet, dass du etwas in ganzen Sätzen mit eigenen Worten wiedergibst. Der Sachverhalt wird aber nicht erklärt oder bewertet.

2 Beschreibe den Bau eines Chromosoms.

2. Bau eines Chromosoms

Ein Chromosom besteht aus zwei Chromatiden. Die Chromatiden werden vom Centromer zusammengehalten.

Beim **Vergleichen** nennst du Gemeinsamkeiten, Ähnlichkeiten und Unterschiede. Was genau du vergleichen sollst, ist oft vorgegeben. Manchmal musst du aber auch selbst sinnvolle Vergleichspunkte finden.

3 Vergleiche die Karyogramme in Bild 1.

3. Zwei Karyogramme

In beiden Karyogrammen sind die Chromosomen nach der Größe angeordnet. Die homologen Paare sind jeweils nebeneinander dargestellt. Karyogramm A zeigt ein X- und ein Y-Chromosomen. Karyogramm B hingegen zeigt zwei X-Chromosomen.

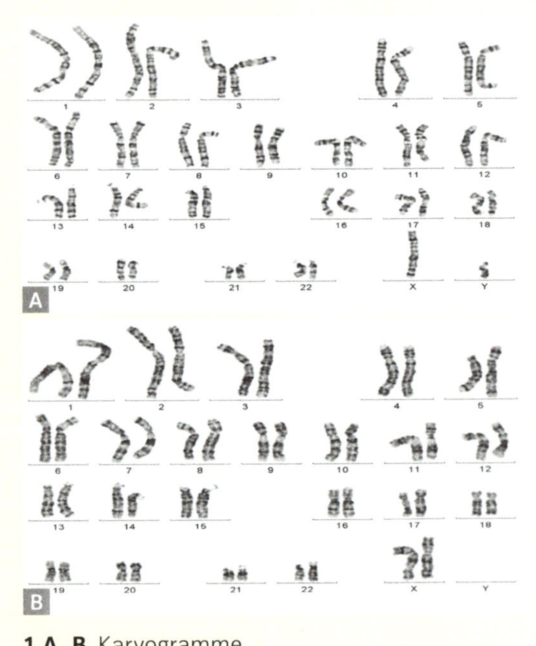

1 A, B Karyogramme